Walter Blankenburg · Kirche und Musik

WALTER BLANKENBURG

# Kirche und Musik

Gesammelte Aufsätze zur Geschichte der gottesdienstlichen Musik

Zu seinem 75. Geburtstag herausgegeben von Erich Hübner und Renate Steiger

Mit zwei Abbildungen

VANDENHOECK & RUPRECHT
IN GÖTTINGEN

*CIP-Kurztitelaufnahme der Deutschen Bibliothek*

*Blankenburg, Walter:*
[Sammlung]
Kirche und Musik: ges. Aufsätze zur Geschichte d. gottesdienstl. Musik / Walter Blankenburg. Zu seinem 75. Geburtstag hrsg. von Erich Hübner u. Renate Steiger. – Göttingen: Vandenhoeck und Ruprecht, 1979
ISBN 3-525-57172-0

 Satz und Druck: Gulde-Druck, Tübingen. Bindearbeit: Hubert & Co., Göttingen

# Zum Geleit

„Es muß als eine Tat der kirchenmusikalischen Erneuerungsbewegung vor vierzig bis fünfzig Jahren angesehen werden, daß sie die Kirchenmusik heimgeholt hat in die Kirche", haben Sie, lieber Walter Blankenburg, auf einer Pfarrer-Kirchenmusiker-Konferenz Ihrer Landeskirche vor einigen Jahren gesagt (Musik und Kirche 44 [1974] S. 175). An dieser Heimholung der Kirchenmusik in den Raum und in die Verantwortung der evangelischen Kirche habe Sie von Anfang an prägend mitgewirkt. Sie waren dabei, als Assistent an der Apologetischen Zentrale im Johannesstift Spandau, als diese 1928 eine Tagung veranstaltete – die zweite dieser Art, 1927 war man schon einmal zusammengekommen –, auf der Vertreter der Kirche, insonderheit des Berneuchener Kreises, und der Singbewegung einander begegneten. Hier kam der Gedanke auf, eine kirchenmusikalische Zeitschrift im Sinne der Sing- und der Orgelbewegung herauszubringen, der 1929 zur Begründung von „Musik und Kirche" durch Christhard Mahrenholz und Karl Vötterle führte. Und hier wurde die Idee einer Kirchenmusikschule im gleichen Geist geboren, die noch in demselben Jahr mit der Gründung der „Evangelischen Schule für Volksmusik" im Johannesstift verwirklicht wurde. Diese Schule sah zunächst in der planmäßigen kirchlichen Singarbeit ihre Aufgabe; ihr Ziel war die „singende Volkskirche" (Die Idee der evangelischen Kirchenmusikschule 1928–1948–1968, s. u. S. 323 ff.). Erst nach dem Krieg war dann Gelegenheit, im Zusammenhang mit den nun in kurzen Abständen im Bereich aller Landeskirchen erfolgenden Gründungen von Kirchenmusikschulen, auf die Heranbildung eines neuen hauptberuflichen Kantorenstandes hinzuarbeiten.

An beiden Entwicklungen, die sich da 1928 anbahnten, haben Sie, lieber Herr Blankenburg, bis heute tätigen Anteil. Schon 1941 übernahmen Sie die Schriftleitung von „Musik und Kirche". Nach kurzer, kriegsbedingter Unterbrechung haben Sie dann seit dem Neubeginn 1947 Ihren Einfluß auf Niveau und Charakter dieser Zeitschrift voll entfalten können, ab 1952 auch als Mitherausgeber. Welch immense Arbeitsleistung, welch hohen Grad von Disziplin und Selbstbescheidung, aber auch wieviel Geduld und menschliche Güte im Umgang mit den Autoren haben Sie in diesen Jahrzehnten der Redaktion von „Musik und Kirche" aufgebracht. Sie haben diese Arbeit im Verborgenen getan und tun können, weil Sie, selbst ein Wissenschaftler von

Rang, doch die Wissenschaft nie um ihrer selbst willen betrieben haben, sondern von Herzen Pädagoge und Seelsorger sind.

Als solcher haben Sie denn auch die zweite der vor 50 Jahren ihren Anfang nehmenden Entwicklungen wesentlich mitbestimmt, indem Sie die Leitung der 1947 gegründeten Kirchenmusikschule Schlüchtern übernahmen, der Sie bis zu Ihrer Versetzung in den Ruhestand 1968 vorstanden. In diesen Jahren sind die Organisten und Kantoren herangebildet worden, die heute die Kirchenmusik in der ganzen Breite ihrer Erscheinungsformen, vom gottesdienstlichen Orgelspiel und Chorgesang bis zu Geistlichen Abendmusiken, Passionsaufführungen und Kirchenkonzerten weithin mit eigenen Kräften und auf einem hohen Niveau selbst bestreiten. In dieser Zeit ist auch das Berufsbild des Kirchenmusikerstandes, wie es uns heute geläufig ist, erarbeitet, ist seine soziale Stellung gesichert worden. Als Begründer und erster Leiter der Direktorenkonferenz der evangelischen kirchenmusikalischen Ausbildungsstätten Deutschlands haben Sie daran maßgeblich mitgewirkt. Voraussetzung hierfür war die Besinnung auf das Verhältnis von Theologie und Musik, von Lehre und Predigt, von musikalischer Verkündigung und Gotteslob der Gemeinde: d.h. Voraussetzung für die „Wiedergewinnung des kirchenmusikalischen Amts" (Die Idee ... S. 324) war die theologische Begründung des Amtes der Musik selbst im Gottesdienst der evangelischen Kirche.

Dieser Aufgabe haben Sie Ihr wissenschaftliches Werk gewidmet. Sie sind Theologe – 1933 traten Sie Ihre erste Pfarrstelle an, 1962 wurde Ihnen von der Theologischen Fakultät der Universität Marburg der Doctor honoris causa verliehen; Sie sind Musikwissenschaftler – aufgrund einer Arbeit über „Die innere Einheit von Bachs Werk" 1940 in Göttingen zum Dr. phil. promoviert; Ihr Lebenswerk und Lebensweg ist, wie Sie in Ihrem „Dank des siebzigjährigen Schriftleiters" (s. u. S. 343 ff.) vor sechs Jahren bekannten, von der begeisternden, den ganzen Menschen ergreifenden und formenden Jugenderfahrung der Singbewegung geprägt worden. Diese dreifache Herkunft hat sich in einem wissenschaftlichen Werk von großer innerer Konsequenz und Einheit expliziert. Wir verdanken Ihnen Beiträge zum Musikverständnis Luthers und seines musikalischen Mitarbeiters Johann Walter sowie Arbeiten über Heinrich Schütz und Johann Sebastian Bach. Die Hymnologie ist bis heute eines Ihrer zentralen Arbeitsgebiete. Neben Ihren Beiträgen in „Leiturgia" und im Handbuch zum EKG sowie Ihrem neuesten Forschungsbericht über die Hymnologie seit etwa 1950 in der Theologischen Rundschau steht Ihre Arbeit als Landesobmann des Verbandes evangelischer Kirchenchöre von Kurhessen-Waldeck und als Mitglied des Gesangbuchausschusses des Verbandes evangelischer Kirchenchöre Deutschlands sowie der Arbeitsgemeinschaft für ökumenisches Liedgut. Auch Ihre z. T. umfangreichen und wichtiges historisches Material bereitstellenden Artikel in den beiden großen Lexikonwerken „Die Religion in Geschichte und Gegenwart" (dritte Auflage) und „Musik in Geschichte und Gegenwart“ gehören in diese Einheit – in die Einheit der Fragestellung nach dem Verhältnis von Wort und Ton, von Sprache und Musik.

Nun könnte es scheinen, als wende sich Ihr Interesse allein der wortgebundenen Musik zu. Das ist aber ganz und gar nicht der Fall, widerspräche es doch Ihrem Musikverständnis, das, von der Erfahrung des Singens herkommend, Musik als Lebensvollzug versteht, als die totale, umfassende Lebensäußerung des Menschen. Hier wird die Entdeckung relevant, die als Ihr wesentlicher theologischer Beitrag zur Bach-Forschung unserer Tage anzusehen ist: die Entdeckung der Bedeutung der „natürlichen Theologie“ im Schaffen Bachs. In den Jahren, da unter dem Eindruck der „Dialektischen Theologie“ alle „natürliche Theologie“ bei der Zunft in Mißkredit stand, ist es Ihnen gelungen, die von der Musikwissenschaft eingebrachte Erkenntnis von Bachs unbestreitbarem Zusammenhang mit mittelalterlich-quadrivialer Musikanschauung zusammenzusehen mit der damals unter den Theologen aufkommenden Einsicht in die zentrale Stellung des zweiten Artikels in Bachs kirchlichem Vokalwerk. Sie haben vom „gläubigen Rationalismus“ Bachs gesprochen (Das Verhältnis von geistlicher und weltlicher Musik, Karl Vötterle zum 65. Geburtstag, S. 163 u.ö.) und damit sowohl jeder pantheistischen Bachdeutung den Boden entzogen wie auch die „theologische Gedankenlosigkeit“ der Rede vom „fünften Evangelisten“ bloßgestellt (Bach, geistlich und weltlich, Musik und Kirche 20 [1950] S. 40). Indem Sie zeigten, wie Bach gewisse musikalische Bausteine und Formen der reinen Instrumentalmusik in den Kantaten, Messe und Passionen zu Gleichnissen für christliche Glaubensaussagen erhebt, wie hier die musikalische Formgebung „eine sinnbildliche Durchdringung aufgrund theologischer Gedankenarbeit“ erfährt (Die Bedeutung der solistischen Alt-Partien im Weihnachtsoratorium, s. u. S. 237), wie Bachs musikalischer Stil seine innere Einheit von daher empfängt, daß er die die Harmonie des Kosmos spiegelnde Musik in den Dienst der Verkündigung des deus incarnatus, des deus absconditus stellt, haben Sie Bachs reine Spielmusik als „das Spiel des erlösten Gotteskindes“ hören gelehrt (Bach, geistlich und weltlich, S. 44).

Der Zentralrat des Verbandes evangelischer Kirchenmusiker Deutschlands hat Ihnen in Würdigung Ihrer Verdienste um die evangelische Kirchenmusik im vergangenen Jahr die Karl-Straube-Plakette verliehen. Wir freuen uns, daß wir dieser Auszeichnung nun diese Sammlung Ihrer wichtigsten Vorträge und Aufsätze an die Seite stellen können. Sie ist getragen vom Verband evangelischer Kirchenmusiker Deutschlands, der einen Teil der Auflage seinen Mitgliedern in den Landesverbänden als Jahresgabe zukommen läßt. Möge das Buch dem weiteren Gespräch zwischen Pfarrern und Kirchenmusikern, an dem Ihnen im Interesse der Gemeinde und ihres Gottesdienstes so viel liegt, zur Orientierung und Anregung dienen!

Wir danken allen, die das Erscheinen dieses Buches mit ermöglicht haben: Dem Verlag Vandenhoeck & Ruprecht für die Bereitschaft zur Publikation sowie Herrn Prof. Dr. Oskar Söhngen für die Aufnahme in die Reihe „Veröffentlichungen der Evangelischen Gesellschaft für Liturgieforschung". Für großzügige Zuschüsse zu den Druckkosten, die die Abgabe des Buches an die Verbände zu einem erheblich niedrigeren Preis ermöglichte, sei nachstehenden Landeskirchen herzlich gedankt: der Evangelischen Landeskirche in Baden, der Evangelisch-Lutherischen Kirche in Bayern, der Evangelischen Kirche in Berlin-Brandenburg (Berlin West), der Evangelisch-Lutherischen Landeskirche in Braunschweig, der Evangelischen Kirche in Hessen und Nassau, der Evangelischen Kirche in Kurhessen-Waldeck, der Lippischen Landeskirche, der Nordelbischen Evangelisch-Lutherischen Kirche, der Protestantischen Landeskirche der Pfalz, der Evangelischen Kirche im Rheinland, der Evangelisch-Lutherischen Landeskirche Schaumburg-Lippe, der Evangelischen Kirche von Westfalen, der Evangelischen Landeskirche in Württemberg. Einen Beitrag zu den Druckkosten brachten auch die „Ehemaligen" der Kirchenmusikschule Schlüchtern als gemeinsames Geburtstagsgeschenk auf sowie die Stadt Schlüchtern für ihren verehrten Bürger. Der Verband evangelischer Kirchenchöre Deutschlands, der Verband evangelischer Kirchenmusiker Deutschlands und die Evangelische Kirchenmusik in Württemberg haben sich durch namhafte Subskriptionen für die weitere Verbreitung des Buches eingesetzt. Wir danken ihnen und allen Landesverbänden und Landeskirchenämtern, die es an interessierte Kirchenmusiker und Theologen verteilen werden. Dem Main-Kinzig-Kreis sei für seine Unterstützung durch eine Abnahmezusage gedankt.

Heidelberg, am Sonntag Cantate 1979

*Erich Hübner* *Renate Steiger*

# Inhalt

# Die frühchristliche Bedeutung des Wortes „Chor"

*Bischof D. Wilhelm Stählin zu seinem bevorstehenden 70. Geburtstag am 24. September 1953 gewidmet*

Es mag wohl wenige Worte geben, die eine so wechselvolle und vielseitige Bedeutungsgeschichte erlebt haben und die infolge dieser Geschichte in so verschiedenartigen Sprachen anzutreffen sind, wie es beim Wort „Chor" der Fall ist. Aus der griechischen Antike stammend hat χορός bereits in der vorhomerischen Zeit die mehrfache Bedeutung von Tanzplatz, Tanzgruppe und schließlich Tanz selbst. In der antiken Tragödie sind dementsprechend die Chöre die Tanzgruppen sowie deren Tanzbewegungen (Reigen!) und schließlich die hierbei angestimmten Gesänge. Von diesem geschichtlichen Ausgangspunkt her rührt es, daß unser Wort durch die gesamte Antike hindurch immer Schar oder Reigen (für letzteres bildet sich auch die Wortform χορεία heraus), oft beides nebeneinander bedeuten kann, während der Sinn einer Ortsbezeichnung (Tanzplatz) mehr und mehr verloren geht, wie auch die Bedeutung eines Gesanges bezw. einer gesungenen Dichtung zurücktritt. Beachtlich erscheint, daß u. a. bei Horaz die lateinische Form chorus auf die harmonisch sich fortbewegenden Sternenscharen Anwendung findet, worin der Doppelsinn des Begriffs und dieser nun in einem kosmischen Verständnis klar hervortritt. In den christlichen Sprachschatz hat unser Begriff allem Anschein nach durch Psalm 149, 3 und Psalm 150, 4 Eingang gefunden; denn an diesen beiden Stellen gibt die Septuaginta das hebräische „machol" mit χορός wieder; in der Vulgata heißt es hier entsprechend chorus, was Luther in beiden Versen als „Reigen" verdeutscht. Jedoch ist Luthers Übersetzung „Ein Lied im höhern Chor" in den Überschriften der Psalmen 120—134 keine Übersetzung von χορός in der Septuaginta bezw. von chorus in der Vulgata und konnte es auch gar nicht sein, denn der Sinn einer Ortsbezeichnung war mit dem Begriff, wie gesagt, nur vorübergend in der vorhomerischen Zeit verbunden. Auffallend ist, daß aber auch der Vulgatatext von Nehemia Kap. 12 Vers 38 und 40 mit dem Ausdruck chorus laudantium bezw. duo chori laudantium keine entsprechende Vorlage in der Septuaginta hat.

Im Neuen Testament kommt χορός lediglich Luc. 15, 20 im Sinne von Reigen vor. Jedoch nicht diese Stelle, sondern offenbar die beiden erwähnten Psalmenverse gaben den Anknüpfungspunkt für die besondere christliche Sinnerfüllung des Wortes χορός bzw. des lateinischen chorus. Sie liegt bei Clemens Alexandrinus († um 210) deutlich vor, vermutlich ist sie allerdings schon früher vollzogen worden; denn der bei ihm vorkommende, an Psalm 149 und 150 anklingende Satz „Σὺ γὰρ εἶ κίθαρα καὶ αὐλὸς καὶ ναὸς ἐμός" (Migne „Patrologia graeca" 8, 60 „Denn du bist meine Zither, meine Flöte und mein Tempel") ist sicherlich ein Zitat aus einem altchristlichen Hymnus, wie bei Migne an der betreffenden Stelle vermutet wird. Auch bei Augustin kommt er, wenn auch etwas abgewandelt und erweitert (siehe weiter unten!), vor. Fragen wir nun nach dem besonderen Sinn, den das Wort Chor in der alten Kirche erhalten hat, dann fällt vor allem auf, daß er sich an einem entscheidenden Punkte von unserer Vorstellung, die wir mit ihm verbinden (ganz abgesehen von der fehlenden räumlichen Bedeutung), unterscheidet. Das Wort „Chor“ wird nämlich nicht unserem heutigen Verständnis entsprechend, wenn wir etwa an das Wort „Kirchenchor“ denken, auf eine bestimmte Gruppe aus einem größeren Menschenkreis, also einen Teil der christlichen Gemeinde, der eine kirchenmusikalische Aufgabe hat, angewandt, sondern auf diese insgesamt. Chor ist die Gemeinde selbst. Das Wort χορός bezw. chorus erscheint in bestimmten Zusammenhängen gleichbedeutend mit ἐκκλησία bezw. ecclesia, um bestimmte inhaltliche Gegebenheiten des Begriffs „Kirche“ hervorzuheben. Wie kommt es zu dieser Synonymität beider Wörter? Zunächst läßt sich vermutungsweise folgendes sagen: Aus der Tatsache, daß die von der übrigen Welt abgesonderte christliche Versammlung gegenüber den außenstehenden Menschen eine herausgelöste, besondere menschliche Schar bildet, ergibt sich folgerichtig die sinnvolle Anwendung des Wortes „Chor“ bereits im Sinne von populus (= Volk Gottes), grex und acervus (Herde und Schar). Mit diesen drei Wörtern umschreibt noch Boëthius († 524) im 1. Buch seines Werkes „De institutione arithmetica“ ohne Beziehung auf die Christenheit das Wort chorus. Wesentlicher und völlig greifbar für die Anwendung unseres Begriffs auf die christliche Gemeinde und die Kirche ist freilich seine Bedeutung von harmonischer Ordnung, die im Wortsinn Reigen und Tanzgruppe mit enthalten ist und die, wie wir zeigten, in der klassischen Latinität ein erweitertes kosmisches Verständnis gefunden hatte. So heißt es im Brief des Ignatius († um 110) an die Epheser Kap. 4, 1 ff.: „Συνήρμοσται τῷ ἐπισκόπῳ, ὡς χορδαὶ ἐν κιθάρᾳ. Διὰ τοῦτο ἐν τῇ ὁμονοίᾳ ὑμῶν καὶ συμφώνῳ ἀγάπῃ Ἰησοῦς Χριστὸς ᾄδεται. Καὶ οἱ κατ᾽ἄνδρα δὲ χορὸς γίνεσθε, ἵνα σύμφωνοι ὄντες ἐν ὁμονοίᾳ, χρῶμα θεοῦ λαβόντες ἐν ἑνότητι ᾄδετε ἐν φωνῇ μιᾷ διὰ Ἰησοῦ Χριστοῦ τῷ πατρὶ . . .” (Denn euer Presbyterium, das seinen [des Bischofs] Namen mit Recht trägt, das gotteswürdige, ist mit dem Bischof so zu einem harmonischen Ganzen verbunden wie die Saiten mit der Zither. Darum ist eure Einmütigkeit und zusammenklingende Liebe ein Lobgesang auf Jesus Christus. Aber auch Mann für Mann solltet ihr zum Chor werden, auf daß ihr in Einmütigkeit zusammenklingend Gottes Tonweise in Einheit anschlagend mit einer Stimme dem Vater durch Jesus Christus lobsinget.“) Mit diesen Worten kann der Verfasser die Einmütigkeit als besonderes Merkmal der christlichen Gemeinde gar nicht hoch genug hervorheben, und gerade sie wird mit dem Begriff χορός zusammen mit anderen Bildern aus dem musikalischen Bereich erschöpfend gekennzeichnet. Chorus sagt inhaltlich aus, was Paulus in Röm. 15, 5 f. als Bild von der christlichen Gemeinde entwirft. Sicherlich hat Ignatius diese Stelle bei seinen Worten im Auge gehabt. Darüber hinaus muß es als sehr wahrscheinlich angesehen werden, daß die gesamte Ausdrucksweise dieses Zitats durch Psalm 149 und 150 angeregt worden ist. Völlig deutlich ist die Anknüpfung an diese beiden Psalmen bei Clemens Alexandrinus, und zwar ist es die auf Jesus selbst sich stützende und in der alten Kirche sich schnell durchsetzende christologische Deutung des Psalters, die den Gebrauch des Wortes χορός im Sinne von ἐκκλησία erklärt. Sie schließt gleichzeitig ein

— das ist in unserem Zusammenhang besonders wichtig —, daß beide Begriffe immer auch einen eschatologischen Aspekt haben. Die Übernahme des Wortes Chor in die Ekklesiologie wird nur voll erfaßt von der Auswirkung der Kap. 4, 5, 14 und 21 der Apokalypse mit deren Darstellung der ecclesia triumphans und der himmlischen Liturgie auf unseren Zusammenhang wie zugleich auf das Gesamtverständnis des Begriffes Kirche. Dafür erscheinen folgende Sätze des Clemens besonders bezeichnend: „Εἰ ... σὺ μνοῦ καὶ χορεύσεις μετ' ἀγγέλων ἀμφὶ τὸν ἀγέννητον καὶ ἀνώλεθρον καὶ μόνον ὄντως θεὸν, συνυμνοῦντος ἡμῖν τοῦ θεοῦ λόγου"! („Cohortatio ad gentes" Migne „Patrologia graeca" 8, 241 „Wenn auch du danach trachtetest, mit den Engeln einen Reigen vor dem ewigen, unsterblichen und allein seienden Gott aufzuführen, dann singt mit uns das Wort Gottes."). Eine ältere Übersetzung dieser Stelle, die sich im 2. Band der „Allgemeinen Musikgeschichte" von J. N. Forkel (Leipzig 1801) findet, lautet ganz einfach: „Wenn auch du in den Chor der Engel aufgenommen sein willst, so singe mit der Kirche!" In Antithese zum Chor der heidnischen Dämonen sagt Clemens: „Κατάγωμεν δὲ ἄνωθεν ἐξ οὐρανῶν τὴν ἀλήθειαν ἅμα φανερωτάτῃ φρονήσει εἰς ὄρος ἅγιον θεοῦ καὶ χορὸν τὸν ἅγιον" („Cohortatio ad gentes" Migne „Patrologia graeca" 8, 55 „... laßt uns aber von oben aus dem Himmel die Wahrheit mit erleuchtetem Verständnis herabführen zum heiligen Berge Gottes und zum heiligen Chor!"). Wiewohl bei der apologetischen Tendenz des Clemens die mehrfache Bedeutung des vorchristlichen antiken Begriffs χορός und d. h. im Anschluß an Psalm 149 und 150 vor allem auch der Wortsinn „Reigen" mitklingt, so ist doch die Entwicklung zum mehr und mehr ausschließlichen Verständnis des Wortes im Sinne von Kirche klar erkennbar. Folgende Stelle beleuchtet diesen Bedeutungswandel besonders gut: „... ἀλλ' αἱ τοῦ θεοῦ θυγατέρες αἱ ἀμνάδες αἱ καλαὶ, τὰ σέμνα τοῦ λογοῦ θεσπίζουσαι ὄργια, χορὸν ἐγείρουσαι σώφρονα. Ὁ χορὸς οἱ δίκαιοι. Τὸ ᾆσμα ὑμνός ἐστιν τοῦ πάντων βασιλέως. Ψάλλουσιν αἱ κόραι, δοξάσουσιν ἄγγελοι, προφῆται λαλοῦσιν, ἦχος στέλλεται μουσικῆς." („Cohortatio ad gentes" Migne „Patrol. gr." 8, 240 „Aber die Töchter Gottes [Clemens redet vom Gegensatz zu den heidnischen Kulten und knüpft in seiner Redeweise an die antike Mythologie an], die schöne Herde offenbaren die heiligen Orgien des Wortes. Der Chor aber sind die Gerechten. Der Gesang ist der Hymnus vom allgewaltigen König. Es singen die Mädchen [gemeint sind die Töchter Gottes], es rühmen die Engel, es reden die Propheten. Es wird ein musikalischer Widerhall hervorgerufen.") Und im Anschluß an Psalm 149, 2 wird von Clemens gefragt: „Καὶ τὶς ὁ ψάλλων χορός?" („Wer ist der singende Chor?"). Die Antwort lautet: „Αυτό σοι διηγήσεται τὸ πνεῦμα: Ἡ αἶνεσις αὐτοῦ ἐν Ἐκκλησίᾳ ὁσίων" („Παιδαγωγός" 2. Buch Migne „Patrol. gr." 8, 445 „Der heilige Geist selbst will dir Auskunft geben: Sein Lob in der Kirche der Heiligen.") Schließlich noch eine dritte Stelle des Clemens, die besonders deutlich die weitgehende Synonymität der Worte Chor und Kirche zeigt: „Τὸ δὲ σῶμα ἀλληγορεῖται ἡ Ἐκκλησία κυρίου, ὁ πνευματικὸς καὶ ἅγιος χορός" („Στρωματεῖς" 7. Buch. Migne „Patrol. gr." 9, 521 „Mit Leib wird die Kirche des Herrn gleichnishaft umschrieben, der geistige und heilige Chor.")

Fassen wir unsere bisherigen Feststellungen zusammen: Das Wort „Chor“ ist offenbar im Anschluß an Psalm 149, 2 und 150, 4 in den christlichen Sprachgebrauch übernommen worden und hat auch in ihm in Weiterführung der aus der vorchristlichen Antike herrührenden Mehrdeutigkeit zunächst den Sinn von Reigen und singender Reigengruppe. Entsprechend der christologischen Betrachtungsweise des Psalters wird dieser Sinn jedoch auf die Kirche übertragen und zwar im umfassenden Wortverständnis, d. h. auf die gesamte, die himmlische sowie die irdische Kirche. Chor bedeutet somit im altchristlichen Sprachgebrauch soviel wie die lobende Kirche im Himmel und auf Erden, gelegentlich auch den Lobgesang selbst. Und da das Lob der Kirche der besondere Ausdruck ihrer Geschlossenheit und Einmütigkeit ist, bezeichnet das Wort Chor insbesondere diese zentrale Wesensseite der Kirche. Wie allgemein dieser Gebrauch des Wortes Chor in der alten Kirche gewesen ist, mögen folgende Erläuterungen zu Psalm 149 und 150 von Augustin zeigen, wobei die symbolische Schriftauslegung bei der sinnbildlichen Deutung der alttestamentlichen Instrumente charakteristisch ist: „Chorus est consensio cantantium. Si in choro cantamus, concorditer cantemus. In choro cantantium quisquis voce discrepuerit, offendit auditum et perturbat chorum.“ („Enarrationes in psalmos“ zu Psalm 149, 3 „Chor bedeutet die Übereinstimmung der Singenden. Wenn wir im Chor singen, so laßt uns einträchtig singen! Jeder, der im Chor der Singenden mit seiner Stimme herausgefallen ist, beleidigt das Gehör und verwirrt den Chor.“) „Chori nomine concordia significatur laudantium, quorum voces nisi fuerint consonae placere non possunt. Rationalis itaque cantus, cuius tota est in fide et charitate modulatio neque in moribus, neque in confessione dissideat; sed bene utatur psalterio et tympano, diligens Deum, diligens proximum ...“ (Ebenda! „Mit dem Namen Chor wird die Eintracht der Lobenden bezeichnet, deren Stimmen nur im rechten Zusammenklang gefallen können. Daher möchte ein vernünftiger Gesang, dessen ganzer Klang sich im Glauben und in der Liebe ausdrückt, weder im Lebenswandel noch im Bekenntnis abweichen, sondern möchte die Zither und die Pauke recht gebrauchen in der Gottes- und Nächstenliebe.“) „Vos estis tuba, psalterium, cithara, tympanon, chorus, chordae et organum et cymbala bene sonantia.“ (Ebenda zu Psalm 150 „Ihr seid die Posaunen, die Harfe, die Zither, die Pauke, der Chor, die Saiten, die Pfeifen und wohlklingenden Zimbeln.“) Dieser in diesen Zitaten übereinstimmende Gebrauch des Wortes „Chor“ begegnet in der alten Kirche nun weiterhin in mannigfachen Zusammenhängen. So treffen wir in dem vermutlich aus dem Ende des 4. Jahrhunderts stammenden Te Deum, im sog. Ambrosianischen Lobgesang, den bezeichnenden Ausdruck chorus gloriosus apostolorum an. Er zeigt, daß das Wort chorus nicht nur auf die Hierarchie des Himmels insgesamt, sondern auch auf ihre einzelnen Teile angewandt wurde. Hier bekommt unser Begriff in der Form der Mehrzahl als heilige Chöre besondere Bedeutung. Auch die erwähnten Stellen aus dem Buch Nehemia in der Übersetzung der Vulgata erklären sich aus der frühchristlichen Sinnerfüllung des Wortes. Hinzuweisen ist ferner auf die mancherlei Textformen der zum eucharistischen Hochgebet gehörenden und zum Trishagion hinführenden Präfation, die die Verbundenheit der irdischen Kirche mit den himm-

lischen Chören, mit der Stufenordnung der himmlischen Hierarchie der Engel und Erzengel, Cherubim und Seraphim, dazu der Apostel, Propheten und Märtyrer bezeugt. Daß in das Gotteslob der Kirche auch die Schöpfung, der ganze Kosmos mit einbezogen ist, bezeugt um 400 die Präfation der Jakobusliturgie mit den Worten: „Ihn preisen die Himmel und die Himmel der Himmel und ihre gesamte Macht, Sonne und Mond und der ganze Chor der Sterne, Erde, Meer und alles, was in ihnen ist.“ (Übersetzung nach Erik Peterson „Das Buch von den Engeln“, Leipzig 1935 u. ö.) Daß im liturgischen Gebrauch aber auch die irdische Gemeinde mit χορός bezw. chorus bezeichnet worden ist, läßt die sog. Chrysostomus-Liturgie mit großer Wahrscheinlichkeit vermuten, in der Stücke wie Amen, Kyrie eleison und kurze Akklamationen dem χορός zugewiesen sind, gottesdienstliche Stücke also, die um die Zeit, in die die Anfänge der Chrysostomus-Liturgie zurückreichen, fraglos von der ganzen Gemeinde übernommen waren. In dem diese Liturgie enthaltenden Band 78 von Migne „Patrologia graeca“ findet sich dann auch die bemerkenswerte Anmerkung des Herausgebers: „Chorus, quae vox hoc loco sumiter pro universo coetu seu ecclesiastico seu laico, quaemadmodum et vox „populus“ sumi debet in citatis liturgiis.“ („Chor muß hier im Sinne der ganzen Versammlung sowohl der Priester wie der Laien verstanden werden gleichwie das Wort „Volk“ in den zitierten Liturgien.“)
Aus unserer Gesamtbetrachtung ergibt sich zugleich der Grund für das Fehlen eines Chorraumes im späteren Sinne beim altchristlichen Kirchenbau. Stattdessen zeigt z. B. die Basilika S. Apollinare Nuovo zu Ravenna (erbaut vom Ostgotenkönig Theoderich im 6. Jahrhundert) sehr anschaulich, wie der irdische Gottesdienst den chorus laudantium, d. i. die ganze Gemeinde mit den heiligen Chören des Himmels verbindet, indem sich hier der Chor der Märtyrer an den Seitenwänden des Schiffes über dem Gemeinderaum in einer Prozession auf die Himmelsburg zubewegt.
Wenn wir abschließend zu der angestellten historischen Betrachtung die Frage aufwerfen, wie dieses besonders sinnvolle altchristliche Chorverständnis verloren gehen konnte, dann lautet die Antwort: nicht nur das praktische Erfordernis, aus den Gemeinden besondere Sängergruppen für die Erfüllung von Aufgaben, die jene nicht übernehmen konnten, sondern vor allem die besonders in der 2. Hälfte des ersten christlichen Jahrtausends vorwärts treibende Klerikalisierung vorzugsweise in der Kirche des Westens und die ständig abnehmende Aktivität der Gemeinde im Gottesdienst hat dem Begriff Chor seinen ursprünglichen Sinn allmählich genommen. Um 600 heißt es bei Isidor von Sevilla zwar schon etwas schillernd, aber doch noch: „Chorus est multitudo in sacris collecta („Chor bedeutet eine bei gottesdienstlichen Verrichtungen versammelte Menge“); et dictus chorus, quod initio in modum coronae circum aras starent et ita psallerent. Alii chorum dixerunt a concordia, quae in caritate consistit; quia, si caritatem non habeat, respondere convenienter non potest. Cum autem unus canit, Graece monodia, Latine sicinium dicitur; cum vero duo canunt, bicinium appellatur; cum autem multi, chorus“ („und es wurde Chor gesagt, weil man anfangs in der Form einer Krone [gemeint ist ein Halbkreis] um den Altar stand und so sang. Andere leiteten das Wort Chor von concordia [Eintracht] ab, die in der Liebe besteht, weil der, der keine Liebe hat, nicht übereinkommend antworten kann. Wenn aber einer singt, dann heißt es auf

Griechisch monodia, auf Lateinisch sicinium; wenn aber zwei singen, sagt man bicinium, wenn aber viele, dann chorus“, vgl. „Etymologiae 19. Kap. De officiis“). In den folgenden Jahrhunderten bekommt der Begriff chorus geradezu die Bedeutung von clerus (interessante Belege bei I. A. Jungmann, „Missarum solemnia“, Wien 1949). Er übernimmt damit etwa den Sinn des Wortes schola cantorum; denn Sängergruppen hat es sicher schon vom 3. Jahrhundert ab gegeben, nur hießen sie damals noch nicht Chor. Aus der Tatsache aber, daß der Chor stets Priesterchor war (zu dem zunächst nur Knaben und erst vom späteren Mittelalter ab bürgerliche „Adjuvanten“ hinzukamen), erklärt sich die Übereinstimmung von chorus und clerus. Von der zweiten Hälfte des ersten christlichen Jahrtausends knüpft sich daher an das Wort Chor unausrottbar die Vorstellung einer kleinen Gruppe der Gemeinde. Diese Vorstellung von einem Teil der Gemeinde pflanzte sich so tief ein, daß auch die Reformation diese Entwicklung nicht rückgängig gemacht hat. Jetzt überträgt sich unser Wort auf den gottesdienstlichen Schulchor, den chorus musicus. Freilich erwacht in dieser Zeit zugleich ein neues Bewußtsein der Verbundenheit der auf Erden lobenden Gemeinde mit den Himmelschören; dafür zeugen u. a. manche Verse aus dem Ev. Gesangbuch, z. B. die letzten von den Liedern „Jerusalem, du hochgebaute Stadt“ und „O daß ich tausend Zungen hätte“. Lediglich im Kreis der Böhmischen Brüder und der Zinzendorfer Herrnhuter Gemeine begegnen wir hier und da dem altchristlichen Verständnis des Wortes Chor, d. h. also in Kreisen, in denen eine zahlenmäßig beschränkte Gemeinde wieder als Ganzes einen Chor oder Chorgruppen bilden konnte. Das sind freilich nur vereinzelte Fälle geblieben. Viel mehr muß es uns berühren, daß infolge des Verlustes des ursprünglichen Wortsinns und infolge der Wiederaufnahme des antiken, vorchristlichen Verständnisses des Wortes Chor durch den Humanismus unser Wort in der Neuzeit, wobei vor allem die Geschichte der Oper den Anstoß gab, in eine völlige Säkularisierung hineingeriet. Nach dem Zusammenbruch des herkömmlichen kirchlichen Chorwesens im Zeitalter der Aufklärung haben sich beide christliche Konfessionen im kirchlichen Vereinswesen an diesem Säkularisierungsprozeß schließlich selbst beteiligt.

Heute ist das Wort Chor ein Allerweltswort. Diese Entwicklung läßt sich nicht rückgängig machen. Dennoch sagt uns der ursprüngliche Sinn des Wortes zweierlei sehr eindringlich: das Gotteslob erfüllt auf Erden seinen Sinn als Lob der ganzen Kirche und der ganzen Gemeinde. Jede singende Gruppe, jeder Chor im heutigen Wortverständnis kann im Gottesdienst daher stets nur einen stellvertretenden Dienst für die Gemeinde oder eine priesterliche Funktion für sie ausüben; nur so erfüllt er eine rechte gottesdienstliche Aufgabe. Und sodann: Nichts verbindet die Kirche auf Erden so sehr mit den heiligen Mächten des Himmels, mit den Chören der Engel und erhebt sie so über diese Welt wie ihr Gotteslob und ihr fröhlicher Gottesdienst als ein Ausdruck von der Freiheit der Kinder Gottes.

Die vorstehende Abhandlung ist eine weitere Ausführung und Ergänzung des zweiten Abschnitts meines Artikels „Chor“ in „Die Musik in Geschichte und Gegenwart“ II, 1230 ff. Bärenreiter-Verlag Kassel und Basel.

# Luther und die Musik

Das Thema „Luther und die Musik“ umfaßt ein sehr umfangreiches Fragengebiet, das im folgenden nicht erschöpfend behandelt werden kann. Vielmehr sollen drei Punkte herausgegriffen werden, die angesichts des gegenwärtigen theologischen Denkens heute von besonderer Wichtigkeit sind. Es handelt sich um das dreifache Verhältnis von Musik und Schöpfung, Musik und Theologie sowie von Musik und Sprache. Dabei wird sich ergeben, daß auf der Frage „Musik und Theologie“ das größte Gewicht liegt.

## I.

Luther hat im Anschluß an das Mittelalter, insonderheit an Augustin, die Musik als ein Geschenk Gottes bezeichnet. Das bezieht sich nicht ausschließlich, aber doch sehr entscheidend auf ihr natürliches Wesen als Schöpfergabe. Zweierlei ist ihm dabei wichtig, einmal das wunderbare *Wesen* und zum anderen die wunderbare *Wirkung* der Musik. Zum ersten: „Die Musik erstreckt sich auf alles“, d. h. sie ist in der Schöpfung eine universelle Erscheinung. „Alles hat seine Musik“, sagt Luther im Anschluß an mittelalterliche Anschauungen; denn überall, wo wir dem Schall und dem Laut begegnen, haben wir es mit Musik zu tun, im Makrokosmos, d. h. in der großen Welt der natürlichen Erscheinungen, ebenso wie im Mikrokosmos, d. h. in der kleinen Welt, das ist der Mensch in seiner Geschöpflichkeit. In seinem „Encomion musices“ zu den „Symphoniae iucundae“ des Wittenberger Verlegers und Komponisten Georg Rhau aus dem Jahre 1538, von dem es auch mehrere zeitgenössische Übersetzungen gibt, hat sich Luther hierüber am eingehendsten ausgesprochen. Drei Erscheinungen der Natur erwähnt er in diesem Zusammenhang, die Luft, die Tiere, unter ihnen insonderheit die Vögel, und schließlich den Menschen, d. h. die menschliche Stimme! Und zwar sind es zunächst einmal lediglich die physiologischen Vorgänge, die Luther als Wunder von Gottes Schöpfung hinnimmt. Bei der Luft weist er auf ihre Unsichtbarkeit hin sowie auf ihr zeitweiliges Stummsein, das jedoch durch Bewegung geheimnisvoll

zum Erklingen gebracht wird. Bei den Vögeln ist es die Fülle der verschiedenen Stimmen, die an Gottes große Weisheit erinnern, und erst recht gilt dies von der menschlichen Stimme. Von ihr sagt Luther:
„Was soll ich aber sagen von deß Menschen Stimme, gegen welcher alle andere Gesänge, Klang und Laut, gar nicht zu rechnen sind, denn dieselbigen hat Gott mit einer solchen Musica begnadet, daß auch im dem einigen seine uberschwengliche und unbegreiffliche Güte und Weißheit nicht kann noch mag verstanden werden. Denn es haben sich wohl die Philosophi und gelerten Leut hart beflissen und bemühet, dieses wunderbarlich Werk und Kunst der Menschlichen Stimme zu erforschen und begreiffen, wie es zugieng, daß die Luft durch eine solche kleine und geringe Bewegung der Zungen, und danach auch noch durch eine geringere Bewegung des Halses, also auff mancherley Art und Weise, nach dem, wie es durch das Gemüt geregieret und gelenket wirdt, auch also krefftig und gewaltig, Wort, Laut, Gesang und Klang von sich geben könne, daß sie so fern und weit, geringes herumb, von jedermann unterschiedlich, nicht allein gehört, sondern auch verstanden und vernommen wird." („Encomion Musices")

Es ist wichtig, diesen ausgesprochenen Sinn Luthers für natürliche Gegebenheiten, diesen Blick für Wunder der Schöpfung festzuhalten: darin unterscheidet er sich grundlegend von Zwingli und Calvin. Die Musiktheorie des späteren Luthertums, vor allem des 17. und beginnenden 18. Jahrhunderts, hat noch über ihr hinaus die Zusammenhänge von Musik und Physik, Mathematik und Astronomie, ihre gemeinsamen vorgegebenen Schöpfungsordnungen, ebenfalls im Anschluß an mittelalterliches Denken, jedoch auch in gewisser Weiterführung dieses universalistischen Musikverständnisses immer wieder dargelegt. Außer Johann Kepler (1571—1630) wären hier vor allem der einflußreiche Wilhelm Werckmeister (1645—1706), der durch seine Förderung der sog. wohltemperierten Stimmung allgemeiner bekannt geworden ist, sowie sein Schüler Johann Heinrich Buttstedt zu nennen. Beides waren mitteldeutsche Lutheraner aus der Wende vom 17. zum 18. Jahrhundert, deren Gedanken nicht ohne Einfluß auf Bach gewesen sind. In einer großen Unbekümmertheit sprachen jene späteren

Musiktheoretiker von etwas Göttlichem in der Natur, das der Mensch mit seinem Verstand zu begreifen vermöge. Luther hat freilich gemeint, daß dazu nur der Glaube imstande sei. Aber daß dieser eben auch eine natürliche Freude an den Wundern der Schöpfung haben müsse und daß Luther bei solchem Rühmen und Bewundern der Schöpfung auch einmal ganz beiseite lassen konnte, daß diese Welt eine verdorbene, eine gefallene Welt ist, ja daß durch diese hindurch Gottes Wundermacht schillert, das insonderheit lehrt die Betrachtung seiner Gedanken über das Thema „Musik und Schöpfung". Und Luther hat auch etwas von den vorgegebenen Ordnungszusammenhängen der Natur, die im Luthertum des Bachschen Zeitalters später noch einmal besonders stark ins Blickfeld rückten, gewußt; das darf man aus mancherlei Äußerungen im Zusammenhang mit der Musik entnehmen, so aus dem oben bereits zitierten Satz, „daß die Musik sich auf alles erstrecke", wie aus dem anderen, daß „nichts ohne eine klingende Zahl" sei, oder ferner aus jenem weiteren der Schrift „An die Ratsherrn aller Städte deutschen Landes, wie sie christliche Schulen aufrichten und halten sollen": „Ich rede für mich, wenn ich Kinder hätte und vermöchts, sie müßten mir nicht allein die Sprachen und Historien können, sondern auch singen und die musica mit der ganzen Mathematik lernen." Nicht allein auf die praktische Musikübung also kam es Luther an, sondern zugleich auf ihr universalistisches Verständnis im Rahmen des sog. Quadriviums, d. h. der zweiten, Geometrie, Arithmetik, Astronomie und Musik umfassenden Reihe der sieben freien Künste. Musik und Mathematik gehören zusammen, weil beide Künste auf Zahlenordnungen beruhen. Hier hielt Luther unbedingt an mittelalterlichen Überlieferungen fest.

Jedoch nicht nur das natürliche Sein der Musik läßt Luther diese als ein Geschenk Gottes begreifen, sondern im innersten Zusammenhang damit auch ihre *Wirkung*. Auch diese in ihrer Vielfältigkeit gehört zu ihrem natürlichen, d. h. von Gott geschaffenen Wesen. Was Luther hierüber im einzelnen zu sagen hat, ist an sich wiederum ebensowenig originell und ursprünglich lutherisch wie sein vorher behandeltes universales Musikverständnis. Seine berühmten Worte aus dem „Encomium musices": „Denn nichts auff Erden krefftiger ist, die traurigen fröhlich, die fröhlichen traurig, die verzagten hertzenhaftig zu machen, die hoffertigen zur Demut zu reitzen, die hitzige und übermessige Liebe zu stillen und dempffen, den Neid und Haß zu mindern, und wer kann alle Bewegung des Menschlichen Hertzens, welche die Leute regieren, und entweder zu Tugent oder zu Laster reitzen und treiben, erzehlen, dieselbige Bewegung des Gemüts, im Zaum zu halten, und zu regiren, sage ich, ist nichts krefftiger, denn die Musica" haben mancherlei Vorbilder von der Musikästhetik der Antike bis zu den Musiktheoretikern, die am Vorabend der Reformation wirkten. Unter diesen Letzten wären vor allem Johannes Gerson und ganz besonders der Flame Johannes Tinctoris († 1511) zu nennen. Daß dessen Werk Luther mindestens in seinen Studienjahren kennengelernt hat, muß mit Sicherheit angenommen werden. In dem „Complexus effectuum musices" des Tinctoris findet Luthers Aufzählung über die mannigfaltige Wirkung der Musik einen überraschenden Vorgänger. Von nicht weniger als zwanzig verschiedenen Wirkungen der Musik ist bei Tinctoris die Rede. So lautet z. B. der 7. „effectus" bei ihm: „Die Musik vertreibt die Traurigkeit" und der 9. „Die Musik vertreibt den Teufel." Luthers entsprechende Gedanken waren also keineswegs neu; bemerkenswert ist vielmehr hier zunächst nur sein ausgesprochener Sinn und sein umfassendes Verständnis für das Schöpfungswerk Musik, für ihre vorgegebene Wirklichkeit, und bemerkenswert sind seine nachdrücklichen Hinweise auf die Musik in ihrem natürlichen Sein und Wesen als Geschenk Gottes.

## II.

Die ureigentliche Bedeutung von Luthers Musikverständnis ergibt sich uns erst bei seiner auf Christus bezogenen gedanklichen Verarbeitung ihres natürlichen Wesens, bei der Verbindung, die sich zur Theologie ergibt. Zweierlei ist es insonderheit, das beide, Musik und Theologie, aufeinander zugeordnet erscheinen läßt: einmal die Tatsache, daß Wort, Sprache und Rede nur in Verbindung mit Stimme, Ton und Laut volle Wirklichkeit werden („eine Rede ist mit einer

Stimme verbunden", sagt Luther in aller Knappheit im „Encomium") und zum anderen die weitere Tatsache, daß die Musik „eine Lenkerin und Herrin der menschlichen Affekte", d. h. Empfindungen und Gemütszustände ist. Damit ist für Luther einfach eine natürliche Nähe von Musik und Theologie gegeben; denn diese hat es mit dem Wort im ureigentlichsten Sinne, nämlich mit dem Wort Gottes zu tun, das bei Jesus von Nazareth als von einem Menschen gesprochenes Wort erscheint. Aber sie hat es nach Luthers Ansicht auch mit den menschlichen Affekten zu tun, sofern es sich nämlich um den Glauben handelt; das ist ein Gedanke, der dem gegenwärtigen theologischen Denken im allgemeinen fernliegt, der aber gerade darum nicht außer acht gelassen werden darf. Doch nähern wir uns Schritt für Schritt diesem wohl wichtigsten Punkte unserer Betrachtung!

Wie bestimmt Luther das Verhältnis von Theologie und Musik? Er sagt von der letzteren, daß sie „nahe der Theologie" sei (Tischreden Nr. 968); ja er gibt ihr „den nächsten Locum" (also den nächsten Platz) „nach ihr" und bezeichnet sie als ihre Dienerin. Von großer Bedeutung sind in diesem Zusammenhang zwei Äußerungen von Luthers musikalischem Berater Johann Walter. In der Vorrede eines Druckes von dessen Gedicht „Lob und Preis der löblichen Musica" heißt es: „Sie — nämlich die Musik — gehört eigentlich und erblich zu der heiligen Theologia, ja sie ist in der Theologie gar eingewickelt und verschlossen, also daß, wer der Theologie begehrt, nachforscht und lernt, der wird auch die Kunst Musica, ob ers gleich nicht siehet, fühlt oder versteht, darunter erwischen" (abgedruckt bei W. Gurlitt im Luther-Jahrbuch 1933 S. 93). Und eine zweite Äußerung aus diesem Gedicht selbst lautet: „Sie ist mit der Theologi / zugleich von Gott gegeben hie / Gott hat die Musik fein bedeckt / in der Theologi versteckt / Er hat sie beid im fried geschmückt / daß keins der andern Ehr verrückt / Sie sind in Freundschaft nahe verwandt / daß sie für Schwestern wern erkandt". Es mag hier unerörtert bleiben, ob sich Luther in allen Punkten genau so hätte ausdrücken können, wie Johann Walter es tat. Wahrscheinlich hätte er nicht wie dieser von der Theologie und der Musik als von Schwestern reden können; allenfalls hätte er wohl die

Musik als eine jüngere Schwester der Theologie bezeichnet. Für ihn befindet sich die Musik im Gefolge, aber freilich im unmittelbarsten Gefolge, sozusagen ständig auf dem Fuße der Theologie; ja sie hat den unbedingt ersten Platz hinter ihr. „Ich gebe der Musik den ersten Platz nach der Theologie" (aus einer Skizze „Über die Musik" von 1530). Sie ist ihr damit gewiß nicht völlig gleichgestellt, aber eben doch nahe verwandt. Freilich darf man nicht übersehen, daß Johann Walter zur Bezeichnung „Schwestern" nur dadurch gekommen ist, daß er unmittelbar zuvor von der Musik im Hinblick auf die Ewigkeit gesprochen hatte. Jedoch in dem einen decken sich Luthers und Johann Walters Gedanken völlig, indem beide die Unzertrennlichkeit von Theologie und Musik und ihre völlige Zusammengehörigkeit behaupten. Dabei gebraucht Johann Walter das überaus einprägsame Bild, daß in der Theologie die Musik eingewickelt und in ihr verschlossen sei. Das bedeutet: Wer sich richtig mit der Theologie, d. h. mit dem Wort Gottes, befaßt, der stößt zwangsläufig auf die Musik. Keine Frage, daß dies auch Luthers Ansicht gewesen ist; nichts anderes meinen seine entsprechenden Worte. Liegt in dieser Feststellung nicht eine sehr dringliche Frage an Kirche und Theologie zu jeder Zeit? Stößt unsere gegenwärtige Theologie allenthalben zwangsläufig auf die Musik? Und wenn nicht, was ist dies dann für eine Theologie, und woran liegt es, wenn es nicht geschieht?

Doch gehen wir der Frage der Unzertrennlichkeit von Theologie und Musik noch weiter nach! Was ist es, was beide so nahe zusammenrückt? Diese Frage läßt sich nur von Luthers Theologie, d. h. von seiner Rechtfertigungslehre her beantworten. Und eben in der Verquickung mancherlei überkommener Gedanken, die seine Musikanschauung betreffen, mit seiner reformatorischen Theologie liegt die eigentümliche und eigentlich geschichtliche Bedeutung von Luthers Musikverständnis. Hier entwickelt er ureigenste Gedanken.

Weil zum christlichen Glauben die Gott lobende und dankende Freude als Folge der unumstößlichen Gewißheit von Gottes Güte und Vergebung gehört, darum gehören die Theologie, d. h. die Lehre und Botschaft vom Worte Gottes, und die Musik als eigentümlichste Begleiterscheinung und Ausdrucksform des fröhlichen Christenglaubens unzertrennlich zusammen; denn es ist das eigentlichste schöpfungsmäßige Wesen der Musik, Freude zum Ausdruck zu bringen und zu vermitteln. „Sie ist eine heilbringende und fröhliche Kreatur", sagt Luther. Man kann deshalb überhaupt nur vom Glauben her ihre göttliche Bestimmung und d. h. ihr eigentlichstes Wesen, begreifen und nur von ihm her sie recht ausüben. Ja ihre göttliche Zwecksetzung zielt von Anbeginn auf Christus hin und findet nur in seiner Gemeinschaft, in der Glaubensäußerung der Christen, ihre rechte Erfüllung. Alfred Dedo Müller hat in diesem Zusammenhang mit Recht betont, daß in Luthers Äußerungen die Musik geradezu als „eine Art Naturform des Evangeliums" erscheine (in „Die Musik als Problem lutherischer Gottesdienstgestaltung", Berlin 1947, Seite 10). Für Luther ist sie um dieser ihrer Eigenart willen nicht eine beliebige Gottesgabe unter anderen, sondern „das hervorragendste göttliche Geschenk." Weil demgegenüber der Satan ein Geist der Traurigkeit ist, und dieser an Gottes Güte nicht glaubt, sondern an ihr zweifelt, darum hat wahre Musik mit ihm nichts zu tun. Luther würde also traurige Musik, die seine Zeit nicht kannte, als einen Widerspruch in sich bzw. als einen Mißbrauch und eine Mißachtung von Gottes Willen angesehen haben.

Nun muß freilich noch einem anderen Gedankengang nachgegangen werden. Musik — das Zeichen der christlichen Freude unter den Christen, d. h. also in der Kirche! Wem gilt dieses Zeichen? Ja, gilt es überhaupt jemandem? Ist es vielleicht nichts anderes als unmittelbare, unwillkürliche Äußerung der Freude? Nein! Dieses Zeichen gilt vielmehr vor allem und zuerst Gott zu Lob und Dank für alle seine Wohltat. Aber Luther stand viel zu sehr mit beiden Füßen auf der Erde und war viel zu sehr ein natürlich empfindender und gesund denkender Mensch, um nicht zu wissen, daß Musik bei ihrer Ausübung niemals allein auf Gott gerichtet ist, sondern daß sie so, wie sie vom Menschen ausgeht, sich auf ihn auch ständig zubewegt. Sie vereint daher unentwegt den menschlichen *Aus*druck, die Bewegung vom Menschen weg, mit dem *Ein*druck, die Bewegung auf ihn zu, ganz einfach dadurch, daß sie klingt und deshalb gehört und vernommen wird. Diese Feststellung gewinnt dadurch noch besonderes Gewicht, daß Luther sozusagen bei allen seinen Äußerungen über Musik stets nur wortgebundene vorschwebt, da die Frage der absoluten Musik zu seiner Zeit im Grunde gegenstandslos war. Von daher stellt sich uns nun die für uns wichtigste Frage nach dem Verhältnis der Musik zum Wort, sei dieses ein Gebetswort, ein Lob- und Danklied oder auch ein Verkündigungswort; denn immer wird ja diese Frage in gleicher Weise auf Grund des Wesens der Musik zu beantworten sein. Hier ergeben sich nun bei Luther folgende bemerkenswerte Begriffszusammenhänge:

Wort — Verständnis — Theologie einerseits

und

Stimme — Gemütsbewegung — Musik andererseits

D. h.: Das „nur" gesprochene Wort ist lediglich auf das verstandesmäßige Begreifen gerichtet. Darum bemüht sich die Theologie. Die Stimme jedoch, gemeint ist hier die singende Stimme, ruft Gemütsbewegungen hervor; das ist die Sache der Musik. So sagt Luther bereits in der Psalmenvorlesung von 1512/13: „Merke, daß sich Singen und Sprechen voneinander unterscheiden wie einen Psalm singen bzw. rezetieren und ihn bloß verstandesmäßig erkennen und lehren. Wenn die Stimme hinzukommt, wird es ein Gesang, welcher die Stimme des Affektes ist. So wie also das Wort zum Intellekt gehört, so die Stimme zum Affekt." (WA 4, 140). Gewiß läßt dieses Lutherwort Fragen offen, vor allem die nach der Grenze zwischen der Bedeutung der Stimme beim Sprechen einerseits und beim Singen andererseits. Der Ton macht auch bekanntlich bereits beim Sprechen die Musik. Für unsere Betrachtung wichtig ist jedoch die Meinung Luthers, daß zum Glauben die freudige Erregung und das Ergriffensein des ganzen Menschen gehört und keinesfalls nur die verstandesmäßige Glaubenserkenntnis. Und so wie das Singen im Glauben „aus dem freudevollen Herzen kommt", so vermag es wiederum den hörenden Menschen ganz und gar zu erfüllen. Ein Glaube, der diese Seite freudiger Erregung infolge der Erfahrung von Gottes Gnade nicht hätte, wäre nach Luthers Sinn kein völliger Glaube. Und weil das Erfülltsein des ganzen Menschen, des Verstandes-, Gefühls- und natürlich auch Willenslebens dazugehört, darum gehört unablöslich die Musik — und das ist nun gleichbedeutend mit Gesang — zur christlichen Glaubensäußerung, und darum hat die Musik auch ihre unabdingbare Aufgabe bei der Weckung des Glaubens. Gewiß tritt die Musik keinesfalls an die Stelle des Heiligen Geistes, sie weckt den Glauben nicht selbst; sie ist jedoch von Gott erwählt, vorbereitendes, helfendes Werkzeug, Mittel, Vermittlerin und Instrument zu sein. Aus der Fülle der Äußerungen Luthers, die das zum Ausdruck bringen, seien nur wenige zitiert: „Die Psalmen wie auch die Musik sind zur Erweckung des Glaubens erfunden" („Dictata" zum 4. Psalm) oder das bekannte Wort aus dem Gedicht „Frau Musica": „Zum göttlichen Wort und Wahrheit / macht sie das Herz still und bereit." Und schließlich sogar der ausdrückliche Hinweis, daß Gott sich der Musik bedienen kann, um zu den Menschen zu reden: „ So hat *Gott* (!) das Evangelium auch durch die Musik gepredigt, wie man an Josquin (dem 1521 gestorbenen großen niederländischen Meister) sieht." Durch das Instrument von dessen Werken — das besagt doch dieser Ausspruch — hat Luther Gottes lebendige Stimme vernommen.

Wenn wir uns fragen, ob eine solche Theologie der Musik, wie sie Luther vertrat, gegenwärtig in Geltung ist, so wird man dies weithin verneinen müssen. Nicht nur in der reformierten Theologie, auch in der lutherischen nimmt sie jedenfalls nicht den Raum ein, den sie bei Luther innehatte. Das sei nicht einfach als Vorwurf festgestellt; denn es ist hier folgendes zu bedenken: Durch die weitgehende Verabsolutierung des menschlichen Affektlebens, vor allem seit der Zeit der Empfindsamkeit und in der Epoche der Romantik, durch die häufige unheilvolle Gleichsetzung von affekthafter Ergriffenheit und Glauben, von — wenn auch nie fehlen könnender — psychologischer Begleiterscheinung und Wirken des Heiligen Geistes selbst und d. h. doch durch die Verwechslung von Schale und Kern, von Form und Inhalt beim Glauben ist mit zwingender Notwendigkeit im Zuge der Erneuerung der reformatorischen Theologie in unserem Jahrhundert zunächst einmal das *Wort* und die Glaubens*erkenntnis* in das Zentrum der theologischen Arbeit gestellt worden. Aber befindet sich die gegenwärtige

Theologie hier nicht in einer falschen Sorge um irgendwelche Erscheinungen unseres gottesdienstlichen Lebens — eine solche ist ja die Kirchenmusik —, weil sie sich unserer unaufgebbar rationalen Predigttätigkeit nicht einfügen und denen darum kein Recht zugestanden, sozusagen keine theologische Legitimation ausgestellt wird? Wird nicht heute weithin Verkündigung und wird nicht Predigt eingeengt und beschränkt auf das gesprochene, rationale Wort des Pfarrers auf der Kanzel, und das alles doch wohl aus Angst vor irgendwelchen Rückfällen in Romantik oder vor irgendwelcher illusionistischer Flucht in einen sakralen Liturgismus und Psychologismus, wie man dies zu nennen pflegt? Und über dieser wohl begreiflichen und ganz gewiß auch einmal berechtigt gewesenen, vielleicht hie und da auch wirklich noch berechtigten Sorge kommt die Gefahr eines gottesdienstlichen Intellektualismus auf, worüber man verlernt und vergißt, daß der Glaube den ganzen Menschen betrifft und daß er — dies aber ist es, das wir aus Luthers Musikanschauung so eindringlich erfahren — nicht nur über das verstandesmäßige Begreifen, sondern auch auf irrationalen Wegen über das Herz geweckt wird. Das ist auch Calvins Meinung gewesen, der die Funktion der Musik in Verbindung mit dem Wort Gottes mit der eines Trichters verglichen hat, durch den dieses in das Menschenherz hineingeleitet wird. Auch den Affektbegriff hat Luther aus der Musiktheorie übernommen; seine Geschichte reicht bis in die philosophische Ästhetik der Antike zurück. Was er nun aber in der Fülle seines Inhalts in der Theologie Luthers bedeutet und besagt, das zu ermitteln wäre eine dringende Aufgabe der gegenwärtigen theologischen Forschung.

Daran kann freilich niemals auch nur der geringste Zweifel sein, daß die singende Stimme für den Glauben nur in Verbindung mit dem Wort Gottes sowie mit dem auf diesem gründenden Lob der Kirche etwas bedeutet. Ohne dem, isoliert also, wäre die Begriffsreihe Stimme — Gemütsbewegung — Musik für ihn ohne Belang. Das braucht heute gewiß kaum noch hervorgehoben zu werden, wohl aber muß mit Nachdruck gesagt werden, daß im Leben der Kirche auch die andere Begriffsreihe Wort — Verständnis — Theologie für sich allein nicht bestehen kann; denn der Mensch erfaßt und begreift nach Gottes Schöpferwillen — wie gesagt — nicht allein auf rationalem, sondern im Verein damit immer auch auf immanent irrationalem Wege. Gilt dies schon für das natürliche Leben, wieviel mehr dann erst für das geistliche, bei dem es sich um die Erfahrung der Güte und Gnade Gottes und also um die Christenfreude handelt. Man nimmt die Frage der Gestaltwerdung des göttlichen Wortes in der Welt nicht im umfassenden Sinne ernst, wenn man nicht mit Luther die ganze Tragweite der sprechenden und singenden menschlichen Stimme als dessen Vermittlerin mit einbezieht. Theodor Knolle hat völlig richtig gesagt, daß die Musik der „Tiefenwirkung und dynamischen Entfaltung des Wortes" diene („Lutherischer Gottesdienst" in „Luther. Vierteljahrschrift der Luthergesellschaft". München 1935, S. 137).

Es ist nicht berechtigt, hier voreilig den Verdacht auszusprechen, die Musik solle als Religionsersatz gebraucht werden, wozu sie niemals fähig ist. Sie kann weder Offenbarung sein noch aus sich heraus Glauben schaffen. Es handelt sich vielmehr um die Bedeutung der klanglichen Erscheinung der christlichen Verkündigung und des Gotteslobs und dabei um den Bedeutungsunterschied zwischen gesprochenem und gesungenem Wort, zwischen Predigt und Gesang, zwischen der Aufnahme des Evangeliums durch Verstand und Herz. Und es handelt sich weiterhin darum, was wir eigentlich meinen, wenn wir sagen, daß uns das Wort in Predigt ebenso wie im Gang zu Herzen geht, und wenn wir davon reden, daß wir von Herzen glauben.

## III.

Der dritte Punkt unserer Betrachtung sei abschließend als Folgerung, die sich vor allem aus der Behandlung der zweiten ergibt, lediglich in einigen Hinweisen behandelt.

In dem Maße, als bei Luther Theologie und Musik ganz nahe zusammengerückt sind, gehen nun auch Musik und Sprache eine enge Verbindung miteinander ein. Von außen her gesehen bewegt sich Luther hierbei auf dem Wege der Humanisten. Das zeigt sich vor allem darin, daß er wie jene die Musik nun auch mit der ersten Reihe, den sog.

trivialen Fächern der sieben freien Künste, nämlich mit Grammatik und Rhetorik zusammenbringt, so daß also die Musik einen Standort in beiden Reihen der freien Künste bekommt. Luther bezeichnete in seinen Tischreden einmal Musik und Grammatik als die „Bewahrer der Dinge". Und Melanchthon ist es vor allem gewesen, der die Lehre von der Predigt in Beziehung zur wissenschaftlichen Rhetorik gebracht hat, woraus sich ergab, daß dann auch das gleiche bei der Musik erfolgte. Hier bahnte sich eine Entwicklung an, die bis zu den Zeiten Bachs weiterging, indem in der musikalischen Komposition völlig entsprechend der Anwendung der Rhetorik bei der Predigt mit sog. Redefiguren gearbeitet wurde. Zu erinnern ist ferner an Luthers bekanntes Wort in seiner Schrift „Wider die himmlischen Propheten" (1524): „Es muß beides, Text und Noten, Accent, Weise und Geberde aus rechter Muttersprache und Stimme kommen; sonst ist es alles ein Nachahmen wie die Affen tun" und außerdem an die von ihm vorgenommene Zuordnung bestimmter Kirchentöne zum gottesdienstlichen Vortrag von Epistel und Evangelium in der „Deutschen Messe" von 1526. In allen Fällen zeigt sich, daß von Luther hier nicht nur eine natürliche, und d. h. vielleicht nur vordergründige Übereinstimmung von Musik und Sprache, sondern zugleich ein innerer Zusammenhang von musikalischer sowie von Sprachgestaltung, dem jeweiligen Wortsinn Rechnung tragend, vorgenommen wird.

Wiederholt ist freilich darauf hingewiesen worden, daß Luthers Musikideal gar nicht so sehr bei der der Sprache und dem menschlichen Ausdruck zugewandten Musik seiner Zeit, sondern beim Tenorliedsatz der Spätgotik gelegen habe. Dafür zeuge vor allem seine viel zitierte Beschreibung dieser Kompositionsgattung in seinem „Encomium musices": „Wo aber die natürliche Musica, durch die Kunst gescherfft und polirt wirdt, da sihet und erkennet man erst zum Theil (denn gentzlich kans nicht begriffen noch verstanden werden) mit großer Verwunderung, die große und vollkommene Weißheit Gottes, in seinem wunderbarlichen Werk der Musica, in welcher vor allem, das seltzam und wol zu verwundern ist, das einer eine schlechte Weise oder Tenor (wie es die Musici heißen) hersinget, neben welcher drey, vier oder fünff andere

Stimmen auch gesungen werden, die umb solche schlechte einfeltige Weise oder Tenor, gleich als mit jauchtzen gerings herumher, umb solchen Tenor spielen, und springen, und mit mancherley Art und Klang dieselbige Weise wunderbarlich zieren und schmücken, und gleich wie einen himmlischen Tantzreyen führen, freundlich einander begegnen, und sich gleich hertzen und lieblichen umbfangen." Hier erscheint die Aufgabe der Musik lediglich als Zierde und Schmuck des cantus firmus, bei der keine Erfüllung von Luthers Satz aus den Tischreden „Die Noten machen den Text lebendig" stattfindet; denn im Tenorliedsatz der Spätgotik waltet ein sehr loses Verhältnis von Wort und Ton, und die den cantus firmus umspielenden Stimmen sind oft genug rein instrumental empfunden. Liegt hier bei Luther ein Widerspruch zwischen Theorie und Praxis vor? Um ihn in diesem Zusammenhang recht verstehen zu können, muß man die musikgeschichtliche Situation bedenken, in der er aufgewachsen ist. Und das war eben vor allem die des Tenorliedsatzes, der ihm von Jugend auf vertraut gewesen ist. So scheint es nur natürlich, wenn dieser den Ausgangspunkt der lutherischen Kirchenmusik bildete. Aber daneben gilt es nun auch zu beachten, daß diese sich sehr schnell von diesem Ausgangspunkt weg entwickelt hat. Ohnehin wäre noch an Luthers Lieblingskomponisten Josquin und Senfl zu erinnern, die beide in mancher Hinsicht über die Musik der Spätgotik hinausführten, und vor allem Josquin ist für eine neue Verbindung von Musik und Sprache geradezu bahnbrechend gewesen. Ganz in der gleichen Richtung entwickelte sich die junge Musik der Reformation. Allenthalben ist sehr schnell eine allgemeine Tendenz zu engerer Bindung an das Wort festzustellen. Das trifft ebenso auf die mehrstimmige Kunstmusik wie auf die neu entstehenden einstimmigen Gemeindeliedweisen zu. Die musikalischen Linien überwinden sog. Instrumentalismen und werden mehr und mehr vokalisiert. In der Mehrstimmigkeit macht sich gleichzeitig eine deutliche Hinwendung zur sog. Homophonie, d. h. zu mehr akkordischer Satzweise bemerkbar, damit die unterlegten Worte besser zur Geltung kommen. Am stärksten ist dieser deutlich verfolgte Weg in der Gestaltung der einstimmigen Weise von „Mitten wir im Leben sind" erkennbar. Hier fallen in allen drei

Strophen alle betonten Worte mit den Höhepunkten des melodischen Ablaufs zusammen (vgl. z. B. in den Stollen der ersten Strophe die Worte „Leben“ und „Tod“ sowie „Hilfe“ und „Gnad“ und die Inbrunst der dreimaligen Rufe in dem Abgesang aller drei Verse). Gewiß könnte immer darauf hingewiesen werden, daß sich bei alledem die reformatorische Musik auf nichts anderes bezieht als auf das, was auch die Humanisten gewollt haben. Luther aber und seinen Mitarbeitern ging es nicht um bloße Sprachästhetik, sondern um die Verlebendigung des Wortes. Es erscheint daher alles, was sich praktisch in der musikgeschichtlichen Entwicklung der Reformationszeit ergeben hat, als eine Folge von Luthers Gedanken über die Zusammengehörigkeit von Theologie und Musik. Daß er damit eine große musikgeschichtliche Epoche angebahnt hat, ist allgemein bekannt. Notwendig aber erscheint es, die innersten Zusammenhänge seines Musikverständnisses erneut ans Licht zu rücken, damit wir in der Gegenwart unsere eigenen gottesdienstlichen und insonderheit kirchenmusikalischen Aufgaben von Luther her in ihrer ganzen Grundsätzlichkeit begreifen.

**Die Musika ist eine Gabe und Geschenk Gottes, nicht ein Menschengeschenk. So vertreibt sie auch den Teufel und macht die Leut fröhlich, man verjißt dabei alles Zorns, Unkeuschheit, Hoffart und andrer Laster.**

Luthers Tischreden. W. Tr. 6, 7034.

# Johann Walters Gedanken über die Zusammengehörigkeit von Musik und Theologie und ihre Bedeutung für die Gegenwart[1]

Johann Walter, der vor vierhundert Jahren gestorben ist, war nicht nur das Urbild des protestantischen Kantors – dies pflegt er uns in erster Linie zu sein –; auch ist seine geschichtliche Bedeutung noch nicht völlig erfaßt, wenn wir in ihm darüber hinaus den eigentlichen Begründer der Geschichte der evangelischen Kirchenmusik sehen, der in weitem zeitlichem Abstand vor anderen Komponisten seiner Zeit damit begann, spezifische Werke für den lutherischen Gottesdienst zu schaffen. Das Bild von Walters Persönlichkeit rundet sich erst ab, wenn wir schließlich noch seine eigentümliche Gedankenwelt, die er neben Luther über das Wesen und die Bestimmung der Musik entfaltet hat, in das Blickfeld bekommen.

Niedergelegt hat Walter sein Musikverständnis vor allem in den beiden Lobgedichten von 1538 und 1564, die dem Titel nach fast gleich lauten: „Lob und Preis der löblichen Kunst Musica" und „Lob und Preis der himmlischen Kunst Musica"[2]. In beiden Werken ist die Behauptung von der absoluten Zusammengehörigkeit von Musik und Theologie einer der grundlegenden Gedanken. 1538 sagt Walter von der Musik:

»Sie ist mit der Theologie
  Zugleich von Gott gegeben hie.
Gott hat die Music fein bedeckt
  In der Theologie versteckt.
Er hat sie beid im fried geschmückt,
  Das kein der andern ehr verrückt.

---

1 Vortrag bei den Abschlußfeierlichkeiten der Kirchenmusikschule Schlüchtern am 13. Juli 1970.

2 Die frühere Schrift gab Wilibald Gurlitt 1938 in einem Faksimile-Neudruck mit einem instruktiven Geleitwort im Bärenreiter-Verlag heraus. Beide Gedichte stehen in dem soeben erschienenen, von Joachim Stalmann besorgten Band 6 der Walter-Gesamtausgabe (ebenfalls Bärenreiter-Verlag). Die folgende Darstellung ist die knappe Zusammenfassung eines Abschnitts aus dem Kapitel „Johann Walters Musikverständnis" in meiner in Vorbereitung befindlichen Walter-Monographie.

Sie sind in freundschafft nahe verwandt,
das sie fur schwestern wern erkandt.“

Und 1564 heißt es:

»Music-Kunst ist in hohem Stand
Und der Theologie verwandt.
Schwestern sind sie billig genannt,
In Gottes Wort solchs wird erkannt.
Christliche Gesänge und Psalmen
Am Tage solchs klar beweisen.“

Damit ist Walter offenbar einen Schritt über Luther hinausgegangen, der in verschiedenen Tischreden und auch in seinem bekannten Brief an Ludwig Senfl lediglich gesagt hat, daß er der Musik den „nähesten locum“ nach der Theologie gebe. Er hat sie nicht wie Walter als Schwestern bezeichnet, womit doch offenbar die Gleichwertigkeit von Musik und Theologie zum Ausdruck gebracht werden sollte. Tatsächlich meint dies Walter, freilich nur in einer gewissen Hinsicht; denn beider Verhältnis zueinander hat er noch in einem anderen Bilde beschrieben. In dem Gedicht von 1538 sagt er, daß die Musik in der Theologie „versteckt“ sei. Ausführlicher behandelt Walter diesen Gedanken in der Vorrede eines weiteren, undatierten Druckes dieses Lobgedichtes. Dort heißt es: „... sie (die Musik) gehört auch eigentlich und erblich zu der heiligen Theologia. Ja sie ist in die Theologie gar eingewickelt und verschlossen, also daß, wer der Theologia begehrt, nachforschet und lernt, der wird auch die Kunst Musica, ob er's gleich nicht siehet, fühlt noch verstehet, darunter erwischen.“

Um Walters Gedankengänge recht zu begreifen, müssen wir ergründen, was er unter „Theologie“ versteht. Wer heute – und sei es auch nur am Rande – die Entwicklung der Theologie verfolgt, wer die Vielfalt ihrer Äußerungen, ja ihrer unvereinbaren Widersprüche beobachtet, wird mit Walters Satz, daß die Musik in der Theologie verschlossen sei, schwerlich etwas anfangen können. Und doch war die theologische Situation – von außen betrachtet – zur Zeit der Reformation nicht völlig anders als heute. Auch zu jener Zeit war sie erfüllt von Richtungskämpfen. Es gab nicht nur den Gegensatz zwischen evangelischer und katholischer Theologie, sondern auch den zwischen lutherischer und reformierter, der sich nicht zuletzt in einer verschiedenen Beurteilung der Kunst zeigte. Walter selbst hat vor allem in seinem Alter an den theologischen Streitigkeiten seiner Zeit heftigen Anteil genommen und klare Stellung bezogen. Dennoch hat er Theologie und Musik als Schwestern bezeichnet. Das hätte er nicht gekonnt, wenn für ihn der Begriff „Theologie“ gleichbedeutend mit „Lehrmeinungen“ gewesen wäre, und wenn dieser für ihn nicht – schlicht und einfach – die menschlich-hingebungsvolle, existentielle Aneignung des „verbum divinum“, des Evangeliums, bedeutet hätte. Theologie ist im reformatorischen Verständnis daher nur sehr bedingt eine vom Menschen betriebene Wissenschaft, weil sie mit der Gegebenheit des biblischen Kerygmas, des Evangeliums, der Botschaft Jesu Christi, steht und fällt. Luther sagt: „Vera theologia est practica, et fundamentum eius est Chrisus, cuius mors fide apprehenditur" (Die wahre Theologie ist ungemein praktisch, d.h. tätig, und ihr Fundament ist Christus, dessen Tod im Glauben erfaßt wird, TR 423). Der Reformator konnte deshalb statt vom Studium der Theologie vom Studium in der Theologie als von einer unumstößlichen Gegebenheit reden. Es bleibt nur die Frage, welche Voraussetzung auf menschlicher Seite erfüllt sein muß, damit eine wahre Theologie, d.h. eine rechte Aneignung der biblischen Botschaft, zustande kommt und damit das ministerium verbi divini, d.h. das Amt des göttlichen Worts, welches das des Theologen ist, erfüllt wird. Luther sagt ferner: „Theologia requirit humilem lectorem. Sacrae literae volent habere humilem lectorem, qui reverenter habet et tremit sermones Dei" (Die Theologie sucht einen demütigen Leser. Die heiligen Schriften wollen einen unterwürfigen Leser haben, der sie ehrfürchtig betrachtet und vor Gottes Reden erbebt, TR 423). Hier ist also der Begriff „Theologie" mit dem der „Heiligen Schrift" gleichgesetzt, so daß die Aufgabe des Theologen folgerichtig in der völligen Unterwerfung unter das Wort Gottes besteht. Noch einmal Luther: „Ideo nostra theologia est certa, quia ponit nos extra nos" (So besteht die Gewißheit unserer Theologie gerade darin, daß sie uns außer uns setzt, d.h. von unserer eigenen Gedanklichkeit freimacht).

Unzweifelhaft hat Walter mit seinem Gebrauch des Wortes „Theologie" genau das gemeint, was Luther darunter verstand. Und eben von der so verstandenen Theologie her meint er, daß die Musik ihre Schwester bzw. daß sie in ihr verborgen sei und daß der rechte Theologe zwangsläufig auf die Musik stoßen müsse. Wie begründet dies Walter? Damit, daß er aus persönlicher Glaubenserfahrung sagt, die wahre Begegnung mit dem Evangelium, die Erfahrung und die Gewißheit von Gottes Gnade und Barmherzigkeit mache froh und zwinge den Menschen geradezu zum Loben und Danken. Lob und Dank ist nach Walter ebenso wie nach Luther die einzig mögliche Reaktion auf die in der Theologie, im Evangelium, entdeckte und erfahrene Güte Gottes. Für diese Reaktion aber vermag sich Walter – ebenfalls in Übereinstimmung mit Luther – keine andere Äußerungsform vorzustellen als die Musik, speziell das Singen. Die Begründung dafür, daß der rechte Theologe zwangsläufig auf die Musik stoßen müsse, erfolgt vor allem aus persönlicher Erfahrung, die Walter – wiederum wie Luther – freilich auch in der Bibel bestätigt sieht. Jedoch an dieser Stelle spricht in erster Linie Walter als „musicus eruditus", als wissenschaftlich und durch praktische Übung gebildeter und erfahrener Musiker, der mit dem Wesen der Kunst „musica" vertraut ist. Wie absolut einig sich Walter mit Luther bei alledem weiß, bekundet er dadurch, daß er bei beiden Lobgedichten zunächst Luther das Wort gab; 1538 geschah es mit der bekannten „Vorrede auf alle gute Gesangbücher“, die mit den Worten „Vor allen Freuden auf Erden / kann niemand keine feiner werden, / denn die ich geb mit meinem Singen / und mit manchem süßen Klingen“ beginnt und in der Schrift von 1564 steht am Anfang Walters Übersetzung von Luthers Encomion musices, der Vorrede zu der bei Georg Rhau in Wittenberg 1538 erschienenen Motetten-Sammlung „Symphoniae iucundae“. In dieser letzteren sind Wesen und Wirkung der Musik in klassischer Formulierung folgendermaßen zusammengefaßt: „Denn nichts auf Erden kräftiger ist, die Traurigen fröhlich, die Fröhlichen traurig, die Verzagten herzenhaftig zu machen, die Hoffärtigen zur Demut zu reizen, die hitzige und übermäßige Liebe zu stillen und zu dämpfen, den Neid und Haß zu mindern, und wer kann alle Bewegung des menschlichen Herzens, welche die Leute regieren, und entweder zu Tugend oder zu Laster reizen und treiben, erzählen, dieselbe Bewegung des Gemüts im Zaum zu halten und zu regieren, sage ich, ist nichts kräftiger denn die Musica.“

Diese Worte, mit denen Walter Luthers lateinischen Urtext in frei interpretierender Übersetzung wiedergibt, meinen – das gilt es besonders zu beachten – die Musik als solche, ihr von Gott gegebenes Wesen. Es ist hier nicht von geistlicher Musik im Unterschied oder gar im Gegensatz zu weltlicher Musik die Rede, sondern von der Musik schlechthin, von ihr als Kunst, das aber bedeutet als „donum dei“, als Gabe Gottes. Die Begriffe „Kirchenmusik“ und „geistliche Musik“ kommen in Luthers und Walters Sprachgebrauch nicht vor; beide wissen lediglich vom rechten und falschen Gebrauch der Musik als solcher.

Überaus wichtig ist an der zitierten Wesensbestimmung der Musik nun vor allem die Darstellung ihrer Wirkungsmacht. Diese ist nicht nur psychischer Art, die sich auf menschliche Stimmungen bezieht, sondern darüber hinaus universal ethischer Natur. Die Musik vermag nicht etwa nur die Traurigen fröhlich zu machen, sondern z. B. sogar Neid und Haß zu mindern. Sie bringt beim rechten Gebrauch den Menschen in einem eminent sittlichen Sinne – man kann sagen – ins innere Gleichgewicht.

Wir fragen uns, wo die geistigen Quellen und Wurzeln für dieses Musikverständnis liegen; denn wir finden sie – jedenfalls in der dargelegten Ausführlichkeit – nicht in der Bibel; so gewiß es auch ist, daß die Heilige Schrift solchen Anschauungen nicht entgegensteht und Luther sowie Walter sich mit Recht auf sie beziehen, wenn sie etwa auf Davids Harfenspiel verweisen. Jedoch eine ausgeführte musikalische Ethoslehre, wie sie die zitierten Worte widerspiegeln, enthält die Bibel zweifellos nicht. Die Wurzeln eines solchen Musikverständnisses haben wir vielmehr bei verschiedenen hoch- und spätmittelalterlichen Musiktheoretikern zu suchen, deren Anschauungen jedoch bis zu Augustin und z. T. bis zu Plato in die griechische Antike zurückreichen. In der um 1474 entstandenen Schrift „Complexus effectuum musices“ (d. h.

Zusammenfassung der musikalischen Effekte) des Musiktheoretikers Johann Tinctoris findet sich bereits eine Menge der Gedanken, wie wir sie bei Luther und Walter antreffen. Dennoch stellen erst Luthers lateinische Sätze im „Encomion musices“ und Walters kongeniale Übersetzung im Lobgedicht von 1564 die wirklich erschöpfende Formulierung der psychisch-ethischen Macht der Musik dar. Beide wären dazu nicht imstande gewesen, wenn nicht die geschichtliche Überlieferung solcher Gedankenwelt durch die Wirklichkeit und Wahrheit ihrer persönlichen Erfahrung bestätigt worden wäre. Dabei handelt es sich nicht um das Erlebnis einer magischen Macht der Musik, sondern um eine Erfahrung, die sich einzig und allein aus dem rechten Gebrauch der Musik vom christlichen Glauben her ergibt. Wesen, Bestimmung und Wirkung der Musik werden vom Glauben an die göttliche Barmherzigkeit her verstanden. Die natürliche musikalische Wirkungsmacht, nämlich zu erfreuen und das schwankende menschliche Wesen auszugleichen, die ihr als Werk der Schöpfung innewohnt, ist für das lutherisch-reformatorische Musikverständnis gleichbedeutend mit der Bestimmung, das Lob Gottes zu verkündigen. In der Vorrede zu seinen Magnificat-Kompositionen von 1557 sagt Walter: „Und hat auch Gott diese Kunst allein darumb erschaffen und gegeben, daß alle Menschen und Creaturn sein göttlich Wort, seine Gnade, herrliche Wohltaten und Barmherzigkeit fürtragen, rühmen, loben und ausbreiten sollen.“

Auch hier ist unmißverständlich von der Musik als solcher, von ihr als Kunst die Rede. In ihrer ganzen Weite mit allen ihren Möglichkeiten hat sie die von Walter ausgeführte Bestimmung. Und es sind nicht allein die Menschen, die diese zu erfüllen haben; auch alle Kreaturen haben daran teil, wobei Walter, so wie es ebenfalls Luther getan hat, insonderheit an die Vögel denkt. Ihr Gesang soll vom Menschen als ein Zeichen von Gottes Barmherzigkeit verstanden werden. Daß von diesem Musikverständnis her auch die reine Instrumentalmusik einen tiefen Sinn und ihre Berechtigung im Gottesdienst empfängt, liegt auf der Hand, so gewiß es andererseits ist, daß Luther und Walter sich von ihrer musikgeschichtlichen Situation her im allgemeinen nur gottesdienstliche Vokalmusik, allenfalls unter Hinzuziehung von Instrumenten, vorstellen konnten. Der grundlegende Gedanke liegt für sie dabei in der Erkenntnis, daß die menschliche Rede und Sprache als Klang und damit als Werkzeug der Mitteilung selbst ein Teil des göttlichen Schöpfungswunders Musik ist. Diese aber hat in dem Worte Jesu Christi ihre tiefste Sinnerfüllung erfahren und empfängt sie daher auch in dem ausdrücklichen Lob Gottes durch den Christen. Luthers lateinischen Satz „Denique homini solo prae ceteris, sermo voci copulatus, donatus est, ut sciret, se Deum laudare oportere verbo et Musica, scilicet sonora praedicatione et mixtis verbis suavi melodiae“ hat Walter mit folgenden Worten übersetzt: „Dem Menschen aber ist allein vor den andern Kreaturen die Stimme mit der Rede gegeben, daß er sollt können und wissen, Gott mit Gesängen und Worten zugleich zu loben, nämlich mit dem hellen, klingenden Predigen und Rühmen von Gottes Güte und Gnade, darinnen schöne Worte und lieblicher Klang zugleich würde gehöret." Gesang ist somit gewiß die Krönung des Umgangs mit Musik. Keinesfalls aber ist er die einzige Möglichkeit ihres rechten Gebrauchs. Neben dem Singen steht für Luther „manches süße Klingen" (s. o.). Und für Walter ist das folgende Distichon überaus bezeichnend:

> Haec Christo Musisque cano, nam tempore nostro est
> Optima res precibus Musica mixta piis.

(Dies – gemeint ist die sechsstimmige Vertonung „Holdseliger, meines Herzens Trost" aus Walters letzter Werksammlung von 1566 – singe ich Christo und den Musen; denn in unserer Zeit ist eine mit frommen Gebeten gemischte Musik das Schönste, was man sich denken kann.) So sehr dieser Vers auf textierte geistliche Musik hinzielt, so nennt er doch die Musen als einen eigenen Bereich, den sie von Gottes Schöpfung her darstellen.

*

Es sei nun die Frage nach der Bedeutung von Walters Musikverständnis für uns und unsere Zeit gestellt. Darüber, daß die Musik von ihm als ein eigenständiger Schöpfungsbereich begriffen wird, mag es wohl keine Diskussion geben. Schwieriger ist die Frage, ob wir auch die Unterscheidung vom rechten und falschen Gebrauch der Musik nach reformatorischem Verständnis übernehmen können; denn dies setzt die Anerkennung der Wirkungsmacht der Musik, wie sie Luther und Walter formuliert haben, voraus. Hier stehen wir angesichts der kompositorischen Entwicklung der geistlichen Musik in unseren Tagen und der Aufgaben, die dieser in der Kirche der Gegenwart zuerkannt werden, zweifellos vor einer tiefgreifenden Problematik. In dem viel beachteten Vortrag über „Ort und Funktion der Musik in einer Kirche der Zukunft", den Christoph Scheytt auf der diesjährigen Kirchenmusiktagung in Bad Boll gehalten hat, wurde hierzu folgendes gesagt: „Die Funktion der Musik in einer Kirche der Zukunft wäre also unter anderem und vielleicht zuerst: Störung der falschen Harmonie durch die Schreie und Seufzer derer, die an der Wirklichkeit zerbrechen und denen die Verheißung gilt, die Verheißung etwa der Seligpreisungen Jesu."[3]

Es kann hier nicht auf die gedanklichen, vor allem theologischen Voraussetzungen, die zu solchen Funktionsbestimmungen der Musik im Gottesdienst führen, eingegangen werden, so aufschlußreich dies auch wäre. Mit Nachdruck sei jedoch gesagt: Eine derartige Formulierung, wie sie Scheytt vollzogen hat, ist nur dort möglich, wo nicht nach dem Wesen der Musik ge-

---

[3] Württembergische Blätter für Kirchenmusik 37. Jg., 1970, Heft 3, S. 66. Dort ist der vollständige Vortrag wiedergegeben.

forscht und nicht von daher ihre eigentümliche gottesdienstliche Aufgabe, insonderheit neben und gegenüber der Predigt, bestimmt wird. Es dürfte bei einem Unternehmen wie dem von Scheytt doch wohl keinesfalls eine Auseinandersetzung mit dem biblisch-reformatorischen Musikverständnis unterbleiben, als existiere dieses gar nicht oder als sei es von vornherein indiskutabel. Ja, auch der, den es zu den Wurzeln evangelischer Musikanschauung treibt, wird sie nicht ungeprüft übernehmen, sondern die Frage stellen: Wo hat denn die Musik ihren natürlichen Sitz im Leben der Menschen (und nicht nur in einer intellektuellen Oberschicht)? Wird er nicht auch heute feststellen: Dort, wo die Menschen sich unterhalten, entspannen und fröhlich sein wollen, und sicherlich auch dort, wo sie sich erheben, anregen, schließlich auch anstacheln und erhitzen lassen wollen? Im letzteren Falle freilich würden die Reformatoren bereits von einem Mißbrauch der Musik gesprochen haben. Bei der Funktionsbestimmung „Störung der falschen Harmonie" hätten sie es auf alle Fälle getan; denn die Musik war für sie eine Gabe Gottes, die auf dessen Güte weist. Kämen die heutigen Kantoren nicht sehr schnell in große Gewissenskonflikte, wenn sie sich Scheytt anschließen würden? Was sollten sie beispielsweise mit den Kinderchören singen? Wäre es dann noch zu verantworten, diese in eine solche angebliche Scheinwelt hineinzuführen, wie sie die herkömmlichen Kinderlieder widerspiegeln?

Das steht doch wohl fest: Würde die Funktion der Musik in einer Kirche der Zukunft so verwirklicht, wie es Scheytt fordert, würden sich die Menschen ihr entziehen. Dann würde auch die Kirchenmusik neben der Problematik der Predigt ihren Teil zur Entleerung der Kirchen beitragen, anstatt daß sie den Gottesdienst über alle Zufälligkeiten theologischer, womöglich sogar pseudotheologischer Aussagen erhebt und ihn mit dem immerwährenden Lobe Gottes rettet. Und käme dies auch zeitgemäß „aus der Tiefe", es bliebe doch, wenn es recht ist, getrostes und fröhliches Rühmen und Preisen.

Man klage nicht den Leichtsinn und die Oberflächlichkeit der Menschen an, wenn diese sich der „Störung der falschen Harmonie" durch die Musik entziehen; denn sie tun es instinktiv deshalb, weil es dem Wesen der Musik widerspricht und auf deren „Denaturierung" (F. Blume) hinausläuft.

Es wäre doch horrend, wenn wir nachgerade ein schlechtes Gewissen beim gottesdienstlich-bekenntnishaften Musizieren von Werken von Johann Walter bis Siegfried Reda bekommen müßten, da es sich allenthalben – und seien die stilistischen Voraussetzungen noch so verschieden – um „harmonische" Musik handelt, und wenn H. H. Eggebrecht mit seinem unfaßbaren Satz „Schütz-Feste sind Totfeierungen Gottes"[4] recht hätte. Ist es denn etwa die vordergründige trügerische Harmonie einer unrealistischen Weltauffassung,

---

4 Vgl. Hans Heinrich Eggebrecht, Schütz und Gottesdienst. Versuch über das Selbstverständnis, Stuttgart 1969, S. 10.

die beispielsweise in der Schütz-Motette „Das ist je gewißlich wahr“ in Erscheinung tritt, in jener Motette, die zum frühen Tode des Freundes J. H. Schein komponiert wurde, der ein unvorstellbar hartes Lebensschicksal in der entsetzlichen Zeit des Dreißigjährigen Krieges hatte? (Wir sollten doch nicht so tun, als ob das Elend unseres Jahrhunderts einmalig sei!) Oder leuchtet nicht auch für uns hinter solcher Harmonie als Realität der Friede Gottes hervor, der höher als alle Vernunft ist, und die Liebe Christi, die alle Erkenntnis übertrifft?

Der rechte Dienst der Musik in der Kirche wird mit der Besinnung auf das Wesen der Musik, wie es ihr von Urzeiten her innewohnt, stehen und fallen. Mit ihm aber haben die Kirchenmusiker in der gärenden Kirche der Gegenwart eine außergewöhnlich hohe Verantwortung, aber auch eine ebenso große Verheißung, dann, wenn sie ihre Aufgabe von Luther und Walter her begreifen. Die Sorge, daß sie sich damit der Problematik unserer Zeit und der konkreten aktuellen Verantwortung, dem ethischen Engagement, entziehen könnten, ist doch wohl gänzlich unbegründet, wo die Frucht solchen Musizierens u. a. die Minderung des Hasses ist und also lebenstüchtig macht. Bei aller theologischen Wirrnis in unserer Zeit sollte wenigstens der rechte Gebrauch der Musik in der Kirche einen durchklingenden Grundton des nie aufhörenden Rühmens Gottes abgeben.

Man halte dem nicht entgegen: „Das ist leicher gesagt als getan! Besteht nicht aller Grund zum Zweifel an der Zukunftsbedeutung der Kirchenmusik und des Kirchenmusikerberufs?“ Der Aufsatz „Verstummt der Spielmann Gottes? Zwischen BAT und Beat: Der evangelische Kantor“ von Eckart Kleßmann in der „Zeit“ vom 26. Juni 1970 und die dort wiedergegebene Äußerung von Rose Kirn „In dreißig Jahren ist unser Beruf tot“ ist allerdings bezeichnend und hat alarmierend gewirkt. Dennoch ist zu sagen: Die Zukunft des Kirchenmusikerberufs wird nicht in erster Linie davon abhängen, ob und wieweit die institutionalisierte Kirche für ihn ein Haus baut, in dem er materiell und künstlerisch existieren kann, ob die persönliche Versorgung wie der kirchenmusikalische Etat hinreichend geregelt sein werden, so unerläßlich dies ist. Sie wird auch nicht vordergründig von der Frage bestimmt, ob bei womöglich tiefgreifenden Strukturveränderungen des kirchlichen Lebens (Ende der Volkskirche und des bisherigen Parochialsystems, Neuregelung der kirchlichen Einkünfte usw.) die Kirchenmusik noch die ihr gebührende Beachtung und Berücksichtigung finden wird. Das alles sind sekundäre Fragen gegenüber der Erfüllung einer unerläßlichen Grundvoraussetzung. Diese aber besteht im Wissen des Kirchenmusikerstandes um seine Aufgabe und um deren Unaufgebbarkeit. Es wird für seine Zukunft entscheidend sein, ob er selbst sein Amt in der rechten Weise zu vertreten und überzeugend zu begründen vermag, wenn das von der Theologie her nicht oder wenigstens nicht hinreichend geschieht. An Helfern wird es ihm gewiß nicht fehlen. Ist es nicht an der Zeit, den Theologen unserer Tage mit Johann Walter ins Gewissen zu reden? Daß die Kirche der Gegenwart eine Theologie benötigt, in der die Theologen die Musik entdecken, weil sie in ihr auf die Herrlichkeit Gottes stoßen, das ist für sie geradezu eine Lebensfrage; denn eine Kirche ohne doxologische Theologie ist eine kranke Kirche.

Beide freilich, Kirchenmusiker und Theologen, sind darin in der gleichen Lage, daß sie den Schatz im Acker, das Kleinod Musik in der Theologie, im göttlichen Wort, nicht allein durch eigenes Bemühen finden werden. Am Ende unserer Überlegungen muß ganz sicher der Ruf stehen:

Veni, creator spiritus!

# Johann Walters Chorgesangbuch von 1524 in hymnologischer Sicht

## Zum Beginn der Geschichte des evangelischen Kirchenliedes vor 450 Jahren

### *I. Vorüberlegungen*

Das 400jährige Jubiläum des evangelischen Gesangbuchs im Jahre 1924 stand in einem wesentlich anderen Licht als das 450. in diesem Jahre. In seiner damaligen Festschrift „Das evangelische Lied von 1524" schrieb Julius Smend (S. 83): „Am 18. Mai (Sonntag Kantate) wird in allen evangelischen Kirchen deutscher Zunge Festgottesdienst gehalten, und darin durch Wort und Ton daran erinnert, was Luthers Geist in Lied und Gesangbuch uns neben der Bibel gab. Man darf feststellen, daß diese Jubiläumsfeier weit über den Kreis des ‚Kirchenvolks' hinaus bei allen Gutwilligen und Unvoreingenommenen lebendige Anteilnahme erweckt."[1] Eine solche Erwartung konnte im Jahre 1974 niemand haben; denn der praktische Wert des evangelischen Kirchenliedes wird heute weithin von der Kirche selbst in Frage gestellt, und im allgemeinen öffentlichen Leben schwindet dessen Kenntnis und Bedeutung zusehends. Die Besinnung auf die bleibende Aktualität des Kirchenliedes erscheint daher bei all denen, die in ihm ein unaufgebbares Gut nicht nur der Kirche, sondern auch der abendländischen Kultur sehen, in der Gegenwart als vordringlichstes Erfordernis. Darüber sollte die historische Forschung jedoch keinesfalls vernachlässigt werden; denn letzten Endes will und muß auch diese einer solchen Besinnung dienen, indem sie ständig neue Aufschlüsse und Erkenntnisse über Gestalt und Wesen des Kirchenliedes vermittelt, die dem Leben und dem Umgang mit ihm nur zugute kommen können.

Man sollte freilich meinen, daß über das hoch bedeutsame Jahr 1524 genug geforscht sei, gibt es doch über die Anfänge des evangelischen Gesangbuchs aus den letzten rund 150 Jahren eine kaum übersehbare Literatur. Jeder Kenner weiß jedoch, daß dies absolut nicht zutrifft, und es ist bei der umfangreichsten und darum wichtigsten Quelle für den Beginn der Geschichte

---

[1] Smends Festschrift erschien in: Schriften des Vereins für Reformationsgeschichte Jg. 42 (Nr. 137), Leipzig 1924.

des evangelischen Kirchenliedes, bei Johann Walters Chorgesangbuch – der originale Titel lautet wenig besagend „Geystliche Gesangk Büchleyn“ –, die brennendste Frage, nämlich die nach Luthers Anteil an diesem Werk, bisher keineswegs befriedigend beantwortet worden. Bis in die neueste Literatur hinein wird zumeist eine unmittelbare Beteiligung des Reformators an Walters Sammlung behauptet, ohne daß dies im einzelnen bewiesen wird. Dafür ein paar Beispiele: J. Smend spricht in seiner Festschrift in diesem Zusammenhang „von Luthers Aufsicht“ (S. 28), Wilhelm Ehmann in einer Notenbeilage der MGkK von „Luthers Anleitung“ (36. Jg. 1931, S. 346), Otto Schröder in der Walter-GA I, S. VIII, von „Luthers ureigenster Anregung“ und persönlichen Redaktion sowie Markus Jenny in seiner „Geschichte des deutsch-schweizerischen evangelischen Gesangbuches im 16. Jhd.“ (Basel 1962) von „Luthers Mitarbeit“ (S. 241); das gleiche tut auch Günter Birkner in seinem für die vorliegende Arbeit besonders wichtigen Aufsatz „Zur Chronologie und Abhängigkeit der älteren Quellen des deutschen evangelischen Kirchenlieds“ (JbLH 12. Bd. 1967, S. 118 ff.), und noch bestimmter behauptet er bei der Behandlung der inhaltlichen Gestaltung des Chorgesangbuchs „Luthers persönlichen Eingriff“ (S. 120). Derartige Feststellungen liegen in Anbetracht der dreifachen Tatsache, daß Luther für Walters Werk bekanntlich die erste seiner verschiedenen Gesangbuch-Vorreden verfaßt hat, daß dieses ferner für mehrere Luther-Lieder die früheste Quelle ist und schließlich, daß es in Wittenberg gedruckt wurde, zwar nahe, aber es hat doch den Anschein, daß alle diese Meinungen mehr oder weniger ungeprüft aus Wilhelm Luckes eingehenden Untersuchungen in Bd. 35 der LW (Weimar 1923) übernommen worden sind. Denn worauf sich nun im einzelnen Luthers Mitwirkung bei Walters Chorgesangbuch bezogen und wie weit sie sich erstreckt haben soll, ob auf die Auswahl der Lieder, ob auf Bereitstellung auch von einer Anzahl von Texten und Melodien, ob auf die Anordnung von Walters Sätzen, ob auf dieses alles oder ob nur auf das eine oder andere, ja ob überhaupt Walter oder nicht gar Luther die Redaktion und Herausgabe besorgt hat, das ist bisher völlig offen geblieben; denn der Originaldruck gibt über alle diese Fragen keine Auskunft. Weder die Namen von Walter und Luther noch der des Druckers sind in den erhaltenen drei Stimmbüchern (Diskant, Tenor und Baß; Alt und Vagans sind verschollen) genannt. Lediglich als Verfasser der Vorreden erscheint der Name des Reformators. Nur am Ende der Altstimme des nahezu unveränderten Nachdrucks, den Peter Schöffer vom Chorgesangbuch bereits 1525 in Worms – dorthin hatte er 1518 seine Werkstatt von Mainz verlegt – veranstaltete, steht lediglich „Autore Joanne Walthero“, was allerdings einiges besagt. Allgemein nimmt man an (beweisen läßt es sich freilich nicht), daß die gleiche Angabe auch auf der verlorenen Altstimme von 1524 gestanden hat. Als Drucker von 1524 vermutet man seit LW 35 den bekannten Joseph Klug, der damals noch in der gemeinsam von Lukas Cranach d. Ä. und dem Goldschmied Christian Döring betriebenen Werkstatt tätig war, jedoch um diese Zeit angeblich bereits mit seinem selbständigen Unternehmen begann. Aber bewiesen ist auch dies nicht[2].

Wieweit tatsächlich bis heute die Vorstellungen über die Entstehung des Chorgesangbuchs auseinandergehen, das sei am folgenden, für unseren Zusammenhang besonders wichtigen Beispiel gezeigt: Während Hans Joachim Moser in der Behandlung der Liedweisen zu den Luther-Liedern in LW 35, S. 485 ff., bereits andeutungsweise den Reformator selbst in erster Linie als den Schöpfer der betreffenden Melodien bezeichnete, was er in seiner späteren Veröffentlichung „Die Melodien der Lutherlieder" (Leipzig 1935) dann ausdrücklich getan hat, sagte Smend in der genannten Festschrift, also nur ein Jahr nach dem Erscheinen von LW 35, über Walters Chorgesangbuch: „Luther schrieb das Vorwort, Walter schuf die Chorsätze und die Melodien, diese wenigstens zum Teil. Aber der Herausgeber ist Luther selbst." Ein merkwürdig vager Satz hinsichtlich der Melodien des Werks, dem man schwerlich noch Wissenschaftlichkeit zuerkennen kann wie ebensowenig der Behauptung der Herausgeberschaft Luthers, für die der Originaldruck keinerlei Anhaltspunkte gibt! Aber auch H. J. Moser blieb in seinen Veröffentlichungen Beweise schuldig. Die Ungewißheit hinsichtlich des Umfangs von Luthers Beteiligung an Walters Werk aber hat sich bis in die jüngste Gegenwart bei der Frage nach der Herkunft der Weisen von Walters Sätzen am stärksten ausgewirkt; hier herrscht nach wie vor weitgehende Ratlosigkeit. Sie zeigt sich deutlich beim EKG, dessen Bearbeiter aus dieser Sachlage die einzig mögliche Folgerung gezogen und in den meisten Fällen bei den betreffenden Melodien lediglich „Wittenberg 1524", gegebenenfalls mit zusätzlichem Hinweis auf vorreformatorischen Ursprung, angegeben haben. Nur bei ganz wenigen Weisen des Jahres 1524 wird Luthers Name als Melodie-Schöpfer genannt, nirgends jedoch der Johann Walters, des musikalischen Bearbeiters des Chorgesangbuchs. Ist es aber nicht unwahrscheinlich, daß dieser bei der Beschaffung der Melodien unbeteiligt gewesen sein soll?

Nach alledem mag es an der Zeit sein, dem Fragenkomplex der frühesten Geschichte des evangelischen Kirchenliedes erneut nachzugehen. Das soll im folgenden durch eine eingehende hymnologische Untersuchung von Walters Chorgesangbuch geschehen. Dabei wird es sich vor allem um zwei Aufgaben handeln müssen, einmal um eine Betrachtung der inhaltlichen Gestaltung des Werks und zum andern ganz besonders um eine Untersuchung der Cantus firmi von Walters Sätzen, die über bloße Mutmaßungen hinausführen. Es soll bei unserm gesamten Vorhaben vielmehr eine Arbeitsmethode angewendet werden, die u. E. zu einigermaßen, wenn nicht gar völlig sicheren Ergeb-

---

[2] Vgl. H. Volz, Die Wittenberger Gesangbuchdrucker Joseph Klug und Hans Lufft, JbLH 4. Bd. 1958/59, S. 130, der übrigens ebd. von dem „von Luther selbst redigierten" Chorgesangbuch spricht.

nissen führt. Daraus wird sich dann zugleich ein zuverlässiges Urteil über Luthers Anteil an Walters Chorgesangbuch ergeben.

Jedoch, bevor wir diese Aufgaben in Angriff nehmen, muß das zeitliche und inhaltliche Verhältnis von Walters Chorgesangbuch zu den übrigen Gesangbüchern des Jahres 1524 aus Luthers Umkreis kurz behandelt werden[3]. Das in Nürnberg von Jobst Gutknecht gedruckte Achtliederbuch, zweifellos das früheste evangelische Gesangbuch (falls man diese Bezeichnung hier überhaupt gebrauchen will), hat bei der Zusammenstellung von Walters Chorgesangbuch zwar vorgelegen, aber nur geringe unmittelbare Dienste getan; denn verschiedentlich weichen beide Veröffentlichungen bei den Fassungen gemeinsamer Lieder voneinander ab. Darauf werden wir, soweit dies für unseren Zusammenhang von Bedeutung ist, zu sprechen kommen[4]. Die beiden, nahezu völlig übereinstimmenden Erfurter Enchiridien aus der Offizin von Johann Loersfeld und von Mathes Maler haben bei der Redaktion des Chorgesangbuchs, wie sich weiter unten noch zeigen wird, überhaupt nicht vorgelegen, obwohl diese mit größter Wahrscheinlichkeit früher fertiggestellt waren als jenes[5]. Keinesfalls war den Bearbeitern der Erfurter Enchiridien das Chorgesangbuch damals bereits bekannt, was dessen Priorität voraussetzen würde. Es wird dies durch J. Loersfelds kleine Veröffentlichung „Etliche Christliche Gesenge und Psalmen / wilche vor bey dem Enchiridion nicht gewest synd« aus dem Jahre 1525 bewiesen. Diese Sammlung enthält nämlich nicht nur Luthers Vorrede zum Chorgesangbuch, sondern auch mehrere Lieder daraus als Nachtrag zu Loersfelds Veröffentlichung aus dem Vorjahr. In zwei Fällen hat er dabei einfach den Tenor aus Walters Sätzen genauso, wie er dort notiert ist, d. h. mit den Pausen zu Beginn, die allein im Zusammenhang der polyphonen Bearbeitung einen Sinn haben, abgedruckt[6].

Die somit getroffene Feststellung, daß sicherlich keins der drei übrigen Gesangbücher dem Chorgesangbuch als Vorlage und Anknüpfung gedient hat, macht nun freilich unsere Untersuchung nicht leichter; es sei denn, man wollte daraus, wie es bisher in den meisten Fällen geschehen ist, den Schluß ziehen, daß Luther selbst bei dessen Entstehen persönlich beteiligt gewesen sei. In der Tat scheinen die folgenden Worte seiner Vorrede eine solche Folgerung zu stützen; Luther sagt dort im Anschluß an die biblische Begründung der Gottwohlgefälligkeit des Singens geistlicher Lieder und Psalmen „Auff das dadurch Gottes wort und Christliche lere / auf allerley weise getrieben

[3] Auf Einzelheiten und vor allem auf strittige Fragen gehe ich nicht ein und verweise statt dessen auf G. Birkners bereits erwähnten Aufsatz in JbLH 12. Bd. 1967, S. 118ff.

[4] Es sei hier die von K. Ameln besorgte und mit einem Geleitwort versehene Faks.-Ausg. des Achtliederbuchs, BVK 1957, erwähnt; s. auch JbLH 2. Bd. 1956, S. 89–91.

[5] Vgl. hierzu LW 35, S. 5ff. und zur Ergänzung wieder G. Birkner, a.a.O., S. 118ff.

[6] Das kleine Heft wurde erst 1942 von M. von Hase in der Kirchenbibliothek von Arnstadt wieder entdeckt und 1952 von R. Jauernig in einer mit einem Geleitwort versehenen Faks.-Ausg. als Veröff. der Ev.-Luth. Kirche in Thüringen herausgegeben.

und geübt werde" zu Beginn des zweiten Absatzes: „Demnach hab ich auch / sampt ettlichen andern / zum guten anfang vnd Vrsach zu geben denen die es besser vermögen / etliche geistliche Lieder zusamen gebracht / das heylige Euangelion ... zu treiben und in schwang zu bringen."[7] Aus diesen Worten folgert Gerhard Hahn: „Luther hat die Vorreden beigesteuert und selbst mitgewirkt, wie aus ihr hervorgeht, sampt ettlichen andern, wobei vor allem an Johann Walter, den kurfürstlichen Musiker, zu denken ist."[8] Ist dieser Schluß zwingend? Bezieht sich dieser Satz des Reformators tatsächlich speziell auf das Chorgesangbuch? Etwas stutzig machen die ein wenig später folgenden Worte „Und sind dazu auch ynn vier stymme bracht". Hat sich Luther hier großzügig ausgedrückt oder hat er tatsächlich nicht gewußt, daß Walters Sammlung drei- bis fünfstimmige Sätze enthält, von denen die elf fünfstimmigen (nicht mitgezählt drei weitere mit lat. Text) das Hauptgewicht unter den insgesamt 43 Stücken haben? Muß von daher gesehen nicht mit der Möglichkeit gerechnet werden, daß Luther Walters Werk vor der Drucklegung gar nicht zu Gesicht bekommen hat? Freilich kann sich auf Luthers Worte „ynn vier stymme bracht" eine Beweisführung hinsichtlich seiner Beteiligung an Walters Werk nach keiner Richtung hin allein stützen; es können diese Worte tatsächlich auch in einer gewissen Flüchtigkeit und nicht aus Unkenntnis niedergeschrieben sein. Wie aber steht es mit Luthers Äußerung, daß er gemeinsam mit verschiedenen andern „zum guten Anfang", gleichsam als Anstoß, etliche Lieder „zusamen gebracht" habe? Schwerlich lassen sich diese Worte speziell auf das Chorgesangbuch deuten, denn dieses steht ja nicht am allerersten Anfang der Liedbeschaffung; das Achtliederbuch und verschiedene Einzeldrucke sowie mit größter Wahrscheinlichkeit auch die Erfurter Enchiridien, von denen Luther entgegen Walter sicherlich sehr bald nach deren Erscheinen Kenntnis erhalten hat, sind ihm vorausgegangen. So wird man kaum fehl gehen, wenn man Luthers Worte allgemein auf die Bereitstellung geistlicher Lieder vom Spätjahr 1523 an bezieht; erinnern sie doch auffallend an seinen bekannten Brief an Spalatin, der spätestens Anfang 1524, wenn nicht noch Ende 1523 geschrieben worden ist. Hier findet sich nicht nur die gleiche Zweckbestimmung vom geistlichen Lied („quo verbum dei vel cantu inter populos maneat"), sondern auch der Gedanke, daß Luthers eigene dichterische Tätigkeit nur Anstoß und

[7] Die Vorr. ist häufig abgedr. worden; es sei lediglich verwiesen auf LW 35, S. 474 f. und die von G. Hahn besorgte Ausg. Martin Luther, Die deutschen geistlichen Lieder (Neudrucke deutscher Literaturwerke Neue Folge 20, hrsg. von R. Alewyn), Tübingen 1967, S. 56 f. In Bd. I der GA von J. Walters Werken (BVK 1941, Nachdr. 1953) ist auf S. III Luthers Vorrede nach der letzten Ausg. des Chorgesangbuchs von 1551 in Faks. abgedruckt. Die Zitate sind in der hier überlieferten Schreibweise wiedergegeben.

[8] A.aO., S. IX; Hahn fährt dann fort: „Art und Ausmaß der Mitwirkung Luthers an dieser für den Chor bestimmten Slg., der keine einheitliche Druckvorlage zugrunde lag, ist im einzelnen noch nicht bestimmt."

Anregung geben solle („Quaerimus itaque undique poetas")[9]. Zweifellos spiegelt seine Vorrede zum Chorgesangbuch die allgemeine Situation vom Beginn des evangelischen Gemeindegesangs in den Jahren 1523/24 wider und meint gewiß nicht das spezielle Unternehmen dieser mehrstimmigen Sammlung. Sie erlaubt daher auch keine Schlüsse über Art und Umfang von Luthers Beteiligung an diesem Werk. Dies wird allein aus einer genauen Betrachtung seines Inhalts zu ermitteln sein.

## *II. Die Anordnung der Stücke des Chorgesangbuchs*

Es mag überraschen, daß die Anordnung des Inhalts von Walters Werk vor einer Bestandsaufnahme im einzelnen behandelt werden soll. Jedoch liegen hier nur geringe Probleme vor, während die Fülle der Fragen erst die einzelnen Lieder stellen.

Wir geben zunächst den Gesamtinhalt des Chorgesangbuchs wieder und vermerken hinter den einzelnen Liedern, außer den jeweiligen Dichter, wie Wilhelm Lucke in LW 35, S. 22f., deren Anordnung erklärt, behalten jedoch die orig. Zählung bei:

1. Nun bitten wir den Heiligen Geist (Luther)
2. Komm, Heiliger Geist, Herre Gott (Luther)
3. Mitten wir im Leben sind (Luther)
4. Aus tiefer Not schrei ich zu dir (Luther)
5. Gott sei gelobet und gebenedeiet (Luther)

6. Ein neues Lied wir heben an (Luther)
7. Dein armer Hauf, Herr, tut klagen (M. Styfel)
8. Ach Gott, vom Himmel sieh darein (Luther)

9./11. Christ lag in Todes Banden (Luther)

12. Es wollt uns Gott genädig sein (Luther)
13. Erbarm dich mein, o Herre Gott (E. Hegenwalt)
14./15. Nun freut euch, lieben Christen gmein (Luther)
16./17. Durch Adams Fall ist ganz verderbt (L. Spengler)

18. Dies sind die heilgen zehn Gebot (Luther)
19. Mensch, willst du leben seliglich (Luther)

20. Nun komm, der Heiden Heiland (Luther)
21. Christum wir sollen loben schon (Luther)
22. Gelobet seist du, Jesu Christ (Luther)

23./24. Jesus Christus unser Heiland, der von uns (Luther) Abendmahl

[9] Vgl. den Brief an Spalatin in LW Briefe 3, S. 220 sowie auch bei G. Hahn, a.a.O., S. 65f.

25. Fröhlich wollen wir Halleluja singen (J. Agricola) Allgem. festlich

26. Wohl dem, der in Gottes Furchte steht (Luther) Epiphanias

27. Mit Fried und Freud ich fahr dahin (Luther)
28. Wär Gott nicht mit uns diese Zeit (Luther)

29. Herr Christ, der einig Gotts Sohn (E. Cruciger) Epiphanias

30. Es spricht der Unweisen Mund wohl (Luther) Vorfastenzeit

31./32. Jesus Christus, unser Heiland, der den Tod (Luther) Ostern

33. Komm, Gott Schöpfer, Heiliger Geist (Luther) Pfingsten

34. Gott der Vater, wohn uns bei (Luther)
35. Wir glauben all an einen Gott (Luther)

36. Es ist das Heil uns kommen her (P. Speratus)
37. Hilf Gott, wie ist der Menschen Not (P. Speratus)
38. In Gott gelaub ich, daß er hat (P. Speratus)

39./43. Die lateinischen Stücke.

Nachträglich eingefügte Gruppe
Die Not der Zeit
Hilfe aus der Not
Das Gesetz
Weihnachten
Mariä Reinigung
Trinitatis
Sondergruppe von Liedern des
P. Speratus

Es ist leicht zu erkennen, daß Luckes Deutung der Anordnung äußerst anfechtbar ist. Nr. 9–11 „Christ lag in Todes Banden" paßt auch nach seiner eigenen Meinung nicht an diese Stelle; er vermutet hier ein Versehen des Drukkers. Nicht einzureihen vermag er die Stücke 1–5 und deren Stellung am Anfang nur so zu deuten, daß diese Sätze erst nach Druckbeginn des Chorgesangbuchs für Pfingsten 1524 entstanden und nachträglich hinzugekommen seien; ursprünglich habe, so meint Lucke, sinnvollerweise Nr. 6 „Ein neues Lied wir heben an" am Anfang gestanden. Dagegen hat Günter Birkner mit Recht eingewandt, daß gerade die Stücke 1–5 zu Beginn einen besonders sinnvollen Platz als Anrufung des Heiligen Geistes und als Bußruf einnehmen. Es sei besonders in Deutschland weit verbreitet gewesen, „dem Introitus der Messe das ‚Deus in adiutorium' vorausgehen zu lassen, das … die ‚Praeparatio ad Missam' einleitet und vom Hymnus ‚Veni creator spiritus' gefolgt wird"[10]. Es läßt sich freilich noch mehr gegen Luckes Deutung sagen: In der Frühzeit des evangelischen Kirchenliedes konnte in Anbetracht des geringen vorhandenen Bestands keinesfalls eine so weitgehende Detempore-Festlegung der einzelnen Lieder vorgenommen werden, wie er sie annimmt.

Man macht sich dabei auch falsche Vorstellungen über die Schnelligkeit von deren Einführung, die bei dem geringen Bildungsstand der durchschnittlichen Bevölkerung und der Tatsache, daß man ohne Gesangbücher zum Gottesdienst ging, wesentlich schwieriger war als gemeinhin angenommen wird. Zum einzelnen folgende Hinweise: Daß „Nun bitten wir den Heiligen Geist" abgesehen vom Beginn des Gottesdienstes regelmäßiges Lied im Verkündigungsteil, nämlich zwischen den Lesungen anstelle des Graduale, sein konnte, zeigt Luthers Deutsche Messe von 1525/26; „Wir glauben all an einen Gott", das „Patrem deutsch", wie es bei Walter und auch sonst in den reformatorischen Gesangbüchern heißt, war in allererster Linie, wenn in der Frühzeit der Reformation nicht sogar ausschließlich, Credolied und keineswegs insonderheit für Trinitatis vorbehalten; Luthers im Jahre 1524 veröffentlichte Psalm-Lieder hatten sicherlich keinen eng begrenzten Detempore-Bezug, sie waren als Gebets-Lieder für jede Zeit des Kirchenjahres gemeint. Wie hartnäckig sich jedoch derartige falsche Vorstellungen, wie sie W. Lucke zum Ausdruck gebracht hat, halten, zeigt Christoph Albrecht, wenn er in seiner kürzlich erschienenen „Einführung in die Hymnologie" (Berlin 1973) über Walters Werk schreibt: „Besonders zahlreich sind in diesem Chorgesangbuch Bearbeitungen von Haupt-Liedern vertreten, also von Liedern, die sich auf das Sonntagsevangelium beziehen" (S. 79). Albrecht hat sich hier offenbar insonderheit Walter Reindell angeschlossen, der nach W. Lucke den planvollen Detempore-Charakter von Walters Chorgesangbuch am nachdrücklichsten vertreten hat[11].

Welches Ordnungsprinzip liegt aber dem Chorgesangbuch in Wirklichkeit zugrunde? Offensichtlich überhaupt kein streng durchgeführtes! Es sind gewiß Ansätze dazu erkennbar, wenn in Nr. 1–4 die Bitte um den Heiligen Geist und der Bußruf an den Anfang gestellt werden, wenn die beiden Zehn-Gebote-Lieder unmittelbar aufeinander folgen (Nr. 18 und 19) und bei Nr. 20–22 drei Weihnachtslieder beieinander stehen. Im übrigen aber erscheint die Anordnung völlig zufällig und willkürlich. Die Osterlieder stehen an zwei weit voneinander getrennten Stellen (Nr. 9–11 und Nr. 31–32); Luthers Psalm-Lieder sind über die gesamte Sammlung verstreut, ohne daß – mit Ausnahme lediglich von „Aus tiefer Not" (Nr. 4) – dabei ein Sinn erkennbar wäre; die beiden Credo-Lieder „Wir glauben all" und „In Gott gelaub ich" stehen bei Nr. 35 und 38, unterbrochen durch ganz andersartige

[10] G. Birkner, a.a.O., S. 119.

[11] Vgl. W. Reindell, Das De-tempore-Lied des ersten Halb-Jhs. der reform. Kirche, Würzburg 1942, S. 93f.

Lieder[12]. Die Hinweise ließen sich noch lebendig vermehren. Birkners im Hinblick auf die Anfangsgruppe geäußerte Ansicht: „Diesen Zusammenhang nicht sehen, heißt, Luthers persönlichen Eingriff in die vorliegende Ordnung der Lieder in Walters Chorgesangbuch verkennen"[13], kann sich doch wohl nur auf den Beginn der Sammlung und auch hier wohl schon kaum noch auf „Gott sei gelobet und gebenedeiet" (Nr. 5), das in der Deutschen Messe von 1525/26 unter den sub communione-Liedern genannt wird, beziehen. Aber warum sollte man nicht auch Johann Walter bei seinem hohen Bildungsgrad, den er sich auf der Universität Leipzig erworben hatte[14], eine solche Anordnung, die sich zudem an die Tradition anlehnt, zutrauen? Jedenfalls möchten wir darin noch keinen Beweis für Luthers Mitwirkung an der Sammlung sehen, zumal beim weiteren Inhalt, allen bisherigen Deutungsversuchen zum Trotz, keine Folgerichtigkeit erkennbar wird.

Wie aber ist dann die Anordnung von Walters Chorgesangbuch zustande gekommen? Auf diese Frage gibt es doch wohl nur eine Antwort: Im großen und ganzen hat sich die Reihenfolge mit dem Fortgang von Walters kompositorischer Tätigkeit, d. h. mit der Fertigstellung der einzelnen Liedsätze, ergeben. Dieser Eindruck wird bestärkt durch einen Vergleich mit der dritten und den darauffolgenden Auflagen (die zweite von 1525 ist nur ein Nachdruck der ersten), in denen mancherlei Umstellungen, und zwar in erster Linie unter musikalischen Gesichtspunkten, vorgenommen sind. Einen Sonderfall bildet der Satz von „Komm, Gott Schöpfer, Heiliger Geist", der von der dritten Auflage an als Nr. 2 erscheint, während er ursprünglich Nr. 33 war; ein Beweis, daß er nicht speziell als Pfingstlied gemeint war, wie Lucke angenommen hat, sondern als allgemeines Bittlied nach „Komm, Heiliger Geist, Herre Gott" nunmehr mit am Anfang stehen sollte.

Man wird bei der Frage nach der sachlichen Ordnung des Chorgesangbuchs zu keinem rechten Ergebnis kommen, wenn man sie nicht aus Walters Lebensumständen heraus betrachtet und sich nicht vor Augen stellt, welche enorme künstlerische Leistung der 28jährige Bassist und Hofkomponist der kurfürstlichen Kapelle in Torgau mit der ersten Auflage seines Chorgesangbuchs im Jahre 1524 vollbracht hat. Wurde dieses doch genau 20 Jahre vor dem einzigen vergleichbaren musikalischen Werk im Zeitalter der lutherischen Reformation vollendet, nämlich den „Newe Deudsche Geistliche Ge-

---

[12] Leider vermittelt die Walter-GA kein Bild über die Anordnung der ersten Aufl. des Chorgesangbuchs; ein solches kann man nur, abgesehen von der mitgeteilten Aufstellung in LW 35, S. 22 f., aus O. Kades Veröff. von Walters Erstlingswerk im VII. Bd. der Publikationen älterer praktischer und theoretischer Musikwerke (Berlin 1878) gewinnen. Bd. 1 der Walter-GA enthält die deutschen Liedsätze der letzten Aufl. des Chorgesangbuchs von 1551 und Bd. 3 die der ersten Aufl., die Walter später wieder ausgeschieden hat.

[13] G. Birkner, a.a.O., S. 120.

[14] Darüber wird meine in Vorbereitung befindliche Monographie über den Torgauer Kantor Näheres bringen.

senge", die Georg Rhau 1544 in Wittenberg als Sammlung von Liedsätzen einer ganzen Anzahl von Komponisten herausbrachte. Es ist nicht vorstellbar, daß der junge Johann Walter auch bei großer Schaffenskraft bis spätestens zur Jahresmitte mit seiner Arbeit soweit vorangekommen war, daß dann noch genug Zeit blieb, die gesamte Niederschrift, sei es durch ihn selbst oder durch Luther, in eine gute Ordnung zu bringen, ohne daß die Fertigstellung des Werks bis spätestens zum Frühherbst in Frage gestellt worden wäre.

Aus allem Gesagten ergibt sich, daß auch die innere Gliederung des Chorgesangbuchs keine verläßlichen Anhaltspunkte für eine Mitwirkung Luthers bei diesem Werk bietet. Wir wenden uns daher nunmehr dem Inhalt der Sammlung im einzelnen, und zwar zunächst den Texten, zu.

## *III. Die Liedtexte des Chorgesangbuchs*

Das Chorgesangbuch bringt folgende sechs Lieder Luthers zum ersten Mal und ist für sie daher die früheste Quelle, soweit nicht einzelne Strophen aus vorreformatorischer Zeit stammen:

Gott der Vater, wohn uns bei
Mensch, willst du leben seliglich
Mit Fried und Freud ich fahr dahin
Nun bitten wir den Heiligen Geist
Wär Gott nicht mit uns diese Zeit
Wir glauben all an einen Gott.

Dazu kommt die fünfstrophische Fassung von „Aus tiefer Not schrei ich zu dir", das sowohl im Achtliederbuch wie in den Erfurter Enchiridien nur vier Strophen hat (es fehlt die dritte der endgültigen Fassung) und dessen zweite Strophe hier noch wesentlich anders lautet.

Auch drei Lieder anderer Dichter erscheinen in Walters Sammlung zum ersten Mal im Druck:

Fröhlich wollen wir Halleluja singen (Johann Agricola)
Dein armer Hauf, Herr, tut klagen (Michael Styfel)
Durch Adams Fall ist ganz verderbt (Lazarus Spengler)

Von dem weiteren Inhalt hatten vier Lieder bereits im Achtliederbuch gestanden und sind gewiß durch dieses in das Chorgesangbuch wie ebenfalls auch in die Erfurter Enchiridien gekommen. Es sind dies:

Nun freut euch, lieben Christen gmein
Ach Gott, vom Himmel sieh darein
Es spricht der Unweisen Mund wohl
Aus tiefer Not schrei ich zu dir.

In den beiden Erfurter Enchiridien stehen folgende 14 weitere Lutherlieder, die auch das Chorgesangbuch enthält:

Christ lag in Todes Banden

Christum wir sollen loben schon
Dies sind die heilgen zehn Gebot
Ein neues Lied wir heben an
Es wollt uns Gott genädig sein
Gelobet seist du, Jesu Christ
Gott sei gelobet und gebenedeiet
Jesus Christus unser Heiland, der den Tod überwand
Jesus Christus unser Heiland, der von uns den Gotteszorn wandt
Komm, Gott Schöpfer, Heiliger Geist
Komm, Heiliger Geist, Herre Gott
Mitten wir im Leben sind
Nun komm, der Heiden Heiland
Wohl dem, der in Gottes Furchte steht.

In den Erfurter Enchiridien und in Walters Chorgesangbuch findet sich sodann noch folgendes gemeinsames Liedgut anderer Dichter:

Erbarm dich mein, o Herre Gott (Erhart Hegenwalt)
Herr Christ, der einig Gotts Sohn (Elisabeth Cruciger)
Hilf Gott, wie ist der Menschen Not (Paulus Speratus)
In Gott gelaub ich, daß er hat (Paulus Speratus).

Mit 24 Lutherliedern (es sei noch einmal betont, daß es sich bisher ausschließlich um die Texte handelt) steht Walters Chorgesangbuch unter den vier erwähnten Gesangbüchern es Jahres 1524 zahlenmäßig an erster Stelle; fünf Lieder hat es über die Erfurter Enchiridien hinaus. Könnte dies nicht ein Beweis dafür sein, daß Luther an ihm mitgearbeitet hat? Gewiß besteht die Möglichkeit, daß Walter diese fünf Lieder direkt vom Reformator als die zuletzt, vielleicht erst im Frühsommer 1524 entstandenen bezogen hat; aber es muß auch damit gerechnet werden, daß er sie aus zweiter Hand, vielleicht durch Abschriften oder Flugblätter bekam, wie ja auch die Bearbeiter der Erfurter Enchiridien ihr Material nicht aus erster Hand erhalten haben.

Nicht anders steht es mit den Liedern der anderen Dichter, die neben Luther im Chorgesangbuch vertreten sind, von J. Agricola, E. Cruciger, E. Hegenwalt, P. Speratus und M. Styfel. Deren Texte können von Luther vermittelt worden sein, müssen es aber nicht, Walter kann sie alle auch ebensogut von diesen selbst – sie haben sich wahrscheinlich ausnahmslos in jenen Jahren länger oder kürzer in Wittenberg aufgehalten, Elisabeth Cruciger war dort seit Mai oder Juni d. J. sogar ansässig – oder durch andere Überbringer erhalten haben. Hegenwalts „Erbarm dich mein, o Herre Gott“ lag zudem seit Anfang 1524 in einem Einzeldruck vor.

So ergibt sich auch aus den Texten des Chorgesangbuchs nichts über Luthers direkte Beteiligung an dessen Entstehung. Es bleibt auch hier sowohl die Möglichkeit seiner Mitwirkung in irgendeiner Form als auch das Gegenteil offen. Gewiß darf die Tatsache, daß das Chorgesangbuch für sechs Luther-Lieder die früheste Quelle und für ein weiteres die seiner Endfassung ist, nicht aus den Augen verloren werden; jedoch auch die drei übrigen Gesangbücher von 1524 sind Primärquellen von Luther-Liedern, ohne daß der Reformator bei deren Redaktion und Herausgabe beteiligt gewesen ist. So bieten sich schließlich die im Chorgesangbuch von Walter bearbeiteten Melodien, deren Untersuchung wir uns nunmehr als unserer Hauptaufgabe zuwenden, die einzige Möglichkeit, Licht in das bisherige Dunkel von dessen Entstehungsgeschichte zu bringen.

## *IV. Die Melodien des Chorgesangbuchs*
### *Übersicht und Allgemeines*

Die in Walters Chorgesangbuch bearbeiteten Melodien kann man in drei Gruppen einteilen, erstens in die bereits in vorreformatorischer Zeit nachweisbaren (sie gehören fast ausnahmslos dort bereits zu geistlichen Texten), zweitens in diejenigen „neuen", die es mit dem Achtliederbuch oder den Erfurter Enchiridien oder auch mit allen drei Gesangbüchern gemeinsam hat, und drittens in die hier zum ersten Mal erscheinenden.

Zur ersten Gruppe gehören folgende Melodien:

Christum wir sollen loben schon** (Hymnus-Melodie „A solis ortus cardine", 6. Jh.),
Dies sind die heilgen zehn Gebot** (die Leise „In Gottes Namen fahren wir", 13. Jh.),
Es ist das Heil uns kommen her** (15. Jh.),
Gelobet seist du, Jesu Christ (gleichnamige Leise, früheste Aufzeichnung aus dem 15. Jh.),
Gott sei gelobet und gebenedeiet* (15. Jh.),
Jesus Christus unser Heiland, der von uns den Gotteszorn wandt** (15. Jh.),
Komm, Gott Schöpfer, Heiliger Geist** (Hymnus-Melodie „Veni creator spiritus", um 1000),
Komm, Heiliger Geist, Herre Gott** (15. Jh.),
Mitten wir im Leben sind* (15. Jh.),
Nun bitten wir den Heiligen Geist (gleichnamige Leise, 14. Jh.),
Nun komm, der Heiden Heiland** (Hymnus-Melodie „Veni redemptor gentium«, 12. Jh.),
Wir glauben all an einen Gott (15. Jh.)

Von den auf dieser Liste mit einem Stern versehenen Melodien steht im Achtliederbuch oder in den Erfurter Enchiridien oder auch in allen drei Liederbüchern lediglich der dazugehörige Text, bei den mit zwei Sternen versehenen finden sich dort bereits Text und Weise (im Achtliederbuch lediglich bei „Es ist das Heil uns kommen her"). Die Tatsache, daß in den Erfurter Enchiridien – das Achtliederbuch bietet bei seinem geringen Umfang hier keine Vergleichsmöglichkeiten – bei mehreren der hier aufgeführten Lieder auf die Wiedergabe der Weise verzichtet worden ist, zeigt, in welchem Umfang man bei der Einführung des Gemeindegesangs in der Reformation auf bekannte ältere Lieder zurückgreifen konnte. Hier genügten einfache Tonangaben. Verschiedentlich aber wurden auch bekannte Melodien zu neuen Texten entlehnt; dabei wurde dann entweder, wie z.B. bei „Es ist das Heil uns kommen her" und „Nun freut euch, lieben Christen gmein" in den Erfurter Enchiridien, lediglich ein Hinweis (im betr. Fall „yn melodey Frewt euch yhr frawen vnd yhr Man / das Christ ist aufferstanden / so man auffs Osterfest zusynge pflegt ...") gegeben, oder es wurden wie ebenda bei „Dies sind die heiligen zehn Gebot", vielleicht weil die Melodien weniger allgemein bekannt waren, die Noten obendrein mitgeteilt (im Anschluß an die Worte „auff dē thō/ In gottes namē farē wir").

Nun aber ist höchst bemerkenswert, daß in den Melodienfassungen der drei Hymnenweisen von „Christum wir sollen loben schon", „Komm, Gott Schöpfer, Heiliger Geist" und „Nun komm, der Heiden Heiland" zwischen den Erfurter Enchiridien und dem Chorgesangbuch ein grundlegender Unterschied besteht. Während in diesem die ligaturreichen mittelalterlichen Melodieformen beibehalten sind und „Nun komm, der Heiden Heiland" obendrein stark figuriert ist, haben die Erfurter Enchiridien vereinfachte, für den Gemeindegesang geeignete, ligaturlose Fassungen. Es ist bekannt, daß nicht die des Chorgesangbuchs, sondern die der Erfurter Enchiridien den Weg in das von Luther besonders autorisierte Gesangbuch Klug, Wittenberg 1529 u.ö., gefunden haben. Man muß daher mit einiger Sicherheit annehmen, daß die betreffenden Vereinfachungen der Erfurter Enchiridien in Wittenberg entstanden sind und dann doch gewiß irgendwie auf Luther selbst zurückgehen, und sei es nur, daß er sie veranlaßt hat. Im Chorgesangbuch aber sind die nicht gemeindegemäßen Fassungen durch sämtliche Auflagen beibehalten worden. Das beweist u.E. eine selbständige Redaktionsarbeit Johann Walters, die gewiß nicht in Opposition gegen Wittenberg und den Reformator erfolgt ist, wohl aber eine andere Zweckbestimmung der mehrstimmigen Liedbearbeitung gegenüber dem einstimmigen Gemeindegesang zum Ausdruck bringt. Es kann hier nur angedeutet werden, daß es Walter zeitlebens immer auch um die Kunst im theologischen Verständnis zu tun war, was er äußerlich allein schon dadurch dokumentierte, daß er von der dritten Auflage seines Werks von 1534 an den Inhalt nach der Stimmenzahl ordnete, ferner die fünfstimmigen Sätze stärker als die vierstimmigen vermehrte und schließlich jetzt auch die Sechsstimmigkeit einbezog[15].

[15] Vgl. das Nähere zu gegebener Zeit in meiner Walter-Monographie.

Wir wenden uns der zweiten Melodiengruppe des Chorgesangbuchs zu, jenen neuen Weisen, die dieses mit den Erfurter Enchiridien und in einem Falle mit dem Achtliederbuch gemeinsam hat. Es handelt sich um folgende:

Aus tiefer Not schrei ich zu dir (Zahn 4437)
Christ lag in Todes Banden (Zahn 7012a)
Ein neues Lied wir heben an (Zahn 7245)
Herr Christ, der einig Gotts Sohn (Zahn 4297a)
Jesus Christus, unser Heiland, der den Tod überwand
(zweite Melodie bei Walter, Zahn 1977)

Dazu kommt als besonderer Fall Walters zweite Bearbeitung des Liedes „Nun freut euch, lieben Christen gmein", der eine figurierte Fassung der Melodie des Achtliederbuchs zu diesem Lied zugrunde liegt (Zahn 4427 = EKG 239). Man kann im Zweifel sein, ob diese nicht in die erste Melodiengruppe gehört, da sie sicher vorreformatorischen weltlichen Ursprungs ist. Da eine Vorlage bisher jedoch nicht ermittelt ist, wird sie hier mit aufgeführt[16].

Auch bei den übrigen Melodien dieser Gruppe gibt es ein paar bemerkenswerte Abweichungen gegenüber den Erfurter Enchiridien. Die Schlußzeile von „Ein neues Lied wir heben an" (Zahn 7245) lautet bei Walter:

Notenbeispiel 1

Demgegenüber steht die bekannte endgültige Fassung, zu der auch Walter später übergegangen ist, bereits in den Erfurter Enchiridien, und auch das Gesangbuch Klug (1529 u. ö.) hat sie. Die Herkunft der Melodie ist wiederholt erörtert worden[17]. Der Sachverhalt scheint mir folgendermaßen zu liegen: Walter lag eine ursprüngliche, sicherlich auf Luther selbst zurückgehende Fassung vor, die dieser vermutlich später verbessert hat. Davon haben die Erfurter Enchiridien bereits profitiert, was wiederum für enge Verbin-

[16] Im „Deutschen Liederhort" von L. Erk und F. M. Böhme Bd. 2, Leipzig 1925 (Nachdruck der Aufl. Leipzig 1893), S. 242 f. steht das Volkslied „Sie gleicht wohl einem Rosenstock", dessen Melodie fraglos mit EKG 239 zusammenhängt, dessen früheste Aufzeichnung jedoch erst von 1545 stammt. Sie wird später als der „thon" von „So weiß ich eins das mich erfreut, das Blümlein auf breiter Heide" bezeichnet. M. Jenny will trotz dieses ihm bekannten Sachverhalts bei der Weise von EKG 239 von einer Verfasserschaft Luthers reden, da er ihr für dieses Lied die heutige Gestalt gegeben habe (vgl. M. Jenny, a.a.O., S. 242). Walter ist von der 3. Aufl. des Chorgesangbuchs an zu dieser übergegangen und hat den ursprüngl. Satz, der daher in der Walter-GA III (S. 10) steht, fallen gelassen.

[17] Vgl. die knappe Zusammenfassung in der Walter-GA III 88. Walters Satz von 1524 ist lediglich aus Kades Ausg. von 1878 (s. Anm. 12) zu entnehmen.

dung nach Wittenberg spricht, wie es sich bei den vereinfachten Hymnen-Melodien bereits gezeigt hat; Walter aber hat die endgültige Gestalt der Weise bei der Arbeit an der ersten Auflage des Chorgesangbuchs noch nicht vorgelegen.

Bedeutungsvoller ist eine Variante des Abgesangs der Melodie von „Christ lag in Todes Banden“, die Walter in der zweiten und dritten Bearbeitung dieses Liedes in Abweichung von der ersten, die mit der Fassung in den Erfurter Enchiridien übereinstimmt, bringt. Diese ursprüngliche lautet:

**Notenbeispiel 2**

Die Variante aber ist die Fassung, die sich danach durchgesetzt hat und auch im Gesangbuch Klug von 1529 u. ö. steht; es ist die von EKG 76. Wenn man im vorliegenden Fall annehmen würde, daß auch die Veränderung der Melodie auf Luther zurückgeht, so wie man in dem Reformator den Schöpfer der Weise im Anschluß an die Ostersequenz „Victimae paschali laudes“ und in gewisser Weise auch an die Leise „Christ ist erstanden“ sieht, dann ist nicht einzusehen, warum Walter die erste farblose Fassung überhaupt verwendet hat. Hier gibt es nur eine Erklärung: Die Veränderung der drei letzten Melodiezeilen hat Walter vorgenommen. Dabei wird nicht nur die Tritonus-Spannung in der sechsten Zeile ausgemerzt, sondern, was entscheidender ist, dem gesamten Abgesang eine großartige musikalische Entfaltung verliehen[18]. Es wird sich bei der weiteren Behandlung der Melodien des Chorgesangbuchs zeigen, daß diese Veränderung typische Merkmale Walterscher Melodienbildung zeigt. Somit sollte in zukünftigen Gesangbuchausgaben als Angabe über die Herkunft der Melodie bei „Christ lag in Todes Banden“ statt „11. Jh./Martin Luther“ (so im EKG) „11. Jh./ Martin Luther und Johann Walter“ stehen.

Die übrigen Melodien der zweiten Gruppe brauchen nicht besprochen zu werden, weil sich daraus weder etwas zur Frage nach Luthers Mitwirkung

---

[18] Walter hat jedoch für dieses Lied bzw. für dessen Weise offensichtlich keine besondere Vorliebe gehabt. In den späteren Auflagen des Chorgesangbuchs wird „Christ ist erstanden“, von dem die erste noch keine Bearbeitung enthält, unübersehbar gegenüber Luthers „Christ ist erstanden gebessert“, wie seit den Erfurter Enchiridien über „Christ lag in Todes Banden“ steht, bevorzugt; die fünfstimmige Bearbeitung dieses Lieds in der 1. Aufl. steht nur hier (vgl. Walter-GA III, 6 ff.); lediglich die vierstimmige von 1524 wird durch sämtliche Auflagen beibehalten.

beim Chorgesangbuch noch zu der nach Walters eigenem Anteil an den darin enthaltenen Melodien ergibt.

Die dritte Gruppe umfaßt diejenigen Cantus firmi, die in Walters Ausgabe zum ersten Mal im Druck erschienen sind. Es handelt sich zunächst um nicht weniger als neun Weisen zu Luther-Liedern[19]:

Ach Gott, vom Himmel sieh darein (Zahn 4432a)
Wär Gott nicht mit uns diese Zeit (Zahn 3434)
Es spricht der Unweisen Mund wohl (Zahn 4436)
Nun freut euch, lieben Christen gmein (der Cantus firmus der ersten Bearbeitung = Zahn 4428)
Es wollt uns Gott genädig sein (Zahn 7246)
Wohl dem, der in Gottes Furchte steht (Zahn 298)
Jesus Christus, unser Heiland, der den Tod überwand (Zahn 1976)
Mensch, willst du leben seliglich (Zahn 1956)
Mit Fried und Freud ich fahr dahin (Zahn 3986).

Dazu kommen noch sieben weitere Melodien zu Texten anderer Dichter:

Erbarm dich mein, o Herre Gott (E. Hegenwalt, Zahn 5851)
Dein armer Hauf, Herr, tut klagen (M. Styfel, Zahn 3681)
Fröhlich wollen wir Halleluja singen (J. Agricola, Zahn 1625)
Durch Adams Fall ist ganz verderbt (L. Spengler, zwei Melodien, Zahn 7547 und 7548)
In Gott gelaub ich, daß er hat (P. Speratus, Zahn 8390)
Hilf Gott, wie ist der Menschen Not (P. Speratus, Zahn 8392).

Für nicht weniger als 16 Melodien ist somit das Chorgesangbuch Primärquelle; das kann besagen, daß Walter mit den dazugehörigen Dichtungen auch die Melodien erhalten hat; aber es muß dies nicht der Fall sein. Unwahrscheinlich ist es vor allem dort, wo ein Lied bereits vorher anderswo mit einer anderen Weise versehen worden ist, und geradezu ausgeschlossen in jenen Fällen, in denen Walter zwei verschiedene Cantus firmi bei ein und derselben Dichtung verwendet hat; hier kann er bestenfalls nur einen von diesen zusammen mit dem Text übernommen haben.

Bevor wir Einzeluntersuchungen vornehmen, bedarf es jedoch einer Erläuterung des auf S. 51 gebrauchten Begriffs „neue Weise“. Dieser bedeutet für die Reformationszeit nicht oder höchstens in Ausnahmefällen völlige Neuschöpfung im Sinne eines individuell geprägten Kunstwerks. Der Melodienschöpfer galt nach H. Glareans „Dodekachordon“ (1547) im Unterschied zu dem „componista“ als „phonascus“ oder „inventor“, der die Melodietypen

[19] Die hier gegebene Reihenfolge entspricht der späteren Einzelbehandlung.

seiner Zeit pflegt[20]. Vorherrschend ist zu Luthers Zeit das stadtbürgerliche Gesellschaftslied, wie es seit der Mitte des 15. Jhs. in zahlreichen mehrstimmigen Liedersammlungen seinen Niederschlag und vorwiegend als Tenorcantus firmus Verwendung gefunden hat. In deren Melodietypus wirkt vornehmlich die mittelalterliche Hofweise nach; nur in Einzelfällen stammen die dort vorkommenden Cantus firmi aus dem Volksliedbereich im engeren Sinn. Ein zweiter Melodienbereich jener Epoche ist der kunstvolle Meistersang, der sich jedoch seinerseits aus der mittelalterlichen Hofweise entwikkelt hat. Wo immer nun aber bei der Bereitstellung von Melodien zu evangelischen Kirchenliedern die Anknüpfung nicht an die liturgische Überlieferung (wie in der ersten Gruppe der hier zusammengestellten Melodien) vorgenommen wurde, erfolgte sie bei einem dieser beiden Typen. Das aber schloß stets die Möglichkeit melodischer oder auch rhythmischer Anklänge an vorhandene und vertraute Weisen, etwa bei der Verwendung typischer Floskeln, ein. Damit hängt ferner zusammen, daß über den Melodien der Reformationszeit weithin der Schleier der Anonymität liegt, deren Herkunft häufig verborgen bleibt. Zumeist sind es die Dichter selbst, die nach Meistersingerart die „Töne" für ihre Lieder beschaffen, damit sie gottesdienstliche Verwendung finden können; aber auch dies ist nicht ausschließlich der Fall. Der hier gebrauchte Begriff „neue Weise" gilt also mit Einschränkung, jedenfalls nicht im Sinne von einmaliger Melodiebildung.

Ein paar Beispiele mögen die Verwendung typischer Melodiefloskeln belegen: Das charakteristische Kopfmotiv der Weise zu „Aus tiefer Not schrei ich zu dir" (EKG 195), die zuerst in den Erfurter Enchiridien im Druck erschienen ist und Luther zugewiesen wird, die fallende Quinte h–e mit der Rückkehr zum Ausgangston, ist für die Zeit um 1500 zahlreich belegt, so z.B. in Paul Hofhaimers Tenor „Meins Traurens ist" sowie bei zwei Cantus firmi im Liederbuch des Arnt von Aich (Köln nach 1511)[21]. Die Weise „Ein neues Lied wir heben an" gehört in den großen Bereich der Melodien im lydischen f-Modus, worüber Ursula Aarburg in dem Aufsatz „Zu den Lutherliedern im jonischen Oktavraum" (JbLH 5. Bd. 1960, S. 125ff.) ausführlich berichtet hat. Die Melodie von „Herr Christ, der einig Gotts Sohn" (zuerst in den Erfurter Enchiridien) zeigt unverkennbare Anklänge an den Tenor „Mein Freud möcht sich wohl mehren" aus dem Lochamer-Liederbuch (vor 1460).

Daß nun aber überhaupt neben der Übernahme mittelalterlicher geistlicher Melodieformen, vor allem von Hymnus und Leise, weitere Anknüpfungen an außerkirchliche Liedtypen erfolgten, ergab sich zwangsläufig aus der frühreformatorischen Kirchenlieddichtung, die sich die seit der Zeit des

[20] Vgl. O. Brodde, Ein neues Lied wir heben an, Luther, Zs. der Luthergesellschaft 1963, H. 2, S. 73.

[21] NA von E. Bernoulli und H. J. Moser, BVK 1930; vgl. dort die Nrn. 1 und 14.

Minnesangs gepflegte und im stadtbürgerlichen Tenorlied sowie im Meistersang fortlebende strophische Barform zu eigen gemacht hatte. Das war kein Zufall bei allen jenen Texten, mit denen neue Liedgattungen begründet wurden, vornehmlich bei den Psalmliedern, aber auch bei den bekenntnis- und lehrhaften Gesängen. Dem Block der fünf frühesten Psalmlieder Luthers „Ach Gott, vom Himmel sieh darein“, „Aus tiefer Not schrei ich zu dir“, „Es spricht der Unweisen Mund wohl“, „Es wollt uns Gott genädig sein“ und „Wär Gott nicht mit uns diese Zeit“ sowie seinen beiden ersten Liedern überhaupt, nämlich „Ein neues Lied wir heben an“ und „Nun freut euch, lieben Christen gmein“, aber auch entsprechenden Dichtungen von J. Agricola, L. Spengler, P. Speratus u.a., liegt ausnahmslos die strophische Barform zugrunde. Dabei bevorzugte Luther insonderheit die siebenzeilige Strophe, die ihr Urbild in dem berühmten Palaestinalied von Walther von der Vogelweide hat. Es erklärt sich dies alles aus der Volkstümlichkeit der Barform im allgemeinen Sinne des Wortes. Diese ist jedoch nur in vereinzelten Fällen im engeren Volksliedbereich verwurzelt, sondern vielmehr charakteristisch für das in der stadtbürgerlichen Musikpflege weiterlebende Hoflied. Damit aber war für das in der strophischen Barform gedichtete reformatorische Lied auch der musikalische Anschluß an das zeitgenössische weltliche Tenor-Lied und somit auch an den Tenor-Liedsatz gegeben.

Unter diesen geschichtlichen Voraussetzungen haben wir die vorher aufgeführten 16 Weisen der dritten Gruppe des Chorgesangbuchs, die darin zum ersten Mal, ein paar von ihnen sogar zum einzigen Mal veröffentlicht worden sind, auf ihre Herkunft hin zu betrachten. Es wird zu untersuchen sein, wie weit mit den bearbeiteten Dichtungen, vor allem denen Luthers, zugleich auch Melodien von den Dichtern mit übernommen worden sind und wie weit Walter hier selbst tätig geworden ist. Daß dies in Frage kommt, ergibt sich allein aus der Tatsache, daß in der Frühzeit der Reformation einige Lieder mehrere Weisen erhalten haben, nicht zuletzt gerade durch das Chorgesangbuch, so daß diese keinesfalls ausnahmslos von den Dichtern beschafft sein können. Insgesamt aber gilt auch für Walters mehrstimmige Sätze jene Feststellung, die Kurt Gudewill für die Liedsatz-Tenores jener Epoche allgemein getroffen hat: „Soweit einzelne Weisen nicht von mehreren Komponisten benutzt wurden, kann ... in der Regel die Identität von Melodie-Erfinder und -Bearbeiter angenommen werden.“[22]

---

[22] Vgl. den Art. Lied. A Kunstlied im deutschen Sprachbereich, MGG VIII, 752, ferner vom gleichen Verf. Zur Frage der Formstrukturen deutscher Liedtenores, Mf 1. Jg. 1948, S. 112ff.

## *V. Die Herkunft der in Walters Chorgesangbuch zum ersten Mal veröffentlichten Weisen*

### a) Die Weisen zu Liedern Luthers

#### 1. Ach Gott, vom Himmel sieh darein (Zahn 4432a = EKG 178)

Gleich auf diese erste Weise trifft Kurt Gudewills Feststellung zu; sie ist allein von Walter benutzt worden, und dieser muß daher als ihr Erfinder gelten. Diese Annahme wird zudem dadurch gestützt, daß H. J. Mosers Vermutung, Walters Cantus firmus sei einem alten Volkslied entnommen (LW 35, S. 489), sich bisher nicht hat belegen lassen, ferner dadurch, daß die Erfurter Enchiridien bei „Ach Gott, vom Himmel sieh darein" bereits jene Weise haben, die dem Lied durch das von Luther autorisierte Gesangbuch Klug (seit 1529), zwar in den ersten Auflagen noch als zweite Melodie (auch die erste ist nicht die des Chorgesangbuchs), später jedoch als einzige endgültig zugeordnet worden ist. Konrad Ameln hat gezeigt, daß diese mit größter Wahrscheinlichkeit auf Luther zurückgeht[23]. Dennoch hat Walter durch sämtliche Auflagen an der Melodie der ersten Auflage des Chorgesangbuchs, und zwar als einziger zu diesem Lied festgehalten[24], obwohl er zweifellos die andere kennengelernt hat. Dafür gibt es keine andere Erklärung als die, daß er der Schöpfer der Weise des Chorgesangbuchs ist. Musikalische Beobachtungen erhärten dies obendrein: Beide Stollenzeilen beschreiben – jede für sich – von der dorischen Tonika ausgehende und wieder zu ihr zurückkehrende Bogenformen, die erste eine doppelte in Gestalt einer Wellenlinie, die zweite eine einfache, die bis zur Dominante aufsteigt. Die erste Zeile des Abgesangs weitet, mit einem Sprung von der Tonika zur Dominante beginnend, den Tonraum bis zur charakteristischen dorischen kleinen Septime aus, um danach in der sechsten Melodiezeile das Pendel nach unten ausschlagen zu lassen, worauf abschließend der Ausgleich erfolgt[25]. Auch die rhythmische Gestalt weist eine klare Ordnung auf: Abgesehen von der Brevis zu Beginn und den kurzen Auftaktnoten in Länge von jeweils einer Minima bei sämtlichen übrigen Zeilen verläuft die Weise isometrisch mit der Semibrevis als Grundzeitwert. Nur an zwei Stellen, nämlich am Ende sowohl der ersten wie auch der

---

[23] Vgl. JbLH 6. Bd. 1961, S. 100ff.

[24] Erst nach 1550 taucht sie in Süddeutschland, und zwar mit anderen Texten, auf, zuerst in Straßburg 1554 in Verbindung mit „Gott ist so gut dem Israel" und 1557 in Pfalz-Neuburg bei Wolfgang Mösels Lied „Der Herr ist mein getreuer Hirt", bei dem sie heute verwendet wird.

[25] Bei dem Versuch, den Melodieverlauf vom Text her, etwa den Abstieg in der mittleren Zeile des Abgesangs als eine Kennzeichnung der Worte „verloschen gar" deuten zu wollen, wird man mindestens bei Walters früher Schaffensperiode vorsichtig sein müssen, begegnet man doch allgemein engen Wort-Ton-Verbindungen vor allem in Deutschland in jener Zeit nur ganz vereinzelt.

letzten Melodiezeile, wird das Gleichmaß durch jeweils eine Ligatur von zwei Minimen, die sich einander nahezu spiegelbildlich entsprechen, aufgelockert. Dadurch ergibt sich die Andeutung eines rhythmischen Reprisenbars. Eine solche Folgerichtigkeit musikalischer Durchformung läßt eine Meisterhand erkennen, die, zugleich gestützt durch die Quellenlage, nur die Johann Walters sein kann. Dies wird zudem durch eine stilistische Beobachtung bestätigt: Die Ausweitung des Tonraums im Abgesang geschieht in der gleichen Weise wie bei der vorher besprochenen Veränderung der Melodie von „Christ lag in Todes Banden"[26].

2. Wär Gott nicht mit uns diese Zeit (Zahn 4434 = EKG 192)

Nicht nur die Weise, auch Luthers Dichtung erscheint im Chorgesangbuch zum ersten Mal. Von hier ist das Lied in verschiedene Gesangbuchdrucke übernommen worden, bevor es 1529 im Gesangbuch Klug in den Grundbestand der lutherischen Kirchenlieder endgültig einging. Die geringe melodische Entfaltung deutet nicht ohne weiteres auf Walters Autorschaft; von hier aus betrachtet könnte man auf Luthers schließen. Stutzig machen jedoch die rhythmischen Floskeln am Ende der zweiten Stollenzeile und eine entsprechende am Ende der Strophe. Dies entspricht nahezu völlig der Melodie Walters zu „Ach Gott, vom Himmel sieh darein", nicht jedoch Luthers Weise zu diesem Text. Doch würde die Wiederkehr dieser rhythmischen Floskel als Beweis für Walters Autorschaft noch nicht ausreichen; denn diese Floskel gehört zum musikalischen Stil von Walters Umwelt; das zeigt z. B. die Weise zu „So Gott zum Haus nicht gibt sein Gunst" im Gesangbuch Zwickau 1525[27]. Eine andere Frage ist jedoch, ob sich Luther dieser Wendung bedient hat; das ist jedoch offenbar nicht der Fall gewesen. Auch deutet die Tatsache, daß Loersfelds oben auf S. 43 erwähnter Ergänzungsdruck zwar den Text von „Wär Gott nicht mit uns diese Zeit" nachträgt, nicht jedoch die Weise, darauf, daß diese nicht in Wittenberg, sondern in Torgau entstanden ist. Aber es gibt noch einen absolut sicheren Beweis für Walters Autorschaft bei dieser Melodie; das ist die Feststellung, daß dieser mit seiner eigenen Schöpfung offensichtlich nicht zufrieden gewesen ist und sie für die dritte Auflage des Chorgesangbuchs umgeformt hat, was er mit einer Weise Luthers zweifellos nicht getan hätte. Die Weise lautet dort:

---

[26] Bereits F. Zelle hat Walter als Schöpfer dieser Melodie, freilich ohne nähere Begründung, bezeichnet; vgl. Die Singweisen der ältesten evangelischen Lieder I, Berlin 1899, S. 17; und auch M. Schneider äußert sich in der Walter-GA III, S. 88, in gleicher Weise.

[27] Vgl. den von O. Clemen besorgten Faks.-Neudr.: Das älteste Zwickauer GB von 1525, Zwickau 1935 und Berlin 2/1960.

Notenbeispiel 3

Man könnte fast zweifeln, ob es sich hier überhaupt um eine Umformung handelt und nicht um einen völlig neuen Cantus firmus, wenn nicht die letzte Strophenzeile in beiden Fällen völlig übereinstimmte und nicht auch die mehrstimmige Fassung bei der vorletzten Mensur noch wieder in den ursprünglichen Verlauf der Stimmen in dem Tonsatz von 1524 einmünden würde[28]. Freilich zeigt die Neufassung auch, in welchem Ausmaß eine solche Weise ältere melodische Elemente aufnehmen konnte; so stimmt ihre erste Zeile nahezu mit dem Anfang von „In dich hab ich gehoffet, Herr" (EKG 179) überein. Trotzdem trägt sie bei der Ausweitung des Tonraums in der zweiten Stollenzeile und zu Beginn des Abgesangs unverkennbare Züge der Melodiebildung in Walters Art. Man deutet die stärkere Entfaltung dieser Fassung der Weise gegenüber der ursprünglichen gewiß nicht falsch, wenn man sie als textgerechter und ausdrucksvoller bezeichnet. Dabei kann nicht übersehen werden, daß die umgeformte Melodie bei den vier letzten Noten der zweiten Stollenzeile genau mit den entsprechenden Noten in Luthers Melodie von „Ach Gott, vom Himmel sieh darein" übereinstimmt, und während es bei dieser die Worte „erbarmen" und „Armen" sind, die durch eine Ligatur stärkeres Gewicht erhalten, so sind es bei Walter die Worte „sagen" und „verzagen". Trotzdem erscheint es ausgeschlossen, in der umgeformten Melodie von „Wär Gott nicht mit uns diese Zeit" das Werk Luthers zu sehen; sie wäre sonst zweifellos in den Grundbestand der reformatorischen Gemeindeliedweisen aufgenommen worden. Ist aber die umgeformte Melodie Walters Schöpfung[29], dann ist es auch die ursprüngliche Fassung des Chorgesangbuchs von 1524, und wir haben somit eine zweite Weise von ihm ermittelt.

---

[28] Vgl. in der erwähnten Ausg. von O. Kade auf S. 57f. und in der Walter-GA III, S. 14, den Satz von 1524 und den von 1534 in der Walter-GA I, S. 23f.

[29] Als solche wird sie in dem neuen Gesangbuch der Ev.-Ref. Kirche der deutschsprachigen Schweiz, wo sie bei „Wär Gott nicht mit uns diese Zeit" (Nr. 34) verwendet ist, auch angesehen.

## 3. Es spricht der Unweisen Mund wohl (Zahn 4436 = EKG 145 u.ö.)

Die Ermittlung der Herkunft dieser Weise stellt vor schwierigere Fragen, als es die beiden vorher besprochenen taten. Nach dem Chorgesangbuch erscheint sie in dem bereits erwähnten GB Zwickau 1525[30]; dort wäre sie die einzige Weise, die Walters Werk entnommen ist, falls sie nicht aus einer anderen Quelle stammt. Das freilich erscheint nicht ausgeschlossen, da sie sicherlich vorreformatorischen weltlichen Ursprungs, und zwar offenbar einer Melodiengruppe zuzurechnen ist, zu der auch die im GB Klug 1529 (u.ö.) stehende von „Nun freut euch, lieben Christen gmein“ (Zahn 4429a = EKG 121 „Es ist gewißlich an der Zeit“) gehört. Diese aber ist nahe verwandt mit der weltlichen Weise von „Wach auf, meins Herzens ein Schöne“, die wir freilich erst aus einer Aufzeichnung in dem „Schlesisch Singebüchlein“ des Valentin Triller (Breslau 1555) kennen; dort aber ist sie als „alte Tagweis“ bezeichnet[31]. Eine Gegenüberstellung der drei Weisen ergibt folgendes Bild:

Notenbeispiel 4

a.

b.

---

30 Vgl. Anm. 27.

31 Vgl. Erk-Böhme, a.a.O., II, S. 603 f., über V. Triller den Art. von K. Ameln in MGG XIII, S. 680 f., und seine Abh. in JbLH 16. Bd. 1971, S. 163–169.

c.

Zweifellos steht die Melodie „Es spricht der Unweisen Mund wohl“ in einem entfernteren Verwandtschaftsgrad zu den beiden andern, enger zusammengehörigen; jedoch liegt ein solcher offensichtlich vor. Es besteht daher die Möglichkeit, daß wir es hier mit einer stärkeren Umgestaltung einer Vorlage, die dann sicherlich Walter selbst vorgenommen hat, zu tun haben. Darauf könnte die bekannte, aus drei Wechselnoten bestehende rhythmische Floskel in der letzten Melodiezeile deuten. Merkwürdig bliebe freilich, daß im GB Zwickau 1525 diese Melodie dann, wie gesagt, die einzige dem Chorgesangbuch entnommene wäre. Daß deren wenig entfalteter Verlauf nicht gegen Walters musikalische Redaktion zu sprechen braucht, beweist die erste Fassung von „Wär Gott nicht mit uns diese Zeit“; zudem ist sie von großartiger Geschlossenheit. Trotzdem kann man sie Walter nicht mit absoluter Sicherheit zuweisen, und es muß daher hinter seinem Namen als Autor ein Fragezeichen gesetzt werden.

## Exkurs über die Melodie Zahn 4429a = EKG 121

Die Einbeziehung dieser Melodie, die heute als die einzige Weise zu „Es ist gewißlich an der Zeit“ angesehen wird, in die voranstehende Überlegung gibt Veranlassung, hier auch nach deren Bearbeiter zu fragen. Sie findet sich zuerst im GB Klug 1529, und zwar als einzige Weise zu „Nun freut euch, lieben Christen gmein“, und sie blieb dies auch noch in den weiteren Auflagen dieses Gesangbuchs von 1533 und 35, ist also offenbar in Wittenberg gesungen worden. Die bekannte von 1523 (= EKG 239), die sich in den Erfurter Enchiridien nicht findet (hier soll das Lied nach der Melodie von „Es ist das Heil uns kommen her“ gesungen werden) und die Walter 1524 in figurierter Fassung bearbeitet hat, ist demnach keineswegs von Anbeginn der Reformationszeit an unzertrennlich mit Luthers „Nun freut euch, lieben Christen gmein“ verbunden gewesen. Diese steht z. B. im GB Blum, Leipzig um 1530, das bei manchen Liedern besonders deutliche Abhängigkeit von Walters

Chorgesangbuch zeigt[32]. Erst 1543 erscheint sie dann auch in der 4. Auflage des GB Klug, jedoch nur als zweite Weise im Anschluß an die von EKG 121, worin diesem 1545 GB Babst gefolgt ist. Aus alledem geht hervor, daß in Wittenberg zu Luthers Zeit als Hauptmelodie zu „Nun freut euch, lieben Christen gmein" die von EKG 121 gegolten hat. Von wem aber stammt diese Melodie bzw. wer hat sie nach der im Notenbeispiel 4c mitgeteilten Vorlage für den Gemeindegesang eingerichtet? Luther kommt dafür schwerlich in Betracht, wenn man die von 1523 zu unserem Lied (= EKG 239) als sein Werk ansieht; er hätte sonst eine andere Weise seiner ursprünglichen vorgezogen. Möglich wäre dies allenfalls, denn ein solcher Fall ist uns durch Luthers erhalten gebliebene handschriftliche Aufzeichnung des Liedes „Vater unser im Himmelreich" mit einer Melodie, die danach jedoch, was nicht unwichtig ist, nie im Druck erschienen und auf dem Manuskript selbst bereits durchgestrichen ist, bekannt[33]. Nun aber ist es im Grunde nicht möglich, die Weise von 1523 zu „Nun freut euch, lieben Christen gmein" für Luther in Anspruch zu nehmen, solange keine Vorlage, nach der diese für den Gemeindegesang redigiert wurde, ermittelt ist[34]. Es könnte ja sein, daß diese Melodie auch völlig oder wenigstens nahezu unverändert übernommen worden ist. Dies hätte Walter dann das Recht gegeben, sie zu variieren. Dafür könnte ferner sprechen, daß bis 1543 die erste Note der vorletzten Strophenzeile nicht d' (wie von da an), sondern f' gelautet hat, und schließlich, daß Walter von der 3. Auflage des Chorgesangbuchs von 1534 an die beiden Bearbeitungen dieses Liedes von 1524 durch eine neue ersetzt hat, dessen Cantus firmus zwar nahezu mit der Melodiefassung des Achtliederbuchs übereinstimmt, aber auch jetzt noch nicht völlig. Ist dies alles denkbar, wenn an dieser, zudem zuerst in Nürnberg gedruckten Weise Luther einen wesentlichen Anteil hätte? Um so dringlicher stellt sich die Frage nach dem Bearbeiter der neuen Melodie von 1529. Diese kann in ihrer strengen Isometrie und in ihrer Gestalt als siebenzeiliger Reprisenbar (‖: a–b :‖ c–d–b ‖) geradezu als Prototyp einer überaus prägnanten, konzentrierten und im besten Sinne volkstümlich einprägsamen Gemeindeliedweise bezeichnet werden. Hinzu kommt, daß sie offenbar bewußt auf den Text der ersten Strophe von „Nun freut euch, lieben Christen gmein" geformt worden ist. Daß in den gleichlautenden Zeilen 2, 4

---

32 Auch Blum druckte, ebenso wie Loersfeld in seiner Ergänzungsausg. von 1525 (s. S. 43), verschiedentlich Pausen aus dem Chorgesangbuch mit ab, die nur in den mehrstimmigen Bearbeitungen einen Sinn haben.

33 Vgl. die Faks.-Wiedergaben u. a. bei H. J. Moser, Die Melodien der Luther-Lieder, a.a.O., neben S. 81. – Mit der Weise von „Es wollt uns Gott genädig sein", die Walter 1524 bringt und ebenfalls im GB Klug 1529 durch eine andere ersetzt worden ist, kann man jedoch als Parallelfall nicht argumentieren, wie es M. Jenny (a.a.O., S. 242) tut, denn es würde dies Luthers Beteiligung an Walters Werk voraussetzen.

34 M. Jenny spricht ebenda uneingeschränkt von Luthers Verfasserschaft, dem sich das EKG mit seiner Angabe „15. Jh./ geistlich Nürnberg 1523" nicht angeschlossen hat.

und 7 der Spitzenton, der zugleich der höchste Ton im gesamten Ablauf der Weise ist und nur an diesen drei Stellen vorkommt, auf die betonten Silben der entscheidenden Worte „fröhlich“ und „Liebe“ bzw. auf das Wörtchen „Er“ fällt, kann kein Zufall sein. Wer aber könnte diese textliche Anpassung vollzogen haben, wenn nicht Luther selbst? In Wittenberg stand nach unserem Wissen für eine musikalische Gesangbuchredaktion in jenen Jahren niemand sonst zur Verfügung. Walter kommt nicht in Betracht; andernfalls hätte er diese Weise in die späteren Auflagen des Chorgesangbuchs übernommen. Auch entspricht sie in ihrer strengen Isometrik nicht seinem Stil, wohl aber viel eher dem des Reformators, wenn wir sie mit der von „Ach Gott, vom Himmel sieh darein“ (EKG 177) vergleichen. Diese geradezu als klassisch anzusprechende Gemeindeliedweise wird daher in Zukunft Luthers Namen tragen dürfen.

4. Nun freut euch, lieben Christen gmein (Zahn 4428)

Die erste Bearbeitung dieses Liedes[35] nimmt im Chorgesangbuch von 1524 der Satzweise nach eine Sonderstellung ein. Es handelt sich um strenge Homophonie im tempus perfectum nach der Art einer italienischen Frottola (Walter-GA III, S. 9). Der Tenor hat nur in Verbindung mit dem mehrstimmigen Satz Bedeutung.

Notenbeispiel 5

Eine nähere Betrachtung erübrigt sich daher, obwohl dieser Cantus firmus sicher von Walter für das Chorgesangbuch geschaffen worden ist.

5. Es wollt uns Gott genädig sein (Zahn 7246 = EKG 146)

Auch der Cantus firmus dieser Bearbeitung ist nicht in das GB Klug von 1529 übernommen worden; dort steht vielmehr jene Weise, die bereits An-

[35] Dessen Behandlung erfolgt an dieser Stelle im Hinblick auf die siebenzeilige Strophenform, die sie mit den vorangegangenen Psalmliedern verbindet.

fang des Jahres 1524 durch ein Magdeburger Flugblatt verbreitet worden ist[35a] und die sich für alle Zukunft durchgesetzt hat (Zahn 7247 = EKG 182). Sicherlich war deren frühzeitiges Bekanntwerden und vor allem deren Schönheit für Walter der Anlaß, auf seinen Tonsatz von der 3. Auflage des Chorgesangbuchs an zu verzichten und nunmehr gleich zwei Sätze zu der anderen Weise zu bringen. Jedoch von der 4. Auflage des GB Klug von 1543 an erscheint der Cantus firmus von 1524 in Verbindung mit Luthers „Christ unser Herr zum Jordan kam" und 1544 dessen Bearbeitung auf den gleichen Text von Wolff Heintz in den „Newen Deutschen Geistlichen Gesengen" bei Georg Rhau in Wittenberg; und schließlich hat Walter selbst noch in der letzten Ausgabe seines Chorgesangbuchs von 1551 auf den Satz von 1524, nun jedoch neu textiert, aber insgesamt nur in wenig veränderter Form, zurückgegriffen. So steht also der Cantus firmus von 1524 mit seiner damaligen Textverbindung für geraume Zeit allein da. Woher aber stammt er? Da Max Schneiders Hinweis in der Walter-GA III, 54 im Anschluß an das Kirchenlieder-Lexikon von A. F. W. Fischer I (Gotha 1878, S. 77), daß dieser Cantus firmus der aus dem 15. Jh. stammenden Volksweise „Aus hartem Weh klagt sich ein Held" nachgebildet sei, bereits von H. J. Moser in LW 35, S. 491, als Irrtum festgestellt worden ist und es bisher auch keinerlei Anzeigen einer anderen Vorlage gibt, muß der Cantus firmus als Schöpfung Walters angesehen werden. Diese Folgerung wird zudem gestützt durch den Eindruck, daß er sowohl hinsichtlich der Melodiebildung wie vor allem der rhythmischen Gliederung in Verbindung mit der mehrstimmigen Bearbeitung entstanden ist. Auf Walter deutet auf alle Fälle die Bogenform, die die beiden Stollenzeilen beschreiben und die am Abgesang erneut angewandt, nun aber sogar auf vier Zeilen erweitert ist. Die letzte Melodiezeile erscheint infolge der neunzeiligen Strophenform danach wie ein Zusatz, der jedoch sowohl melodisch als auch rhythmisch an die zweite Stollenzeile anklingt, so daß andeutungsweise ein Reprisenbar vorliegt. Zudem knüpft die erste Hälfte dieser Schlußzeile motivisch und rhythmisch auch an die zweite Zeile des Abgesangs an, so daß sich eine höchst kunstvolle Verklammerung dieses Zusatzes mit dem Gesamtablauf der Weise ergibt. Neu erscheint dabei in Zeile 5 und 7 – jeweils nach einer isometrischen Zeile – die Anwendung jener rhythmischen Floskel, die H. J. Moser mißverständlich mit „pathetischer Antizipation" bezeichnet hat, während es sich um nichts anderes als um eine Auflockerung und Belebung des Gesamtablaufs handelt. Obwohl uns bisher derartige rhythmische Kontrastierungen bei Walter nicht begegnet sind – sie erklären sich fraglos aus der großen Strophenform –, deutet doch alles darauf hin, daß hier Cantus firmus und Tonsatz zusammen entstanden sind und wir somit in dieser Melodie eine weitere Schöpfung Walters zu sehen haben.

---

[35a] Vgl. dazu K. Ameln in JbLH 3. Bd. 1957, S. 105–108 u. Taf. I.

## 6. Wohl dem, der in Gottes Furchte steht (Zahn 298)

Auch der Tonsatz dieses Liedes erscheint wie der des vorher besprochenen von der 3. Auflage des Chorgesangbuchs an nicht mehr und ist von Walter auch später nicht wieder aufgegriffen worden. Der Grund ist zweifellos der, daß bei Klug 1529 Luthers Psalmlied mit einer anderen Weise, nämlich mit der dort auch bei „Wo Gott zum Haus nicht gibt sein Gunst" (Zahn 305 = EKG 194) verwendeten, erscheint. Stellt man beide Weisen, wie im folgenden Notenbeispiel, einander gegenüber, so erkennt man freilich, daß Klugs Fassung nichts anderes als eine sowohl melodische wie rhythmische Vereinfachung derjenigen des Chorgesangbuchs ist, deren erste und vor allem letzte Zeile für den Gemeindegesang ungeeignet waren:

Notenbeispiel 6

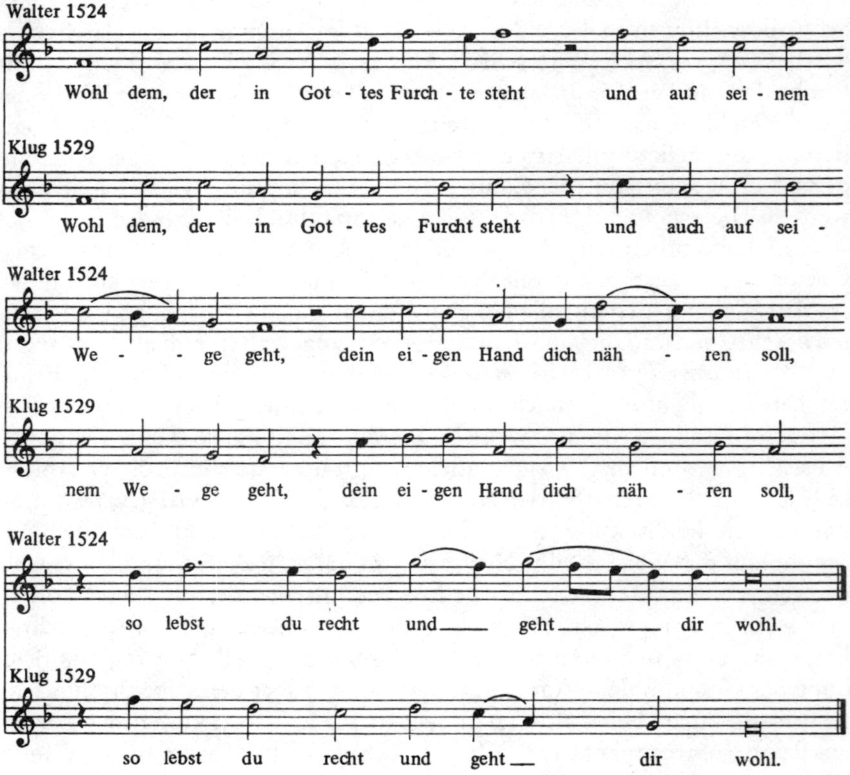


Daß diese Umbildung Walter selbst vorgenommen hat, ist höchst unwahrscheinlich, da diese Neufassung in den späteren Auflagen des Chorgesangbuchs nicht bearbeitet worden ist; wohl aber deutet die neue Form auf Luther, nicht allein im Hinblick auf deren strengen isometrischen Verlauf, sondern vor allem um der großen Ähnlichkeit der letzten Zeile mit seiner Weise zu „Vom Himmel hoch da komm ich her“ willen. Wer aber ist der Schöpfer der Weise von 1524? Auch in diesem Fall wird man auf Walter schließen müssen, zumal die Einrichtung einer Vorlage in Anbetracht des Schlusses des Cantus firmus auf der Confinalis c – eine bei Liedtenores nicht seltene Wendung – wie bei „Es wollt uns Gott genädig sein“ auf die Identität von Melodie-Schöpfer und -Bearbeiter deutet. Auch der Verlauf der Weise, die in der ersten Zeile von der lydischen Tonika ausgehend den Oktavraum durchmißt und in der zweiten ebenso zum Ausgang zurückkehrt und somit jene für Walter so charakteristische Bogenform beschreibt, unterstreicht diese Annahme. In der Neufassung von 1529 ist diese Bogenform in einen Quintraum zusammengedrängt, was die Weise zwar gemeindegemäßer, aber nicht künstlerisch wertvoller macht. Dabei wurde das erste, aus neun und sieben Silben bestehende Zeilenpaar in zwei achtsilbige verändert, will sagen vereinfacht. Vielleicht hat Walter infolge dieses starken Eingriffs in den Cantus firmus seines Tonsatzes von 1524 auf dessen weitere Verwendung verzichtet, was freilich auch besagen würde, daß ihm weder an der ursprünglichen Gestalt noch an der veränderten von 1529 viel gelegen hat. Tatsächlich gehört sie nicht zu seinen besten Melodieschöpfungen.

7. Jesus Christus unser Heiland, der den Tod überwand (Zahn 1976)

Hier handelt es sich um Walters erste Bearbeitung dieses Liedes; der Cantus firmus der zweiten steht bereits in den Erfurter Enchiridien, aus der im GB Klug von 1529 die bis heute gesungene (Zahn 1978 = EKG 77) entwickelt worden ist[36]. Liegen aber von einem Lied zwei Bearbeitungen mit verschiedenen Weisen vor, dann ist damit zu rechnen, daß die der ersten Walters Schöpfung ist. Freilich ist auffällig, daß Walter von der 3. Auflage des Chorgesangbuchs an diese Bearbeitung und nicht die zweite mit der Weise, die auch die Erfurter Enchiridien haben, wieder aufgegeben hat. Das mag mit der 1529 neu entstandenen Melodie zusammenhängen, die, wie gesagt, aus der zweiten hervorgegangen ist. Dennoch ist Walters Verzicht schwer verständlich; denn der Cantus firmus der ersten Bearbeitung von Luthers Osterlied ist für sein weiträumiges musikalisches Schaffen außerordentlich charakteristisch:

[36] Vgl. meinen Aufsatz über diese Melodie im JbLH 16. Bd. 1971, S. 155ff.

Notenbeispiel 7

Freilich ist dieser Cantus firmus von einer Gemeindeliedweise weit entfernt, und hierin können wir am ehesten eine Antwort auf die Frage nach dem Grund von Walters Verzicht sehen. Jedoch nicht nur die Weiträumigkeit dieser Melodie ist für Walter kennzeichnend, auch die klare rhythmische Durchformung mit den gleichen Schlüssen der beiden ersten Zeilen (die zweite ist eine Wiederholung der ersten um eine Quarte nach oben versetzt) sowie bei dem Kyrie eleison am Strophenende verweist auf seine Autorschaft. Der gesamte kunstvolle Cantus firmus hat einen dem Osterlied entsprechenden Charakter.

## 8. Mensch, willst du leben seliglich (Zahn 1956)

Notenbeispiel 8

Der Cantus firmus zu Luthers zweitem Zehn-Gebote-Lied ist die einzige in Luthers Umwelt vorkommende Weise zu diesem Lied; sie steht daher in allen wichtigen lutherischen Gesangbüchern der Reformationszeit. Nicht jedoch hat sie Loersfeld in seinen Nachtrag von 1525 aufgenommen, wohl aber den Text, bei dem er auf den „thon In Gotts namen faren wir“ verweist. Kann dies schon als Anzeichen dafür gewertet werden, daß diese Weise nicht auf Luther zurückgeht (man wird in Wittenberg dieses Lied zunächst nach der gleichen Melodie wie dessen erstes Zehn-Gebote-Lied „Dies sind die heiligen zehn Gebot“ gesungen haben), so deutet der musikalische Befund wieder auf Walter. Vor allem tut dies auch hier ein über die beiden ersten Zeilen gespannter

Bogen, der von der phrygischen Tonika ausgeht und wieder zu ihr zurückführt, wobei am Ende der zweiten Zeile das Wort „ewiglich" noch besonders ausgesponnen wird (in die letzten fünf Töne dieser Stelle mündet dann auch der Schluß der Weise wieder ein). Luther selbst hätte eine solche Melodieführung gewiß nicht vorgenommen; jedoch hat er sie im GB Klug in dieser Form gelten lassen. Untrüglicher Beweis für Walters Autorschaft ist ferner die völlige Übereinstimmung der ersten Zeile mit der später zu besprechenden von „Erbarm dich mein, o Herre Gott".

9. Mit Fried und Freud ich fahr dahin (Zahn 3986 = EKG 310)

Diese Melodie, die in neuester Zeit mit Bestimmtheit für Luther in Anspruch genommen worden ist, bedarf einer eingehenden Betrachtung. Während sie noch O. Kade und F. Zelle als Schöpfung Walters angesehen haben, ist H. J. Moser mit besonderem Nachdruck für Luthers Autorschaft eingetreten[37]. Max Schneider vermerkt in der Walter-GA III, S. 92: „Ob Luther oder Walter der Melodie-Erfinder ist, darüber sind die Meinungen geteilt. Einige vertreten die sehr gewagte Ansicht, dem Wesen Luthers entspräche die Melodie weniger als dem Walters. Dessen vierstimmiger Satz, einer seiner schönsten, läßt darauf schließen, daß Walter diesen Choral besonders geliebt hat. Ob aber auch die Melodie von ihm stammt, ist eben doch sehr fraglich." In der Walter-GA III, S. 97, sagt M. Schneider daher: „Melodie wahrscheinlich von Luther", und im EKG steht bei Nr. 310 demzufolge: „Martin Luther 1524". Nun ist aus M. Schneiders Worten ersichtlich, daß es für Luthers Autorschaft keine Begründung, es sei denn nur eine rein gefühlsmäßige, gibt. H. J. Moser hat immer wieder in der „pathetischen Antizipation", im „Vorgriff", Luthers persönlichen Melodiestil erkennen wollen und speziell von der Zeile „getrost ist mir mein Herz und Sinn" der ersten Strophe unseres Liedes gesagt: „Der Vorgriff auf ‚Herz' zeigt wieder Luthers Subjektivismus."[38] Abgesehen von der Frage, ob es sachgemäß ist, Melodien des 16. Jhs. so weitgehend als individuelle Schöpfungen zu verstehen, wie es hier bei Moser geschieht, so ist doch jedenfalls die von ihm als „pathetische Antizipation" bezeichnete rhythmische Floskel keine individuelle Eigenart eines einzelnen, sondern häufig vorkommendes, typisches Stilmerkmal der Hofweisen-Tenores. Nach dem Gesagten erscheint es darum unerläßlich, dem Problem nach der Herkunft der Melodie von „Mit Fried und Freud ich fahr dahin" erneut nachzugehen. Hier aber stellt sich doch sofort die Frage: Aus welchem Grunde sollte Luther, dem es 1524 bei der Bereitstellung eines

[37] Vgl Kades Ausg. des Chorgesangbuchs, a.a.O., S. 6, und F. Zelle, Die Singweisen der ältesten ev. Lieder II, Berlin 1900, S. 38, ferner H. J. Moser sowohl in LW 35, S. 503 f., wie in Die Melodien der Luther-Lieder, a.a.O., S. 70.

[38] Die Melodien der Luther-Lieder, S. 70.

Grundstocks von gottesdienstlichen Gemeindeliedern einzig und allein darum gegangen ist, auch entsprechend sangbare Weisen zu beschaffen, eine solche, für den Gemeindegesang ungeeignete Melodie komponieren, und dies im gleichen Jahr, in dem er bei der Weise zu „Ach Gott, vom Himmel sieh darein" ein dafür gültiges und brauchbares Muster bereitgestellt hat? Es sollte doch vor allem erst einmal beachtet werden, daß die Weise von „Mit Fried und Freud ich fahr dahin" alle Anzeichen eines Hofweisen-Tenors – es betrifft dies sowohl ihren Ambitus wie ihren Rhythmus – trägt. Und weil sie sonst nirgends in der betreffenden Zeit in mehrstimmigen Bearbeitungen auftaucht, kann sie allein von Johann Walter stammen. Offensichtlich ist sie eigens zu Luthers Text, wie sich besonders bei den Worten „sanft" und „stille" zeigt, aber eben mit den stilistischen Mitteln der Hofweisen-Tenores und im Hinblick auf die mehrstimmige Bearbeitung entstanden. Dazu gehören neben der sog. „pathetischen Antizipation" in folgender Art

Notenbeispiel 9

die in der sechszeiligen Strophe allein dreimal vorkommende rhythmische Klausel 𝅗𝅥. ♫ 𝅗𝅥 𝅗𝅥 , die bereits im GB Klug in 𝅗𝅥 ♩ ♩ 𝅗𝅥 𝅗𝅥 vereinfacht ist.

Auch die Quintsprünge in der ersten Zeile, die übrigens nicht dem Einzelwort nachgehen, sondern musikalische Eigengesetzlichkeit dokumentieren, sind eine typische Melodiebildung im Bereich der Hofweisen[39]. All dies zeigt eine genaue Vertrautheit Walters mit dem deutschen Tenor-Liedsatz seiner Zeit, und insonderheit scheint er sich mit dem Schaffen Ludwig Senfls befaßt zu haben[40]. Offenbar war es der weiträumige große Atem, d.h. die hohe Kunst der Weise zu „Mit Fried und Freud ich fahr dahin", die immer wieder in Luther deren Schöpfer vermuten ließ. Das aber erscheint von deren Entstehungsgeschichte her betrachtet ausgeschlossen. Wäre sie doch im Rahmen der mit einiger Sicherheit ihm zuzuschreibenden Melodien die einzige kunstvolle dieser Art. Allenfalls die von „Ein feste Burg" könnte man noch nennen; jedoch die hier vorkommenden Antizipationen fügen sich in den Stil der einen Oktavraum ausfüllenden Weisen im lydischen f-Modus, die aus einer anderen geschichtlichen Zusammenhang hervorgegangen sind, entsprechend anders ein als die der Hofweisen-Tenores. Bei Walter hingegen zeigt sich immer wieder der Drang zur hohen Kunst; das Anliegen, Gemeinde-

[39] Vgl. z.B. den von Heinrich Isaac bearb. Tenor „Zwischen Berg und tiefem Tal", Gesellige Zeit II, BVK 1935, S. 34f.

[40] Man vgl. Senfls Tenor „Ich sag und klag vergangen Tag" bei W. Seidel, Die Lieder Ludwig Senfls, Bern 1969, S. 54.

liedweisen zu schaffen, hat er mit dem Chorgesangbuch auf keinen Fall in erster Linie verbunden. Deshalb konnte er zum Schöpfer einer so einmaligen Weise wie der von „Mit Fried und Freud ich fahr dahin“ werden.

### b) Die sieben Weisen zu Liedern anderer Dichter

#### 1. Erbarm dich mein, o Herre Gott (Erhart Hegenwalt, Zahn 5851)

Von dieser Melodie wurde bereits gesagt, daß ihre erste Zeile genau mit der von „Mensch, willst du leben seliglich“ übereinstimmt – beide sind konkurrenzlos geblieben und in alle wichtigen lutherischen Gesangbücher der Reformation übernommen worden[41]. Diese Feststellung kann hier noch dahin ergänzt werden, daß auch die zweiten Zeilen beider Lieder nahe Verwandtschaft zeigen, indem beide den Bogen von der phrygischen Dominante zurück zur Tonika schlagen, wobei die Melodie von „Mensch, willst du leben seliglich“ lediglich weiter ausgesponnen ist:

Notenbeispiel 10

Haben wir die Weise von Luthers zweitem Zehn-Gebote-Lied vor allem aus stilistischen Gründen Walter zugewiesen, so ergibt sich im vorliegenden Falle die gleiche Folgerung; diese wird noch erhärtet durch die Feststellung, daß die Erfurter Enchiridien eine andere Melodie zu diesem Lied bringen, die sich jedoch bei genauerer Betrachtung als ein Ausschnitt aus dem lateinischen Tedeum erweist und keinerlei Verbreitung gefunden hat. Freilich gehört Walters Weise zu „Erbarm dich mein“ nicht zu seinen besten Schöpfun-

---

[41] Das heute nicht mehr gesungene Lied ist im 17. und 18. Jh. in den Passionen als Einlage nach der Verleugnung des Petrus („... und ging hinaus und weinte bitterlich“) viel verwendet worden.

gen. Möglicherweise handelt es sich um die musikalische Redaktion einer Vorlage, was dann ebenfalls auf „Mensch, willst du leben seliglich“ zutreffen würde; aber auch das bloße Unterlaufen von Melodie-Bruchstücken gleichsam in Gestalt von Reminiszenzen wäre denkbar. Darum könnte es sich z. B. bei der zweiten Zeile des Abgesangs, die der Tonfolge nach fast genau auch in der auf vorreformatorischen Ursprung zurückgehenden Melodie „Es ist das Heil uns kommen her“[42] vorkommt, handeln. Dennoch deutet vor allem der über das Stollenpaar gespannte Melodiebogen wie bei „Mensch, willst du leben seliglich“ auf Walter, und auch die Minimen-Figuren in der ersten und dritten Zeile des Abgesangs weisen auf ihn wenigstens als Gestalter dieser Melodie.

2. Fröhlich wollen wir Alleluja singen (Johann Agricola, Zahn 1625)

Auch diese Melodie blieb die einzige zu diesem Lied, obwohl sie noch geringere künstlerische Qualität als die vorige hat, woran nicht zuletzt die ungewöhnliche vierzeilige Strophenform mit je 11 Silben schuld sein mag. Dennoch wird wohl auch sie von Walter eingerichtet worden sein; jedoch ist hier die Verwendung einer Vorlage besonders wahrscheinlich. Die in gleichmäßigen Semibreven verlaufende und zudem wiederholte erste Melodiezeile, die Walter streng homophon bearbeitet hat, erinnert an einen Schreittanz in der Art eines Abendreihens.

Notenbeispiel 11

Spezifisch Waltersche Stilelemente trägt sie mit Ausnahme der Minimen-Klauseln in den beiden Zeilen des Abgesangs nicht. Mit der Weise von „Wohl dem, der in Gottes Furchte steht“ verbindet sie das Lydische bei gleichem Abschluß auf der Confinalis c, was jedoch, wie gesagt, im Bereich der Hofweisen-Tenores nicht vereinzelt vorkommt.

---

[42] Vgl. vorher S. 52.

3. Dein armer Hauf, Herr, tut klagen (Michael Styfel, Zahn 3681)

Notenbeispiel 12

Diesen Cantus firmus hat Walter zusammen mit dem vierstimmigen Satz durch sämtliche Auflagen des Chorgesangbuchs beibehalten, obwohl Text und Weise in keine anderen Gesangbücher übernommen worden sind. Sicherlich muß allein von daher auf Walters Autorschaft geschlossen werden, zumal auch von M. Styfel nicht bekannt ist, daß er zu eigenen Dichtungen Melodien beschafft hätte. Hinzu kommt, daß der Cantus firmus offensichtlich in Verbindung mit Walters Tonsatz entstanden ist; dies ergibt sich aus den charakteristischen Minimen-Klauseln in sämtlichen Strophenzeilen mit Ausnahme der letzten, die mit einer „pathetischen Antizipation“ endet. Die hypolydische Weise trägt zudem dem Text spürbar Rechnung, so daß wir es hier sicherlich mit einer originalen Schöpfung zu tun haben, wenn die Verwendung einer Vorlage auch in diesem Falle nicht ausgeschlossen ist.

4. Durch Adams Fall ist ganz verderbt (Lazarus Spengler, Zahn 7547)

Walter hat dieses Lied im Chorgesangbuch zweimal gesetzt mit verschiedenen Cantus firmi. Die Beobachtung, daß in solchen Fällen die Melodie des ersten Satzes auf Walter zurückgeht, wird hier dadurch bestätigt, daß er im Unterschied zur zweiten an dieser durch sämtliche Auflagen des Chorgesangbuchs festgehalten hat, obwohl sich nicht seine Melodie, sondern die des GB Klug im sog. „Pavierton“ durchsetzte.

Notenbeispiel 13

Dieser Cantus firmus trägt zudem mancherlei Züge von Walters Schreibweise, so vor allem auch hier in dem über den beiden Stollenzeilen gespannten Bogen mit gleichem Anfangs- und Schlußton. Daß diese Melodie nach den Regeln eines Hofweisen-Tenors für den vorliegenden Tonsatz geschaffen worden ist, zeigen die typischen, unmittelbar aufeinander folgenden Sprünge (a–d′ und c′–f′), die danach in diatonischer Folge einen Quartraum abwärts durchlaufen. Dies ist das völlig gleiche Verfahren wie am Anfang von „Mit Fried und Freud ich fahr dahin“, mit dem Unterschied lediglich, daß bei dieser zwei Quintsprünge aufeinander folgen. Im Abgesang wird die Identität von Melodie-Erfinder und -Bearbeiter an der rhythmischen Durchgliederung besonders erkennbar. Hier begegnen wir nicht nur den bekannten Minimen-Klauseln, sondern obendrein noch zweimal gleichen rhythmischen Floskeln als Zeilenbeginn. Motiviert ist dieses Verfahren durch den Binnenreim der ersten Zeile des Abgesangs „ohn Gottes Trost, der uns erlost“, das in der Schlußzeile lediglich als musikalische Entsprechung angewandt ist. Selbstverständlich ist auch der zweite Binnenreim in der dritten Zeile des Abgesangs, und zwar durch jeweils eine Brevis nach drei vorangegangenen Semibreven, berücksichtigt. – Walters Tenor zu L. Spenglers Dichtung „Durch Adams Fall ist ganz verderbt“ in der „achtzeiligen Normalform des Hofweisenbars mit ihren charakteristischen Kurzzeilenpaaren“[43] gehört zu seinen großartigsten Melodieschöpfungen; aber es zeigt sich auch bei diesem, daß es sich viel mehr um ein Kunstlied als um eine Gemeindeliedweise handelt.

5. Desgleichen (Zahn 7548)

Der Cantus firmus der zweiten Bearbeitung von L. Spenglers Lied, die nur die beiden ersten Auflagen des Chorgesangbuchs enthalten, trägt keinerlei Merkmale Walterscher Melodie-Bildung. Sicherlich aber ist auch seine Herkunft in dem weiten Bereich der Hofweisen zu vermuten. Mehrfach begegnen vertraute Anklänge, so die aus Luthers „Aus tiefer Not“ geläufige Tonfolge h–e–h–c′ bei den Worten „darein die Schlang“ und auch am Schluß der Abstieg in der phrygischen Skala, der sich ähnlich in Paul Hofhaimers Tenor „Meins Traurens ist“ findet[44].

Notenbeispiel 14

---

[43] K. Gudewil in Mf 1. Jg. 1948, S. 118.

[44] Vgl. diesen in Gesellige Zeit I, Kassel 1948 u.ö., S. 92f.

## 6. Hilf Gott, wie ist der Menschen Not (Paulus Speratus, Zahn 8392)

Der Dichtung liegt eine ungewöhnliche, nämlich 15zeilige Strophenform mit zudem drei Kurzzeilenpaaren im Abgesang zugrunde. Die Verwendung einer Vorlage bei ihrer Melodisierung kann daher keinesfalls angenommen werden. So kommen als Schöpfer dieser Weise nur Walter und Speratus selbst in Frage; denn von diesem gilt es als sicher, daß er bei seinem hohen Maß humanistischer Bildung zugleich Melodist gewesen ist; auch hat er mit Meistersingern Berührung gehabt[45]. Die Erfurter Enchiridien enthalten von diesem Lied lediglich den Text mit dem Hinweis auf die Melodie von „In Gott gelaub ich“, einer weiteren Dichtung von Speratus in der gleichen Strophenform. Man könnte von diesem Tatbestand her annehmen, daß dieser für beide Dichtungen die Weise der Erfurter Enchiridien vorgesehen hatte. Jedoch fehlen dem im Chorgesangbuch stehenden Cantus firmus von „Hilf Gott, wie ist der Menschen Not“ die charakteristischen melodischen Wendungen, denen wir bei Walter immer wieder begegnet sind. Allein schon der Beginn der phrygischen Weise auf der Dominante h wäre für Walter ungewöhnlich.

Notenbeispiel 15

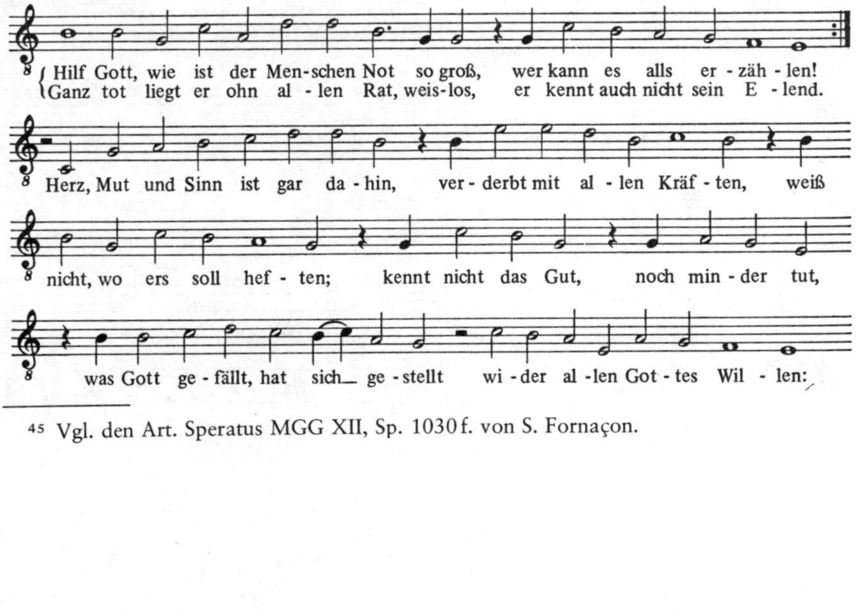


45 Vgl. den Art. Speratus MGG XII, Sp. 1030 f. von S. Fornaçon.

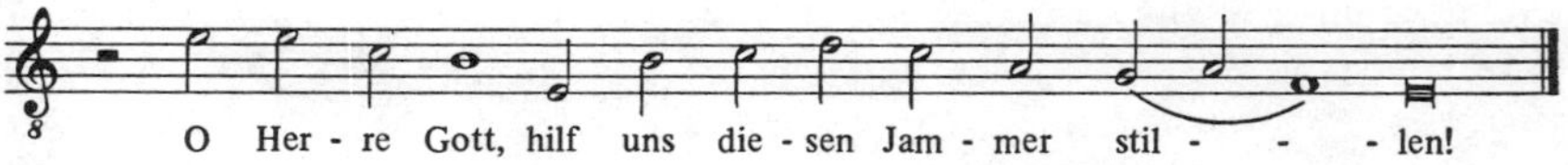


Unverkennbar sind jedoch gewisse Berührungspunkte dieser Weise mit der zu dem Glaubenslied von Speratus in den Erfurter Enchiridien. Man vergleiche z.B. deren Stollenzeilen mit denen von „Hilf Gott, wie ist der Menschen Not“:

Notenbeispiel 16

Auch das folgende, sequenzartig gestaltete Kurzzeilenpaar der Erfurter Weise entspricht unverkennbar der Melodie-Führung im Abgesang bei den Worten „kennt nit das gut, noch minder thut“ im vorliegenden Lied.

Notenbeispiel 17

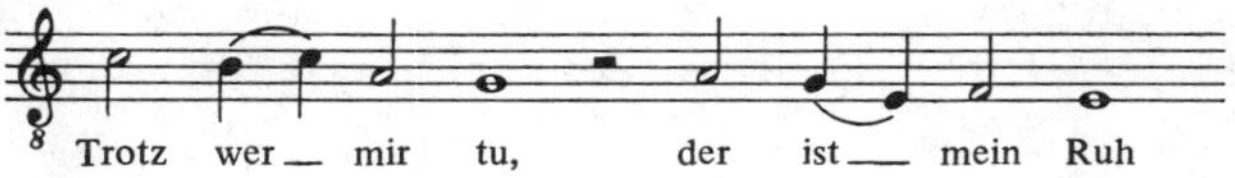


Aus diesen Beobachtungen ergibt sich u.E. mit Sicherheit, daß beide Melodien den gleichen Schöpfer haben, der nach der Quellenlage nur Speratus sein kann.

## 7. In Gott gelaub ich, daß er hat (Paulus Speratus, Zahn 8390)

Notenbeispiel 18

Im Gegensatz zur Melodie dieses Liedes in den Erfurter Enchiridien trägt die des Chorgesangbuchs alle Merkmale Walterscher Melodie-Bildung[46].

Wieder wölbt sich über die beiden Stollenzeilen ein von der äolischen Tonika ausgehender, zu Beginn der zweiten Zeile die kleine Sexte erreichender und zur Tonika wieder zurückführender Bogen. Gleich zu Beginn des Abgesangs weitet sich der Tonraum dann bis zur Oktave aus, wobei es Anklänge an den Anfang von „Mit Fried und Freud ich fahr dahin" gibt. Der Spitzenton g' kehrt später noch zweimal eindrucksvoll wieder, bei der Binnenreim-Zeile „Trotz wer mir tu, der ist mein ru" und mit dem stärksten Ausdruck zu Beginn der Schlußzeile bei dem emphatischen Ausruf „O Herre Gott". Der unmittelbare Bezug dieses Cantus firmus auf den Text ist unübersehbar; er erfolgt hier mit einer für das frühe 16. Jh. seltenen Eindringlichkeit. In Anbetracht der eigenen Weise zu diesem Lied in den Erfurter Enchiridien, jedoch vor allem aber im Hinblick auf die im Chorgesangbuch angewandten künstlerischen Mittel bei dieser Melodie kommt allein Walter als deren Schöpfer in Betracht. Aber auch bei dieser letzten Weise, die zu besprechen war, erweist es sich, daß es diesem hier um die hohe Kunst des Tenor-Liedsatzes und nicht um die Bereitstellung einer Gemeindeliedweise gegangen ist.

## *VI. Zusammenfassung*

1. Das Chorgesangbuch von 1524 hat Johann Walter selbst zusammengestellt und in den Einzelheiten erarbeitet. Abgesehen von der Abfassung einer allgemein gehaltenen Vorrede gibt es für eine Beteiligung Luthers weder bei dessen inhaltlicher Gestaltung noch bei der Bereitstellung der darin bearbeiteten Melodien irgendwelche Anhaltspunkte. Auch eine Entstehung des Chorgesangbuchs im Auftrag des Reformators läßt sich nicht beweisen; den auf den Ursprung der Reformation bezogenen Titel „Wittenbergisch deudsch Geistlich Gesangbüchlein ..." erhielt es erst in der 5. Auflage von 1544. Über eine Zusammenarbeit Luthers und Walters vor der Entstehung der Deutschen Messe im Jahre 1525 gibt es keinerlei Nachrichten. Walter würde, wenn eine solche stattgefunden hätte und von irgendwelcher Bedeutung gewesen wäre, zweifellos darüber berichtet haben, wie er es hinsichtlich der gemeinsamen Arbeit an der Deutschen Messe getan hat.

2. Für 16 Weisen ist das Chorgesangbuch von 1524 die früheste bekannte, mit größter Wahrscheinlichkeit überhaupt die originale Quelle. Dabei handelt es sich um neun Luther-Lieder sowie um sechs Lieder anderer Dichter; ein Lied erscheint in zwei Tonsätzen mit zwei verschiedenen, in beiden Fällen neuen Melodien.

---

[46] Das GB Klug 1529 hat zu beiden Speratus-Liedern noch wieder eigene, und zwar streng syllabische Weisen.

3. Wie Walter an die bearbeiteten Texte herangekommen ist, wissen wir nicht. Die Erfurter Enchiridien, die einige von diesen enthalten, haben ihm sicherlich nicht vorgelegen. Daß er die betreffenden Texte Luthers von diesem selbst erhalten hat, ist zwar nicht auszuschließen, jedoch unwahrscheinlich; hätte er doch dann vom Reformator auch bereits vorhandene Melodien bzw. bestimmte Melodie-Fassungen mitbekommen; dafür aber fehlt jedweder Beweis.

4. Bei der musikalischen Gestaltung des Chorgesangbuchs von 1524 hat es sich für Walter, wenn überhaupt, keinesfalls in erster Linie um die Bereitstellung von allgemein sangbaren Gemeindeliedweisen und deren mehrstimmige Bearbeitungen gehandelt. Sein Hauptanliegen bezog sich offensichtlich auf den kunstvollen Tenor-Liedsatz.

5. Im Chorgesangbuch von 1524 kommen daher zahlreiche ligaturreiche, nichtgemeindegemäße Melodieformen sowohl bei übernommenen alten wie auch bei neuen Weisen vor. Es unterscheidet sich darin grundsätzlich von den Erfurter Enchiridien und vor allem vom GB Klug (1529 u. ö.), die die Isometrik bevorzugen; Luthers Vorstellungen von gottesdienstlichen Kirchenlied-Weisen sind dort und nicht in Walters Chorgesangbuch verwirklicht; dies zeigte sich erneut an der ursprünglichen Weise zu „Nun freut euch, lieben Christen gmein“, die sicherlich eine Schöpfung des Reformators ist.

6. Aus alledem erklärt es sich, daß dieses sicherlich in keinem einzigen Fall Primärquelle für Melodien Luthers ist. Walters eigene Aussage aus der Zeit um 1565, daß der Reformator „die deutschen Choralgesänge meistestheils gedichtet und zur Melodey bracht“ habe, die Michael Praetorius in den „Verba des alten Johan Walthers“ am Ende von Bd. 1 des „Syntagma musicum“ (1614/15) überliefert hat, kann hier um seiner Unbestimmtheit willen keinesfalls als Gegenbeweis angeführt werden. Die einzige dort ausdrücklich genannte Melodie, nämlich die von „Jesaja dem Propheten das geschah“, stammt gerade nicht aus dem Chorgesangbuch.

7. Unter Berücksichtigung des Regelfalls der „Identität von Melodie-Erfinder und -Bearbeiter, soweit einzelne Weisen nicht von mehreren Komponisten benutzt wurden“ (K. Gudewill) und auf Grund von stilistischen Beobachtungen wurden folgende neun Weisen von Luther-Liedern als Schöpfungen Walters, was die Verwendung von Vorlagen nicht ausschließt, erkannt (dabei wurde nur in einem Falle ein Fragezeichen hinzugefügt):

Ach Gott, vom Himmel sieh darein (Zahn 4432a = EKG 178)
Wär Gott nicht mit uns diese Zeit (Zahn 4434 = EKG 192)
Es spricht der Unweisen Mund wohl (Zahn 4436 = EKG 145 u. ö.)?
Nun freut euch, lieben Christen gmein (Zahn 4428, nicht im EKG)
Es wollt uns Gott genädig sein (Zahn 7246 = EKG 146)
Wohl dem, der in Gottes Furchte steht (Zahn 298, nicht im EKG)

Jesus Christus, unser Heiland, der den Tod überwand (Zahn 1976, nicht im EKG)
Mensch, willst du leben seliglich (Zahn 1956, nicht im EKG)
Mit Fried und Freud ich fahr dahin (Zahn 3986 = EKG 310)

Dazu kommt noch die endgültige Fassung von „Christ lag in Todes Banden".

8. Von den Melodien zu Texten anderer Dichter sind folgende fünf als Walters Werk anzusehen, von denen jedoch keine im EKG steht (zwei sind mit Fragezeichen versehen):

Erbarm dich mein, o Herre Gott (E. Hegenwalt, Zahn 5851)
Fröhlich wollen wir Alleluja singen (J. Agricola, Zahn 1625)?
Dein armer Hauf, Herr, tut klagen (M. Styfel, Zahn 3681)?
Durch Adams Fall ist ganz verderbt (L. Spengler, Zahn 7547)
In Gott gelaub ich, daß er hat (P. Speratus, Zahn 8390)

Von den beiden übrigen Liedern ist die Herkunft der Weise der zweiten Bearbeitung von L. Spenglers „Durch Adams Fall ist ganz verderbt" (Zahn 7548) unbekannt, während die Melodie von „Hilf Gott, wie ist der Menschen Not" (Zahn 8392) sicherlich eine Schöpfung des Dichters P. Speratus selbst ist.

In dem Gesamtergebnis der vorstehenden Untersuchungen liegt weder eine Herabminderung von Luthers großer Bedeutung bei der Schaffung des evangelischen Kirchenlieds nach Text und Weise noch eine versteckte Kritik an der nicht zentral auf den gottesdienstlichen Gemeindegesang bezogenen kompositorischen Arbeit Walters. Vielmehr ist beider Anteil am Beginn der Geschichte des evangelischen Gesangbuchs in seiner Verschiedenartigkeit nunmehr in ein helleres Licht gerückt: Luthers Vorstellung von der erforderlichen allgemeinen Sangbarkeit eines gottesdienstlichen Gemeindelieds und Walters Hinwendung zur kunstvollen Bearbeitung des jungen evangelischen Kirchenlieds. Wenn es dem ersten evangelischen Kantor daher zentral um die Kunst gegangen ist, dann war dies für ihn allerdings gleichbedeutend mit dem rechten Gebrauch der Musik im Dienste des wiedergewonnenen Evangeliums.

# Die verschlungenen Schicksalswege des Codex Gothanus Chart. A. 98

## Ein kleines, absonderliches Kapitel thüringischer Bibliotheksgeschichte

Bei dem Codex Gothanus Chart. A. 98, kurz als „Gothaer Chorbuch" bezeichnet, handelt es sich um jene berühmte Foliohandschrift, die Johann Walter im Auftrag seines Kurfürsten Johann Friedrich des Großmütigen von Sachsen im Jahre 1544 nach der Einweihung der neuen Schloßkapelle auf Schloß Hartenstein in Torgau für den dortigen Gebrauch unter seiner genauen Anweisung herstellen ließ. Darüber gibt das Titelblatt des Chorbuchs mit folgendem Wortlaut genaue Auskunft: „Hic Cantionum Ecclesiasticus liber ab Illustrissimo principe Saxorum, sacriq Romani Imperij Electore, D. Ioanne Frederico, in huius arcis novum sacellum comparatus est. Ab Ioanne Gewalthero earundem Ecclesiasticarum Cantionum moderatore conscriptus. Anno ab orbe redempto, millesimo quingentesimo quadragesimo quinto, mense Julio." Man könnte aufgrund dieses Wortlauts annehmen, daß Johann Walter selbst der Schreiber des Chorbuchs gewesen ist. Das ist jedoch nicht der Fall, wie ein Vergleich mit den anderen sog. „Torgauer Walter-Handschriften", aus denen dessen Handschrift genau bekannt ist, ergeben hat. „Conscriptus" besagt daher, daß Walter auftragsgemäß den Inhalt des Chorbuchs, der keineswegs aus nur eigenen Werken besteht, zusammengestellt hat[1]; denn der Codex enthält mit Ausnahme von Ordinarium-Messen das vollständige Repertoire der gottesdienstlichen Figuralmusik, wie es Johann Walter als der protestantische Urkantor in klassischer Gültigkeit für seine Zeit und nähere Umwelt festgelegt hat. „Gothaer Chorbuch" heißt die Handschrift nach ihrem heutigen Aufbewahrungsort, der Forschungsbibliothek Gotha, Schloß Friedenstein (der vormaligen Herzoglichen und späteren Landesbibliothek). Auch die Bezeichnung „Gothaer Cantionale" begegnet vor allem in der älteren Literatur; jedoch sollte die erstere Bezeichnung, die Carl Gerhardt (a.a.O.) gebraucht, zur Unterscheidung von dem Gothaer „Cantionale sacrum" von 1646 (1. Teil) und 1648 (2. und 3. Teil), ausschließlich Verwendung finden.

[1] Vgl. dazu Carl Gerhardt, Die Torgauer Walter-Handschriften. Eine Studie zur Quellenkunde der Musikgeschichte der deutschen Reformationszeit, Kassel 1949, S. 29f.

Nur kurze Zeit nach der Fertigstellung der Handschrift brach der Schmalkaldische Krieg aus, dessen für die Protestanten unglücklicher Ausgang Johann Friedrich von Sachsen den Verlust der Kurwürde sowie des nördlichen und nordöstlichen Teils seines Landes mit der Residenzstadt Torgau und der Universitätsstadt Wittenberg kostete. Während der gefangene Fürst noch für die Überführung der bedeutenden, von Kurfürst Friedrich dem Weisen begründeten und vormals Georg Spalatin sachkundig betreuten Wittenberger Bibliothek, die als fürstliches Eigentum galt, nach Weimar, der neuen Hauptresidenz des ernestinischen Herzogtums Sachsen, sorgen konnte, hat er sich um die (sicherlich wenigen) Torgauer Buchbestände, zu denen unser Chorbuch gehörte, offenbar nicht besonders gekümmert, vielleicht nicht kümmern können. Nun aber existiert ein von Wilibald Gurlitt zuerst mitgeteilter Brief Johann Walters vom 1. Januar 1556 an die Söhne des 1554 verstorbenen Johann Friedrich, in dem u. a. folgendes steht: „... E. F. G. [Euer Fürstlichen Gnaden] wissen sich sonder Zweifel gnädiglich zu erinnern, daß ich vor dreien Jahren dem durchlauchtigsten hochgeborenen Churfürsten zu Sachsen etc. Johannsfriedrichen, E. F. G. lieben Herrn Vater, meinen gnädigsten und sehr geliebten Herrn hochlöblicher seliger und christlicher Gedächtnis, etliche Pergament Gesangbücher und auch sonst eines, so in der Schloßkirchen zu Torgau gebraucht worden, die ich heimlich, davon niemands bewußt, bei mir gehabt, gen Jena ungefährlich 8 Tage vor Pfingsten bracht und untertäniglich durch den namhaften Herrn Secretarium Wolff Lauenstein überantworten lassen, dazumal mir dann Ihre Churfürstl. Gnaden durch gedachten Herrn Secretarium gnädiglich anzeigen lassen, daß ich Ihren Churfürst. G. zu gnädigstem Gefallen getan, daß ich solche Bücher bracht und geantwortet hätte."[2] Wie aus Walters Brief weiter hervorgeht, hatte dieser die betreffenden Bücher gelegentlich einer Reise in seine Geburtsstadt Kahla a. d. Saale (15 Kilometer südlich von Jena) mitgenommen. Auf der Rückreise hatte Johann Friedrich ihn noch selbst empfangen wollen, hatte jedoch die Stadt unerwartet verlassen müssen. Es braucht hier nicht untersucht zu werden, um welche „Gesangbücher" es sich hier gehandelt haben mag; mit Sicherheit muß jedoch angenommen werden, daß das besonders genannte („und noch eins, so in der Schloßkirchen zu Torgau gebraucht worden") das Gothaer Chorbuch gewesen ist. Wir erfahren von Walter nicht, wo er die überbrachten Werke zwischen 1547 und 1553 aufbewahrt hatte, ob in seinem Hause in Torgau oder in Dresden, wo er von 1548–1554 als Hofkapellmeister seines neuen Landesherrn, des albertinischen Kurfürsten Moritz von Sachsen (gest. 1553), und auch noch kurze Zeit unter dessen Nachfolger August von Sachsen gewirkt hat. Möglicherweise war die Überführung des Chorbuchs nach Jena also schon die zweite Reise des Werks.

[2] Wilibald Gurlitt, Johannes Walter und die Musik der Reformationszeit, Luther-Jahrbuch XV, 1933, S. 71.

Wie aber war nun das weitere Schicksal des Chorbuchs? Man könnte auf den Gedanken kommen, daß die von Walter überbrachten Bücher der Bibliothek der neugegründeten Universität Jena einverleibt wurden; denn bereits im Sommer 1549 war der größte Teil der alten Wittenberger Bibliothek von Weimar, wo sie uneröffnet im Franziskanerkloster untergestellt war, nach Jena überführt worden[3]. Das ist jedoch zweifellos nicht der Fall gewesen. Abgesehen davon, daß ohnehin ein (wenn auch wohl nur kleiner) Teil der Bibliothek in Weimar geblieben war, wäre die Einverleibung unseres Chorbuchs in die Jenaer Bibliothek der Behandlung eines Museumsstückes gleichgekommen. Als ein solches konnte es zu diesem Zeitpunkt jedoch keineswegs angesehen werden; enthält es doch, wie gesagt, das mehrstimmige liturgische Repertoire, das um 1550 im protestantischen Mitteldeutschland in den Gottesdiensten mit Figuralmusik gebraucht wurde. Und auch wenn der nunmehrige Herzog Johann Friedrich über keine Hofkantorei mehr verfügte, so bedeutete dies doch nicht einen Verzicht für alle Zukunft. Es besteht daher kein Zweifel – der weitere Schicksalsweg des Chorbuchs belegt dies auch –, daß der Codex von Jena an den Hof nach Weimar weitergebracht und dort vielleicht dem Inventar der Schloßkapelle zugeführt worden ist. Bereits im folgenden Jahr, also 1554, starb Johann Friedrich der Großmütige, und die Regierung des ernestinischen Landes übernahmen nunmehr gemeinsam seine beiden Söhne Johann Friedrich der Mittlere und Johann Wilhelm. Während Johann Wilhelm in Weimar blieb, wählte der ältere Johann Friedrich d. M. die Burg Grimmenstein in Gotha als seine Residenz und nahm von Weimar die Bücherbestände als Grundstock seiner eigenen Bibliothek mit dorthin[4]. Wir müssen wiederum mit Sicherheit annehmen, daß unser Chorbuch sich darunter befand, zumal sich Johann Friedrich, und zwar offenbar nicht ohne Erfolg, um die Gründung einer Hofkapelle in Gotha bemühte[5]. Wer nun freilich meint, daß damit unser Chorbuch an seinem endgültigen Aufbewahrungsort angelangt war, hat weit gefehlt. 1567 hat sich Johann Friedrich der Mittlere in überaus ungeschickter Politik in die sog. „Grumbachschen Händel" verstrickt, indem er den in Reichsacht befindlichen fränkischen Reichsritter Wilhelm von Grumbach beschützte, worauf über ihn selbst die Reichs-

[3] Vgl. Willy Flach, Beiträge zur Vorgeschichte der Landesbibliothek Weimar, in Zeitschrift des Vereins für Thüringische Geschichte und Altertumskunde, 23. Beih., Jena 1941, S. 33 ff., besonders S. 36–38. In Jena wurde 1548 zunächst eine „Hohe Schule" gegründet, die erst 1558 vom Kaiser den regulären Status einer Universität mit Promotionsrecht erhielt.

[4] Vgl. Rudolf Ehwald, Geschichte der Gothaer Bibliothek, Centralblatt für Bibliothekswesen 18. Jg., Leipzig 1901, H. 8 und 9.

[5] Vgl. Armin Fett, Art. Gotha, MGG V, 554: „1565 läßt sich eine neue Vokalkapelle mit dem Sitz in Gotha feststellen." Die Ausführungen von Georg Eismann in dessen Monographie: David Köler. Ein protestantischer Komponist des 16. Jahrhunderts (Berlin 1956) sind unklar, da der Verfasser offensichtlich nicht Gotha als die Residenzstadt Johann Friedrichs d. M., der mit D. Köler wegen einer Berufung zum Hofkapellmeister verhandelt hat, in Betracht zieht.

acht verhängt wurde. Dabei verlor er sein Land und verbrachte den Rest seines Lebens (er starb 1596) in kaiserlicher Gefangenschaft. Nach der Gothaer Kapitulation im Jahre 1567, bei der die Burg Grimmenstein geschleift wurde, kam die Bibliothek nun abermals nach Weimar, wo sie offensichtlich als Eigentum von Johann Friedrich dem Mittleren bzw. von dessen Söhnen verwahrt wurde; denn nach dem Tode von seinem Bruder Johann Wilhelm im Jahre 1573 bestimmten die Räte der als Vormünder für die minderjährigen Söhne des gefangenen Herzogs bestellten drei weltlichen Kurfürsten von Brandenburg, Pfalz und Sachsen in einer Leipziger Verordnung vom November d.J., daß diesen die Bibliothek „allein bleiben solle"[6]. Da jedoch die Söhne Johann Wilhelms nicht völlig übergangen werden sollten, bestimmten die Räte die Überführung der Bibliothek nun wieder nach Jena, mit der Begründung, daß die Universitätsbibliothek beiden fürstlichen Linien gemeinsam gehöre. Allerdings sollte diese Maßnahme unbeschadet des Eigentumsrechts von Johann Casimir und Johann Ernst, den Söhnen Johann Friedrichs d.M., durchgeführt werden. In diesem Vorbehalt kündigte sich bereits weitere Wanderschaft unseres Chorbuchs an, nachdem dieses seit der Übergabe durch Johann Walter im Laufe von zwanzig Jahren von Jena über Weimar nach Gotha und auf dem gleichen Weg wieder zurück nach Jena gekommen war.

Freilich hatte es jetzt zunächst wenigstens ein paar Jahre Ruhe. Nachdem jedoch Herzog Johann Casimir im Jahre 1586 im Alter von 23 Jahren aufgrund der 1570 auf dem Reichstag zu Speyer erfolgten Restituierung der Söhne des geächteten Johann Friedrich d.M., wobei diesen Coburg als Residenz zugewiesen worden war, die Regierung seines Herzogtums übernommen hatte, strebte der hochgebildete, Kunst und Wissenschaft außerordentlich fördernde Fürst – wirkte doch unter ihm ein Melchior Franck als Hofkapellmeister – bald die Überführung der Bibliothek aufgrund der genannten Leipziger Verordnung von Jena nach Coburg an[7]. Sie erfolgte im Oktober 1590[8]. Daß sich unter den Beständen das Gothaer Chorbuch befand, muß auch hier mit Sicherheit angenommen werden; denn es ist uns für seinen Verbleib in Coburg, wenn auch für wesentlich spätere Zeit, bezeugt. Darauf hat Joachim Stalmann in seiner Abhandlung „Johann Walters Versuch einer Re-

---

[6] Vgl. (auch für das folgende) Georg Karpe, Nachreformatorische Gründungsperiode. Die Fürstlich Sächsische Bibliothek Jena 1549–1650, in: Geschichte der Universitätsbibliothek Jena 1549–1945, Weimar 1958.

[7] Vgl. G. Karpe, a.a.O., S. 134f. Ein sehr lebendiges, auf streng wissenschaftlicher Grundlage beruhendes, kurzes Lebensbild Johann Casimirs (der Verfasser ist Gerhard Heyl) gab in den letzten Jahren das Städtische Verkehrsamt Coburg heraus. – Johann Casimirs Bruder lebte bis 1596 mit in Coburg, bekam aber dann ein eigenes Herzogtum mit der Residenz Eisenach zugewiesen.

[8] Friedrich Knorr gibt dafür das Jahr 1589 an. Vgl. dessen schöne Abhandlung: Die Geistesgeschichte der Stadt Coburg im Spiegel ihrer Bibliotheken, Jahrbuch der Coburger Landesstiftung 1956, S. 113ff.

form des gregorianischen Chorals" vor einiger Zeit hingewiesen[9]. Auf unseren Codex wird nämlich in einer 1708 in Coburg erschienenen Schrift „De propagatione haeresium per cantilenas praeside Ern. Sal. Cypriano Theol. D. & P. P. Collegii Casimiriani Directore, ad XIV Julii A. O. R. 1708 in Auditorio maiori publice disputabit Jo. Elias Greiffenhahn, Salzungensis, Chori musici Praefectus" hingewiesen. Es heißt dort am Schluß: „Ut autem sciant posteri et sine dubio sciant, quae cantiones vernacula lingua decantari solitae sunt Luthero superstite, ponam earum catalogum e bibliothecae Albertinae libro musico authentico, eo tempore scripto, quo Lutherus apud Joannis Friderici, Saxoniae electoris, aulam non raro concionabatur. Liber hunc titulum habet...", worauf wörtlich der Titel des Gothaer Chorbuchs sowie eine Liste mit 36 deutschen Liedanfängen (im Gothaer Chorbuch stehen allerdings Bearbeitungen von 39 deutschen Liedern) sowie „die teutsche Passion auf den Palmsonntag und die ander teutsche Passion auf folgenden Freytag der Marterwoche" (entsprechend dem Chorbuch) aufgeführt sind. Hier liegt also ein ausdrückliches und eindeutiges Zeugnis für Coburg als Aufbewahrungsort des Gothaer Chorbuchs für den Anfang des 18. Jahrhunderts vor. Die Bibliotheca Albertina trägt ihren Namen nach dem zweiten Sohn Herzog Ernsts des Frommen, der während seiner Regierungszeit von 1640–1675 einen großen Teil der ernestinischen Lande wieder unter seiner Herrschaft vereinigte; daneben bestand zunächst lediglich noch die Weimarer Linie. Nach Ernsts des Frommen Tod haben freilich dessen sieben Söhne das väterliche Erbe bald unter sich aufgeteilt, wobei Albrecht den Coburger Anteil erhielt. Nach dessen Tod im Jahre 1799 wurde die Bibliothek, der Herzog Albrecht großes Interesse zugewandt hatte, z.T. im Stadtschloß Ehrenburg belassen, z.T. jedoch dem Coburger Gymnasium Casimirianum als „Bibliotheca Albertina" (offenbar aufgrund eines Testaments des Verstorbenen) zum Geschenk vermacht. Somit hat unser Codex also innerhalb Coburgs einen Standortwechsel vollzogen[10].

Joachim Stalmann ist nun auch noch der Frage nach dem weiteren Schicksal des Gothaer Chorbuchs nachgegangen. In einer Londoner Ausgabe der „Dissertatio de propagatione haeresium per cantilenas" von 1720 hat er in dem vorher wiedergegebenen Zitat eine Korrektur festgestellt; das Wort

---

[9] In: Festschrift Walter Gerstenberg zum 60. Geburtstag, Wolfenbüttel 1964, S. 167f.

[10] Vgl. Werner Kratsch, Die Büchersammlungen der Coburger Herzöge und ihre Entwicklung zu einer öffentlichen Bibliothek. Ein Beitrag zur Geschichte der Coburger Landesbibliothek, Jahrbuch der Coburger Landesstiftung 1959, S. 135ff., besonders S. 137. – In Anbetracht der Bedeutung Ernsts des Frommen für die Gothaer Bibliothek hat Carl Gerhardt als selbstverständlich angenommen, daß unser Chorbuch während seiner Regierungszeit nach Gotha gelangt ist. Der Gedanke liegt nahe, ist aber dennoch irrig; vgl. a.a.O., S. 36. J. Stalmann stellt dies bereits fest und vermerkt dazu in richtiger Vermutung: „Vorher dürfte es in Weimar oder Jena gelegen haben" (gemeint ist das Chorbuch, bevor es nach Coburg kam). Vgl. a.a.O., S. 168.

„Albertinae" ist hier in „Gothanae" abgeändert, woraus sich ergibt, daß unser Chorbuch zwischen 1708 und 1720 nach Gotha verlagert sein muß. Stalmann bringt diese Maßnahme mit Recht mit dem Herausgeber der „Dissertatio" Ernst Salomon Cyprianus, dem Rektor des Coburger Gymnasiums Casimirianum, in Verbindung; denn dieser wurde 1713 zum Direktor der herzoglichen Bibliothek nach Gotha berufen. Stalmanns Schluß daraus sowie aus seiner Feststellung in der Londoner Ausgabe der „Dissertatio" lautet: „Inzwischen war also das Buch, offenbar im Gepäck des Bibliothekars, von Coburg nach Gotha gelangt."[11] Die Parenthese („offenbar im Gepäck des Bibliothekars") ist nun freilich eine etwas kuriose Annahme (oder auch nur eine sonderbare Ausdrucksweise?). Sollte Cyprian das Gothaer Chorbuch eigenmächtig, und das hieße doch, per nefas mit nach Gotha genommen haben? Tatsächlich ist dieses bereits 1714 in Gotha nachweisbar; denn schon in diesem Jahr erschien der in Leipzig sorgfältig gedruckte und (nach dem mir bekannten Göttinger Exemplar) in Leder gebundene „Catalogus Codicum Manuscriptorum Bibliothecae Gothanae" des neuen Direktors Ernst Salomo Cyprian. Dort findet sich auf Seite 63 f. unter Nr. XCIIX unser Chorbuch mit dem vollständigen Titel. Davor steht: „Liber cantionum sacrarum, Latinarum & Germanicarum, cum notis musicis quatuor (sic!) vocum, quem confici Jo. Fridericus elector Sax. iussit. Initio haec scripta sunt: ..." (folgt der Wortlaut des Titels). Danach finden sich noch folgende Angaben: „Compacturae impressae est effigies elector cum hac epigraphe: ‚Non minor hic virtute suis maioribus olim, tu modo Christe fave, Jan. Fridericus erit'. Catalogum cantionum Germanicarum, quod ad componenda de earum auctoribus dissidia utilis videretur, dissertationis meae de propagatione haeresium per cantilenas capiti ultimo adieci." Cyprian nimmt also in dem Katalog ausdrücklich auf die Dissertatio von 1708 Bezug, die ohnehin beweist, daß er sich mit dem Chorbuch besonders befaßt hat. Tatsächlich kann man sich nur in ihm den Urheber für die Überführung des Chorbuchs von Coburg nach Gotha vorstellen. Zu welchem genauen Zeitpunkt und unter welchen Umständen dies geschah, ist bisher freilich eine offene Frage. Vorstellbar wäre, daß Cyprian aufgrund der Herkunft des Codex Gotha als die frühere Residenz Ernsts des Frommen und nach dessen Tode die der ernestinischen Primogenitur, damals unbestritten Thüringens Hauptstadt, als dessen eigentlich rechtmäßigen Aufbewahrungsort angesehen und nach seiner Übersiedlung dorthin den Erwerb unverzüglich betrieben hat. Keinesfalls darf man ihm eine heimliche und unrechtmäßige Maßnahme unterstellen (was vielleicht auch gar nicht in Stalmanns Sinn gelegen hat); denn Cyprian wird als „rührig, redlich und findig", wenn zuweilen auch als „hart, starrköpfig und rücksichtslos" charakterisiert. Und es wird von ihm gesagt, daß er die Gothaer

[11] A.a.O., S. 168.

Bibliothek aus einem Objekt fürstlicher Liebhaberei und des praktischen Bedürfnisses zu einer wissenschaftlichen Anstalt gemacht habe. Durch günstige Käufe, durch Verhandlungen und Tausch habe er der Gothaer Bibliothek mancherlei Neuerwerbungen aus öffentlichem und privatem Besitz zugeführt[12]. Danach ist es kaum vorstellbar, daß Cyprian unser Chorbuch bereits im „Reisegepäck" mit nach Gotha genommen hat; wohl aber muß er sich gleich zu Beginn seiner neuen Wirksamkeit um dessen Erwerb bemüht haben.

So ist also das Gothaer Chorbuch um 1713/14 auf das Schloß Friedenstein gelangt, um dort nach nahezu 170jähriger Wanderzeit nun einen endgültigen Platz und auch seinen heute gebräuchlichen Namen zu erhalten. Und doch sollte der berühmten Handschrift ihre weiteste Reise erst noch in unserem Jahrhundert bevorstehen. Auf einer von der Bibliotheksleitung um 1960 veröffentlichten „Zeittafel zur Geschichte der Landesbibliothek Gotha", deren offizieller Name seit dem 1. Januar 1970 „Forschungsbibliothek Gotha, Schloß Friedenstein" ist, steht bei 1945/46: „Sicherstellung der Gothaer Bibliothek in den kriegsbeschädigten Räumen des Schlosses durch die Sowjetarmee und Abtransport in die Akademiebibliothek in Leningrad", und unter dem Datum des 29. Juni 1956 ist vermerkt: „Übergabe der 330000 Bucheinheiten der Gothaer Bibliothek (einschl. Handschriften und Inkunabeln) von der Akademie der Wissenschaften der UdSSR an die DDR. August–Oktober: Rückkehr der Bücher aus der Sowjetunion." Daß auch unser Codex die weite Reise nach Leningrad mitgemacht hat, wurde 1956 durch eine Gothaer Zeitung, die von der Rückführung der Bibliothek aus der UdSSR ausführlich berichtete, besonders bezeugt. War es doch ausgerechnet das Gothaer Chorbuch, das von den zahlreichen heimgekehrten Kostbarkeiten dabei als einzige im Bilde gezeigt wurde, ein Beweis für die voll erkannte Bedeutung unserer Handschrift. – Ihr heutiger Benutzer findet darin ein eingefügtes Blatt mit der Mitteilung: „Dieser Band – Codex Gothanus Chart. A 98 – wurde im Oktober 1956 von Buchrestaurator Hans Heiland, Gera, einbandmäßig wieder instandgesetzt und restauriert. Lediglich der Originalrücken wurde wieder verwendet. – Dieser Band muß vor etwa 100 bis 150 Jahren eine Einbanderneuerung erfahren haben, wobei der Buchblock in unverantwortlicher Weise beschnitten worden ist. Die Originalbandart dieses Codex ist also nicht bekannt." So bedauerlich diese letztere Tatsache ist, so wiegt sie doch kaum gegenüber dem sonst tadellosen Erhaltungszustand der kostbaren Handschrift und deren sorgsamer Verwahrung und Betreuung in der Gothaer Forschungsbibliothek.

Es sind verschlungene Schicksalswege, die unser Chorbuch im Laufe der Jahrhunderte hat zurücklegen müssen. Sie ergaben sich in alter Zeit als selt-

---

[12] So Rudolf Ehwald, a.a.O., S. 13.

same Folge der Kleinstaaterei, die wir heute mit einem gewissen humorvollen Lächeln betrachten. Wer aber wie Wolfgang Schmieder, dem diese kleine Abhandlung gewidmet ist, und wie gleichfalls ihr Verfasser in thüringischen Residenzstädten seine Jugend verbracht hat, weiß auch um deren kulturelle und geistige Bedeutung, die noch in unserer Zeit mannigfach, nicht zuletzt in ihren Bibliotheken, wirksam ist.

# Zur Verbreitung des Genfer Liedpsalters in Mitteleuropa in den ersten Jahrzehnten nach seiner Fertigstellung

Die neueren Forschungen über die Entstehung des Genfer Liedpsalters vermitteln uns nach und nach auch ein Bild über seine ungemein schnelle Verbreitung nach seiner Fertigstellung. Daß diese im *französischen Sprachgebiet* vom Jahre 1562 ab, also dem Datum des Erstdruckes des vollständigen Liedpsalters, in besonders erstaunlichem Maße erfolgte, ist seit dem zweibändigen Werk von O. Douen, Clement Marot et le Psautier huguenot (Paris 1878/79), bekannt. Douen glaubte allein für das Jahr 1562 nicht weniger als 26 Drucke feststellen zu können, eine Zahl, hinter die P. Pidoux freilich ein gewisses Fragezeichen setzt, da es ihm nicht sicher zu sein scheint, daß es sich dabei wirklich um 26 verschiedene Drucke oder z. T. nur um gleiche Ausgaben mit verschiedenen Titelblättern handelt; hier ist nach Pidoux' sicher richtiger Ansicht noch eine bibliographische Spezialforschung erforderlich[1]. Allerdings müßten dabei auch noch die Drucke, die an Bibeln und Calendiers angebunden sind, mit erfaßt werden. Neuerdings hat Hannelore Jahr in ihrer Göttinger Habilitationsarbeit: Studien zur Überlieferungsgeschichte der Confession de foi von 1559 (Neukirchen 1964) 13 Drucke für das Jahr 1562 und 7 Drucke für 1563 des Genfer Liedpsalters, in die das Glaubensbekenntnis mit aufgenommen ist[2], mit genauen bibliographischen Angaben festgestellt. Als Druckorte erscheinen Genf, Lyon, Rouen, La Rochelle und vor allem auch Paris. Drei Ausgaben dieser beiden Jahre waren von Douen und Pidoux noch nicht erfaßt worden. Insgesamt führt H. Jahr in ihrem Rahmen 51 französische Drucke des Genfer Liedpsalters für das 16. Jh. auf, von denen allein 38 bis 1570 erschienen sind. Daß die Produktion danach stark zurückging, erklärt sich nicht allein aus der berechtigten Annahme, daß mit den zahlreichen Ausgaben bzw. Drucken der 1560er Jahre der erste Bedarf an diesem klassischen, von Calvin autorisierten reformierten Gesangbuch gedeckt war, sondern nicht weniger durch die mit der Bartho-

---

[1] Vgl. P. Pidoux, Le Psautier huguenot II, Documents et Bibliographie, Basel 1962, S. 132.

[2] Nur auf die Ermittlung solcher Ausgaben ist es der Verf. angekommen.

lomäusnacht i. J. 1572 einsetzende Verfolgung der Calvinisten. Die bisherigen französischen Verlagsorte scheiden daher jetzt nicht zufällig fast völlig aus; nur La Rochelle, das wichtigste Bollwerk der Calvinisten zwischen 1572 und dem Erlaß des Edikts von Nantes im Jahre 1598, tritt in Frankreich jetzt noch stärker hervor. Daß die tatsächliche Zahl der französischen Drucke des Genfer Liedpsalters im 16. Jh. größer gewesen ist als die in H. Jahrs Bibliographie (die, wie gesagt, lediglich Ausgaben mit der Confession de foi erfaßt hat) ermittelte, geht nicht nur aus den Werken von Douen und Pidoux hervor, sondern dafür kann auch der Berichterstatter aufgrund des zufälligen Erwerbs eines Genfer Drucks von 1563 einen Beweis liefern. Diese bei *Guillaume Forest* erschienene Ausgabe erwies sich bei näherer Nachforschung als ein Unikum; ein zweites Exemplar ist, wie die Veröffentlichung: Les livres imprimés à Genève de 1550 à 1600 von Paul Chaix, Alain Dufour und Gustav Moeckli (Genf 1959) erweist, bisher nicht bekannt geworden.

In den nördlichen *Niederlanden* wurde 1568 auf einer Dordrechter Synode der Genfer Liedpsalter in der Übersetzung des *Petrus Dathenus* unter Beibehaltung der Genfer Weisen eingeführt (endgültig jedoch erst 1578). Bereits zwei Jahre vorher beginnen die Drucke, und zwar wurden 1566 und 1567 – soweit bisher bekannt – nicht weniger als zehn herausgebracht, also auch hier eine intensive Verbreitung des Werks. Druckorte sind London, Rouen und Heidelberg (hier ist *Michael Schirat* der Drucker, der 1572 auch den Reimpsalter von *Melissus* mit der Übertragung von 50 Genfer Psalmen und der Übernahme ihrer Weisen verlegt hat), während daneben wohl nur Delft und Gent als inländische Verlagsorte vorkommen, zweifellos eine Folge der bedrängten Situation der niederländischen Calvinisten vor dem Unabhängigkeitskrieg von 1571/72. In den letzten Jahrzehnten des 16. Jhs. sind selbstverständlich weitere Ausgaben des Dathenus-Psalters, der etwa 200 Jahre im offiziellen Gebrauch blieb, herausgekommen, die jedoch im einzelnen noch nicht erfaßt sind[3].

Nach einem Vorläufer von „XX Salmi“ (Genf 1554) setzen die (wohl ersten offiziellen) *italienischen* Ausgaben des Genfer Liedpsalters ein, von denen H. Jahr für das 16. Jh. in ihrem Rahmen fünf Drucke unter dem Titel „Sessante Salmi Di David, Tradotti In Rime Volgari Italiane ...“ für die Jahre 1564, 66, 73, 78 und 85 festgestellt hat (es handelt sich also um einen Teilpsalter). Der Drucker der vier ersten ist *Giovanni Battista Pineroli*, während der letzte von *Gieremia Planche* in Genf hergestellt wurde. Diese italienischen Ausgaben haben die in den westlichen Alpentälern Oberitaliens seit

---

[3] In der umfassenden Arbeit von J. J. Lenselink, De Nederlandse Psalmberijmingen von de Souterliedekens tot Datheen met hun voorgangers in Duitsland en Frankrijk, Assen 1959, in der von den erwähnten zehn frühesten Drucken des Dathenus-Psalters die TBll der neun heute greifbaren in Faks. auf S. 499 ff. wiedergegeben sind, ist darüber hinaus leider nur eine einzige von 1579 aufgeführt.

dem späten Mittelalter in geschlossenen Siedlungen lebenden, aber immer wieder Verfolgungen ausgesetzten Waldenser, die sich im Zeitalter der Reformation an die Calvinisten anschlossen, herstellen lassen (der Name des Druckers Pineroli weist auf eine der größten italienischen Waldenser-Gemeinden Pinerolo hin; gedruckt hat er[4] unter dem Namen „Pinereul" in Genf).

Zeitlich erst an vierter Stelle steht das Eindringen des Genfer Liedpsalters auch in *Deutschland*, hier bekanntlich in der Übertragung des Königsberger Rechtsgelehrten und Lutheraners *Ambrosius Lobwasser*, die dieser 1565 beendete: ein Kuriosum in der Geschichte der Hymnologie, daß ein Genfer Gesangbuch auf dem Umweg über Königsberg nach dem übrigen Deutschland, vor allem Süddeutschland, und schließlich auch in die deutschsprachige Nordschweiz vordringt. Nach wie vor ist der früheste bekannte Druck des Lobwasser-Psalters der Leipziger von 1573; es wird jedoch vermutet, daß ein Danziger im Jahr zuvor vorangegangen ist. Daß die Leipziger Ausgabe in Verbindung mit den vierstimmig-homophonen Goudimelsätzen des Jaqui-Psalters erschienen ist, hatte für die Folgezeit einige Bedeutung[5]. Das führende calvinistische Gebiet Deutschlands, die Kurpfalz, hat sich Lobwassers Werk sofort zunutze gemacht. Von 1574 ist die erste Heidelberger Ausgabe (begreiflicherweise in einstimmiger Fassung) bekannt[6]. Ob man von einer offiziellen Einführung des Lobwasser-Psalters in der Kurpfalz bereits für diese Zeit sprechen kann, bleibt offen; jedenfalls hat er aber schnell Verbreitung gefunden. Davon berichtet der Verleger *Matthäus Harnisch* in einer weiteren, jetzt im kurpfälzischen Neustadt a. d. Haardt 1583 gedruckten Auflage, während er die erste in Heidelberg bei *Johannes Maier* hatte herstellen lassen[6a]. Aus der dem calvinistischen Grafen Johann d. Ä. von Nassau gewidmeten Vorrede geht hervor, daß dieser bereits vor 1583 den Lobwasser-Psalter in seiner Grafschaft eingeführt hatte. Zwei weitere (identische) Neustädter Drucke datieren von 1585 und 1586. 1586 beginnen die Herborner Drucke des *Christoph Corvinus*, die es bis 1694 auf etwa 40 gebracht haben, darunter nun auch in zunehmendem Maße Ausgaben mit den vierstimmigen Goudimelsätzen. 1592 wurde das Herborner Gesangbuch ohne Lizenz in Köln nachgedruckt, und in der Folgezeit beruhen auf ihm in erster Linie die zahlreichen reformierten Gesangbücher des ausgehenden 16. sowie vor allem des 17. Jhs. im Gebiet vom heutigen Rheinland und von Hessen; denn in diesem Bereich hatten manche Landesherren den Weg zum Calvinismus ge-

[4] Nach P. Pidoux, a.a.O. II, S. 130.

[5] Die niederländ. und ital. Ausgaben des 16. Jhs. waren, soweit bisher bekannt, sämtlich einstimmig.

[6] Vgl. Wackernagel, Biblgr. S. 381; fehlt bei Zahn VI.

[6a] Für Auskünfte über M. Harnisch habe ich Herrn Oberbibliotheksrat Dr. J. Benzing, Mainz, zu danken; vgl. auch dessen Beitrag: Matthäus Harnischs Söhne zu Neustadt an der Haardt und ihre Nachfolger, Arch. für Geschichte des Buchwesens 1. Bd., 1957, S. 582–589.

funden, wie die Fürsten bzw. Grafen von Bentheim, Hanau, Lippe, Solms, Ysenburg usw. 1603 wurde das Herborner Gesangbuch selbst in Bentheim eingeführt und von dort aus 1610 auch in der Grafschaft Limburg mit der Residenz Hohenlimburg bei Hagen (Westf.)[7]. Daß das Einflußgebiet des Lobwasser-Psalters sich jedoch auch nach Nord- und Ostdeutschland erstreckt hat, aber nicht nach dem reformierten Ostfriesland[8] – hier wurde wahrscheinlich bereits 1667 der Dathenus-Psalter übernommen –, kann hier nur angedeutet werden[9]. Erwähnt sei an dieser Stelle, daß sämtliche calvinistischen Gebiete Deutschlands ebenso wie die Nordschweiz (s. u.) den Lobwasser-Psalter jedoch nicht ausschließlich, sondern nur als zumeist ersten Teil ihrer Gesangbücher, übernahmen und im zweiten Teil älteres eigenständiges reformatorisches Liedgut weiterführten.

Besondere Bedeutung behielt neben dem Herborner Gesangbuch das kurpfälzische als das Gesangbuch des calvinistischen Kernlands in Deutschland, wobei man nur an den Heidelberger Katechismus zu denken braucht. Dafür zeugt das besonders schöne Titelblatt einer Ausgabe von 1620, von der bisher kein zweites Exemplar bekannt geworden ist. Einen Ableger des kurpfälzischen Gesangbuchs stellt die Reihe der Amberger Gesangbücher dar. Amberg, die Hauptstadt der s.Z. zur Kurpfalz gehörigen Oberpfalz, bekam 1577 ein eigenes reformiertes Konsistorium; jedoch datiert erst von 1594 der erste Amberger Gesangbuch-Druck, dem weitere von 1608 (?), 1613 und 1618 gefolgt sind. E. E. Kochs Angabe[10], daß der in Leipzig 1573 verlegte Lobwasser-Psalter bereits in Amberg durch Michael Forster (Koch schreibt „Fostrer“) gedruckt sei, beruht auf einem Irrtum, da Forster erst von 1591 ab in Amberg tätig war[11]. Gleich nach der Jahrhundertwende folgte dann auch die wichtige Landgrafschaft Hessen unter Landgraf Moritz, der 1607 den Lobwasser-Psalter in eigener mehrstimmiger Bearbeitung und mit Ergänzung von Weisen für diejenigen Psalmen, die bisher keine eigene hatten, herausbrachte.

In der *deutschsprachigen Schweiz* machte das Zürcher Gesangbuch von

---

[7] Darüber hat jüngst Pastor Dr. K. Burkardt in dem Aufsatz: Der altreformierte Kirchengesang in der Grafschaft Limburg, Heimat-Bll. für Hohenlimburg und Umgebung, 18. Jg. Nr. 5, S. 65–70, berichtet. Wesentliche Vorarbeit für die Erkenntnis aller Zusammenhänge auf diesem Gebiet ist von W. Hollweg, Geschichte der ev. Gesangbücher vom Niederrhein im 16.–18. Jh., Gütersloh 1923, geleistet worden.

[8] Vgl. hierzu W. Hollweg, Das Gesangbuch für die niederländischen Flüchtlinge in Emden v. J. 1574 und seine Auswirkungen auf den Kirchengesang der ref. Gemeinden Ostfrieslands, Friesisches Jb. 1961, S. 39–58.

[9] Näheres darüber bringt meine „Geschichte der reformierten Kirchenmusik“ in: F. Blume, Geschichte der evangelischen Kirchenmusik, Kassel 1965.

[10] Vgl. E. E. Koch, Geschichte des Kirchenlieds und Kirchengesangs 2. Bd., 3. Aufl. Stuttgart 1867, S. 397.

[11] Für verschiedene Auskünfte über die Amberger Gesangbuch-Geschichte habe ich dem Leiter des Landeskirchl. Archivs in Nürnberg, Herrn Pfr. Georg Kuhr, sehr zu danken.

1598 den Anfang mit der Einführung des Lobwasser-Psalters[12]. Edwin Nievergelt hat für das 17. Jh. 66 schweizerische Gesangbuch-Drucke, die den Lobwasser-Psalter enthalten, nachgewiesen[13].

Schließlich sei noch die Verbreitung des Genfer Liedpsalters in *Ungarn* erwähnt, der hier von 1606 ab in mehr als hundert (!) ungarischen Ausgaben Verbreitung fand. Die Übersetzung hatte *Albert Szenczi Mólnar* „nach dem Leitfaden des doctoris Ambr. Lobwasseri" besorgt[14].

Überblickt man den gesamten mitteleuropäischen Bereich, in dem der Genfer Liedpsalter Eingang fand, dann kann man nur mit Erstaunen feststellen, mit welcher Intensität und mit welchem Nachdruck sich die Calvinisten für die Verbreitung ihres offiziellen Gesangbuchs, das sich vor allem infolge der zumeist leicht eingängigen Weisen allenthalben großer Beliebtheit erfreute, einsetzten.

---

[12] Vgl. M. Jenny, Das erste offizielle Zürcher Gesangbuch von 1598, JbLH 7. Bd., 1962, S. 123–133.

[13] Vgl. E. Nievergelt, Die Tonsätze der deutschschweizerischen reformierten Kirchengesangbücher im XVII. Jh., Zürich 1944.

[14] Vgl. JbLH 8. Bd., 1963, S. 161.

# Die Lieder Paul Gerhardts in der Musikgeschichte

Man möchte annehmen, daß ein so großes dichterisches Werk wie das von Paul Gerhardt bereits für das Schaffen der zeitgenössischen Komponisten bedeutungsvoll gewesen sei; das war aber keineswegs der Fall. Man braucht dabei gar nicht etwa an Heinrich Schütz zu denken; denn für dessen Werk hat das Kirchenlied ohnehin nur geringe Bedeutung gehabt. Aber hätten nicht Komponisten wie z. B. A. Hammerschmidt und W. C. Briegel, deren kompositorische Arbeit auf leichtverständliche, gemeindebezogene Musik ausgerichtet gewesen ist, Paul Gerhardts Lieder aufgreifen können? Daß dies nicht geschah, hatte zunächst einen ganz äußerlichen Grund. Im 17. Jahrhundert kamen die von den landesherrlichen Kirchenregimentern „privilegierten" Gesangbücher auf, deren Verbreitung territorial begrenzt war, so daß die Übernahme von Liedern aus solchen Gesangbüchern in andere zwar nicht unmöglich, aber doch erschwert war. Daher wurden Paul Gerhardts Lieder über die Orte ihrer Veröffentlichung hinaus – das war zunächst Berlin, dazu kamen Frankfurt am Main und Stettin – nur sehr allmählich bekannt. Die Komponisten aber widmeten sich, soweit ihr Schaffen sich auf das Kirchenlied bezog, vorzugsweise den eingebürgerten, womöglich agendarisch festgelegten Detempore-Liedern. Ein weiterer Grund für die nur zögernde Aufnahme von Gerhardts Liedern in die Gemeindegesangbücher des 17. Jahrhunderts lag darin, daß sie in Anbetracht ihrer sehr persönlichen Note den Zeitgenossen offenbar weit mehr für die Hausandacht geeignet erschienen als für den öffentlichen Gottesdienst. Zwar stehen die frühesten 18 Melodien zu ihnen in Johann Crügers „Praxis pietatis melica", dem in Berlin (soweit bekannt, seit 1647) in zahlreichen Auflagen erschienenen Gesangbuch, das für den Gemeindegottesdienst bestimmt war. Aber spätestens seit dessen 5. Ausgabe von 1653 (die zwischen 1647 und 1653 erschienenen kennt man nicht) heißt es im Titel „zur Beforderung des so wol Kirchen- als Privat-Gottesdienstes". Und im gleichen Jahr kam auf Veranlassung der Kurfürstin Luise Henriette von Brandenburg ebenfalls in Berlin das sog. Rungesche Gesangbuch mit weiteren 17 neuen Paul-Gerhardt-Liedern und Crügerschen Weisen heraus, das insonderheit für das gottesdienstliche Leben am Hofe und d. h. ebenfalls vor allem für die Privatandacht „zu Erweckung mehrer Andacht bey frommen Hertzen" (so im Titel) bestimmt war. 1649 hatte Crüger als damaliger Kantor an der Nikolaikirche in Berlin, wo Paul Gerhardt zunächst bis 1651 als Aushilfsprediger und nach der Mittenwalder Wirkungszeit von 1657 an als Pfarrer tätig war, ein umfangreiches Chorbuch mit 161 vierstimmig homophonen Sätzen und zwei zusätzlichen Stimmen für Instrumente „als Violinen und Cornetten" sowie Continuo „zum nützlichen Gebrauch seiner Christlichen Kirchen" herausgebracht[1]. Was die Zweckbestimmung meint, ist nicht mit Sicherheit zu sagen. Sind diese schlichten Sätze von der Kantorei zum einstimmigen Gemeindegesang musiziert worden, wie es sich seit Lucas Osianders Veröffentlichung „Fünfftzig Geistliche Lieder und Psalmen" von 1586 allmählich einbürgerte und in den ersten Jahrzehnten des 17. Jahrhunderts vielerorts geschah, oder fanden sie bei der Alternatimpraxis, also beim Wechselgesang zwischen Gemeinde und Kantorei, Verwendung, oder schloß eines das andere nicht aus? Wir wissen es nicht; alles war möglich. Nur werden die neuen Lieder dieser Ausgabe von der Kantorei mindestens anfänglich allein musiziert worden sein; denn die Gemeinde hatte ja damals noch keine Gesangbücher in der Hand, um gleich mitsingen zu können. An diese Veröffentlichung Crügers schloß sich 1666/67 Johann Ebeling mit der von ihm veranstalteten ersten Gesamtausgabe von Paul Gerhardts Liedern – das war mit 120 damals bereits der allergrößte Teil des endgültigen Bestands – unmittelbar an; sie sind musikalisch genau so bearbeitet wie in Crügers Ausgabe von 1649. Aber hier stellt sich erst recht die Frage, welchen praktischen Zweck Ebeling mit seinem Werk verbunden hat. Die Vorworte zu den 10 Lieferungen, in denen es erschien, sagen darüber nichts. Jedoch allein die Tatsache, daß es sich um einen Individualdruck mit ausschließlich Liedern von Paul Gerhardt handelte, zeigt, daß es nicht ein Gemeindegesangbuch, vielleicht auch nicht einmal in erster Linie ein Chorbuch für die Kantorei, sondern eine Ausgabe für geistliche Hausmusik darstellt[2]. Sicherlich ist für die beiden Instrumentalstimmen aus diesem Grunde lediglich die Besetzung mit Violinen und nicht auch mit Zinken wie bei Johann Crüger vorgesehen. Dafür spricht aber vor allem der enge Anschluß des Titels „Geistliche Andachten" bzw. „... Andacht-Lieder" (so von der zweiten Lieferung an) an die „Neuen Musikalischen Fest-Andachten", die der Dich-

---

[1] Einzelne Sätze dieser Sammlung finden sich in manchen Chorbüchern, z.B. im Chorgesangbuch von R. Gölz. Im Chor-Archiv des Bärenreiter Verlags liegt ein Heft mit neun solcher Sätze vor, darunter jedoch nur einer über ein Gerhardt-Lied („Wach auf, mein Herz, und singe").

[2] Ebelings Ausgabe liegt seit 1975 in einem kostbaren Faksimiledruck des Francke-Verlags Bern und München mit folgendem Titel vor: Paul Gerhardt, Geistliche Andachten (1667). Samt den übrigen Liedern und den lateinischen Gedichten herausgegeben von Friedhelm Kemp. Mit einem Beitrag von Walter Blankenburg. – Eine Auswahl „Zwölf geistliche Lieder Paul Gerhardts" bietet auch hier ein Heft im Chor-Archiv des Bärenreiter Verlags. Ein Heft mit zwölf Sätzen (darunter acht über Gerhardt-Texte), teils von Crüger, teils von Ebeling, erschien als Heft 1 der Reihe „Die junge Kantorei" im Hänßler Verlag, Stuttgart.

ter Johann Rist mit Vertonungen seines Hamburger Landsmanns Thomas Selle für Melodie und bezifferten Baß 1655 in Hamburg veröffentlicht hat. Auch dieses Werk hatte in erster Linie die private Erbauung im Auge, und wie in diesem erfolgt auch bei Ebeling die gleichzeitige Benennung herkömmlicher bekannter Weisen, auf die die vertonten Lieder ebenfalls gesungen werden konnten. Ausgenommen sind freilich jene Dichtungen Gerhardts, deren Strophenformen von diesem zum ersten Mal angewandt, d.h. also neu erfunden worden sind. Der Hinweis auf ältere Weisen war sicherlich kaum mehr als ein Zugeständnis an die kirchliche Öffentlichkeit; Ebelings eigentliches Anliegen war zweifellos die kunstvolle Bearbeitung von Gerhardts Liedern für die geistliche Hausmusik, für Canto solo. Gewiß eignen sich manche seiner Vertonungen auch für den Gemeindegesang, und von der zweiten Lieferung an ist im Titel seines Werks auch ausdrücklich hinzugefügt: „Bey Kirch- und Hauß-Gottesdienst füglich zu gebrauchen"; jedoch ist bei diesem Zusatz der Hinweis auf die „Hauskirche", wie man damals gern sagte, das eigentliche Neue und darum Entscheidende. Und es sind nun gerade die bedeutendsten Schöpfungen Ebelings, die nur für diese gedacht sein konnten, so z.B. seine Vertonungen des Abendliedes „Der Tag mit seinem Lichte" und des Trostliedes „Gib dich zufrieden und sei stille", beide mit Strophenformen, die bei Paul Gerhardt zum ersten Mal vorkommen. Vor allem die Vertonung des letzteren Liedes gehört zum Innigsten und Ausdrucksvollsten im gesamten Bereich des geistlichen Sololieds jener Epoche. Man achte darauf, wie Ebeling die ersten vier Zeilen nicht als Stollenpaar behandelt, sondern sich über diese Zeilen ein einziger Spannungsbogen wölbt, der, von d′ ausgehend, bis zur Dezime f″ am Anfang der dritten Zeile aufsteigt und dann allmählich zum Ausgangston d′ zurückführt. Im Abgesang (Zeilen 5 bis 7) erfolgt der gleiche musikalische Vorgang noch ein zweites Mal, jedoch verkürzt, indem der Aufstieg zur Dezime jetzt gleich von der Dominante a′ ausgeht. Zur Meisterhaftigkeit dieser Komposition gehört auch das Zusammenfallen der Spitzentöne mit sinnvollen Texthervorhebungen. So bekommt im Stollenteil die erste Silbe von „al-ler" („in ihm ruht aller Freuden Fülle") und im Abgesang nach den Tönen a′ bei „Quell" und d″ bei „Son-ne" das Wörtchen „hell" („Er ist dein Quell und deine Sonne, scheint täglich hell zu deiner Wonne") den – obendrein noch rhythmisch verbreiterten – Spitzenton f″. Dieses Werk Ebelings verdient es, in unserer Zeit als ein – bei aller Schlichtheit – großartiges Kunstlied neu bekannt zu werden; gehört doch auch der Text von Paul Gerhardts Vertrauenslied zu seinen bedeutendsten Schöpfungen.

Ebeling war nicht der erste, der mit seinen „Geistlichen Andachten" Gerhardts Lieder durch die Art seiner Vertonungen der „Hauskirche" zugeführt hat; vorangegangen ist ihm darin vor allem Nicolaus Hasse in dem Anhang „Himmlische Liebes-Flamme" der „Geistlichen Seelenmusik" des Rostocker

Predigers Heinrich Müller (Rostock 1659, 2/1668). Bei diesem Werk, in dem den Liedern zehn Betrachtungen über das Liedersingen vorangestellt sind, handelt es sich um ein besonders charakteristisches Erzeugnis jener Frömmigkeitsbewegung, die hinter der Tendenz zu den häuslichen Andachtsliedern steht[3]. Wir bezeichnen sie als frühpietistisch, deren Wurzeln bis in das frühe 17. Jahrhundert, vor allem zu Johann Arndts „Vier Büchern vom wahren Christentum" (1610) zurückreichen. Der geistliche Sololied-Typus dieser Frömmigkeitsbewegung wurde durch die Bezeichnung „Aria", in deren Bereich Gerhardts Lieder in erster Linie übernommen wurden, bewußt vom gottesdienstlichen Gemeindelied unterschieden. Von etwa 1650 bis ins Zeitalter J. S. Bachs werden beide Gattungen „(Kirchen-)Lied" und „Aria" ständig nebeneinander genannt, und noch im sog. Schemellischen Gesangbuch von 1736, das durch Bachs Mitarbeit besonders bekannt geworden ist – er schrieb dafür über 60 bezifferte Bässe und auch ein paar neue Weisen mit Generalbaß –, heißt es im Titel u. a.: „darinnen ... Lieder und Arien". Eins der Lieder, deren vorliegende Weise er mit einer bezifferten Baßstimme versehen hat, ist „Gib dich zufrieden und sei stille"; es ist die heute allgemein verbreitete, die sowohl im deutschen Evangelischen Kirchengesangbuch wie im RKG der Schweiz steht und aus einem besonders charakteristischen Andachtsbuch stammt; es ist die 1670 in Berlin wohl schon zum zweiten Mal erschienene „Geistliche Wasserquelle ... mit beygefügeten schönen neubekandten fürnemlich Herrn Pauli Gerhardi 120. Geist- und Trostreichen Liedern vermehret". Die auf den Berliner Instrumentisten Jacob Hintze zurückgehende schöne Melodie erweist sich bereits durch ihren Umfang einer Dezime als nicht für den Gemeindegesang konzipiert, wenn sie auch dafür verwendet werden kann. Daß Bach sie sich mit Bestimmtheit nicht als gottesdienstliches Kirchenlied vorgestellt hat, zeigt die durch ihn vorgenommene, leichte Bearbeitung. Er hat sie nämlich nicht nur verschiedentlich stärker rhythmisiert, sondern in der ersten Zeile des Abgesangs den Tonumfang obendrein bis zur Undezime erweitert. Schon 1725 hatte Bach in dem „Notenbüchlein für Anna Magdalena", seine zweite Frau – es ist dies ja ein musikalisches Hausbuch mit mancherlei Inhalt[4] –, das gleiche Lied mit einer eige-

---

[3] Vgl. hierzu das ausgezeichnete Buch von Christian Bunners: Kirchenmusik und Seelenmusik. Studien zu Frömmigkeit und Musik im Luthertum des 17. Jahrhunderts, Göttingen 1966. Eine Auswahl von N. Hasses Vertonungen liegt in dem zweiten Heft der „Geistlichen Sololieder des Barock", hrsg. von K. Isenburg, Kassel 2/1955 (Bärenreiter) vor. Eine einzelne Komposition N. Hasses von einem Gerhardt-Text auch in der Ausgabe: Sololieder zum Wechselgesang. 23 Lieder der Paul-Gerhardt-Zeit aus dem Ev. Kirchengesangbuch, hrsg. von Hans Georg Schönian, Berlin 1954 (Merseburger), eine für den gesamten Bereich aufschlußreiche Sammlung.

[4] Vgl. die neu herausgegebene und von Arnold Schering bearbeitete 9. verbesserte Auflage, München 1935 (Callwey). Die geistlichen Lieder des „Notenbüchleins" finden sich als Anhang auch in der Neuausgabe von: J. S. Bachs Gesänge zu Schemellis Musicalischem Gesangbuch, bearbeitet von Günter Raphael, Kassel 1970 (Bärenreiter).

nen Melodie und einer bezifferten Baßstimme gleich zweimal, wenn auch nur mit geringer Abweichung, musikalisch bearbeitet; hier ist der Canto-solo-Typus noch viel ausgeprägter als in der Weise von Hintze. Dem widerspricht nicht, daß Bach diese Weise auch als vierstimmigen Satz bearbeitet hat, den sein Sohn Carl Philipp Emmanuel 1786 im 3. Teil der von ihm herausgegebenen Choralgesänge seines Vaters veröffentlichte. Sogar noch eine dritte Bearbeitung von „Gib dich zufrieden" steht im „Notenbüchlein für Anna Magdalena", diese mit einer Weise unbekannter Herkunft, die jedoch sicherlich nicht von Bach stammt, ein Zeichen, welche Bedeutung dieses Lied Paul Gerhardts zu jener Zeit, nicht zuletzt für Bach selbst, gehabt hat. Erwähnt sei in diesem Zusammenhang noch, daß auch Bachs Weise zu Gerhardts „Ich steh an deiner Krippen hier" aus dem Schemellischen Gesangbuch gewiß nicht für den öffentlichen Gottesdienst bestimmt gewesen ist; dafür ist sie viel zu innig und innerlich; eine Gemeinde kann sie niemals so ausdrucksvoll wiedergeben, wie sie gemeint ist. Man hat daher im RKG im Unterschied zum EKG gut daran getan, nicht diese, sondern die zu Bachs Zeit beim Gemeindegesang gebräuchliche Weise, nämlich die im 6. Teil des Weihnachtsoratoriums von ihm verwendete, zu übernehmen (sie wird im EKG lediglich als Ausweichmelodie genannt).

Aus unserer bisherigen Betrachtung ergibt sich also, daß die Lieder Paul Gerhardts zunächst im Bereich des frühdeutschen geistlichen Kunstliedes, der Aria, musikgeschichtliche Bedeutung erlangten. Das aber war, wie wir sahen, eine Folge von deren subjektivem, persönlichem Charakter, der aus jener frühpietistischen Frömmigkeitsbewegung heraus zu verstehen ist, die während des ganzen 17. Jahrhunderts neben der lehrhaften altprotestantischen Orthodoxie einhergeht. Damit hängt zusammen, daß Gerhardts Lieder – sieht man vom Verbreitungsgebiet der Praxis pietatis melica Johann Crügers, d.h. vor allem von Berlin ab – zunächst weit mehr im privaten Andachtsleben als im öffentlichen Gottesdienst gebraucht und durch entsprechende Liedausgaben verbreitet wurden. Dazu gehören z.B. die verschiedenen Sammlungen von Peter Sohr, auch seine in Frankfurt am Main erschienenen Bearbeitungen der „Praxis pietatis melica", dann aber vor allem jene Gesangbücher, bei denen Heinrich Müllers Titel „Seelenmusik" aufgegriffen wurde, wie z.B. in der „Hanauischen Seelenmusik" von 1680. In der Schweiz ist dieser Titel durch Christian Hubers Geistliche Seelen-Music, die von 1682 an in zahlreichen Auflagen bis in die Mitte des 18. Jahrhunderts erschien, u.a. in Verbindung mit vierstimmigen Sätzen von Johann Crüger, eingeführt worden, aber selbstverständlich hier schon gar nicht für den öffentlichen Gottesdienst, sondern für das Musizieren im Hause und vor allem auch in den Collegia musica.

Aus der geringen Verbreitung von Gerhardts Liedern im öffentlichen Gottesdienst während des 17. Jahrhunderts erklärt es sich nun auch, daß es aus diesem Zeitraum weder nennenswerte geistliche Konzerte noch Kantaten mit Verwendung Gerhardtscher Texte gibt[5]. Als einziges namhaftes Werk ist hier die Buxtehude-Kantate „Wie soll ich dich empfangen" zu nennen. Ihr liegen die Strophen 1–6 des Liedes zugrunde (sie ist also keine vollständige „per omnes versus"-Kantate), von denen die Strophen 1 sowie 5 und 6 im gleichen dreistimmigen Chorsatz stehen, während die Strophen 2–4 Canto-solo-Gesänge sind. Wenn im gesamten Werk kein Cantus firmus verwendet ist, dann darf man mit Sicherheit daraus schließen, daß das Lied in der Umwelt Buxtehudes noch nicht als Gemeindelied bekannt war; mit großer Wahrscheinlichkeit hat er es Heinrich Müllers „Geistlicher Seelenmusik" entnommen[6]. Eine Bearbeitung von „Ein Lämmlein geht und trägt die Schuld" für zwei Vokalstimmen, vier Violinen ad libitum und Basso continuo „auf besondere Concerten-Art gesetzt" in dem kleinen Werk „Zwey Lieder von dem Leyden und Tode Jesu" von dem bedeutenden Stuttgarter Hofkapellmeister Samuel Friedrich Capricornus (Nürnberg 1660) ist leider nicht zugänglich. Auch im Bereich des Orgelchorals sucht man im 17. Jahrhundert Bearbeitungen Gerhardtscher Lieder folgerichtig vergebens; weder im Werk Buxtehudes noch Pachelbels noch sonstwo sind sie anzutreffen.

Erst im frühen 18. Jahrhundert öffnete sich der Gemeindegottesdienst nach und nach allgemein für das Liedgut Paul Gerhardts, und es hat den Anschein, daß das zu seiner Zeit weit verbreitete Geistreiche Gesangbuch des Johann Anastasius Freylinghausen, des Schwiegersohns von August Hermann Francke, hierbei insonderheit bahnbrechend gewirkt hat; denn dieses seit 1704 in vielen Auflagen verbreitete und zudem in zwei Teilen erschienene richtungweisende Gesangbuch des Pietismus war von Anbeginn an – im Gegensatz wenigstens zu den herkömmlichen lutherischen Gesangbüchern – für die Hand der Gemeindeglieder bestimmt, während jene vornehmlich den Pfarrern und Kantoren vorbehalten blieben. Aus des Leipziger Christian Gerbers „Historie der Kirchenceremonien in Sachsen" von 1732 erfahren wir: „Die schönen geistreichen Lieder Paul Gerhardts und andere neuere aus den Glauchaischen Gesängen sind nun etliche Jahre allhier allenthalben bekannt, so gar, daß auch viele Lieder itzo in Kirchen gesungen werden, von denen man vor 30 und 40 Jahren gar nichts gewußt hat."[7]

[5] Dies läßt sich heute leicht anhand von Friedhelm Krummachers Buch: Die Überlieferung der Choralbearbeitungen in der frühen evangelischen Kantate, Berlin 1965 (Merseburger), feststellen.

[6] Eine praktische Neuausgabe dieser Kantate erschien 1949 als Edition Merseburger 921. Für die theologie- und geistesgeschichtlichen Zusammenhänge, aus denen heraus Buxtehudes Schaffen zu verstehen ist, vgl. das ausgezeichnete Buch von Martin Geck: Die Vokalmusik Dietrich Buxtehudes und der frühe Pietismus, Kassel 1965 (Bärenreiter).

[7] Mit den „Glauchaischen Gesängen" ist das Freylinghausensche Gesangbuch gemeint. Glaucha (nicht zu verwechseln mit der sächsischen Stadt Glauchau) ist ein damals unmittelbar bei Halle gelegenes, jetzt längst dorthin eingemeindetes Dorf, in dessen Kirche Freylinghausen als Adjunkt von A. H. Francke regelmäßig Gottesdienst hielt.

Mit dieser Entwicklung ist nun aber zugleich der Weg für die Aufnahme von Texten Paul Gerhardts in das überaus umfangreiche Kantatenschaffen während der ersten Hälfte des 18. Jahrhunderts gebahnt; denn der kantionale Chorsatz vertritt im Textgefüge von Bibelwort, geistlicher madrigalischer Dichtung und Kirchenlied, also im musikalischen Aufbau der hochbarocken Kantate, die Stimme der Gemeinde und knüpft daher an das jeweils im Gebrauch befindliche Gesangbuch an. Wenn Bach jedoch in seinem Leipziger Choralkantatenjahrgang von 1724/25 nur einer einzigen Kantate, nämlich BWV 92 „Ich hab in Gottes Herz und Sinn", ein Gerhardt-Lied zugrunde gelegt hat, dann zeigt dies, daß dessen Lieder damals nur ganz vereinzelt zu dem Grundstock der gottesdienstlichen Detempore-Lieder gehörten. Aus dem gleichen Grunde gibt es auch so gut wie keine Orgelchoräle Bachs über Gerhardt-Lieder. BWV 756 („Nun ruhen alle Wälder") ist ein Einzelgänger ebenso wie der Orgelchoral „Warum sollt ich mich denn grämen" von Johann Gottfried Walther. Um so bedeutsamer ist aber Bachs Verwendung einzelner Strophen von Gerhardts Dichtungen in seinen Kantaten und Oratorien. Dabei sei gleich vermerkt, daß Bach hiermit nicht allein dasteht, sondern diese auch in den Werken seiner Zeitgenossen, so besonders zahlreich in G. Ph. Telemanns 1744 gedrucktem Jahrgang von Evangelienkantaten, erscheinen; keiner aber hat dabei so bedacht, ja theologisch überlegt gehandelt wie er, insonderheit in seinen Oratorien[8]. Insgesamt kommen in Bachs Kantaten und Oratorien 30 Choralsätze mit Gerhardt-Texten vor; von diesen entfallen fünf auf das Weihnachtsoratorium, zwei auf die Johannespassion, acht auf die Matthäuspassion und drei auf die unvollständig erhaltene Markuspassion, also fast zwei Drittel auf die Oratorien. Es liegt auf der Hand, daß dies etwas besagt und man sich die Frage stellen muß, welche Funktion Liedstrophen Paul Gerhardts in Bachs Oratorien erfüllen. Die Antwort ist schwerwiegend: Sie sind es neben den madrigalischen Dichtungen, die die behandelte biblische Geschichte aus der historischen Ferne in die Gegenwart versetzen und deren aktuelle, existentielle Bedeutung ansprechen. So sind im Weihnachtsoratorium an drei besonders zentralen Stellen Gerhardtsche Strophen eingefügt, im Teil I nach der Ankündigung der Geburt Jesu „... daß sie gebären sollte" (Lukas 2, 6) und dem darauffolgenden Arioso „Nun wird mein liebster Bräutigam ... zum Heil der Erden einmal geboren werden" sowie der Arie „Bereite dich, Zion, ... den Schönsten, den Liebsten bald bei dir zu sehn" die Strophe „Wie soll ich dich empfangen"; sodann im Teil III nach der Anbetung der Hirten und den Worten „Maria aber behielt alle diese

[8] Man mag die Frage stellen, ob denn in den textlichen Vorlagen, also den Kantaten- und Oratoriendichtungen, die Bach von bekannten Dichtern übernommen hat, überhaupt eigene Überlegungen verwirklicht worden sind. Obwohl die Bachforschung bei diesem Problem noch weithin in den Anfängen steckt, so deuten doch die bisherigen Ergebnisse darauf hin, daß jedenfalls bei den Oratorien die Textvorlagen entscheidend durch Bach mitgestaltet worden sind.

Worte und bewegte sie in ihrem Herzen“ (Lukas 2, 19) mit der folgenden Arie „Schließe, mein Herze, dies selige Wunder“ und dem bestätigenden Arioso „Ja, ja, mein Herz soll es bewahren“ (beide madrigalischen Stücke sind der Maria als Urbild des Glaubens gleichsam in den Mund gelegt) die Strophe „Ich will dich mit Fleiß bewahren“ (die letzte aus „Fröhlich soll mein Herze springen“), und schließlich folgt im Teil VI nach den Worten „und sie (nämlich die Weisen) brachten ihm Gold, Weihrauch und Myrrhen“ unvermittelt die Strophe „Ich steh an deiner Krippen hier“. Es ist nicht zu übersehen, daß es sich hier jeweils um ichbetonte Strophen handelt, und in Bachs Passionen ist dies weithin nicht anders („Ich, ich und meine Sünden“; „Ich bins's, ich sollte büßen“; „Ich will hier bei dir stehen“; „Wenn ich einmal soll scheiden“). Aber dieses „Ich“ meint nicht eine bestimmte Person, weder die des Dichters noch die des Komponisten, sondern jeden einzelnen Christen und somit zugleich deren Gesamtheit, und man muß erkennen, daß gerade das Wörtchen „Ich“ in Paul Gerhardts ausgewählten Liedstrophen es insonderheit ist, das die dargebotenen biblischen Berichte in Bachs Oratorien vor Unverbindlichkeit bewahren und predigthaft als den heutigen Menschen angehend behandeln will.

Es wurde bereits gesagt, daß Gerhardtsche Liedstrophen auch in die Werke anderer Meister des frühen 18. Jahrhunderts Eingang fanden, und Bach hat damit auch nicht den Anfang gemacht. Noch gibt es darüber keine Übersicht für den riesigen Bereich von Kantaten und Oratorien, die zwischen ca. 1700 und 1750 entstanden, und sie wird in Anbetracht des Verlustes der meisten Werke und der noch nicht systematisch vorgenommenen Erfassung erhaltener Textbücher schwerlich zu erlangen sein. Deshalb können hier nur ein paar greifbare Hinweise gegeben werden. In der anonymen Lukaspassion, die lange als ein Werk Bachs angesehen worden ist, folgt, in anderem Zusammenhang zwar, jedoch in grundsätzlich gleicher Bedeutung wie in Bachs Johannespassion, auf Jesu Worte „... die Hand meines Verräters ist mit mir über Tische ...“ und das erschrockene Fragen der Jünger die Strophe „Ich, ich und meine Sünden ..., die haben dir erreget das Elend, das dich schläget ...“, und in der Markuspassion von Reinhard Keiser schließt sich an die Evangelistenworte „Aber Jesus schrie laut und verschied“ in völliger Übereinstimmung mit Bachs Matthäuspassion, allerdings als Canto solo, die Strophe „Wenn ich einmal soll scheiden“ an (Keiser läßt auch noch die letzte Strophe des Liedes, „Erscheine mir zum Schilde“, folgen). Beide Werke[9] hat Bach nachweislich gekannt bzw. sogar selbst aufgeführt, und es ist daher nicht zu bezweifeln, daß seine Oratorientexte bereits in einer gewissen Tradi-

[9] Die anonyme Lukaspassion liegt seit kurzem in einer Einspielung (Corono SM 30013/14/15) vor. Die Markuspassion von R. Keiser ist in der Reihe „Die Kantate“ im Hänßler Verlag (Stuttgart-Hohenheim) erschienen und hat ebenfalls eine Einspielung auf Platten erfahren (Claves, Thun).

tion stehen; jedoch sind nirgendwo sonst, wie oben gesagt, gerade Liedstrophen von Paul Gerhardt in innerster Übereinstimmung Bachs mit dem Dichter so zahlreich und theologisch so durchdacht eingesetzt worden wie in Bachs Weihnachtsoratorium und den Passionen. Auch hierin stellt Bach einen unerreichten Gipfel dar. Wie weit entfernt davon ist z.B. die Textgrundlage von Telemanns Lukaspassion von 1744, in der keine einzige Gerhardt-Strophe vorkommt, weil nun die Psychologisierung des Passionsgeschehens in den Vordergrund gerückt ist[10]. Diese aber ist wenig später in dem mehr einer Kantate ähnlichen Oratorium „Der Tod Jesu" von Carl Heinrich Graun über eine Dichtung von Karl Wilhelm Ramler vollends zum Hauptzweck geworden. Es wirft ein bezeichnendes Licht auf die kirchenmusikalische Praxis der Folgezeit, daß dieses Werk bis tief in die zweite Hälfte des 19. Jahrhunderts in vielen Städten, u. a. auch in Basel[11], regelmäßig aufgeführt wurde und in diesem Zeitraum schlechthin *die* Passionsmusik darstellte.

Daß mit Bachs Tod die hochbedeutsame musikgeschichtliche Rolle von Paul Gerhardts Dichtungen während der ersten Hälfte des 18. Jahrhunderts zunächst Episode blieb, ergab sich somit geradezu zwangsläufig. Der tiefste Grund war das Auseinanderbrechen der Frömmigkeit in Sentimentalität einerseits und Rationalismus andererseits, ein Vorgang, der nicht zuletzt zum rationalistischen Gesangbuch führte, in dem sowohl das Lied Luthers wie das von Gerhardt oft bis zur Unkenntlichkeit entstellt wurde. Und da das 19. Jahrhundert zunächst liturgisch und auch kirchenmusikalisch, soweit es den Gottesdienst und nicht das Kirchenkonzert im Blickfeld hatte, restaurativ orientiert gewesen ist, dauerte es bis um die letzte Jahrhundertwende, bevor das Werk Paul Gerhardts wieder Bedeutung für das kirchenmusikalische Schaffen erhielt[12]. Hier steht an erster Stelle der zwar zeit seines Lebens katholisch gebliebene, aber zumeist in protestantischer Umgebung komponierende Max Reger. In seinen Choralvorspielsammlungen Opus 67, 79b und 135 nehmen Paul-Gerhard-Lieder einen selbstverständlichen Platz ein, so wie diese die Restauration fester in den gottesdienstlichen Liedbestand eingefügt hat, als es jemals in früheren Zeiten der Fall gewesen ist[13]. Es mag an der

---

[10] Eine Einspielung des Werks gibt es in der Cantate-Produktion.

[11] Vgl. das sehr interessante Buch von Ingeborg König: Studien zum Libretto des „Tod Jesu" von Karl Wilhelm Ramler und Karl Heinrich Graun, München 1972 (Katzbichler); auf S. 14 Anm. 9 und 10 finden sich die Basel betreffenden Literaturangaben.

[12] Die ganz vereinzelten Kompositionen mit Texten Gerhardts aus dem 19. Jahrhundert habe ich in dem MGG-Artikel über den Dichter (Band IV, 1796) zusammengestellt. Erwähnenswert ist von diesen allein Friedrich Mergners „Paul Gerhardts geistliche Lieder in neuen Weisen" (Erlangen 1876), eine Sammlung von 122 Liedern mit Klavierbegleitung, bei der sich jedoch offensichtlich gute Absicht und künstlerisches Vermögen nicht die Waage hielten, so daß sie sich nicht durchsetzte.

[13] Symptomatisch ist, daß das als Richtschnur für die inhaltliche Gestaltung neuer landeskirchlicher Gesangbücher von der Eisenacher Kirchenkonferenz 1853 herausgegebene

konfessionellen Herkunft, aber auch bis zu einem gewissen Grade am Zeitalter des Impressionismus um 1900 gelegen haben, wenn für Reger bestimmte Kirchenliedweisen durch die Textreminiszenzen, die sie hervorrufen, so etwas wie zeichenhafte, mystische Sinnbilder waren. Dafür gibt es in Verbindung mit Paul Gerhardt in Opus 144a und 144b (beide Werke für Soli, Chor und Orchester) zwei besonders aufschlußreiche Beispiele. In Opus 144a „Der Einsiedler" über das Eichendorff-Gedicht „Komm, Trost der Welt, du stille Nacht" ist die alte Innsbruck-Melodie, zweifellos in Erinnerung jedoch an Gerhardts „Nun ruhen alle Wälder", so in das Werk eingeflochten, daß die erste, dritte, vierte und letzte Melodiezeile im Orchester erklingen, während die zweite der Chorsopran, unterstützt von Trompeten und Posaunen, in sinnvoller Übertragung zu den Worten „zu Gottes Lob im Hafen" singt. In dem „Dem Andenken der im großen Kriege gefallenen deutschen Helden" gewidmeten „Requiem" (Opus 144b) ist es die Haßlersche Weise von „Herzlich tut mich verlangen", hier aber unverkennbar in gedanklicher Verknüpfung mit Paul Gerhardts Strophe „Wenn ich einmal soll scheiden" aus der Matthäuspassion von Bach, von dem Reger ja die Technik des lediglich musikalischen Choralzitats übernommen hat, in entsprechender Weise verwendet[14]. Am schönsten und umfassendsten kann man Regers Verhältnis zu Paul Gerhardt an der Choralkantate „O Haupt voll Blut und Wunden" für Alt, Tenor, Chor, Gemeinde ad lib., Violine, Oboe und Orgel erkennen. Dieses in den letzten Jahrzehnten wieder häufig aufgeführte Werk gehört zu der Gruppe jener vier Choralkantaten, die Reger in den Jahren 1903–1905 auf Veranlassung des damals in Straßburg wirkenden Theologieprofessors Friedrich Spitta, neben Julius Smend der Mitbegründer und -herausgeber der „Monatschrift für Gottesdienst und kirchliche Kunst", unter Einbeziehung wenn möglich von Gemeindegesang, als gottesdienstliche Gebrauchsmusik komponierte. Hier ist der verschiedenartigste Umgang mit Wort und Weise

„Deutsch-Evangelische Kirchengesangbuch" unter seinen „150 Kernliedern" 15 Paul-Gerhardt-Lieder enthält; diese machen also 10 Prozent des Gesamtinhalts aus.

[14] Ausführlicheres hierüber in meinem Aufsatz: Max Reger und das evangelische Kirchenlied, in: Max Reger 1873–1973. Ein Symposion, Wiesbaden 1974 (Breitkopf & Härtel), S. 113–122. – Seit welchem Zeitpunkt sich mit der Haßlerschen Weise infolge ihrer Verwendung in Bachs Matthäuspassion in Verbindung mit Strophen aus „O Haupt voll Blut und Wunden" die Reminiszenz an das Kreuz Christi verbindet, bedarf noch einer eingehenden Untersuchung; schwerlich bei Bach selbst bereits. Ich halte es entgegen Friedrich Smend für ganz unwahrscheinlich, daß die Verwendung der Weise beim Choralsatz „Wie soll ich dich empfangen" im Teil I des Weihnachtsoratoriums und ihre Andeutung in den Schlußtakten des Orgelbasses im Chor „Lasset uns nun gehen gen Bethlehem" im Teil III der Gedankenassoziation „Kreuz und Krippe" dienen soll; denn zu Bachs Zeit wurde das Adventslied allgemein nach dieser Weise gesungen. Es liegt doch viel näher, bei ihrer verschiedentlichen Verwendung im Weihnachtsoratorium – mit ihr wird im Teil VI ja auch das Gesamtwerk abgeschlossen – allenthalben an Advent als Verheißung und Erfüllung zu denken. Vgl. dazu: Johann Sebastian Bach, Kirchen-Kantaten erläutert von Friedrich Smend, 3. Aufl. Berlin 1966 (Christlicher Zeitschriftenverlag), V 36.

des Liedes verwirklicht; er reicht von der schlichten Einstimmigkeit ohne oder auch mit einem zusätzlichen Chorsatz über echohaftes instrumentales Nachklingen von Zeilenschlüssen bis zur rein instrumentalen Wiedergabe des Cantus firmus durch die Solovioline oder das Orgelpedal, während der Text der betreffenden Strophen Cantus firmus-frei, solistisch oder chorisch, wiedergegeben wird[15]. Man kann diese Kantate Regers geradezu als Vorläufer der kirchenmusikalischen Erneuerung, die im dritten Jahrzehnt unseres Jahrhunderts einsetzte, ansehen, ebenso wie verschiedene Werke von Arnold Mendelssohn; so liegen z.B. dem letzten von dessen „Zwanzig kirchlichen Introitus (sic!) für Chor" (op. 110, 1931) die Strophen 3 und 4 von „Nun ruhen alle Wälder" zugrunde. Seit der Ära Distler-Pepping, den frühesten Komponisten der kirchenmusikalischen Erneuerung, ist dann eine bisher nicht erreichte Menge von musikalischen Bearbeitungen Gerhardtscher Texte erschienen, die im einzelnen nicht aufgezählt, geschweige denn behandelt werden können. Nur ein paar Hinweise seien gegeben: Die betreffenden Werke umfassen beinahe sämtliche in Frage kommenden Gebiete der gottesdienstlichen Gebrauchsmusik, die von dem a cappella-Liedsatz über die Choralmotette, die Choralkantate, das begleitete Sololied bis zum Orgelchoral reichen. Nunmehr ist Paul Gerhardt in sämtlichen Detempore-Liedbearbeitungen vertreten, zumal sein „Ein Lämmlein geht und trägt die Schuld" dem Karfreitag zugeordnet wurde. Genannt seien das umfangreiche „Spandauer Chorbuch" von Ernst Pepping (20 Hefte, Mainz 1934–1939, 2. neu geordnete Ausgabe 1962, B. Schotts Söhne) sowie auch dessen „Neues Choralbuch" (1959), Hugo Distlers „Jahrkreis" (1933) und „Das Graduallied" von Siegfried Reda (1953, sämtlich Bärenreiter). Distler hat zudem über „Nun danket all und bringet Ehr" eine „Kleine Choralkantate" (Bärenreiter) geschaffen. Vom Lied „Du, meine Seele, singe" entstanden Choralkantaten von Hans Friedrich Micheelsen und Walter Rein, von „Lobet den Herren alle, die ihn ehren" liegt eine von Helmut Bornefeld vor, unter dessen Kantoreisätzen Gerhardt-Lieder ebenfalls vertreten sind und der auch eine Choralmotette über „O Haupt voll Blut und Wunden" geschaffen hat (sämtlich Bärenreiter). Von den „Fünf kleinen Festmotetten für drei gemischte Stimmen mit Instrumenten ad lib." von Karl Marx (Bärenreiter) liegen dreien Paul-Gerhardt-Lieder zugrunde („Nun laßt uns gehn und treten"; „Zeuch ein zu deinen Toren"; „Nun danket all und bringet Ehr"). Johann Nepomuk David komponierte eine Choralmotette „Ein Lämmlein geht und trägt die Schuld", Willy Burkhard bearbeitete „Ich singe dir mit Herz und Mund" und Johannes E. Koch mit Bläsern „Sollt ich meinem Gott nicht singen". Aus dem Bereich des Orgelchorals seien Peppings Passionslied-Bearbeitungen „Gro-

[15] Die Kantate ist bei Breitkopf & Härtel, Wiesbaden, erschienen. Eine Schallplatte brachte die Cantate-Produktion heraus.

ßes Orgelbuch II" (Edition Schott 1941), das je ein Vorspiel zu „Ein Lämmlein geht und trägt die Schuld" und „O Haupt voll Blut und Wunden" sowie drei Orgelchoräle über das letztere Lied enthält, genannt, aus dem Orgelschaffen Micheelsens die Improvisation über „Nun ruhen alle Wälder" und die Pastorale „Kommt und laßt uns Christum ehren". Als bedeutsamstes Werk der neuesten Zeit über Gerhardt-Lieder kann jedoch Ernst Peppings „Liederbuch nach Gedichten von Paul Gerhardt" gelten. Es enthält zwölf Bearbeitungen als solistische Kunstlieder mit konzertierendem Klaviersatz. Ohne jedwede Cantus-firmus-Bindung sind die Strophen der Lieder einzeln durchkomponiert. Auffallend bei der getroffenen Auswahl ist – abgesehen von vier Weihnachtsliedern – der große Anteil von Vertrauensliedern („Befiehl du deine Wege"; „Gib dich zufrieden und sei stille"; „Ich bin ein Gast auf Erden" und „Nicht so traurig, nicht so sehr"), und auch „O Haupt voll Blut und Wunden" ist mit eingereiht. Das Gesamtwerk wird verständlich aus der Not der ersten Jahre nach 1945, in der es entstanden ist. Damit aber hat Ernst Pepping unwillkürlich an die Zeit Paul Gerhardts selbst und eine der frühesten Bearbeitungsformen seiner Dichtungen als solistisches Erbauungslied wieder angeknüpft[16].

Die Einwirkung Paul Gerhardts auf die Musikgeschichte ist nicht abgeschlossen. Es wird von der geistigen Fortwirkung und der bleibenden tröstlichen Kraft seiner Lieder abhängen, wie sehr diese auch in Zukunft die Kirchenmusik befruchten werden. Dafür gibt es verheißungsvolle Zeichen. Im vergangenen Jahre wurde in Frankfurt eine eindrucksvolle Choralkantate über „Fröhlich soll mein Herze springen" von Friedrich Zipp, von dem es auch eine Kantate über „Geh aus, mein Herz und suche Freud" gibt, uraufgeführt und für die diesjährige Gerhardt-Gedenkfeier in Wittenberg hat Eberhard Wenzel, der schon wiederholt Texte von Gerhardt vertont hat, eine Liedmotette „Nun ruhen alle Wälder" und eine Choralkantate „Warum sollt ich mich denn grämen" geschaffen. Freilich kann die vorhandene Verheißung nur Früchte bringen, wenn die Lieder Paul Gerhardts lebendiger Besitz der Kirche, vor allem in ihren Gottesdiensten, bleiben.

---

[16] Peppings „Liederbuch ..." erschien 1948 gleichzeitig bei Bärenreiter und Merseburger. Schon vorher hatte Adam Adrio im 17. Jg. (1947) von „Musik und Kirche" auf S. 129–133 einen Aufsatz über das Werk veröffentlicht. Vgl. auch meinen eigenen Aufsatz: Ernst Peppings „Liederbuch nach Gedichten von Paul Gerhardt" in geschichtlicher Betrachtung, in: Festschrift Ernst Pepping zu seinem 70. Geburtstag, hrsg. von Heinrich Poos, Berlin 1971 (Merseburger), S. 147–157.

# Heinrich Schütz und der protestantische Choral

Wir leben heute in der reichen Zeit, da beide, Heinrich Schütz und der protestantische Choral, mit neuer, ungeheuerer Gewalt unser musikalisches Gewissen ansprechen. Wir spüren an beiden eine autoritative Kraft, der wir uns nicht entziehen können, und wir sehen hinter ihnen beiden eine gemeinsame Wurzel. Um so seltsamer, daß im Werke Heinrich Schützens das evangelische Kirchenlied nur eine verhältnismäßig geringe Rolle spielt! Diese merkwürdige Tatsache hat schon vielen zu denken gegeben, ja sogar schon leise Fragezeichen hinter Schützens Schaffen setzen lassen; denn gerade in der protestantischen Kirchenmusik sind wir es ja gewöhnt, daß sich die größten Werke weithin im Umgang mit dem Choral geformt und entfaltet haben. Bildet Schütz darin eine Ausnahme? Ist sein Verhältnis zum Lied der Kirche nur schwach und somit seine Bindung zur Kirche selbst gegenüber anderen schaffenden Kirchenmusikern, etwa gegenüber seinen Zeitgenossen Prätorius, Schein und Scheidt, vielleicht sogar gelockerter gewesen? Ist es die freie Künstlerpersönlichkeit, die diese Bindung weithin abgeschüttelt hat? Das alles sind Fragen, die im Umgang mit unserem Thema auftauchen und denen wir ernstlich nachzugehen haben. Hans Joachim Moser hat für Schütz eine Art Ehrenrettung versucht[1]; er hat die bisherigen Eindrücke in unserer Frage zu zerstreuen und eine größere Bedeutung des evangelischen Chorals in Schützens Werken nachzuweisen versucht. Wir glauben, daß dieser Nachweis im wesentlichen nicht gelungen ist. Moser zählt 48 Stücke des Meisters, in denen der Choral irgendwie verwendet wird[2]. Um die Bedeutung dieser Zahl beurteilen zu können, müssen wir natürlich eine Gesamtzahl der Schützschen Kompositionen danebenstellen. Wenn wir da die Zahl 500 als ungefähre Angabe nennen, dann wird sofort offenbar, daß 48 dagegen einen ziemlich kleinen Bruchteil bedeutet, zumal wenn wir dabei an des Meisters große Zeitgenossen denken. Freilich hat eine solche rein statistische Aufstel-

---

[1] Vgl. H. J. Moser, Schütz und das evangelische Kirchenlied, Jahrbuch der Staatlichen Akademie für Kirchen- und Schulmusik Berlin 3. Jg., Kassel 1930.

[2] Wenn dabei ein Gesang wie „All Lob und Ehr soll Gottes sein“ mitgezählt wird, dann müssen wir die Zahl noch ergänzen durch die Magnifikatbearbeitung in der deutschen Messe auf Worte des 111. Psalms und eine Vertonung des deutschen Tedeums.

lung allein nur einen beschränkten Wert. Es muß ja dann erst noch untersucht werden, in welchen Werken der Choral besonders vorkommt und vor allem, ob er den reifsten Schöpfungen des Meisters als Grundlage dient. Wenn wir nun erfahren, daß von den 48 Nummern allein 13 auf die schlichten Sätze der Beckerschen Psalmen fallen, und wir weiterhin bedenken, daß dieses Werk eine ausgesprochene Sonderstellung im Gesamtschaffen Schützens einnimmt, daß es als eine einmalige Schöpfung aus dem Schmerz um den Verlust der Lebensgefährtin als Trostquelle entstanden ist, dann wird es für unsere Frage nur in ganz begrenztem Maße auszuwerten sein. Und wenn wir außerdem beobachten, daß der Choral in Schützens Hauptwerk, der „Geistlichen Chormusik" von 1648, nur eine ganz nebensächliche Rolle spielt, dann bleibt es schon bei der Richtigkeit von Wilhelm Kamlahs Feststellung, Schütz habe nicht allzu häufig zu Choraltexten gegriffen, in seinen Chorwerken noch weniger als in den solistischen Konzertkompositionen[3]. Aber so scharf wie Friedrich Blume glauben wir auch wiederum nicht urteilen zu dürfen, der sagt: „Schütz bildet wohl den Tiefpunkt des Interesses am Lied in der Geschichte der Kirchenmusik."[4] Es erscheint uns zunächst vor allem nötig, persönliches Verhältnis des Meisters zum Choral und dessen Verwendung im künstlerischen Schaffen klar auseinander zu halten. Daß Schütz am Choral gehangen hat, daß er ihn geliebt hat, wie wir ihn lieben, und daß er in ihm gelebt hat, ist zweifellos. Dafür darf uns der Beckersche Psalter sicherlich als Beweis dienen. Denken wir nur an die Worte im Vorwort dieses Werkes: „Und zwart belangende / Erstlich / die alten und nunmehr fast in die hundert Jahre mit sonderbaren auffnehmen Evangelischer Wahrheit üblichen Melodeyen / so habe ich es bey denselbigen nicht alleine billich gelassen / sondern meines theils thue ich jhnen hierüber noch vielmehr dis offentliche Lob und Zeugnüß geben / das etliche deroselben ich mehr von den Himlischen Seraphinen zu Lob jhres Schöpffers / als von Menschen ertichtet halten thue: Wie aber solche alte Melodeyen sampt denen Gottseligen Worten / worüber sie anfangs componirt und gemacht worden / (Jnmassen derogleichen auch in gegenwärtigen Psalm Büchlein noch geschicht) billich ferner ohngeendert erhalten und männiglichen commendieret werden." Auch daß Schütz besondere Weisen zu dem Beckerschen Psalter geschaffen und damit Cornelius Beckers Vorschlag, die Umdichtungen auf bekannte Melodien zu singen, fallen gelassen hat, hat seinen Grund nicht in einer Geringschätzung des evangelischen Kirchenliedes; sondern Schütz hat vielmehr den ausgeprägten Detempore-Charakter vieler Kirchenweisen nicht verwischt wissen wollen.

All diese Feststellungen stehen aber nun nicht im Widerspruch zu unserer zweiten These: Für Schützens Schaffensweise ist der Choral nur wenig in

[3] Vgl. Musik und Kirche 2. Jg., 1930, Heft 6, S. 235, im Aufsatz „Eine Choralmotette von Heinrich Schütz"; ein sehr wertvoller Beitrag zu unserer Frage!

[4] Vgl. Fr. Blume, Evangelische Kirchenmusik, Potsdam 1933, S. 118.

Frage gekommen. Diese Feststellung liegt nämlich auf einer ganz anderen Beurteilungsebene. Wir müssen begreifen, daß die Aufgabe von Schützens Werk eine andere ist als die des protestantischen Chorals. Der protestantische Choral ist seinem Ursprung und Wesen nach Gemeindelied. Er ist der Träger der Antwort der Gemeinde auf das an sie ergangene Gotteswort. Schütz betreibt musikalische Wortverkündigung, musikalische Predigt. Er steht in seinem Dienste nicht auf seiten der Gemeinde, sondern auf seiten des Predigers. Im Choral spricht die Gemeinde, sprechen viele gemeinsam. Dieser Umstand verlangt zur rechten Ausführung eine gedrungene, gebannte Form. Sie ist im evangelischen Kirchenlied einzigartig ausgeprägt. Bei der Wortverkündigung spricht ein einzelner, eben der Verkündiger. Er dient dem Wort, indem er es auslegt und begreiflich zu machen sucht, soweit das überhaupt menschenmöglich ist. Er weiß dabei immer, daß seine Verkündigung nur dann rechtes Gehör finden kann, wenn er selbst vom Wort ergriffen ist. Dieses Letztere gibt aller echten Verkündigung unwillkürlich auch ein starkes persönliches Gepräge durch den jeweiligen Prediger; aber dieses bleibt immer überdeckt von einem eminenten Willen, das Wort, und nichts anderes, auszulegen und der Gemeinde nahe zu bringen. Alle diese Merkmale bedingen für die musikalische Verkündigung Intensivierung und Erweiterung der Form. Kamen also für Schütz bei der Durchführung seiner Aufgabe an sich schon wenig Choraltexte als gemeindehafte Äußerungen in Frage, so erst recht nicht die gedrungene Form der Choralweisen. Daß der Choral bei Schütz dann überhaupt noch eine Rolle spielt, liegt daran, daß Verkündigung und Antwort der Gemeinde, eben weil beides in Wechselwirkung steht, niemals völlig getrennt erscheinen. In jedem Choraltext ruht auch ein Stück Verkündigung. Am verständlichsten wird uns das bei der Betrachtung von Psalmenliedern, wo Wort Gottes und Lied der Gemeinde eng ineinander verwoben sind.

Wo Schütz den Choral verwendet, da wendet er aber eben nun keine strenge Cantus-firmus-Technik an, abgesehen von den Beckerschen Psalmen und einigen wenigen anderen Stücken, sondern ganz folgerichtig sprengt er von seiner Aufgabe her die Choralweise und löst sie zuweilen bis zur völligen Unkenntlichkeit auf. So kann man z.B. auf die Stücke „Herzlich lieb hab ich dich, o Herr", „Verleih uns Frieden gnädiglich" und „So fahr ich hin" aus der „Geistlichen Chormusik", die unveränderte Choraltexte bringen, den Begriff „Choralmotette" gar nicht mehr anwenden; denn die Anklänge an die entsprechenden Choralmelodien sind nur ganz schwach und für den Hörer schwerlich wahrnehmbar. Jedenfalls wird eine Erinnerung an deren symbolischen Sinn nicht wach gerufen[5]. Die Verlebendigung des Wortes, dessen Verdeutlichung, der Wille zur Verständlichmachung und Einprägung erträgt

[5] An dieser Stelle sei daran erinnert, daß Schütz ja auch in seinen „Choralpassionen" die liturgische Choraltradition aus den gleichen Gründen auflockert.

einfach die prägnante Choralform nicht, sondern zerbricht sie, um sie freilich zugleich mit neuem Leben zu füllen und zu neuer, anderer Form zu gestalten. Besonders gut ist dies an einzelnen Stücken der deutschen Messe (etwa an dem „All Lob und Ehr soll Gottes sein") zu verfolgen, wo in deutlicherer und ausschließlicherer Weise als in der „Geistlichen Chormusik" die Motive aus dem Choral entlehnt werden und wo aber dieses motivische Material zu gleicher Zeit gewaltig ausgearbeitet und musikalisch intensiviert wird. Auch bei der Betrachtung des „Musikalischen Exequiems" von 1636 und der verschiedenen in Frage kommenden „Kleinen geistlichen Konzerte" und „Symphoniae Sacrae" ergibt sich uns der grundsätzlich gleiche Sachverhalt, wenn auch die technische Durchführung jeweils immer etwas anders ist. Dabei ist die bereits oben erwähnte Tatsache, daß Schütz in seinen solistischen Kompositionen häufiger zum Choral gegriffen hat als in seinen Chorwerken, nur ein Beweis mehr für die Einspannung des Chorals in seine Verkündigungsaufgabe; denn widerspricht die solistische Verwendung des Gemeindeliedes an sich schon dessen ursprünglichem Wesen, so stellen Schützens Konzertwerke obendrein noch eine besonders ausgeprägte Form seiner Predigtmusik dar. Es ist nicht so, daß nicht auch das evangelische Kirchenlied schon vom Wort her gebildet wäre und also das Wort an sich bei Schütz die Choralform auflöse. Vielmehr verhält es sich so, daß eine betende Gemeinde naturgemäß sich anders äußert (vorausgesetzt, daß nicht alles durcheinander gehen soll) als ein einzelner Verkündiger. Bei jener wird eine strenge Geschlossenheit nötig sein, um Gemeinsamkeit erzielen zu können, dieser kann sich in seiner Formgebung weit ausbreiten. Schütz mag wohl ein Gefühl dafür gehabt haben, daß der Choral etwas anderes will, als er selbst mit seiner Musik beabsichtigt hat. Uns klären sich heute erst allmählich die Vorstellungen von den beiden möglichen Aufgaben der Kirchenmusik. Schütz hat die klassische Verkündigungsmusik geschaffen, dafür wird er uns für alle Zeit richtunggebend bleiben. Die klassische Chormusik, die im Dienste der antwortenden Gemeinde steht und alles vom Choral empfängt, finden wir in der Tenor-cantus-firmus-Praxis der Reformationszeit vor, ganz besonders in den Choralbearbeitungen Johann Walters und Balthasar Resignarius'.

Aus diesen inneren Zusammenhängen der Schützschen Schaffensweise erklärt sich nun schließlich auch noch der eigenartige und vielerörterte Umstand, daß von Schütz' Weisen aus dem Beckerschen Psalter auf die Dauer keine in den Bestand des evangelischen Kirchenliedes eingegangen ist. So kennzeichnend es einerseits ist, daß in diesem, für die eigene musikalische Betätigung der Haus*gemeinde* bestimmte Werk das evangelische Kirchenlied so wichtig erscheint wie kaum in einer zweiten Schöpfung Schützens, so tritt doch andererseits bei seinen eigenen Weisen seine predigende Art sofort deutlich hervor. Anstelle strenger Choralformen treten so lebendig gestaltete Melodien, so daß sie sich wohl für den kleinen häuslichen Kreis, aber im allgemeinen nicht für den Gemeindegesang in der Kirche eignen. Allein daran liegt es, daß es nicht gelungen ist, sie in unsren Melodienschatz einzureihen, und nicht etwa an den mangelhaften Umdichtungen des Cornelius Becker, wie diese oft zu Unrecht beurteilt werden. Möglich, daß es heute gelingt, einige Schützsche Weisen (wie etwa das „Wohl denen, die da wandeln“ und die dem Psalm 138 entlehnte Melodie zu Arndts „Ich weiß, woran ich glaube“) zum Allgemeingut zu machen. An dem ausgesprochenen Urteil wird das nichts ändern.

Die Behandlung unserer Frage hat uns in den Kern der Schützschen Musik überhaupt geführt. Wir haben keinen Grund darüber traurig zu sein, daß der Choral bei Schütz keine größere Beachtung erfährt. Wir müssen vielmehr sagen, daß Schütz ganz richtig empfunden und gut verfahren hat, wenn er für seine Zwecke sich fast ausschließlich des Bibelwortes selbst bedient hat. So möchten sich an Schützens Verhältnis zum evangelischen Kirchenlied unsere Vorstellungen über beides klären, über das Wesen des Gemeindechorals einerseits und der echten Verkündigungsmusik andererseits.

# Die Dialogkompositionen von Heinrich Schütz

Dieser zweite Beitrag über Schütz im laufenden Jahrgang von „Musik und Kirche“ möchte spezieller praktischer Anregung dienen. Schütz hat es im öffentlichen Musikleben von heute wesentlich schwerer als z.B. Bach. Seine Schöpfungen sind nicht so ursprünglich musikantisch wie die Bachschen; jedoch stehen sie ihnen an geistiger Tiefe nicht nach. Hinzu kommt, daß es von Schütz keine Werke gibt, die sich in das Repertoire großer musikalischer Aufführungen, sei es innerhalb oder außerhalb der Kirche, einreihen lassen. Das 17. Jahrhundert kannte – abgesehen von der Oper – noch keine abendfüllenden Werke. So muß man immer wieder auf die Suche gehen, um aus der unerschöpflichen Fülle kleinerer oder gar kleiner Werke das Rechte herauszufinden, ohne das unser heutiges Musikleben ärmer wäre. Dabei möchten die folgenden Ausführungen helfen.

Im Rahmen von Schützens Gesamtwerk nehmen seine sechs Dialogkompositionen einen besonderen Rang ein. Dies bezieht sich nicht allein auf die künstlerische Qualität der Stücke, sondern vor allem auch auf ihre gottesdienstliche Bedeutung, die von ihrer Aktualität bis zur Gegenwart nichts eingebüßt hat.

Dialogisierende Texte haben bereits vom Mittelalter her die Musikgeschichte befruchtet; Dialogkompositionen gewannen jedoch im 17. Jahrhundert in Verbindung mit dem aufkommenden Geistlichen Konzert eine neue, bis dahin nicht dagewesene Bedeutung. Im Zeitalter davor gehörten Chor-Dialoge bereits zu einer häufig verwendeten Kompositionsform, die durch bestimmte Texte nahegelegt wurde. Ein solcher Text war z. B. das Lied „Erstanden ist der heilig Christ“ (EKG 78), eine deutsche Bearbeitung des aus dem 14. oder 15. Jahrhundert stammenden „Surrexit Christus hodie“. Michael Praetorius hat es mit seinen 19 Strophen in der Weise bearbeitet, daß den Rahmen (Strophe 1–3 sowie 18 und 19) ein siebenstimmiger Satz bildet und der epische Text (Strophe 4–6) drei- und zweistimmig gesetzt ist. Im Hauptteil, dem Dialog zwischen den Engeln und den drei Frauen am Grabe des Auferstandenen, erfolgt dann von Strophe 7–17 ein ständiger Wechsel zwischen einem vierstimmigen tiefen Chor der Engel und einem dreistimmigen hohen der Frauen. Ein viel zuwenig genutztes Werk, das bei aller Schlichtheit der Faktur – die verschiedenen Sätze sind ausnahmslos homophon – durch seine Sinnfälligkeit eine unmittelbare Aussagekraft besitzt[1]. Praetorius schreibt über den Rahmensatz „Choro et Organo et Instrumentis" und über die übrigen zwei- bis vierstimmigen Sätze „sola voce". Damit deutet er an, daß der Dialog-Charakter durch einfache Besetzung (neben großer, gegebenenfalls auch instrumentaler am Anfang und Schluß) verdeutlicht werden soll. Dieser Vermerk zeigt bereits eine Annäherung an das Geistliche Konzert. Dessen eigentliche Ausbildung im protestantischen Bereich, offenbar vor allem in der Zeit um 1630, schuf nun freilich mit der Anwendung des grundsätzlich solistisch verstandenen musikalischen Redestils hinsichtlich Anschaulichkeit und Dramatik für Dialogkompositionen musikalisch-künstlerische Voraussetzungen, die vordem bei Chor-Dialogen nicht gegeben waren. Jetzt erst beginnt deren eigentliche große Geschichte, die sich von Schütz und seinen Zeitgenossen über zahlreiche Komponisten der zweiten Hälfte des 17. Jahrhunderts, von denen Th. Selle, A. Hammerschmidt[2], J. Rosenmüller, J. R. Ahle, C. W. Briegel, Chr. Bernhard und D. Buxtehude als die wichtigsten genannt seien, bis in das Zeitalter von Bach und Telemann erstreckt[3]. Noch Bach hat nicht weniger als sechs seiner Kantaten (BWV 32, 49, 57, 58, 60, 66) als „Dialogus" bezeichnet, wobei es sich ausnahmslos um Gespräche der gläubigen Seele mit Gott oder Christus handelt. Jedoch auch manche einzelne Stücke in seinem Vokalwerk gehören in diesen Bereich wie das Rezitativ „Ach, Jesu, meine Ruh" mit der nachfolgenden Arie „Komm, mein Jesu, und erquicke" zu Beginn des zweiten Teils der Kantate „Ich hatte viel Bekümmernis" (BWV 21) und – als besonders eigentümliches Beispiel – die Echo-Arie im Teil IV des Weihnachtsoratoriums.

Nun freilich sind Bachs Dialogkompositionen kaum noch vergleichbar mit den entsprechenden Werken im Zeitalter von Heinrich Schütz; denn auch diese Kompositionsgattung hat selbstverständlich die in der zweiten Hälfte des 17. Jahrhunderts erfolgte Entwicklung des Geistlichen Konzerts zur Kan-

---

[1] Es steht im Teil V der „Musae Sioniae" (1607), Bd. V der Gesamtausgabe von M. Praetorius, Wolfenbüttel 1937, S. 267–270, und ist auch als Sonderausgabe bei Möseler erschienen. Eine hinsichtlich der Stimmenzahl etwas vereinfachte Fassung mit Beschränkung auf höchstens Vierstimmigkeit liegt in der Reihe „Schöne Musica" vor (Verlag des Burckhardthauses, Gelnhausen). In unserer Zeit hat Johannes H. E. Koch das Lied „Erstanden ist der heilig Christ" als „Szene am Ostermorgen" in Gestalt einer Choralkantate für 5st. gem. Chor und Einzelstimmen, ebenfalls unter besonderer Berücksichtigung seines dialogisierenden Charakters, wirkungsvoll bearbeitet (BA 1465).

[2] Vgl. seine „Gespräche zwischen Gott und einer gläubigen Seele", ein einzelnes Werk daraus erschien 1926 als BA 43. Ein weiteres Werk Hammerschmidts erwähne ich in Anm. 13.

[3] Friedrich Blume hat in neuerer Zeit in seinem Buch: Das monodische Prinzip in der protestantischen Kirchenmusik (Leipzig 1925) als erster dem „Dialog" einen besonderen Abschnitt gewidmet (S. 137ff.). Er gab später auch die Anregung zu der leider ungedruckten Dissertation von Hans-Olaf Hudemann: Die protestantische Dialogkomposition im 17. Jahrhundert (Kiel 1941), in der das meiste Material erfaßt und behandelt ist. Eine gute Übersicht bietet auch Elisabeth Noack, Art. Dialog, MGG III, S. 391ff.

tate mitgemacht. Dies bedeutet mehr als einen Wandel in der Besetzung und der Anwendung neuer musikalischer Mittel, vielmehr vor allem die Einbeziehung betrachtender Texte. Dialogkompositionen im Zeitalter Bachs sind daher nahezu ausschließlich betrachtende Gespräche des frommen Menschen mit Gott. Ganz anders im Zeitalter von Schütz, in dem der biblische Dialog absolut an erster Stelle steht, und allein dadurch schon hat dieser ein besonderes Gewicht.

Es ist bisher nicht ermittelt, welcher Meister der protestantischen Kirchenmusik um 1630 den Anfang mit derartigen Kompositionen gemacht hat. Schütz selbst ist es sicher nicht gewesen, obwohl die Datierung gerade verschiedener dieser seiner Werke nicht gesichert ist. Wahrscheinlich hat jedoch Johann Hermann Schein mit seinem Konzert „Maria, gegrüßt seist du, Holdselige" in seiner Sammlung „Opella nova II" von 1626 den Anfang gemacht. Um 1630 haben sich dann aber Schütz, Schein und auch Scheidt, die drei Altersgenossen jener Epoche, alle etwa gleichzeitig der Dialogkomposition zugewandt (Scheidt mit einer Vertonung von Matth. 25, 34b–46 im Teil II seiner „Geistlichen Konzerte" von 1634, das als „Dialogus, das ist ein Gespräch Christi mit den Gottseligen und Verdampten am jüngsten Tage" bezeichnet ist)[4].

Von Schütz sind uns sechs Dialogkompositionen überkommen, davon drei in gedruckten Sammlungen, in den „Kleinen geistlichen Konzerten II" (1639) „Sei gegrüßet, Maria" (SWV 333, NSA XII, 36ff.)[5] und in den „Symphoniae sacrae III" (1650) „Mein Sohn, warum hast du uns das getan" (SWV 401) sowie „Meister, wir wissen, daß du wahrhaftig bist" (SWV 414, Bärenreiter-Ausgabe 1486, in der NSA noch nicht erschienen)[6]. Als Einzelwerke Schützscher Dialogkompositionen sind uns folgende drei handschriftlich überliefert: Der „Dialogo Per la Pascua" (SWV 443), „Es gingen zweene Menschen hinauf" (SWV 444) und „Vater Abraham, erbarme dich mein"

[4] Dieses höchst beachtenswerte Werk steht in dem von Adam Adrio hrsg. Bd. IX der Scheidtschen Gesamtausgabe (Hamburg 1960, S. 20ff.). Im Teil III der „Geistlichen Konzerte" Scheidts findet sich übrigens auch eine dialogisierende Bearbeitung des mit dem „Surrexit Christus hodie" verwandten Osterliedes „Es gingen drei heilige Frauen" (ebenda Band XI, S. 14ff., Hamburg 1964). Für den nicht mehr erschienenen Teil V hatte Scheidt noch zwei Osterdialoge angekündigt.

[5] NSA = Neue Ausgabe sämtlicher Werke von Heinrich Schütz, hrsg. im Auftrag der Internationalen Heinrich-Schütz-Gesellschaft, bei Bärenreiter.

[6] Gelegentlich läßt sich der Begriff „Dialogkomposition" nicht genau abgrenzen. H. O. Hudemann zählt bei Schütz auch das Konzert „Siehe, es erschien der Engel des Herrn Joseph im Traum" aus den „Symphoniae sacrae III" (SWV 403) zu dieser Gattung (a.a.O., S. VII), in dem jedoch kein Wechselgespräch vorkommt, umgekehrt jedoch nicht das genannte „Meister, wir wissen, daß du wahrhaftig bist". – Mit dem Verlust von weiteren Dialogkompositionen Schützens muß gerechnet werden. H. J. Moser hat den Torso einer solchen über das Gespräch Jesu mit dem Kananäischen Weib entdeckt und zu rekonstruieren versucht; vgl. Heinrich Schütz. Sein Leben und Werk, 2. Aufl. Kassel 1954, S. 430.

(SWV 477). Bei allen sechs Werken handelt es sich – man sollte dies besonders zur Kenntnis nehmen – um Evangelienmusiken und hierbei obendrein um zentrale Texte. Gewiß ist deren Auswahl in erster Linie im Blick auf die in ihnen vorkommenden Gespräche erfolgt; jedoch im Bereich der dafür in Frage kommenden biblischen Abschnitte ist diese besonders sinnvoll vorgenommen.

Eine bestimmte musikalische Form, nämlich die des Geistlichen Konzerts mit dialogisierenden Einzelstimmen, dient also zur dramatischen Darstellung biblischer Geschichten. Dabei hat der Komponist zwei Möglichkeiten der Wiedergabe des Dialogs, entweder die der gleichzeitigen („simultanen") Gegenüberstellung der redenden Personen, man kann auch sagen, die der Ineinanderschachtelung des betreffenden Dialogs, oder die der alternierenden Folge der von verschiedenen Personen gesprochenen Worte. Beide Möglichkeiten hat Schütz ausgenutzt, wobei er (wie seine Zeitgenossen) in der Regel jeglichen berichtenden Text fortläßt und nur die direkte Rede komponiert (nur bei zweien der betreffenden Werke weicht er von diesem Prinzip ab); jedoch hat er bei dem ersteren Verfahren sein künstlerisches Vermögen ganz besonders entfaltet, und dies nicht nur in der vordergründigen Handhabung und Beherrschung einer bestimmten Technik, sondern zugleich in Verbindung mit einer einzigartigen Vertiefung in den jeweiligen Textgehalt. Betrachten wir dies an den einzelnen Stücken!

Bei der Komposition von Mariae Verkündigung setzt nach einer kurzen fünfstimmigen Eingangs-Sinfonia, in der der Engelgruß Ton für Ton vorweggenommen wird – ein Musterbeispiel für ein vokal empfundenes Instrumentalstück –, der Verkündigungsengel in Altlage mit Lukas 1, 28b, ein, jedoch zunächst nur mit den ersten fünf Worten „Sei gegrüßet, Maria, du Holdselige"[7]. Während der letzte Ton noch klingt, antwortet Maria, gleichsam den Engel unterbrechend, mit Lukas 1, 29b in folgenden Tönen:

Danach beginnt der Engel von neuem mit dem Gruß und vollendet ihn mit Vers 28b[8]. Jedoch noch bevor er zu Ende kommt, hebt Maria abermals mit

[7] In der NSA Bd. 12, S. 36ff. (Einzelausgabe BA 3433), ist das Stück einen Ton höher transponiert worden, so daß diese Stimme bequem von einem Alt wiedergegeben werden kann. Dieses Verfahren ist verständlich; dennoch entspricht es sicher nicht Schützens Vorstellung, nach der die Engelworte zweifellos von einem Tenor gesungen werden sollten. – Schütz bringt in den „Kleinen geistlichen Konzerten II" den Verkündigungsdialog auch noch in einer wenig veränderten, lediglich dem anderen Sprachduktus angepaßten lateinischen Fassung. Diese ist offenbar nicht die ursprüngliche, so daß wir hier auf sie nicht eingehen, obwohl eine Gegenüberstellung sehr aufschlußreich wäre (vgl. NSA Bd. 12, S. 47ff.).

[8] Die Worte „Du Gebenedeite unter den Weibern" sind bei der letzten Bibelrevision, da sie in

ihrer Frage in den gleichen Tönen an. Danach erst fährt der Engel mit Vers 30 („Fürchte dich nicht...") und dem Beginn von Vers 31, der eigentlichen Verkündigung im Anschluß an den Gruß, fort. Bei den Worten „Sohn gebären" fällt ihm Maria mit ihrem Entsetzen wiederum ins Wort und singt nun gleich dreimal unmittelbar aufeinander „Welch ein Gruß ist das?", und zwar immer wieder in denselben Tönen, lediglich rhythmisch etwas variiert. Während dies zum dritten Mal geschieht, wiederholt der Engel noch einmal die Worte „und einen Sohn gebären", um nun unmittelbar den Rest des Verses und Vers 32a bis zu den Worten „... des Höchsten genennet werden" anzuschließen. Jetzt läßt Schütz Maria gleich mit Vers 34 „Wie kann das zugehen, sintemal ich von keinem Manne weiß?" fortfahren, die nun ihrerseits durch die aus Vers 30 wiederholten Worte „Fürchte dich nicht, Maria" zwischendurch vom Engel unterbrochen wird. Danach führt dieser dann die Verkündigung zu Ende (Vers 35–37). Mit der Bezeugung von Marias Ergebenheit („Siehe, ich bin des Herren Magd..." V. 38) schließt Schütz die Komposition ab, zunächst von ihr selbst vorgetragen und anschließend fünfstimmig wiederholt („Capella: Voces et Instrumenta") und durch ein sechsmaliges Halleluja erweitert.

Die Erläuterung des äußeren Verlaufs des Werkes kann nicht mehr als ein behutsames Heranführen sein, womit seine Tiefe noch keineswegs erschlossen ist. Man werde sich aber bewußt, welch' geistige Tätigkeit dem Schaffensakt durch die Zurechtlegung und das Ordnen der textlichen Grundlage vorausgegangen ist. Eine solche Auswahl von Versen aus einer Perikope, wie sie hier vorliegt, ist gewiß zu Schützens Zeit nicht neu gewesen. Schon Josquin Desprez hat derartiges getan, wie seine berühmte Evangelien-Motette über die Geschichte vom Kananäischen Weib „O Jesu fili David" zeigt[9]. Doch hatte Schütz selbstverständlich wesentlich andere künstlerische Anliegen als Josquin rund anderthalb Jahrhunderte früher. Mit dem kompositorischen Mittel von Wortwiederholungen und der dialogisierenden Verschachtelung der Stimmen, die das Geistliche Konzert nahelegte, sind ihm völlig neue Möglichkeiten der musikalischen Sprachbehandlung und Textausdeutung gegeben. Freilich ist dann immer noch entscheidend, mit welchem Geist der Komponist die musikalischen Gegebenheiten füllt. Da aber ist wieder Schützens einzigartige Fähigkeit hervorzuheben, sich in die Worte der biblischen Gestalten so zu versenken, daß er ihren Unterton in einem Maße künstlerisch einzufangen und vernehmbar zu machen versteht, wie es in der Musikgeschichte wohl kein Zweiter vermocht hat. Die Gestalt der Maria ersteht in ihrem tiefen Schrecken und ganzen Betroffensein und dann in

---

den wichtigsten Bibelhandschriften fehlen, ausgeschieden worden. – Übrigens hat Schein in seinem erwähnten Verkündigungsdialog das simultane Verfahren nicht angewandt.

[9] Leicht zugängliche Wiedergabe in: Geistliches Chorlied II, Nr. 191, hrsg. von G. Grote, Merseburger, 2. Aufl. Berlin 1964.

ihrer völligen Ergebung und Demut unmittelbar vor dem aufmerksamen Hörer, wenn immer wieder jene vorher wiedergegebenen fünf Töne wie ein Zeichen aus einer anderen Welt vor ihm erklingen.

Ein ähnliches Verfahren wie bei dem besprochenen Werk hat Schütz bei der Komposition vom Pharisäer und Zöllner (SWV 444)[10] angewandt. Genaugenommen handelt es sich hier gar nicht um einen Dialog; denn beide biblische Gestalten reden ja nicht miteinander. Dennoch bezeichnet Schütz sein Werk als solchen, weil beide „simultan" einander gegenübergestellt werden. Neben dem geschwätzigen Pharisäer – die musikalische Darstellung seines Wortschwalls ist für sich genommen bereits eine höchst nachdenkenswerte musikalische Auslegung – betet der Zöllner bei Schütz gleichzeitig sein „Gott, sei mir Sünder gnädig", jedoch nicht einmal wie im biblischen Bericht (Luk. 18, 13), sondern immer wieder, zunächst in Pausen des Pharisäers hinein, dann aber gleichzeitig mit ihm, insgesamt siebenmal. Hat Schütz damit auf Matth. 18, 21 f. und Lukas 17, 4, wo vom siebzigmal siebenmal Vergeben die Rede ist, anspielen wollen[11]? Wiederum gibt er der ständigen Wiederkehr der Zöllnerworte ein zeichenhaftes Gepräge. Zwar variieren die Wiederholungen; jedoch zeigen sie alle wie die erste die Bitte um die Herabneigung Gottes

in einer Abwärtsführung. Dabei fällt der Beginn mit dem Wort „Gott" stets auf den Spitzenton, der zudem mit nur einer Ausnahme eine verlängerte Note ist. Mit dieser korrespondiert am Schluß des Rufes jeweils das Wort „gnädig", das gleichfalls durch rhythmische Verlängerung der betonten ersten Silbe oder eine zurückwendende kleine Aufwärtsführung oder durch beides hervorgehoben wird. Aber da ja auch das bekennende Wort „Sünder" wichtig ist, unterbricht Schütz den dritten Gebetsruf nach diesem Wort, um die Worte „Sei mir Sünder" nachdrücklich zu wiederholen. Und noch eine weitere Beobachtung ist wichtig: Das letzte Wort hat nicht der selbstbewußte „Pharisaeus"; er ist am Ende, während der „Publicanus" zum siebten Mal seinen Ruf singt. Es liegt auf der Hand, was Schütz damit zum Ausdruck bringen will, und wird zudem noch unterstrichen durch den anschließenden Chorsatz über das Herrenwort „Ich sage euch: Dieser (nämlich der Zöllner) ging hinab gerechtfertiget ..." Wieder also ist das Zurechtlegen des Textes eine entscheidende Voraussetzung für die Anlage und Sinngebung des

---

10 Ältere praktische Neuausgabe in Heinrich Schütz, Drei biblische Szenen, hrsg. von A. Hänlein, Leipzig, Breitkopf & Härtel, neuere Bärenreiter-Ausgabe 3444.

11 Diese Vermutung hat bereits H. J. Moser in seinem Schütz-Buch a.a.O., S. 492, ausgesprochen.

Werks. Das gilt auch bereits für den Anfang. Schütz hat hier auf die Situationsschilderung nicht verzichtet und auch sonst die Perikope Luk. 18, 10–14 nicht gerafft, wohl aber um der Gegenüberstellung der beiden Gestalten des Gleichnisses willen nach den einleitenden Worten von Vers 10 die Verse 11 a und 13 a miteinander kombiniert und demzufolge den biblischen Wortlaut vor dem Beginn der direkten Rede in den Plural „und sie sprachen" umgeändert. Bereits diese kurze Einleitung, deren ebenso schlichter wie geradezu genialer Beginn in Terzen die folgende Gegenüberstellung wirksam vorbereitet, charakterisiert höchst anschaulich beide Gestalten. H. J. Moser hat (a.a.O., Seite 492) diese Dialogkomposition „in ihrer Einfachheit und Eindringlichkeit zu den genialsten Einfällen aller religiösen Musik" gezählt.

Das dritte Werk, bei dem Schütz die Simultantechnik angewandt hat, ist sein berühmter „Dialogo Per la Pascua" (SWV 443; praktische Neuausgaben wie beim vorigen Werk). Zunächst wiederum ein Blick auf die Textvorlage! Hier nun wieder das Verfahren einer Raffung, und zwar in besonders eigentümlicher Anwendung! Auf die Worte des Auferstandenen „Weib, was weinest du, wen suchest du" (Joh. 20, V. 15 a) antwortet Maria nach Schützens Komposition mit den Worten von Vers 13 b, die sie auf die Frage der Engel im Grabe erwidert hat. Schütz läßt also für den mit der Ostergeschichte Vertrauten zunächst in geheimnisvoller Schwebe, mit wem die Mutter Maria spricht. Bei Vers 17, den Worten des Auferstandenen, nachdem er sich zu erkennen gegeben hat, übergeht Schütz die für die zentrale Verkündigung nebensächliche Aufforderung „Gehe aber hin zu meinen Brüdern und sage ihnen", um sich gleichsam holzschnittartig auf das Entscheidende zu beschränken. Wiederum also beobachten wir einen geistigen Schaffensprozeß, der dem künstlerischen vorangegangen ist[12].

Die musikalische Besonderheit dieser Komposition liegt in der Besetzung der dialogisierenden Gestalten Jesus und Maria mit je zwei solistischen Stimmen; die Jesus-Worte sind zwei Männer- und die Worte der Maria zwei hohen Stimmen, d. h. nach Schützens Vorstellung zwei Knabenstimmen, zugewiesen. Im ersten Teil des Werks werden durch 27 Brevis- (also Doppelganzenoten-) Takte unaufhörlich die ruhigen Fragen des Auferstandenen „Weib, was weinest du, wen suchest du?" mit der aufgeregten, ja ratlosen und verzweifelten Antwort der Maria „Sie haben meinen Herren weggenommen, und ich weiß nicht, wo sie ihn hingeleget haben" in vielfacher Wiederholung und zunehmender Dringlichkeit kontrastiert, bis dann als Übergang zu dem zentralen Mittelteil eine Generalpause in Länge einer ganzen Note folgt. Und nun schließt sich jene wechselseitige einzigartige Anrede an! Auf die erste an Maria gerichtete erfolgt noch keine Antwort; noch einmal steht hier eine unaussprechbar viel besagende Pause, es entsteht also ein wei-

[12] Die Textangabe im SWV S. 103 „Joh. 20, 13, 16, 17" ist also nicht genau (so auch in der Ausgabe von A. Hänlein, Drei biblische Szenen).

terer Augenblick tiefster Stille. Erst nach der Wiederholung antwortet Maria mit ihrem „Rabbuni“, worauf Anrede und Antwort noch einmal gebracht werden. Dabei wird nun unmittelbar deutlich, wie bei der Maria die Verzweiflung sich in Glaube verwandelt hat; eine Fülle aufgeregtester Noten ist abgelöst durch drei Akkorde, aus denen zarteste Ehrfurcht vor dem Geheimnis und Wunder der Auferstehung klingt. Selten ist in der Musikgeschichte in wenigen Takten soviel zum Ausdruck gebracht worden wie hier in Schützens Osterdialog[13].

Der dritte Teil, nahezu genauso lang wie der erste, bringt dann lediglich noch Worte des Auferstandenen (Joh. 20, Vers 17). Damit endet das Werk scheinbar völlig undramatisch. Das Autograph läßt jedoch erkennen, daß sich noch ein Chor, vergleichbar mit dem am Ende von Mariae Verkündigung, angeschlossen hat[14]. Es ist in ihm, wenn auch von fremder Hand, noch eine untextierte Baßstimme in Länge von 42 Takten eingetragen. Vielleicht handelt es sich hier bei den drei ersten Takten noch um die Wiederholung der letzten Worte des Auferstandenen, danach aber mit dem Übergang in das Tempus perfectum offensichtlich um eine strahlende Danksagung mit den Rufen Halleluja und Victoria und vielleicht auch den übrigen Worten, die traditionsgemäß zu dem Schlußchor der Auferstehungshistorie gehörten und die Schütz selbst in seinem entsprechenden Werk von 1623 verwendet hat. Falls sein Osterdialog nicht als bloße Lesungsmusik im Gottesdienst, sondern in einer konzertanten Veranstaltung musiziert wird, sollte man um eines befriedigenden Abschlusses willen irgendeinen geeigneten Chorsatz anfügen. Dafür bietet sich z. B. der fünfstimmige Schlußchor der Osterhistorie von Antonio Scandello an (Neuausgabe bei Vandenhoeck & Ruprecht, Göttingen).

Es mag hier die rechte Stelle sein, etwas über die Entstehungszeit der bisher besprochenen Werke zu sagen. Im Anschluß an H. J. Moser wird der „Osterdialog“ allgemein mit der Angabe „um 1624“ datiert (so auch im SWV, S. 103). Jedoch schon H. O. Hudemann ist in seiner Dissertation S. 42 f. für einen späteren Zeitpunkt nach der zweiten Italienreise von 1628/29 eingetreten. H. J. Moser kam zu seiner Entscheidung aufgrund von mancherlei unbestreitbaren Zusammenhängen zwischen Schützens Auferstehungshistorie und dem Osterdialog. Doch ist diese Folgerung keineswegs zwingend, zumal die Auferstehungshistorie sicherlich jährlich neu aufgeführt

---

[13] Auf diese Stelle bin ich bereits in dem Aufsatz „Heinrich Schütz 1672–1972“ im Heft 1/1972, S. 9, von „Musik und Kirche“ eingegangen. – Aufschlußreich ist ein Vergleich mit einem Osterdialog von A. Hammerschmidt, der offensichtlich nach dem Vorbild von Schütz seinerseits das simultane Verfahren anwendet. Auch er schafft ein achtbares, geschickt angelegtes Werk, das jedoch an künstlerischer Reife hinter jenem weit zurückbleibt (Neuausgabe in: Chorwerk alter Meister IV, 6, Hänssler Verlag).

[14] Es ist das einzige erhaltene Autograph von wenigstens einem nahezu vollständigen Werk Schützens, das sich im Besitz der Murhardschen Bibliothek in Kassel befindet. Auf die sehr instruktive Faksimileausgabe des Bärenreiter-Verlags von 1965 mit einem Geleitwort von Werner Bittinger sei besonders hingewiesen.

wurde; gehörte doch seit den Tagen von Antonio Scandello, dessen Osterhistorie 1568 entstand, die gesungene Ostergeschichte zur regelmäßigen Begehung der Vesper des ersten Ostertags im Dresdner Hofgottesdienst (vgl. Eberhard Schmidt, „Der Gottesdienst am kurfürstlichen Hof zu Dresden", Berlin 1961, S. 189 und 207). Viel näher liegt doch der Gedanke, daß Schütz infolge der Schwierigkeiten, die der Dreißigjährige Krieg vor allem im vierten Jahrzehnt des 17. Jahrhunderts für die kursächsische Hofkapelle mit sich brachte, um diese Zeit mit seinem Osterdialog eine in der Besetzung einfachere Osterhistorie geschaffen hat. Damit aber rückte dieses Werk in die Nähe der „Kleinen geistlichen Konzerte" (1636 und 1639), die ihre Entstehung ungeachtet ihrer hohen künstlerischen Bedeutung nicht zuletzt den notvollen Zeitumständen verdanken. Eine spätere Datierung des Osterdialogs wird ferner durch die Verwandtschaft seiner Anlage mit dem Dialog von Mariae Verkündigung von 1639 gestützt, ganz besonders aber durch die künstlerische Reife des Werks, die doch vor allem in dem kleinen Mittelteil die Auferstehungshistorie weit übertrifft. Auch die stärkere Kantabilität sowie die polyphonere Stimmführung – worauf H. O. Hudemann hinweist – man könnte sagen: die madrigaleskere Gesamtgestaltung des Osterdialogs deutet auf seine Entstehung nach dem zweiten Italienaufenthalt. Nicht anders steht es mit der Komposition vom Pharisäer und Zöllner, die um die gleiche Zeit entstanden sein wird; dafür spricht auch hier die – wenn auch andersartige – Verwandtschaft mit dem Verkündigungsdialog, nämlich das hier wie dort zeichenhafte Setzen einer musikalischen Phrase („Welch ein Gruß ist das" und „Gott sei mir Sünder gnädig"). Auch H. J. Moser nimmt hier (wie danach das SWV S. 104) wenigstens „um 1630" an, was u. E. der allerfrüheste in Frage kommende Zeitpunkt ist.

Die nächsten zu behandelnden Kompositionen sind die beiden in den „Symphoniae sacrae III" von 1650 veröffentlichten. Von diesen steht der „Dialogus" „Mein Sohn, warum hast du uns das getan" den bereits besprochenen am nächsten, zumal in seiner Frühgestalt SWV 401 a. Aus der Perikope vom zwölfjährigen Jesus im Tempel (Lukas 2, 41–50) läßt Schütz wiederum den hier besonders umfangreichen berichtenden Teil fort und vertont lediglich die Worte der Maria und des Jesusknaben aus den Versen 48 und 49. Auch hier begeht er eine Eigenmächtigkeit: Die Worte der Maria „Mein Sohn, warum hast du uns das getan? Siehe, dein Vater und ich haben dich mit Schmerzen gesucht" legt er auch dem Joseph in den Mund, und beide Eltern singen nun „simultan – dialogisierend" „deine Mutter" (Joseph) bzw. „dein Vater" (Maria) in vielfacher Wiederholung unter besonders ausdrucksvoller Hervorhebung der Anrede „mein Sohn". Schütz hat also auch in diesem Falle, ähnlich wie in der Komposition vom Pharisäer und Zöllner, ein Gespräch eingerichtet, obwohl strenggenommen gar keins stattfindet. Die durch zwei begleitende Violinen hervorgehobene Antwort des Jesusknaben folgt danach in einem besonderen Teil, wobei der dreimalige Beginn „Was ist's" („daß ihr mich gesucht habt") wieder ein besonders charakteristisches Beispiel hintergründiger Wortbezogenheit ist. Dieser antwortende Teil bildet aber nun noch nicht den Abschluß der Komposition, die über die musikalische Behandlung von Lukas 2, 41–50 hinaus noch einen bedeutungsvollen Rahmen hat. Mit einer Sinfonia zu Beginn korrespondiert am Ende ein Chor, der die drei redenden Personen des Werks mit einem vierstimmigen „Complementum ad libitum“ für Chor und Instrumente über Psalm 84, 2, 3 und 5 unter Einbeziehung auch der beiden Violinen vereint (in der Frühfassung SWV 401a fehlt als einziger Unterschied zu der endgültigen das „Complementum“). Dieses neunstimmige Stück ist in sich dreiteilig gegliedert, der erste, vollstimmige Teil umfaßt Vers 2 und 3a des Psalms, der mittlere läßt lediglich die drei Solostimmen mit Begleitung der Violinen den Vers 3b („Mein Leib und Seele freuen sich...“) wiedergeben, und dem abschließenden Tutti liegt Vers 5 „Wohl denen, die in deinem Hause wohnen, die loben dich immerdar. Sela“ zugrunde. Was ist das Bedeutsame dieser Abrundung der Komposition? Zunächst die Textkombination einer alttestamentlichen Stelle mit einer neutestamentlichen zum offenbaren Zwecke einer Interpretation der neutestamentlichen Geschichte, um die es geht. Dieses Verfahren ist im Zeitalter von Schütz neu[15], und es ist möglich, daß wir im vorliegenden Werk überhaupt das früheste dieser Art vor uns haben und dieses somit eine weitreichende entwicklungsgeschichtliche Wirkung hervorgerufen hat; denn mit diesem Verfahren ist die Weiterentwicklung des Geistlichen Konzerts zur Kantate in Gang gesetzt worden. Das Motiv für die Anwendung solcher Textkombination ist der methodisch-theologische Satz „Biblia suae ipsius interpres“ (Die Bibel ist ihr eigener Interpret); ihn hat sich die altprotestantische Kirchenmusikgeschichte fortan insonderheit zu eigen gemacht. Doch trifft Schütz mit diesem Abschluß der Komposition den Sinn der behandelten Perikope, die mit den Worten „Und sie verstanden das Wort nicht, das er mit ihnen redete“ (Vers 50) endet? Ist hier der geistige Schaffensprozeß vielleicht über das gesteckte Ziel, musikalische Bibelinterpretation zu betreiben, hinausgegangen und in die Begebenheit etwas hineininterpretiert worden, was sie gar nicht enthält? Im vordergründigen Sinne trifft das tatsächlich zu, aber nicht von einem umfassenden Blickpunkt aus betrachtet. Diesen aber nimmt Schütz ein. Entscheidend ist für ihn nicht die momentane Situation, sondern das, was über den Augenblick hinaus den Jesusknaben mit seinen Eltern vereint, nämlich die Freude „am lebendigen Gott“ und die immerwährende Anteilnahme am Lob Gottes in seinem Tempel. Man darf daher wohl sagen, daß die Textkombination in der Dialogkomposition vom zwölfjährigen Jesus im Tempel ein besonders aufschlußreiches Licht auf Schützens tief durchdachte Kompositionsweise wirft. So verwandt die Anlage dieses Werkes mit Schützens Dialogkompositionen aus der Zeit zwischen 1630 und 1640 ist, so spie-

15 Es ist freilich nicht zu verwechseln mit der bloßen Kontamination mehrerer zusammenpassender Verse aus ein und demselben biblischen Buch, etwa dem Psalter oder dem Hohen Lied, wie sie Schütz z.B. verschiedentlich in den „Symphoniae sacrae I“ (1629) vorgenommen hat; denn hier wird einfach inhaltlich Gleiches ohne besondere Interpretationsabsicht zusammengestellt.

gelt dieses doch sowohl mit seiner textlichen Mehrschichtigkeit wie vor allem mit seiner großen Besetzung im Schlußteil Schützens Schaffen um die Jahrhundertmitte charakteristisch wider.

In der anderen Dialogkomposition der „Symphoniae sacrae III" über die Perikope vom Zinsgroschen (Matth. 22, 16b–21, SWV 414, Bärenreiter-Ausgabe 1486) begegnen wir zum ersten Mal einer ausschließlich alternierenden Wiedergabe des betreffenden Gesprächs. Sodann ist hier der verbindende Text während des Dialogs einbezogen, nicht jedoch der einleitende und abschließende Bericht. Im Dialog selbst zwischen Jesus und seinen Fragestellern wechseln ein- und mehr- (drei- sowie fünf-)stimmige Partien miteinander ab, auch die berichtenden Zwischenbemerkungen sind mehrstimmig gesetzt. Die Gliederung geschieht durch kurze instrumentale Zwischenspiele (u.U. von nur wenigen Takten). Da auch bei dem verbindenden Text die Instrumente beteiligt sind, ist die ganze Komposition durch große Übersichtlichkeit gekennzeichnet. Auch dieses Werk hat einen ähnlichen Rahmen wie das vorher besprochene: Einer Sinfonia zu Beginn steht ein Tutti-Chor mit einem „Complementum ad libitum" mit der Wiederholung des zentralen Satzes der Perikope „So gebet dem Kaiser, was des Kaisers ist..." gegenüber. Mit einer gewissen Berechtigung bezeichnet H. O. Hudemann diese Bearbeitungsform als „oratorischen Dialog", der sich vom regulären Oratorium so, wie der Begriff vom Ende des 17. Jahrhunderts an in Deutschland gebraucht wurde, freilich durch die fehlenden betrachtenden Texte unterscheidet. Eher noch kann man von einer kleinen Historienkomposition sprechen, die in gleichem Maße der Motette wie dem Geistlichen Konzert nahesteht. Es bedarf keines besonderen Nachweises, daß auch dieses Werk eine Fülle eindrucksvoller Wortbehandlung und Textausdeutung in sich birgt.

Auch das letzte Werk, mit dem wir uns zu befassen haben, eine Bearbeitung des Gleichnisses vom reichen Mann und armen Lazarus (SWV 477, Neuausgabe bei Hänssler), ist eine alternierende Dialogkomposition, wie sie von dem Wechselgespräch des Textes her als allein möglich erscheint. Eine Danziger Handschrift der Komposition hat folgenden interessanten Titel: „Dialogus Divitis Epulonis cum Abrahamo Lucae 16, in quo 5 Personae tamquam interlocutores repraesentantur, videlicet Dives, Abraham, Lazarus et duo Angeli, cum duobus Violinis è Violóno ô Teorba. In stylo recitativo Heinrici Sagittarii" (Dialog des reichen Schlemmers mit Abraham aus Lukas 16, bei dem fünf Personen als Gesprächspartner vorgestellt werden, nämlich der Reiche, Abraham, Lazarus und zwei Engel, mit zwei Violinen und Violone oder Theorbe im Rezitativstil von Heinrich Schütz)[16]. Dieser Titel bereits deutet auf eine Überraschung hin, die das Werk bietet: Über den Wort-

[16] Der lateinische Text des Titels SWV S. 127 und in der Hänssler-Ausgabe S. 2; drei Schreibfehler der Handschrift, die in beide Wiedergaben übernommen sind, habe ich stillschweigend verbessert.

laut der Geschichte hinausgehend führt Schütz statt nur zwei redende Personen fünf ein, nämlich zusätzlich Lazarus und zwei Engel. Diese drei läßt er zur Bestätigung die Worte des Abrahams Vers 29 („Sie haben Mose...") in einem generalbaßbegleiteten Terzett und nach einem Ritornell auch noch Vers 31 („Hören sie Mose und die Propheten nicht...") zusammen mit Abraham in einem vollbesetzten Schlußchor, bei dem sinnvollerweise lediglich der Vokalbaß, die Stimme des reichen Mannes, fehlt, wiederholen. – Das gesamte Werk hat infolge des lebhaften Wechselgesprächs zwischen dem (beginnenden) Epulo (Baß) und Abraham (Tenor), dem eine Sinfonia vorangeht und folgt (das gleiche, das den erwähnten Schlußteil unterbricht), einen spürbaren dramatischen Charakter. Nach der wohl erst um 1660 entstandenen Danziger Abschrift werden die Worte des Abraham von zwei Alt-Flöten und die des Epulo von zwei Violinen begleitet. In der sicher früheren, jedoch ebenfalls nicht autographen Kasseler Handschrift fehlen nähere Bezeichnungen. Es besteht die Möglichkeit, daß Schütz eine solche Variierung der Instrumente nicht beabsichtigt hat, hätte er dann doch wohl die Flöten als Attribute der Stimme Abrahams und nicht allein die Violinen im Schlußchor eingesetzt. Zudem sind die Flötenstimmen auch von Violinen ausführbar. Jedenfalls wird die Gegensätzlichkeit der beiden Gesprächspartner im Grunde nicht durch die verschiedenen Instrumente, sondern durch die dargestellte verzweifelte Erregung des reichen Mannes, die im stärksten Kontrast zu der Bestimmtheit und Ruhe des Abraham steht, gekennzeichnet. Wie Schütz vor allem die Rede des Epulo in vielen Einzelheiten dargestellt hat, etwa in der Behandlung der Worte „Flamme" und „Qual" (dieses durch Zweiunddreißigstel-Figuren der Instrumente charakterisiert) oder bei den sich aufbäumenden Schreien „Nein, Vater" (Vers 20) gegenüber der Unerbittlichkeit Abrahams, das zeigt wiederum Schützens ganze Meisterschaft.

Die Datierung auch dieses Werks in die Zeit zwischen 1620 und 1630 durch H. J. Moser (a.a.O., S. 421, ebenfalls ins SWV, S. 127 übernommen) ist auf alle Fälle zu früh. Manch einzelne Wendung, vor allem der konzertierende Stil als solcher, deutet darauf hin, daß das Werk keinesfalls vor Schützens zweitem Italienaufenthalt (1628/29) entstanden ist. Am meisten spricht für einen noch wesentlich späteren Termin jedoch die starke, oratorienhafte Durchgliederung, die das Werk in zeitliche Nähe der „Sieben Worte Jesu Christi am Kreuz" (um 1645) rückt. Daß der textlich mehrschichtige, 1649 veröffentlichte „Actus musicus de divito et Lazaro" des erst 1621 geborenen Andreas Fromm später als Schützens Dialogkomposition entstanden ist, versteht sich von selbst. Daß Fromm diese gekannt hat, muß man daraus schließen, daß auch er einen „Angelus" und „Lazarus" als redende Personen einbezieht (Neuausgabe: Denkmäler der Musik in Pommern H. 5, hrsg. von Hans Engel, Bärenreiter 1936). Wenn in der Hänssler-Neuausgabe von Schützens Werk für den Schlußchor das Hinzuziehen eines zusätzlichen Capell-Chors empfohlen wird, zumal dann die Flöten noch einmal eingesetzt werden könnten, wird es damit unnötig nahe an die „Symphoniae sacrae III" von 1650 herangerückt, und es würde zudem das abschließende Zusammenwirken von Abraham, Lazarus und den beiden Engeln unter Ausschluß des reichen Mannes verdunkelt werden. Am richtigsten gibt man die Entstehungszeit dieser Dialogkomposition mit der Bezeichnung „um 1640" an.

Versuchen wir unsere Ausführungen zusammenzufassen, dann erscheint ein nochmaliger Hinweis auf die natürliche Sinnfälligkeit und Aussagekraft des musikalischen Dialogs allein als Kompositionsform unerläßlich; denn seine Eignung für die gottesdienstliche Musik – und selbstverständlich nicht nur für diese – ist noch keineswegs voll erkannt und ausgewertet worden. Nun ist freilich eine künstlerische Form nicht mehr als ein leeres Gefäß. Es mag als solches zweckmäßig und schön sein, eine Aufgabe erfüllt es jedoch erst, wenn es gefüllt wird. Am Beispiel von Heinrich Schütz sollte gezeigt werden, wie dieser mit der Form des musikalischen Dialogs umzugehen verstand und mit welchem Geist er sie zu erfüllen vermochte. Kann man sich geeignetere Evangelienmusiken für den Gottesdienst vorstellen als die Schützschen Dialogkompositionen? Dafür bieten sie alle Voraussetzungen in textlicher Grundlage, zeitlicher Dauer, Schwierigkeitsgrad und Besetzung, am meisten jedoch durch das Maß ihrer Vergeistigung. Zur Besetzung sei noch gesagt, daß beim Fehlen geeigneter Solisten die Einzelstimmen auch von ein paar Sängern oder Sängerinnen wiedergegeben werden können. U.U. vermögen drei bis vier Knaben z.B. die Marienworte „Welch ein Gruß ist das?" sogar angemessener zu singen als ein Solosopran. In jedem Falle bedürfen Schützens Dialogkompositionen freilich einer überaus sorgsamen Einstudierung und Wiedergabe, darüber sollte ihr verhältnismäßig geringer Schwierigkeitsgrad keinesfalls hinwegtäuschen. Das aber setzt eine hingebungsvolle Versenkung in die – manchmal geradezu zerbrechlich erscheinende – Zartheit dieser Werke voraus. Nur mit einem starken künstlerischen Feingefühl lassen sie sich wiedergewinnen.

# Schütz und Bach

Ein ebenso altes wie unerschöpfliches Thema! Muß es doch immer erneut reizen, die beiden bisherigen Gipfel in der Geschichte der evangelischen Kirchenmusik miteinander zu vergleichen, und dies nicht nur aus historischem Interesse, sondern um beider Meister Werk dadurch besser zu verstehen und somit auch sachgemäßer wiedergeben zu können. – Oft ist Schütz in der Vergangenheit lediglich als – wenn auch manchmal größter – Vorläufer Bachs verstanden worden. Jedoch hat er bei solcher Betrachtungsweise nur allzusehr im Schatten Bachs gestanden, und immer einmal wieder will einem scheinen, daß dies auch heute noch gelegentlich möglich ist. Noch ist es ja nicht lange her, daß Adorno in seinen „Dissonanzen" von Schütz als „rudimentärer Vorform" Bachs gesprochen hat (Göttingen 1956, Seite 73). Sicherlich braucht man sich bei einer solchen Äußerung, die entweder ein fehlendes Organ für den Sagittarius oder Unkenntnis verrät, nicht aufzuhalten. Tatsache aber ist doch wohl, daß man immer wieder geneigt ist, den einen an dem anderen zu messen, anstatt jeden in seiner Eigenständigkeit, Besonderheit und Einmaligkeit zu verstehen; denn die Verschiedenheit beider Meister ist jedenfalls groß. Und es liegt bereits in dieser begründet, daß die Geschichte der Bach-Renaissance wesentlich anders verlaufen ist als die Wiedererwekkung des Schützschen Werks. Die Bachsche Musik war im Unterschied zu der von Schütz zu keiner Zeit völlig vergessen, und nachdem im Jahre 1834 Carl von Winterfeld in seinem berühmten Werk „Johannes Gabrieli und sein Zeitalter" als erster auf Schütz nachdrücklich aufmerksam gemacht hatte, war damit noch keinesfalls das Signal für eine „Schütz-Bewegung" gegeben. Brahms' Aufführung von „Saul, Saul, was verfolgst du mich" in Wien 1864 erschien noch ein Vierteljahrhundert später als ein außergewöhnliches Ereignis. Erst die 300. Wiederkehr von Schützens Geburtstag im Jahre 1885 rückte mit der Inangriffnahme der ersten Gesamtausgabe seiner Werke durch Philipp Spitta den Meister in ein breiteres Bewußtsein, dies zu einem Zeitpunkt, da die alte Bach-Ausgabe sich bereits dem Abschluß näherte. Wenige Jahre später erschien mit Philipp Spittas 60 Seiten umfassender Abhandlung „Heinrich Schütz' Leben und Werke" in dessen „Musikgeschichtlichen Aufsätzen" (Berlin 1894) eine erste Monographie über den Meister, freilich wiederum zu einem Zeitpunkt, als es bereits eine umfangreiche Bach-Literatur gab. Vom Ende des 19. Jahrhunderts an waren es dann die Kreise um die

Herausgeber der „Monatschrift für Gottesdienst und kirchliche Kunst“, Julius Smend und Friedrich Spitta (der jüngste Bruder von Philipp Spitta), die sich der Schützschen Musik intensiv annahmen und zu denen insonderheit Arnold Mendelssohn gehörte. Doch es dauerte noch immer Jahrzehnte, bis man sagen konnte: Schütz steht nicht mehr im Schatten Bachs. Das war etwa um 1930 der Fall, als durch die kirchenmusikalische Erneuerungsbewegung nun wirklich auf breiter Basis Schützsche Musik musiziert wurde, als Wilhelm Kamlah von Heidelberg aus den Heinrich-Schütz-Kreis, einen Singfahrten unternehmenden Studentenchor, gründete, als fast gleichzeitig zwei praktische Neuausgaben der „Geistlichen Chormusik“, die von Kurt Thomas bei Breitkopf & Härtel und die von Wilhelm Kamlah bei Bärenreiter, erschienen, als 1929 nach kurzer Lebensdauer der 1922 entstandenen Schütz-Gesellschaft die „Neue“, die heutige Internationale Heinrich-Schütz-Gesellschaft gegründet wurde und als Hugo Distler sich leidenschaftlich zu Schütz bekannte, von Bach aber offensichtlich für sein eigenes, wenigstens sein vokales Schaffen weniger inspiriert wurde, und als er seine Motetten-Sammlung opus 12 nach dem Vorbild von Schütz und im Bekenntnis zu ihm „Geistliche Chormusik“ nannte. Damals schrieb Distler in dem Aufsatz „Vom Geiste der neuen Evangelischen Kirchenmusik“: „Man singe nur einmal selber im Chore etwa das Schützsche ‚Die Himmel erzählen die Ehre Gottes...‘ – da gewinnen Baum und Strauch und alle Kreatur, das ganze Universum eine Sprache. Und diese Sprache ist gar nicht anders denkbar denn als vielstimmiger Chorus. Von diesem Wehen des Geistes verspüren wir heute wieder etwas.“[1] Man kann sagen, daß das Jahrzehnt vor dem Zweiten Weltkrieg in einmaligem Ausmaß durch eine innerste Begegnung mit dem Werk von Heinrich Schütz erfüllt war, damals ein Trost für viele, die mit der politischen Entwicklung ihres Landes nicht mitkonnten.

Darüber sind inzwischen mehr als drei Jahrzehnte vergangen. Wie ist die heutige Situation? Erscheinen Schütz und Bach nun für immer als die beiden gleich hell leuchtenden Gipfel der evangelischen Kirchenmusikgeschichte? Oder steht nicht Schütz inzwischen doch wieder im Schatten Bachs? Sonntag für Sonntag strahlt der Rundfunk eine oder mehrere Bach-Kantaten aus, und Jahr für Jahr gehören die großen oratorischen Werke des Thomaskantors in vielen Städten zu den begehrtesten Höhepunkten des kirchenmusikalischen, wenn nicht gar kulturellen Lebens. Und wie nimmt sich daneben Heinrich Schütz aus? Es spricht gegen keinen der beiden Meister, wohl aber für beide, für jeden in seiner Weise, wenn man feststellen muß: Schütz kann niemals eine solche Breitenwirkung erlangen wie Bach, weil sein Werk im Vergleich zum vitalen Bachschen viel zu vergeistigt meditativ ist. Es wäre darum falsch, von der Musik Schützens eine gleiche Verbreitung zu erwarten wie von der Bachs; es könnte sich dies niemals erfüllen.

[1] Hugo-Distler-Heft der Zeitschrift für Musik, 102. Jg., Dezember 1935, S. 1328.

Woher aber rühren die Unterschiede beider Meister? Natürlich vor allem von der schlichten Tatsache, daß sie in zwei verschiedenen Jahrhunderten gelebt und beide unter wesentlich verschiedenen geschichtlichen Voraussetzungen gewirkt und geschaffen haben. Das zeigt allein schon die unterschiedliche berufliche Entwicklung beider. Schütz stand zeit seines Lebens nach kurzen Kasseler Jahren als akademisch gebildeter Kantor und Komponist in Dresden in höfischen Diensten. Bach hingegen war in der Hauptzeit seines Lebens Stadtkantor, der aus einer langen Familientradition von Stadtpfeifern und Organisten emporgewachsen war. Zwar trat auch er in Weimar und Köthen in höfische Dienste, jedoch in Weimar als Organist und ab 1714 als Konzertmeister mit der Verpflichtung, monatlich eine Kantate zu komponieren, und nur in den fünfeinhalb Köthener Jahren ausschließlich in die Tätigkeit höfischer Repräsentation, die sich bei dem reformierten Hof zudem auf außergottesdienstliche Musik beschränkte. Schützens Lebensweg ist durch die Bindung an glanzvolle barocke Fürstenhöfe gekennzeichnet. Von Dresden aus war er ja noch für die Höfe in Gera und Weimar, aber auch für den mecklenburgischen in Güstrow, vor allem aber für den welfischen in Wolfenbüttel und den dänischen Königshof in Kopenhagen tätig. Tatsächlich stellt sich von daher die Frage, ob Schütz nicht in erster Linie ein – auch in den Gottesdiensten – für fürstliche Repräsentation bestellter Komponist war, darin völlig verschieden von dem lutherischen Stadtkantor Bach. Auch eine gewisse Zufälligkeit der vertonten Texte im Unterschied zur immer erkennbaren De tempore-Ordnung besonders in Bachs Leipziger Kompositionen könnten dafür sprechen. Vor allem aber gibt es bei Schütz einen Schaffensbereich, der bei Bach völlig fehlt, nämlich die Oper und das Ballett. Freilich ist davon so gut wie nichts erhalten. Die Forschung ist jedoch geneigt, den Anteil solcher Musik am Gesamtwerk des Meisters keineswegs gering zu veranschlagen, zumal mindestens ein Drittel von diesem als verloren gelten muß. So gibt es Stimmen, die vor einer Überschätzung der gottesdienstlichen Musik in Schützens Werk warnen, da obendrein manche seiner geistlichen Werke wohl mehr für die kurfürstliche Kammer als für den Gottesdienst bestimmt waren. Allein von daher würde Schütz – so kann man meinen – in einem ganz andern Licht erscheinen als Bach.

Doch diese Sicht erweist sich bei näherer Beschäftigung als irrig. Trotz des Verlustes mancher Werke ist selten das Schaffen eines Komponisten so auf die gottesdienstliche Musik konzentriert gewesen wie das von Schütz. Ist es zufällig, wenn nahezu alles, was in den letzten Jahren an bisher verschollenen Schützschen Kompositionen wieder aufgetaucht ist, geistliche waren[2]? Und warum hat Schütz mit Ausnahme seines opus 1, der italienischen Madrigale,

[2] Vgl. Wolfram Steude, Neue Schütz-Ermittlungen, Deutsches Jb. der Musikwissenschaft 1967, S. 40–74, sowie Werner Breig, Neue Schütz-Funde, Archiv f. Musikwissenschaft, 27. Jg., 1970, S. 59–72.

ausschließlich geistliche Werke drucken lassen und mit Opuszahlen versehen? Wir wissen von jener Gelegenheit der Doppelhochzeit von zwei Söhnen des Kurfürsten Johann Georgs I. im Jahre 1650, bei der sich Schütz, wenn auch ohne Erfolg, der Komposition des dafür bestellten Singballetts entziehen wollte, indem er den zur Dresdner Hofkapelle gehörenden Giovanni Andrea Bontempi zur Erledigung des Auftrags vorschlug[3]. Muß nicht gefragt werden, ob Schütz an dem Schaffensbereich von Oper und Ballett überhaupt besonders gelegen war, so bedauerlich der Verlust der betreffenden Werke ist? Und schließlich: Offenbart nicht sein eigentliches Berufsverständnis jene bei seinem Schüler Christoph Bernhard in Auftrag gegebene Sterbemotette über Psalm 119, 54 „Deine Rechte sind mein Lied in dem Hause meiner Wallfahrt", die er sich als Gesang bei seiner eigenen Bestattung wünschte?

Somit kann man in der Tatsache, daß Schütz im Gegensatz zu Bach auch Opernkomponist gewesen ist, schwerlich einen bedeutungsvollen Unterschied beider Meister sehen, zumal die Auswirkung der Oper im Schaffen von beiden spürbar ist, bei Schütz vor allem in der Übernahme des „Style oratorio" in sein gesamtes späteres Werk, bei Bach in der Verwendung von Secco-Rezitativ und Da capo-Arie in Kantate und Oratorium.

Im Schaffen von Schütz wie in dem von Bach nimmt die gottesdienstliche Musik zwar nicht eine ausschließliche, jedoch eine zentrale Stellung ein. Und doch sind sie beide in der Art, wie sie gottesdienstliche Musik komponierten, grundverschieden. Was bei Schütz im Vergleich zu Bach so unmittelbar auffällt, ist zunächst die geringe Bindung an das De tempore. Zwar hat Hans Joachim Moser in seinem Vortrag beim 6. Heinrich-Schütz-Fest 1953 in Herford „Heinrich Schütz in unserem Gottesdienst" scheinbar das Gegenteil bewiesen[4], und im von Werner Bittinger bearbeiteten „Schütz-Werke-Verzeichnis" (Kassel 1961) gibt es bei allen geistlichen Kompositionen eine Sparte „Liturgische Stellung". Und doch sind bei beiden Forschern in zahlreichen Fällen keine genauen Angaben über eine liturgische Bestimmung möglich. Schon Eberhard Schmidt hat in seinem bekannten Buch „Der Gottesdienst am kurfürstlichen Hofe zu Dresden. Ein Beitrag zur liturgischen Traditionsgeschichte von Johann Walter bis zu Heinrich Schütz" (Berlin und Göttingen 1961) mit Recht Schützens geringe Beachtung der lutherischen Detempore-Ordnung kritisch vermerkt. Von der Vertonung von Evangeliensprüchen für das ganze Kirchenjahr, wie wir sie von den Christenius, Franck, Vulpius u. a. aus dem frühen 17. Jahrhundert her kennen und wie sie Samuel Scheidt im 2. und 3. Teil seiner „Neuen geistlichen Konzerte auf alle Fest- und Sonntage durchs ganze Jahr" 1634/35 als erster im Bereich des Geistlichen Konzerts fortgesetzt hat, finden wir bei Schütz kaum eine Spur. Die

[3] Vgl. H. J. Moser: Heinrich Schütz. Sein Leben und Werk, 2. Aufl. Kassel 1954, S. 169.

[4] Vgl. Bekenntnis zu Heinrich Schütz, Kassel 1954, S. 40ff.

Wahl der vertonten Texte erscheint zu einem großen Teil mehr oder weniger zufällig; sie ist offenbar weithin aus seiner subjektiv bestimmten Frömmigkeit heraus erfolgt. Darin ist Schütz grundverschieden nicht nur von den meisten seiner Zeitgenossen (am nächsten steht ihm darin wohl noch Johann Hermann Schein), sondern vor allem auch von Bach; denn dieser komponierte zweckbestimmt nach streng de tempore-gebundenen Textvorlagen. Schütz hingegen tat es in seinen geistlichen Werken offenbar zu einem wesentlichen Teil, wenn auch gewiß nicht ausschließlich, aus persönlichem Bedürfnis. Wenn darin irgendein Zeitgenosse ihm vergleichbar ist, dann war dies Paul Gerhardt, dessen Hauptschaffenszeit sich mit der des reifen Schütz nahezu deckt; auch bei seinen Liedern ist ja die de tempore-gebundene Zweckbestimmung, soweit überhaupt vorhanden, von sekundärer Bedeutung.

Bei Schütz gibt es die Entstehung von Kompositionen aus individuellem Anlaß, etwas, was bei Bach fast unvorstellbar ist. Dazu gehört z. B. der Variationenzyklus „Ich hab mein Sach Gott heimgestellt“, jene achtzehnstrophige Aria, die er anläßlich des frühen Todes seiner Schwägerin Anna Maria Wildeck im Jahre 1625 komponierte (SWV 94). Dazu zählen fraglos die zahlreichen Kompositionen über Texte der von der mittelalterlichen Mystik geprägten Gebetsliteratur. Und als sich Schütz mit zunehmendem Alter ausschließlich an Bibel und Gesangbuch hielt, da vertonte er die bedeutendste Dichtung aus diesem Bereich, den „Jubilus Bernhardi“, „O süßer Jesu Christ, wer an dich recht gedenket“ auch in seinem Spätwerk doch noch zweimal, in den „Symphoniae sacrae III“ von 1650 und in den „Zwölf Geistlichen Gesängen“ von 1657 (SWV 405 und 427).

Vielleicht besagt in diesem Zusammenhang am meisten das Geistliche Konzert „Ich werde nicht sterben, sondern leben“ aus den „Symphoniae sacrae II“ von 1647 (SWV 346/47). Auch wenn sich einmal herausstellen sollte, daß H. J. Moser mit seiner einleuchtenden Vermutung, Schütz habe dieses Werk nach seiner schweren Erkrankung im Jahre 1641 komponiert[5], nicht zutrifft, so bleibt doch das überaus Bemerkenswerte an dieser Komposition die zweifellos von ihm selbst vorgenommene Zusammenstellung einer ganzen Anzahl von Versen aus verschiedenen Psalmen, deren Rahmen Psalm 118, 17 bildet. Hier ist eine Auswahl von Sprüchen über Sterben und Leben im eschatologischen Verständnis mit zwingender gedanklicher Folgerichtigkeit getroffen und in zwei Teilen zu je drei Abschnitten in höchster Kunst miteinander verknüpft, wobei die beiden obligaten Violinen teils gliedernde und teils dialogisierende Funktion haben[6]. Diese Komposition kann man

[5] H. J. Moser, Heinrich Schütz. Sein Leben und Werk, 2. Aufl. Kassel 1954, S. 152.

[6] Es seien hier die kombinierten Psalm-Stellen noch einmal mitgeteilt, da die Angaben im SWV S. 69 nicht allenthalben genau zutreffen; dabei sei zugleich die Gliederung des Konzerts kenntlich gemacht. I (SWV 346): 118, 17 – 116, 3 – 116, 4 und 34, 5 b. II (SWV 347): 111, 1 (= 119, 7) und 56, 14 – 103, 2–5 – 118, 17.

sich nur als eine aus ganz persönlicher Situation heraus entstandene Schöpfung vorstellen.

Mit diesem inneren Ansatz Schützscher Kompositionsweise hängt das Grundelement seiner Musik, nämlich ihre Sprachbezogenheit, ganz unmittelbar zusammen; denn bei dieser handelt es sich nie um klanglich-sinnliche Vordergründigkeit, sondern um Ausdruckstiefe im Verein mit Sinnoffenbarung, das beides das bloß gesprochene Wort nicht erschöpfend wiederzugeben vermag; es handelt sich um das Vernehmbarmachen von unaussprechlichen Untertönen mit zuweilen sogar mystisch-visionären Zügen. Mit diesem ureigensten Wesen seiner Kunst vollzieht sich bei Schütz wie bei keinem zweiten Komponisten seiner Zeit und Umwelt die stärkste Bekundung jener Frömmigkeitsbewegung des 17. Jahrhunderts, die wir als Frühpietismus bezeichnen und die jener Epoche einer unerbittlichen lutherischen Orthodoxie doch zugleich unendlich warme, ja innige Töne zu verleihen vermochte. Gewiß wirkt diese Bewegung auch noch im Werke Bachs nach, aber bei ihm doch nur als *eine* Komponente unter manchen anderen, während sie bei Schütz wesensbestimmend ist. Von daher erklärt sich vor allem ein fundamentaler Unterschied in der Musik beider, nämlich das Fehlen festgelegter musikalischer Formen bei Schütz, von denen Bachs Werk so stark geprägt ist.

Dies betrifft ganz besonders Schützens Cantus-firmus-Technik, wenn man von einer solchen überhaupt sprechen will. Das Thema „Schütz und das evangelische Kirchenlied“ ist infolge der Fragen, die es stellt, häufig erörtert worden. Auch hier hat H. J. Moser in einer so betitelten Abhandlung[7] eine Art Ehrenrettung des Meisters versucht. Sie mag gelungen sein, wenn man die bloße Zahl der in seinen Werken verwendeten Kirchenliedtexte ins Auge faßt, keinesfalls jedoch, wenn man nach einer mit Bach vergleichbaren Bedeutung des Cantus firmus sucht. Unangetastete Kirchenliedweisen, Cantus-firmus-Führung in vergrößerten Notenwerten, wie seit dem frühen 17. Jahrhundert vom Orgelchoral her bekannt, all die Techniken eines oft dazu symbolisch sakrosankt verstandenen Cantus firmus, wie er bei Bach auf Schritt und Tritt begegnet, sucht man bei Schütz vergebens. (Das schlichte Gebrauchswerk, den Becker-Psalter mit seinen Kantionalsätzen, darf man in die Betrachtung natürlich nicht mit einbeziehen.) Die Bindung an einen Cantus firmus ist Schütz wesensfremd; in seiner Kompositionsweise muß bei dem ihm eigenen intensiven Umgang mit dem jeweiligen Text ein Cantus prius factus zwangsläufig gesprengt werden und sich u. U. bis zur Unkenntlichkeit verändern. Zuweilen fragt man sich, wie z. B. bei der Motette „So fahr ich hin zu Jesu Christ“ aus der „Geistlichen Chormusik“ (1648) oder dem Deutschen Konzert „Komm, Heiliger Geist“ aus den „Symphoniae sacrae III“ (1650), ob hier, was H. J. Moser meint, überhaupt noch Anklänge an den

[7] Vgl. Jb. der Staatlichen Akademie für Kirchen- und Schulmusik Berlin, 3. Jg., 1929–1930, S. 7–28.

Cantus firmus vorliegen. In jedem Fall ist bei Schütz die Sprachbehandlung von solchem Vorrang, daß er den Cantus firmus als unantastbares Symbol nicht kennt.

Zu den bei ihm fehlenden Formen gehören auch Kanon und Fuge bzw. die Vorform der letzteren, das Ricercar, wenn man die klassische Fuge erst bei Bach finden will. Man führe nicht die „Weihnachtshistorie“, in der es vom Gesamtcharakter des Werkes her gewisse Anklänge an Volkstumselemente gibt, als Gegenbeispiel an; gerade diese dort vorkommenden verständlichen Ausnahmen bestätigen nur das bei Schütz Reguläre. Dieses aber tritt gerade in der „Weihnachtshistorie“ in der bewußten Ablösung des festgelegten liturgischen Chorals bei dem biblischen Bericht durch die Monodie, wie es um die gleiche Zeit bzw. wenige Jahre später auch in den Passionen geschehen ist, ganz besonders in Erscheinung; im Ansatz aber war dieser Prozeß bereits in der „Auferstehungshistorie“ von 1623 begonnen worden. Immer müssen die festen Formen der freien musikalischen Sprachgestaltung weichen. Daher fehlt bei Schütz auch jede Symbolik der Form, die bei Bach eine so große Rolle spielt.

Natürlich muß man auch darauf hinweisen, daß Bach zu einem musikgeschichtlichen Zeitpunkt komponierte, in der die Instrumentalmusik sich seit dem Zeitalter Schützens nun zu absoluter Selbständigkeit neben dem Bereich des Vokalen entwickelt hatte. Dennoch wäre es falsch, die Verschiedenheit beider Meister allein von den unterschiedlichen geschichtlichen Voraussetzungen her begreifen zu wollen. Wesentlich ist doch auf alle Fälle der leidenschaftliche subjektive Zug, der sich durch das Werk Schützens zieht, gegenüber der objektiveren Stimme der Kirche, die aus den geistlichen Werken Bachs spricht. Sie aber tritt bei Bach in vielerlei Weise in Erscheinung, am stärksten neben den fest geformten Kantatendichtungen in dem Einbruch des Instrumentalen in den Bereich des Vokalen. Kann es bei Schütz vorkommen, daß begleitende Instrumente womöglich Ton für Ton Gesungenes vorwegnehmen oder wiederholen (für letzteres liefert der Beginn des erwähnten Konzerts „Ich werde nicht sterben“ ein besonders anschauliches Beispiel), und gleicht sich bei ihm das Instrumentale dem Vokalen an, so gewinnt bei Bach – abgesehen von der Möglichkeit eigener Aussagefunktion von Instrumenten neben den Singstimmen wie z.B. beim „Et incarnatus est“ und „Crucifixus“ der h-moll-Messe – nun häufig das Instrumentale Macht über das Vokale, u.U. so sehr, daß man einmal – etwas gefährlich – von „stolzer Textmißachtung“ gesprochen hat[8]. Doch was solchen Anschein zu erwecken vermag, ist ja nur die Anwendung einer im Blick auf einen bestimmten Text gewählten Form, die als solche etwas besagen soll. Was dann u.U. dem Ein-

[8] Werner Neumann, J. S. Bachs Chorfuge. Ein Beitrag zur Kompositionstechnik Bachs, Leipzig 1938, S. 101. In einer Anmerkung fügt W. Neumann ebenda allerdings hinzu, daß dies nicht „Mißachtung des allgemeinen ideellen Gehalts“ bedeute.

zelwort an Aussagekraft entzogen wird, das wird durch die vitale Musikalität des Ganzen aufgewogen.

Der grundlegende Unterschied zwischen Schützscher und Bachscher Wortgestaltung mag an der Gegenüberstellung des Verses 4 des von beiden Meistern vertonten Anfangs von Psalm 19 verdeutlicht werden: Es handelt sich um den Alt (oberste Stimme) in der Schütz-Motette „Die Himmel erzählen die Ehre Gottes" (SWV 386) und um den Tenor-Einsatz aus dem Eingangschor der gleichnamigen Bachkantate 76.

Schütz:

Bach:

Man erkennt unmittelbar, wie bei der auftaktigen Phrase in der Schützschen Vertonung der Verlauf der Stimme sowohl dem Sprachrhythmus sowie einer absolut sinngemäßen Betonung in der melodischen Führung aufs engste angepaßt ist. Demgegenüber wirkt die Bachsche, schwertaktig beginnende Stimmführung mit ihrem ein wenig pochenden Rhythmus fast mechanisch. Jedoch, was wir so bezeichnen könnten, ist nichts anderes als das Thema einer mit Vers 4 des Psalms beginnenden Fuge, die als solche gewählt ist, weil sie die Ordnung von Gottes Schöpfung symbolisieren soll. Was außerhalb des Zusammenhangs als etwas mechanische Stimmführung erscheinen kann, erweist sich beim Singen jedoch als urmusikantisch. Beide Fassungen enden trotz grundlegender Verschiedenheit zuletzt freilich beim Worte „höre" überraschend ähnlich.

Als zweites Beispiel vergleichen wir den Beginn des Turba-Chors „Lasset uns den nicht zerteilen" in den Johannes-Passionen beider Meister.

Übereinstimmend erfolgt zur Kennzeichnung des Stimmengewirrs der Kriegsknechte hier wie dort die Entwicklung eines Fugatos bzw. einer regelrechten Fuge vom Baß aus. Aber wie verschieden reden diese Kriegsknechte bei Schütz und bei Bach! Bei Schützens Vertonung wird wiederum der Sprachrhythmus aufgefangen, zunächst bei dem hektischen „Lasset uns" und

danach durch die Hervorhebung der Worte „den“ (= diesen) und „(zu-)teilen“, worauf später noch eine starke Unterstreichung des Wortes „sondern“ und „losen“ folgt. Wohl kein Chorleiter wird bei diesem Satz Viertel, sondern um des zusammenhängenden Sprechens willen vielmehr Halbe schlagen. Bei alledem macht jedoch Schütz auf seine Weise durch einen kaum beschreibbaren Unterton die gleichgültige Teilnahmslosigkeit der Kriegsknechte vernehmbar. Ganz anders die entsprechende Stelle bei Bach, der sich mit Ausnahme der synkopischen Figur bei der mittleren Silbe des Wortes „zer-tei-len“ um Sprachakzente überhaupt nicht kümmert, sondern in einem hämmernden Dreivierteltakt die sechs ersten Noten auf einen Ton singen läßt. Dadurch und anschließend auch noch durch kontrastierende synkopische Takte (die Anwendung der Figur der Synkope als Zeichen des Zerteilens) bekommt diese Stelle geradezu einen dämonischen Ausdruck, der noch verstärkt wird durch stereotype Sechzehntelbewegungen im Continuo. Bei Bach hat eine symbolische Situationskennzeichnung den Vorrang, wobei Einzelworte völlig bedeutungslos werden können. Konsequent singt er im weiteren Verlauf dann auch über das Wort „sondern“ – ganz im Gegensatz zu Schütz – völlig hinweg, um danach erst wieder das Wort „losen“ durch eine Figur bildhaft darzustellen. Bei Bach treffen wir immer wieder indirekte Textdarstellung und -auslegung an, während bei Schütz alles im direkten Zugriff auf die Sprache, das aber heißt auf deren unerschöpfliche Ausdrucksmöglichkeiten, ausgesagt wird.

Oder man vergleiche den Anfang der Schütz-Motette „Das ist je gewißlich wahr“ (SWV 388) (Sopran-Einsatz im Eingangschor) mit der Kantate BWV 141, die sich neuerdings freilich als ein Werk Telemanns herausgestellt hat:

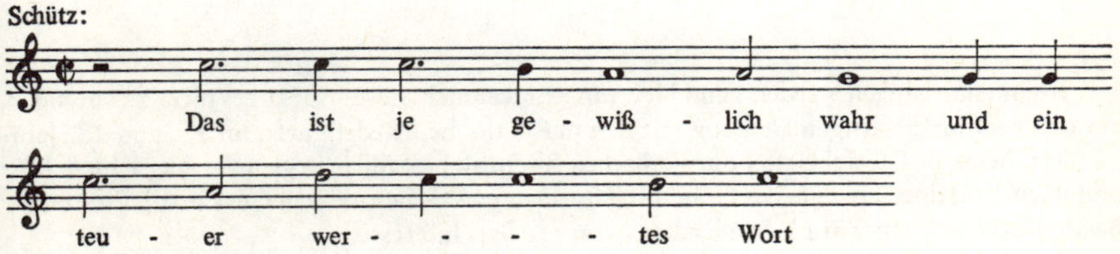

Telemann:

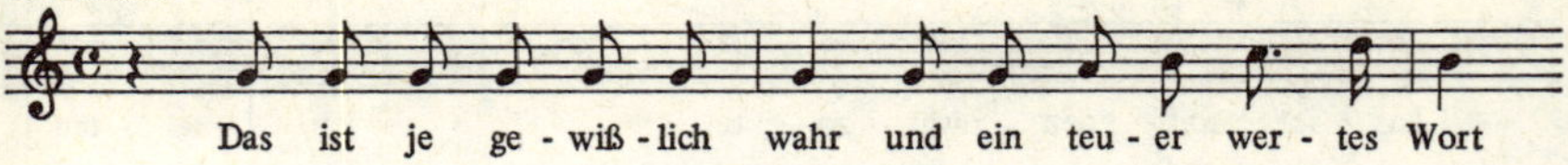


Hier wirkt die Telemannsche Vertonung gegenüber der geradezu emphatisch ausdrucksvollen von Schütz noch stereotyper und mechanischer, ja fast etwas seelenlos; und man fragt sich bei einer solchen Gegenüberstellung tatsächlich, ob die vorgewählte Form – auch bei Telemann handelt es sich um ein Fugenthema – nicht die Sprache tatsächlich mißachtet[9].

Es möchte bei diesen Gegenüberstellungen nicht der Eindruck erweckt werden, als solle Schütz gegen Bach und Telemann ausgespielt werden; das könnte vor allem Bach niemals treffen. Wohl aber sollte die Eigenständigkeit der Schützschen Musik bei solchen Vergleichen unübersehbar deutlich werden. Ohne Frage kann ja auch nicht nur Unterschiedlichkeit zwischen Schütz und Bach, wie bereits das erste Beispiel gezeigt hat, behauptet werden; denn es gibt auch Weiterwirkung von jenem zu diesem, also geschichtliche Kontinuität zwischen beiden. Betrachtet man etwa die von zwei Fugen unterbrochenen Choreinwürfe des Eingangschors von BWV 104 „Du Hirte Israel, höre“, dann spürt man bei den überaus ausdrucksvollen Rufen „höre“ und „erscheine“ Wortaneignung von Schützscher Art und Tiefe. Worum es geht, ist die Erkenntnis von geistigem Reichtum und künstlerischer Vielfalt in der Geschichte der evangelischen Kirchenmusik. Beides berührt bei Schütz und Bach den Bereich des Theologischen, insonderheit das Gottesdienstverständnis. Im Schaffen von Schütz gehört zum Gottesdienst auch die „Hauskirche“, die persönliche Andacht; bei Bach geht es vornehmlich um die „regulierte“ Kirchenmusik im agendarisch geordneten Gottesdienst. Die Geschichte der protestantischen Kirche hat seit der Reformation in der Spannung zwischen privatem und öffentlichem Gottesdienst gelebt, die für sie immer wieder eine fruchtbare Spannung gewesen ist. Schütz und Bach zeigen dies besonders eindringlich. Verschiedenheit bedeutet hier alles andere als Gegensätzlichkeit, sondern vielmehr bereichernde Mannigfaltigkeit, die ihre Bedeutung auch in Gegenwart und Zukunft behalten muß.

---

[9] Nicht eingegangen werden kann hier, um den Rahmen dieses Aufsatzes nicht zu sprengen, auf den verschiedenartigen Umgang mit den musikalischen Redefiguren im 17. und 18. Jahrhundert; denn die Gültigkeit der musikalischen Rhetorik bestand ja in gleicher Weise für Schütz und Bach, und doch erfolgte die Einbettung in einen jeweils besonderen Gesamtstil. Eine eingehende Untersuchung wäre hier allerdings von großem Interesse.

# Der Conradsche Stich von der Dresdner Hofkapelle

*Zum theologischen Verständnis des gottesdienstlichen Raums in der altprotestantischen Orthodoxie*

Die seit langem beachtete Innenansicht von der alten Dresdner Hofkapelle mit Heinrich Schütz im Kreise seiner Kantorei, die durch einen Kupferstich von David Conrad auf uns gekommen ist[1], hat bisher vor allem die Musikwissenschaft interessiert. In deren Literatur ist diese Ansicht seit dem von Heinrich Spitta besorgten Ergänzungsband II zu Philipp Spittas Gesamtausgabe der Werke von Heinrich Schütz (Leipzig 1922) häufig reproduziert worden; genannt seien die große Schütz-Monographie von Hans Joachim Moser (Kassel 1935 und 1954²), der von mir herausgegebene Band 6 der Neuen Ausgabe sämtlicher Werke des Meisters (Kassel 1936 und 1957²) sowie die jüngst erschienene reizvolle Publikation »Heinrich Schütz und seine Zeit in Bildern« (mit einer Einführung von Dietrich Berke, zusammengestellt und erläutert von Richard Petzold, Kassel 1972). Das ist nicht verwunderlich; denn nicht oft begegnen wir einer solch instruktiven Darstellung von Stärke und Zusammensetzung einer Hofkapelle des 17. Jahrhunderts und deren Aufstellung beim gottesdienstlichen Musizieren, wie es hier der Fall ist. Überliefert ist der Conradsche Stich als Titelbild in dem auf Verordnung von Kurfürst Johann Georg II. von Sachsen herausgegebenen Dresdner Gesangbuch von 1676. Dieses »Geistreiche Gesangbuch[2]« besorgte Christoph Bernhard, neben Matthias Weckmann der bedeutendste Schüler von Heinrich Schütz, damals Vicekapellmeister und Prinzenerzieher am kurfürstlich-sächsischen Hof und seit 1681 Kapellmeister. Mit Sicherheit kommt bei dieser Überlieferung dem Conradschen Stich ein hoher dokumentarischer Wert zu; erweckt er doch den Eindruck, daß damit der auf ihm deutlich erkennbaren Gestalt des 1672 gestorbenen Schütz ein besonderes Denkmal gesetzt werden sollte. Dies betrifft jedoch nicht nur dessen rein musikalische Tätigkeit, sondern mehr noch das gottesdienstliche Amt des Hofkantors und -kapellmeisters. Daher ist Conrads

1. Conrad hat sein Werk unten rechts signiert.

2. Vgl. den vollständigen Titel bei Johannes Zahn: Die Melodien der deutschen evangelischen Kirchenlieder ... VI, Gütersloh 1893, S. 240.

Darstellung für das theologische Verständnis dieses Amtes überaus aufschlußreich, weshalb ich sie s. Z. gleichsam als programmatisches Geleitbild dem Band IV von »Leiturgia« (Handbuch des evangelischen Gottesdienstes, Kassel 1961), der »Die Musik des evangelischen Gottesdienstes« behandelt, beigegeben habe. Da im Rahmen jener Veröffentlichung jedoch eine eingehende theologische Interpretation dieses Bildes nicht möglich war, soll sie nunmehr hier erfolgen. Wo wäre diese auch angebrachter als in einer Festschrift für Heinrich Laag, der seine Lebensarbeit neben dem Pfarramt der kirchlichen Kunst gewidmet hat!

Zunächst jedoch ein paar Angaben über die Geschichte der Dresdner Schloßkapelle! Diese war im Zuge der Umgestaltung der dortigen mittelalterlichen Burg zu einem modernen Schloßbau unter dem ersten albertinischen Kurfürsten Moritz von Sachsen um die Mitte des 16. Jahrhunderts entstanden. Demzufolge handelt es sich um einen Renaissancebau, jedoch mit einem spätgotischen Netzgewölbe, wie diese im sächsischen Bereich besondere Ausprägung erfahren haben. Wie sehr die ursprüngliche Innenausstattung bei den Umbauten der Kapelle von 1602 und 1662 verändert worden ist, braucht hier nicht dargelegt zu werden; denn wesentlich für unsere Betrachtung ist deren Zustand, wie ihn David Conrad gekannt hat. Bald nach dem Übertritt von Kurfürst Friedrich August I. (gen. August der Starke) zum Katholizismus verlor die Kapelle durch den Bau der großen katholischen Hofkirche unter dessen Nachfolger Friedrich August II. ihre Funktion; denn auch als gottesdienstlicher Raum für den zum großen Teil protestantischen Hofstaat wurde sie nicht benötigt. Dafür stand seit 1737 die Sophienkirche zur Verfügung. Die alte Hofkapelle wurde kurzerhand nun zu den Wohnräumen geschlagen. Infolge späterer Brände und Umbauten, wozu schließlich die Zerstörung Dresdens im Jahre 1945 kam, ist von der alten Schloßkapelle nichts mehr übriggeblieben, so daß wir sie heute nur noch von bildlichen Darstellungen her kennen[3].

Bei der alten Dresdner Hofkapelle hat es sich, wie unser Bild zeigt, um einen Raum mit einer vielleicht das gesamte Rechteck, jedenfalls aber dessen Ost-, Süd- und Nordseite umschließenden Empore gehandelt. Wie bei den frühesten protestantischen Kirchenbauten befindet sich die Kanzel an einer der Seitenwände; hier ist es die nördliche, bei der 1544 von Luther eingeweihten, daher weithin richtungweisenden Torgauer Schloßkapelle ist es die südliche. Jedoch wie bei dieser befindet sich in der Dresdner Kapelle die Orgel auf der Ostseite über dem Altar. Hier treffen wir sogar eine Doppelempore an, deren untere etwas tiefer als die Seitenempore liegt und deren obere sich ein wenig über

3. Vgl. Georg Dehio: Handbuch der deutschen Kunstdenkmäler, 1. Bd. Mitteldeutschland, Berlin 1924, S. 73f., sowie die Neubearbeitung: Die Bezirke Dresden, Karl-Marx-Stadt, Leipzig, Berlin und München 1965, S. 69f.

*Heinrich Schütz im Kreise seiner Kantorei in der alten Dresdner Schloßkapelle.*
*Stich von David Conrad aus dem »Geistreichen Gesangbuch«, Dresden 1676.*

diese erhebt. Auf dieser letzteren befindet sich die Orgel, während die untere für Instrumentalisten bestimmt ist; dazu gehören auch zwei Positivspieler, deren Instrumente (Kleinorgeln) in den beiden hinteren Ecken der Empore stehen.

Diesen derart gestalteten Raum hat David Conrad nun aber, um seine Bedeutungshaftigkeit offenbar zu machen, allegorisch ausgestaltet. Wenn er sich dabei zentral auf das Lobamt der Kirche bezogen hat, neben dem das der Verkündigung zurückzutreten scheint, so erklärt sich dies aus der speziellen Zweckbestimmung der Darstellung als Titelkupfer für ein Gesangbuch. Das Amt selbst wird dadurch jedoch nicht abgewertet, wie sich aus der beherrschenden Mitte des Crucifixus als Altar-Retabel und durch die besonders deutliche Einbeziehung der Kanzel ergibt, und zudem haben die Bibelsprüche auf den Tafeln der Emporenbrüstung durchweg predigthaften Lehrcharakter. Auch das Fehlen der versammelten Gemeinde könnte zu denken geben; jedoch hat sich der Künstler offensichtlich bewußt auf die Wiedergabe des vorderen Teils des gottesdienstlichen Raums beschränken wollen. Der hintere, für die Gemeinde bestimmte ist gerade eben noch durch die vordersten Seitenbänke angedeutet, wie auch die Stellung des Sängerchors als Verbindungsglied zur Gemeinde, wovon noch die Rede sein wird, in diesem Zusammenhang wichtig ist.

Aus dem bisher Gesagten ergibt sich, daß Conrads Wiedergabe der Dresdner Hofkapelle konzentriert ist auf ein über alle Zweckhaftigkeit hinausgehendes theologisches Verständnis des gottesdienstlichen Raums, das er in Verbindung mit dem Lobamt der Kirche z. T. zwar realistisch, in der Hauptsache jedoch allegorisch behandelt. Allegorische Darstellungen waren im 17. und vielfach auch noch im 18. Jahrhundert vor allem in der Andachtsliteratur und in Gesangbüchern sehr verbreitet. Unter diesen haben Orgel-Allegorien mannigfacher Art ihre besondere Bedeutung[4], unter denen wiederum der Conradsche Stich allein schon durch die Projizierung des Instruments in einen größeren räumlichen Zusammenhang eine eigentümliche Stellung einnimmt. Während Johann Arndt die Orgel als Sinnbild der Harmonie sowohl des Wesens Gottes als auch der wahren Frömmigkeit gebraucht und die Nürnberger Orgel-Allegorien sich mit der universalen Bedeutung der Musik im Sinne von Luthers von der mittelalterlichen Musiktheorie her geprägten Satz »Musica se extendit ad omnia« befassen, ist Conrads Darstellung ausschließlich auf den gottesdienstlichen Raum bezogen.

4. Vgl. Winfried Zellers Beschreibung einer solchen Allegorie aus einer Neuausgabe von Johann Arndts »Wahres Christentum« (Riga 1679) in dem Aufsatz: Vom Abbild zum Sinnbild. Johann Sebastian Bach und das Symbol (W. Zeller: Theologie und Frömmigkeit. Gesammelte Aufsätze, hg. von Bernd Jaspert, Marburg 1971, S. 165 f.), ferner Hans-Heinrich Eggebrecht: Zwei Nürnberger Orgel-Allegorien des 17. Jahrhunderts. Zum Figur-Begriff der Musica Poetica, in: Musik und Kirche 27. Jg. 1957, S. 170ff.

Zu allegorischen Darstellungen des 17. und 18. Jahrhunderts gehören in der Regel deutende Sinnsprüche, wie es bei Johann Arndt der Fall ist und auf die Nürnberger Darstellungen zutrifft. Und auch hierin erweist sich der Conradsche Stich als in einen bestimmten geschichtlichen Zusammenhang gehörig. Er wird durch folgendes dreistrophiges Gedicht über den 150. Psalm, das sich auf der Rückseite des Bildes befindet und das auf Einzelheiten der Darstellung durch Zahlen hinweist, erläutert:

Sehet hier das Gottes-Hauß des Königs untern Sachsen /
Des Rauten-Davids / an / wie seine Zier erwachsen /
durch Kosten / Kunst und Fleiß! Seht selbst den David (1.) stehn /
und seinen Assaph (2) vohr - zur Andachts-Folge gehn.

Hört / wie die Sänger-Köhr' (3) im Heiligthum / Gott loben;
und wie das Engel-Volk (4) in seiner Macht-Fäst' oben /
des Herren Ruhm erhöht; wie seine Tahten (5) Ihn /
in seiner Herrlichkeit / (6.) mit Lob-Getöhn' ümzühn.

Hört der Posaunen Hall (7.) des Harffen-Psalters (8.) Schweiffen /
der Pauk- und Reygen (9.) Lob / den Ruhm der Sait- und Pfeiffen (10)
der Zimbeln (11.) Lispel-Spiel / das wohl- und lieblich klingt;
Ja / was nuhr Odem hat (12.) Ihm / Halleluja! singt.

Dieses Gedicht sei nun zusammen mit Conrads Bild im einzelnen durchgegangen. Es fordert zunächst den Betrachter auf, das Gotteshaus als Ganzes, das seine Entstehung dem sächsischen kurfürstlichen Haus verdankt, in Augenschein zu nehmen. Dabei wird in echt barocker Weise der Monarch von Gottes Gnaden als Nachfolger des Königs David und daher selbst als König und Rauten-David bezeichnet (ein grüner Rautenkranz über fünf schwarzen Balken auf Goldgrund ist das Kennzeichen des sächsischen Wappens). Danach wird der Blick auf den König David (1) gelenkt, der harfespielend an zentraler Stelle, nämlich vor dem Altar unter dem Crucifixus, jedoch mit dem Blick in den Kirchenraum, steht. Er gilt seit alters her sowohl im Hinblick auf die heilende Wirkung seines Spiels vor dem König Saul (1. Sam 16) wie auf den vermeintlichen Schöpfer der Psalmen in der Geschichte der Kirche als der Prototyp der gottesdienstlichen Musik. In seiner Gefolgschaft befindet sich nach alttestamentlichem Bericht der von ihm als Anführer der Sänger bestellte Asaph (1. Chron 15, 17 und 16, 7). Welche Gestalt damit gemeint ist, läßt sich nicht mit völliger Sicherheit sagen, da die hinweisende Zahl 2 auf dem Bilde nicht zu entdecken ist und auch auf keine Gestalt die Worte »Seht ... seinen Assaph vohr - zur Andachts-Folge gehn« zutreffen. Wir gehen jedoch schwerlich in der Annahme fehl, daß mit Asaph Heinrich Schütz, der Leiter des Sängerchors in deren Mitte, gemeint ist; denn auf dessen Grabinschrift, die Conrad gewiß gekannt hat, wird er als »Assaph Christianus« bezeichnet[5].

5. Vgl. H. J. Moser, a.a.O. S. 200.

Nicht erwähnt sind im Gedicht die Torhüter (nach 1. Chron 15,23f. u.ö. die der Bundeslade), die im Bilde rechts und links vor und hinter den beiden Eingangstüren zum Altarraum erscheinen. Ob Conrad mit ihnen lediglich den gesamten biblischen Zusammenhang, in dem Asaph erscheint, darstellen oder damit auch eine theologische Aussage über den Altarraum machen wollte, ist eine wohl nicht zu entscheidende Frage; wissen wir doch nicht einmal, ob das lettnerähnliche Altargitter zur tatsächlichen Einrichtung der Kapelle oder zur Allegorie gehörte. Der aus Männern und Knaben bestehende Sängerchor (3) hat seinen Platz außerhalb von diesem, jedoch noch im Chor vor dem Gemeinderaum; lediglich der Altar ist durch die besagte Schranke abgetrennt. Die Kantorei, die also die Verbindung zwischen dem Altar mit dem davorstehenden Sänger David und der Gemeinde darstellt, steht im Kreis um ein großes, vierseitiges Notenpult. Als ihr dirigierender Leiter ist auf der linken Seite des Pults Heinrich Schütz – zieht man zur Identifikation die von ihm überlieferten Porträts hinzu – einwandfrei zu erkennen. Wenn im Gedicht nicht von ungefähr von Sängerchören in der Mehrzahl die Rede ist, dann besagt dies, daß die hier – abgesehen von dem Leiter – aus der für die damalige Zeit großen Zahl von 26 Mitgliedern bestehende Kantorei doppelchörig gesungen hat. Wie in einem Atemzug verweist das Sinngedicht bei der Zahl 4 nun auf die singenden und musizierenden Engel, mit denen die Felder des Netzgewölbes über und über ausgefüllt sind. Der gottesdienstliche Raum verbindet also irdische und himmlische Welt, die Musica humana mit der Musica coelestis. Es folgen die Hinweise auf die gerahmten Bilder auf der nördlichen und südlichen Empore (5 und 6), jene mit drei Darstellungen aus der alttestamentlichen Heilsgeschichte (David und Goliath, Posaunen von Jericho und Zug durch das Rote Meer), diese mit Wiedergaben der Verkündigung von Christi Geburt bei den Hirten, von Christi Himmelfahrt und der Anbetung des erhöhten Herrn nach Apc 4 bzw. 14, allesamt als Zeugnisse des Lobs der großen Taten Gottes. Zuletzt werden die Instrumentalgruppen in Augenschein genommen, die Posaunenbläser auf der südlichen Empore (7), die beiden Harfenisten nahe der Mitte auf den beiden Hälften der unteren Ostempore, die Paukenisten und Triangel-Spieler ebenda auf der südlichen Seite (9), die Streicher und Zinkenisten auf der anschließenden Seitenempore (10) und die Glockenspieler unterhalb der Posaunisten (11). Dieses bunte, barocke Instrumentarium erscheint schließlich vereinigt in der Orgel als Sinnbild des letzten Verses des 150. Psalms: »Alles, was Odem hat, lobe den Herrn.« Sie hat ihren Platz an höchster Stelle auf der oberen Ostempore, deren Gehäuse mit dem mittleren Querbalken, auf dem die Zahl 12 steht, das Gewölbe, was besagen soll: den Himmel berührt. Auch ihre bildhafte Ausstattung, sowohl mit den angebrachten Verzierungen als auch den bemalten Seitenflügeln, bringt dies zum Ausdruck.

Wichtig für das Verständnis von Conrads Allegorie ist seine Darstellung mehrchörigen Musizierens, das sich allenthalben vollzieht, im zweigeteilten Gewölbe bei den Engeln, bei den vier Instrumentalgruppen vor der Orgel und schließlich auch bei der Kantorei, wie wir bereits feststellten. Dahinter steht nicht nur die tatsächliche Musizierpraxis des 17. Jahrhunderts, sondern vor allem deren theologische Begründung und Rechtfertigung für den Gottesdienst. Diese sog. antiphonale Musizierpraxis sollte nämlich nichts anderes als eine Verwirklichung der Jesaja-Vision (Jes 6,2–4), gleichsam die irdische Fortsetzung der Worte »und riefen einander zu«, darstellen. So konnte Michael Praetorius den überaus bezeichnenden Titel seines mehrchörigen Werks *Urano-Chorodia* von 1613 mit den Worten erläutern: »Musica per choros caelestia canens oder Himmlische Chormusik ... dieweil die rechte Art per choros zu singen in Wahrheit die rechte himmlische Art zu musizieren ist[6].« Und auch bei Praetorius finden wir in mehreren seiner Werke als Titelbild eine Darstellung, die sich eng mit dem Conradschen Stich berührt. Auch hier die Wiedergabe mehrchörigen Musizierens auf zwei, wenn auch nur angedeuteten Emporen sowie zu ebener Erde, das überragt wird von einer bildlichen Darstellung der Jesaja-Vision in Kombination mit deren neutestamentlicher Wendung in Apc 4. Dabei ist eine kleine Besonderheit überaus charakteristisch: Während die Worte »Pleni sunt coeli« sowie »Gloria tua« in der linken und rechten oberen Ecke des Bildes stehen, finden wir die oben ausgelassenen Worte »et terra« ganz unten in der Mitte als Hinweis darauf, daß das gottesdienstliche Musizieren in Verbindung und Einklang mit der musica coelestis steht und Gottes Ehre in der Welt aufrichtet[7].

So gewiß der Conradsche Stich in die Tradition der allegorischen Andachtsbilder des 17. Jahrhunderts gehört, so stark weicht er doch in seinem sachlichen Gehalt von ihr ab, indem er die Vorstellung fortsetzt, die wir von Praetorius her kennen und die für das theologisch begründete Selbstverständnis der gottesdienstlichen Musik jener Zeit im lutherischen Bereich charakteristisch ist[8]. Doch auch dieser gegenüber hat Conrads Darstellung ihre Besonderheit; bezieht er doch den gottesdienstlichen Raum viel ausdrücklicher in seine Allegorie mit ein. Dadurch aber erhält dieser selbst eine wesentliche theologische

6. Michael Praetorius: Gesamtausgabe der Musikalischen Werke XVI, Wolfenbüttel 1935. Ausführlicher noch hat Praetorius diesen Gedanken am Schluß der Vorrede vom 2. Bd. seines »Syntagma musicum« (Faks.-Ausgabe Kassel 1929 und 1958, 2. Aufl.) ausgeführt. Vgl. meinen Artikel »Chor« in: Die Musik in Geschichte und Gegenwart II, 1246 (Kassel 1952) sowie den musikgeschichtlich sehr instruktiven Aufsatz von Wilibald Gurlitt: Kirchenmusik und Kirchenraum, in: Musik und Kirche, 19. Jg. 1949, S. 161 ff.

7. Das Titelbild findet sich sowohl in Bd. I und V der Praetorius-Gesamtausgabe, Wolfenbüttel 1928 und 1937, wie in der Faksimile-Ausgabe von »Syntagma musicum II«, Kassel 1929 und 1958, 2. Aufl., dort neben S. 236.

8. Zur gesamten Thematik vgl. Christian Bunners: Kirchenmusik und Seelenmusik. Studien zu Frömmigkeit und Musik im Luthertum des 17. Jahrhunderts, Göttingen 1966.

*Titelbild in mehreren Werken von Michael Prätorius*

Bedeutung. Er ist der Ort, an dem die göttliche Welt des ewigen, nie getrübten Gotteslobs in die menschliche Welt einbricht, weil hier die großen Taten Gottes verkündet und gepriesen werden. Das spätgotische Netzgewölbe erscheint als Gleichnis für den Himmel, in dem die Engel Gott loben. Ihnen am nächsten steht – zeichenhaft für die Unaussprechlichkeit der Majestät Gottes – die wortlose Instrumentalmusik, und erst unten im Chorraum in der Gefolgschaft des Sängers und Spielers David erschallt der Gesang der Kantorei. Nicht weil sie von geringerer Bedeutung wäre, sondern weil sie in die Nähe der Kanzel und der Gemeinde gehört und zu beiden die Verbindung herstellt. Sie, die unterhalb des Crucifixus steht, ist ihrerseits, neben Altar und Kanzel, ein sichtbares Zeichen der Deszendenz Gottes. Aber auch die Kantorei steht damit noch immer in der Mittelachse des gottesdienstlichen Raums, die über den Sänger David, den Crucifixus auf dem Altar und die beiden Ostemporen mit den Instrumentalisten zur Rechten und zur Linken und schließlich über die Orgel bis zum Himmel reicht, von dem Johann Walter in seinem Lehrgedicht »Lob und Preis der löblichen Kunst Musica« (1538) sagt: »Da werdens all Cantores sein[9]«. Die gottesdienstliche Kantorei, ja die gesamte lobende Gemeinde ist somit ein Abbild und Schatten, nach dem Sprachgebrauch des 17. Jahrhunderts eine *figura* der Himmelskantorei[10], und immer wieder ist es der gottesdienstliche Raum, jener Ort, da Gottes Ehre seiner Bestimmung nach wohnt (Psalm 26,8), weil nur sie hier etwas gilt und nur sie hier verherrlicht werden soll, dem diese Sinnbildlichkeit anhaftet.

Der Gegenwart ist ein solches theologisches Verständnis des gottesdienst-

9. Johann Walter, Sämtliche Werke VI, S. 156, Vers 151. In Walters späterem Gedicht von 1564 heißt es: »Alle Auserwählten gemein / Cantores werden ewig sein.« Ebenda S. 159, Strophe 48.

10. Das bringt auch z.B. Paul Gerhardt in der zweiten Strophe seines 1653 zuerst veröffentlichten Liedes »Wir singen dir, Immanuel« (Ev. Kirchengesangbuch 30) in folgenden Worten zum Ausdruck: »Wir singen dir in deinem Heer / aus aller Kraft Lob, Preis und Ehr, / daß du, o lang gewünschter Gast, / dich nunmehr eingestellet hast.« Mit dieser Strophe schließt der zweite Teil von Johann Sebastian Bachs *Weihnachts-Oratorium* ab, wobei in der Komposition gerade die Vorstellung von der Einheit der himmlischen und irdischen Kantorei besonders tiefsinnig symbolisiert ist. Während Bach in der einleitenden Sinfonia dieses Teils die Flöten und Streichinstrumente als die Attribute der Engel motivisch kontrastierend den Instrumenten der Hirten, den (aus den volkstümlichen Schalmeien hervorgegangen) Oboen d'amore und Oboen da caccia, gegenüberstellt, wird nach der Verkündigung von Christi Geburt in dem rhythmisch der Sinfonia, d.h. der Engelsmusik, angeglichenen Schlußchoral dieses Teils alles vermischt: Die Flöten spielen zusammen mit den Oboen als Zeilenzwischenspiele deren Motiv, während die Streicher mit den Singstimmen, also mit der irdischen Gemeinde, zusammengehen. Und nur Continuo und Orgel, das Fundament des Ganzen, behalten das Engelsmotiv der Sinfonia bei. Sinnbild des Satzes: »Er ward Mensch, auf daß wir göttlich würden!«

lichen Raums, wie es im Zeitalter der altprotestantischen Orthodoxie im lutherischen protestantischen Kirchbau in vielen Fällen[11] verwirklicht worden ist, weit entrückt. In jener Epoche hat der Lobpreis Gottes das Wesen des Gottesdienstes offensichtlich viel zentraler bestimmt, als es auf die Folgezeit noch zutraf. Wiederholbar ist freilich jenes gottesdienstliche Raumverständnis ebensowenig wie die diesem gemäße kirchenmusikalische Praxis. Das ist aus mancherlei Gründen, die hier nicht erörtert werden können, nicht möglich, ganz abgesehen davon, daß deren Zurückgewinnung vor allem manchem Theologen gewiß gar nicht erstrebenswert erscheinen würde. Aber hat nicht dennoch jenes gottesdienstliche Raumverständnis in Verbindung mit dem gottesdienstlichen Singen und Spielen eine aktuelle Gegenwartsbedeutung? Worin anders könnte diese liegen als in der Erkenntnis, daß wahres Gotteslob, das zugleich wahre Freude und Freiheit bedeutet, Anteilhaben an der überirdischen göttlichen Welt in sich schließt? Der Einbruch dieser Welt in unsere menschliche ist gewiß nicht ortsgebunden. Aber er hat doch an jener Stätte die größte Verheißung, an der das *nihil aliud* gilt, an der ausschließlich Verkündigung, Anbetung und Lobpreis ausgerichtet werden sollen und an der die Aufforderung hierzu nicht nur durch das gesprochene Wort und durch gleichnishaftes Singen und Spielen erfolgt, sondern auch durch den Raum, der den Gottesdienstbesucher bedeutungs- und sinnenhaft umgibt. Sollte dies nicht auch in der Gegenwart ein unaufgebbares Anliegen für den Kirchenbau – trotz der Propagierung von Mehrzweckräumen – sein?

11. Auch der barocke Kanzelaltar mit der in der Regel darüberstehenden Orgelempore wäre hier noch zu nennen. Vgl. Peter Poscharsky: Die Kanzel. Erscheinungsform im Protestantismus bis zum Ende des Barock, Gütersloh 1963, S. 238ff., sowie Hans Carl von Haebeler: Das Bild in der evangelischen Kirche, Berlin 1957, S. 56. Hingewiesen sei auch auf den Aufsatz »Orgel und Kirchenraum« von Rudolf Utermöhlen in dem Heft »Orgelbewegung und Historismus«, hg. von Walter Supper, Berlin 1958, S. 75ff. Hier findet sich im Hinblick auf die nachbarocke Entwicklung der Kirchenmusik der bemerkenswerte Satz: »Im Zuge der Emanzipierung der Musik von ihrem gottesdienstlichen Bezug liegt das Abwandern der Kirchenmusik und vor allem der Orgel nach dem ›Westen‹, in eine Sphäre, die von der inneren Mitte des Kirchenraums denkbar weit entfernt ist.«

# Zur Stellung von Buxtehudes geistlichem Vokalwerk in der Geschichte der Kantate

## *a) Die verschiedenen Kantatenformen*

Die Forschung hat sich in neuerer Zeit wiederholt Gedanken gemacht, ob Buxtehudes geistliches Vokalschaffen überhaupt in den Bereich der Kantate gehört oder noch dem des geistlichen Konzerts zuzurechnen ist. Beschränkt man den Begriff „Kantate" auf die madrigalische Kantate, die eine Dichtung und ein Textbuch voraussetzt, dann trifft das letztere zu. Die zeitweise vorhandene Tendenz zu einer solchen Begriffsbeschränkung hat sich freilich mit Recht nicht durchgesetzt, die frühesten Kantaten Bachs könnten z.B. sonst nicht als solche bezeichnet werden. Dennoch ist es nicht leicht, das gesamte geistliche Vokalschaffen Buxtehudes der Geschichte der Kantate zuzuordnen. Im MGG-Artikel „Konzert" heißt es im Anschluß an F. Blumes Buxtehude-Artikel: „Bezeichnend für die Stellung zwischen Konzert und Kantate ist das Vokalschaffen D. Buxtehudes, ein Mittelglied zwischen der Stufe des mehrsätzigen, bel-canto-getragenen Konzerts in der Art der Symphoniae sacrae III von Schütz und der Frühstufe der Kirchenkantate Bachs"[1], und noch in jüngster Zeit setzte F. Blume den Begriff „Kantate" im Zusammenhang mit Buxtehudes entsprechenden Werken in Anführungsstriche[2]. F. Krummacher hat neuerdings nunmehr folgende Definition des Wortes gegeben: „Die Bezeichnung Kirchenkantate meint ein mehrteilig-zyklisches Werk instrumental-vokaler Besetzung, dessen Glieder musikalisch und textlich verschiedenartig sind, relative Selbständigkeit besitzen und als geschlossene Teile zusammentreten, um einen dogmatischen Gehalt zu deuten und im Gottesdienst verwendet zu werden."[3] Mit einer geringen Korrektur sollte die Forschung sich diese Definition zu eigen machen; statt „... dessen Glieder musikalisch und textlich verschiedenartig sind" heißt es besser: „... dessen Glieder

---

1 A. Adrio/A. Forchert, MGG VII, Sp. 1068.

2 Syntagma musicologicum. Gesammelte Reden und Aufsätze, hrsg. von M. Ruhnke, Kassel 1963, S. 894f.

3 Die Überlieferung der Choralbearbeitungen in der frühen ev. Kantate. Untersuchungen zum Handschriftenrepertoire ev. Figuralmusik im späten 17. und beginnenden 18. Jh., Berlin 1965, S. 25.

musikalisch und oft, mit der Zeit sogar in der Regel, auch textlich verschiedenartig sind“[4]. Nur bei dieser Abänderung kann man fast ausnahmslos Buxtehudes geistliche Vokalwerke als Kantaten bezeichnen (die einsätzige Ciacona „Laudate pueri“ ist eindeutig ein Konzert), aber auch nur unter dieser Voraussetzung das weite Gebiet der *per-omnes-versus*-Kompositionen bis hin zu Bach. Dementsprechend sollte der abschließende Finalsatz von Krummachers Zweckbestimmung der Kantate auch nur bedingt, d. h. nur bei entsprechenden Texten, gelten und nicht völlig verallgemeinert werden. Gerade ein nicht unwesentlicher Teil der Buxtehude-Kantaten, die nicht der dogmatischen Deutung dienen, gebietet dies.

Schon André Pirro hat in seiner Buxtehude-Monographie von 1913 die Besonderheit von dessen Kompositionen in ihrer Lyrik, Expressivität und Mystik erblickt. Seitdem hat sich die Buxtehude-Forschung der Betrachtung dieser eigentümlichsten Wesensseite des Meisters immer wieder zugewandt. Schon längst davor hatte Ph. Spitta eine Verwandtschaft zum Pietismus festgestellt[5], was dann erst F. Blume wieder aufgegriffen hat („Sein gesamtes Kantatenwerk ist ... das Spiegelbild der pietistischen Strömung seiner Zeit“[6]). Auch A. Adrio hat auf diesen geistesgeschichtlichen Zusammenhang nachdrücklich hingewiesen[7], bis ihn dann schließlich M. Geck zum eigentlichen Thema seiner Dissertation, wie deren Titel zeigt, gemacht hat[8]. Kann es überhaupt eine pietistische Musik geben, oder gehorcht die Musik nicht stets eigenen Gesetzen? Die allgemein gegebene Antwort, die auch die von Geck ist, kann nur lauten: Das eine schließt das andere nicht aus. Gewiß steht Buxtehudes Schaffen zunächst in musikgeschichtlichen Traditionen; jedoch welche dies sind bzw. welchen er sich mehr oder weniger anschließt, dies wirft zugleich ein Licht auf seinen kirchengeschichtlichen Standort. S. Sørensen hat in seiner Abhandlung „Monteverdi – Förster – Buxtehude“[9] gegenüber der Nachwirkung von Schütz und von mittel- sowie süddeutschen Meistern mit Recht auf den von Monteverdi ausgehenden, über Carissimi und danach über den zeitweise in Kopenhagen tätigen Caspar Förster d. J. führenden Einfluß auf Buxtehude und damit auf die Bedeutung Italiens für die Entwicklung der Kantate hingewiesen; er spricht sogar von einer „Kulmination des Carissimistils in der norddeutschen Schule“[10]. Jedoch ist der musikalische Einfluß

[4] Vgl. meine Geschichte der ev. Kirchenmusik, in: Handbuch der ev. Kirchenmusik, Regensburg 1967, S. 130.

[5] J. S. Bach I, Leipzig 1873, 4. Aufl. 1930, S. 291.

[6] MGG II, Sp. 567.

[7] Musik und Kirche 28. Jg., 1958, S. 8.

[8] Die Vokalmusik Dietrich Buxtehudes und der frühe Pietismus, Kassel 1965.

[9] Dansk Aarbog for Musikforskning III, 1963, S. 87–100.

[10] S. Sørensen, Diderich Buxtehudes vokale kirkenmusik. Studier til den evangeliske Kirkekantates udviklingshistorie. Mit einer Zusammenfassung in dt. Sprache, Kopenhagen 1958, S. 324.

vom Süden doch wohl im breiteren Strom erfolgt, als es nach Sørensen den Anschein hat. Mindestens sind Namen wie Albrici und Peranda hier noch zu nennen, worauf Geck zweifellos mit Recht hingewiesen hat[11]. Die Geschmeidigkeit und Beseeltheit des Bel canto in Buxtehudes Melodik ist jedenfalls ohne die Einwirkung der italienischen Kantate in der Mitte des 17. Jahrhunderts nicht zu verstehen.

Dazu kommen jedoch zwei spezifisch deutsche Einflüsse, einmal in Buxtehudes Aufnahme der vor allem durch A. Hammerschmidt und W. C. Briegel betriebenen, jedoch in der Wurzel bereits auf Schütz zurückgehenden textlichen Mehrschichtigkeit, und sodann in der Bedeutung der Aria, wenn freilich auch dieser Begriff auf italienische Einflüsse hinweist, in seinem Werk. Ist Buxtehude trotz verschiedener hervorragender Beispiele (vgl. z. B. die Kantate „Alles, was ihr tut“ sowie den Zyklus „Membra Jesu Nostri“) in der Anwendung von Kombinationen verschiedenartiger Texte über seine Zeitgenossen nicht hinausgegangen, so gewinnt sein Schaffen jedoch durch den künstlerischen Rang, den die Aria in ihm erhalten hat, geradezu sein Charakteristikum. Folgende Aufstellung über die textlichen Grundlagen von Buxtehudes Vokalwerken, die wir mit Hilfe von Anhang I in Gecks Buch (Wortlaut der von D. Buxtehude vertonten Texte) vornehmen, mag dies veranschaulichen:

14 Werke mit deutschem Bibeltext,
11 Werke mit lateinischem Bibeltext,
7 Werke mit lateinischer Prosa,
8 Werke mit lateinischer Dichtung,
1 Zyklus mit lateinischem Bibelspruch und lateinischer Dichtung (die „Membra Jesu Nostri“),
14 Werke über Kirchenlieder mit gegebenem Cantus firmus, zumeist *per omnes versus*,
28 Werke über liedhafte Dichtungen (Arien), mehrstrophisch, zumeist *per omnes versus*,
13 textlich mehrschichtige Werke mit Bibeltext am Anfang und jeweils einer mehrstrophischen Aria, jedoch nur in zwei Fällen zusätzlich mit einem Kirchenlied,
4 textlich mehrschichtige Werke mit Kirchenliedtext am Anfang, Bibeltext (fehlt in einem Falle) und mehrstrophischer Aria.

Diese Übersicht zeigt zweierlei: Erstens, die Liedkantaten stehen mit je doppelt soviel Werken wie die beiden nächstumfangreichen Gruppen zahlenmäßig mit Abstand an der Spitze, und zweitens, es gibt kein deutschsprachiges und zugleich textlich mehrschichtiges Werk bei Buxtehude ohne Verwendung einer Aria. Berücksichtigt man ferner, daß es sich bei der von Bux-

[11] Musikforschung 12. Jg., 1959, S. 98.

tehude verwendeten lateinischen Dichtung um artverwandte Texte der Aria des 17. Jahrhunderts handelt, dann ergibt sich daraus ein starkes Übergewicht der subjektiv betrachtenden und affektbetonten Texte in seinem geistlichen Vokalschaffen. Keines zweiten Meisters Schaffen ist im 17. Jahrhundert von der Aria dermaßen geprägt und bestimmt wie das Buxtehudes, und keiner hat diese musikalische Kleinform, die als frühdeutsches Lied von Komponisten wie Heinrich Albert, Adam Krieger, Johann Ebeling, Johann Wolfgang Franck u. a. von der Mitte des 17. Jahrhunderts an zur Geltung gebracht worden ist, zu solchem künstlerischen Rang erhoben wie er.

M. Geck spricht von Aria immer dort, wo Buxtehude eine „liedhafte Dichtung" aufgreift und als Aria vertont, von Kirchenlied aber stets dann, wenn ein Cantus firmus vorgegeben ist. In der Regel ist diese Unterscheidung richtig; jedoch gibt es auch Grenzfälle. Vom Text her gesehen ist Johannes Francks „Jesu, meine Freude" nicht weniger eine typische Aria des 17. Jahrhunderts als Paul Gerhardts „Wie soll ich dich empfangen", dessen Bearbeitung Geck unter die Liedkantaten zählt, weil Buxtehude keinen *cantus prius factus* verwendet. Dagegen reiht er die Bearbeitung von „Jesu, meine Freude" im Hinblick auf die verwendete Melodie Johann Crügers in die Kirchenlied-Kantate ein. Die Kantate „Das neugeborne Kindelein" findet sich bei Geck trotz des auf das 16. Jahrhundert zurückgehenden Textes unter den Liedkantaten, weil in ihr kein vorgegebener Cantus firmus verwendet ist, obwohl dieses Lied seiner Art nach mit der Lieddichtung des 17. Jahrhunderts kaum Berührung hat. Vielleicht sollte man darum das Kriterium für die Scheidung beider Bereiche nicht zu starr anwenden.

Das starke Gewicht der Aria im Schaffen Buxtehudes hat folgerichtig bei ihm zu einem gewissen Gestaltwandel im Kantaten-Aufbau geführt. Geck macht ihn an einer anschaulichen Skizze[12] deutlich. Zu den älteren Formen des Konzerts über einen Bibeltext und in Gestalt der Choralbearbeitung tritt nun die Aria bzw. deren Ausweitung zur Liedkantate als neue dritte Form hinzu. Im Zuge zur textlichen Mehrschichtigkeit gibt es demzufolge neben dem Fortbestand der beiden älteren Formen grundsätzlich folgende Kombinationsmöglichkeiten: die Concerto-Choral-Kantate (Form 1 und 2), die Concerto-Aria-Kantate (Form 1 und 3), die Choral-Aria-Kantate (Form 2 und 3) und schließlich die Concerto-Choral-Aria-Kantate (Form 1, 2 und 3). Von diesen vier möglichen Kombinationen fehlt bei Buxtehude, wie bereits festgestellt wurde, bezeichnenderweise nur die erste; das besagt: schreitet er zu Textkombinationen, dann ist dabei stets die Aria vertreten.

[12] Die Vokalmusik Dietrich Buxtehudes, bei S. 20.

### *b) Der geistes- und kirchengeschichtliche Hintergrund von Buxtehudes Kantaten*

Die Eigenart von Buxtehudes Vokalmusik, vor allem das große und vielfältig formbestimmende Gewicht der Aria in ihr, hat, wie bereits erwähnt, wiederholt die Frage nach ihrem Zusammenhang mit dem Pietismus hervorgerufen. Man kann hier gewiß zweifeln, ob der Begriff „Pietismus", der ja nicht nur eine spezifische Frömmigkeit, sondern auch praktische Formen ihrer Verwirklichung, vor allem das den herkömmlichen Gottesdienst als von sekundärer Bedeutung betrachtende Konventikeltum in sich begreift, zeitlich nicht zu früh angesetzt wird. Doch ist diese Frage, wenn ausdrücklich wie bei Geck vom „frühen Pietismus" die Rede ist, nicht entscheidend, zumal da feststeht, daß eine wesentliche geschichtliche Wurzel des Pietismus in dem neuen Frömmigkeitsgefühl liegt, das bereits im Protestantismus des ausgehenden 16. Jahrhunderts gegenüber den theologischen Lehrstreitigkeiten aufkam und vor allem zu einer Wiederaufnahme der sog. bernhardinischen Mystik (genannt nach Bernhard von Clairvaux) führte. Über diese Entwicklung vermittelt W. Zeller in der Einleitung zu der nicht nur ausgesprochen theologischen, sondern auch musikgeschichtlichen Quellensammlung „Der Protestantismus des 17. Jahrhunderts"[13] ein instruktives Bild. Welche Bedeutung beispielsweise der (nicht authentische) „Jubilus Sancti Bernhardi de nomine Jesu ‚Jesu, dulcis memoria'" in der Kirchenlieddichtung und in der Kirchenmusikgeschichte des gesamten 17. Jahrhunderts in lateinischer sowie in deutscher Fassung (z.B. als „O Jesu süß, wer dein gedenkt") besessen hat, habe ich in der Festschrift für W. Ehmann ausgeführt[14]. I. Röbbelen[15] ist dieser Frömmigkeitsbewegung in den Gesangbüchern des 17. Jahrhunderts im einzelnen nachgegangen. Von großer Wichtigkeit ist für diese Zusammenhänge Chr. Bunners Buch „Kirchenmusik und Seelenmusik. Studien zu Frömmigkeit und Musik im Luthertum des 17. Jahrhunderts"[16], eine theologische Dissertation, bei der jedoch Rudolf Eller die Studien des Verfassers „prägend geleitet hat" (Vorwort). Allein der eigentümliche, bereits auf die Nürnberger Johann Saubert und vor allem Johann Michael Dilherr zurückgehende Begriff „Seelenmusik", den Bunners jedoch nach Heinrich Müllers 1659 in Rostock herausgegebenem Gesangbuch Geistliche Seelenmusik im Titel seines Buches programmatisch verwendet – mit Recht, denn dieser Begriff hat bis zu einem gewissen Grade s. Z. Schule gemacht –, unterstreicht dessen Bedeu-

---

[13] Bremen 1962.

[14] Kirchenlied und Kirchenmusik als Gegengewicht zur Predigt, in: Musik als Lobgesang. Fschr. f. Wilhelm Ehmann, hrsg. von G. Mittring und G. Rödding, Darmstadt 1964, S. 32–41. Siehe unten S. 152ff.

[15] Theologie und Frömmigkeit im deutschen ev.-luth. Gesangbuch des 17. und frühen 18. Jh., Göttingen 1957.

[16] Göttingen 1966.

tung für die Entwicklung der protestantischen Kirchenmusik im 17. Jahrhundert. H. Müllers zehn Betrachtungen zum geistlichen Liedersingen am Anfang seines Gesangbuchs, die Bunners eingehend behandelt, müssen als ein charakteristisches und – in Anbetracht der Verbreitung von H. Müllers Gesangbuch, das auch Buxtehude nachweislich gekannt hat[17] – einflußreiches Dokument der protestantischen Musikanschauung des 17. Jahrhunderts gelten. Ihr Schwergewicht haben Müllers Betrachtungen in dem Gedanken der individuellen Erbauung und Gemütsbewegung durch die Jesusliebe; beiden dient das Singen, indem es einerseits den Menschen erhebt, andererseits aber aus dem liebeerfüllten Herzen hervorgeht. Müllers Gesangbuch will folgerichtig in erster Linie der häuslichen Andacht und der frommen Lebensgestaltung, bei der die Singstunden eine zentrale Bedeutung haben sollen, dienen. Es ist ohne weiteres ersichtlich, daß Müllers Ideen den eigentlichen Pietismus mit der Bildung häuslicher Andachtskreise und außerkirchlicher geistlicher Singstunden geradezu vorbereiten.

Uns stellt sich nun die Frage: Wie weit läßt sich Buxtehude mit einer ausgesprochen frühpietistischen Erscheinung wie H. Müller grundsätzlich in Verbindung bringen, so daß man auch ihn als Vertreter des Frühpietismus bezeichnen kann? Bunners sagt hierzu: „Geck weist mit Recht ... auf die Bedeutung pietistischer Frömmigkeit für die Kirchenmusik in der zweiten Hälfte des 17. Jahrhunderts überhaupt hin. Ob es freilich möglich ist, von einer Kirchenmusik des Pietismus zu sprechen, erscheint fraglich. Für die gottesdienstliche Kunstmusik des 17. Jahrhunderts hat (früh)pietistische Frömmigkeit nicht so sehr begründende als vielmehr befruchtende Funktion gehabt."[18] Der letzte Satz ist zweifellos richtig, trifft aber Geck nicht. Abgesehen davon, daß sich Buxtehudes Musik, wie dieser hinreichend dartut, aus rein musikgeschichtlichen Zusammenhängen heraus darstellen läßt, so geht es doch auch ihm nur um die Frage nach den geistes- und kirchengeschichtlichen Hintergründen von Buxtehudes Kantaten. Gecks Darstellung der „Ideen des Pietismus" im 4. Kapitel seines Buchs, in dem insonderheit von der Wiedergeburt der Seele und dem mystischen Eros die Rede ist, trifft sich weitgehend mit Bunners Ausführungen. Auch ihm kann es nur um Auswirkungen und Niederschläge pietistischer Frömmigkeit in Buxtehudes Schaffen gehen, um mehr schon deshalb nicht, weil ja Buxtehudes Kantaten für den Gottesdienst, wenn nicht gar für kirchenmusikalische Sonderveranstaltungen, und nicht für die pietistische Hausandacht komponiert worden sind.

Freilich mußte für Geck die Frage wichtig sein, wo Buxtehude mit dem Frühpietismus in Berührung gekommen ist, um dessen Einfluß auf sein Schaffen erklären zu können. Er widmet daher sowohl den „Pietistischen Strömungen in Lübeck und seinen Nachbarländern" (S. 39ff.) sowie der

[17] Ebenda S. 115 Anm. 8.

[18] Ebenda.

„Frömmigkeit und Musikpflege im Wirkungsbereich des Stockholmer Kapellmeisters Gustav Düben im Zeitraum von 1680 bis 1690" (S. 68 ff.) je einen Abschnitt. In beiden Abschnitten kommt Geck zu positiven Ergebnissen seiner Untersuchungen, d. h. zur Feststellung pietistischer Einflüsse, wobei er manche interessante Einzelheiten bietet. Freilich kann damit noch nicht gesagt sein, daß Buxtehude selbst pietistischer Frömmigkeit zugeneigt war, und Geck verzichtet hier in Ermangelung entsprechender persönlicher Zeugnisse des Komponisten auf jedwede Behauptungen, vielleicht zu weitgehend; denn schwerlich kann man sich Buxtehudes starke Bevorzugung von frühpietistischen Texten wie der von E. Chr. Homburg, J. Rist, J. Quirsfeld, H. Müller, A. Fritzsch u. a. aus rein äußeren Gründen, ohne daß er zu ihnen auch ein inneres Verhältnis gehabt habe, vorstellen. Und wenn es in Lübeck, wie Geck ermittelt hat, mancherlei frühpietistische Strömungen gegeben hat, kann man es gut für möglich halten, daß diese Frömmigkeit in Buxtehude einen gewissen Widerhall gefunden hat. Ist es doch allgemein eine Eigentümlichkeit der Kirchengeschichte des 17. Jahrhunderts gewesen, daß die strenge Orthodoxie allenthalben als Korrelat und Ausgleich mystisch-pietistische Glaubensäußerungen hervorgerufen hat; beide Extreme fanden sich häufig in ein und derselben Person, wofür Paul Gerhardt das bekannteste Beispiel ist.

Anders verhält es sich freilich mit der Frage nach der Bedeutung der pietistischen Frömmigkeit in Schweden, insonderheit am Stockholmer Hof, an dessen Leben Buxtehude ja niemals direkten Anteil gehabt hat, für dessen Schaffen. Der schwedische Königshof ist, wie Geck feststellt, gegen Ende des 17. Jahrhunderts geradezu eine „Hochburg des frühen Pietismus" gewesen, deren Mittelpunkt die Königin Ulrika Eleonora die Ältere (1656–1693), die zeitweise mit J. J. Spener im Briefwechsel stand[19], gebildet hat. Ist es vorstellbar, daß die pietistische Frömmigkeit des schwedischen Hofs, allein deshalb, weil Buxtehude dorthin Werke lieferte, die Art von dessen Schaffen beeinflußte? Das wäre doch wohl nur dann denkbar, wenn bestimmte Werke Buxtehudes mit festgelegten Texten in Dübens Auftrag komponiert worden sind. Wenn dies auch in einzelnen Fällen wahrscheinlich ist, so liegt doch, wie unser Bericht gezeigt hat, der gesamte Tatbestand noch im dunkeln. Am ehesten mag der Zyklus der „Membra Jesu Nostri" eine Auftragskomposition Dübens, in dessen Sammlung Werke mit lateinischen Devotionstexten auffallend zahlreich vertreten sind, gewesen sein. Indes ist auch dies trotz der Widmung[20] nicht eindeutig bewiesen. Und wenn möglicherweise die in Band 8 der GA veröffentlichten schlichten Kantaten im Kantionalstil mit lediglich ausgeweiteter Schluß-Strophe für die besonderen Verhältnisse in der deutschen Gemeinde zu Stockholm komponiert worden sind, so tragen doch ge-

[19] M. Geck, Die Vokalmusik Dietrich Buxtehudes, S. 71.

[20] Ebenda S. 142.

rade diese Werke wegen ihrer traditionellen Texte nichts zur Beantwortung unserer Frage bei.

Geck stellt sich die Sachlage so vor: Buxtehude hat seine Vokalmusik zwar selbstverständlich in Lübeck aufgeführt; das aber schließt nicht aus, daß sie „intentional Auftragsmusik für Düben und den schwedischen Hof gewesen ist“[21]. Und er spricht dann von einer Mitprägung von Buxtehudes Schaffen durch die Stockholmer geistige Sphäre und deren „Rückstrahlung auf Lübeck“[22]. Das soll nicht für ausgeschlossen gehalten werden; jedoch sind Buxtehudes Beziehungen zu Düben im einzelnen doch noch zu wenig geklärt, als daß sich hier mit Sicherheit etwas sagen ließe. Vor allem aber ist die von Buxtehude so stark in den Vordergrund gestellte und in besonderen künstlerischen Rang erhobene Aria in textlicher Hinsicht um und nach der Mitte des 17. Jahrhunderts eine so charakteristisch deutsche Erscheinung, daß man u. E. ihn in erster Linie von daher begreifen muß. Und auch lateinische Devotionstexte haben spätestens seit Schütz' „Cantiones sacrae“ von 1625 ein starkes Gewicht bei den deutschen protestantischen Komponisten des 17. Jahrhunderts[23].

Neben der Betrachtung der Aria als musikalische Gattung und deren Einfluß auf Buxtehudes Kantatenformen geht Geck dann noch dem Niederschlag pietistischer Frömmigkeit im Einzelkunstwerk nach, und zwar in sieben beispielhaft ausgewählten Kantaten anhand von folgenden sechs charakteristischen Merkmalen: „Satte Jesus-Freude“, „Milde Leidenstöne“, „Die tägliche Hausandacht“, „Ängstliches Bangen der Seele“, „Mystische Himmelssehnsucht“ und „Durchbruch des Lyrischen“[24]. Denn die Stellung der Aria als solche in Buxtehudes Schaffen ist für die Feststellung eines Niederschlags und einer Auswirkung pietistischer Frömmigkeit allein noch nicht beweiskräftig, wenn nicht eine entsprechende musikalische Gestaltung im einzelnen hinzukommt, und auch dieser Nachweis ist von Geck sicher erbracht worden.

Geck versäumt nicht, immer wieder zu betonen, daß es sich bei alledem nicht um den ganzen Buxtehude handelt, sondern nur um eine Seite seines Werks, freilich – und wir glauben, dies im vorliegenden Bericht noch erhärtet zu haben – um eine wesentliche, ja die sicherlich charakteristischste Seite seines Schaffens. Vergißt man bei alledem nicht, daß es sich um Einflüsse des Frühpietismus und nicht des eigentlichen späteren handelt, und daß Buxtehude seine Werke – ganz unpietistisch – für den gottesdienstlichen Raum und nicht für die geistliche Hausandacht komponiert und daß er dementsprechend auch das ältere Spruch- und Choralkonzert weiter gepflegt hat, wird

[21] Ebenda S. 76.
[22] Ebenda.
[23] Vgl. meinen Aufsatz: Kirchenlied und Kirchenmusik. Siehe unten S. 152ff.
[24] M. Geck, Die Vokalmusik Dietrich Buxtehudes, S. 148ff.

man davor bewahrt bleiben, ihn nach Gecks Buch (ohne dessen Absicht) nun einseitig als Vertreter des Pietismus in der Kirchenmusikgeschichte anzusehen. Vielmehr läßt sich folgendes zusammenfassend sagen: Buxtehude hat die (gleichsam inoffizielle) Frömmigkeitsbewegung, die die offizielle kirchliche Orthodoxie des 17. Jahrhunderts ständig begleitet, um schließlich in den Pietismus einzumünden, und die neben einer umfangreichen Andachtsliteratur in der Lieddichtung und der Kirchenmusik ihre stärkste Verwirklichung erfahren hat, in seiner Musik zur höchsten künstlerischen Ausprägung gebracht. Darin liegt ihre geistes- und kirchengeschichtliche Bedeutung.

# Kirchenlied und Kirchenmusik als Gegengewicht zur Predigt

Wo Predigt, Kirchenlied und Kirchenmusik sich – wie es sein sollte – zu einer organischen Einheit zusammenfügen und nicht widersprüchlich auseinanderklaffen, da bedarf es keines Gegengewichts zwischen irgendwelchen Teilen im Gottesdienst. Dort gibt es zwar ein lebendiges Gegenüber, eine aufeinander bezogene Korrespondenz der einzelnen Stücke im gottesdienstlichen Verlauf, aber keine Gegengewichtigkeit als oppositionelle Reaktion. Auch in dieser Hinsicht ist der reformatorische Gottesdienst richtungweisend gewesen; Verkündigung, Lobpreis und Anbetung haben sich in ihm gegenseitig durchdrungen, wenn auch die verschiedenen gottesdienstlichen Aufgaben besondere Schwerpunkte hatten. Das aber ist in der Geschichte des evangelischen Gottesdienstes keineswegs immer so geblieben. Vor allem läßt sich die Beobachtung machen, daß jeweils dann, wenn die Predigt einen einseitig lehrhaft rationalen Charakter annahm, Kirchenlied und Kirchenmusik gleichsam als Ventil für die durch die Predigt zuwenig oder überhaupt nicht angesprochene menschliche Empfindung dieser gegenüber ein Gegengewicht gebildet haben. Es erscheint dies völlig natürlich: Wendet sich die Mitte des Gottesdienstes, die Predigt, vornehmlich oder gar ausschließlich an den nüchternen menschlichen Verstand, dann sucht die Empfindung notgedrungen einen Ausgleich.

Am extremsten lehrt diese geschichtliche Erfahrung der evangelische Gottesdienst im Zeitalter des Rationalismus, in dem sich die Pfarrer vornehmlich als Volkserzieher verstanden und die Predigt weithin religiös vernünftige, ethisch-pädagogische Ziele, die alle Zweige des Lebens, auch des natürlichen und alltäglichen betrafen, verfolgte. Von dieser vernünftigen Zweckmäßigkeit sind in dieser Zeit freilich auch die Gesangbuchtexte – das Gesangbuch der Aufklärung stellt bekanntlich eine Episode völlig einmaliger Art dar – bestimmt. In um so krasserem Gegensatz stand zu dem rational-vernünftigen Charakter von Predigt und Kirchenliedtexten der gottesdienstliche Gemeinde- und Chorgesang jener Zeit. Damals wurde in dem Württembergischen Choralbuch von Christmann und Knecht (Stuttgart 1799) der Grundsatz aufgestellt: „Der Choral ist der einfachste und langsamste Gesang, der nur gedacht werden kann." Feierlichkeit und Rührung bekommen unwillkürlich die Bedeutung eines Äquivalents zu Predigt und Liedtext. Die Liedweise und auch der Liedbegleitsatz erhalten eine selbständige gottesdienstliche Funktion als „ein Erweckungs- und Bewegungsmittel religiöser Gefühle“[1]. Nicht anders steht es mit der nachbarocken Kantate und den Passionen des späten 18. Jahrhunderts. Die sentimentale Betrachtung nimmt hier, soweit die Texte nicht vernünftig-aufklärerisches Gedankengut bieten, vor allem in den Passionen völlig überhand. Jene Zeit ist allgemein deutlich charakterisiert durch das unorganische Auseinanderklaffen von äußerster Vernünftigkeit auf der einen Seite und Sentimentalität auf der anderen. Das Zeitalter der Aufklärung und des Rationalismus ist nicht zufällig zugleich das der Empfindsamkeit. Daß im damaligen Gottesdienst weder die Predigt noch Kirchengesang und Kirchenmusik ihren Aufgaben gerecht geworden sind, braucht nicht besonders hervorgehoben zu werden.

Die Frage, ob in der Gegenwart teilweise ein solches Auseinanderklaffen der gottesdienstlichen Teile droht, ist wohl nicht ganz von der Hand zu weisen, obwohl von einer einheitlichen Situation nicht die Rede sein kann. Daß jedoch von gewissen Strömungen der „modernen Theologie“ her gesehen das rationale Element des Gottesdienstes eine besondere Bewertung, vielleicht sogar eine Überbewertung erfährt[2], erscheint unübersehbar wie ebenso, daß sich reaktionäre Kräfte dagegen erheben. Doch ist in der Gegenwart viel zu viel im Fluß, als daß darüber Endgültiges gesagt werden könnte. Um so wichtiger erscheint aber die geschichtliche Beobachtung und Erfahrung als Mahnung und Warnung. Sicherlich wäre es kaum angebracht, hierbei auf die außergewöhnliche gottesdienstliche Situation des Rationalismus, deren Wiederholung gewiß nicht droht, hinzuweisen. Wohl aber erscheint das Ergebnis einer anderen kirchengeschichtlichen Epoche, die hinsichtlich der Aufgabenstellung der Predigt der Gegenwart verwandter erscheint, in diesem Zusammenhang besonders lehrreich; es ist die der altlutherischen Orthodoxie des ausgehenden 16. sowie des 17. Jahrhunderts.

Winfried Zeller hat das besondere Verdienst, in verschiedenen Veröffentlichungen darauf hingewiesen zu haben, daß sich gegen Ende des Reformationsjahrhunderts im Protestantismus eine spürbare Frömmigkeitskrise bemerkbar machte[3]. Ihre Ursache „liegt in dem Auseinanderfallen von Theologie und Frömmigkeit“, darin, daß „die theologische Funktion der Frömmigkeit nicht hinlänglich erkannt wurde“. „Man weiß wohl um die frömmig-

[1] Vgl. hierzu meine Abhandlung: Der gottesdienstliche Liedgesang der Gemeinde, in: Leiturgia. Handbuch des evangelischen Gottesdienstes Bd. IV, Kassel 1961, S. 602 f.

[2] Vgl. Gerhard Rödding, Auswirkungen der ‚modernen‘ Theologie auf Liturgie und Kirchenmusik, Musik und Kirche 32. Jg., 1962, S. 200 ff.

[3] Vgl. vor allem die Einleitung zu: Der Protestantismus des 17. Jahrhunderts, Klassiker des Protestantismus Bd. V, Bremen 1962, Sammlung Dieterich Band 270; ferner: Paul Gerhardt. Zum 350. Geburtstag des evangelischen Kirchenlieddichters, Musik und Kirche 27. Jg., 1957, S. 161 ff., und: Zum Verständnis Philipp Nicolais, Jahrbuch der Hessischen Kirchengeschichtlichen Vereinigung Bd. 9, 1958, S. 83 ff.

keitskritische Aufgabe der Theologie. Aber man ist nicht zu der Einsicht durchgedrungen, daß es auch eine Kritik der Frömmigkeit an der Theologie gibt, ... daß die Echtheit einer theologischen Existenz nicht nur durch die Richtigkeit der Lehraussagen, sondern auch durch den Tiefgang und die Innerlichkeit des Lebens bestimmt wird."[4] Alfred Niebergall hat in seiner „Geschichte der christlichen Predigt" den Wandel der Predigt in der nachlutherischen Zeit folgendermaßen beschrieben: „An die Stelle der für Luther so wichtigen und ausschlaggebenden copula des Geistes tritt nun die des Intellekts. Der Predigt fehlt die prophetische Kraft, die Luthers Auslegung des Evangeliums durchweht ... Wenn die Predigt um die Mitte und im Ausgang des 16. Jahrhunderts schon die Züge der Lehrhaftigkeit trägt, die ihr vom 17. Jahrhundert an das ausschließliche Gepräge geben, so greift sie damit ein Anliegen auf, das auch die Predigt Luthers ... zeigt. Dieser pädagogisch-lehrhafte Zug bestimmt jedoch keineswegs nur Luthers Predigt. Nun aber gelangt er jedoch immer deutlicher zur ausschließlichen Herrschaft. Ohne Frage bedarf es in dieser Zeit des Übergangs ... der Erziehung, der Belehrung und Unterweisung, ebenso der Polemik gegen die alten und neuen Feinde des evangelischen Glaubens. Weitaus mehr noch als bei Luther wird nun das Gotteshaus zu einem Klassenzimmer."[5] Zu der lehrhaften Nüchternheit der Predigt in der altlutherischen Orthodoxie gerät vom Ende des 16. Jahrhunderts ab in einen deutlichen, wenn auch offenbar weithin gar nicht gewollten, sondern unwillkürlichen Gegensatz eine neue Welle geistlicher Dichtung, aber auch die zeitgenössische Gebets- und Erbauungsliteratur und nicht zuletzt die Kirchenmusik. Als nicht beabsichtigter Gegensatz war dieser weder polemischer noch absoluter Art. Bei den so entscheidenden Gestalten der aufkommenden neuen Frömmigkeit wie Philipp Nicolai und Paul Gerhardt, die doch beide hinreichend bekannte, streitbare Konfessionalisten waren, ist er sogar jeweils in ein und derselben Person vereinigt.

Wodurch ist die neue Frömmigkeit gekennzeichnet? Ganz entscheidend durch die Wiederanknüpfung an die mittelalterliche Mystik, vor allem an die Bernhards von Clairvaux (1091–1153). Es sind die Züge stark betonten individuellen Aussprachebedürfnisses, der persönlichen Inbrunst und Versenkung, der Brautmystik, der Gefühlserhebung in der Jesusliebe, die jetzt in ungezählten Wendungen zum Ausdruck kommen. Die Dichtungen von Martin Moller (1547–1606), Philipp Nicolai (1556–1608), Valerius Herberger (1562–1627), Johann Heermann (1585–1647) und Paul Gerhardt (1607–1676) seien als die wichtigsten Zeugnisse dieser Frömmigkeit genannt. Gewiß waren deren Lieder gar nicht unmittelbar für den Gottesdienst bestimmt, sondern zunächst aus rein individueller Frömmigkeit heraus ent-

---

[4] Vgl. die erwähnte Einleitung S. XIX.

[5] Vgl. Alfred Niebergall, Die Geschichte der christlichen Predigt, in: Leiturgia. Handbuch des evangelischen Gottesdienstes Bd. II, Kassel 1955, S. 276f.

standen und für die persönliche und häusliche Andacht gedacht. Aber daß sie dennoch den Weg in den Gottesdienst über kurz oder lang fanden, war eben charakteristisch.

Keine zweite Dichtung gewann als Vorbild damals so große Bedeutung wie der 48 Strophen umfassende „Jubilus Sancti Bernhardi de nomine Jesu" (der Lobgesang des Heiligen Bernhard über den Namen Jesu) „Jesu, dulcis memoria"[6]. Nicht nur in seiner lateinischen Urfassung fand er jetzt erneute Beachtung und Verbreitung (wovon noch die Rede sein wird), sondern auch in zahlreichen deutschen Nachdichtungen, und zwar auf evangelischer wie katholischer Seite. Die damals wohl am meisten bekanntgewordene war das lange Martin Moller zugeschriebene, aber wohl nicht auf ihn zurückgehende „O Jesu süß, wer dein gedenkt..." Jedoch knüpft M. Mollers „Ach Gott, wie manches Herzeleid" (EKG Nr. 286) von der 3. Strophe ab („Jesu, mein Herr und Gott allein, wie süß ist mir der Name dein") an den Jubilus an. Große Verbreitung fand auch Johann Arnds „Wer, süßer Jesu, dein gedenkt", das am Schluß des „Paradiesgärtleins", seines bekannten Gebetsbuches von 1612, steht. Arnd war mit diesem Werk und vor allem mit seinen „Sechs Büchern vom wahren Christentum" (von 1606 ab), die bis in das 18. Jahrhundert viele Neuauflagen erlebten, die einflußreichste Gestalt dieser neuen Frömmigkeit. Schließlich sei noch Johann Heermanns Neudichtung „O süßer Jesu Christ, wer an dich recht gedenket" genannt mit der kongenial nachgeschaffenen 5. Strophe:

Was Jesum lieben heißt,
kann keine Hand beschreiben,
kein Mund kann's sprechen aus;
nur der kann's glauben,
der es erfahren hat,
der Jesum hat geliebt,
der ihn noch liebt
und sich in seine Lieb ergibt.

Auch Johann Heermann gehörte zu den charakteristischen Vertretern dieser Frömmigkeitsbewegung. Besonders kennzeichnend ist bei ihm schon die Wahl verschiedener Werktitel, wie „Devoti musica cordis Haus- und Herz-Musica..." (Die Musik eines ergebenen Herzens...) und „Exercitium

---

[6] Ob dieses Werk tatsächlich auf Bernhard von Clairvaux zurückgeht, ist freilich nicht erwiesen. Möglicherweise ist eine Zisterzienser-Nonne unbekannten Namens die Dichterin gewesen. Auch die ursprüngliche Strophenzahl ist nicht sicher; nach: Die Lieder unserer Kirche, bearbeitet von Arno Büchner und Siegfried Fornaçon, Sonderband vom Handbuch zum Evangelischen Kirchengesangbuch, Göttingen 1958, S. 445, umfaßte der „Jubilus" ursprünglich nur 11 Strophen. Vgl. das vollständige lateinische Gedicht mit 50 Strophen bei Philipp Wackernagel, Das deutsche Kirchenlied... Bd. 1, Leipzig 1864, S. 117ff.

pietatis. Übung in der Gottseligkeit. Das ist: Inbrünstige Seufzer ..." Ein weiteres für das protestantische 17. Jahrhundert besonders einflußreiches Werk war die wiederum Bernhard von Clairvaux zugeschriebene, jedoch sicherlich nicht von ihm stammende „Rhythmica oratio ad unum quodlibet membrorum Christi patientis et a cruce pendentis" (Rhythmisiertes Gebet zu jedem der Gliedmaßen des leidenden und am Kreuz hängenden Christus). Es handelt sich um meditative Versenkungen in das Leiden Christi in der Folge von sieben gedichteten Betrachtungen (mit je fünf Strophen) der einzelnen Gliedmaßen des Gekreuzigten, der Füße, Knie, Hände, Seiten, der Brust, des Herzens und schließlich des Antlitzes[7]. Bekanntlich hat Paul Gerhardt die letzte dieser Betrachtungen „Ad faciem", die mit den Worten „Salve caput cruentatum, totum spinis coronatum" (Sei gegrüßet, gekreuzigtes Haupt, ganz mit Dornen gekrönet) beginnt, als Vorlage und Anknüpfung für „O Haupt voll Blut und Wunden" verwendet. Es ist das letzte der „Sieben Lieder an die Gliedmaßen des Herrn Jesu", deren erstes „An die Füße" das – ebenfalls bekannte – „Sei mir tausendmal gegrüßet" ist. Auch Johann Rist hat in den „Gottseligen Andachten einer Christgläubigen Seele unter dem Kreuze ihres Erlösers und Seligmachers Jesu Christi" eine Folge von sieben Liedern im Anschluß an die „Rhythmica oratio" geschaffen[8]. Welche Bedeutung in der neuen Frömmigkeit die Meditation hatte, geht vor allem aus Martin Mollers „Meditationes sanctorum patrum" (zwei Bände 1584 und 1591) hervor; es war zugleich ein Werk, das in besonders reichem Maße mittelalterliches Frömmigkeitsgut vermittelte und deshalb häufig als Anknüpfung diente.

Nun ist aber neben der Erbauungsliteratur nicht nur das Kirchenlied, sondern auch die Kirchenmusik an der neuen Frömmigkeitsbewegung des 17. Jahrhunderts wesentlich beteiligt. Das liegt freilich nicht so offen zutage wie bei den entsprechenden geistlichen Dichtungen; denn betrachtet man das Werk einer so bedeutenden Gestalt jener Zeit wie das von Michael Praetorius (1571–1621), dann spürt man weitgehend konservativen Geist, der dem Detempore des reformatorischen Liedes alles Gewicht verleiht. Und denkt man daran, daß der rote Faden der Entwicklung in der Geschichte der evangelischen Kirchenmusik sich gerade um 1600 in ganzen Jahrgängen von Spruch-Motetten aus den Sonntagsevangelien manifestierte, dann bedeutete dies doch in echt protestantischem Geist die starke Anteilnahme der Kirchenmusik an der zentralen Verkündigungsaufgabe des Gottesdienstes. Diese Entwicklung wurde durch das Geistliche Konzert vom vierten Jahrzehnt des 17. Jahrhunderts ab – Samuel Scheidts „Neue geistliche Konzerte ... auf alle Fest- und Sonntage durchs ganze Jahr zu gebrauchen" (vier Teile zwischen 1631 und 1640) bildet hier den Anfang – fortgeführt und erfuhr

[7] Vgl. den vollständigen Text bei Ph. Wackernagel a.a.O. I, S. 120 ff.

[8] Vgl. P. Gerhardts Dichtung bei Fischer-Tümpel, Das deutsche evangelische Kirchenlied des 17. Jahrhunderts III, S. 459 ff., und die Rist'sche Liedfolge (in Auswahl) ebenda II, S. 214 ff.

später in den Kantatenjahrgängen der hochbarocken Meister ihre Krönung und ihren Abschluß. Doch darf man sich angesichts dieser Hauptentwicklungslinie nicht den Blick für den starken Anteil der Kirchenmusik an der neuen Frömmigkeit des 17. Jahrhunderts trüben lassen. Sind es doch gerade die beiden größten Meister des 17. Jahrhunderts, die ihr zutiefst verpflichtet waren, nämlich Heinrich Schütz und Dietrich Buxtehude.

Allzusehr wurde Heinrich Schütz seit der zweiten Welle der Wiederbelebung seiner Werke durch die Singbewegung von etwa 1925 ab (die erste war die zur Zeit von Philipp Spitta) als objektiver Dramatiker des Worts verstanden. Gewiß bleibt das Maß seiner Hingabe an die Texte, die er vertont hat, unerreicht. Aber dieses Maß erscheint doch gerade in seiner Hauptschaffenszeit nicht nur sachlich interpretierend, sondern zugleich von subjektiver Leidenschaft durchglüht; erst in seinen Alterswerken, vor allem in den Passionen, tritt statt dessen eine objektivere Dramatik stärker hervor. Aber es sei einmal gar nicht der Blick auf die Schützsche Musik, sondern vielmehr auf die doppelte Tatsache gelenkt, daß in seinem geistlichen Werk die liturgische sowie die Detempore-Bindung weniger als bei irgendeinem Meister seiner Zeit eine Rolle spielt, auch wenn sie mit zunehmendem Alter stärker geworden ist[9], und zum andern vor allem auf die Wahl der von ihm vertonten Texte. Schon lange ist es aufgefallen, daß bei den 20 Motetten der „Cantiones sacrae“ von 1625 (die Tischgesänge nicht mitgezählt) nur in neun Fällen Bibeltexte (unter ihnen wiederum nur ein einziger neutestamentlicher) sowie ein liturgischer, im übrigen jedoch ausschließlich Texte von Augustin und aus mittelalterlichen pseudoaugustinischen Schriften zugrunde liegen. Anne Amalie Abert konnte als die von Schütz benutzte Quelle ein charakteristisches, öfters aufgelegtes Gebets- und Andachtsbuch des 16. Jahrhunderts, nämlich die „Precandi formulae piae et selectae ex veterum Ecclesiae sanctorum doctorum scriptis“ des Andreas Musculus von 1553, ermitteln. Nach Paul Althaus d. Ä. war Musculus der erste Repräsentant einer Richtung in der evangelischen Gebetsliteratur, die sich weitgehend auf die augustinisch-bernhardinische Mystik des Mittelalters stützte. Wiewohl sich zwar nichts Sicheres über die beabsichtigte Verwendung von Schütz' „Cantiones sacrae“ sagen läßt, so wird man doch A. A. Aberts Vermutung, daß diese vornehmlich „für private Andachten im kleinen Kreise“ bestimmt waren, zustimmen müssen[10].

Sicherlich nehmen die „Cantiones sacrae“ vor allem auch nach ihrer textlichen Seite hin eine Sonderstellung im Gesamtwerk Schützens ein, und doch

[9] Vgl. hierzu den aufschlußreichen Vortrag von Leo Schrade, Das musikalische Werk von Heinrich Schütz in der protestantischen Liturgie, Basel 1961.

[10] Vgl. Anna Amalie Abert, Die stilistischen Voraussetzungen der ‚Cantiones sacrae‘ von Heinrich Schütz, Berlin 1935, S. 2 f.; hier auch der Hinweis auf Paul Althaus d. Ä., Zur Charakteristik der evangelischen Gebetsliteratur im Reformationsjahrhundert, Leipzig 1914.

ist diese nicht so einzigartig, wie es scheinen könnte. Der Verarbeitung von Texten aus dem Bereich der bernhardinischen Mystik ist Schütz vielmehr bis in sein Alter treu geblieben. So hat er in späteren Werken allein den „Jubilus Sancti Bernhardi" dreimal vertont, was mit Ausnahme des Magnificats bei keinem zweiten von ihm komponierten Text der Fall ist und daher gewiß viel besagt. In den „Symphoniae sacrae III" von 1650 finden sich zwei Bearbeitungen dieses Textes, einmal nach der Heermannschen Verdeutschung „O süßer Jesu Christ"[11] und zum andern nach dem Wortlaut „O Jesu süß, wer dein gedenkt". Eine dritte Bearbeitung in Gestalt von fünf homophonen Sätzen für je fünf Strophen mit abschließender Doxologie, wiederum nach J. Heermanns Übertragung, findet sich in den „Zwölf geistlichen Gesängen" von 1657 unter der Überschrift „Des H. Bernhardt Freuden-Gesang über Johann Heermanns, Pfarren zu Köben, Poesie" (ein Stück daraus hat Schützens Schüler Christoph Kittel als geistliches Konzert für Sopran, Tenor, 2 Violinen und Generalbaß bearbeitet). Damit aber noch nicht genug! Auch der Text von einem der Kleinen geistlichen Konzerte im ersten Teil von 1636 „O Jesu, nomen dulce" zeigt nahe Verwandtschaft mit dem bernhardinischen Jubilus, während zwei andere Stücke aus dieser Sammlung, „O misericordissime Jesu" und „O süßer, o freundlicher, o gütiger Herr Jesu Christe", augustinischen Geist atmen (der Text des letzteren ist die Neugestaltung von Worten Augustins durch Martin Moller). Von ganz besonderer Wichtigkeit ist in diesem Zusammenhang „Was hast du verwirket, o du allerholdseligster Knab, Jesu Christe" aus dem zweiten Teil der „Kleinen geistlichen Konzerte" von 1639. Wiederum handelt es sich um die Verdeutschung eines Textes von Augustin, dessen Original bereits in der Motette „Quid commisisti" der „Cantiones sacrae" vertreten ist. Dieser Text hatte in der neuen Frömmigkeitsbewegung um 1600 kaum geringere Bedeutung als der „Jubilus S. Bernhardi"; denn an ihn knüpft das meditierende Passionslied des 17. Jahrhunderts, das jetzt eine geradezu zentrale Bedeutung bekommt, an. Die Konfrontierung der Einzelseele mit dem Gekreuzigten, die zur Zwiesprache mit ihm und zur Erkenntnis führt, daß der Unschuldige stirbt und der Schuldige lebt, ist weithin das Grundthema der Passionslieder des frühen 17. Jahrhunderts. Dieses aber ist von Augustins „Quid commisisti" übernommen. Wer würde nicht bei Johann Heermanns „Herzliebster Jesu, was hast du verbrochen" mit den Worten der dritten Strophe „Was ist doch wohl die Ursach solcher Strafen, / ach meine Sünden haben dich geschlagen..." und bei Paul Ger-

[11] H. J. Moser meint im Anschluß an Philipp Spitta, daß diese Übertragung von unbekannter Herkunft sei, was aber doch wohl nicht richtig ist und auch im Widerspruch zu dem von Moser selbst an anderer Stelle Gesagten steht; vgl. Hans Joachim Moser, Heinrich Schütz. Sein Leben und sein Werk, 2. Aufl. Kassel 1954, S. 519 und 545. Neuausgabe dieses besonders hintergründigen Werks von Heinrich Schütz in Bärenreiter-Ausgabe 3369.

hardts „O Welt, sieh hier dein Leben" mit der Frage „Wer hat dich so geschlagen, / mein Heil, und dich mit Plagen / so übel zugericht'?" und der Antwort „Ich, ich und meine Sünden, / die sich wie Körnlein finden / des Sandes an dem Meer..." und „Ich bin's, ich sollte büßen / an Händen und an Füßen / gebunden in der Höll" an Augustins folgende Worte aus „Was hast du verwirket" erinnert: „Was hast du begangen, o du allerfreundlichster Jüngling, daß man so übel und kläglich mit dir gehandelt? Was ist doch dein Verbrechen und Mißhandlung? Was ist deine Schuld, was die Ursach deines Todes? ... O, ich bin die Ursach und Plage deines Leidens, o ich bin die Verschuldung deines Hinrichtens, ich bin das Verdienst deines Todes! ..." Die Tatsache, daß Schütz auch diesen Text zweimal musikalisch bearbeitet hat, ist in Anbetracht der Tatsache, daß zweimal vertonte Texte in seinem Werk nur ganz vereinzelt vorkommen, wiederum ein unübersehbares Zeichen für seinen wesentlichen Anteil an der neuen Frömmigkeit des 17. Jahrhunderts. Auf völlig gleicher Linie liegt das Konzert für sechs Vokalstimmen, Streicher und Generalbaß „O bone Jesu, fili Mariae", ein Einzelwerk aus keiner der bekannten Sammlungen des Meisters. In ihm sind Strophen aus dem „Jubilus Sancti Bernhardi" mit mystischen Prosatexten mittelalterlicher Herkunft kombiniert. Symptomatisch ist in diesem Zusammenhang vielleicht auch, daß in den „Symphoniae sacrae I" von 1629 von den 18 Konzerten der Sammlung sieben über Texte aus dem „Hohen Lied" handeln; gehörte doch dieses alttestamentliche Buch zu denjenigen biblischen Büchern, die jener besagten Frömmigkeit besonders entgegenkamen. Es wäre nun freilich eine sehr wichtige Aufgabe, dem deutlich erkennbaren Niederschlag dieser Frömmigkeit auch in der Schützschen Kompositionsweise und ihrer Auswirkung auf seinen musikalischen Stil nachzugehen. Das erfordert allerdings eine eingehende Spezialuntersuchung, die im Rahmen dieser Abhandlung nicht möglich ist.

Mit allem über Schütz Gesagten ist gewiß nur eine Seite seines Wesens und seines Werks erfaßt, aber gewiß eine noch zuwenig in Augenschein genommene, die für ihn zumindest nicht weniger charakteristisch ist als seine Bindung an die Ordnung der Kirche.

Wieweit auch Schützens Altersgenossen und geistigen Nachfahren der Frömmigkeitsbewegung ihrer Zeit verpflichtet waren, kann hier im einzelnen nicht weiter untersucht werden, wäre aber ebenfalls eine dringende Aufgabe, um ein vollständiges Bild vom Anteil der Kirchenmusik an der Frömmigkeit des 17. Jahrhunderts zu gewinnen. Nur einige Hinweise seien gegeben! Daß sogar Samuel Scheidt, dessen Kompositionen aufs Ganze gesehen gegenüber denen von Schütz liturgisch weit gebundener sind, im vierten Teil seiner „Geistlichen Konzerte..." von 1640 als einzigen Text in dem auf sechs Teile geplanten Gesamtwerk „O Jesu süß, wer dein gedenkt" in zwei Bearbeitungen bringt, überrascht daher um so mehr und kann doch wohl nur als ein weiterer Beweis für die außergewöhnliche Bedeutung dieser Dichtung in jener Zeit gewertet werden[12].

Besonders instruktiv ist für unsere Betrachtung die zum größten Teil in der Uppsalaer Universitätsbibliothek aufbewahrte sog. „Dübensammlung", jene einzigartige Musikaliensammlung des von 1663 ab als Hofkapellmeister in Stockholm wirkenden Gustav Düben. Abgesehen von Buxtehude, von dem weiter unten besonders die Rede sein soll, sind in dieser Sammlung Samuel Capricornus (Bockshorn, 1628–1665) mit nicht weniger als fünfzehn, Kaspar Förster (1617–1673) und Tobias Zeitschner (?) mit je zwei Bearbeitungen sowie der Schütz-Schüler David Pohle (1624–1695) mit einer Bearbeitung des „Jesu, dulcis memoria" (in mancherlei Strophenauswahl) vertreten. Dazu kommen je zwei weitere des Italieners Vincenz Albrici (1631–1696) und Giovanni Carisio (?) und eine des Marco Giuseppe Peranda (um 1625–1675) sowie vier anonyme unbekannter Herkunft, die möglicherweise aus Deutschland stammen. Capricornus, dessen Persönlichkeit für unseren Sachverhalt von hervorragender Bedeutung ist, hat auch ein Werk über die ersten vier Teile der „Membra Jesu" geschaffen, das sich ebenfalls in der Dübensammlung befindet. Zu diesen Bearbeitungen der beiden bekanntesten Dichtungen bernhardinischer Mystik kommt in der Dübensammlung eine ganze Anzahl von Kompositionen über verwandte Texte unbekannter Herkunft, an denen folgende deutsche Meister beteiligt sind: Georg Arnold (um 1660) mit zwei Bearbeitungen von „Dulcis Jesu, quam decorus rutila in patria", Christoph Bernhard (1627–1692) mit „Salve, mi Jesu, adora in cruce pendentem", Samuel Capricornus mit noch fünf und Kaspar Förster mit mindestens sechs weiteren Werken über verschiedene Texte, desgleichen Christian Geist (um 1640–1711) mit sechs Kompositionen und Georg Schmetzer (?) sowie Franz Tunder (1614–1667) mit je einer (Tunders Werk über den Text „O Jesu dulcissime, creator generis humani"). Auch diese Reihe wird noch durch verschiedene entsprechende Werke italienischer Meister ergänzt, durch drei Bearbeitungen von „Jesus noster redemptor, amor et desiderium" des A. Albrici, durch je eine von „Jesu, amor dulcissime" A. Antonellis (?), von „O dulcissimum" G. Carissimis (1605–1674) und von „O bone Jesu" G. Perandas. Den Text „Jesu, amor dulcissime" hat auch Augustin Pfleger (um 1670) in einem Werk, das nicht zur Dübensammlung gehört, bearbeitet[13], und dem geistlichen Konzert „Rex virtutum, rex gloriae" von Matthias Weckmann (1621–1674), das gleichfalls nicht in der Dübensamm-

---

[12] Vgl. die Faksimile-Wiedergabe des Gesamtinhalts der sechs Teile von S. Scheidts „Geistlichen Konzerten", von denen jedoch nur vier erschienen sind, in der Gesamtausgabe seiner Werke (herausgegeben von Gottlieb Harms und Christhard Mahrenholz) Bd. IX (besorgt durch Adam Adrio), Hamburg 1960.

[13] Vgl. Annemarie Nauch: Augustin Pfleger, Leben und Werke, Ein Beitrag zur Entwicklungsgeschichte der Kantate im 17. Jahrhundert, Kassel 1954, S. 97.

lung enthalten ist, liegen fünf Strophen von „Jesu, dulcis memoria" zugrunde[14]. Sicherlich würde eine systematische Durchforschung der kirchenmusikalischen Kompositionen des 17. Jahrhunderts noch manche weiteren Werke über derartige Texte ausfindig machen.

Vor allem aber fällt nun auch auf Dietrich Buxtehude ein neues Licht von der Frömmigkeitsgeschichte des 17. Jahrhunderts her. Neuerdings hat Martin Geck darüber eingehende Untersuchungen angestellt, die zu überraschenden Ergebnissen geführt haben[15]. Für unseren Zusammenhang ist wichtig, daß Buxtehude in seiner siebenteiligen Kantatenreihe „Membra Jesu nostri" noch einmal eine Komposition über die originale lateinische Fassung der „Rhythmica oratio" geschaffen hat[16]. Davon liegen zudem verschiedene Teile in zusätzlichen Bearbeitungen in der Dübensammlung vor. Und auch das „Jesu, dulcis memoria" hat Buxtehude in lateinischer Fassung in zwei seiner Kantaten sowie ein drittes Mal als „Chiaccona pèr ogni Tempo" wie schließlich in zwei weiteren Werken den „Jubilus S. Bernhardi", einmal nach einer Paraphrase mit dem Textbeginn „O dulcis Jesu" und zum andern nach einer Auswahl von drei Strophen in der Kantate „O Jesu, mi dulcissime", vertont[17]. Kein zweiter Kantatentext, weder ein biblischer noch einer aus einem deutschen Kirchenlied, ist, soweit unsere Kenntnis reicht, von Buxtehude wiederholt verarbeitet worden. Verschiedene weitere Werke wie die beiden Motetten sub communione „O clemens, o mitis, o coelestis pater" und die Kompositionen über die ebenfalls je zweimal bearbeiteten Texte „Salve desiderium, salve clamor gentium" und „Salve Jesu, patris grate unigenite" sind hier zu nennen. So hat es auch bei Buxtehude Wesentliches zu besagen, wenn die mystischen Andachtstexte in einem Werk eine solche hervorragende Sonderstellung einnehmen. Selbstverständlich wären gleichfalls bei ihm die Auswirkungen jener mystischen Frömmigkeit auf seinen Kompositionsstil zu untersuchen; sie sind bei ihm nicht weniger vorhanden als bei Schütz.

Man kann theologisch gegen die neue Frömmigkeit des ausgehenden 16. sowie des 17. Jahrhunderts mancherlei einwenden, gegen die sehr ichbezogene Jesusfrömmigkeit wie gegen die Passionsmystik und den Gedanken der „unio mystica". Man sollte sich aber dabei darüber im klaren sein, daß diese

---

[14] Vgl. Denkmäler Deutscher Tonkunst Bd. 6, S. 3ff.

[15] Vgl. Martin Geck, Die Vokalmusik Dietrich Buxtehudes und der frühe Pietismus, Kassel 1965. Geck untersucht insbesondere auch die Frömmigkeit Dübens und seiner schwedischen Umwelt.

[16] Das Werk liegt neuerdings in zwei Neuausgaben vor, in einer von Dietrich Kilian im Verlag Merseburger, Berlin, und in einer von Bruno Grusnick im Bärenreiter Verlag, Kassel. D. Kilian verweist für die textliche Vorlage auf Philipp Wackernagel, Das deutsche Kirchenlied I, S. 120ff.; doch handelt es sich bei dem von Buxtehude verwendeten nicht um den dort stehenden.

[17] Vgl. das Verzeichnis der Kantaten Buxtehudes bei Friedrich Blume, Das Kantatenwerk Dietrich Buxtehudes, Jahrbuch-Peters XLVII, 1940, Nachdruck in F. Blume, Syntagma musicologicum. Gesammelte Reden und Aufsätze, hrsg. von Martin Ruhnke, Kassel 1963, S. 327ff.

Frömmigkeit weitgehend als Reaktion gegen den lehrhaften Charakter der Predigt entstanden ist; und man sollte nicht übersehen, daß der Niederschlag dieser Frömmigkeit im geistlichen Lied und in der Kirchenmusik Innerlichkeit und Wärme, Empfindung und Inbrunst in das kirchliche Leben gebracht haben. Was wäre der Protestantismus des 17. Jahrhunderts ohne die Wärme der Lieder Johann Heermanns, Johann Rists und Paul Gerhardts und ohne die bewegende Ausdruckshaftigkeit der Werke von Heinrich Schütz und Dietrich Buxtehude! Das Gegengewicht von Kirchenlied und Kirchenmusik war damals geradezu eine Lebensnotwendigkeit für die Kirche, wollte sie in der lehrhaften Orthodoxie nicht erstarren. So bedeutet diese geschichtliche Erfahrung eine Mahnung für die Kirche späterer Zeiten, die Warnung vor dem Auseinanderfallen von Theologie und Frömmigkeit, den Ruf zu gegenseitiger Durchdringung von Verkündigung und Anbetung, von Lehre und Lobpreis, wie es von Luther gewollt war und verwirklicht worden ist.

# Johann Sebastian Bach und die Aufklärung

Wenn wir unter der Aufklärung das Zeitalter des 17. und 18. Jahrhunderts zu verstehen haben, in dem sich die Verselbständigung aller Lebens- und Wissenschaftsgebiete gegenüber der Autorität der Heiligen Schrift, sei es in bewußter Grundsätzlichkeit oder auch nur halbbewußt oder gar unbewußt, entweder vollzieht, zumindest aber anbahnt, dann muß eine Verbindung zwischen Bach und der Aufklärung uns als unwahrscheinlich vorkommen. In neuester Zeit haben wiederholt Hans Preuß' Ausführungen über ›Joh. Seb. Bachs Bibliothek‹ in der Zahn-Festgabe (Leipzig 1928) als Beweis für Bachs ausgesprochen konfessionelles Luthertum gedient, das eine Verbindung zur Aufklärung geradezu ausschließt. Hier sind vor allem zu nennen Hans Preuß' weitere Arbeit ›Joh. Seb. Bach, der Lutheraner‹ (Erlangen 1935), Hans Besch, ›Joh. Seb. Bach, Frömmigkeit und Glaube. Das Bild Bachs im Wandel der deutschen Kirchen- und Geistesgeschichte‹ (Gütersloh 1938) und in jüngster Zeit Friedrich Smend, ›Luther und Bach‹ (Berlin 1947). So unbedingt Richtiges alle diese Arbeiten zweifellos enthalten, so wird in ihnen — wie das allgemein geschieht — doch übersehen, daß von Bachs Bibliothek durch den Nachlaß uns nur der theologische Bestand bekannt geworden ist und daß dieser natürlich nicht dessen gesamte Bücherei ausgemacht hat. Dieser Teil nur fand unter den andersgearteten Söhnen kein Interesse und wurde deshalb nach Bachs Tode verkauft. Es muß jedoch als völlig sicher gelten, daß zu Bachs Bücherei eine Menge musiktheoretischer Werke gehört hat, die im Unterschied zu den theologischen die Söhne sicherlich an sich genommen haben. Bekanntlich aber enthalten die musiktheoretischen Werke der Barockzeit auch reichlich theologische und philosophische Ausführungen, so daß einmal der Frage nachgegangen werden muß, welche Werke dieser Art Bach bekannt gewesen sein dürften und wie sich deren theologisch-philosophisches Gedankengut mit dem Bild, das wir sonst von Bach haben, vereinen läßt. Erstaunlich ist nun, daß ungeachtet des Themas „Luther und Bach“ die gelehrte Forschung völlig unbekümmert neuerdings Bachs Werk immer wieder mit der Philosophie der Aufklärung in Verbindung bringt. Hierbei zeichnen sich wiederum zwei Wege ab: der häufiger gegangene (vor allem seit Rudolf Steglichs Bach-Buch, Potsdam 1935) geschieht mit Hilfe Leibnizscher Begriffe. Dem steht Arnold Scherings bekannter Versuch gegenüber, Bachs Tonsprache mit Hilfe von Christian Wolffs ›Psychologia empirica‹ zu deuten (Bach-Jahrbuch XXXIV, 1937, Leipzig 1938, S. 83 ff., sowie A. Schering, ›Das Symbol in der Musik‹, Leipzig 1941, S. 72 ff). Schering ist sich dabei seines Weges so sicher, daß er dem Bemühen des entsprechenden Verfahrens mit Leibnizscher Terminologie skeptisch gegenübersteht. Er sieht in derartigen vermeintlichen Nachweisen nicht mehr als „gefühlsmäßige Analogien“ (ebenda Anm. 1, bzw. S. 194 f., Anm. 30). Ganz gleich, für welchen der beiden Wege wir uns zu entscheiden haben, sie besagen jedenfalls, daß Bachs Musik mit dem Welt- und Lebensgefühl sowie der Philosophie der Aufklärung etwas zu tun haben soll. Damit ist nun in der Tat etwas so Schwerwiegendes ausgesprochen, daß eine gründliche Klärung dieses inneren Zusammenhanges ebenso wie auch die Beantwortung der Frage nach seiner Vereinbarkeit mit dem Luthertum Bachs schon längst eine dringende wissenschaftliche Aufgabe ist. Denn wie sollten wir Bach recht verstehen, ohne bei seinem Verhältnis zur Aufklärung zur Klarheit gekommen zu sein!

Bei der Erfüllung dieser Aufgabe müssen wir zuerst die Unwahrscheinlichkeit, ja Unmöglichkeit eines völlig unbewußten Zusammenhanges Bachs mit dem Denken der Aufklärung bei der Verfolgung seiner formalstilistischen Gestaltungsprinzipien uns vor Augen halten: dafür spricht ganz einfach die Fülle grundsätzlicher Gedanken in den zeitgenössischen musiktheoretischen Werken, die keinesfalls ohne Einfluß auf seine Anschauungen geblieben sein können. Manches andere läßt sich in diesem Zusammenhang anführen, so Bachs Berührung mit seinem Vetter Joh. Gottfried Walther, der vor allem durch seine Arbeiten an seinem Lexikon mit den musikalischen Strömungen und musiktheoretischen Anschauungen seiner Zeit völlig vertraut war, ferner Bachs bezeugte Kenntnis von Leibnizens Schrift ›Von der Weisheit‹, auf die wir später zu sprechen kommen werden, nicht zuletzt aber Bachs (wenn auch späte) Mitgliedschaft in der Mizlerschen Sozietät, für die philosophische und mathematische Bildung Aufnahmebedingung war. Mizler war es, der sehr starke Verbindung zur Aufklärungsphilosophie, besonders zum Schrifttum von Leibniz hatte. Durch ihn wurde dessen bekanntes Wort „musica est excercitium arithmeticae occultum nescientis se numerare animi" in seiner ›Musikalischen Bibliothek‹ I, 2, S. 148, zu Bachs Zeiten verbreitet.

Aus diesen wenigen Hinweisen, die vermehrt werden könnten, ergibt sich die Frage, ob sich aus den spärlich vorhandenen Zeugnissen von Bachs Musikanschauung Spuren aufklärerischen Denkens finden lassen. Zu ihrer Beantwortung bietet sich kein besserer Anknüpfungspunkt als Bachs bekannte Definition vom Generalbaß.

Jüngst hat Arnold Schmitz eine beachtenswerte Interpretation dieser Sätze in ›Musik und Altar‹, Heft 2, S. 8 ff. (Freiburg 1948, Christopherus Verlag) gegeben. Dabei kommt ihm L. Hutters Compendium locorum theologicorum, das Bach gekannt hat, zustatten. Mit Nachdruck sagt Schmitz, daß Bachs Definition nur theologisch verstanden werden könne. Danach scheint es so, als ob sich von hier aus für die Beantwortung unserer Frage gar nichts bzw. nur Negatives ergäbe, indem Bachs Definition eben ausschließlich aus der Gedankenwelt des orthodoxen Luthertums zu begreifen ist. Zweierlei indessen darf bei der Interpretation dieser Worte nicht außer acht gelassen werden: erstens die Tatsache, daß sich Bach hierbei älterer Vorlagen bedient hat, und zweitens, daß er hier zunächst „nur" vom Generalbaß redet. Es bedarf der Überlegung, ob es etwas zu besagen hat, wenn Bach nicht gleich allgemein von der Musik handelt, sondern zuerst „nur" den Generalbaß meint.

Es ist sicher nicht bedeutungslos, daß sich Bachs Definition zum Teil wörtlich in der ›Historischen Beschreibung der edlen Sing- und Klingkunst‹ von Wolfgang Caspar Printz aus dem Jahre 1690 findet. Dort heißt es: „Die äußere und gemeine Endursach der Musik ist die Ehre Gottes, um welcher willen alle Dinge sein, die da sein, und alles, was geschieht, geschehen soll" und „die äußere und eigene Endursach der Musik ist die Bewegung des menschlichen Gemüts". Von Printz, und das heißt also von der musiktheoretischen (und nicht theologischen) Literatur seiner Zeit, ist Bach zu seinem ›Gründlichen Unterricht des Generalbasses‹, in dem die Definition bekanntlich steht, zweifellos angeregt worden. Als Vorlage für andere Stücke des ›Gründlichen Unterrichts‹ hat Philipp Spitta bereits in seinen ›Musikgeschichtlichen Aufsätzen‹ (Berlin 1894, S. 121 ff.) F. Niedts ›Musikalische Handleitung und gründlicher Unterricht‹ (1700) nachgewiesen. Es ist nicht gerade wahrscheinlich, daß auf Printzens Formulierung seinerseits Hutters Compendium Einfluß gehabt hat, wohl aber darf nicht vergessen werden, daß das Begriffspaar laudatio Dei und recreatio cordis, das den verschiedenen Äußerungen zugrunde liegt, frühmittelalterliches Gedankengut darstellt. Die Feststellung, daß Bachs Definition ihr Vorbild in zeitgenössischen musiktheoretischen Anschauungen hat, besagt nun aber, daß seine Gedankenwelt eben nicht so einfach, wie es scheint, ausschließlich aus der lutherischen Orthodoxie des 17. Jahrhunderts rekonstruiert werden kann.

Das wird noch deutlicher, wenn wir der Frage nachgehen, warum Bach Printzens Aussage von der Musik in erster Linie auf den Generalbaß anwendet und erst danach auf die Musik im allgemeinen. Die ganze Definition lautet bekanntlich folgendermaßen: „Der General-Baß ist das vollkommenste Fundament der Musik, welcher mit beiden Händen gespielt wird, dergestalt, daß die linke Hand die vorgeschriebenen Noten spielt, die rechte aber Con- und Dissonantien dazu greift, damit dieses eine wohlklingende Harmonie gebe zur Ehre Gottes und zulässiger Ergötzung des Gemüts, und soll, wie aller Musik, also auch des General-Basses Finis und Endursache anders nicht, als nur zu Gottes Ehre und Recreation des Gemütes sein; wo dieses nicht in acht genommen wird, da ist's keine eigentliche Musik, sondern ein teuflisches Geplärr und Geleier."

Wir meinen, den Sinn dieser Worte nicht erschöpfen zu können, wenn ihre theologische Bezogenheit nur in Antithese zu einem selbstherrlichen Künstlertum späterer Zeit, das für Bach nicht in Frage stand, gestellt wird. Bach redet hier zunächst wirklich nur vom Generalbaß und seiner Handhabung und bezeichnet ihn als das vollkommenste Fundament der Musik. Nach allgemeiner Anschauung des musikalischen Barocks ist er dies, weil er sich auf die trias harmonica (perfecta) gründet, d. h. auf den Dur- und Moll-Dreiklang, der radix omnis harmoniae, worauf die gesamte Musiktheorie beruht. (Kap. 5 des ›Gründlichen Unterrichts‹.)

Diese trias harmonica aber (das sagt schon das zumeist hinzugefügte Adjektiv perfecta) ist nicht menschliche Erfindung, sondern ein Teil göttlicher Schöpfungsordnung und darum ein Spiegel und Zeugnis von Gottes Herrlichkeit, ein „Formular von Gottes Weisheit" (A. Werckmeister). Daher erscheint der auf einer vorgegebenen Ordnung beruhende Generalbaß unter der Voraussetzung, daß seine nicht vom Menschen erfundene Gesetzmäßigkeit respektiert wird, selbst als etwas Göttliches, er ist eine „ars aeternis naturae legibus adstricta" (ebenfalls Werckmeister). Der Generalbaß spricht gleichsam durch sein bloßes Dasein für Gott und seine Ehre, wobei keineswegs das Bibelwort dabei sein muß. Man darf nicht übersehen, daß Bach hier eindeutig von instrumentaler Musikübung redet. Zugleich aber liegt es in Gottes Schöpfungsgeheimnis beschlossen, daß gerade dort, wo — wie in der Generalbaßmusik — nicht Chaos herrscht, sondern Ordnung, Regel und Gesetzmäßigkeit waltet, der Mensch Gefallen und Gemütsergötzung findet. So erklärt sich z. B. der Wohlklang der Konsonanzen aus den einfachen Verhältnissen bei den Schwingungszahlen der konsonantischen Intervalle. Gottes Ehre und zulässige Gemütsergötzung sind daher nach dem Schöpferwillen Gottes unzertrennlich miteinander verbunden, gleichsam zwei verschiedene Seiten eı̄n und derselben Sache. Werckmeister sagt geradezu klassisch: „Das Gehör (er meint hier die angenehme Empfindung beim Hören) ist nur gleich als ein Ja, Herr, bewilliget und belustiget sich an dem, was durch ein gut Fundament beschlossen und erbaut ist" (Dedication zur ›Orgelprobe‹, Quedlinburg 1692).

In zahllosen Äußerungen begegnen uns derartige Gedanken jener Zeit. Von ihnen allein her kann Bachs Definition verstanden werden. Sie zeigen, daß dabei völlig unbekümmert, ohne daß man eine Spannung mit der kirchlichen Tradition empfindet, natürliche Theologie getrieben, d. h. neben der Schrift in den Gesetzen der Schöpfung eine göttliche Offenbarungsquelle gesehen wird, für deren Erschließung die Vernunft und nicht erst der Glaube zuständig ist. Man vergleiche etwa den Titel von Johann Buttsteds Schrift ›Ut –

mi – sol, re – fa – la tota musica et harmonia aeterna; neueröffnetes, altes, wahres, einziges und ewiges Fundamentum musices‹ (1717) oder noch besser den Titel von Werckmeisters Schrift ›Der edlen Musikkunst Würde, Gebrauch und Mißbrauch sowohl aus der Heiligen Schrift und dann aus den Musikgründen selbst eröffnet und dargestellt‹. Beide Verfasser führen in die nächste Umwelt Bachs, so Buttstedt als Schüler Pachelbels und als Kantor an der Predigerkirche zu Erfurt und Werckmeister aus der Harzgegend mit mancherlei Beziehungen nach Thüringen. Letzterer vor allem aber war durch sein umfangreiches Schrifttum sowie durch seine Erfindung des wohltemperierten Klaviers in jener Zeit allgemein bekannt.

Was hier an besonderem Gedankengut neben dem biblischen lebendig ist, ist nichts anderes als ein Traditionszusammenhang mit dem spätmittelalterlichen-quadrivialen Musikdenken, das einerseits in konservativen Lutherkreisen, andererseits aber im Jesuitismus durch die Jahrhunderte weitergelebt hat, wobei letzterer auch auf das Denken der protestatischen Kantorenwelt wirkt, wie sich z. B. bei Joh. Gottfried Walther nachweisen läßt (besonders ist hier Athanasius Kircher, aber auch ein Mann wie Wolfgang Schonsleder, auf den sich Walther ausdrücklich beruft, zu nennen). Dieser Zusammenhang spätmittelalterlichen und barocken Musikdenkens hat in Hermann Zencks ›Grundformen deutscher Musikanschauung‹ (Jahrbuch der Akademie der Wissenschaften in Göttingen 1941/1942) erstmalig eine zusammenfassende, ausgezeichnete Darstellung erfahren. Unübersehbar ist in diesem entwicklungsgeschichtlichen Zusammenhang nun aber eine gewisse Akzentverlagerung des quadrivialen Denkens im 17. Jahrhundert zugunsten einer natürlichen Theologie auf rationaler Grundlage, die sich neben biblisch-theologischem Denken behauptet. Es wird jetzt die Vernünftigkeit der Schöpfung im ganzen wie aller ihrer einzelnen Teile, deren einer die Musik ist, erkannt. Mit dem Einbruch solcher natürlichen Theologie in die barocke Musikanschauung, und zwar auch in die der lutherischen Kantoren, der sich vielfach belegen läßt, vollzieht sich aber nichts anderes als ein Einbruch der Aufklärung in die lutherische Musikanschauung. Dabei muß es als völlig sichere Tatsache gelten, daß in diesem Denken auch Bach durch seinen musikalischen Werdegang gelebt hat. Seine Definition vom Generalbaß ist der Beweis dafür. Eine andere Frage ist freilich, ob und wieweit die lutherischen Kantoren der Barockzeit und ein Bach selbst in diesem vernunftmäßigen, aus der natürlichen Theologie erwachsenen Denken eine Spannung zur lutherischen Orthodoxie empfanden. Man wird dies bezweifeln dürfen. Vielmehr wird die Übereinstimmung dieses aufklärerischen Gedankenguts mit der biblischen Gedankenwelt durch Schriftzitate, aber freilich a posteriori, immer wieder erwiesen, wobei Stellen wie Weisheit Salomos, Kap. 11, 21 und Buch Hiob, Kap. 38, 7 wie schon im Mittelalter ständig als Beweis dienen. Wir sehen freilich heute im geschichtlichen Abstand hier eine Spannung, jedoch nicht in der Unvereinbarkeit beider in Erscheinung tretenden geistigen Welten, sondern in einem mangelnden Selbstverständnis, indem die barocke Musiktheorie nicht erkannte, daß es auch eine Frucht des christlichen Glaubens und nicht der menschlichen ratio ist, wenn sie zu der ihr eigenen tiefen Schöpfungserkenntnis geführt wurde.

Daß es sich bei dem oben Gesagten wirklich um Gedankengut der Aufklärung handelt, wird völlig deutlich durch Leibnizens Schrift ›Von der Weisheit‹, die Bach, wie bereits bemerkt, bekannt gewesen ist. In dieser finden sich alle entscheidenden Gedanken unseres Zusammenhangs (sie ist abgedruckt in der Philosophischen Bibliothek, Band 108, Leipzig 1906, S. 412 f.). W. Gurlitt hat die entscheidenden Sätze in einem für unsere Ausführungen auch sonst in vieler Hinsicht wichtigen Aufsatz ›Musik und Rhetorik‹ zitiert (vgl. Helicon. Revue internationale des problemes genereaux de la litterature Tome V Fasc. 1—3, S. 84 f., Basel 1944). Folgender Satz mag die Einheit Leibnizscher Gedanken und barocker Musiktheorie beleuchten: „Die Schläge auf der Trommel, der Takt und die Kadenz in Tänzen und sonst dergleichen Bewegungen nach Maß und Regel haben ihre Annehmlichkeit von der Ordnung, denn alle Ordnung kommt dem Gemüte zustatten . . . Daher die Musik so bequem ist, die Gemüter zu bewegen.“ Diese Worte hätte genausogut ein Musiktheoretiker aus der Umwelt Bachs sagen können, wie ja die gedankliche Verbindung zu seiner Definition des Generalbasses unübersehbar ist. Zuweilen beruft sich Leibniz auf den Jesuiten Athanasius Kircher, wodurch offenbar wird, daß der große Philosoph selbst in dem in einer Linie über den Jesuitismus laufenden Traditionszusammenhang mit dem spätmittelalterlichen quadrivialen Denken steht. Daß er außerdem aus einer alten Kantorenfamilie stammt, hat W. Gurlitt neuerdings in dem zitierten Aufsatz ausgesprochen. Jedoch zeigt sich gerade besonders bei Leibniz nicht verwunderlicherweise jene bezeichnete Akzentverlagerung, indem etwa das Wort Harmonie zu einem naturphilosophisch bestimmten Zentralbegriff im Sinne natürlicher Theologie umgeprägt wird.

So offenbar hier also das Zeitalter der Aufklärung am Werk ist, so muß freilich mit Nachdruck gesagt werden, daß es sich dabei nur um eine seiner Erscheinungsformen, und zwar um einen eigentümlich deutschen Zweig der Aufklärung handeln kann, der, mit stark konservativen Elementen durchsetzt, die Vernunft nicht gegen den Glauben ausspielt, sondern beider Vereinbarkeit, wie es sonst in jener Geistesrichtung gewiß nicht allgemein geschah, behauptet. Wir können hier in gewisser Weise von einem gläubigen Rationalismus sprechen. Nur dadurch wird allerdings verständlich, wieso eine Gestalt wie Joh. Seb. Bach überhaupt mit der Aufklärung etwas zu tun haben konnte. Es soll mit allem Dargelegten nicht die Meinung vertreten werden, daß Bach naturphilosophischen Gedankengängen in stärkerem Maße nachgegangen sei. Das wird sicherlich nicht der Fall gewesen sein, denn er hätte sich sonst doch wohl darüber einmal ausdrücklich geäußert. Aber es kann nach unserer Feststellung kein Zweifel mehr sein, daß ihm jener bezeichnete aufklärerische Bereich natürlicher Theologie selbstverständlicher und gewiß unproblematischer innerer Besitz gewesen ist. Zu dieser Annahme zwingt einfach sein Werk; denn dieses spiegelt in seiner Formgebung in vielfältigster Weise jene Welt eines gläubigen Rationalismus wider. Wie anders werden wir seine großen Instrumentalschöpfungen aller Schaffensperioden, die Orgelwerke der Weimarer Zeit und die Kammermusik und Lehrwerke der Köthener Jahre ebenso wie die großen Schöpfungen der Reifezeit verstehen, wenn nicht aus dem elementaren Gefühl für das naturhaft Geordnete der beginnenden Aufklärung, aus jenem dieser Zeit so eigentümlichen Sinn für die in der Schöpfung waltenden Gesetze! So geschieht es durchaus zu Recht, wenn mit Hilfe Leibnizscher Begriffe Bachs Musik erklärt wird. Aus dem kosmischen Ordnungssinn und der Kraft, ihn im Kunstwerk zu bewähren und zu gestalten, erwächst jenes lebensbejahende und weltoffene Gefühl vom „glückseligen Musicus“, von dem Kuhnau in seinem ›Musicalischen Quacksalber‹ (1700) spricht. Auch Bach, von dessen „Nachsinnen“ bei seiner kompositorischen Tätigkeit sein Sohn Carl Philipp Emanuel höchst aufschlußreich gesprochen hat, wie uns durch Forkel überliefert ist, muß dieses Gefühl besessen haben; denn ohne dieses würden uns seine Instrumentalwerke vor allem der mittleren Zeit unverständlich bleiben. Es bewahrheitet sich in ihnen, was Leibniz in jenem anderen Satz seiner Schrift ›Von der Weisheit‹ so bezeichnend formuliert hat: „Daraus sieht man nun, wie Glückseligkeit, Lust, Liebe, Vollkommenheit, Wesen, Kraft, Freiheit, Übereinstimmung, Ordnung und Schönheit aneinander verbunden sind.“

Aber auch die Formensprache von Bachs geistlichen Werken zeigt den gleichen, nur von der Aufklärung her verständlichen Sinn für Regel und Gesetz, wie es ja gar nicht anders denkbar ist, als daß Bachs Werk eine innere Einheit ohne Bruch zwischen weltlichem und geistlichem Schaffen bildet. Das wird dort am deutlichsten, wo Bachs Musik Symbolsprache ist. In welch früher nie geahntem Umfang sie dieses ist, haben mancherlei Forschungen der letzten Jahre aufgedeckt. So eindeutig Bach sich in seiner Symbolik als Lutheraner erweist, so selbstverständlich es bei ihm nur christliche Sinnbildlichkeit geben kann und so gewiß auch Zahlensymbolik in der theologischen Literatur der altlutherischen Orthodoxie ihren festen Platz hat, so ist damit nicht gesagt, wie es zur zahlensymbolischen künstlerischen Gestaltung in dem Ausmaß, wie es bei Bach der Fall ist, kommen kann. Diese aber läßt sich nur erklären und verstehen aus dem Ordnungssinn der Aufklärung, aus einem ganz besonderen Sinn für die Bedeutung der Zahl als eines göttlichen Mittels beim Bau der Schöpfung im Ganzen wie in allen ihren Teilen. Die enge Zusammengehörigkeit von Musik und Mathematik ist ja eines der eigentümlichsten Merkmale des quadrivialen Denkens und hat in der Aufklärung allgemein noch einmal größte Bedeutung bekommen. Doch ist die Zahlensymbolik ja nur ein Teil Bachscher Symbolgestaltung. In gewisser Hinsicht verrät in noch ausgesprochenerem Maße die von Bach immer wieder angewandte sinnbildliche Symmetrieform ihre Wurzel im ordnenden

Bausinn der naturphilosophisch ausgerichteten Aufklärung. Das freilich ist zu sagen, daß die vom Künstler der Barockzeit, und von Bach in erster Linie, aufgespürte Gesetzmäßigkeit der Schöpfungswelt nie um ihrer selbst willen im Kunstwerk nachgebildet wird, sondern immer zur Ehre Gottes. Weil sie über sich selbst hinausweist, darum wird sie bei Bach zugleich als Sinnbild für die ewige Wahrheit des Evangeliums verwandt. Gerade dadurch erscheint uns Bach als ein so universaler Geist, der in völliger Einzigartigkeit und Einmaligkeit die Musik der Ordnung zum Gleichnis für die biblische Botschaft erhebt. Die Gefahr, das künstlerische Werk autonom zu betrachten, der die Aufklärung nach Bachs Zeit und in anderen Ländern zum Teil schon während ihr erlegen ist, hat für ihn nicht im entferntesten bestanden.

Unsere Überlegung hat bisher keine Möglichkeit gezeigt, auf Scherings eingangs erwähnte Deutung der Bachschen Formensprache mit Hilfe Christian-Wolffscher Begriffe einzugehen. Das ist kein Zufall, denn Scherings Verwendung der Philosophie Wolffs ermöglicht lediglich eine Anknüpfung an der Außenseite und nicht der Innenseite von Bachs Werk. Mit der „Psychologia empirica" kann man nur an die subjektiv-psychologische Seite von dessen Schaffen herankommen. Gewiß lassen sich auch von hier aus Verbindungslinien zum Denken der Begriffswelt der Aufklärung ziehen. Aber die Maßstäbe einer Affektentheorie können Bachs Werk immer nur an der Oberfläche treffen, nicht aber ihr Fundament und den freilich oft so geheimen und verborgenen Untergrund, der das Gesamtwerk trägt und sein eigentliches Wesen bestimmt. Und da die musikalische Darstellung menschlicher Affekte bei Bach niemals Selbstzweck ist, sondern dem Ausdruck christlicher Glaubenserfahrungen dient, besagen sie auch nichts Wesentliches über sein Verhältnis zur Aufklärung. Eine Frage könnte sich in diesem Zusammenhang lediglich bei den langsamen Sätzen der reinen Instrumentalmusik mit ihren affektbezogenen Themen ergeben. Doch dürfen wir auch hier nicht bewußte und gewollte Darstellung menschlicher Empfindungen um ihrer selbst willen, noch viel weniger die Wiedergabe individualistischer Seelenzustände annehmen, sicher jedoch mit Schering typische Affekte im Sinne der Wolffschen Philosophie. Aber es muß hervorgehoben werden — und dieses vor allem im Hinblick auf die Reifezeit Bachs, die sich in einer zunehmenden Objektivierung seines Schaffens auf allen Gebieten (h-Moll-Messe — letzte Choralkantaten — Kunst der Fuge, um nur wichtigste Beispiele zu nennen) kundtut —, daß diese eben nur Oberfläche und nicht Untergrund, Begleiterscheinung, aber nicht das eigentliche Wesen der Bachschen Musik sind.

›Bach und die Aufklärung‹ — eine gewisse Zusammengehörigkeit beider, so unwahrscheinlich auf den ersten Anblick dies erscheinen mag, läßt sich nicht mehr übersehen; sie muß nur im rechten Lichte betrachtet werden.

# Die Bedeutung des Kanons in Bachs Werk

Arnold Schering hat in dem ersten seiner drei bekannten Aufsätze über „Bach und das Symbol“ drei Kanonarten unterschieden: den Geselligkeitskanon, den instrumentalen Künstlichkeitskanon und den meist vokalen Ideenkanon[1]. Dementsprechend ordnet er Bachs untextierte, reine Instrumentalkanons in die zweite Gruppe ein, in der sie „als künstlerische Leistungen schlechthin geschätzt werden“. Von der dritten Gruppe sagt Schering: „Tritt dagegen in der Vokalmusik kanonische Arbeit bei ihm auf, dann ist sie immer einer höheren Symbolik dienstbar“[2]. Sowohl gegen Scherings Klassifizierung des Kanons sowie gegen die Wertung der einzelnen Gruppen sind Bedenken geltend gemacht worden, jedoch bedarf die wichtige Frage, wie die instrumentalen Kanonschöpfungen zu bewerten sind, noch der eigentlichen Beantwortung; daß sie mehr sind als „künstlerische Leistungen schlechthin“ und das heißt, mehr als nur artistische Kunstprodukte, kann nicht mehr bezweifelt werden. Niemals würden wir mit solchen Prädikaten Werken wie den Goldberg-Variationen, dem Musikalischen Opfer und der Kunst der Fuge gerecht werden und ihr Wesen erfassen; aber als was sind diese im Rahmen von Bachs Gesamtwerk doch wahrlich nicht peripheren Schöpfungen anzusehen?

[1] Vgl. Bachjahrbuch 1925, S. 40 ff. sowie A. Schering, „Das Symbol in der Musik“ (mit einem Nachwort von W. Gurlitt), Leipzig 1941, S. 24 ff.
[2] Vgl. ebenda S. 27 und S. 42.

In allerjüngster Zeit hat Arnold Schmitz in seiner vielbeachteten Arbeit „Die Bildlichkeit der wortgebundenen Musik J. S. Bachs“[3] die Frage nach der Bedeutung des Kanons in Bachs Werk neu aufgeworfen. Schmitz handelt von der Bedeutsamkeit der musikalischen Redefiguren, die sich aus der Beziehung und Abhängigkeit der Musik von der Rhetorik ergeben, einer Beziehung, die sich nach seiner Ansicht bis tief in das Mittelalter verfolgen läßt. Auch für die Anwendung des Kanons, sowohl des ausgeführten Kanons wie der Figuralkanonik, ergeben sich hieraus klare Erkenntnisse. Es ist sicher, daß Schmitz' Unternehmen von großer Bedeutung für das Verständnis von Bachs Werk ist. Es erhebt sich in unserem Zusammenhang nur die Frage, ob nicht neben der Wirkung der Rhetorik auf Bachs wortgebundene Musik sowie neben den daraus sich ergebenden musikalischen Allegorien bestimmte Techniken und Formen als solche, ganz gleich ob sie in vokalem oder instrumentalem Zusammenhang auftreten, etwas bedeuten. Könnte es nicht sein, daß zum Beispiel die Form des Kanons an sich einer höheren Sinnbildlichkeit unterliegt, ehe sie etwa angewandt wird bei der Vertonung eines bestimmten Textes? Oder umgekehrt ausgedrückt: Findet nicht bei Bach deshalb der Kanon bei bestimmten Texten Verwendung, weil er – nicht als tonmalerisches Gebilde, sondern als eine bestimmte Form – Sinnbild ist? Die Wahrscheinlichkeit einer solchen Annahme ergibt sich aus der allgemeinen Beobachtung, daß bei Bach, wie in seiner Zeit überhaupt, musikalische Formen häufig mehr sind als bloße Technik. Es braucht beispielsweise nur an den Begriff der Trias harmonica perfecta als Bezeichnung für den Dreiklang erinnert zu werden. Mit diesem, der ein Wunder der Schöpfung ist und daher Züge der Vollkommenheit im theologischen Sinne trägt,

[3] Mainz 1950, S. 40 ff.

verbindet das gesamte Barockzeitalter das Gleichnis der göttlichen Trinität, wohl bemerkt mit dem Dreiklang als solchem und nicht nur mit ihm in Verbindung mit irgendwelchen Texten. Wilibald Gurlitt zitiert in seinem kleinen Bachbuch im Hinblick auf Pachelbels bekannte dreistimmige instrumentale Kanon-Variationen über einem ostinaten Baß folgenden Satz von Andreas Werckmeister aus dem Jahre 1691: „Ob sie (die Musik) nun schon ein äußerlich Wesen an ihr selber ist, so gibt sie doch Anlaß und schöne Erinnerung zu dem geistlichen, himmlischen Wesen... Wie denn sonderlich die Musica ein Spiegel göttlicher Ordnung und ein Vorgeschmack der himmlischen Harmonie ist"[4].

Daß nun speziell auch die Kanonkunst im Lichte derartiger natürlicher Theologie bei Bach zu sehen ist, erweist uns folgendes andere Wort Werckmeisters aus dem 9. Kapitel seiner Schrift „Der edlen Musik-Kunst Würde, Gebrauch und Mißbrauch" (1691): „Es ist aber ein solches Sauff Runda nichts anderes als eine in der vollkommenen Triade bestehende Harmonie, die da wieder in einer vollkommenen Progression und in einerlei clavibus fortgesetzt und repetiert wird: wenn denn unterweilen, wenn die Zeit es erfordert, dergleichen vollkommene freudige und hurtige Harmonien in den Kirchen Gott zu Ehren vorgebracht werden, so sagen diejenigen, so in der Musik nicht allerdings erfahren, es sei ein Runda: aber wer hat doch diese allervollkommenste Harmoniam den Säufern in ihrer Schwelgerei verordnet? Der Antrieb des Satans."

Werckmeister meint hier offenbar jene bestimmte Kanonform, die wir beispielsweise aus dem Leipziger Studentenliederbuch des Christian Clodius (1669) kennen, eine Gattung, die in einer bis ins Mittelalter zurückreichenden Tradition steht. Es han-

[4] Vgl. W. Gurlitt, „Joh. Seb. Bach. Der Meister und sein Werk", 3. Aufl., Kassel 1949, S. 26.

delt sich um kanonische Rundgesänge (vgl. das englische Wort round für Kanon!), die zumeist dreistimmig oder gar dreimal dreistimmig sind, sich melodisch auf dem Dreiklang aufbauen und gern von einem ostinaten Baß getragen werden, der seinerseits dreimal erklingt. So findet sich bei einem dieser Kanons die nähere Bezeichnung „tres personae in unisono. Bassus suum tempus ter canit“ [5]. Was Werckmeister an derartigen anspruchslosen Kanons bewundert, ist also die Kanonform als solche und hier nun noch in der Verbindung mit der vollkommenen Triade, dem Dreiklang und womöglich auch noch dem Dreitakt, dem tempus perfectum, der vollkommenen Progression und schließlich auch noch mit der Dreistimmigkeit. Das alles sind für ihn Wunder der Schöpfung, denn das Wort „vollkommen“ ist hier zweifellos stets im theologischen Sinne gemeint. Was besagt demnach dieses zweite Zitat Werckmeisters? Es spricht aus, daß der Kanon um seiner formalen Gestalt willen (genau wie der Dreiklang und der Dreitakt) in die Kirche, in den Gottesdienst gehört; denn er ist durch diese Gestalt ein Zeugnis der Schöpfermacht Gottes, will sagen seiner Ehre.

Wir dürfen nicht daran zweifeln, daß ein solches von der theologia naturalis her bestimmtes musikalisches Denken, das für den Förderer der wohltemperierten Stimmung außerordentlich kennzeichnend ist, auch zu Bachs Musikanschauung gehört hat und daher – ohne in Spannung mit seinem biblischen Glauben zu geraten – sein Schaffen, auch sein geistliches, mitgetragen hat [6].

[5] Zwei Beispiele aus Clodius' Liederbuch habe ich in meine Sammlung „Fröhliche Singradel“ (2. Aufl., Kassel 1951) aufgenommen.

[6] Die Forschung hat noch die Wurzel dieser Anschauung aufzudecken. Wiewohl sich hier die beginnende Aufklärung ankündigt (vgl. meinen Aufsatz „Bach und die Aufklärung“ in der Bach-Gedenkschrift, Zürich 1950), schließt dies eine Verbindungslinie zur altprotestantischen Orthodoxie nicht aus.

Daß die Kanonform an sich Gleichnischarakter hat, ist keine Errungenschaft des Barockzeitalters; bereits die Blüte der Kanonkunst im burgundisch-niederländischen Kulturkreis des 15. Jahrhunderts ist dadurch gekennzeichnet. Es sind ganz bestimmte Texte in jener Epoche, bei deren Vertonung bevorzugt auf den Kanon zurückgegriffen wird, so vor allem beim Sanctus und Pleni in der Ordinariumsmesse. Die strengste musikalische Form wird hier zum Abbild der Himmelswelt. Demgegenüber erscheint es folgerichtig, wenn beispielsweise der subjektive Ruf des Kyrie eleison in jener Zeit niemals in diese Form gekleidet wurde. Die Gestalt der missa canonica des 16. Jahrhunderts ist in diesem Zusammenhang als Dekadenzerscheinung anzusehen; der Kanon hat seine besondere Gleichnishaftigkeit in der Renaissance eingebüßt. Jedoch bewahrt er seine ursprüngliche Bedeutung in gewissen Kreisen des Jesuitismus sowie auch des Protestantismus.

Das Titelbild von Athanasius Kirchers „Musurgia" (1650) mit dem darauf befindlichen Canon angelicus 36 vocum in 9 choros distributus oder jener andere Kanon auf dem Titelblatt von Johann Rists „Sabbathische Seelenlust" (1651) sind sprechende Beispiele[7], die nicht aus einer von der Rhetorik her bestimmten musikalischen Figurenlehre verständlich werden. Sie machen deutlich, daß im Zeitalter des Barocks das spätmittelalterliche Kanonverständnis neu erwacht, freilich nicht ohne eine gewisse Akzentverlagerung. Daß der Kanon im 17. und auch noch im frühen 18. Jahrhundert immer wieder als Standessymbol für den Komponisten begegnet, deutet auf mehr als nur auf den Ausweis technischer Meisterschaft. Es kommt in diesem Brauch vielmehr zum Ausdruck, daß sich der musikalische Schöpfer als Nachgestalter von Gottes Schöpfung fühlt, an der

[7] Vgl. R. Haas „Die Musik des Barocks", Potsdam 1928, S. 77 und 164.

er besonderen Anteil nehmen darf[8]. Neu am sinnbildlichen Kanonverständnis im Barock ist eine gewisse naturphilosophische Nuancierung.

In dieser Entwicklungsrichtung haben wir Bachs Kanonschaffen zu begreifen. Die Anwendung von sinnbildlichen Hinweisen, wie er sie bei verschiedenen Stücken des Musikalischen Opfers angebracht hat, liegt ganz auf der Linie spätmittelalterlicher Gepflogenheiten. Und doch ist hier neu die gleichnishafte Anwendung des Kanons auf natürliche Schöpfungsordnungen, nämlich auf den Staat und den Monarchen, den Fürsten von Gottes Gnaden. Neu ist allein schon die symbolische Bezeichnung reiner Instrumentalkanons, aber gerade dies ist eben auch besonders kennzeichnend für Bachs Zeit. Haben wir diesen Tatbestand erkannt, dann muß freilich mit ganzem Nachdruck hinzugefügt werden, daß es sich hierbei nur um eine Seite der Sache, ja nicht einmal um die hervorstechendste handelt. Allerdings bekommen von solcher Betrachtung her Werke wie das Musikalische Opfer und die Kunst der Fuge einen theologischen Sinn, und das B-A-C-H-Thema wird als Standessymbol mit gläubigem Hintergrund verständlich. Jedoch tritt der Kanon als Gleichnis stärker noch dort in Erscheinung, wo es um christliche Glaubensaussagen geht, wobei zu vermerken ist, daß beide Anwendungsformen nicht im Gegensatz zueinander stehen, sondern aus *einer* Gesinnung kommen und sich gegenseitig tragen.

Im Orgelbüchlein haben wir drei besonders anschauliche Beispiele für jene zweite Form kanonischer Sinnbildlichkeit, und zwar in jenen Chorälen, die den Vermerk tragen „Canon all'

[8] Vgl. H. J. Moser, „Die Symbolbeigaben des Musikerbildes“ in „Musik und Bild“ (Festschrift für Max Seiffert), Kassel 1938, S. 35 ff., besonders S. 45 ff. Auch der Kanon auf dem Hausmannschen Bachbild hat diesen geistigen Hintergrund.

Ottava". Es handelt sich um „Gottes Sohn ist kommen", „In dulci jubilo" und „Erschienen ist der herrlich Tag". Auffallend ist, daß alle drei Stücke völlig übereinstimmend gearbeitet sind. Sie stehen im Dreihalbetakt (obwohl die Weise „Gottes Sohn ist kommen" im Zweierrhythmus steht; Bach hat sie also eigens umgeformt), sie bringen jeweils den Cantus firmus als Kanon und zwar alle drei im Doppeloktavabstand in den Außenstimmen, und sie bevorzugen schließlich Terzen und Sexten in der Führung der beiden Mittelstimmen. Das heißt, es findet hier eine Verkoppelung von Kanon, Dreitakt, Hervorhebung von Terzen und Sexten sowie des Oktavintervalls (Canon all' Ottava) statt. Sämtliche Formen deuten auf die Vollkommenheit: Der Kanon als die strengste musikalische Form, das tempus perfectum, die trias harmonica perfecta (vertreten durch die Terzen und Sexten) und schließlich die Diapason (der betonte Oktavraum). Alles vereint findet hier eine allgemeine (und nicht etwa auf bestimmte Worte bezogene) Anwendung auf die christliche Weihnachts- und Osterbotschaft. Fritz Dietrichs Deutung der Kanonanwendung beim Orgelchoral „In dulci jubilo" auf die Worte „trahe me post te" läßt sich nicht mehr aufrecht erhalten[9]; die völlig gleiche Behandlung der genannten drei Orgelchoräle zeigt eine allgemeine Gleichnishaftigkeit des Kanons sowie der anderen genannten Formen. Sie begegnen ja auch sonst noch in Bachs Werk in gleicher Sinnbildlichkeit. So bevorzugt das kanonisch gearbeitete Duett „Et in unum" aus der h-moll-Messe in völlig verwandten Zügen Terzen und Sexten. So umspannt in der Kantate Nr. 77, „Du sollst Gott, deinen Herrn, lieben", ein Cantus firmus-Kanon im mehrfachen Oktavabstand der Weise „Dies sind die heiligen zehn Gebot", die Totalität Gottes meinend, den

[9] Vgl. Fr. Dietrich, „J. S. Bachs Orgelchoral und seine geschichtlichen Wurzeln", Bachjahrbuch 1929, S. 53 f.

großen Einleitungschor. Ähnliches treffen wir im Einleitungschor der Kantate Nr. 80 „Ein feste Burg ist unser Gott" an. Die Beispiele ließen sich beliebig vermehren. Die angeführten genügen jedoch, um deutlich erkennen zu lassen, welche Gleichnishaftigkeit sich mit der Kanonform, wo immer wir sie in Bachs Werk antreffen, verbindet, welcher theologische Sinn hinter ihr steht und von welcher Gläubigkeit sie getragen ist.

## AUSSPRACHE

*Ungenannter* Redner: Ich glaube, daß es sich um „Hineininterpretieren" handelt, wenn dem Kanon eine theologische Bedeutung beigemessen wird und daß in aller Kanonkomposition nichts anderes zu erblicken ist als die Repräsentation handwerklichen Vermögens, die Freude am musikalischen Spiel, am kompositionstechnischen Können und Möglichsein. — Wie könnte etwa die kanonische Arbeit der Goldberg-Variationen mit ihrem bestimmten biographischen Zweck zu jener Kanondeutung des Referenten in Beziehung gebracht werden?

*Blankenburg:* Die theologische Bedeutung der Kanonform *an sich* ist nicht immer als bewußte Absicht erkennbar und läßt dem Gesellschaftskanon volles Geltungsrecht. Entscheidend ist, daß das Kanonschaffen eine Anschauung repräsentiert, für welche musikalische Dinge Theologisches bedeuten. Der Kanon ist bis hin zu Bach — wie bildliche Darstellungen erweisen — eine Art Erkennungszeichen für den Komponisten, Symbol kompositorischen Tuns. Er weist — und das versuchte ich darzulegen — über das handwerklich-technische Können hinaus auf den Anteil hin, den der Komponist haben darf am Nachschaffen der Schöpfungsordnung Gottes.

*Besseler*-Jena: Der Kanon, das Standeszeichen des Berufsmusikers, ist seinem Ursprunge nach eine natürliche Art und Weise des Musizierens. Der Kanon des Hochmittelalters ist reine Gesellschaftskunst. Ein kirchlicher Ursprung kann nicht festgestellt werden. Beziehung zur Kirche, symbolische Bedeutung gewinnt der Kanon erst dadurch, daß gewisse Komponisten ihn zu kirchlich-symbolischen Zwecken benutzten. Im Grunde gehört er dem Bereiche des rein Musikalisch-Geselligen an.

*Blankenburg:* Dennoch weisen etwa das Wort Werckmeisters und die Analyse der Choräle aus dem Orgelbüchlein darauf hin, daß man jene weitere und entscheidende Bedeutung nicht übersehen darf. Das Kirchliche allein ist nicht das Theologische. Und ob nicht – worauf Schering hinwies – jenes im Kanon zu erblickende Bedeuten der Musik geistig noch weit über das Mittelalter zurückreicht? Es kam mir darauf an, zu fragen, ob nicht das Musikalisch-Technische mehr ist als nur Technisches.

# Die Symmetrieform in Bachs Werken und ihre Bedeutung

In der Bachschen Formgestaltung nimmt – wie die Forschung der jüngsten Zeit erwiesen hat – die Symmetrieform eine besondere Stellung ein. Vor allem haben Rudolf Steglich und Friedrich Smend dafür mancherlei Material herbeigebracht, das allerdings vielfach ergänzt werden kann. Beide Forscher gehen jedoch in der Deutung der Symmetrieform verschiedene Wege. R. Steglich sagt in seinem Bach-Buch (Potsdam 1935) folgendes:

»Nicht zufällig, vielmehr als wesentlicher Ausdruck Bachischen Geistes ist den Kantaten bogenförmiger, ‚symmetrischer' Tonartenaufbau eigen ... Bach gewinnt solche tonale Ordnung aus dem tragenden Grund der prästabilierten Harmonie. Aber nicht schon im Anblick, im Feststellen solcher Symmetrie erschließt sich der ‚Endzweck' des Werkes, sondern erst im Durchblick, in der Bewegung auf das Endziel – gleichwie der symmetrische Aufbau jenes zu Bachs Zeiten errichteten Thomas-Altares nicht das Auge auf seinem Ebenmaß ruhen läßt und die Christusgestalt nur im Rahmen, sondern mit Hilfe der symmetrischen Ordnung durch den Raum hindurchführen will auf den Crucifixus als das Ziel. Die Dacapo-Arie zwar ist sinngemäß nur zu hören als symmetrische Ordnung, im Hinblick auf ihre ‚Mittelachse', gleichsam die stehende Richtlinie der Bewegung. In dem mehrgliedrigen Gefüge der Bachischen Kantate aber und erst recht in noch umfänglicheren Werken ist die gesamte Folge der Einzelglieder sozusagen der ganze Längsverlauf, die stetig vorwärtstragende Grundbewegung selbst Hauptträger des Hindurch. Damit gewinnt das Schlußglied des Werkes über das Mittelglied der Symmetrie hinaus Zielbedeutung: Der Kraftstrom der Bachischen Kantaten mündet nicht nur der äußeren Form, auch der inneren Strebung nach in den Schlußchoral; die Bewegung auf den überhöhenden, zusammenschließenden Choral hin ist der Lebensgrundwille der Bachischen Kantate. Die symmetrische Anlage ist darum nicht sinnlos geworden; sie sichert die Geltung des Endgliedes als tonräumliches Ziel der prästabilierten Harmonie. Wenn außerdem das Mittelglied des tonartlichen Aufbaus als Durchblick und Ziel erscheint, dann in einem anderen Symbolbereich als das Endglied – so der b-moll-Tiefpunkt des Actus tragicus und der A-Dur-Lichtblick der Kantate ‚Süßer Trost'. Aber das muß nicht überall so sein. In der ersten Kantate des Weihnachtsoratoriums wird das a-moll der Mitte kaum als ein solcher Durchblick empfunden, es ist vielmehr die Wegstation der höchsten Spannung auf das Endziel hin. Denn der Eingangschor und die zweimal vom Evangelistenrezitativ über Accompagnato und Arie zum Choralchor sich vollziehende Bewegung, die ganze Kantate schließt sich zur Einheit zusammen in der umfassenden Bewegung auf den Schlußchoral hin, dessen Orchesterpart Anfang und Ende auch thematisch verbindet. Das ist ein Beispiel dafür, wieviel mehr Bach diese Werke als Strebung zum Blickpunkt, zum Endzweck hin empfunden und reguliert hat, als die bloße ‚Fest'-stellung der Aufbauform vermuten läßt." (S. 136f.)

Fr. Smend spricht in diesem Zusammenhang von Chiasmus unter Hinweis darauf, daß es sich bei der Symmetrieform um eine Andeutung der Kreuzesform handelt. Das große X sei nicht nur der Anfangsbuchstabe für das Wort „Christus", sondern auch das Sinnbild des Kreuzes und als solches von Bach oft verwandt worden, beispielsweise wenn er den Buchstaben K bei dem Wort Kreuz zuweilen wie ein griechisches X oder im Titel der Kreuzstabkante einfach „Xstab" schreibt[1]. Die Berechtigung, die Bogenform in der Folge a b b a als Chiasmus zu bezeichnen, ergibt sich für Smend aus folgender Aufstellung der Glieder, die sich über Kreuz miteinander verbinden lassen[2].

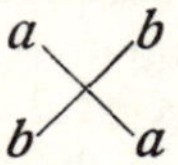


Hier ergeben sich indessen mancherlei Fragen. Sobald man eine solche Ordnung der Formglieder vollzieht, liegt keine eigentlich symmetrische Grundform mehr vor, die um eine Mittelachse geordnet ist und deren Glieder einander entsprechen. Dazu kommt, daß – falls Smend den Sachverhalt richtig sieht – hier nun allerdings eine musikalische Sinnbildlichkeit vorliegt, die dem menschlichen Ohr schlechterdings unzugänglich ist. Schon die symmetrische Großanlage bedeutet für den Hörer eine erhebliche Anforderung. Aber auch dort noch, wo sie nicht bewußt erkannt wird, beruht der geschlossene Gesamteindruck eines solchermaßen gebauten Werkes auf der in ihr waltenden Ordnung. So wird bei der Motette „Jesu, meine Freude" auch der schlichte Hörer irgendwie am Ende empfinden, daß sich hier ein Bogen wölbt. Jedoch würde der von Smend vertretene Chiasmus gewiß über den Glauben Bachs etwas Entscheidendes aussagen, aber schwerlich noch etwas mit der klingenden Musik zu tun haben. Muß nicht von da her Smends Deutung problematisch erscheinen? Dieser Chiasmus kommt ja doch erst durch eine zweckentsprechende Schreibweise zustande, während der tatsächliche

[1] Vgl. Fr. Smend, Joh. Seb. Bach, Kirchenkantaten, Heft 4, Berlin 1947, die Abbildung neben der Titelseite.

[2] Vgl. Fr. Smend, Luther und Bach, Berlin 1947, S. 37ff. Es ist dort nicht angegeben, woher dieser Begriff entnommen ist. H. Unger wendet ihn auf das 2. Thema der „Unvollendeten Sinfonie" von Schubert an; vgl. Atlantisbuch der Musik, Berlin 1934, S. 26.

Ablauf des musikalischen Vorgangs dem nicht Rechnung trägt. Es würde sich also um bloße „Augenmusik“ handeln.

Kreuzesform und Bogenform ist nicht schlechthin dasselbe. Mag sein, daß die originale bogenförmige Textgestalt der Arie „Komm, süßes Kreuz“ aus der Matthäus-Passion chiastisch, d.h. sinnbildlich im Hinblick auf das Kreuz zu verstehen ist; denn bei der anderen Arie aus der Matthäus-Passion „Gerne will ich mich bequemen“, liegt – darauf weist Smend hin (Luther und Bach, S. 35) – eine erst von Bach selbst vorgenommene Textwiederholung in folgender Gestalt vor.

„Gerne will ich mich bequemen,
Kreuz und Becher anzunehmen,
trink ich doch dem Heiland nach,
trink ich doch dem Heiland nach,
Kreuz und Becher anzunehmen,
Gerne will ich mich bequemen.“

Von diesem Sachverhalt aber muß man viel eher auf den Gedanken kommen, daß die Bogenform als eine Art Umkehrung zu verstehen ist und von da her ihre Kreuzessymbolik empfängt, entsprechend etwa dem absteigenden h-moll im „Et incarnatus est“ der h-moll-Messe als Zeichen der Erniedrigung gegenüber dem aufsteigenden D-dur im „Et resurrexit“-Chor. Aber es geht keinesfalls an, die Bogenform allgemein und grundsätzlich auf das Kreuz zu beziehen.

Nun gibt es bei Bach tatsächlich auch eine Entsprechung von Formgliedern über Kreuz. Ob in diesem Zusammenhang die je zwei Ecksätze vom Credo der h-moll-Messe zu nennen sind, erscheint fraglich; vielleicht hat man diese Ecksatzpaare nur als zweiteilige Sätze anzusehen. Zweifellos aber finden wir eine klare Entsprechung über Kreuz in der Motette „Jesu, meine Freude“ bei den Choralfigurationen und Choralbearbeitungen vor. Hier entspricht, wie bekannt, Satz 3 „Unter deinen Schirmen“ Satz 7 „Weg, weg mit allen Schätzen“ sowie Satz 5 „Trotz dem alten Drachen“ Satz 9 „Gute Nacht, o Wesen“. Zwischen Choralfiguration und Choralbearbeitung steht jeweils ein Terzett. Gerade dann, wenn man diese Anordnung als einen Hinweis auf das Kreuz Christi sowie im übertragenen Sinn auf das eigene Kreuz zu verstehen hat, dann mag dies indirekt wohl auch besagen, daß die Bogenform als solche nicht allgemein das Kreuz versinnbildlicht.

Die zentrale Bezogenheit von Bachs kirchenmusikalischem Werk auf die theologia crucis Luthers, wie sie Smend von dem Chiasmus her sieht, wird durch unsere Einschränkung selbstverständlich nicht in Frage gestellt. Zweifelhaft erscheint nach unseren Beobachtungen lediglich, ob von ihm nicht in der Anwendung der Symmetrieform mehr gesucht wird, als sie besagen will. Daß das Credo der h-moll-Messe auf den Crucifixus ausgerichtet ist, ist ein eindeutiger Befund. Aber diese Hervorhebung erfolgt nicht durch den Chiasmus als solchen, sondern durch die *Mittelachse* einer Symmetrieform, wie Smend selbst festgestellt hat[3]. Jedoch ist auch damit nichts Allgemeingültiges über den Sinn oder die Symbolbedeutung dieser Form ausgesagt, sondern nur dieses, daß das Mittelglied inhaltlich (was nicht immer gleichbedeutend sein muß mit „musikalisch") das wichtigste ist.

Ganz anders nun Steglich. Er sagt, wie oben zitiert, von symmetrisch angelegten Kantaten: „Bach gewinnt solche tonale Ordnung aus dem tragenden Grund der prästabilierten Harmonie", d.h. also, daß solche musikalische Formgestaltung das Abbild einer höheren Ordnung sei. Deutlicher noch hat sich Werner Korte im Anschluß an Steglich darüber geäußert. Er spricht bei der Symmetrieform von einer „mikrokosmischen Spiegelung" der prästabilierten Harmonie, die eine „metaphysische Ordnung von Gott" sei[4]. Bach verkörpere mit seiner Werkgestaltung noch einmal das vom Mittelalter überkommene deutsch-christliche Weltbild, das im Barock einen letzten Höhepunkt erlebt habe. Leibniz' Glaube an eine Stufenreihe der Werte von der Monade, der einfachen, ungeteilten Substanz bis zu Gott selbst sei in solchem Schaffen versinnbildlicht[5]. Daß Bach und Leibniz in eine gewisse Nähe gehören, wird heute nicht mehr bestritten werden können. Zu fragen ist nur, ob Sinn und Bedeutung der Symmetrieform durch einen allgemeinen Hinweis auf das Weltbild der prästabilierten Harmonie bereits hinreichend erklärt wird, ja ob nicht in dem gleichen Maße, in dem das optimistische, mit einem naturphilosophischen Akzent behaftete Weltbild Leibniz' in einem gewissen Spannungsverhältnis zu dem Bachs steht und ob nicht auch die musikalische Symmetrieform noch etwas mehr besagt als die Vorstellung von der prästabilierten Harmonie[6].

Um zu einer erschöpfenden Antwort auf alle aufgetauchten Fragen zu gelangen, muß überhaupt erst einmal eine Zusammenstellung aller Verwendungsmöglichkeiten der Symmetrieform bei Bach und der dabei angewandten musikalischen Mittel vorgenommen werden. Dabei unterscheiden wir nicht zwischen Bogen- und Symmetrieform. Man wird den letzteren Begriff bei strengerer Gestaltung anwenden; im Grunde besagen jedoch beide das gleiche, nämlich die Ordnung der Glieder bzw. Teile eines Werkes um eine Mittelachse, so daß erstes und letztes, zweites und vorletztes Glied usw., also je zwei einander entsprechen. Zur Symmetrieform gehört daher fast immer eine ungerade Zahl von Gliedern (es wäre natürlich auch einmal denkbar,

---

[3] Bach-Jahrbuch 1937, S. 52.

[4] Vgl. W. Korte, Musik und Weltbild. Bach – Beethoven, Leipzig 1940, S. 44.

[5] Ebenda S. 43.

[6] Vgl. hierzu meinen Aufsatz: Bach und die Aufklärung, in: Bach-Gedenkschrift 1950, Zürich, S. 25ff., s. o. S. 163ff.

daß Entsprechungen in der besagten Form ohne ein Mittelglied vorliegen). Man vergleiche folgendes Schema:

*e*
*d′* *d′*
*c′* *c′*
*b′* *b′*
*a′* *a′*

Wiewohl ausdrücklich vor dem Versuch gewarnt sei, allenthalben in Bachs Werken Symmetrieformen zu vermuten (da es sich hierbei nur um eine Möglichkeit Bachscher Formgestaltung handelt), so wird die folgende Darlegung jedoch erweisen, daß es sich um Zusammenhänge von besonders grundsätzlicher Wichtigkeit handelt. Das wird schon daran erkennbar, daß Bach sich der Symmetrieform in allen Ausmaßen, im kleinsten wie im größten, bedient hat. Er kennt dreierlei Anwendungsmöglichkeiten, die in gleicher Weise – das ist besonders zu beachten – in der Vokal- wie in der Instrumentalmusik vorkommen, und zwar:

1. als symmetrische Figur,
2. als symmetrischer Satz,
3. als symmetrische Kombination von Sätzen.

Wir beschreiben nunmehr jede Möglichkeit anhand einiger Beispiele, die wir aus der Fülle des vorhandenen Materials auswählen. Es soll sich also nicht um eine vollständige Zusammenstellung aller von Bach angewandten Symmetrieformen handeln, eine nur etwas größere Zahl geben wir lediglich aus der ersten Gruppe, da sie bisher am wenigsten beachtet wurde.

Die *symmetrische Figur* erweist sich vornehmlich in einem bis zu einem Gipfelton aufsteigenden Melodieverlauf (evtl. auch bis zu einer Gruppe von Gipfeltönen) und einem entsprechenden Rücklauf. Auch das Umgekehrte ist möglich, daß der Mittelton den Tiefpunkt bildet. Handelt es sich bei einer symmetrischen Figur um ein Fugenthema, treffen bisweilen auch beide Möglichkeiten durch die Umkehrung des Themas zusammen. Zumeist gehen mit den melodischen Entsprechungen gewisse rhythmische Hand in Hand, wiewohl – das wird die Einzelbetrachtung noch ergeben – die gebaute Symmetrieform dem rhythmischen Fluß bei Bach niemals im Wege steht. Statik und Bewegung – das ist ein geheimnisvolles Wunder im Bachschen Schaffen – befinden sich stets im inneren Ausgleich. Fast stets ist der melodische Scheitelpunkt einer symmetrischen Figur zugleich die rhythmische Mitte. Ihre strengste Form ist die, die von vorn und hinten gelesen den gleichen Tonvorgang ergibt. Wir geben folgende Beispiele:

1. Das Thema der d-moll Orgelfuge

Das Thema geht vom Grundton aus und steigt bis zur Oktave an, um von da aus durch den Oktavraum wieder zu dem Ausgangspunkt zurückzulenken. Der Spitzenton d liegt genau in der rhythmischen Mitte, die ersten und letzten 3 Töne entsprechen einander völlig. Daß die beiden Themenhälften im übrigen sowohl melodisch wie rhythmisch gewisse Abweichungen voneinander zeigen, ergibt sich aus dem Drang der musikalischen Bewegung. Die Aufwärtsführung vollzieht sich in ausholenden Quartsprüngen unter Übergehung der 5. und 7. Stufe, während der Ablauf infolge der gestauten Kraft in synkopischer Verschiebung die d-moll-Skala vollständig durchläuft[7].

2. Auch das Thema der „Kunst der Fuge" ist eine streng symmetrische Figur. Jüngst hat Wilhelm Keller den überraschenden und meines Erachtens zwingenden Beweis erbracht, daß dieses Thema bzw. seine Umkehrung aus der ersten Choralzeile der Weise „Aus tiefer Not schrei ich zu dir" entwickelt ist[8].

Sieht man von der umschreibenden kleinen Achtelbewegung vor dem letzten Ton des Themas, die sich aus der ihm innewohnenden melodischen Kraft erklärt, ab, bleibt nur ein einziger Ton, der gegenüber der Choralzeile neu eingefügt ist; es ist der 3. Ton des Themas f. Was wird durch seine Einfügung erreicht? Der Spitzenton (wir betrachten ständig die Umkehrung des Themas) rückt dadurch genau in die Mitte, und außerdem bekommt der Ton f in der zweiten Themenhälfte sein genaues Gegenüber in der ersten. Es ergibt sich somit folgendes Bild: Ausgangs- und Zielton sind die gleichen, in der Mitte steht der Spitzenton und genau in der jeweils rhythmischen Mitte der Themenhälften wiederum steht der Ton f. Dieser Ton f, die dritte Stufe der d-moll-Skala, bildet somit eine Horizontalachse des Themas, um die es sich drehen läßt. Er steht, von wo man auch zählen will, von vorn, der Spitze oder vom Ende, bei der dritten Halben, was selbstverständlich nicht nur für die Umkehrung, sondern auch für die Hauptform des Themas zutrifft. In dieser letzteren wird der Spitzenton Tiefpunkt. Man kann nur bewundernd staunen

---

[7] Werner Korte hat mit Recht auf die besondere Bedeutung dieses architektonischen Thementypus als einer Frucht der Auseinandersetzung mit der von Italien her beeinflußten süddeutschen Orgeltradition, der für den späteren Bach besonders bezeichnend ist, hingewiesen, während Bach den von Norddeutschland her angeregten Fortspinnungstypus vor allem in den früheren Jahren gepflegt hat. Vgl. W. Korte, Musik und Weltbild. Bach – Beethoven, S. 24 ff.

[8] Vgl. Zeitschrift für Musik Jg. 111, H. 2, S. 72. Der Verfasser hat sich bei seiner Beweisführung eine wichtige Chance entgehen lassen. Hätte er nämlich anstelle der reformatorischen Urform der Choralweise die Fassung, wie sie zu Bachs Zeiten üblich war und von ihm selbst in seiner gleichnamigen Kantate verwandt wurde, dem Thema der Kunst der Fuge in der Umkehrung gegenübergestellt, würde sich gezeigt haben, daß die beiden Viertelnoten a-g nach dem Spitzenton (bei Luther nur eine Halbe auf a) genau der Choralweise zu Bachs Zeiten entsprechen.

über den ordnenden Sinn, den Bach hier bewiesen hat. Das ist keine verstandesmäßige Konstruktion, sondern eine Schöpfung aus intuitivem Bauempfinden heraus, ohne daß die vorwärtsdrängende Kraft der musikalischen Bewegung (das zeigt vornehmlich der Schluß des Themas) beeinträchtigt wird.

3. Das erste und eigentliche Hauptthema der Fuge aus dem Mittelsatz der Motette „Jesu, meine Freude" „Ihr aber seid nicht fleischlich, sondern geistlich" weist in der Durchführung bei der Baßstimme deutlich eine dreiteilige Bogenform auf, indem das erste Glied den Quartraum zwischen Dominante und Tonika auf die Worte „Ihr aber seid nicht fleischlich" aufwärts durchläuft und das dritte auf die Worte der 2. Satzhälfte „sondern geistlich" den gleichen Raum in umgekehrter Richtung durchmißt.

Die Anwendung der Bogenform steht also in strenger Textbezogenheit. Das ausgedehnte Mittelglied zeigt eine bildhafte Ausdeutung des Wortes „geistlich".

4. Ebenfalls einen Quartraum in beiden Bewegungsrichtungen, und zwar den musikalisch verwandten zwischen Tonika und 4. Stufe, durchläuft das bekannte Thema der h-moll-Messe „Gratias agimus tibi" bzw. „Dona nobis pacem", das dem 2. Satz der Kantate 29 „Wir danken dir, Gott, wir danken dir" entnommen ist.

Hier bildet der 4. Ton bereits die Spitze, die nach einer ausholenden Bewegung für den symmetrischen Abwärtsgang ein zweites Mal berührt wird. Trotz des zweimaligen Anlaufes auf den Scheitelton zu, liegt der Höhepunkt genau in der Mitte, nämlich bei der ersten halben Note des zweiten g. Dem bewegten Anstieg folgt ein ruhiger Rückgang.

5. Das Fugenthema des Schlußchors vom Gloria der h-moll-Messe „cum sancto spiritu" zeigt ebenfalls eine dreiteilige Symmetrieform, wobei das Mittelstück in einer kleinen Sequenz das Wort gloria musikalisch darstellt, während die Außenglieder völlig gleich lang sind und auch gewisse melodische Entsprechungen aufweisen. Dabei ist nicht nur Anfangs- und Zielton des vollen Themas der gleiche (nur durch die tonale Beantwortung ergeben sich Abweichungen), sondern darüber hinaus entsprechen die letzten Töne des ersten Gliedes den ersten des dritten, und das Mittelglied hat als Anfang- und Schlußton cis. Man wird beim Singen kaum anders phrasieren können

als dieser Gliederung entsprechend, obwohl das Wort gloria dabei zerschnitten wird.

6. Die Hauptfigur des Chors „Et resurrexit“ aus der h-moll-Messe ist in melodischer Hinsicht streng symmetrisch gebaut, von vorn und hinten gelesen ergibt sie den gleichen Melodieverlauf. Bekanntlich kehrt diese Figur mit verschiedenen Textunterlegungen im Verlauf dieses Stückes ständig wieder, was besagt, daß sie als musikalische Figur etwas bedeuten will. Davon wird später zu reden sein. Auch hier verfährt Bach nicht formalistisch, sondern bringt kleine, zumeist textbedingte Abwandlungen und auch Fortspinnungen der Figur. Als eigentlich melodische Spitze ist der Ton fis anzusehen, der durch Umspielungen noch überstiegen wird. Die rhythmische Zielstrebigkeit bedingt den unterschiedlichen rhythmischen An- und Ablauf des Themas.

7. Eine vollendet symmetrische Figur ist das Horn-Thema der Arie „Tu solus sanctus“ aus dem Gloria der h-moll-Messe. In melodischer und rhythmischer Hinsicht von vorn und hinten gelesen ergibt sie das gleiche Bild:

Die ihr wiederholt folgende, nicht streng symmetrisch gebaute Figur erscheint wie der begleitende Schatten. Dieses Horn-Thema in seinen 5 Haupttönen ist auch sonst nicht unbekannt bei Bach. In dem Eingangschor der Kantate 148 „Bringet dem Herrn Ehre seines Namens“ setzt der Continuo mit dieser Figur in etwas anderer rhythmischer Fassung ein und im Eingangschor der Kantate 30 „Freue dich, erlöste Schar“ ist es die Baßstimme, die ebenfalls nur wenig verändert mit diesen Tönen beginnt. In der Mühlhäuser Kantate 71 jedoch „Gott ist mein König“ findet sie sich beim Choreinsatz in der Baßstimme abgesehen von Achtelnotierung völlig übereinstimmend. Dort begegnen wir zudem dem erstaunlichen Tatbestand, daß auch die drei übrigen Stimmen in strenger Symmetrie verlaufen, so daß hier also eine vierstimmige symmetrische Figur vorliegt, die krebsgängig gesungen genauso klingt.

Bei der Betrachtung symmetrischer Sätze ist zunächst allgemein auf die dacapo-Form hinzuweisen. Sowohl die Tatsache, daß Bach diese übernommen hat, wie die der häufigen Anwendung in seinem Werk gilt es zu beachten. Darüber hinaus mögen zwei Einzelbeispiele genannt werden zum Beweis, daß Bach auch noch andere symmetrische Gliederungen von Sätzen kennt.

1. Die C-dur-Fuge des Wohltemperierten Klaviers erster Teil, deren Aufbau W. Korte genau dargestellt hat[9]. Die musikalischen Mittel, die bei dieser Formung dienen, sind Tonartenfolge und Themeneinsätze.

2. Der Chor „Cum sancto spiritu" aus dem Gloria der h-moll-Messe, aus dem wir bereits eine symmetrische Figur besprochen haben, gliedert sich folgendermaßen:

Chor + ges. Instr. – Fuge m. G. B. – Chor + ges. Instr. –
Fuge (Engführg.) + Holzbl. – Chor + ges. Instr.

Der Tonartenaufbau ergibt folgendes Bild:

*D – D → h – h → A → fis – fis → D – D*

Die angewandten musikalischen Mittel sind also Tonarten- und Besetzungswechsel; die Bogenform ist ohne weiteres deutlich.

Bei der dritten Gruppe „Symmetrie in der Kombination von Sätzen" können wir im wesentlichen an bekannte Beispiele anknüpfen.

1. Die Symmetrie der Motette „Jesu, meine Freude" erweist sich in der Besetzung, der Stimmenzahl, der Tonartenfolge sowie den Taktarten, abgesehen von der bekannten Identität von Anfangs- und Schlußchoral und der nahen Verwandtschaft des 2. und vorletzten Satzes[10]. Es ergibt sich folgendes Bild:

[9] A.a.O. S. 14 ff.

[10] Vgl. W. Luetge, Bachs Motette ‚Jesu, meine Freude', Musik und Kirche 4. Jg., 1932, S. 97 ff.

Chorfuge
*G* **C** 5stg.
Choralvar. fig. Choral
*e* $\frac{3}{4}$ 5stg. 4stg. **C** *e*
Terzett Terzett
*e* (*h*) $\frac{3}{4}$ 3stg. 3stg. $\frac{12}{8}$ *C* (*E*)
fig. Choral Choralvar.
*e* **C** 5stg. 4stg. $\frac{2}{4}$ *a*
Chor Chor
*e* $\frac{3}{2}$ 5stg. 5stg. $\frac{3}{2}$ *e*
Choral Choral
*e* **C** 5stg. 5stg. **C** *e*

Auffallend sind die Abweichungen in den drei Sätzen nach der Mittelfuge gegenüber den Entsprechungen vor dieser. Offenbar will Bach hier die Unterdominant-Tonart hervorheben, dem auch die Bevorzugung der Vierstimmigkeit gegenüber der sonst vorherrschenden Fünfstimmigkeit entspricht. Beachten wir, daß sich in dem ersten Terzett eine, doch wohl nicht nur textlich bedingte Tendenz zur Oberdominante bemerkbar macht, dann können wir Bachs Absicht vermuten: Er will die Kadenz als Aufbauschema andeuten. Auf den Sinn dieses Verfahrens kommen wir später zu sprechen, wobei auch noch ein besonderes Wort über die Stellung der Terzette zu sagen sein wird.

2. Hinsichtlich symmetrisch angelegter Kantaten sei auf Steglichs Bachbuch S. 135 verwiesen, in dem freilich die symmetrische Ordnung vornehmlich nur im Tonartenschema nachgewiesen wird, während Besetzungswechsel und Taktformen zur symmetrischen Anlage gewöhnlich mit beitragen. Auch die Verwendung bestimmter Instrumente kann eine Rolle spielen. Als Beispiel geben wir die zweite Kantate des Weihnachtsoratoriums, über die Friedrich Smend das Wichtigste bereits gesagt hat („Luther und Bach" S. 34).

Sinfonie $\frac{12}{8}$ *G* *G* $\frac{12}{8}$ Choral
Rec. Rec.
Choral **C** *G* *G* **C** Chor
Rec. Rec.
Arie $\frac{3}{8}$ *e* *G* $\frac{2}{4}$ Arie
Rec. Rec.
Choral **C** C

3. Jedoch nicht nur einzelne symmetrische Kantaten, sondern auch einen symmetrisch geordneten Zyklus von Kantaten treffen wir bei Bach an, und zwar in den ersten drei Teilen des Weihnachtsoratoriums. Während nämlich die erste und dritte Kantate in D-Dur stehen und in deren Ecksätzen Trompeten Verwendung finden, sowie auch in ihrem Aufbau hinsichtlich der Zuordnung der einzelnen Teile auf Choralsätze Verwandtschaft zeigen, steht die zweite Kantate, das Mittelstück, in G-Dur, der Unterdominant-Tonart zu D-Dur. Auch verwendet diese keine Trompeten und hebt sich obendrein durch streng symmetrische Anlage besonders hervor. Erinnern wir uns, daß die Mitte dieser zweiten Kantate der Chor „Schaut hin, dort liegt im finstern Stall“ in C-Dur steht, dann geht der gesamte Bogen der drei Kantaten von D-Dur über G-Dur nach dem Tiefpunkt C-Dur, der genau in der Mitte liegt, um von da aus über G-Dur nach dem D-Dur der dritten Kantate aufzusteigen. Daß Bach die drei ersten Kantaten des Weihnachtsoratoriums besonders eng zusammengeschlossen hat, leuchtet ohne weiteres ein, denn sie verteilen sich bekanntlich auf die drei Weihnachtsfeiertage und behandeln die eigentliche Weihnachtsgeschichte. Auch diese Anlage wird uns noch zu beschäftigen haben.

4. Wohl das klassischste Beispiel eines symmetrischen Satzzyklus ist das Credo der h-moll-Messe, worüber Friedrich Smend im Bach-Jahrbuch 1937, S. 51ff., zuerst geschrieben hat.

Um eine Übersicht der angewandten Gestaltungsmittel zu bekommen, geben wir hier einen vollständigen schematischen Aufriß der Anlage.

Crucifixus
Et incarnatus est Et resurrexit
Et in unum D. J. Chr. ⟷ Et in spiritum sanctum
Omnipotentem ⤡ Confiteor
Credo ⤢ Et exspecto

Chor $\frac{3}{2}$ *e* (*G*)
Chor $\frac{3}{4}$ *h* *D* $\frac{3}{4}$ Chor
Duett 𝄴 *G* *A* $\frac{6}{8}$ Arie
Chor 𝄵 *D* *fis* (*E*) 𝄵 Chor
Chor 𝄵 *D* *D* 𝄵 Chor

Die ausgewählten Beispiele von Symmetrieformen bei Bach möchten gezeigt haben, daß ihre Anwendung in den verschiedensten Zusammenhängen erfolgt[11]. Auch daß sich Bach ihrer in allen Lebensstadien bedient hat, sei

[11] Für weitere Beispiele vgl. neuerdings die Beiträge von R. Gerber und A. Dürr in: Die Werke des Bach-Festes 1950 (in Göttingen), Kassel 1950.

nicht übersehen. Es scheint zuweilen, daß er sie um 1723 (Johannes-Passion! vgl. Fr. Smend im Bach-Jahrbuch 1926, S. 105ff. und Motette „Jesu, meine Freude“) besonders gepflegt hat, aber tatsächlich begleitet sie ihn durch sein ganzes Leben. Für die Frühzeit denke man noch an den Actus tragicus, worauf schon Steglich hingewiesen hat (a.a.O., S. 135), aber in der Leipziger Zeit kommt sie freilich erst zur vollen grundsätzlichen Bedeutung. Unsere Beispiele mögen weiterhin deutlich gemacht haben, daß, wie vor allem aus der Verwendung der Dacapo-Arie hervorgeht, die Symmetrieform keine Erfindung Bachs ist, sondern daß solche musikalische Architektonik im Zuge seiner Zeit gelegen hat. Aber niemand freilich hat sie in der Musik zu derartig grundsätzlicher Bedeutung erhoben wie er. Und schließlich besagen die gegebenen Beispiele, daß weder Steglichs Erklärung der Symmetrieform aus dem Leibnizschen Begriff der „prästabilierten Harmonie“ noch die Smends aus dem Begriff des „Chiasmus“ für ihr Verständnis hinreichend ist. Man kann schlechterdings nicht alle Symmetrieformen Bachs auf das Kreuz Christi deuten, was ja die Begriffsanwendung „Chiasmus“ besagt. Aber es ist umgekehrt auch nicht genug, die häufig unübersehbar symbolisch angewandte Symmetrieform lediglich als einen Ausschnitt einer göttlichen Schöpfungsordnung anzusehen. Sicherlich verbirgt sich hinter ihr eine bestimmte Denk- und Weltanschauungsweise, ein Weltbild, und zwar eines, über dem die Transzendenz Gottes steht. Die Symmetrieform verleitet zu der Gefahr, dieses barocke Weltbild lediglich als eine Stufenordnung zu begreifen, die – schlicht ausgedrückt – gradwegs von der Erde in den Himmel führt (so etwa Korte!). Und doch darf nicht übersehen werden, daß das Symmetrieschema als Stufenordnung, als Durchblick auf einen höchsten Wert, nur Hilfsvorstellung, nur Gleichnis ist, das wie alle Gleichnisse seine Grenze hat. Zwischen der Transzendenz Gottes und der diesseitigen Welt steht immer Gericht und Gnade Gottes, und die Verbindung zwischen Gott und Welt ist kein Schöpfungszustand, sondern ein Akt der Gnade im Herniederkommen Gottes in Christus auf Erden. In diesem Zusammenhang ist der Altaraufbau der Schloßkirche zu Weimar zu Bachs Zeiten mit seiner Himmelspyramide, auf der Engel tanzend zur Erde herniedersteigen, sehr aufschlußreich[12]. Er besagt, daß der Raum des christlichen Gottesdienstes es ist, in dem die Verbindung von göttlicher und irdischer Welt zutiefst als die gnadenvolle Herablassung Gottes verstanden wird. Die Schau in die unermeßlichen Weiten und Höhen der Himmelswelt, wie ihn etwa auch der barocke Kirchenbau im Durchbruch der Decken gegenüber der Betonung der Horizontalen in der Renaissance sowie in der Vortäuschung unendlicher Perspektiven zum Ausdruck gebracht hat, gehört zum barocken Weltbild; aber man darf es nicht naturphilosophisch, sondern muß es christlich verstehen. Nur so erklärt sich

---

[12] Vgl. Sanford Terry, J. S. Bach, Leipzig 1935, Tafel 14.

die Symmetrieform, der Ausdruck solcher Weltanschauung, im Dienste christlicher Symbolik.

Allerdings ist auch noch folgendes zu sagen: Es steht außer Zweifel, daß im Zeitalter Bachs am Beginn der deutschen Aufklärung, zugleich ein ausgesprochener Sinn für Naturgesetzmäßigkeit und Schöpfungsordnung erwacht. Leibniz ist der hervorragendste Repräsentant dieser Entwicklungsrichtung, und Bach hat von seinem Geist fraglos etwas besessen. Wie anders könnten wir seine Werke, die doch ein Spiegel der Ordnung sind, begreifen! Aber niemals dürfen sie pantheistisch mißverstanden werden. Sie sind im demütigen und hingebungsvollen Nachsinnen der Schöpfungsordnung entstanden. Das Bild der Symmetrieform aber weist immer, auch in der reinen Instrumentalmusik, über die geschaffene Welt hinaus, und in der Vokalmusik dient sie daher ausdrücklich als Symbol von mancherlei christlichen Aussagen.

Die musikalische Symmetrieform hat nirgendwo anders eine so deutliche Parallele als in der Anlage der barocken Residenz mit ihrer Ausrichtung auf das Mittelglied mit dem Thronsaal. Beider Grundrißschemen entsprechen einander völlig.

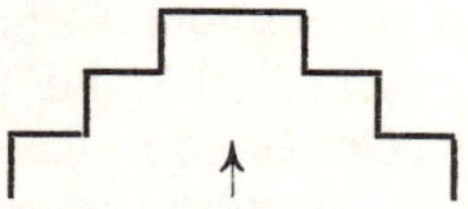

So vermag auch der Sinn solcher Architektur zum rechten Verständnis der musikalischen Symmetrieform bei Bach beizutragen. Der Durchblick erfolgt bei der barocken Residenz auf den Thronsaal des Fürsten, er symbolisiert die staatliche Ordnung, die repräsentiert ist durch den Monarchen. Damit ist aber in keiner Weise etwas von einer Absolutheit der staatlichen Ordnung gesagt. Der Fürst ist nichts von sich selbst, er hat keine eigene Macht, er ist das, was er ist, von Gottes Gnaden („Dei gratia"). Daß in der Entartung des Absolutismus nur ein kleiner Schritt ist zur Selbstmächtigkeit des Staates, darf nicht darüber hinwegtäuschen, daß die symmetrische Anlage der barokken Residenz das christlich barocke Weltbild von Bachs Zeitalter widerspiegelt.

Geben wir abschließend die Deutungen der behandelten Beispiele symbolischer Symmetrieformen! In der Regel wird spezieller sinnbildlicher Gehalt nur bei textierten Symmetrieformen vorliegen und hierbei vor allem in der dritten Gruppe der symmetrischen Kombination von Sätzen. Allerdings muß man bei einer so charakteristischen Figur wie dem Hauptthema des Satzes „Tu solus sanctus" aus der h-moll-Messe eine sinnbildliche Absicht annehmen. Der betonte Oktavsprung ist sicherlich ein Hinweis auf die Totalität Gottes; gibt es doch viele Beispiele in Bachs Werk, die den Oktavraum als Sinnbild der Totalität aufweisen. Man denke zum Beispiel an den Einsatz des

Continuo im Credo der h-moll-Messe! So erklärt sich bei der Hornfigur auch die Vermeidung einer Übersteigung des Oktavtons. Daß die in die Höhe ragende Figur vom „Et resurrexit"-Chor der h-moll-Messe die Auferstehung meint, bedarf keiner besonderen Erklärung. Aber es wäre falsch, sie lediglich tonmalerisch zu begreifen; in ihrem klaren Aufbau spiegelt sie das christlich-transzendente Weltbild wider, wobei man versucht ist, die Triole, die beim Fortspinnverfahren im Verlauf des Satzes öfters dreimal erklingt, auf die Trinität zu deuten.

Ob der Aufbauplan der Motette „Jesu, meine Freude" eine spezielle Aussage meint, erscheint zweifelhaft. Sicherlich symbolisiert jedoch die konsequente Durchformung das „Gesetz des Geistes", demzufolge das Mittelglied dann auch eine Fuge, d.h. eine besonders strenge Form ist. Daß dem Tonartenaufbau, wie wir sagten, andeutungsweise die Folge I–V–I–IV–I zugrunde liegt, d.h. also die musikalische Grundordnung der Kadenz, deutet in gleicher Richtung. Dem Gesetzesbegriff ist das Wort „Geist" zugeordnet, das seine Versinnbildlichung besonders in den schwebenden, in einem Dreierrhythmus stehenden Terzetten empfängt, ein Beispiel, daß neben dem Mittelglied auch Seitenglieder besondere Bedeutung haben können.

Die Grundtonart des zweiten Teils vom Weihnachtsoratorium G-Dur, die Subdominante von D-Dur, in dem Teil 1 und 3 stehen, ist Hinweis auf die Herabkunft und Erniedrigung Gottes auf Erden. Sie wird noch besonders unterstrichen durch das C-Dur im Mittelstück dieses Teils bei dem Choral mit den bezeichnenden Worten „Schaut hin! dort liegt im finstern Stall" (Fr. Smend, Luther und Bach, S. 34). Von besonderer Hintergründigkeit ist im Schlußchoral des zweiten Teils „Wir singen dir in deinem Heer" die Verbindung von dem ¹²/₈-Takt und den Motiven des Pastorale vom Eingang mit dem Lobgesang der himmlischen Heerscharen. Vor allem ist der Dreierrhythmus des ¹²/₈-Taktes doppeldeutig: Himmel und Erde werden durch Pastoraletakt und überirdischen Schweberhythmus gleichnishaft miteinander vereint. Hier wohnt somit dem Anfangs- und Schlußglied eine besondere Sinnbildlichkeit inne.

Auch im Credo der h-moll-Messe treten neben dem zentralen Crucifixus-Chor, dessen Herausstellung zusammen mit dem vorangehenden „Et incarnatus est" und nachfolgenden „Et resurrexit" kennzeichnend ist, Seitenglieder mit besonderer Bedeutung hervor. Auf die Wiederaufnahme bzw. Fortführung des liturgischen Cantus firmus vom ersten Satz „Credo in unum Deum" im vorletzten „Confiteor in unum baptisma" ist häufig hingewiesen worden. Die inhaltliche Beziehung beider Teile ist durch die Worte „in unum Deum" und „in unum baptisma" klar. Schließlich sei noch auf die Entsprechung der Sätze „Et in unum dominum, Jesum Christum" und „Et in spiritum sanctum" hingewiesen. Bach hat die Anlage so gestaltet, daß über den Ecksatzpaaren der Beginn vom zweiten und dritten Artikel steht. Diese Stücke liegen auf der horizontalen Mittelachse, d.h. an dritter Stelle, von vorn, oben und hinten gerechnet, ein Aufbauplan, der dem Thema der Kunst der Fuge überraschend gleicht. Musikalisch erweist sich die Gegenüberstellung darin, daß hier als an einzigster Stelle kein Chor in Erscheinung tritt. Die Wahl eines Duetts weist auf den zweiten Artikel, die Unterdominanttonart G-Dur sowie der $^{4}/_{4}$-Takt auf die Menschwerdung Gottes hin. Demgegenüber verwendet Bach für den Beginn des dritten Artikels eine Arie im Hinblick auf die dritte Person der Trinität, die Gott Vater und Gott Sohn in einem ist. $^{6}/_{8}$-Takt (ein Dreierrhythmus) und die Oberdominanttonart A-Dur deuten ihrerseits auf die Erhöhung von Vater und Sohn. Oft genug hat Bach die altdogmatische Aussage über den Heiligen Geist „qui procedit ex patre filioque" symbolisch verankert, so etwa in den angewandten Taktformen der Es-Dur-Fuge aus dem dritten Teil der Klavierübung. So hat Bach im symmetrischen Aufbau des Credo der h-moll-Messe den trinitarischen Glauben der christlichen Kirche sinnbildlich dargestellt[13].

Unsere Untersuchung möchte erwiesen haben, in welchem Maße die Symmetrieform Ausdruck von Geist und Wesen des Bachschen Werkes ist. Manchem Bachforscher kommen immer noch Bedenken gegen eine der musikalischen Architektur nachgehende Betrachtungsweise; sie befürchten, daß diese an der lebendigen Kunst vorbeiführen müsse. Wir meinen, daß das Gegenteil der Fall ist. In der Beobachtung des wunderbaren Ausgleichs von Statik und Bewegung, beide im gemeinsamen Dienst am christlich verstandenen „Soli Deo gloria" stehend, erschließen sich uns letzte Geheimnisse von Bachs Musik.

---

13 Vgl. hierzu meine Einführung in Bachs h-moll-Messe, Kassel 1950, S. 23 ff. Dort wird gezeigt, daß auch das Gloria der h-moll-Messe durch symmetrische Satzanordnung mit dem Chor „Qui tollis peccata mundi" den Gekreuzigten in den Mittelpunkt rückt (S. 12 ff.).

# Von der Verwendung von Blechblasinstrumenten in Bachs kirchenmusikalischen Werken und ihrer Bedeutung

„Die Pfeiffen sind die ältesten, ewig währenden, schönsten, angenehmsten, penetrantesten und würdigsten musikalischen Instrumente." Man muß diese Worte aus dem satirischen Roman „Der musikalische Quacksalber" von Bachs Leipziger Amtsvorgänger Johann Kuhnau[1] kennen, um die Verwendung von Blechblasinstrumenten in Bachs Kirchenmusik in ihrer tiefgreifenden Bedeutung zu verstehen. Kuhnau widmet in seinem Roman ein ganzes Kapitel den „Pfeiffen", wobei es ganz klar ist, daß in völlig erster Linie die Blechblasinstrumente gemeint sind. So sagt er im gleichen Kapitel an anderer Stelle: „Die Erfahrenheit gibt es, wenn unsere Stadtpfeiffer etwa zur Festzeit ein geistliches Lied mit lauter Trombonen (das sind Posaunen) vom Turm blasen, so werden wir über alle Maßen darüber bewegt und bilden uns ein, als hören wir die Engel singen." Daß Kuhnau mit seiner Ansicht über die Blechblasinstrumente keineswegs allein dasteht, zeige ein Wort von Andreas Werckmeister. Im achten Kapitel seiner Schrift „Der edlen Musikkunst Würde, Gebrauch und Mißbrauch" (1691) sagt dieser: „Es finden sich auch einige, welche die freudigen Trompeten und Pauken aus der Kirche verwerfen wollen, vorgeben, sie gehörten ins Feld und in den Krieg. Aber wer hat denn diese herrlichen Instrumente dem grausamen Marti (d. h. dem Kriegsgott Mars) allein zugeeignet, man sehe doch die Heilige Schrift an. Gott will damit gelobt sein. Ja, die Trompete hält eine rechte Ordnung aller Konsonanzen in sich und ist ein Hauptinstrument." Beide, Kuhnau und Werckmeister, weisen auf die Bedeutung der Blasinstrumente in der Heiligen Schrift hin. Daß „die engelischen Musikanten sich keiner anderen Instrumente als der Pfeiffen bedienen", erklärt den Ausdruck „ewig-währende" Instrumente bei Kuhnau (s. o.) „Die ewige und himmlische Instrumentalmusik wird aus lauter Pfeiffen bestehen" (ebenda). Werckmeister würde genau so reden können, aber für ihn ist der besondere Hinweis auf die rechte „Ordnung aller Konsonanzen" bei der Trompete bezeichnend. Darin sieht er neben ihrer biblischen Legitimation ein gleich bedeutendes Kennzeichen für sie als „Hauptinstrument", ja, beides gehört zutiefst zusammen; denn die Obertonreihe, die Naturtöne, die die ventillose Trompete erzeugt, zeigen ein Gesetz der Schöpfungsordnung. Kein zweites Instrument ist so schöpfungsnah wie sie. Wer das Schrifttum Werckmeisters kennt, weiß, wie bei ihm biblische und natürliche Theologie durcheinandergehen. Es darf nicht übersehen werden, daß die hohe Bewertung der Blechblasinstrumente mit durch solche physikalische Betrachtung im Lichte des ersten Artikels bedingt ist.

Aber darüber hinaus ist es freilich der Bläserklang selbst, der die Barockzeit

---

[1] Erschienen 1700. Neudruck Berlin 1900.

die Blechblasinstrumente an die erste Stelle unter den Instrumenten setzen läßt. Kuhnau begründet das noch weiter damit, daß „nichts der menschlichen Stimme so nahe komme als die Pfeiffen". Das ist nun zwar eine überraschende Ansicht, aber vielleicht ist die Beobachtung im Grunde gar nicht so falsch. Allerdings denkt er hierbei mehr an Zinken und Oboen. Und er bezeichnet den Ton der Pfeiffen als den „schönsten, angenehmsten und penetrantesten". Das richtet sich ausdrücklich gegen die Geigen. Die Orgel bevorzuge ja auch völlig die Blasinstrumentenregister. Das „Geigenwerk", von dem M. Praetorius in seinem Syntagma musicum handele, habe keinesfalls allgemeine Anerkennung gefunden. Der Ton der Blasinstrumente ist „am geschicktesten, die Gemüter zur Tugend und Tapferkeit aufzumuntern". Er rüttelt auf, er macht wach, ist durchdringend und eindringlich („penetrant" nicht im heutigen Sinn von „aufdringlich"). Er ist klar und hell und eben darum angenehm.

Alle diese Eigenschaften der „Pfeiffen" gaben ihnen und damit zugleich den Pfeiffern zu Bachs Zeit eine ausgesprochene Vorrangstellung im Musikerstand. Diese nahmen unter den Instrumentalisten den ersten Platz ein, und in der Stadtpfeifferinnung rückte man vom Streicher zum Bläser auf.

Im wesentlichen sind es dreierlei Arten von Blechblasinstrumenten, die Bach in seinen Werken verwendet:

1. Posaunen,
2. ventillose Wald- und Jagdhörner,
3. ventillose Trompeten.

Die Posaunen (bei Bach Trombonen genannt) in verschiedenen Stimmlagen können mit ihrem Zugverfahren alle Töne (d. h. also auch chromatisch) spielen. Sie werden beim Choralblasen vom Turm (vergl. das oben gegebene Zitat Kuhnaus), in Leipzig vor allem für das tägliche Blasen vom Rathausaltan verwandt. Im allgemeinen gebraucht sie Bach nur als Chorstützen, d. h. nicht als selbständig geführte Instrumente. Sie stehen daher nicht in besonderer Textbezogenheit und haben somit auch nichts Besonderes zu besagen. Zuweilen erscheint beim Diskant in der Posaunenbesetzung der tieferen Stimmen der zu Bachs Zeit bereits altertümliche Zink (Cornetto), wie in der bekannten Choralfuge „Nun lob, mein Seel, den Herren" aus der Kantate 28 „Gott lob! nun geht das Jahr zu Ende". Bekannte Sätze, bei denen Bach das Mitblasen von Posaunen vorschreibt, sind z. B. die beiden Choralfugen „Ach Gott, vom Himmel sieh darein" und „Aus tiefer Not schrei ich zu dir" aus den gleichnamigen Kantaten 2 und 38.

Auch eine hohe Zugtrompete (tromba di tirarsi) kennt Bach. Da sie als obligates Instrument Verwendung findet, fällt ihre grundsätzliche Bedeutung mit der der anderen Gruppen zusammen (ein Beispiel ihres Vorkommens weiter unten!).

Diese beiden anderen Gruppen gewinnen ihre hohe Wichtigkeit voll und ganz aus ihrem Charakter als obligate Instrumente.

Das Wald- und Jagdhorn kommt aus der höfischen Musikpflege und hat zu Bachs Zeiten wohl schon in der Kirchenmusik Eingang finden dürfen, aber der bürgerlichen Musikübung wird es noch nicht recht zugestanden. Fritz Piersig hat in seinem Buche „Die Einführung des Horns in die Kunstmusik und seine Verwendung bis zum Tode Johann Sebastian Bachs" (Halle 1927) über das corno (oder auch corno da caccia) den Gegenstand erschöpfend behandelt. Für unseren Zusammenhang ist wichtig, daß Bach das Horn, wo er es bei Chören gebraucht, in der Regel nur ein- bis zweifach verwendet und nur ganz selten mit Kesselpauken; ein solch vereinzelter Fall ist z. B. der Einleitungschor der Kantate 143 „Lobe den Herrn, meine Seele" II, in dem drei Corni da caccia und Timpani (Kesselpauken, auch Tamburi genannt) vorgeschrieben sind. Die Besetzung mit nur ein bis zwei Hörnern hat gewiß in der herkömmlichen Gebrauchspraxis dieses Instrumentes ihren Grund. Man höre sich beispielsweise einmal die beiden Hörner im Einleitungschor der Kantate 65 „Sie werden aus Saba alle kommen" an, um Bachs unmittelbare Anknüpfung an gewohnte Hornklänge zu erkennen. Das grundsätzlich Wichtige, das mit der Heranziehung von Hörnern verbunden ist, behandeln wir mit im folgenden Abschnitt.

Den Trompeten (tromba, clarine) in Bachs kirchenmusikalischen Werken möchten wir unser besonderes Augenmerk zuwenden; denn sie sind es in der Hauptsache, die ihnen ihren einzigartigen Glanz verleihen. Es handelt sich bei den Trompeten um fanfarenähnliche, sehr engmensurierte und, wie bereits gesagt, selbstverständlich ventillose Instrumente. Man vergleiche etwa das Titelbild von Johann Walthers Musiklexikon in G. Kinsky „Geschichte der Musik in Bildern" (Leipzig 1929, S. 255), in R. Steglichs Bachbuch (Potsdam 1935, S. 133) oder bei A. Schering „J. S. Bachs Leipziger Kirchenmusik" (Leipzig 1936, Tafel 3). Allerdings spielte Bachs berühmtester Clarinenbläser Gottfried Reiche (er starb 1734 in Leipzig) ein posthornförmiges, vielfach gewundenes und d. h. eben auch (was das Entscheidende ist) ein sehr engmensuriertes Instrument. Das weist ein Bild Reiches von E. G. Haußmann aus, demselben, der auch Bach gemalt hat (bei Kinsky S. 260). Diese in D stehenden Trompeten (wie sie schon M. Praetorius im „Syntagma musicum" Bd. II behandelt) wurden durch auswechselbare Krummbogen auch als C-Trompeten gespielt. Sie waren die repräsentativen Instrumente der Stadtpfeiffer und Ratsmusikanten, die vor allem bei festlichen Anlässen aller Art erklangen und daher in engster Verbindung mit jeweils zwei Kesselpauken erschienen. Ihr heller, schlanker, tragender und klarer[2] Ton vereinigt mit all diesen Eigenschaften in sich ein objektives Moment der durchdringenden Vernehmbarkeit und ein subjektiv-psychologisches der Freude. Wir begreifen von der Beheimatung der Trompete her, daß Bach sie zunächst vor allem in mancherlei weltlichen Kantaten heranzieht, wie Universitätsfeiern, Geburtstags- und Huldigungsmusiken usw. Die Brücke gleichsam zur Verwendung im geistlichen Bereich sind die Ratswahlkantaten. Forschen wir weiter nach, wo Bach in der Kirchenmusik „Pauken und Trompeten" einsetzt, dann ergibt sich ein ganz folgerichtiges Bild, nämlich vornehmlich bei den großen Festmusiken zu Weihnachten mit Neujahr und Epiphanias, Ostern, Himmelfahrt, Pfingsten und Michaelis, sodann in bestimmten Sätzen der h-moll-Messe. Man darf sich dies keineswegs nur aus dem freudigen Charakter dieser Feste erklären, sondern neben das subjektiv-psychologische Moment tritt auch hier das objektive. Der besonders vernehmbare Ton der Trompete als Ausdruck staatlicher Repräsentation erscheint im geistlichen

---

[2] Das Wort Clarino wird mit dem lat. clarus in Verbindung gebracht.

Bereich als das Sinnbild der himmlischen Stimme. Gott läßt mit Posaunen zum jüngsten Tag, d. h. zugleich zur ewigen Freude wie zum Gericht blasen.
Von dieser Überlegung her versteht man die innere Bewandtnis, aus der heraus Bach sogar in einigen Arien Blechblasinstrumente obligat einsetzt. Was besagt der Einsatz eines Horns in der Arie „Tu solus altissimus“ in der h-moll-Messe anderes als eben die Repräsentation des höchsten Gottes? Sie kann kein Holzblasinstrument geschweige denn ein Streichinstrument verkörpern. (Der Grund für die Wahl der Arie ist das viermalige tu solus – du allein.) Die ständig wiederkehrende Figur dieser Hornstimme mit den typischen Oktavsprüngen weist noch besonders auf die Totalität Gottes. In der gleichen Weise haben wir die obligate Trompete in der Arie „Großer Herr und starker König“ des ersten Teils vom Weihnachtsoratorium zu verstehen. In der Kantate 127 „Herr Jesu Christ, wahr Mensch und Gott“, um noch ein drittes Beispiel zu nennen, sagt die erste Textzeile von Rezitativ und Arie „Wenn einsten sdie Posaunen schallen“, daß hier Bach eine Trompete als „Posaune des Gerichts“ spielen läßt.
Aber auch dort, wo Blechblasinstrumente wie in zahlreichen Beispielen als cantus-firmus-Verstärker auftreten, wirken sie zumeist wie eine transzendente Stimme (vergl. etwa die Kantate 10 „Meine Seele erhebt den Herrn“). Von besonderer Hintergründigkeit ist das Spiel des Chorals „Dies sind die heiligen zehn Gebot“ durch eine hohe Zugtrompete über dem Einleitungschor der Kantate 77 „Du sollst Gott, deinen Herrn, lieben“. Sie meint damit die Stimme Gottes selber. Immer wieder tritt sie mit ihren zehn freien Einsätzen wie aus dem Jenseits erklingend mit der Erinnerung an die zehn Gebote unnachgiebig vor den Hörer hin.[3]
Aber freilich die Krönung aller Anwendung von Blechblasinstrumenten liegt bei den Bachschen Chorsätzen mit drei Trompeten und zwei Kesselpauken. Hier entfaltet sich der barocke Bläserklang zu einmaligem und einzigartigem Glanz und zugleich nie dagewesener Transparenz. Auch bei Kuhnau gibt es schon die Besetzung mit drei Trompeten und zwei Kesselpauken, aber wie bei allem, was Bach anfaßte, hat er auch hier geordnet und folgerichtig zu klarer Systematik durchgeformt. Er erhebt die Besetzung mit drei Trompeten und zwei Kesselpauken beim Chor zur fast völligen Ausschließlichkeit. Und wenn dies zwar auch in den weltlichen Kantaten geschieht, so scheint sich uns doch in den geistlichen Werken damit zugleich ein sinnbildlicher Hinweis auf die Trinität zu verbinden. Dafür spricht auch die Beobachtung, daß Bach in erstaunlicher Konsequenz die Trompeten mit Dreiklangsmelodik einsetzen läßt (der Dreiklang ist ein von Bach auch sonst viel angewandtes Symbol für die Trinität), während der Continuo ebenso konsequent den Oktavraum, das Sinnbild der Totalität, hervorhebt. Die weltliche Fanfarentechnik wird offenbar in den Bereich der christlichen Symbolik erhoben. Auch die auffallend häufige Verwendung von Dreitaktformen in solchen Sätzen ist bezeichnend; sie erklärt sich keinesfalls nur aus dem freudigen Grundton der betreffenden Chöre, sondern auch hier liegt eine Versinnbildlichung der Himmelswelt vor; man vergleiche etwa den Kantatensatz 50 „Nun ist das Heil und die Kraft“ oder verschiedene Chöre der h-

---

[3] Vergl. hierzu noch S. 43 in diesem Heft.

moll-Messe (Gloria, Cum sancto spiritu ,Et resurrexit, Sanctus und Osanna), Anfangs- und Schlußchor vom Magnificat sowie verschiedene Chöre des Weihnachtsoratoriums. Im Bereich der Kantaten sind es vor allem Eingangschöre und Choralsätze (zumeist Schlußchoräle), in denen Bach einen dreistimmigen Trompetenchor mit Kesselpauken hinzunimmt. Nur in zwei Fällen geschieht es m. W. sogar bei Arien, nämlich in der Kantate 172 „Erschallet, ihr Lieder" bei der Arie mit dem höchst bezeichnenden Text „Heiligste Dreieinigkeit". Die drei Trompeten mit den Pauken vertreten die göttliche Trinität. Die zweite Arie findet sich — ebenfalls bezeichnend — in der Michaeliskantate 130 „Herr Gott, dich loben alle wir".[4]

Dreierlei Satzbauweise bedient sich Bach im wesentlichen in seinen Chören mit „Pauken und Trompeten":

1. der instrumentalen Einleitung vor dem Chorsatz
2. des schlagartigen Einsatzes von Chor- und Gesamtorchester
3. des späteren Hinzutretens der Trompeten als Steigerungsmittel.

Für die erste Möglichkeit erinnern wir an die Eingangschöre vom ersten, dritten und letzten Teil des Weihnachtsoratoriums. Handelt es sich bei den zwei ersten von ihnen zwar um Parodien, so schließt dies keineswegs aus, daß mit Hilfe der Trompeten hier ein himmlisches Freudenkonzert gegeben werden soll. Der reine Instrumentalsatz mit der Leuchtkraft der Blechinstrumente dient dieser Vorstellung, wie es z. B. auch aus dem Gloria der h-moll-Messe oder dem Einleitungschor der Kantate 76 „Die Himmel erzählen die Ehre Gottes" hervorgeht.

Für die zweite Möglichkeit nennen wir die überwältigenden Einsätze des Osterchors „Et resurrexit" nach der Grabesstille, dem Abschluß des Kreuzigungschores, sowie des Sanctus der h-moll-Messe.

Bei der dritten Möglichkeit wird jeweils die erste Trompete im Verlauf eines Satzes thematisch mit in den Chor einbezogen und überhöht und überstrahlt damit den Vokalsatz. So setzt in dem Choralsatz der Kantate 171 „Gott, wie dein Name, ist auch dein Ruhm" die Trompete als fünfte, letzte und höchste Stimme ein. Den gleichen Sachverhalt finden wir in dem berühmten Kantatensatz 50 „Nun ist das Heil und die Kraft", in dem die Trompeten erst im Takt 29 hinzutreten, die erste dabei mit dem Grundthema den achtstimmigen Chor überstrahlend. Der gleiche Vorgang wiederholt sich noch einmal gegen Ende im Takt 111. Die überwältigende Wirkung dieser Stellen ist bekannt. Auch auf den Trompeteneinsatz im Takt 29 des Chores „Patrem omnipotentem" der h-moll-Messe ist in diesem Zusammenhang hinzuweisen, ferner auf den höchst bedeutsamen Einsatz der ersten Trompete zusammen mit dem Continuo im Takt 131 des Chors „Pleni sunt coeli" (ebenda) mit dem Hauptthema. Was besagt dieser letztere anderes, als daß „Himmel und Erde seiner Ehre voll sind"?

Ähnlich und doch noch wieder etwas anders ist der Sachverhalt im „Gratias agimus"-

[4] Für diese Fälle ist W. Neumanns „Handbuch der Kantaten J. S. Bachs" auf S. 172 zu ergänzen. Es sei jedoch an dieser Stelle dankbar ausgesprochen, daß zumal bei der heutigen Seltenheit der Gesamtausgabe Bachs eine Arbeit wie die vorliegende an Neumanns Kantatenbuch eine sehr große Hilfe hatte, wie man dieses Buch überhaupt gar nicht genug empfehlen kann.

bezw. „Dona nobis pacem"-Chor des gleichen Werkes (natürlich entsprechend auch in der Kantate 29 „Wir danken dir, Gott, wir danken dir"). Im Takt 15 setzt die erste Trompete zum ersten Mal ein, lediglich einmal das Hauptthema zusammen mit dem Chorsopran, Flöte 1, Oboe 1 und Violine 1 spielend. Der zweite Einsatz erfolgt in gleicher Weise im Takt 26, und im Takt 31 folgt in gewaltiger Steigerung der erste Einsatz der zweiten Trompete mit dem gleichen Thema, aber aus der colla-Parte-Führung heraustretend. Unmittelbar danach setzt in kanonischer Engführung die Trompete 1 in der Oberquint ein, so daß die tonliche Ausweitung des Satzes bis zum d''' erfolgt und die Stimmigkeit auf sechs bzw. nach dem Einsatz der 3. Trompete sogar auf sieben erhöht wird. Und wiederum ist das Wesentliche die Überstrahlung des Vokalsatzes durch den transzendenten, die tonliche Höchstgrenze berührenden Bläserklang.

Auch bei Choralsätzen hat Bach drei Möglichkeiten der obligaten Bläserverwendung:

1. als Zeilenzwischenspiel
2. als Zeilenschlußsteigerung
3. als durchgehendes Mitspiel in gesonderter Stimmführung.

Für die erste Möglichkeit seien als Beispiele die Schlußchoräle der Kantate 41 „Jesu, nun sei gepreiset" sowie des ersten Teils des Weihnachtsoratoriums genannt. Hier sind es kurze Bläsereinlagen und ist es Bläserausklang, was diesen Sätzen ein besonderes festliches Gepräge gibt. Beim zweiten Typ geschieht dies durch Zeilenschlußsteigerung, wobei die Bläser gewöhnlich im vorletzten oder drittletzten Takt einsetzen; als Beispiele nennen wir die Schlußchoräle der Kantaten 29 „Wir danken dir, Gott, wir danken dir" (Choral „Nun lob, mein Seel, den Herren"), 69 „Lobe den Herrn, meine Seele" I, 130 „Herr Gott, dich loben alle wir" und 190 „Singet dem Herrn ein neues Lied". Die Krönung der Bläserverwendung beim Choralsatz bildet aber wohl der dritte Typ, bei dem je nach der Zahl der eingesetzten Blasinstrumente der gesamte Choralsatz zur Fünf- bis Siebenstimmigkeit erweitert wird. Immer wieder ist dabei das Charakteristische die Überhöhung des Vokalsatzes durch Bläserstimmen. Man vergleiche die Schlußchoräle der Kantaten 19 „Es erhub sich ein Streit", 120a „Herr Gott, Beherrscher aller Dinge" (Choral „Lobe den Herren, den mächtigen König der Ehren") und 91 „Gelobet seist du, Jesu Christ" (in diesem letzten Satz mit zwei Hörnern und Pauken geht das Horn 1 teilweise mit dem Cantus firmus zusammen, um sich jedoch vor allem an zwei Stellen über ihn zu erheben). Verwandt mit dieser Form ist durchgehender Bläser- oder auch gemischt besetzter Instrumentalsatz bei zeilenweise unterbrochenem Vokalsatz wie etwa beim Schlußchoral des 6. Teils des Weihnachtsoratoriums. Besonders erwähnenswert ist auch der Schlußchoral „Es wollt uns Gott genädig sein" der Kantate 76 „Die Himmel erzählen die Ehre Gottes", bei dem jede Cantus-firmus-Zeile vierstimmig instrumental vorweggenommen wird; dabei fällt die Vorimitation der Melodie bezeichnenderweise einer Trompete zu.[5]

[5] Sämtliche erwähnten Choralsätze finden sich in der bekannten Smend-Erk'schen Ausgabe der Bachchoräle. Sie bieten ein dankbares Betätigungsfeld in der Zusammenarbeit von Kirchen- und Posaunenchören.

Bei allen Möglichkeiten, die sich Bach beim Einsatz von Blechblasinstrumenten anbieten, zeigt sich uns das gleiche Bild: Die Trompeten bezw. auch Hörner verleihen dem jeweiligen Satz den letzten Glanz. Im Bläserklang gipfelt hinsichtlich der Instrumentierung Bachs Klangvorstellung. Wir sehen heute Bach mehr als Ziel- und Gipfelpunkt vieler geschichtlicher Entwicklungslinien denn als Beginn eines Neuen. Das ist nur bedingt richtig; jedenfalls ist er das Letztere in mancher Hinsicht auch gewesen. Freilich in seinem Bläserklangideal war er unzweifelhaft Höhepunkt und Abschluß. Ausgesprochene Gipfelwerke seines Schaffens hat er mit ihm gekrönt, neben einer Fülle von Kantaten das Magnificat, das Weihnachtsoratorium und vor allem die h-moll-Messe. Das D-Dur seiner D-Trompeten ist die Grundtonart dieser Werke. Hier wird mit diesen Instrumenten noch einmal die Stimme der Transzendenz vernehmbar, zugleich in einer Verklärung wie nie zuvor in der Musikgeschichte. Die nachfolgende Zeit der Empfindsamkeit kannte diese Töne nicht mehr, sie brauchte für ihr Ausdrucksbedürfnis vor allem den variablen Streicherklang. Mozarts Abneigung gegen die Blechblasinstrumente mit Ausnahme des Waldhorns ist bekannt. Die Klassik und das 19. Jahrhundert gewinnen den Blechbläserklang neu, aber er ist jetzt alles Transzendenten entkleidet. Die Stärke des individuellen Ausdrucks, das — gewiß oft genug echte — Pathos fordert ihn. Wie leicht dieses sich freilich in ein unechtes verfälschen läßt, hat uns der Mißbrauch der Wagnerschen Musik in den vergangenen Jahren gezeigt.

Heute ist in uns neben vielem anderen auch der Sinn für einen transparenten Bläserklang neu erwacht. Die Posaunenchöre sind dabei, sich frei zu machen von einem imitierten Vokalklang. Und in Strawinskys Messe haben wir wohl erstmalig wieder etwas von dem Überirdischen eines echten Bläserklangs. Lassen wir uns das rechte Gehör schenken für die Töne aus einer anderen Welt, die uns Bach durch kein anderes Instrument — mit Ausnahme nur der Orgel und zuweilen der Singstimme (Evangelistenrezitativ und vokaler Cantus firmus) — so gleichnishaft-transparent vermitteln will als durch die Blechblasinstrumente, vornehmlich die Trompeten.

# Der Harmonie-Begriff in der lutherisch-barocken Musikanschauung

Kein zweiter Begriff erschließt das Wesen lutherisch-barocker Musikanschauung so gut wie der der Harmonie [1]. Er ist im gesamten barocken Musikverständnis, insonderheit aber in dem des Luthertums, nicht nur ein Zentralbegriff, sondern zugleich ein weit über den Bereich der klingenden Musik hinausreichender weltanschaulicher Universalbegriff, der theologisch, philosophisch, ethisch und naturwissenschaftlich gebraucht wird. Das Wort „Harmonie" bedeutet Zusammenklang, Zusammenstimmen und somit Gesetzmäßigkeit und Ordnung. Gemäß der Weltanschauung, in der das barocke Musikverständnis begründet ist, kennzeichnet „Harmonie" nicht nur das Wesen der Musik, sondern auch das der gesamten geschaffenen irdischen wie ungeschaffenen göttlichen Welt. Die Musik ist nur ein, wenn auch besonders eigentümlicher Ausschnitt aus einer umfassenden kosmischen Ordnungswelt. Immer und immer wieder dient zur Begründung der Richtigkeit dieser Weltanschauung das Wort aus der Weisheit Salomonis (11, 22): „Aber du hast alles geordnet nach Maß, Zahl und Gewicht", ein Wort, das seit Augustin das ganze Mittelalter hindurch unzählige Male in entsprechenden Zusammenhängen angeführt worden ist. Im erneuten, besonders betonten Zurückgreifen darauf vollzieht sich eine offenkundige Anknüpfung der barocken Musikanschauung an die mittelalterliche, während in der Renaissance und im Frühbarock das Interesse an der Affektenlehre stärker hervortrat. Es handelt sich in diesem

---

[1] Bei den folgenden Ausführungen handelt es sich um die Neufassung eines Kapitels der ungedr. Dissertation des Verf. über *Die innere Einheit von Bachs Werk* (Göttingen 1940). Wiewohl sich dabei gewisse Überschneidungen mit R. DAMMANNS Aufsatz *Zur Musiklehre des Andreas Werckmeister* (AfMw XI, 1954, S. 206ff.) ergeben haben, so rechtfertigt sich doch wohl die Veröffentlichung dieses Kapitels einmal im Hinblick auf dessen spezielle Akzentsetzung, sodann aber als eine Arbeit, deren entscheidende Blickrichtung der Verf. gewiß in erster Linie WILIBALD GURLITT verdankt. – Hingewiesen sei auch auf folgende MGG-Artikel: *Barock* (F. BLUME), *J. Buttstedt* (F. BLUME), *J. Crüger* (W. BLANKENBURG), *R. Fludd* (F. BLUME), *J. Kepler* (R. HAASE) und *A. Kircher* (W. STAUDER).

Weltbild nicht um verschiedene Ordnungen innerhalb verschiedener Schöpfungsbereiche, sondern um eine einzige, allenthalben anzutreffende. In seinen *Harmonices mundi Libri V* (1619) hat Johannes Kepler das grandioseste Bild dieser inneren Schöpfungszusammenhänge gezeichnet. Er ist es gewesen, der zuerst eingehend klargelegt hat, daß in dem Laufe der Gestirne Ordnungen walten, die in ihren Maßverhältnissen von den größten und kleinsten Geschwindigkeiten genau den der einfachsten musikalischen Intervalle entsprechen. So entspricht der Lauf des Saturn dem Maßverhältnis der großen Terz 4:5, der des Jupiter dem der kleinen Terz 5:6, der des Mars dem der Quinte 2:3 usw. Die mittelalterliche Vorstellung der *Musica mundana* rückt damit wieder zentral in den Anschauungsbereich musikphilosophischer Betrachtung und doch zugleich, wie sich zeigen wird, mit neuer Blickrichtung. Bereits vor Kepler schrieb Johannes Lippius in seiner *Synopsis musicae* (1612): „Harmonia est in macrocosmo corporali, in caelo, in elemento, in mixto, meteoris, metallis, lapidibus, planta, bestia, est in homine microcosmo..." 1650 kam des Jesuiten Athanasius Kircher einflußreiche *Musurgia universalis sive ars magna consoni et dissoni* heraus. Zwar läßt sich die Abhängigkeit Kirchers von Kepler nicht nachweisen, jedoch zeigt das abschließende X. Buch seines Werkes in echt barockem universalistischem Denken nächste Verwandtschaft mit Keplers Gedankengängen. Die Überschrift dieses Buches besagt deutlich, worum es sich hier handelt: „De organo de caelo, in quo per decem registra demonstratur naturam rerum in omnibus observasse musicas et harmonicas proportiones." Auf Kepler beruft sich ausdrücklich Agostino Steffani in seiner Schrift *Quanta habbia da suoi principii la musica* (1695). Dessen Anschauungen finden sich wiederum vor allem in dem Schrifttum von Andreas Werckmeister, der Steffanis Schrift übersetzte und mit Anmerkungen als *Sendschreiben* (1700) herausgab, ferner bei Johann Buttstedt und Johann Gottfried Walther. In seinem *Musicalischen Lexicon* (1732) führt Walther – zweifellos als seine eigene Anschauung – unter dem Abschnitt „Musica" u. a. folgendes aus: Die Heiden haben mit der Ableitung des Wortes von Musen zu verstehen gegeben, „daß alle Bewegung der Himmel, der Sitz der Elemente, die Abwechslungen der Jahreszeiten usf. in ihrer Ordnung und herrlichen Proportion nichts anders als eine wohlangeordnete und ineinander geschränkte Harmonie abgeben". Allenthalben stößt man in der Natur auf Ordnung und Harmonie; nicht zuletzt gilt das auch von der Welt des Mikrokosmos, dem Menschen. Wie Gott die ganze Welt, Himmel und Erde *harmonice* erbaut hat, so hat er gleicherweise den Menschen, der die musikalischen Proportionen in seinen Gliedmaßen trägt, geschaffen[1]. In diesem Sinne sagt Johann Christoph Lorber in seinem *Lob der edlen Musik* (1696), daß „der Mensch ganz musikalisch

---

[1] Vgl. J. Buttstedt im Anschluß an A. Kircher und A. Steffani in seiner Schrift *Ut, mi, sol, re, fa, la – tota musica et Harmonia aeterna* (1717), S. 7 u. 175.

sei“[1]. Kircher weist die wunderbarsten Zahlenverhältnisse am menschlichen Leibe nach, die Werckmeister noch wieder aufgreift. Diese Begriffswelt wird dann auch auf das menschliche Innenleben, vor allem das sittliche Leben übertragen. Auch hier findet das Wortpaar Ordnung und Unordnung Anwendung. Eine solche Betrachtungsweise ist weder eine Erbschaft Luthers noch entspricht sie der Denkungsart der lutherischen Orthodoxie; sie hat sich vielmehr aus einer Begegnung von christlichem Glauben und naturphilosophischem Denken im 17. Jahrhundert ergeben. Die Sünde wird dementsprechend als die Störung der Harmonie mit Gott bezeichnet. Der Satan ist der Feind aller Harmonie, er ist durch seinen Fall aus der Harmonie mit Gottes Willen herausgetreten und hat nun keinen Anteil mehr am Guten[2]. Der Mensch ist durch den Teufel in die Unordnung mit hineingerissen; aber er vermag im Gegensatz zu diesem durch die Gnade Christi in den Zustand der Harmonie mit Gott zurückversetzt zu werden[3]. Ja, die Wirkung der Taufe wird geradezu dahingehend beschrieben, daß sie den Menschen in eine geistliche Harmonie mit Gott bringe. Was für den Einzelmenschen gilt, trifft ebenso für die menschliche Gemeinschaft zu. Auch der Staat ist nichts anderes als ein Ausdruck des göttlichen Ordnungswillens, der die Menschen in Eintracht miteinander verbinden möchte.

Die geheimen Zusammenhänge zwischen Makrokosmos und Mikrokosmos stellten nun freilich die Theoretiker vor schwerwiegende Probleme. Aus der Entsprechung von beiden wird gefolgert, daß der Mikrokosmos vom Makrokosmos regiert werde. „Wir wissen auch, daß die inferiora oder irdischen Dinge von den superioribus oder Gestirnen regiert werden und ihre Einflüsse haben auf den natürlichen Menschen selber; dieses könnte auch nicht sein, wo nicht des Menschen Geist, Seele und Leib eine Gleichheit und analogiam mit den oberen Wesen hätte und in gleicher Proportion stünden“, so Steffani in dem *Sendschreiben*. Aber gleichzeitig nimmt er an, und Buttstedt stimmt ihm darin zu, daß „das Obergestirn in dem Menschen nichts Böses wirken kann, sondern die Sünde zeugete die Sünde, wie auch der Mensch sein in sich habendes Gestirn, das ist seine gute proportiones und Ordnung durch ein unordentlich Leben, Schwelgerei und andere Laster verderben und in Unordnung bringen kann“[4]. Wir sehen, daß sich an diesem Punkte die Astrologie in das Gedankensystem des barocken Weltbildes einschleicht und die mensch-

---

[1] Die aufschlußreichsten Verse dieses Sinngedichts sind bei W. Gurlitt, *Johann Sebastian Bach. Der Meister und sein Werk*, [4]Kassel u. Basel 1958, S. 55, wiedergegeben.

[2] Vgl. Werckmeister, *Der edlen Music-Kunst Würde, Gebrauch und Mißbrauch* ...“ (1691), Vorrede u. S. 20.

[3] „Hinc diabolus anharmonicus semper iacet semel lapsus. Homo ab ipso deceptus resurgere potest per gratiam solam ...“, J. Lippius in der Vorrede zur *Synopsis musicae* (1612).

[4] Vgl. Buttstedt, S. 53.

liche ratio an ihre Grenzen kommt. Die dabei auftauchenden Probleme lassen sich nur durch Gewaltsamkeiten lösen. Es spricht die christliche Glaubensüberzeugung, wenn Werckmeister dann ganz einfach sagt: „Astra regunt homines, sed Christus temperat astra.“ [1] Und noch an einem anderen, speziell die Musik betreffenden Punkte werden die inneren Schöpfungszusammenhänge zum Problem, nämlich bei der offenbaren Tatsache, daß verschiedene Zeiten einen verschiedenen musikalischen Geschmack haben. Wie ist dies möglich, wo doch das Fundament der Musik ein unveränderlich kosmisches ist? Steffani gibt auf diese Frage folgende Antwort: „Wie die klingende Harmonie in unsere Ohren fällt..., also fällt die Harmonie des Gestirns in unser Gemüt, regiert und treibt dasselbe... Und wie die constellationes sich von Zeit zu Zeit verwechseln, also werden die Gemüter durch solchen Sternengeist und harmoniam verändert, daß von einer Zeit zur anderen die humores und mores des Menschen verändert werden.“ [2] Diese Äußerung zeigt, wie sehr die barocken Musiktheoretiker Anteil an der Neigung ihrer Zeit zu mystischer Spekulation gehabt haben. Auch in Kirchers *Musurgia universalis* gibt es dafür mancherlei Beispiele, und daß auch J. G. Walther in diese Richtung tendierte, bezeugt sein Briefwechsel mit seinem Freund H. Bokemeyer [3]. Doch dürfen uns Übersteigerungen nicht dazu verführen, die bleibende Gültigkeit dieser Anschauungen zu übersehen. Diese liegt in der Erkenntnis der göttlichen Ordnungskräfte in der geschaffenen Welt und in der Erneuerung des Wissens darum, daß die Musik ein Teil dieser Ordnung ist. –

Die Barockzeit hat die Welt mit solcher Lebendigkeit als einen von Gott geregelten und geordneten Mechanismus verstanden und begriffen, daß sie sich den Schöpfer selbst nicht anders als eine Macht der Ordnung vorstellen konnte [4]. Ist nicht die sichtbare Welt ein einziges großes Zeugnis dafür, daß Gott ein „harmonisch Wesen“ (Werckmeister) ist, daß die natürliche Welt in ihren Ordnungen nur ein Spiegel und Schatten, ja ein Vorgeschmack der vollkommenen Sinneswelt, der himmlischen Harmonie, und daß Gott der Architypus, d. h. das Urbild dieser Sinnenwelt ist? „Ultimus vero est omnis harmoniae Architypus et Fons ter Optimus Maximus Deus“ (J. Crüger, *Synopsis Musica*). Unaufhörlich reden die Theoretiker von der wunderbaren Weisheit Gottes, auf deren Spuren der Mensch allenthalben in der Schöpfung stößt, und sie sehen in dem Optimus Maximus nicht zuletzt den himmlischen Architectus, der alles nach „Maß, Zahl und Gewicht“ geordnet hat. Die Harmonie gehört zu Gottes Wesenheit, sie ist selbst etwas Göttliches und daher Unerschaffenes, gleichsam von Ewigkeit zu Ewigkeit [5]. Die Schrift sage zwar,

---

[1] Vgl. Werckmeisters *Harmonologia musica* (1702).
[2] Steffani im *Sendschreiben*, S. 51.
[3] Vgl. G. Schünemann im Bjb. 1933, S. 117f.
[4] Vgl. Buttstedt, S. 13.
[5] Vgl. ebda. S. 106.

daß Himmel und Erde vergehen, aber sie sage nichts darüber, daß auch die Harmonie vergehe [1]. Sogar der über seine Zeit schon hinausstrebende Johann Mattheson bezeichnet noch die Harmonie als etwas Unerschaffenes, da sie „ja unsere stärkste idea von dem ewigen Leben auf das singende und klingende Lob Gottes, dessen seliges Anschauen und Dienst sich beziehet". Deshalb meint er auch, daß die Musik ein Rest des Paradieszustandes ist, den Gott den Menschen „als ein sonderliches Geschenk und gemeines Labsal zur Erleichterung der schweren Arbeit und Sorgen im mühseligen sterblichen, auch zum Vorbild von jenem ewigen Leben" gelassen hat [2]. In diesem Zusammenhang ist es ein Wort aus dem Buch Hiob (Kap. 38, 7), das als biblischer Beweis für die Richtigkeit dieser Lehre immer wieder angeführt wird. „Ja, es ist die Harmonie gewesen, ehe der Welt Grund gelegt wurde, wie solches im Buch Hiob Kap. 38 zu vernehmen, da Gott sagte: ‚Wo warst du, da ich die Erde gründete? Da mich die Morgensterne miteinander lobten und jauchzten alle Kinder Gottes?' Da sie nun alle und miteinander gelobt und gejauchzt haben, müssen sie in Einheit und Harmonie gewesen sein" [3]. Auch auf dem Titelblatt von Buttstedts *Ut-mi-sol...* findet sich dieser Spruch.

Der Eindruck von der Musik als einer in der sichtbaren Welt wahrnehmbaren göttlichen Ordnung, als einem in der Zeit aufleuchtenden Strahl der Ewigkeit, wirft nun folgerichtig die Frage auf, ob im Himmel nicht mit den gleichen Tönen und Instrumenten wie auf der Erde musiziert werde, und es darf uns nicht wundern, daß diese konsequenterweise bejaht worden ist [4]. So lebt neben der Musica mundana auch die mittelalterliche Anschauung von der Musica coelestis mit neuer Kraft wieder auf. Wovon diese vergängliche Welt nur einen Vorgeschmack geben kann, das wird in der Ewigkeit erst völlig erfahren werden. Wozu aber hat Gott diese Himmel und Erde durchwaltende musikalische Ordnung geschaffen, wenn nicht dazu, daß sie immerwährendes Zeugnis von der Majestät, Weisheit und Ehre des Archimusicus abgebe, damit das Abbild der göttlichen Harmonie hier auf Erden schließen lasse auf die Größe des Urbildes und es also ad majorem Dei gloriam zeuge, und damit sie auch den Menschen Freude bereite, indem ihnen die göttliche Harmonie eine Erinnerung an das verlorene Paradies und zugleich einen Vorgeschmack von der Ewigkeit gebe und mit beiden zugleich ein Labsal in den Mühen dieses irdischen Lebens? So wird die Musik miteinbezogen in eine universale Weltschau, in einer leidenschaftlichen Hinwendung zu den verborgenen Ordnungen und inneren Gesetzmäßigkeiten der natürlichen Welt wie in einem überaus lebendigen Glauben daran, daß mit der

---

1 Vgl. ebda. S. 174.

2 J. MATTHESON, *Das neueröffnete Orchester*, Hamburg 1713, Supplementum S. 302.

3 Vgl. WERCKMEISTER, *Der edlen Musik-Kunst...*, Kap. 2.

4 So WERCKMEISTER im *Sendschreiben*, S. 91, BUTTSTEDT, S. 107, im Anschluß an KIRCHER.

Erkennbarkeit dieser göttlichen Spuren in der irdischen Sinneswelt dem Menschen nur erst eine Vorahnung von der vollkommenen Himmelswelt gegeben ist. Stärker als im Mittelalter ist dabei die Vorstellung von der Musica coelestis mit naturphilosophischen Gedanken behaftet, eine Folge der eigentümlichen Lehre von der Musica mundana im Barock.

Eine besonders lebendige Veranschaulichung hat dieses Musikverständnis in der Stellung und der Prospektgestaltung der Orgel in dem lutherisch-barocken Kirchenbau erhalten. In ihm gehört die Orgel mit Taufstein, Altar und Kanzel zusammen zu den „Prinzipalstücken" des Gotteshauses, die sich in der Mittelachse des Schiffes übereinander aufbauen; dabei nimmt die Orgel in Verbindung mit der Sängerempore den höchsten Platz ein. Diese Regel hatte fast ausnahmslos nahezu zwei Jahrhunderte Gültigkeit und findet sich daher in vielen Beispielen, vor allem in den Schloßkirchen barocker Residenzen, jedoch auch in zahllosen schlichten Dorfkirchen Mitteldeutschlands bestätigt. Daß mit der den gottesdienstlichen Raum krönenden Stellung der Orgel die barocke Anschauung von der Unvergänglichkeit der Musik veranschaulicht werden soll, geht ebensosehr aus dem gleichnishaften Verständnis des Deckengewölbes im Gotteshaus als Himmelsraum, an den die Orgel heranreicht, wie aus der häufigen Verzierung des Prospektes mit musizierenden Engeln hervor. In dem bekannten Conradschen Stich, der Schütz mit seiner Kantorei in der Dresdner Schloßkirche darstellt, ist uns eine besonders greifbare Auslegung der Symbolik des protestantisch-barocken Kirchenraumes überkommen. Hier hat der unten im Schiff des Raumes singende Chor der Menschen in Gemeinschaft mit allen verfügbaren Instrumenten auf einer Mittelempore und dem darüber sich auf einer oberen Empore erhebenden großen Orgelwerk, welches das über und über von musizierenden Engeln lebende Himmelsgewölbe berührt, Anteil an dem ewigen Gotteslob. Von eindringlicher Bildhaftigkeit ist auch die Schloßkirche zu Weimar, die sog. Himmelsburg, die in ihrer ursprünglichen Gestalt zwischen Kanzel und Orgel, die ihrerseits über dem Gewölbe im Himmelsraum steht, eine Jakobsleiter hatte. Alle derartigen Darstellungen dürfen keinesfalls als bloße Ornamente verstanden werden, sondern haben in ihrer Sinnbildlichkeit reale Bedeutung[1]. –

[1] Vgl. den CONRADschen Stich u. a. bei H. J. MOSER, *Heinrich Schütz. Sein Leben und Werk*, ²Kassel u. Basel 1954, neben S. 496, sowie in *H. Schütz, Neue Ausgabe sämtlicher Werke*, Band VI, *Der Psalter nach C. Beckers Dichtungen*, hg. von W. BLANKENBURG, Neuaufl. Kassel 1957. Zur ganzen Frage ferner meinen Aufsatz *Die Bedeutung der Orgel in den Kirchenbauten des Barock*, Kunst und Kirche XV, 1938, Heft 3, S. 7ff. Eine Abbildung der Weimarer „Himmelsburg" findet sich bei CH. S. TERRY, *Johann Sebastian Bach*, Leipzig 1929, Tafel 27. – Zu erinnern ist in diesem Zusammenhang auch an den volkstümlichen, bei einem Satz von J. R. AHLE (1660) vorkommenden Vers: „Alles, was irdisch ist, muß endlich vergehn, / Musica bleibet in Ewigkeit stehn", wie auch an die einfachere Fassung „Himmel und Erde werden vergehn, aber die Musica bleibet bestehn" (wenn es hier zuweilen „Musici" heißt, dann kann sich dies nur auf die Fortsetzung und Vollendung des irdischen

Nach der Beschäftigung mit der Bedeutung der Musica mundana sowie der Musica coelestis in der lutherisch-barocken Musikanschauung stellt sich nun schließlich auch die Frage nach der Musica humana bzw. instrumentalis, d. h. der klingenden und vom menschlichen Ohr wahrnehmbaren Musik. Bezeichnenderweise lassen sich zwischen der Musica humana und Musica mundana gar nicht immer scharfe Trennungslinien ziehen. Das zeigt sich sogleich bei dem ersten, in jener Epoche immer wieder erörterten Problem, ob die Musik eine Wissenschaft sei. Während dies etwa zur Zeit Kirchers eine noch kaum angefochtene Überzeugung war, löste sich die Musik im Strom der vorwärtsdrängenden Aufklärung, die auf die allmähliche Verabsolutierung der Künste hinzielte, immer mehr aus dem Verband der Wissenschaften. Der Kampf der protestantischen Kantoren im Verein mit gewissen Richtungen des Katholizismus um die Rettung der Musik als einer wissenschaftlichen Disziplin bedeutete nichts anderes als ein leidenschaftliches Bemühen um die Erkenntnisse der kosmischen Fundamente der Musik. Buttstedt klagte einmal, ehedem sei die Musik der philosophischen Fakultät einverleibt gewesen, „heutzutage aber halte sichs ein Magister für einen Schimpf, wenn er als Musicus sollte intituliert werden“ [1]. Werckmeister verfolgte mit seiner deutschen Ausgabe von Steffanis *Sendschreiben* keinen anderen Zweck, als mit Hilfe einer anerkannten Autorität den Nachweis zu erbringen, daß die „Musik eine wahrhaftige Wissenschaft“ sei [2]. Es war ein Kampf um die Zukunft der Musik überhaupt. Auch der Solmisationsstreit zwischen Buttstedt und Mattheson findet in ihm seinen geschichtlichen Sinn. Daß dieser Streit freilich so ergebnislos verlief, war die Schuld beider Parteien. Weder erkannte Mattheson, obwohl er nicht einmal die alten Fundamente ganz aufgegeben hatte, worum es ging, noch besaß der kleinbürgerliche thüringische Kantor Buttstedt die Fähigkeit, dem weltgewandten Hamburger die weittragende Bedeutung dieser Auseinandersetzung klarzumachen [3]. Es war das Verdienst Zarlinos gewesen, in der wissenschaftlichen Betrachtung der Musik den rechten Ausgleich zwischen der Musica theoretica und Musica practica herbeigeführt zu haben; denn beide bedingen einander [4]. Demgegenüber führte das 17. Jahrhundert nicht nur zu

---

Gotteslobs bei den himmlischen Heerscharen beziehen). Der Anklang beider Worte, vor allem des letzteren, an Lukas 21, 33: „Himmel und Erde werden vergehen, aber meine Worte vergehen nicht“, ist unübersehbar; er will besagen, daß die Musik auf Grund ihres von Gott gesetzten Wesens wie ihrer göttlichen Bestimmung Anteil an der Ewigkeit hat.

[1] A.a.O., S. 11.

[2] Vgl. ebda. und WERCKMEISTERS Vorwort des *Sendschreibens;* ferner vom Verf.: *Die Nachwirkung der artes liberales in den reformatorischen Gebieten und deren Auflösungsprozeß,* Kongr.-Ber. Hamburg 1956, Kassel 1957, S. 60ff.

[3] BUTTSTEDTS *Ut-mi-sol*... war bekanntlich eine Streitschrift gegen MATTHESONS *Neueröffnetes Orchester;* dieser antwortete mit seinem *Beschützten Orchester* (1717).

[4] Vgl. H. ZENCK, *Zarlinos ‚Istitutioni harmoniche‘* als *Quelle zur Musikanschauung der italienischen Renaissance,* ZfMw XII, 1929/30, S. 542f.

einem neuen Verständnis der Musica theoretica, sondern auch zur Erkenntnis von der Notwendigkeit, auf diese als das Fundament aller musikalischen Betätigung hinzuweisen. Schon Lippius fragte mit Besorgnis, wie es möglich sei, daß es so viele Musiker gibt, aber kaum einer sich um die „causae et fundamenta genuina methodica" bemüht. „Mathematici harmoniam musicam transiliunt, cantores nesciunt, nil curant componistae." Einst, und er meinte damit die Zeit bis zu Zarlinos und Orlandos Tagen, sei das anders gewesen [1]. Robert Fludd unterschied noch ganz in mittelalterlichem Sinne zwischen Musicus perfectus und imperfectus. Während Zarlino den Begriff des *musico perfetto* neu prägte und darin die Vereinigung von Musicus und Cantor vornahm [2], formulierte Fludd: „Musicus perfectus est, qui non partes musicae componit, sed veram earum rationem reddere potest. Musicus imperfectus est, qui tantum versatur vel in musica harmonica vel rhythmica vel metrica." [3] Die Wissenschaftlichkeit der Musik wurde mit dem Hinweis bewiesen, daß sie ohne die Hilfe anderer Wissenschaften weder bestehen noch erlernt werden könne und daher ein Studium erfordere [4]. Dabei handelt es sich in erster Linie um die Mathematik. Die Musik ist auf die Mathematik gegründet [5]. Folgende Begriffsbestimmung kehrt ähnlich in allen einschlägigen Werken wieder: „Musica est scientia mathematica circa numerum in sono ad efficiendam cantilenam. Musica est scientia mathematica subalternata: quia principia ex mathematica simplici tam quoad numerum ex arthmetica quam quoad magnitudinem in monochordo mensurabilem ex geometria mutuatur eaque ad rem physicam sc. sonum applicat." [6] Am Monochord werden die Proportionen der Intervalle erkannt und berechnet. Die Zuhilfenahme geometrischer Berechnungen erbringt den Beweis, daß die einfachsten konsonanten Intervalle sich auf die einfachsten Zahlenverhältnisse gründen. Es folgt daraus – und das ist für die barocke Musikanschauung eine Erkenntnis von besonderer Tragweite –, daß das Einfachste zugleich das Angenehme ist, während die Vielheit verwirrt. Dies gilt ebenso für die Intervalle bzw. Akkorde wie für die Rhythmik. Um die Proportionen der Konsonanzen auszudrücken, bedarf es lediglich der Zahlen 1–8 ausschließlich der 7. Bei den Taktformen kommen

---

[1] *Synopsis Musica,* Vorwort.

[2] Vgl. Zenck, a.a.O., S. 560.

[3] Fludds Klassifikation der Musik ist auf einer Sondertabelle in Buttstedts *Ut-mi-sol*... wiedergegeben.

[4] „Imon sine harum scientiarum [sind vorher aufgezählt] alternantium auxilio musica nec constare nec addisci potest", so Buttstedt S. 7; „Darum wird die Musik eine Scientia genannt, weil sie ihre Causas hat. Scire enim est rem per causas cognoscere", so Werckmeister in seinem *Cribrum musicum* (1700), S. 5.

[5] Vorbedingung für die Aufnahme in die Mizlersche Societät, zu der seit 1747 bekanntlich Bach gehörte, war philosophische und mathematische Bildung; vgl. Fr. Wöhlke, *Lorenz Christoph Mizler. Ein Beitrag zur musikalischen Gelehrtengeschichte des 18. Jh.,* Würzburg 1940, S. 101.

[6] Vgl. Steffanis *Sendschreiben,* S. 39, auch bei Buttstedt S. 7.

sogar nur die Zahlen 1–4 in Betracht. In beiden Fällen erscheinen freilich auch höhere Zahlenwerte; diese lassen sich jedoch stets auf die genannten Grundzahlen zurückführen. So sind beispielsweise der $^9/_8$- und der $^{12}/_8$-Takt nur besondere Dreitaktformen[1]. In der Rhythmik stellt das Zweiunddreißigstel den äußersten Zahlenwert dar; alles, was darüber hinausgeht, verwirrt und verletzt das Gehör.

Solche Feststellungen erscheinen den Theoretikern nicht zufällig, sie haben vielmehr ihren Grund im universalen Walten der göttlichen Ordnung und Harmonie. Da ja der Mensch selbst nach einer einfachen mathematischen Regel gebaut ist, kann er nur Freude haben an dem, was ihm gleicht. „Omne simile suo simili oblectatur" lautet ein alter Spruch, der sich in der Musik bewahrheitet und daher oft angeführt wird[2].

In der rechten mathematischen Begründung der Musik, d. h. in ihrer Zurückführung auf die einfachsten Zahlenordnungen, wird zugleich das Geheimnis der guten musikalischen Wirkung erfaßt. Werckmeister sagt: „Die Natur bringt es mit sich, wenn die Gesänge ordentlich komponiert und die Aequalität der Mensur in Musiken in acht genommen wird, daß es alsdann eine Freudigkeit erweckt, welche den Menschen gleichsam hüpfend und bewegend macht. So aber eine rückend und gezerrte, mit vielen Dissonantien versalzene und in der Mensur verwirrte harmonia und allzu geschwinder Mischmasch gemacht wird, vor demselben bekommt man gar bald einen Ekel, ja es ist die Krankheit selbst. Gleich wie die Pulsader in dem Menschen in rechter Aequalität nicht zu geschwinde oder zu langsam schlägt, so ist eine freudige Natur oder Gesundheit bei dem Menschen zu vermuten, wo aber das contrarium gespürt wird, so ist gewiß keine gute harmonia der Gesundheit bei demselben Menschen vorhanden."[3] Und Steffani schreibt: „Je näher ein Ding der Unität und Aequalität, je vollkommener, deutlicher und angenehmer es ist und umgekehrt."[4] Aus diesen Äußerungen geht hervor, daß alle Musik durch eine einfache Zahlenordnung bestimmt sein muß, wenn sie recht und wirkungskräftig sein will. Dieser Erkenntnis liegt zutiefst die Anschauung zugrunde, daß die Zahl der Träger des göttlichen Weltenbaues ist[5]. „Dum Deus calculat, fit mundus" (Leibniz). Diese Worte gelten nicht nur für die Entstehung der Welt als Ganzes, sondern auch für die ihrer einzelnen Teile. Die Zahl ist daher auch Gestaltungsprinzip der Musik. „Musica est exercitium arithmeticae occultum nescientis se numerare animi" (Leibniz)[6]. Aus-

---

[1] WERCKMEISTER im *Sendschreiben,* S. 68.

[2] Vgl. das Vorwort von WERCKMEISTERS *Erweiterter und vermehrter Orgel-Probe* (1698), Faks.-Neudr. Kassel 1927.

[3] *Der edlen Music-Kunst Würde...,* Kap. 10.

[4] In WERCKMEISTERS Ausgabe des *Sendschreibens* S. 62.

[5] Vgl. das auf S. 44 erwähnte Bibelzitat Weisheit Salomonis 11, 22.

[6] Wie sehr LEIBNIZ an der lutherisch-barocken Musikanschauung Anteil hat, bezeugt seine Schrift *Von der Weisheit,* von der W. GURLITT in seinem Aufsatz *Musik*

drücke wie *sonus ex numero* oder *numerus sonorus* (Zarlino) sind allgemein gebräuchlich. Und immer werden dabei die Zusammenhänge von Musik und Zahl auf dem Hintergrund des göttlichen Schöpferwillens gesehen. Die Zahl ist ein Mittel Gottes bei der Weltgestaltung und daher von dem Geheimnis seiner Weisheit umhüllt. Alle Zahlen haben ihren Ursprung in der Unität und Aequalität, d. h. in der Eins. Je mehr sich etwas dem Ursprung nähert, je näher der Eins also, desto näher auch dem göttlichen Ursprung. „Unitas est radix omnis numeri"[1], und „es müssen die Takte oder Mensur nach den Zahlen, so der Aequalität am nächsten sein, eingerichtet worden"[2]. Musikalische Zahlenordnung und Wirkung stehen daher in ursächlichem Zusammenhang. Die rechte Musik erscheint letztlich als eine Summierung der Ursprungszahl Eins in eine bestimmte gute Ordnung gebracht. „Quemadmodum enim numerus non esset, nisi unitas esset: nec magnitudo si non punctum etc. Cum numerus fiat ex unitate repetita, magnitudo ex fluxione puncti et tempus a momento numeretur. Ita nec intervallum nec harmonia esset, nisi ex sonis principium duceret..."[3] Der universale Begriff *harmonia* hat also sowohl ontologischen wie psychologischen Charakter; dabei handelt es sich nur um zwei Seiten von ein und derselben Sache[4].

Mit der grundlegenden Bedeutung der Zahl in der lutherisch-barocken Musikanschauung hängt ihre häufige Verwendung als Symbolträger göttlicher Wahrheiten zusammen. Dabei erscheinen die Grenzen zwischen einer als göttliches Ordnungsprinzip geschauten Zahlenwelt und der Zahl als Sinnbild göttlicher Weisheit zuweilen fließend. So liegt es schon im Wesen der Sache begründet, wenn die Zahl *Eins* als göttliche Ursprungszahl von vornherein beides, nämlich kompositorischer Baustein sowie Sinnbild ist[5]. Zu den weiteren

---

*und Rhetorik,* Helicon V, 1944, S. 84f., handelt; vgl. auch meine unten, Anm. 4, genannte Abhandlung.

[1] LIPPIUS, *Synopsis musicae,* Vorwort.

[2] WERCKMEISTER im *Sendschreiben,* S. 68.

[3] J. CRÜGER in seinen *Quaestiones musicae practiae* (1650).

[4] Allein von diesem Anschauungsbereich her ist m. E. BACHS bekanntes Wort über „Des Generalbasses finis und End-Ursache" richtig zu interpretieren, wie ich es in der Abhandlung *Johann Sebastian Bach und die Aufklärung* (Bach-Gedenkschrift 1950, Zürich 1950, S. 25ff.) unternommen habe. Auch das (recht verstandene) Komponieren zu Gottes Ehre und zur Rekreation des Gemüts ist ein und dasselbe.

[5] Die Beschäftigung mit der Zahlensymbolik ist in der gegenwärtigen musikwissenschaftlichen Forschung und Betrachtung fast zu einer Art Mode geworden, was auf der anderen Seite zuweilen um so größere Skepsis hervorgerufen hat. Beides kann zur Gefahr werden. Das sollte vermieden werden einmal durch die Beschäftigung mit den geistigen Wurzeln der Zahlensymbolik, die dem biblischen Denken ebenso vertraut ist wie dem naturphilosophischen Denken in der Barockzeit; beides begegnet sich hier. Zum anderen bedeutet die Vorstellung von der Zahl als einem nicht nur quantitativen, sondern auch qualitativen Begriff nicht, daß nun auch allenthalben Zahlensymbolik vorliegen müßte. Wo sie aber – wie gewiß oft genug in BACHS Werk – angetroffen wird, da bedingen sich gegenseitig natürliche, d. h. kom-

Zahlen mit Symbolcharakter gehört insonderheit die *Sieben*. Sie gründet auf der Tatsache, daß die Konsonanzen lediglich die Zahlen 1–8 ohne die Zahl 7 bei ihren Proportionen aufweisen, für die Theoretiker ein Mysterium von ganz besonderer Sinnbildlichkeit. Für die anerkannten Konsonanzen, nämlich Oktave, Quinte, Quarte, große und kleine Terz, große und kleine Sexte heißen die Bruchzahlen:

$$^1/_2\ ^2/_3\ ^3/_4\ ^4/_5\ ^5/_6\ ^5/_8\ ^8/_5$$

Das sind sieben Intervalle mit sieben verschiedenen Zahlen ohne die Sieben-Zahl selbst. Die Sieben aber ist die Zahl der Ruhe („und es ruhte Gott am siebenten Tage" Gen. 2, 2), der Vollkommenheit. Man kann nicht sagen, daß sich die Betrachter hier ins Reich der leeren Spekulation verlieren; sie stellen diese Zusammenhänge einfach fest und bleiben staunend vor einem Geheimnis stehen. Buttstedt stellt den Sachverhalt folgendermaßen dar:

„Anlangend den numerum septenarium in specie, so ist bekannt, daß 1. die heiligen patres solchen nicht ohne Ursach numerum sacrum nennen, 2. die Herren philosophi numerum quietum, 3. der Abt Steffani in solchen ein sonderliches Mysterium setzt, und so wir auch nicht wüßten, daß musikalische proportiones in dem Himmelsgebäu und anderen Schöpfungen Gottes enthalten wären, so ist doch nachdenklich, daß die ganze harmonia nur in den ersten sieben (verstehe harmonischen) Zahlen steckt und daß nicht alle Zahlen harmonisch sind, wo man nicht die Reduktion auf diese machen kann. So besteht demnach die Harmonie in einem septenario, schließt doch den septenarium sieben aus, ist ein Paradoxon und steckt noch viel Geheimnis darin verborgen. In diesen Zahlen stecken auch sieben consonantiae simplices als Oktave, Quinte usw. Mehr sind nicht in rerum natura zu finden; denn wo man mehr haben will, werden diese nur in den Oktaven repetieret." [1]

Von besonders grundlegender Bedeutung für das lutherisch-barocke Musikverständnis ist auch die *Drei*zahl, wobei wiederum die christliche Symbolik naturphilosophisch begründet erscheint. Bei ihrem sinnbildlichen Gebrauch zeigt sich gegenüber der mittelalterlichen Zahlensymbolik, daß die harmonische Ausdruckskunst, die im 16. Jahrhundert, zur Zeit der Musica reservata, gegen die Numerusgestaltung der Gotik des 15. Jahrhunderts in bewußten Gegensatz gestellt wurde, im Barock mit deren Erbe eine Synthese eingeht. Jetzt wird auch die Dreiklangharmonik als Numerusgestaltung aufgefaßt und obendrein oft genug symbolisch gedeutet. Schon die auf Glarean

---

positorische Ordnungskräfte und sinnbildhafte Zeichensprache. Die Sinnbildlichkeit (welcher Art sie auch sei, also nicht nur die der Zahl) ist dann nicht ein der Kunst wesensfremdes Element, sondern steht, weil sie mit der Kompositionstechnik verwoben ist, in unmittelbarem Zusammenhang mit deren Schönheit und Wirkung. Verwiesen sei für die biblische Zahlensymbolik auf den wertvollen Aufsatz *Die Zahl in der Offenbarung* von E. Reisner, Pastoraltheologie XXXVII, 1941, S. 87ff.

[1] A.a.O., S. 24. Ein grandioses Beispiel der symbolischen Verwendung der Siebenzahl ist der erste Satz des Credo in Bachs h-moll-Messe, den ich in meiner *Einführung* in das Werk ([2] Kassel 1957, S. 25ff.) erläutert habe. – Wie bedeutungsvoll der gesamten barocken Geisteswissenschaft der *sacer septenarius* erschienen ist, beleuchtet höchst anschaulich und aufschlußreich eine Medaille, die im Jahre 1707 anläßlich des hundertjährigen Bestehens der Universität Gießen geprägt wurde.

zurückgehende endgültige Erklärung der Terz zur vollkommenen Konsonanz wird sinnbildlich gewertet. Die Heiden hätten die Terz als Konsonanz nicht erkennen können, weil sie von der göttlichen Dreieinigkeit nichts gewußt hätten [1]. Die Terz wird jetzt als ein Bestandteil des Vollkommensten, was die Musik hier auf Erden überhaupt aufzuweisen hat, angesehen. Dieses aber ist nach Ansicht der Musiktheoretiker der Barockzeit nichts anderes als der Dur-Dreiklang und seine Umkehrung, der Moll-Dreiklang; denn die „Trias harmonica perfecta" ist ein Mysterium: sie besteht aus drei Tönen (Monaden) und drei Zweiklängen (Dyaden), einer Quinte, einer großen und einer kleinen Terz, und ergibt einen Dreiklang. Und „diese drei soni machen eine vollkommene harmonia und sind unzertrennlich verbunden; denn sonsten die harmonia nicht vollkommen wäre. Und wenn wir die Triaden hören, so ist es nicht anders als ein Unisonus und ist doch ein trisonus und gar recht ein Unitrisonus zu nennen" [2]. Bereits Lippius, auf den der Begriff „Trias harmonica" offenbar zurückgeht, während der Ausdruck „Dreiklang" erst viel später von den Theoretikern verwandt wird, sagt: „Trias harmonica simplex et recta radix vera est unitrisona omnis harmoniae perfectissimae plenissimaeque, quae dari in mundo potest." [3] Und er nennt – darin folgen ihm viele Theoretiker – den Dreiklang eine „imago et umbra magni mysterii divinae solum adorandae Unitrinitatis" [4]. So wird die Trias harmonica, die in der Renaissance zum Ausgangspunkt der musikalischen Kompositionslehre gemacht worden war, weil sie sich als Träger einer Ausdruckskunst besonders geeignet erwies, in der Folgezeit wiederum zum Symbol eines Objektiven, nämlich der göttlichen Dreieinigkeit. Nicht das Kirchentonsystem des Mittelalters, sondern die neue auf Dur und Moll beruhende Harmonielehre geht jetzt mit der auf der Zahl gegründeten musikalischen Wissenschaft Hand in Hand. Von daher bekommt der Begriff „tota musica" aus der alten Solmisationsregel „Mi et fa est tota musica" [5] jetzt einen universalen grundsätzlichen Klang, wie es der vollständige Titel von Buttstedts wiederholt zitiertem Buch in klassischer Form zeigt: *Ut-mi-sol-re-fa-la tota musica et harmonia aeterna, neueröffentes, altes, wahres, einziges und ewiges Fundamentum musices* (1717) zeigt. Er besagt, daß Dur (ut – mi – sol) und Moll (re – fa – la) die göttliche Grundlage der Musik ist, die dem Wesen der Trinität entspricht [6]. Hier wird

---

[1] BUTTSTEDT, S. 172.

[2] Ebda. S. 170.

[3] *Synopsis Musica*, Kap. „De Triade musica". FR. E. NIEDT schließt sich in seiner *Musicalischen Handleitung* (1700) diesen Gedankengängen an.

[4] Ebd. – Neuerdings konnte C. DAHLHAUS das symbolische Dreiklangsverständnis schon rund zwei Jahrzehnte vor J. LIPPIUS in den *Isagoges musicae libri duo* des CYRIACUS SCHNEEGASS (1591) feststellen; vgl. Musik und Kirche XXV, 1955, S. 251f.

[5] Vgl. z. B. CRÜGERS *Quaestiones musicae practicae.*

[6] BUTTSTEDTS Buch enthält ein für diesen Zusammenhang sehr viel besagendes Titelbild, das ich in meinem Aufsatz *Der Titel und das Titelbild von J. H. Buttstedts Schrift „Ut, mi, sol..."* beschrieben und gedeutet habe (Mf III, 1950, S. 64ff.). Dort

nun vollends deutlich, wie bei der universalen Bedeutung des Harmonie-Begriffs in der lutherisch-barocken Musikanschauung theologisches, naturphilosophisches und musiktheoretisches Denken ständig überlagert ist. Die harmonischen Grundlagen der Musik sind ein Zeugnis für die Analogia entis; d. h. dem göttlichen Wesen der Trinität entspricht natürliches Sein in der Schöpfung. Natürliche und biblische Offenbarungstheologie sind unbekümmert ineinander verwoben; denn die Musik in sich selbst als „Formular der Weisheit und Ordnung Gottes" (Werckmeister in seiner *Harmonologia musica*) ist göttliche Offenbarung; sie ist eine „ars aeternis naturae legibus adstricta" (M. Meibom bei Werckmeister ebda.). Bibel und Kirchenväter dienen gleichsam nur zur nachträglichen Rechtfertigung dieser höchst bemerkenswerten Anschauung. Das lutherisch-barocke Musikverständnis erscheint hier mit stark rationalistischen Zügen durchsetzt. Tatsächlich kann man den Kampf um die Rettung der Musik als Wissenschaft in jener Zeit auch im Hinblick auf die klingende Musik als einen Kampf um ihre rationale Begründung bezeichnen. Dessen sind sich die Theoretiker vollauf bewußt gewesen; sie haben gerade diesen Kampf führen wollen. Hatte Zarlino den uralten Streit, ob der Sensus (das Gehör) oder die Ratio (die Vernunft) die Richterin über die Musik sei, zugunsten des Gehörs entschieden, so wird jetzt die Ratio auf alle Fälle als Mitrichterin hingestellt. Ratio und sensus lautet die neue Parole. Werckmeister hat sich darüber am schönsten geäußert:

„Denn dieser mathematische Grund zeiget, warum eines mit dem anderen klinge und eine harmoniam mache, warum ein anderes nicht klinge und eine Dissonanz gebe; warum eine Dissonanz sich lasse resolvieren, die andere aber nicht, warum diese progressio gut, eine andere aber zu verwerfen sei und was dergleichen mehr in der Composition sich zuträgt, welches denn physicè und bloßer Dinge durch das Gehör nicht kann penetriret werden. Das Gehör ist nur gleich als ein Ja, Herr, bewilliget und belustiget sich an dem, was durch ein gut Fundament geschlossen und erbauet ist" (Dedikation zur *Orgelprobe*).

Es ist ein imposantes Gedanken- und Anschauungsgebäude von starker geistiger Konsequenz, das die lutherisch-barocken Musiktheoretiker auf der Schwelle zur anbrechenden Aufklärungsepoche um den Harmoniebegriff errichtet haben. So groß die Zahl sowohl der theologischen wie der musikwissenschaftlichen Probleme ist, die es uns, die wir in unserem gegenwärtigen existentiellen Denken Gott und sein Reich ausschließlich durch das Verbum divinum zu begreifen meinen, stellt, so deutlich aber ist doch auch die ungeschmälerte christliche Gläubigkeit dieses frühen Rationalismus.

---

wurde auch erwähnt, daß BUTTSTEDT den Dur-Dreiklang mit der göttlichen Person und den Moll-Dreiklang mit der menschlichen Person Christi vergleicht, eine Symbolik, die sich genau entsprechend in verschiedenen Sätzen der h-moll-Messe BACHS findet; vgl. auch meine *Einführung* in das Werk, a. a. O., S. 20 u. 29ff.

# Die Berliner Wiederaufführung der Matthäus-Passion

## Denkmal oder Programm?

Sehr verehrte Anwesende!

In der von Werner Bollert im Rembrandt-Verlag 1966 herausgegebenen schönen Festschrift zum 175jährigen Bestehen der Singakademie zu Berlin steht bei einer Zusammenstellung der wichtigsten Daten aus deren Geschichte: „J. S. Bach, Matthäus Passion, 1. Wiederaufführung seit Bachs Tode durch den 20jährigen Felix Mendelssohn-Bartholdy, nachdem sich Zelter mit dem Chor schon seit 1815 damit beschäftigt hatte."

Und dann folgt auf einer besonderen Zeile: „Beginn der Bach-Renaissance in der ganzen Kulturwelt."

Damit ist das Außergewöhnliche dieses Ereignisses berührt, bei dem nicht zuletzt das Bewußtsein von seiner historischen Bedeutung im damaligen Berlin überaus bemerkenswert ist. Eduard Devrient, der 1829 die Jesus-Worte gesungen hatte, schrieb in seinen „Erinnerungen an Felix Mendelssohn" (Leipzig 1869) – vielleicht in der späten Rückschau ein wenig übertrieben, aber doch keinesfalls sich selbst täuschend –: „Der Vorgang machte zunächst in dem Bildungskreise Berlins eine ganz außerordentliche Sensation. Man fühlte die epochemachende Konsequenz dieses Wiederauflebens der populären Wirkung eines halb vergessenen Genies."

Allenthalben erging man sich damals in Superlativen. Der Musikkritiker der Vossischen Zeitung Ludwig Rellstab schrieb von der „vollendetsten Schöpfung deutscher Kunst", und Devrient sprach 1829 sogar von dem „größten Kunstwerk aller Zeiten".

Wie kam es zu der ersten Wiederaufführung der Matthäus-Passion nach Bachs Tode, zu diesem für die gesamte neueste Musikgeschichte so folgenschweren Ereignis? Die Voraussetzungen, die dazu führten, waren sehr verschiedenartig, und wir können diese zunächst einmal in äußere und innere trennen. Die entscheidenden äußeren waren die in Berlin zahlreich vorhandenen Abschriften Bachscher Werke, darunter auch eine von der Matthäus-Passion, sowie die dortige Anwesenheit von Männern, die sich mit ihnen befaßten. Zu diesen gehörte in erster Linie Carl Friedrich Zelter, der seit 1800 die Singakademie als Nachfolger ihres Gründers Karl Friedrich Fasch leitete. Vorher hatte Fasch neben Carl Philipp Emanuel Bach, Bachs zweitältestem Sohn, als zweiter Cembalist am Hofe Friedrich des Großen gewirkt, so daß also Berlin eine auf Johann Sebastian Bach selbst zurückgehende Tradition hatte. Davon legen die Bestände der Musikbibliothek der Prinzessin Anna Amalie, der jüngsten Schwester Friedrichs des Großen, mit zahlreichen Abschriften Bachscher Werke lebhaftes Zeugnis ab. Zelter ist es gewesen, der sich 1799 um die Katalogisierung dieser sog. Amalien-Bibliothek bemühte und von daher mit ihren Beständen wohl vertraut war. Berlin bekam um und nach 1800 als Stätte der Überlieferung Bachscher Tradition einen solchen Ruf, daß im Jahre 1813 Georg Poelchau, der bedeutendste Sammler Bachscher Autographe des 19. Jahrhunderts, hierher übersiedelte und als eine Art Privatgelehrter bis zu seinem Tode im Jahre 1836 ansässig blieb.

So selbstverständlich es gewesen ist, daß die Beschäftigung Zelters und auch Poelchaus, der in Berlin der Singakademie beitrat, mit Bachschen Werken nicht nur theoretisch war, so blieb doch die praktische Erprobung in bewundernd ehrfurchtsvoller Distanz zu einer im Grunde vergangenen Zeit und Welt. Es ist bezeichnend, daß Zelter zu Bachs Musik, die er z. T. als „borstig“ bezeichnete, zutiefst gar kein rechtes Verhältnis hatte. Die Einstudierung von Kantatensätzen sowie von Teilen der h-moll-Messe und von einzelnen Nummern schließlich auch der Matthäus-Passion geschah gleichsam nur um der Wissenschaft halber und daher nur in einem kleineren interessierten Kreis und nicht im Gesamtchor der Singakademie. Nur ein paar der Bachschen Motetten nahmen bei ihm einen höheren Rang ein. Wenn Zelter außer diesen sonst noch Bruchstücke Bachscher Kompositionen in Konzerten brachte, dann geschah es in Form der Bearbeitung und Umgestaltung. Die Art und Weise des Umgangs mit Bachs Kunst, wie sie Zelter und auch Poelchau betrieben, schufen somit zwar eine unabdingbare äußere Voraussetzung für die Wiedererweckung der Matthäus-Passion, indem sie einen Kreis von Kennern mit ihr bekannt machten, aber zu einer Aufführung des Werks hätte ihr romantischer Historismus, der sich mit dem Alten um des Alten willen beschäftigte, niemals führen können.

Dazu bedurfte es einer wahrhaft existentiellen Begegnung mit Bach, bei der der zeitliche Abstand aufgehoben erschien und die Geschichte zum machtvollen gegenwärtigen Ereignis wurde. Das aber vollzog sich in dem jungen Felix Mendelssohn-Bartholdy, dessen schönstes Weihnachtsgeschenk im Jahre 1823 für den damals 14jährigen eine Abschrift der Matthäus-Passion war. Alle Zeugnisse lassen darauf schließen, daß sein Verhältnis zur Bachschen Musik, das von innerstem Enthusiasmus getragen war und den ganzen Menschen ergriff, von vornherein geschichtsmächtiger war als das von Zelter. Bei Mendelssohn war von Kindheit an gleichsam die geistige Disposition als innere Voraussetzung vorhanden, die zu einer wahrhaften

Wiedererweckung der Matthäus-Passion führen konnte. Ohnedem wäre dies nicht denkbar gewesen. Freilich genügte es nicht, daß eine solche geistige Disposition nur bei ihm als einem einzelnen gegeben war; das Unternehmen hätte nicht gelingen können, wenn es nicht von der Umwelt mit getragen worden wäre. Vergegenwärtigen wir uns kurz, wie es am 11. März 1829 zur ersten Wiederaufführung des Werkes kam.

Seit dem Winter 1827 sammelte der nunmehr 18jährige Mendelssohn – er hatte im gleichen Jahr die Uraufführung seiner Ouvertüre zum Sommernachtstraum dirigiert – jeweils an einem Wochenabend in seinem, aller geistvollen Geselligkeit aufgeschlossenen Elternhaus einen kleinen Auswahlchor, um – wie Devrient berichtet – „seltene Musik zu üben. Bald legte er uns seine verehrte Matthäus-Passion vor." Diese Abende hatten offensichtlich von Anbeginn an einen anderen Grundton als die von Zelter veranstalteten. Es ging hier nicht mehr nur um das bloße Kennenlernen von Bruchstücken Bachscher Kompositionen und somit auch der Matthäus-Passion; vielmehr zielte die Beschäftigung jeweils auf ein Erfassen des Gesamtwerks. Dennoch war auch in diesem Kreise zunächst kein Gedanke an eine öffentliche Aufführung der Matthäus-Passion. Dieser reifte erst im Januar 1829, zwei Monate vor dem großen Ereignis, und es ist Devrient im wesentlichen gewesen, der den Plan unter dem starken Eindruck des Werkes faßte, der Mendelssohn trotz anfänglicher Bedenken zur Ausführung überredete und vor allem durch einen gemeinsamen Besuch bei Zelter dessen Zustimmung gewann; denn das Vorhaben war ohne die Mitwirkung von Mitgliedern der Singakademie nicht zu verwirklichen, dafür aber brauchte man Zelters Zustimmung. Devrients denkwürdiger Bericht über diesen Besuch, das diplomatische Ringen mit dem alten bärbeißigen Zelter (dieser war damals 71 Jahre alt) und dessen abgerungene Zusage, ist ein musikgeschichtliches Dokument zugleich vom Ringen zweier Generationen und vom Sieg der jüngeren.

Daß die Wiederaufführung der Matthäus-Passion nun tatsächlich nicht allein das Verdienst Mendelssohns und des aktivsten Mitinitiators Devrient sowie einiger weniger anderer war, sondern daß sie mitgetragen wurde von einer großen Zahl enthusiastischer Mitwirkender und auch von einer zutiefst aufnahmebereiten großen Öffentlichkeit, das alles gehört unabtrennbar zu dem Bilde dieses großen Ereignisses. Nur wenige Andeutungen über dessen Verlauf mögen dies illustrieren: Die Chorübungen wurden nach Zelters Zustimmung nunmehr aus dem Hause Mendelssohn in den kleinen Akademiesaal verlegt, damit der Chor etwas vergrößert werden konnte. Schon bei der ersten Übungsstunde am neuen Ort wuchs er auf das Doppelte und in den folgenden Wochen ständig weiter. Bei der Aufführung am 11. März sang dann schließlich ein Chor von wahrscheinlich 300–400 Mitwirkenden. (Die genaue Zahl steht nicht fest. Die Anwesenheitsliste vermerkt allerdings nur 158 Namen. Es scheint mir aber kaum vorstellbar, daß verschiedene unmittelbar beteiligte Berichterstatter sich in ihren Angaben so weitgehend geirrt haben sollen; eher wäre doch eine Unvollständigkeit jener Liste denkbar.) Der Enthusiasmus hatte offensichtlich ganz Berlin ergriffen. Die Solisten verzichteten auf Honorar und Freikarten, da die Aufführung für einen wohltätigen Zweck, nämlich für verwahrloste Kinder, bestimmt war. Bereits eine Woche vor der Aufführung war diese ausverkauft, obwohl die Zahl der Plätze in der Singakademie vermehrt wurde und etwa 900 Karten ausgegeben worden waren. Etwa die gleiche Zahl von Menschen mußte auf eine spätere Aufführung vertröstet werden. (Sie folgte zehn Tage nach der ersten an Bachs Geburtstag, dem 21. März, mit dem gleichen Andrang und der gleichen Begeisterung.) Das gesamte geistige Berlin, so kann man sagen, nahm an dem Ereignis teil, der Philosoph Hegel, der Theologe Schleiermacher und der Historiker Gustav Droysen gehörten zu den Anwesenden, um nur ein paar besondere Namen zu nennen. Auch der königliche Hof war zahlreich vertreten. Eine tiefe Wirkung der Aufführung blieb nicht aus; sie hat in zahlreichen Berichten ihren Niederschlag gefunden, von denen alle wichtigen in dem grundlegenden Buch von Martin Geck über „Die Wiederentdeckung der Matthäus-Passion im 19. Jahrhundert" (Regensburg 1967) heute leicht zugänglich sind. Tatsächlich war die Aufführung, wie Devrient sich ausdrückte, „vollkommen" gelungen.

„Die Sing-Akademie leistete das Trefflichste, was sie je vermocht hatte", sagte er und bekannte dazu: „Nie habe ich eine heiligere Weihe auf einer Versammlung ruhen gefühlt, als an diesem Abend auf Musizierenden und Zuhörern."

Wie erklärt sich dieses außergewöhnliche musikalische Ereignis, dessen epochemachende Bedeutung den Zeitgenossen weithin bewußt wurde? Wenn es sich wenigstens noch um die Uraufführung eines – sagen wir – zeitgemäßen modernen Werks gehandelt hätte! Aber daß es sich um die Wiederaufführung und Wiederbelebung sog. „alter Musik" handelte, um ein Werk, das genau 100 Jahre zuvor zum ersten Mal erklungen und nach Bachs Tod 1750 schnell in völlige Vergessenheit versunken war, das macht den Vorgang so denkwürdig. Reiht sich doch die Wiederaufführung der Matthäus-Passion in ihrer musik- und kulturhistorischen Bedeutung ebenbürtig in die am meisten beachteten Uraufführungen des 19. Jahrhunderts ein, etwa der triumphalen des „Freischütz", die Berlin 1821 erlebte, und des Parsival im Jahre 1882 in Bayreuth. Noch einmal: Wie erklärt sich diese Merkwürdigkeit? Ganz gewiß nicht als Folge einer musikalischen Liebhaberei, schon gar nicht als eine Art von Jubiläumsveranstaltung – daß sie 100 Jahre nach der Erstaufführung des Werks erfolgte, war reiner Zufall –, aber auch nicht als Frucht eines bloßen Ästhetizismus wie ebenfalls nicht als modisches, gesellschaftliches Ereignis, wenngleich dies letztere sicherlich irgendwie mit im Spiele war. Entscheidend für dieses zumal in der Geschichte der Kirchenmusik einmalige und einzigartige Ereignis waren vielmehr die geistigen Strömungen der Zeit; sie schufen die inneren Voraussetzungen sowohl bei den Initiatoren, allen voran bei Mendelssohn selbst, wie bei der großen Schar der Mitwirkenden und nicht minder bei den Tausenden von Zuhörern (außer an Bachs Geburtstag fand schließlich am Karfreitag d. J. eine dritte, dieses Mal von Zelter geleitete Aufführung statt, weil Mendelssohn inzwischen eine längst geplante Reise nach England angetreten hatte).

Welches waren die geistigen Strömungen, die der ersten Wiederaufführung der Matthäus-Passion so starke Impulse gaben? Die Romantik mit ihrer Liebe zu dem geistigen Erbe der eigenen Nation gehörte fraglos dazu, wenn diese uns auch noch nicht die Tiefe des Vorgangs von 1829 erschließt. Jedoch hat man mit Recht die Wiederentdeckung der Matthäus-Passion in inneren Zusammenhang mit der Wiederentdeckung des Straßburger Münsters als Zeugnis der Gotik, zu der Goethe in jüngeren Jahren den entscheidenden Anstoß gab, gebracht. In einer ausführlichen Vorbesprechung vom 7. März 1829 schreibt Adolf Bernhard Marx, der Begründer der Berliner Allgemeinen Musikalischen Zeitung, von der Matthäus-Passion: „Diese überreiche Kunst ist in ihrer Zusammenwirkung so einfach wie das Straßburger Münster, das uns Goethe schon sehen gelehrt. Und diese höchste geistige Pracht hat jedem irdischen Glanze der Trompeten, Posaunen usw. entsagt (so ziemt es der Passionsmusik), schmiegt sich in jede Bedingung der Aufgabe."

Diese Worte deuten auf eine zweite wirksame geistige Strömung hin, auf die Überzeugung, im Ideenkunstwerk, das heißt in einer Kunst, die eine geistige Substanz hat und dieser verpflichtet ist, die allein wahre Kunst zu sehen. Der intensiveren, hingebungsvollen Beschäftigung mit den nationalen Gütern der Vergangenheit haftete, auch wenn sie manches Mal in romantischer Glorifizierung vor sich ging, daher niemals oberflächlicher Nationalismus an; vielmehr lag ihr eine volkserzieherische, man kann sagen, demokratische Zielrichtung im Sinne des deutschen Idealismus, wie er uns vor allem bei Fichte begegnet, zugrunde. Alle Stände sollten an diesen Gütern teilhaben; gerade dieser Gedanke spielte auch 1829 eine Rolle. Als ein solches Ideenkunstwerk erschien die Matthäus-Passion ihren Wiedererweckern, und zwar in beispielhafter Größe, gleichsam als Prototyp, und dies im Kontrast zu aller Musik, die nur dem „Ohrenkitzel" dient. Man erlebte an ihr geistige Substanz.

Damit ist aber bereits die dritte, und – wie ich meine – bei der Wiedererweckung der Matthäus-Passion wirksamste geistige Strömung berührt, die religiös-christliche. Sie allein ist vielfältig, und es ist eine offene Frage, welche Seite an ihr am einflußreichsten war, ob das religiöse Erlebnis als Glaubenserfahrung im Sinne der Schleiermacherschen Theologie, ob die christliche Erweckung im Sinne eines Neupietismus oder schließlich das Bekenntnis zu Luther als der Grund der rechten Glaubenslehre im Gegensatz zu den damaligen Unionsbestrebungen. Alle dise Strömungen einer neu erwachten christlichen Glaubensbewegung, so unterschiedlich, ja z. T. gegensätzlich sie sein mochten, wenn wir vor allem an den mannigfachen Widerstand gegen das autoritäre Staatskirchentum denken, richteten sich gegen die Vernunftreligion der Aufklärung, den theologischen Rationalismus zugunsten lebendiger christlicher Erfahrung. Es wäre zuwenig, wenn man nur von neuerwachtem religiösen Gefühl spräche; denn dieses war bestimmt und begleitet von persönlicher Erfahrung und Erkenntnis. Es war eine Zeit, in der die häusliche Bibellektüre wieder außerordentliche Bedeutung bekam, nicht zuletzt auch in den Kreisen der Gebildeten, jener Kreise, die in erster Linie in der Singakademie vertreten waren. Für den bewußt christlichen Hintergrund der Wiedererweckung der Matthäus-Passion steht Mendelssohn selbst an erster Stelle. Wiewohl das jüdische Elternhaus erst 1816 zur evangelischen Kirche übergetreten war und vor allem der Vater Abraham Mendelssohn seinem mosaischen Bekenntnis zeitlebens bis zu einem gewissen Grade verbunden blieb, so hat doch der Sohn Felix sich dem christlichen Glauben, etwa im Schleiermacherschen Verständnis, intensiv hingegeben. Jedoch auch musizierfreudige Theologen wirkten in der Singakademie aktiv mit. Von diesen ist vor allem Julius Schubring zu nennen, der neben Devrient Mendelssohn wohl am stärksten zur Aufführung der Matthäus-Passion gedrängt hat. Er war es, der später, als er einer der Führer der Erweckten in Dessau war, Mendelssohn den Text zu seinem Oratorium „Paulus" aus Bibelworten zusammenstellte. Darüber hat uns Hans Besch in seinem Buch „Johann Sebastian Bach, Frömmigkeit und Glaube" mit dem Untertitel „Das Bild Bachs im Wandel der deutschen Kirchen- und Geistesgeschichte" (zuerst Gütersloh 1938) berichtet.

Ohne die in ihr wirkende christliche Glaubenssubstanz ist die Bachbewegung der 1820er Jahre, die in der ersten Wiederaufführung der Matthäus-Passion ihren Gipfel erreichte, nicht zu begreifen. Aus ihr erklärt sich letztlich, daß im Jahre 1829 Bachs Werk an die Stelle von Carl Heinrich Grauns Passionsoratorium „Der Tod Jesu", das seit 1801 schlechthin die Berliner Karfreitagsmusik war, trat. Denn war in diesem Werk des Hofkapellmeisters von Friedrich dem Großen der gesamte biblische Text poetisiert und mit sentimentaler Betrachtung verwoben, so ist es in Bachs Werk vor allem die Vertonung des originalen biblischen Wortlauts in seiner gewaltigen Dramatik, der die Mitwirkenden ebenso wie die Hörer unmittelbar ergriff, unvergleichlich mehr als die lyrisch-betrachtenden Texte der Arien.

Der einmalige Vorgang aber, der zu der ersten Wiederaufführung der Matthäus-Passion führte, jener Vorgang, dessen Elan und Enthusiasmus in lebendigem christlichem Glauben seine tiefste Wurzel hatte, ist ohne Frage ein historisches Denkmal aus großer deutscher Kultur- und Geistesgeschichte. Ein Denkmal aber ist mehr als ein Rückblick in geschichtliche Vergangenheit; es bedeutet Mahnmal, das zum Nachdenken mahnen soll. Was hat es uns zu sagen?

Wir lassen diese Frage eben noch anstehen, um uns zuvor noch der anderen zuzuwenden, ob die erste Wiederaufführung der Matthäus-Passion für uns auch programmatische, richtungweisende Bedeutung haben sollte. Wenn wir diese Frage beantworten wollen, müssen wir Genaueres über die Art der Wiedergabe des Werks im Jahre 1829 wissen. Wie war sie im Vergleich zu der von 1729? Gewiß läßt sich diese Frage nicht bis in alle Einzelheiten beantworten, weiß doch niemand, wie unser Werk 1729 und wie es 1829 wirklich geklungen hat. Dennoch läßt sich mancherlei sagen, das uns weitgehende Unterschiede erkennen läßt. Vergegenwärtigen wir uns folgende Tatsachen:

1. 1729 fand die Uraufführung der Matthäus-Passion selbstverständlich ungekürzt, und zwar in einem regulären Vespergottesdienst statt. Zwischen den beiden Teilen wurde die Predigt gehalten. Ganz zu Beginn und wiederum nach Beendigung der Passion waltete der Pfarrer seines Amtes am Altar und sang die Gemeinde.

1829 erfolgte die Aufführung in einem Saal, dem großen Saal der Singakademie, und zwar in der Form eines Wohltätigkeitskonzerts. Eine Aufführung in der Kirche, geschweige denn im Gottesdienst, hat Mendelssohn offenbar nie erwogen, weil der Gottesdienst zu seiner Zeit gar keine Möglichkeit der Einordnung bot.

2. 1729 vollführte die Aufführung eine Schulkantorei, 100 Jahre später war es eine Vereinigung von erwachsenen Bürgern mit Männer- und Frauenstimmen.

3. 1729 sangen in jeder Stimme der beiden Chöre drei Knaben bzw. ältere Schüler; es betrug also die Gesamtstärke beider Chöre 24 Sänger; vielleicht kamen ein paar Diskantisten als Cantus-firmus-Verstärkung hinzu.

1829 waren es, wie gesagt, 300–400. Das Stärkeverhältnis war also wenigstens 1:10.

4. 1729 war in den Dreiergruppen der einzelnen Stimmgattungen jeweils der mittlere Schüler der Solist, wenn Bach hier nicht im Sopran und Alt Falsettisten zur Verfügung hatte, was möglich, aber nicht sicher ist. Dabei wurden die Worte des Evangelisten wie die aller biblischen Personen aus dem 1. Chor gesungen.

1829 sangen die solistischen Partien die besten Kräfte der Berliner Oper.

5. 1729 bestand das Orchester aus nicht mehr als zweimal 16 Personen, nämlich je 4 Holzbläsern und 12 Streichern; dazu kam der Organist; in späteren Aufführungen zu Bachs Lebzeiten waren es zwei Organisten, für jeden der beiden Chöre stand dann eine Orgel zur Verfügung.

1829 wurde die Aufführung von Mendelssohn von einem in der Mitte zwischen beiden Chören stehenden Hammerklavier aus geleitet. Die Stärke des Orchesters steht nicht genau fest; es war aber zweifellos wesentlich größer als bei Bach, wenn auch nicht übermäßig stark; denn die Holzbläser waren nur doppelt besetzt (bei Bach einfach). Allerdings kamen noch Klarinetten hinzu, die es bei Bach bekanntlich noch nicht gab und die jetzt bei einer Reihe von Arien auch als obligate Instrumente verwendet wurden.

Weiter:

6. 1729 wurden sämtliche Choräle vom gesamten Instrumentarium mitgespielt.

1829 ließ sie Mendelssohn mindestens teilweise, vielleicht sogar ausnahmslos (die Nachrichten darüber gehen auseinander), den damaligen Vorstellungen von der frühprotestantischen Kirchenmusik entsprechend, a cappella singen.

Nun aber das Letzte und Wichtigste:

7. Von den 80 Nummern des Gesamtwerks wurden 1829 24 gestrichen, und zwar nicht weniger als 11 Arien, darunter z.B. „Buß und Reu", „Blute nur" und „Gebt mir meinen Jesum wieder" (von mehreren Arien wurde lediglich die Instrumentaleinleitung gespielt), ferner 4 Accompagnato-Rezitative und 9 Choräle. Demgegenüber wurde von dem biblischen Bericht – sehr bezeichnend! – nur wenig ausgelassen, aus Matth. 26 nur anderthalb und aus dem 27. Kapitel 15 Verse.

Schwer ist es, über die dynamische Ausgestaltung beider Aufführungen etwas zu sagen. Mendelssohns Dirigierpartitur deutet darauf, daß seine Aufführung weniger romantisiert war, als man unwillkürlich annehmen möchte, und daß sie in dynamischer Hinsicht, das aber besagt, in subjektiver Durchdringung, vielleicht gar nicht soviel über Bach hinausgegangen ist. Doch steht hinter diesem Satz ein Fragezeichen: Auf alle Fälle werden wir uns im Hinblick auf die mitgeteilte beträchtliche Reihe grundlegender und tiefgreifender Unterschiede der Aufführungen von 1729 und 1829 fragen müssen: War Mendelssohns mit so großem inneren und äußeren Einsatz angestrebte Wiedergabe der Matthäus-Passion im Enderfolg überhaupt noch Bachs Werk? Könnten wir sie heute hören, würden wir wahrscheinlich weithin versucht sein, dies mehr oder weniger zu verneinen. Und doch müssen wir begreifen, daß in dem Maße, in dem sich Mendelssohn von der Originalgestalt der Matthäus-Passion hinsichtlich Vollständigkeit, Besetzung, Dynamik usw. entfernte, sich ihm zugleich – es mag dies widerspruchsvoll klingen – geistig und auch künstlerisch näherte. Die Intensität, mit der er von Bachs Werk existentiell Besitz ergriff, verwirklichte sich in einer Übertragung in die eigene Vorstellungswelt. Mendelssohn ging bei der Wiedergewinnung der Bachschen Musik offenbar einen Weg persönlichster Wahrhaftigkeit, bei der er Kind seiner Zeit blieb und gerade dadurch Bach gewann.

Ob freilich Mendelssohns Aufführung programmatische Bedeutung noch für unsere eigene Praxis haben kann, ist eine gänzlich andere Frage. Das kann sie sicher nicht und gerade deshalb nicht, weil sie uns mahnt, daß wir Bach in unserer Zeit auf unsere Weise gewinnen sollen, so wie Mendelssohn ihn auf seine Weise gewonnen hat und nur gewinnen konnte. Wir stehen in unserer Bachpflege in einer völlig anderen geschichtlichen Situation. Wir kommen her aus einer Zeit, in der man sich leidenschaftlich um Originaltreue bemüht hat. Es war dies etwa seit 1925 unser Programm, das sich uns aufdrängte und unerläßlich war, sollte Bach nicht verlorengehen; es war ein gewisser Purismus notwendig in der Abwehr gegen eine spätromantisch-impressionistische und eine unter den Einfluß von Richard Wagners und Anton Bruckners Musik geratene pathetische Bachpflege. Schon Mendelssohn war tief betroffen, als Zelters Nachfolger in der Leitung der Singakademie, Carl Friedrich Rungenhagen, bei einer Aufführung der Matthäus-Passion Posaunen verwendete. Und es war dies doch nur der Anfang einer schwülstigen Bachpflege, bei der man später sogar die Tuba heranzog.

Es ist zwar richtig, daß, wie eingangs zitiert, im Jahre 1829 die Bach-Renaissance in der ganzen Kulturwelt beginnt; aber man stelle sich keinesfalls einen Siegeszug der Matthäus-Passion seit jenem Jahre vor. Zunächst behauptete sich Grauns „Tod Jesu“ danach weiterhin als die Berliner Karfreitagsmusik. Noch 1858 schlug ein Versuch der Ablösung fehl; bis 1884 hielt sie sich; dann erst trat die Matthäus-Passion an ihre Stelle, ein vielbesagendes Zeichen der Art und Weise, wie man im 19. Jahrhundert Kirchenmusik betrieb und welchen Stand Bach in ihr hatte (wenn es auch nicht überall so war wie in Berlin).

So war der Ruf zur Rückkehr zum originalen Bach seit dem dritten Jahrzehnt unseres Jahrhunderts eine notwendige Reaktion. Und doch war diese mit einer guten Portion Selbsttäuschung verbunden; denn das Ziel der Originaltreue ist unerreichbar. Nur verhältnismäßig selten haben wir das Glück wie heute die Wiedergabe etwa durch einen Knabenchor zu hören – es sei denn, wir wohnen in Leipzig, Dresden oder Stuttgart; noch viel seltener erleben wir die Sopran- und Altarien von Knaben gesungen. Wie außerordentlich sachgerecht dies sein kann, zeigt eine kürzlich veröffentlichte Schallplattenaufnahme der Johannes-Passion mit den Wiener Sängerknaben. Jedoch dieselbe Aufnahme, die als eine „Schallplattenproduktion in Originalbesetzung und mit Originalinstrumenten“ bezeichnet und bei der also betont das Ziel originaler Aufführungspraxis angestrebt ist, zeigt auch, welchen Illusionen man dabei verfallen kann. So – man möchte geradezu sagen – überragend schön die Sopran- und Alt-Arien wiedergegeben sind, so unmöglich, weil dem Bachschen Ausdrucksstil gänzlich inadäquat, erscheinen einem die im Zeitmaß völlig überzogenen Choräle. Freilich ist wohl in jedem Falle das in Bachs Zeit übliche langsame Tempo des Gemeindegesangs, das als Leitbild hinter den Chorälen steht, für uns nicht nachvollziehbar, es sei denn, wir wollten diese von vornherein gar nicht als unsere eigenen Bekenntnisse wiedergeben. Damit aber ist das Ziel der Originaltreue grundsätzlich relativiert.

Aber auch die „Heimholung" der Matthäus-Passion in den Gottesdienst, die in unserem Jahrhundert viele so sehnlich gewünscht haben, hat sich als nicht möglich erwiesen; dafür sind die Dimensionen der heutigen Gottesdienste zu verschieden von denen im Zeitalter Bachs. Nicht einmal die Wiedergabe des Werks im gottesdienstlichen Raum hat sich auf die Dauer durchgesetzt. Heute erleben wir schon fast eine neue Auswanderung der Bachschen Passionen aus der Kirche in den Konzertsaal. Man mag dies bedauern, wie ich selbst dies tue; denn der gottesdienstliche Raum ist ja (wenn gewiß auch nicht jeder) eine Konzentrations- und Besinnungshilfe. Und doch ist dies nicht das Entscheidende; denn die Matthäus-Passion selbst wird nicht dadurch zum Gottesdienst, daß sie in der Kirche aufgeführt wird, sondern sie ist es nach der Intention ihres Schöpfers. Wo dies von Ausübenden wie von Zuhörern gleicherweise bedacht wird, kann jeder Raum, in dem das Werk dargeboten wird, zur gottesdienstlichen Stätte werden. Das hat schon Albert Schweitzer einmal ausgesprochen, und bei der Wiederaufführung des Werks im Jahre 1829 war dies im „weltlichen" Saal der Singakademie offenbar Wirklichkeit.

Darum sollte jenes Ereignis bleibendes und gültiges Mahnmal sein, so gering dessen programmatische Bedeutung für unsere heutige Praxis auch sein mag. Wir werden uns heute sagen lassen müssen – und eben dies lehrt uns Mendelssohns Tat –, daß die existentielle, innere, das aber heißt zugleich künstlerische Aneignung des Werks, dessen geistiger und geistlicher Substanz, den Vorrang vor allen anderen Fragen hat und daß alle Fragen der Aufführungspraxis gegenüber diesem einen, das not ist, von sekundärer Bedeutung sind. Das bedeutet nicht, daß sie belanglos sind und daß der Willkür Tor und Tür geöffnet sein kann. Dies darf auf keinen Fall eintreten; jede Generation wird vielmehr ihre Aufführungspraxis von Bachs Musik neu rechtfertigen müssen. Das Ziel der Originaltreue ist jedoch aus äußeren und inneren Gründen unerreichbar, ja nicht einmal unter allen Umständen erstrebenswert. Vielmehr muß zwischen Originaltreue und künstlerisch-existentieller Aneignung stets ein dialektisches Verhältnis bestehen, wenn anders wir nicht dem Historismus verfallen wollen. Unser Umgang mit Bachs Werk, insonderheit mit einer Schöpfung wie der Matthäus-Passion, hat zuerst vor deren Grundintention zu bestehen, und sie hat daher vor dem Ereignis der ersten Wiederaufführung durch Mendelssohn im Jahre 1829 zu bestehen, vor dem dort zutage getretenen Maß des Enthusiasmus und vor allem der Hingabe an die Substanz des Werks.

Die Gefahr unserer Zeit ist doch wohl, daß eine Aufführung der Matthäus-Passion kaum noch etwas Besonderes ist und daß wir sie daher schwerlich mit so tiefer Ergriffenheit mit- und nacherleben, wie es 1829 der Fall gewesen ist. Wie oft kommt es dabei über ein gesellschaftliches Ereignis und einen ästhetischen Genuß nicht hinaus! Das hat schon zu manchen anklagenden Stimmen geführt. Ich nenne nur zwei Namen: Karl Barth und Wolfgang Borchert. Und im vergangenen Jahr erschien in der Zeitung einer norddeutschen Stadt, in der die Matthäus-Passion regelmäßig aufgeführt wird, ein Zeitungsartikel mit der Überschrift: „Warum ich gegen die diesjährige Aufführung der Bachschen Matthäus-Passion bin“, in dem sich der Schreiber leidenschaftlich gegen alle bloße Konvention wendet.

Die Wiederaufführung des Werks im Jahre 1829 appelliert an unser Gewissen. Sie stellt die Frage: Wohin hat die Bach-Renaissance, die 1829 für die ganze Kulturwelt begonnen hat, geführt? Ganz ohne Frage zu ungeahnter Ausweitung des Umgangs mit Bachs Werk. Aber auch im gleichen Maße zur Konfrontation mit dessen Idee und Substanz? Diese Frage ist gewiß offen und wird an jede Generation erneut gerichtet; keine Generation aber wird ihr ausweichen dürfen. Seien wir um unserer selbst willen froh, daß dies so ist, daß wir heute vor dieser Frage stehen!

# Die Bedeutung der solistischen Alt-Partien im Weihnachts-Oratorium, BWV 248

Es ist bis jetzt noch wenig darüber nachgeforscht worden, unter welchen Gesichtspunkten Bach im Weihnachts-Oratorium (WO) die einzelnen solistischen Vokal-Partien den verschiedenen menschlichen Stimmlagen zugewiesen hat. Selbstverständlich werden gemäß der Tradition der älteren Weihnachtshistorien die Evangelistenworte durchgehend von einem Tenor sowie die Worte der Verkündigung des „Angelus" im zweiten Teil von einem Sopran und die des Herodes im sechsten von einem Baß gesungen[1]. Die Worte der Hohenpriester und Schriftgelehrten (Matthäus Kapitel 2, 5–6) jedoch bringt Bach entgegen dem herkömmlichen Brauch nicht als Turba-Chor, sondern läßt sie vom Evangelisten mit übernehmen, wohl ein Zeichen, daß die ältere Gepflogenheit zu seiner Zeit nur noch bedingt nachgewirkt hat. Wie steht es aber nun mit den Zuweisungen der Accompagnato-Rezitative und Arien? Sind darin gewisse Prinzipien zu erkennen? Es liegt zunächst die Annahme nahe, daß Bachs Entscheidungen sich aus der Anwendung des Parodieverfahrens, von dem er im WO bekanntlich besonders reichlichen Gebrauch gemacht hat, ergaben[2]. Das trifft jedoch nur teilweise zu. Die Teile I–III und (für sich gesondert) der Teil IV sind nach einem strengen Tonartenplan, der der Herstellung einer symmetrischen Anlage dient, aufgebaut, was verschiedentlich Transpositionen der parodierten Vorlagen erforderlich machte[3]. Auch im Teil V weicht Bach bei der Baß-Arie „Erleucht auch meine finstre Sinnen" von der Vorlage BWV 215 Satz 7 ab. Mit den Transpositionen der Vorlagen aber ergaben sich zwangsläufig andere Stimmlagen für die

---

[1] Ich setze mich nachdrücklich dafür ein, beim WO von sechs „Teilen" zu sprechen, wie es Bach getan hat, und nicht von Kantaten, wie es heute weithin, häufig sogar in der Fachliteratur, geschieht; denn eine Kantate ist textlich und demzufolge musikalisch anders gegliedert als ein Oratorium.

[2] Vgl. den Kritischen Bericht zur Neuausgabe des WO in der Neuen Bach-Ausgabe (NBA) von Walter Blankenburg und Alfred Dürr, Kassel 1962, S. 167–172, ferner Walter Blankenburg, Das Parodieverfahren im WO J. S. Bachs, Musik und Kirche 32. Jg., 1962, S. 245–254 (Wiederabdruck in: Johann Sebastian Bach, hrsg. von Walter Blankenburg, Wege der Forschung, Darmstadt 1970, S. 493–506) und Alfred Dürr, Johann Sebastian Bach – Weihnachts-Oratorium BWV 248, Meisterwerke der Musik H. 8, München 1967.

[3] Vgl. die Tabelle auf S. 248 des genannten Aufsatzes in Musik und Kirche bzw. auf S. 499 des Wiederabdrucks.

Gesangspartien wie natürlich auch teilweise die Verwendung anderer obligater Instrumente. So handelt es sich bei BWV 215 Satz 7 um eine Sopran-Arie gegenüber der Baß-Arie „Erleucht auch meine finstre Sinnen".

Diese fügt sich zwar ebenfalls in eine sinnvolle Tonartenordnung ein; jedoch ist damit noch nicht deren Zuweisung der Baß-Stimme und nicht, wie es vom Gesamtplan her ebenfalls möglich gewesen wäre, dem Alt erklärt. Auf diesen bemerkenswerten Sachverhalt müssen wir später zurückkommen.

Im Teil VI freilich, in dem eine verlorengegangene Kantate (BWV 248 a) weitgehend parodiert worden ist, hat Bach offenbar die Tonarten der Vorlage beibehalten; denn es fällt hier der ungewöhnliche Tatbestand auf, daß in dem Evangelisten-Rezitativ „Und Gott befahl ihnen im Traum" (Satz 3), dem Accompagnato-Rezitativ „So geht! Genug, mein Schatz geht nicht von hier" (Satz 4) und der Arie „Nun mögt ihr stolzen Feinde schrecken" (Satz 5) drei Tenor-Partien unmittelbar aufeinanderfolgen. Zu Satz 4 vermerkt Alfred Dürr: „Auch die Frage der Vokalstimmlage (der Vorlage) muß offenbleiben, doch dürfen wir mit großer Wahrscheinlichkeit annehmen, daß der Singpart auch schon in der älteren Fassung dem Tenor zugewiesen war; denn was hätte Bach veranlassen sollen, für dieses Rezitativ ausgerechnet die Stimmlage des Evangelisten zu wählen, wenn er sich nicht durch die Vorlage gebunden gefühlt hätte?" Und zur folgenden Arie sagt Dürr: „Für die Frage der Besetzung der älteren Fassung mit Oboen (Flöten? Soloviolinen?) gilt das oben Gesagte, desgleichen für die Zuweisung der Gesangspartie an den Tenor: Bach hätte schwerlich Alt und Baß mit derart kleinen Solopartien abgespeist und den Tenor derart belastet, hätte er nicht die Bevorzugung von Sopran und Tenor in der älteren Fassung vorgefunden."[4] Dürrs Vermutung, daß im Teil VI des WO die Tonarten der Vorlage beibehalten worden sind, ist sicherlich richtig. Aber sollte Bach sich tatsächlich an diese gebunden gefühlt haben, weil er „schwerlich Alt und Baß mit derart kleinen Solopartien abgespeist hätte"? Diese Annahme ist doch wohl nicht überzeugend; bleibt doch unter den gegebenen Umständen für Alt und Baß dann überhaupt nur noch die Mitwirkung bei dem Rezitativo à 4 „Wo bleibt der Höllen Schrecken nun?" vor dem Schlußchoral, also eine weit geringere „Abspeisung", übrig. Konnte es für Bach eine derartige Überlegung überhaupt geben, wo die Solisten zugleich Mitglieder des Chores waren? Gebunden fühlte sich Bach an die Tonarten der parodierten Vorlagen grundsätzlich überhaupt nicht. Wenn er sie beibehielt, dann hatte dies – das meint Dürr wohl auch selbst – einen bestimmten Grund. Dieser aber scheint bei Teil VI des WO kein anderer als der der Arbeitserleichterung gewesen zu sein, weil vermutlich die Zeit zur schnel-

---

[4] Vgl. den Kritischen Bericht zum WO a.a.O. S. 218! Die dort und an anderen Stellen mitgeteilten Forschungsergebnisse über die Entstehung des Sechsten Teils vom WO gehen speziell auf Alfred Dürr zurück.

len Fertigstellung des Werks drängte[5]; denn die Stimmenzuweisung vom Accompagnato-Rezitativ „So geht! Genug, mein Schatz geht nicht von hier" und der anschließenden Arie „Nun mögt ihr stolzen Feinde schrecken" an den Tenor ist, wie weiter unten noch darzulegen sein wird, im Rahmen des Gesamtwerks offensichtlich inkonsequent. Dafür aber gibt es sicherlich keine andere Erklärung als die besagte der Arbeitsökonomie.

Haben wir somit bisher zweierlei Gründe für die Stimmenzuweisungen bei den Accompagnato-Rezitativen und Arien im WO, nämlich entweder die Herstellung einer symmetrischen Tonarten-Ordnung (diese vor allem in den Teilen I–III und IV) oder die Anlehnung an die Tonarten der Parodievorlagen, festgestellt, so ist im ersteren Fall damit aber noch nicht erklärt, warum Bach sich im Einzelfall für den Alt und nicht – was ja ebenfalls musikalisch möglich gewesen wäre – für den Baß und warum er sich an bestimmten Stellen für den Sopran und nicht den Tenor beziehungsweise hier wie dort nicht umgekehrt entschieden hat.

Bei der Untersuchung dieser Frage stoßen wir auf die Nachwirkungen des liturgischen Weihnachtsspiels, die im WO noch spürbar sind. Bereits Philipp Spitta stellte für das WO fest: „Wo es nur anging, ist auch im poetischen Teile auf die Anschauungen der weihnachtlichen Volks-Schauspiele und -Lieder und die mit ihnen zusammenhängenden Ceremonien Rücksicht genommen. Die Sitte des Kindleinwiegens wird durch das Schlummerlied des zweiten Teils, ‚Schlafe, mein Liebster' zurückgespiegelt…"[6] Neuerdings hat zwar Renate Steiger unter Bezugnahme auf diese Äußerung Spittas die „Fragestellung nach dem Brauchtum" als „in der Romantik verwurzelt", die „allenfalls sekundäre Momente erkläre", bezeichnet[7]; jedoch schon kurz vorher hatte Ludwig Prautzsch unübersehbare Zusammenhänge des WO mit Elementen, die aus dem Bereich der „volkstümlichen Weihnachtsfeiern" herrühren, aufgedeckt und vor allem auf die Verkündigung des Engels (Nr. 13, 16, 17), den Lobgesang der Himmlischen Heerscharen (Nr. 21) und das „Kindleinwiegen" (Nr. 18, 19) – sämtliche Stücke stehen in Teil II des Werks – hingewiesen[8]. Entscheidend bei alledem ist freilich, daß die Verwendung solcher Elemente keinen Selbstzweck hat, sondern daß diese zur theologischen Durchdringung und Vertiefung der musikalischen Aussagen im WO beizutragen

5 Vgl. im Kritischen Bericht a.a.O. S. 209–210 den Abschnitt „Die Entstehung der Komposition". Dort u. a. die Feststellung: „In Wahrheit dürfte sich Bach der Arbeit am WO vorzugsweise in den an Kirchenmusik armen Wochen zwischen 1. Advent und Weihnachten 1734 gewidmet haben."

6 Vgl. Philipp Spitta, Johann Sebastian Bach II, Leipzig 1880, S. 408.

7 Vgl. deren sehr aufschlußreichen Aufsatz: Die Welt ist euch ein Himmelreich. Zu J. S. Bachs Deutung des Pastoralen (Schluß), Musik und Kirche 41. Jg., 1971, S. 71.

8 Vgl. den Aufsatz: Die Echo-Arie und andere symbolische und volkstümliche Züge in Bachs Weihnachtsoratorium, ebenda, S. 221–229. Ich bin vor allem durch diese Abhandlung zu meinen vorliegenden Ausführungen angeregt worden.

haben. Dabei aber geht es nicht zuletzt um mehr oder weniger offen zutage tretende Personifizierungen der bei den Accompagnato-Rezitativen und Arien wirkenden Einzelstimmen. In diesem Zusammenhange hat Prautzsch bereits eine ganze Anzahl Hinweise gegeben. Daß die Tenor- und vor allem die Baß-Partien im zweiten und dritten Teil des WO Stimmen der einzelnen Hirten meinen und daß sicherlich auch das Duett „Herr, dein Mitleid, dein Erbarmen“ (Teil III) in diesen Vorstellungsbereich (Beteiligung eines Hirtenknaben) gehört, wird man kaum bezweifeln können. Im fünften Teil ist die Arie „Erleucht auch meine finstre Sinnen“ offenkundig auf die Gestalt des Herodes bezogen. Aber gerade an dieser Stelle wird, wie es auch sonst im WO allenthalben der Fall ist, der Unterschied zwischen geistlichem Spiel und Oratorium besonders deutlich. Dieser besteht ja nicht nur in der fehlenden dramatischen Handlung beim Oratorium, sondern in der hier gleichzeitig mit Hilfe der poetischen Betrachtungen ständig vollzogenen theologischen Durchdringung und existentiellen Aneignung der biblischen Verkündigung, wie es in den Accompagnato-Rezitativen und Arien geschieht. Die Worte „Erleucht auch meine finstre Sinnen“ knüpfen zwar an die düstere Gestalt des Herodes an, meinen aber zugleich den Menschen schlechthin, für den Herodes nur Prototyp ist.

Wenn die Stimmenzuweisungen der solistischen Partien im WO im Hinblick auf bestimmte Personen der Weihnachtsgeschichte erfolgt sind, so schließt dies nicht aus, daß im Verlauf des Werks ein und dieselbe Stimmlage verschiedene Personifizierungen meinen kann. Wir haben dies z.B. für die Baß-Partien, die sich in Teil II auf einen der Hirten und in Teil V auf Herodes beziehen, festgestellt. Das wird noch deutlicher, wenn wir die Arie „Großer Herr und starker König“ (Teil I) hinzunehmen. Hier ist jedoch schwerlich die Stimme des Joseph gemeint, wie Prautzsch annimmt[9]; vielmehr deutet die Baßlage in Verbindung mit dem Attribut der Majestät, nämlich der Trompete, auf Gott selbst, d.h. auf seine Menschwerdung in dem Kind von Bethlehem.

Um so mehr besagt es nun, daß eine einzige Stimmlage in ihrer Bedeutung durch das gesamte WO nicht wechselt, nämlich der Alt. Folgerichtig hätten ihm im sechsten Teil nur auch noch das Accompagnato-Rezitativ „So geht! Genug, mein Schatz geht nicht von hier“ und die Arie „Nun mögt ihr stolzen Feinde schrecken“ (wie erwähnt, beides Tenor-Partien) zugewiesen werden müssen. Wie dargetan, hat Bach aber hier offenbar aus Zeitbedrängnis auf ein größeres Maß an Umgestaltung der Vorlage, die sich sonst ergeben hätte, verzichten müssen.

Bei folgenden Stücken ist die Altlage im WO verwendet:

---

[9] A.a.O. S. 227.

Teil I

Accompagnato-Rezitativ „Nun wird mein liebster Bräutigam“ (Nr. 3)
Arie „Bereite dich, Zion“ (Nr. 4)

Teil II

Arie „Schlafe, mein Liebster, genieße der Ruh“ (Nr. 19)

Teil III

Arie „Schließe, mein Herze, dies selige Wunder“ (Nr. 31)
Accompagnato-Rezitativ „Ja, mein Herz soll es bewahren“ (Nr. 32)

Teil IV

(Dieser Teil ist insgesamt ohne personalen Bezug und stellt eine Meditation über den Jesus-Namen dar.)

Teil V

Accompagnato-Rezitative „Sucht ihn in meiner Brust“ und „Wohl euch, die ihr das Licht gesehen“ (im Turba-Satz Nr. 45)
Accompagnato-Rezitativ „Warum wollt ihr erschrecken“ (Nr. 49)
Terzett-Arie „Ach, wenn wird die Zeit erscheinen?“ (Nr. 51)

Teil VI

Rezitativo à 4 „Was will der Höllen Schrecken nun?“ (Nr. 63)

Die Bedeutung der Alt-Stimme im WO erhellt aus ihrer Verwendung im zweiten und dritten Teil des Werks; sie stellt die Mutter Maria dar. Die Arie „Schlafe, mein Liebster, genieße der Ruh“ ist das Wiegenlied, das sie im Stall zu Bethlehem singt. Dabei deuten die charakteristischen Baßfiguren im Takt 1–8, die von Takt 97–104 noch einmal wiederkehren und auch sonst im Verlauf des Stückes in mannigfacher Abwandlung erscheinen, auf die alte kirchliche Sitte des „Kindelwiegens“.

Man vergleiche damit die zwar andersartige und doch verwandte Baßfigur in den Intermedien 1 und 7 der Weihnachtshistorie von Heinrich Schütz, bei denen sich der ausdrückliche Hinweis findet: „Worunter bisweilen des Christkindleins Wiege mit eingeführet wird.“

Nicht weniger deutlich ist der Sachverhalt im Teil III. Die Arie „Schließe, mein Herze, dies selige Wunder" folgt hier unmittelbar auf die Evangelistenworte „Maria aber behielt alle diese Worte und bewegte sie in ihrem Herzen"; darauf gibt der Text der Arie die Deutung, daß die Bewegung des Herzens sich nur in einem starken persönlichen Glauben erfüllen kann. Aus diesem Zuspruch der Maria zu sich selbst ergeben sich Gelöbnis und Bekenntnis in den Worten „Ja, ja, mein Herz soll es bewahren", die in dem Choral „Ich will dich mit Fleiß bewahren" aufgegriffen werden.

Hier nun wird bereits wieder die Besonderheit des Oratoriums gegenüber dem Krippenspiel offenkundig: Die der Maria angedichteten Verse meinen nicht sie allein als die Mutter des Christuskindes, sondern verstehen sie deutend zugleich als „des Herrn Magd" (Lukas Kapitel 1, 38), als den Inbegriff der Demut und Hingabe und somit als das Urbild des Glaubens und der Kirche. Als dieses Urbild hat es seit den Tagen Luthers ein eigentümliches protestantisches Marien-Verständnis gegeben. So ist es zu begreifen, daß auch alle Texte, die von Christus als dem Bräutigam sprechen, der Alt-Stimme zugewiesen werden; denn der Bräutigam holt seine Braut heim, d.h. die glaubende Kirche, die im Sprachgebrauch des WO mit dem Wort „Zion", das gleichbedeutend mit „Gottesvolk" und „Christenheit" ist, bezeichnet wird. Das sind vor allem die betreffenden Stellen im ersten Teil, die Ankündigung der Kirche „Nun wird mein liebster Bräutigam ... zum Trost, zum Heil der Erden einmal geboren werden", worauf die Mahnung an sich selbst, an die Christenheit, in der Arie „Bereite dich, Zion" folgt.

Von besonderer Anschaulichkeit sind die Alt-Partien im fünften Teil des Werks, der den Anfang der Perikope von den Drei Weisen aus dem Morgenlande behandelt. Hier schiebt sich der Solo-Alt in den Turba-Chor der drei Weisen „Wo ist der neugeborene König der Juden" mit den Worten „Sucht ihn in meiner Brust, hier wohnt er, mir und ihm zur Lust" ein und beschließt nach den Worten „... und sind gekommen, ihn anzubeten" (Matthäus Kapitel 2, 2) diesen Satz mit dem Ausruf „Wohl euch, die ihr das Licht gesehen ...". Wieder bleibt es in der Schwebe, wer hier redet, die Mutter Maria, bis zu der die Drei Weisen eben noch gar nicht gelangt sind, oder die Kirche. Und auch die Fortsetzung des Evangeliums nach der erwähnten Baß-Arie „Erleucht auch meine finstre Sinnen" wird nach dem Bericht „Da das der König Herodes hörte, erschrak er und mit ihm das ganze Jerusalem" von dem Alt mit den Worten „Warum wollt ihr erschrecken? Kann meines Jesu Gegenwart euch solche Furcht erwecken? ..." unterbrochen. Unüberhörbar, daß hier die gleiche innere Stimme redet! Und schließlich folgt nach dem Ende des ersten Teils der Perikope (Vers 6), dem alttestamentlichen Zitat Micha Kapitel 5, 1, das Aria-Terzetto, das in einzigartiger Weise den alten und neuen Bund, alttestamentliches Hoffen durch Sopran und Baß als die Stimmen der forschenden Hohenpriester und Schriftgelehrten (Matthäus Kapitel 2, 4) zum Ausdruck gebracht, und neutestamentliche Erfüllung durch den Alt wiedergegeben, einander gegenüberstellt. Folgendermaßen wird die Dacapo-Form der Arie durchgeführt: Im Teil a singt der Sopran unentwegt die Frage „Ach, wenn wird die Zeit erscheinen?" und der Tenor die andere „Ach, wenn kömmt der Trost der Seinen?" Dazu kommt erst von Takt 34 ab der Alt mit dem vielfachen Ruf „Schweigt, er ist schon wirklich hier!" Im Teil b, in dem der Alt pausiert, singen Sopran und Tenor ausschließlich die vierte, auf „Schweigt, er ist schon wirklich hier" sich reimende Textzeile der Arie: „Jesu, komm, ach komm zu mir!" Im Da-capo-Teil a' erscheint Teil a variiert, indem jetzt der Tenor die erste und der Sopran die zweite Frage bringt, während der Alt wiederum ausschließlich die Worte „Schweigt, er ist schon wirklich hier!" singt. Selbstverständlich wird dieser Dialog des Alt mit den beiden anderen solistischen Stimmen noch in manchen musikalischen Einzelheiten verdeutlicht. Vor allem kennzeichnet das charakteristische Motiv der sehnsuchtsvollen Erwartung, das im Bereich der musikalischen Figurenlehre wohl als Emphasis anzusprechen ist,

allein die Stimmführung von Sopran und Tenor sowie die der mit diesen beiden Stimmen eng verbundenen obligaten Violine. Dem Alt liegt demgegenüber der völlig andersartige Affekt freudiger Gewißheit in folgender Figur zugrunde:

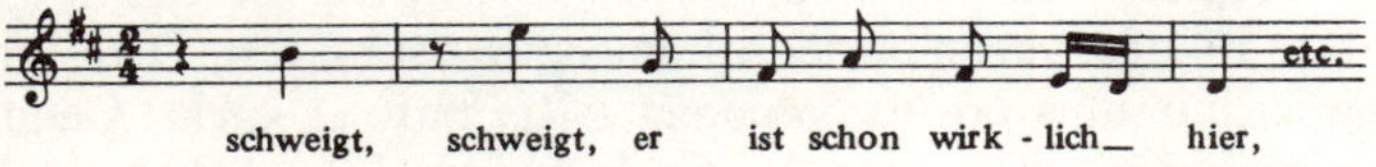


Dieser wird auch eindrucksvoll hörbar in dem „gehorsamen", dem Gebote des Schweigens folgenden, plötzlichen Verstummen der beiden fragenden Stimmen am Ende von a und a', während der Alt über dem kadenzierenden Continuo danach noch einmal die Worte „Er ist schon wirklich hier" nachdrücklich als eine unumstößliche, nun auch bildhaft „außer Frage" stehende Wirklichkeit bezeugt. Dabei möchte man in der abschließenden Wendung von Teil a' die Figur der Katabasis als Zeichen der Deszendenz Gottes erkennen[10].

[10] Diese musikalische Figur zeigt übrigens eine überraschende Verwandtschaft mit dem ständig sich wiederholenden absteigenden h-moll-Dreiklang im Satz „Et incarnatus est" der h-moll-Messe, über dessen Sinnbildlichkeit ich in dem Aufsatz: Der Titel und das Titelbild von Johann Heinrich Buttstedts Schrift ‚ut, mi, sol, re, fa, la – tota Musica et Harmonia aeterna oder Neueröffnetes altes, wahres, einziges und ewiges Fundamentum musices' (1717), Näheres ausgeführt habe; vgl. Die Musikforschung 3. Jg., 1950, S. 64–66.

Man vermag sich die tiefsinnige Anlage dieses Terzetts schwer als Parodie, wie es im Kritischen Bericht (S. 205) angenommen wird, vorzustellen. Sollte dafür tatsächlich einmal eine Vorlage ermittelt werden, dann wird diese gewiß besonders wichtige Aufschlüsse über Bachs Parodieverfahren vermitteln können.

An das Terzett schließt sich als Übergang zum Schlußchoral vom fünften Teil noch das Accompagnato-Rezitativ

> „Mein Liebster herrschet schon.
> Ein Herz, das seine Herrschaft liebet
> und sich ihm ganz zu eigen gibet,
> ist meines Jesu Thron."

Dieser Text ist eine unmittelbare Fortführung der Worte des Alt vom vorangegangenen Stück, wie er daher auch nur als Zuweisung zu dieser Stimme, gleichsam als Rede der Maria, die von fern her an das Ohr des Hörers dringt, verständlich erscheint. Unverkennbar begegnet uns somit in den Alt-Partien von Teil V das Zeugnis des Glaubens und der Kirche mit besonderer Eindringlichkeit. Die Gestalt der Maria bildet dabei nur noch den geschichtlichen Hintergrund; hervorgetreten ist jetzt mehr die Urgestalt der glaubensvollen Hingabe und der bekennenden Demut.

Nur im sechsten Teil des Werks stellen wir, worauf bereits hingewiesen wurde, eine Inkonsequenz in der Stimmenzuweisung fest. Dem Inhalt der Dichtung nach hätten das Accompagnato-Rezitativ „So geht! Genug, mein Schatz geht nicht von hier" und die anschließende Arie „Nun mögt ihr stolzen Feinde schrecken, / was könnt ihr mir für Furcht erwecken?" unbedingt zur Sinnbildlichkeit der Alt-Stimme im WO gehört. Liegt doch hier zudem eine besondere Nähe zur zweiten, abschließenden Hälfte der Perikope von den Drei Weisen aus dem Morgenlande (Matthäus Kapitel 2, 7–12) vor; denn die Worte beider Stücke sind der Mutter Maria gleichsam in den Mund gelegt. Vom mutmaßlichen Grund der Abweichung war vorher die Rede[11]. Nun aber tritt in diesem letzten Teil des Werks doch auch der Alt noch einmal in seiner Besonderheit hervor, nämlich im Recitativo à 4 vor dem Schlußchoral, das Ludwig Prautzsch mit dem Solistenensemble im Finale einer Oper verglichen hat[12]. Während darin Sopran, Tenor und Baß den vollständigen Dreizeiler

---

[11] Vgl. S. 230f.

[12] A.a.O. S. 227.

„Was will der Hölle Schrecken nun?
Was will uns Welt und Sünde tun,
da wir in Jesu Händen ruhn?"

singen, bringt der Alt dreimal lediglich die Worte „da wir in Jesu Händen ruhn". Die Mutter Maria bedarf der Frage nicht, sie weiß sich in dem Christuskind geborgen. Jetzt aber finden sich alle Gestalten der Weihnachtsgeschichte zusammen, um den letzten Schritt zum Glauben zu vollziehen und sich mit dessen Urgestalt in einem quasi Unisono-Abschluß, dessen Symbolik besonders tiefsinnig ist, auf die Worte „da wir in Jesu Händen ruhen" zu vereinen.

Oft wird dieses Stück, um seine Ausdruckskraft zu erhöhen, von den Dirigenten chorisch wiedergegeben. Daß dies der inneren Intention Bachs widerspricht, steht außer Frage, wenn es auch sehr schwer ist, hierbei vier eigengeprägte solistische Stimmen zu einem wirklich homogenen Klang, der um seiner Sinnbildlichkeit willen unerläßlich ist, zu verschmelzen. Auch bei diesem Recitativo à 4 vermag man sich ein Urbild schwer vorzustellen (Kritischer Bericht, S. 215); es würde im Falle seiner Entdeckung seinerseits für Bachs Parodieverfahren sehr aufschlußreich sein.

Was lehren uns die in unserer Untersuchung gemachten Beobachtungen? Die solistischen Alt-Partien im WO werfen in einer ganz bestimmten Richtung ein Licht auf Bachs Kompositionsweise, nämlich auf eine sinnbildliche Durchdringung der musikalischen Formgebung aufgrund theologischer Gedankenarbeit. Dieser Schaffensvorgang ist zwar bereits durch das höchst wahrscheinlich auf Christian Friedrich Henrici zurückgehende Textbuch,

, da wir in Je - su Hän - den ruhn
da wir in Je - su Hän - den ruhn
tun ,
Was will der Höl - len Schrek - ken
8 7 7
, in Je - su Hän - - den ruhn
, da wir in Je - su Hän - den
was will uns Welt und Sün - de tun,
nun , der Höl - len Schrek - ken , da wir in
7♮ 7♮

bei dem Bach allerdings sicherlich selbst mitgewirkt hat[13], vorgezeichnet. Die der explicatio und applicatio des zugrunde liegenden Bibeltextes, d. h. deren gedanklichen Entfaltung und persönlichen Aneignung, dienende Oratoriendichtung wird jedoch im Bereich der Musik zusätzlich und eigentümlich veranschaulicht und vertieft. Bach vermag mit seiner Kompositionsweise mehr zu sagen als das formulierte Wort des Textbuches es tut. Er verändert dabei dessen Aussagen nicht, sondern schöpft nur dessen verborgene Inhalte und Verstehensmöglichkeiten vollends aus. Sicherlich ist Bachs Schaffensweise im Hinblick auf derartig interpretierende Behandlung der jeweiligen textlichen Vorlage noch keineswegs hinreichend untersucht. Unsere kurzen Ausführungen, die einem Manne gewidmet sind, dem die Bachforschung unserer Zeit besonders viel verdankt, möchten einen kleinen Beitrag dazu liefern.

13 Dafür sprechen auch die Beobachtungen in der vorliegenden Abhandlung. Vgl. den Kritischen Bericht a.a.O. S. 190.

# Die Aufführungen von Passionen und Passionskantaten in der Schloßkirche auf dem Friedenstein zu Gotha zwischen 1699 und 1770

Die Stadt Gotha ist – wenn überhaupt – im Barockzeitalter offenbar keine Pflegestätte der responsorialen Passion mehr gewesen[1]. Im 18. Jahrhundert rückte sie jedoch in die allervorderste Linie jener Orte, in denen regelmäßig Aufführungen von oratorischen Passionen und Passionsoratorien[2] stattfanden. Daß diese Tatsache für Gotha gegenüber anderen mitteldeutschen Städten wie Weißenfels, Eisenach und Rudolstadt sowie den Wirkungsorten Johann Sebastian Bachs, Weimar und Leipzig, bisher nicht hinreichend beachtet worden ist, hat seinen Grund nicht nur in dem Verlust der meisten entsprechenden Werke, sondern vor allem in der weitgehenden bisherigen Nichtbeachtung der überlieferten Textbücher. Diese sollen daher als Grundlage für die folgende Darstellung dienen.

Erste äußere Voraussetzung für die Entwicklung der oratorischen Passion und ihrer verwandten Formen war jeweils das Vorhandensein einer leistungsfähigen Kapelle. Nicht zuletzt dadurch erklärt sich ihr Ursprung in den 1640er Jahren im wohlhabenden und kulturell vorwärtsdrängenden Hamburg und ihre Verbreitung zunächst in den größeren Hanse- und Ostseehandelsstädten, und zwar längst bevor sie in verschiedenen sächsisch-thüringischen Residenzen aufgegriffen wurde. – Im Jahre 1567 war das alte Gothaer Schloß Grimmenstein auf kaiserlichen Befehl zerstört worden, da der damalige ernestinisch-sächsische Herzog Johann Friedrich der Mittlere erneut nach der sächsischen Kur, die sein Vater Johann Friedrich der Großmütige infolge des unglücklichen Ausgangs des Schmalkaldischen Kriegs verloren hatte, strebte. Fortan blieb der Grimmenstein Ruine, bis im Jahre 1640 Herzog Ernst der Fromme, einer der bedeutendsten und charaktervollsten deutschen Fürsten des 17. Jahrhunderts, Gotha wieder zur Residenzstadt erhob. Unter ihm entstand in elfjähriger Bauzeit von 1643 bis 1654 an der Stelle des

---

[1] Weder A. Fett weiß in seiner Dissertation: Musikgeschichte der Stadt Gotha. Von den Anfängen bis zum Tode G. H. Stölzels (1749). Ein Beitrag zur Musikgeschichte Sachsen-Thüringens (Freiburg i. Br. 1952) darüber etwas zu berichten noch W. Braun in seinem Buch: Die mitteldeutsche Choralpassion im 18. Jahrhundert (Berlin 1960).

[2] Über diese Begriffsunterscheidung vgl. MGG X, Sp. 899f.

Grimmenstein ein zwar schlichtes, aber in den Ausmaßen gewaltiges, neues Schloß, das der Herzog in Erinnerung an den beendigten 30jährigen Krieg „Friedenstein" nannte. In ihm befindet sich – nach außen völlig unsichtbar – jene Schloßkapelle, die bald als Pflegestätte gottesdienstlicher Musik berühmt werden sollte. Bereits bei ihrer Einweihung im Jahre 1646 nahm die musikalische Ausgestaltung einen breiten Raum ein, worüber Max Schneider berichtet hat[3]. Von 1651–1671 wirkte dort zunächst als Kapelldirektor und später als Hofkapellmeister Wolfgang Carl Briegel, der freilich für unseren Zusammenhang noch keine Bedeutung hatte; denn erst mit Johann Philipp Kriegers Tätigkeit am Weißenfelser Hof fand von 1685 ab die oratorische Passion Eingang in Mitteldeutschland. Auf Briegel folgte in Gotha nach der kurzen Zwischenperiode Georg Ludwig Agricolas von 1676 bis 1713 Wolfgang Michael Mylius, neben dem von 1686 ab Christian Friedrich Witt als Hoforganist tätig war. Er amtierte nach jenes Tod selbst noch bis 1716 als Hofkapellmeister. In jenen Jahrzehnten nahm unter der Regierung von Ernst des Frommen Sohn Friedrich I. (1675–1691) und seinem Enkel Friedrich II. (1691–1732) die Hofkapelle einen außerordentlichen Aufschwung. Wurden das geistliche Konzert und Frühformen der Kantate bereits seit Briegels Tagen in der Gothaer Schloßkirche – wenn offenbar auch mit Unterbrechungen – gepflegt, so tritt nun die oratorische Passion zu der bald fast regelmäßig erklingenden gottesdienstlichen Kantate[4] hinzu.

Das früheste entsprechende Textbuch, das bisher ermittelt werden konnte, trägt den Titel: „Das Leiden unsers Herrn Jesu Christi nach dem 26. und 27. Capitel des Evangelisten St. Matthaei samt einigen davon in Mose, den Propheten und Psalmen vorkommenden Zeugnissen auch beigefügten andächtigen Seufzern, betrachtet und besungen in Fürst. Sächs. Schloß-Kirchen auf dem Friedenstein 1707." – Gedruckt ist es, wie alle Gothaer Textbücher jenes Zeitabschnitts, aber wie auch z.B. Eisenacher, bei Christoph Reyer in Gotha[5]. Es handelt sich bei diesem Werk um eine oratorische Passion nicht nur mit originalem biblischen Text, sondern darüber hinaus mit weiterer Verwendung biblischer, und zwar alttestamentlicher Sprüche. Das ist um so

[3] In: SIMG VII (1905/06), S. 308–313.

[4] Von 1696/97 liegt der früheste nachweisbare Textdruck eines vollständigen Kantatenjahrgangs vor; vgl. auch Ph. Spitta, Joh. Seb. Bach II, 2. Aufl. Leipzig 1916, S. 320, Anm. 27.

[5] Dieses sowohl wie verschiedene weitere hier zu behandelnde Werke habe ich bereits im Artikel: Protestantische Passion (MGG XI, Sp. 920ff.) in den dortigen chronologischen Werkverzeichnissen aufgeführt. Meine weiteren Forschungen, die unter den gegebenen Umständen nicht mehr vor Abschluß jener Arbeit möglich waren, haben jedoch zur Auffindung weiterer Textbücher, die ausnahmslos in der Gothaer Landesbibliothek aufbewahrt werden, geführt, so daß die vorliegende Abhandlung nicht nur eine ausführlichere Darstellung gegenüber der im MGG-Artikel bringt, sondern zugleich jene ergänzt. – Den Mitarbeitern in der Gothaer Landesbibliothek sei an dieser Stelle für ihre große Hilfsbereitschaft bei meinen Nachforschungen herzlich gedankt.

bemerkenswerter, als doch gerade Erdmann Neumeister im Jahre 1700 das Vorbild für die ausschließlich poetisierte Textform des Passionsoratoriums geschaffen hatte. Von dieser Entwicklung ist also die Gothaer Passion von 1707 unberührt. Die Folge der einzelnen Stücke lautet am Anfang: „Wir kommen gläubig zu bedenken" (Strophe 1–3 eines sonst nicht ermittelten Lieds) – Matthäus 26, 1–5 – Psalm 41, 6 und 8 f. – (Arie) „Denke dran, mein Herz" – Matthäus 26, 6–13 – Psalm 112, 5 f. – (Arie) „Wenn ich denen Armen, nicht diene mit Erbarmen..." usw. Die starke Durchsetzung der Passion mit alttestamentlichen Zitaten ist bisher bei keiner sonstigen Passion nachgewiesen und war vielleicht eine Besonderheit dieses Werks bzw. Gothaer Gepflogenheit. Darauf deuten auch die Titel zweier Kantatenjahrgänge jener Jahre: „Das Wort Christi in Psalmen, Lobgesängen und geistlichen, lieblichen Liedern für die Hochfürstliche Hof-Capelle zum Friedenstein... abgefasset" (1711) und die „Friedensteinische Psalmodia, worin neue über die ordentlichen Evangelia abgefaßte Arien mit kräftigen Sprüchen Heiliger Schrifft und andern Liedern erbaulich versetzet..." (1713/14). Weder Textschöpfer noch Komponist sind im Textbuch der Gothaer Passion von 1707 genannt, wie dies bis um 1720 fast nirgendwo üblich war, ein Zeichen für den gottesdienstlichen Rang der betreffenden Werke. Während für die Textzusammenstellung und Dichtung der Altenburger Rektor und Musikliebhaber Johann Christian Wentzel in Frage kommen könnte[6], wird man als den Vertoner des Werks in erster Linie nicht Mylius, sondern Witt annehmen müssen; denn dieser hat sehr wahrscheinlich den erwähnten frühesten Gothaer Kantatenjahrgang von 1696/97, dessen Neudruck von 1707 er mit einem Vorwort versah, bearbeitet[7]. Offenbar ist Mylius, so tüchtig er als Musikpädagoge und Organisator gewesen zu sein scheint, als Komponist wenig in Erscheinung getreten[8]. Über die spezielle gottesdienstliche Verwendung enthält der Textdruck der Gothaer Passion von 1707 keine Angaben. Jedoch ist nachträglich an vier Stellen mit Tinte eine Untergliederung in „Actus 1", „Actus 2" usw. angegeben. Die Verwendung der Bezeichnung „Actus" in diesem Zusammenhang kommt häufiger (z.B. auch in den entsprechenden Werken von Philipp Heinrich Erlebach) vor und hat ihren Ursprung in den zeitgenössischen Agenden wie etwa in dem „Gothaischen vollständigen Kir-

---

[6] Vgl. P. Brausch, Die Kantate. Ein Beitrag zur Geschichte der deutschen Dichtungsgattungen I, Geschichte der Kantate bis Gottsched, Phil. Diss. Heidelberg 1921 (mschr.), S. 170 f. Auch der Zellaer Pfarrer Johann Gottfried Schönau, der als Dichter des Gothaer Kantaten-Jahrgangs von 1708/09 bezeugt ist, kommt als Dichter von Gothaer Passionen und Passionskantaten in Betracht; vgl. ebd., S. 170.

[7] Dieser Neudruck ist in Gotha erhalten, während Ph. Spitta (a.a.O.) aufgrund des Erstdrucks (damals in der Wernigeroder Bibliothek) eindeutig Witt als Komponisten nennt. Leider haben alle Bemühungen, auf Spuren von erhaltenen Passionen oder Passionskantaten von Witt zu kommen, bisher zu keinem Ergebnis geführt.

[8] Vgl. A. Fett, Art. W. M. Mylius, MGG IX, Sp. 1237 f.

chen-Buch" von 1688 (Teil II, 345 ff.). Denkbar wäre, daß diese vier Teile, wie bei manchen späteren Passionen, von denen noch die Rede sein wird, am Gründonnerstag und Karfreitag je vor und nach der Predigt des Nachmittagsgottesdienstes musiziert wurden. Auch Besetzungsangaben fehlen in dem Textdruck gänzlich. Sicherlich sind die freien Dichtungen Arientexte.

Als nächstes Textbuch folgt: „Der blutige und sterbende Jesus zu Erweck- und Erhaltung gottgefälliger Andacht an dem hl. Sterbens- und Begräbnis-Tage dieses unsers Hochgel. Herrn und Heilands. 1719 in dem Gottes-Haus zum Friedenstein beweglich vorgestellt." Es handelt sich bei diesem Werk um ein Passionsoratorium ausschließlich mit Dichtung. Wiederum fehlt die Angabe von Textdichter und Komponist. Als letzterer kommt vielleicht Francesco Venturini, der – ehedem Violinist in Hannover – nach Witts Tode im Jahre 1716 und darauffolgender längerer Vakanz von 1718–1719 die Hofkapelle leitete, in Betracht; so könnte sich der Übergang zur Form des Passionsoratoriums, die Venturini von Norddeutschland her kennen konnte, erklären. In diesem Textbuch finden sich Vermerke wie „Chor" (speziell z. B. „Chor der Jünger") und „Arie", sodann bei den Chorälen gleichzeitig Hinweise auf die betreffenden Seitenzahlen im Gesangbuch und die Strophen des jeweiligen Lieds. Diese letzteren Angaben, die sich ähnlich in vielen Textbüchern von Passionen des ausgehenden 17. sowie des 18. Jahrhunderts finden, deuten mindestens auf die Möglichkeit der Beteiligung der Gemeinde. Auch symbolische Personen wie „Tochter Zion" u. ä. enthält dieses Textbuch.

Daß zwischen 1707 und 1719 in Gotha keine Passionen aufgeführt wurden, wäre nicht nur unwahrscheinlich, sondern wird auch durch eine Bemerkung im Vorwort des nächstfolgenden Textbuchs widerlegt. Hier schreibt der Oberhofprediger Albrecht Christian Ludwig: „... Zu welcher Christlichen Gedanken und Verrichtungen Beförderung hat unser Durchl. gnädigster Herzog und Landesvater an diesem großen Sterbenstage Ihres und unsers Jesu fast jährlich bewegliche Meditationes fertigen und absingen lassen." Ob Textbücher aus dieser Zeit verloren gegangen bzw. noch nicht wieder aufgefunden sind oder vielleicht gar keine gedruckt wurden, das alles sind vorerst offene Fragen.

Im November 1719 trat Gottfried Heinrich Stölzel das Amt des Hofkapellmeisters an, das er bis zu seinem Tode im Jahre 1749 innehatte. Folgende Passionsaufführungen der Gothaer Schloßkirche sind für diesen Zeitabschnitt durch Textbücher belegt:

1. „Die leidende und am Creutz sterbende Liebe Jesu." Die Autorschaft Stölzels ist durch das vom 23. März 1720 datierte Vorwort des Oberhofpredigers Ludwig bezeugt. Passionsoratorium.

2. „Sechs Andachten aus der von denen 4 Evangelisten zusammengetragenen und mit geistlichen Arien und Chorälen untermischten Historie des bitteren Leidens und Sterbens unsers allertheuersten Erlösers Jesu Christi, da-

von die ersten zwey am Grün-Donnerstag Nachmittage, die andern aber am Char-Freytage in der Hochfürstlichen Schloßkirche zum Friedenstein musicalisch aufgeführet worden", 1723. Oratorische Passion in sechs „Actus". Fortlaufende Wiedergabe des Bibeltextes. Keine Gesangbuchhinweise bei den Liedstrophen. Komponist nicht genannt.

3. „Der für die Sünde der Welt gemarterte und sterbende Jesus aus den 4 Evangelisten in gebundener Rede vorgestellet und am heiligen Char-Freitage in der Capelle zum Friedenstein musicalisch aufgeführt", 1725. Passionsoratorium in vier Teilen. Auf der Rückseite des Titelblatts sind Barthold Heinrich Brockes als Textschöpfer und Stölzel als Komponist genannt. 7 Seiten Vorrede von Oberhofprediger Ludwig.

4. „Jesus als der für das verlohrne Schäflein Leidend(e) und Sterbende Gute Hirte am Heil. Char-Freytage 1727 in Hoch-Fürstl. Schloß-Kirche zum Friedenstein musicalisch aufgeführet und in gebundenen Zeilen abgefasset von Gottfried Heinrich Stölzel, Fürstl. Sächs. Capellmeister." Passionsoratorium in vier Teilen. Vorrede ohne Namen des Verfassers, vermutlich von Stölzel selbst.

5. Oratorische Passion über Matthäus Kap. 27, Vers 39–50. Zweiteilig für Palmarum Nachmittag 1729, vor und nach der Predigt. Fortlaufende Wiedergabe des Bibeltextes. Gesangbuchhinweise bei den Liedstrophen.

6. „Die mit Buße und Glauben ihren leidenden Jesus bis zum Grabe begleitende Seele nach der Geschichte des bitteren Leidens und Sterbens Jesu Christi in acht Abteilungen am Gründonnerstag und Charfreitag 1737 vor und nach den Predigten auf gnädigsten Befehl nach Gottfried Heinrich Stölzels, Fürstl. Sächs. Capellmeisers, poetisch und musicalischer Verabfassung von Sämmtl. Fürstl. Sächs. Capelle unterthänigst aufgeführet." Oratorische Passion nach Johannes. Fortlaufende Wiedergabe des Bibeltextes. Gesangbuchhinweise bei den Liedstrophen.

Folgendes ist zu dieser Aufstellung zu sagen: Wiewohl Stölzel nicht bei allen Werken als Komponist genannt ist, so werden wir ihn doch mit Bestimmtheit als solchen anzunehmen haben. Auffallend ist nach der vorstehenden Liste, daß in das erste Jahrzehnt von Stölzels Wirken in Gotha fünf Passionen fallen und auf die beiden folgenden nur noch eine kommt. In welchen Jahren drei weitere Passionen, die Armin Fett als erhaltene Werke Stölzels aufführt, nämlich „Ein Lämmlein geht und trägt die Schuld", „Mich vom Staube meiner Sünden" und „Jesu, deine Passion" entstanden sind und zu welchem Typ diese gehören, konnte aus zeitbedingten Umständen bisher nicht ermittelt werden[9]. Textbücher von diesen Passionen sind, jedenfalls in Gotha, nicht erhalten. Keinesfalls darf angenommen werden, daß in der Go-

[9] Vgl. A. Fett, Musikgeschichte der Stadt Gotha..., S. 320. Von den oben aufgeführten Passionen Stölzels werden von Fett lediglich Nr. 3 und 4, beide als erhaltene Werke, erwähnt.

thaer Schloßkapelle zwischen 1720 und 1749 nur die einmalige Aufführung der genannten neun Passionen stattgefunden hat. Für Wiederholungen wurden wahrscheinlich, wenn kein größerer zeitlicher Abstand vorlag, dieselben Textbücher verwandt bzw. neue nach den alten Druckstöcken hergestellt. Aber auch mit der Ermittlung weiterer Textbücher von hier noch nicht erfaßten Passionen ist zu rechnen. Für die zwanziger Jahre des 18. Jahrhunderts kann somit die Feststellung getroffen werden, daß in der Gothaer Schloßkirche wenigstens alle zwei Jahre, wenn nicht gar jährlich – denn was lag näher als die Wiederholung eines Werks im darauffolgenden Jahr, wenn kein entsprechendes neues geschaffen wurde? – oratorische Passionsaufführungen stattfanden. Damit aber übertrifft Gotha sämtliche mitteldeutschen Residenzen einschließlich Weißenfels während der Wirkungszeit Johann Philipp Kriegers[10], sowie auch Leipzig, und steht wenigstens für ein Jahrzehnt unmittelbar hinter Hamburg, der einzigen Stadt, in der für einen Zeitraum von wenigstens 90 Jahren, zwischen 1675 und 1765, jährliche Aufführungen von oratorischen Passionen als sicher gelten müssen. Der zahlenmäßige Rückgang der Gothaer Passionsaufführungen von etwa 1730 ab könnte – falls es ihn tatsächlich gegeben hat – mit den anfänglichen Sparmaßnahmen Herzog Friedrichs II., der von 1732 ab regierte, zusammenhängen. Doch hat dieser sich später wieder besonders der Kirchenmusik zugewandt, so daß wir mit wesentlich mehr Passionsaufführungen bis zu Stölzels Tod rechnen müssen, als sich bislang nachweisen lassen; ohnehin erweitert sich das Bild noch durch die aufgeführten Passionskantaten, von denen weiter unten die Rede sein wird[11].

Ihren liturgischen Platz hatten die Gothaer Passionen in den Gottesdiensten am Gründonnerstag und Karfreitag bzw. auch nur am Karfreitag, wobei im Unterschied zu der Gepflogenheit an anderen Orten weitgehend auch die Vormittagsgottesdienste mit einbezogen wurden[12]. Eine liturgische Sonder-

---

[10] Vgl. den Art. Historia, MGG VI, Sp. 465–489, hier Sp. 482.

[11] Aus der Zeit von 1740–1768 bewahrt die Gothaer Landesbibliothek die Texte von 17 vollständigen Kantatenjahrgängen von der Kirchenmusik auf dem Friedenstein auf.

[12] Die sechsteilige Rudolstädter oratorische Passion von 1707 wurde demgegenüber „die hl. Marter-Woche durch von Tag zu Tag" musiziert; vgl. MGG X, Sp. 921. – Auch die Rudolstädter Passionen können aufgrund in Gotha aufbewahrter Textbücher noch um zwei weitere Werke ergänzt werden: 1. „Geistliche und Heilige Betrachtungen der Gläubigen Seele über ihren leidenden und sterbenden Jesus", Rudolstadt 1736 (Passionsoratorium in 22 [!], z. T. sehr kurzen Betrachtungen ohne nähere gottesdienstliche Bestimmung; vorzugsweise Wechsel zwischen „Christliche[r] Kirche", d. h. Liedstrophen, poetisiertem Bibeltext und „Gläubiger Seele"); 2. „Der Leidende, Sterbende und Begrabene Jesus. Wurde bei dem in der Heil. Marter-Woche gewöhnlichen Gottesdiensten in der Fürstl. Hoff-Kirche zur Erweckung und Förderung der Andacht unter heiligen Bewegungen und rührenden Weisen betrachtet", Rudolstadt 1748 (oratorische Passion in sechs Teilen, offenbar in der gleichen Weise durchgeführt wie die von 1707). Bei allen diesen Werken handelt es sich sicherlich um Kompositionen von Ph. H. Erlebach. – Auf meine Bitte um Nachforschung nach eventuellen weiteren vorhandenen Rudolstädter Textbüchern entdeckte Herr Kantor Hasso Dill-Rudolstadt im dortigen Landesarchiv auf Schloß Hei-

stellung nimmt lediglich die für Palmarum Nachmittag bestimmte Teil-Passion (Nr. 5) ein; vermutlich handelt es sich hier um den Ausschnitt einer, auch in einem Textbuch nicht erhaltenen, vollständigen Passion, die an den Tagen, an denen gegebenenfalls Aufführungen von Passionskantaten stattfanden, musiziert wurde (siehe unten!). Zu beachten ist, daß das Passionsoratorium nur in der ersten Zeit von Stölzels Gothaer Wirkungszeit in Erscheinung tritt. Die Rückwendung zur ausschließlichen Pflege der oratorischen Passion scheint auch hier wie anderswo bewußt erfolgt zu sein. Zu beachten ist ferner, daß Stölzel in mehreren Fällen nach Angabe der Textbücher die textliche Grundlage selbst geschaffen hat, woraus man vielleicht folgern darf, daß er dies, wenn nichts Gegenteiliges vermerkt ist wie bei seiner Bearbeitung von Brockes' Text, stets tat. Mit der Einführung symbolischer Gestalten wie „Tochter Zion", „Christliche Kirche", „Gläubige Seele" usw. in seine Passionen nahm Stölzel vollen Anteil an der Gepflogenheit seiner Zeit. Am charakteristischsten dafür ist die Passion von 1727, in der dem Titel des Werks entsprechend das „verlorene", „bewegte", „reuige", „bußfertige", „erschrockene", „glaubende", „dankbare" und „getröstete Schaf" erscheinen. Zum Musikalischen seien lediglich zwei kurze Hinweise gegeben: Dacapo-Vermerke bei Arien finden sich bereits in der Passion von 1720. In der Brockes-Passion von 1725 sind die Jesus-Worte wie in der Bachschen Matthäus-Passion als Accompagnato-Rezitative gekennzeichnet.

Mit Stölzels Nachfolger im Gothaer Hofkapellmeisteramt, Georg Benda (ab 1750), vollzog sich eine sehr bemerkenswerte Änderung in der gottesdienstlichen Musik der Gothaer Schloßkirche. Zwar blieb der gottesdienstliche Aufgabenbereich der Hofkapelle sicherlich unvermindert bestehen; jedoch war der neue Hofkapellmeister so sehr Kind der neu heraufbrechenden Epoche der Aufklärung, daß er seine Schaffenskraft ganz vorwiegend Bühnenwerken widmete. Das bedeutete, daß er in der Kirche die Kompositionen anderer Meister, wahrscheinlich vorwiegend Stölzels, aufführte. Allerdings ist bis jetzt nur eine Passionsaufführung unter ihm bekannt, die Wiederaufführung von Stölzels Johannespassion von 1737 im Jahre 1753. Anders steht

---

decksburg eine sicherlich autographe, sechsteilige oratorische Johannes-Passion von Georg Gebel d. J., die wie eine weitere Passion Gebels bisher als nicht erhalten galt (vgl. MGG IV, Sp. 1526). Ob das vorher erwähnte Textbuch der Rudolstädter Passion von 1748 zu diesem Werk gehört, bedarf noch der Nachprüfung, ist jedoch wahrscheinlich; denn Georg Gebel war von 1747 ab zunächst Konzertmeister und von 1750 bis zu seinem bereits 1753 erfolgten Tod Hofkapellmeister in Rudolstadt. Kantor Dill konnte außerdem neben einem vollständigen Kantatenjahrgang und vier Kyrie-Kompositionen noch eine gesonderte Passionskantatenfolge für jeden Tag der Karwoche (für Gründonnerstag sind sogar drei und für Karfreitag zwei Kantaten bestimmt) ebenda ausfindig machen. (Alle diese Werke waren nach MGG IV, Sp. 1526, bisher entweder unbekannt oder galten als verschollen.) Diese Funde lassen erkennen, daß das musikalische Begehen der Passion Christi durch die ganze Karwoche hindurch mit Passionen oder Passionskantaten über einen längeren Zeitabschnitt hinweg offenbar eine Rudolstädter Eigentümlichkeit gewesen ist.

es freilich, wie im folgenden darzustellen sein wird, mit der Aufführung von Passionskantaten[13].

Neben der oratorischen Passion sowie dem Passionsoratorium ist nämlich die Passion Christi in der Gothaer Schloßkirche noch in der besonderen Form der Kantatenreihe musikalisch begangen worden. Erst deren Hinzunahme rundet das Bild vom Ausmaß der Gothaer Passionskompositionen ab. Diese Form der Passionskantatenreihe war aller Wahrscheinlichkeit nach eine Eigentümlichkeit der Kirchenmusik in der Gothaer Schloßkirche, die danach nur noch in Darmstadt aufgegriffen wurde. Es handelt sich um folgende Werke, von denen bisher ausnahmslos nur die Textbücher ermittelt sind:

1. „Arien mit untermischten Biblischen Texten und Kirchengesängen, wie sie anno 1699 abgefasset und an den Sonntagen in der Fastenzeit nach den Passionspredigten damahls abgesungen worden." Gedruckt 1707 als Anhang im Textbuch der Gothaer Passion von 1707.

2. „Beygefügte über die Sieben Worte Christi abgefasste Arien sind auch 1707 bei dem Sonntäglichen Gottesdienst in der Fastenzeit abgesungen worden." Zweiter Anhang im Textbuch der Gothaer Passion von 1707. Neun Kantaten.

3. (Acht) „Passions-Andachten, welche in der Hochf. Schloß-Kirche zum Friedenstein an denen Sonntagen in der Fasten An. 1722 vor und nach denen Nachmittagspredigten von der Hochf. Capelle aufgeführt worden, entworfen von Gottfried Heinrich Stölzel." Weitere Textbücher dieses Zyklus sind von 1734, 1737 und 1745 erhalten.

4. „Texte zu den Kirchen-Musiken, welche auf Hochf. Gnädigsten Befehl vor und nach den Fasten-Predigten 1747 sollen aufgeführet werden, poetisch und harmonisch entworfen von Gottfried Heinrich Stölzel." Weiteres Textbuch von 1749.

5. „Acht Abteilungen der Leidensgeschichte unseres theuresten Erlösers Jesu Christi nach der Beschreibung des Evangelisten S. Marci, davon vier am hl. Grün-Donnerstag Vor- und Nachmittag und vier am hl. Char-Freytag vor und nach den Predigten ... aufgeführet worden, in gebundener Rede in harmonischen Zeilen vorgestellet von G. H. Stölzel", 1746.

6. „Sechs geistliche Betrachtungen des leidenden und sterbenden Jesu aus der Leidensgeschichte der hl. vier Evangelisten gezogen und ... zwo am hl. Grün-Donnerstag vor und nach der Nachmittags-Predigt, die übrigen vier

[13] H. Wirth führt im MGG-Artikel „Georg Benda" im Werkverzeichnis (Bd. I, Sp. 1624 f.) überhaupt keine geistlichen Werke auf. Das entspricht nicht den Tatsachen. Zu nennen ist: „Joh. Jacob Rambachs Poetische Andachten auf hochfürstlichen gnädigsten Befehl Sonn- und Festtäglich in der Schloßkirche zum Friedenstein von Advent 1753 bis dahin 1754 durch hochfürstliche Kapelle aufgeführt und harmonisch bekleidet von Georg Benda" (Textbuch in Gotha erhalten). Ein weiteres Werk siehe unten. Freilich ist kaum anzunehmen, daß ein nennenswerter Anteil der 12 Kantatenjahrgänge aus den Jahren 1750–1768, deren Texte die Gothaer Landesbibliothek besitzt, von Benda vertont worden ist. Nähere Untersuchungen hierzu fehlen noch.

aber am hl. Char-Freytage vor und nach den Predigten in der Friedensteinischen Schloßkirche ... musikalisch aufgeführt." Vorhandene Textbücher von 1751, 1754, 1760 und 1768. Im Textbuch von 1754 findet sich der handschriftliche Vermerk: „Dieses Kirchenstück ist zum ersten Mal gemacht worden 1749, zum andern Mal 1751" (statt „1749" ist möglicherweise „1741" zu lesen). Im Textbuch von 1768 steht: „... abgefasset von Gottfried Heinrich Stölzel, weil H. S. Capellmeister zum Friedenstein."

7. „Der leidende Jesus in acht Abteilungen, davon vier am hl. Gründonnerstag und vier am hl. Char-Freytag vor und nach den Predigten musikalisch aufgeführt werden", 1757. Als Komponist ist Georg Benda angegeben.

An anderer Stelle[14] hatte ich bereits die Vermutung ausgesprochen, daß die Passionskantatenreihen ihr Dasein allem Anschein nach dem offenbar in Sachsen-Thüringen aufgekommenen Bestreben, die Behandlung der Leidensgeschichte nicht wie herkömmlich auf die Karwoche zu beschränken, sondern abschnittweise auf die Sonntag-Nachmittagsgottesdienste der gesamten Fastenzeit zu verteilen, verdanken. Diese Vermutung hat sich inzwischen bestätigt. Es war kein anderer als Herzog Ernst der Fromme, der 1669 in einem „Fürstlichen Ausschreiben und Puncta, wie es mit dem Bibellesen in den Kirchen von den Pfarrern hinkünftig gehalten werden solle", bestimmte: „Die Passionshistorie nach den vier Evangelisten wird und soll jährlich die Fastenzeit über in richtige Lectiones eingeteilet und nicht nur gelesen, sondern auch dem Volk erkläret werden." Und ebenda an anderer Stelle: „Am Nachmittag aber (sollen) nach dem ersten Lied ... anstatt des Catechismi die Fragestücke Rosini, besonders aber die vom Leiden Christi auf die Sonntage von Estomihi bis Palmarum gelesen werden."[15] Während bisher allgemein – besonders durch die für ganz Thüringen im 17. Jahrhundert maßgebend gewordene Kirchenordnung der Casimiriana des Herzogs Johann Casimir von Sachsen-Coburg († 1633) – der Sonntag-Nachmittagsgottesdienst der Katechismuspredigt gewidmet war, so bestimmt nun Herzog Ernst der Fromme – möglicherweise aufgrund süddeutscher Anregungen – für die Fastenzeit die homiletische und katechetische Behandlung der Leidensgeschichte. Hier liegt die liturgische Voraussetzung für die Entstehung der Passionskantatenreihe, und da jene, wie gesagt, offenbar nur für das Gothaer Gebiet bestanden hat, haben wir es bei dieser speziellen Form der Kantate mit einer bedeutsamen musikgeschichtlichen Eigentümlichkeit der Gothaer Hofmusik zu tun. Daß die Zahl der Kantaten bei den einzelnen Reihen zwischen sieben und acht schwankt, erklärt sich daraus, daß zu den sieben Sonntagen von Estomihi – dieser Sonntag war, obwohl vor Aschermittwoch liegend, der oben zitierten

---

[14] Vgl. den Art. Passion, Teil C. Die protestantische Passion, MGG X, Sp. 926.

[15] Vgl. Fürstl. Sächsische Ernestinische Verordnungen des Kirchen- und Schulwesens, Gotha 1720, S. 335, 332f. Für einen Hinweis auf die erfolgten Veröffentlichungen der Gothaer Verordnungen habe ich Herrn Kirchenrat i. R. D. Dr. R. Jauernig, Neu-Isenburg, zu danken.

Verordnung entsprechend stets mit einbezogen – bis Palmarum in einzelnen Jahren Mariä Empfängnis hinzukam. Diese Passionskantatenreihen nehmen eine Art Mittelstellung zwischen der sonntäglichen De-tempore-Kantate einerseits und den Passionen andererseits ein. In ihrem formalen Aufbau und ihrer inhaltlichen Gestaltung sind sie zwar im einzelnen regelrechte Kantaten; dennoch fanden sie aber keine Aufnahme in die Jahrgänge gedruckter Kantatentexte, die lediglich die Hauptmusik der Sonntagsvormittags-Gottesdienste berücksichtigten. Vielmehr erschienen von ihnen wie bei den Passionen gesonderte Textbücher, weil diese Kantaten zusammen mit den Passionen die Geschichte von der Passion Christi, die nicht zum Sonntags-Detempore gehört, sondern, wie bekannt, seit alter Zeit eine liturgische Sonderstellung einnimmt, musikalisch begehen[16]. Sehr zu beachten ist sodann, daß diese Form der Reihenkantate gegen Ende von Stölzels Wirkungszeit weithin auch am Gründonnerstag und Karfreitag musiziert wurde und somit sogar an die Stelle der Passion trat (vgl. Nr. 5–7). Erst recht zu Bendas Zeit scheint dies der Fall gewesen zu sein; denn für die Jahre nach 1749 steht nur für 1753 eine Passionsaufführung (siehe oben) gegenüber fünf Wiedergaben von Passionskantatenreihen (vgl. Nr. 6 und 7) fest, und Benda selbst hat sich – abgesehen von sonntäglichen Kirchenkantaten – offenbar nur noch auf diesem eigentümlich Gothaer Zweig geistlicher Musik kompositorisch bestätigt. Der Schritt von der früheren Praxis zur späteren war freilich praktisch deshalb nicht groß, weil die Passionen ihrerseits bereits in 6–8 Teilen an den betreffenden beiden Tagen musiziert wurden.

Folgendes sei in Kürze zur Textgestalt der Passionskantatenreihen gesagt:

[16] An entsprechenden bzw. ähnlichen Passionskantatenreihen wie den Gothaern konnten bisher nur G. Ph. Telemanns (seinerzeit viel aufgeführtes) „Seliges Erwägen des Leidens und Sterbens ... Jesu Christi“ (Hamburg 1728) und zwei von Chr. Graupner für Darmstadt nachgewiesen werden. Diese letzteren sind sehr wahrscheinlich bei den mancherlei Beziehungen der beiden Residenzen untereinander von Gotha angeregt worden; vgl. die Titel der betreffenden beiden Werke von 1741 und 1743 (MGG X, Sp. 928, 923). Zwei Unterschiede gegenüber der Gothaer Praxis zeigen sich jedoch: Erstens sind in Darmstadt Gründonnerstag und Karfreitag als Aufführungstage mit einbezogen, und zweitens sind hier die Kantatenreihen in die Text-Jahrgänge mit aufgenommen. Aber auch die Anregung zu Telemanns Werk geht möglicherweise auf Gotha zurück, und zwar durch seine Eisenacher Jahre (1708–1712), während derer er sicherlich die in jener Zeit als vorbildlich geltenden Gothaer Verhältnisse kennengelernt hat. Dafür spricht ein von W. Braun ausfindig gemachtes Textbuch einer oratorischen Passion von 1711, die sicherlich ein Werk Telemanns ist, mit folgendem Titel: „Die höchst-tröstliche Fasten-Zeit / wurde nebst andern gottseeligen Betrachtungen über das bittere Leiden und Sterben unsers HErrn und Heylandes JESu Christi / auch mit harmonischer Devotion, nach Anleitung der vier Evangelisten / zugebracht / Also / daß wöchentlich zweymal / nemlich Sonntags und Donnerstags / von Invocavit an bis auf Palmarum des 1711-ten Jahres / bey öffentlichem Gottesdienste / einen Theil davon musicalisch aufführete Ihro Hochfl. Durchl. zu Sachsen Eisenach Capelle.“ Gotha. C. Reyher (vgl. W. Braun, Die mitteldeutsche Choralpassion im 18. Jahrhundert, Berlin 1960, S. 89). Für welche Tage die Aufführung von Telemanns „Seliges Erwägen“ bestimmt war, geht aus dem Titel nicht hervor.

Die früheste von 1699 (Nr. 1) steht mit der Verwendung zahlreicher alttestamentlicher Stellen der Gothaer Passion von 1707 nahe. Die erste Kantate ist folgendermaßen aufgebaut: Psalm 40, 8 – Aria „So kommst du, werter Schatz" – Psalm 40, 9 – Aria „Ach Jesu, Gottes Sohn" – Jesaja 43, 20 – Choral „Jesu, deine tiefen Wunden" – Jesaja 43, 5 – Choral „Will sich denn in Wollust weiden" – Jesaja 44, 21 – Choral „Will sich denn mein Herze führen" – Aria „Weg, Eitelkeit, weg, Welt". Bei den Bibelworten wird man mit Ausnahme des ersten, das in den meisten Kantaten, gewiß als Chorsatz, wiederholt wird, Rezitative annehmen müssen. Entsprechende Angaben fehlen freilich. Sämtliche Kantaten sind zweiteilig und umrahmen die Predigt, wobei der zweite Teil für alle Kantaten gleich ist. Wesentlich schlichter im Aufbau ist die Reihe von 1707 (als Komponist kommt für beide Werke wiederum kaum ein anderer als Witt in Betracht). Die Kantaten haben hier je ein Kreuzeswort im Textbuch als Überschrift, wobei nicht deutlich ist, ob dieses selbst jeweils mitmusiziert wurde. Sonst besteht der Text jeder Kantate aus einer das jeweilige Kreuzeswort betrachtenden Arie und mehreren anschließenden Liedstrophen. Mehr sagt das Textbuch von Stölzels Passions-Andachten von 1722 aus. Hier gestaltet sich der Aufbau z.B. der ersten, „Der Gesang Jesu über dem Bach Kidron an den Ölberg" überschriebenen Estomihi-Kantate folgendermaßen: Vor der Predigt Chor p. 91 „So gehst du, mein Jesu, hin..." – (Rez.) „Verboster Absalom..." Im 2. Buch Sam. im 15. Cap. 23. Vers – Aria „Ich sehe dir mit Tränen nach" – Chor p. 675 Vers 1 „Mir nach, spricht Christus" und Vers 5 – Rez. „Offt geb ich zwar mit Petro dir das Wort" – Aria – Chor pag. 109, Vers 2 „Lasset uns mit Jesu leiden" – Nach der Predigt Rez. „Dein letzter Gang" – Aria – Chor pag. 103, Vers 9 und 10 „Wenn ich einmal soll scheiden" und „Erscheine mir zum Schilde" (die Seitenhinweise bei den Liedstrophen beziehen sich auf das im Gebrauch befindliche Gesangbuch). Im Prinzip sind die anderen Reihen ähnlich, teils mit, teils ohne Überschriften bei den einzelnen Kantaten, jedoch zumeist wesentlich knapper angelegt. Der Unterschied zur Passion ist jeweils ganz deutlich und besteht darin, daß in der Passionskantate – vielleicht mit Ausnahme der Reihe von 1707 (Nr. 2) – neben Liedversen und betrachtender Dichtung niemals der Text der Passionsgeschichte selbst vorkommt, sondern als „Dicta" stets andere, jene interpretierende Bibelworte erscheinen.

Gegen 1770 hat offenbar auch in Gotha, wie anderswo, die Zeit der Passionsaufführungen aufgehört. Waren diese schon für Benda nur noch ein Nebengebiet seiner Hofkapellmeistertätigkeit, auf das jedoch zweifellos sein Landesherr Herzog Friedrich III. Wert legte (weniger vielleicht die geistvolle, mit Voltaire im regen Gedankenaustausch stehende Herzogin Luise Dorothea), so kam 1772 mit Herzog Ernst II. ein geistig bedeutender Fürst der Aufklärung und des beginnenden Klassizismus zur Regierung. Mit ihm, der schon auf der Sterbemedaille, die er auf den Tod seines Vaters prägen ließ, diesen der Perücke entkleidete und in der Gestalt eines antiken Herrschers zeigte, ist das Zeitalter des Barocks in Gotha zu Ende gegangen und damit auch die bedeutungsvolle Geschichte der Passionsaufführungen am Gothaer Hof im 18. Jahrhundert.

# Zur Geschichte des Kirchenkonzerts

Die Geschichte des Kirchenkonzerts ist noch nicht geschrieben. Je größer der Raum ist, den dieses im kirchenmusikalischen Leben einnimmt – und er ist noch nie so groß gewesen wie heute –, desto notwendiger erscheint es, im Hinblick auf das eigene Tun und Lassen nach den treibenden Kräften, die die Entstehung und Entwicklung des Kirchenkonzerts bestimmt haben, zu fragen. Wer dies unternimmt, steht z. Z. freilich noch vor der Schwierigkeit, sich aus einer großen Fülle weit verstreuter Nachrichten das Wesentliche heraussuchen zu müssen, um durch Hervorhebung von besonders markanten Ereignissen Schwerpunkte zu setzen, die die Geschichte des Kirchenkonzerts kennzeichnen[1].

Man ist versucht, diese als Prozeß der Emanzipierung der Musik von ihrer überkommenen liturgisch-gottesdienstlichen Bindung, und dies will doch wohl aus kirchlich-theologischer Sicht besagen, als eine Art permanenten Abfalls zu sehen und darzustellen. Damit würde man jedoch der Geschichte, um die es hierbei geht, keinesfalls gerecht werden; denn es bliebe dann die Frage nach den treibenden Kräften, die zu einer gewissen Verselbständigung der Musik im kirchlichen Leben, zur teilweisen oder gar völligen Lösung von der Liturgie und zu einem mehr oder minderen Eigendasein im Kirchenkonzert geführt haben, mindestens zum Teil ungeklärt. Beim Forschen nach den Gründen, die zur Einrichtung und Veranstaltung von Kirchenkonzerten geführt haben und bis heute führen, ergeben sich zudem mancherlei Fragen. Die schwerwiegendste ist sicher, ob Musik im Kirchenkonzert noch als gottesdienstliche Musik anzusprechen ist. Und wenn ja, wie ist es aber, wenn geistliche Musik nicht nur die liturgische Bindung aufgibt, sondern sogar den

---

[1] Dieser Beitrag wurde bei der jährlich stattfindenden Pfarrer-Kirchenmusiker-Konferenz der Ev. Kirche von Kurhessen-Waldeck in Schlüchtern als Vortrag gehalten. Auf ausdrückliches Bitten der Teilnehmer wird er hier durch Literaturhinweise ergänzt. Als allgemein orientierende, freilich nicht speziell das Kirchenkonzert behandelnde Arbeiten seien genannt: Gerhard Pinthus, Das Konzertleben in Deutschland. Ein Abriß seiner Entwicklung bis zum Beginn des 19. Jahrhunderts, Straßburg 1932; Hans Engel, Musik und Gesellschaft. Bausteine zu einer Musiksoziologie, Berlin 1960; Richard Schaal, Art. Konzertwesen, MGG VII, 1958, Sp. 1587 ff., sowie (mit besonderem Nachdruck) das außerordentlich instruktive Werk von Heinrich W. Schwab. Konzert. Öffentliche Musikdarbietung vom 17. bis 19. Jahrhundert, Bd. IV, Lfg. 2 der Musikgeschichte in Bildern, hrsg. von Heinrich Besseler und Werner Bachmann, Leipzig 1971 (Auslieferung in der Bundesrepublik durch B. Schott's Söhne, Mainz).

gottesdienstlichen Raum verläßt und in den Konzertsaal auswandert? Hat Albert Schweitzer recht gehabt, wenn er einmal sagte, jeder Raum werde zur Kirche, in dem Bachs Matthäus-Passion aufgeführt wird? Diese verschiedenen Fragen müssen den, der der Geschichte des Kirchenkonzerts nachgeht, begleiten; denn nicht zuletzt um ihretwillen erscheint deren Betrachtung heute besonders aktuell.

Fragt man nach den Anfängen der Geschichte des Kirchenkonzerts in Deutschland, fällt das Stichwort „Lübeck" zur Zeit Tunders und Buxtehudes, also etwa zwischen 1640 und 1710. Hier handelt es sich gleich um zwei verschiedene Einrichtungen, einmal um Orgelkonzerte an bestimmten Vormittagen der Woche für die kommerzierenden Zünfte, d.h. die standesbewußten hanseatischen Kaufleute, und zum andern, vor allem unter Buxtehude, um Abendmusiken mit kantatenartigen Aufführungen, den sogenannten „Abendspielen". Möglicherweise haben beide Unternehmungen von ihrer Entstehung her betrachtet entweder gar nichts oder nur wenig miteinander zu tun[2].

Während die Anfänge der „Abendspiele" noch im Dunkeln liegen, hatten die Lübecker Orgelkonzerte ihr Vorbild in den reformierten Niederlanden, mit denen die Hanseaten lebhafte Handelsbeziehungen unterhielten. Und nicht nur Lübeck empfing von dorther eigentümliche kirchenmusikalische Anstöße, sondern mehr oder weniger sämtliche bedeutenden Handelsstädte an der Ostsee von Kopenhagen bis Riga.

Im calvinistischen Holland war im Jahre 1574 auf einer Dordrechter Synode der gottesdienstliche Gebrauch der Orgel verboten worden, ohne daß es hier freilich, wie weithin in der reformierten Schweiz, zum Abreißen der Orgeln kam. Orgelbau und Orgelmusik waren seit spätestens dem 16. Jahrhundert in den Niederlanden so bedeutungsvoll entwickelt, daß die auf der Dordrechter Synode zum Ausdruck gekommene Kunstfeindlichkeit Gegenströmungen hervorrief. Da die Orgeln in der Regel Eigentum der Städte und die Organisten mindestens teilweise von diesen besoldet waren, wurden sie mancherorts von den Magistraten zu regelmäßigen Orgelkonzerten verpflichtet, die an bestimmten Tagen der Woche, wenn nicht gar täglich stattfanden, und zwar meist im Anschluß an das Vesperläuten. Hier und da blieb es nicht beim bloßen Orgelspiel; Sologesang sowie Instrumentalspiel der Stadtpfeifer wurden offenbar nicht nur vereinzelt hinzugenommen.

Wenn auch bei alledem verschiedene Motive diese Entwicklung gefördert haben, nicht zuletzt erzieherische, indem man durch solche Veranstaltungen

---

[2] Vgl. Wilhelm Stahl, Musikgeschichte Lübecks II, Geistliche Musik, Kassel 1952; Oskar Söhngen, Die Lübecker Abendmusiken als kirchengeschichtliches und theologisches Problem, Musik und Kirche 27. Jg., 1957, S. 181ff. (Wiederabdruck in Söhngens Aufsatzsammlung: Wandel und Beharrung, Berlin 1965, S. 111ff.); Georg Karstädt, Art. Lübeck, MGG VIII, 1960, Sp. 1266ff., und: Die „Extraordinären" Abendmusiken Dietrich Buxtehudes, Lübeck 1962.

die Bevölkerung vom Besuch der „Musikherbergen", die man wohl als Spelunken bezeichnen kann, abhalten wollte, so bleibt doch festzustellen: Die Verbannung der Musik aus dem Gottesdienst hatte zur Folge, daß sie gleichsam durch eine Hintertür in die Kirche wieder eindrang, um notgedrungen außerhalb der gottesdienstlichen Zeit in ihr einen gesonderten Platz einzunehmen. Daraus ergab sich die eigentliche Geburtsstunde des Kirchenkonzerts; sie war – in den Niederlanden wenigstens – die natürliche Folge einer rigorosen Kunstfeindlichkeit der calvinistischen Theologie. Bietet die Kirche in ihren Gottesdiensten der Kunst keine Möglichkeiten zu deren Mitgestaltung, fördert sie zwangsläufig ihre Emanzipierung[3].

Wie verlief die Entwicklung in anderen reformierten Gebieten? In der Schweiz, die für unsere Betrachtung besonders wichtig ist, ging es, wie bereits angedeutet, wesentlich radikaler zu; weithin verschwanden die Orgeln im 16. Jahrhundert aus den Kirchen. Was nun, da selbstverständlich auch der mehrstimmige Gesang und der Gebrauch von Instrumenten verboten war? Sollten die Menschen wider alle Natur auf Musik und Musizieren verzichten oder, wenn nicht, sollten sie außerhalb des Gottesdienstes, zu Hause oder wo auch immer, nur sogenannte weltliche Musik machen? So weit reichte das kirchliche Verordnungswesen allerdings nicht und wollte es wohl auch nicht reichen. Wie aber behalf man sich?

Die Schweiz ist das Ursprungsland der Collegia musica. Diese waren Vereinigungen von vokal und instrumental musizierenden Bürgern mit strengen Satzungen, die in allererster Linie, wenn nicht gar, wie in den Anfängen des frühen 17. Jahrhunderts, ausschließlich geistliche Musik pflegten. Dies diente zunächst lediglich zur eigenen Freude und Erbauung, vollzog sich mit der Zeit aber auch vor geladenen Gästen, d.h. mehr oder weniger öffentlich. Nach und nach erwarben die Collegia musica für ihre regelmäßigen Zusammenkünfte und Veranstaltungen eigene Räume, also Musiksäle. Das war ein entscheidender Schritt zur Begründung des öffentlichen Konzertwesens, das es bis dahin nirgendwo, auch außerhalb des kirchlichen Lebens nicht, gegeben hatte. In der Schweiz, und nach deren Vorbild später mancherorts auch in Deutschland, haben jedenfalls die vornehmlich zum Musizieren geistlicher Musik gegründeten Collegia musica an dieser Entwicklung den Hauptanteil. Der gesellschaftlichen Struktur nach sind sie – sieht man einmal davon ab, daß es sich ausschließlich um Erwachsenenkreise handelte – mit den lutherischen Kantoreien Mittel- und Norddeutschlands vergleichbar; aber der Funktion nach bestand zwischen beiden ein grundlegender Unterschied. Diese waren gottesdienstliche Amtsträger, jene aber betrieben geistliche Mu-

---

[3] Vgl. hierzu und zum folgenden Walter Blankenburg, Die Kirchenmusik in den reformierten Gebieten des europäischen Kontinents, in: Friedrich Blume, Geschichte der evangelischen Kirchenmusik, Kassel 1965, S. 343ff.

sik lediglich außerhalb des Gottesdienstes[4]. Musiziert haben die schweizerischen Collegia musica zunächst vor allem mehrstimmige Bearbeitungen der reformierten Psalmlieder, die es jedoch in der deutschsprachigen Nordschweiz längst nicht in dem Ausmaß wie im französischen Sprachgebiet gab. Darüber hinaus aber kamen im Laufe des 17. Jahrhunderts ein- und mehrstimmige, meist schlichte Generalbaßlieder hinzu, die häufig mit Instrumentalritornellen versehen waren, und auch der geistliche Kanon war sehr beliebt. Ein Repertoire solcher Stücke bietet z. B. die – sogar dem Format nach – ganz und gar wie ein Gemeindegesangbuch angelegte „Seelen-Music", ein aus mancherlei Quellen, u. a. aus Drucken von Johann Crüger und Wolfgang C. Briegel, gespeistes Sammelwerk, das zuerst 1682 in St. Gallen erschien und bis tief in das 18. Jahrhundert zahlreiche Neuauflagen erlebte[5]. Nichts von seinem Inhalt aber wurde im Gottesdienst musiziert. – Zusammenfassend muß für die reformierte Schweiz gesagt werden, daß die Verbannung der mehrstimmigen Vokal- und Instrumentalmusik aus dem Gottesdienst hier den entscheidenden Anstoß zur Entstehung des geistlichen Konzerts sogar außerhalb des gottesdienstlichen Raums gegeben hat.

Wenden wir unseren Blick wieder nach Deutschland, und zwar jetzt nach Hamburg! Dort gründete im Jahre 1660 der Schütz-Schüler Matthias Weckmann sein berühmt gewordenes Collegium musicum, das bis zu seinem Tode 1674 bestand. Zu seinen intensivsten Förderern gehörte Johann Rist, zu seinen aktivsten Mitarbeitern ein Christoph Bernhard. Dieser Musizierkreis bot wöchentlich öffentliche Veranstaltungen im Remter des Doms, und zwar mit der damals modernsten Musik, nämlich mit Geistlichen Konzerten aus der umfangreichen zeitgenössischen italienischen Literatur und dem von dort inspirierten deutschen Schaffen der Generation der Schütz-Schüler. Es handelte sich also um geistliche Konzerte an kirchlicher Stätte, jedoch nicht im gottesdienstlichen Raum. Was hat den Anstoß zu dieser Einrichtung gegeben? Bestand doch in Hamburg vom lutherischen Denken her keinerlei Anlaß zur Auswanderung der Musik aus dem Gottesdienst. Tatsächlich handelte es sich bei den Remterkonzerten auch gar nicht darum; denn daneben blühte die gottesdienstliche Musik wie schon zur Wirkungszeit von Thomas Selle, der von 1641 bis zu seinem Tode im Jahre 1663 Musikdirektor der Hamburger Hauptkirchen gewesen war, in vollem Umfang weiter[6]. Der Anstoß zur Veranstaltung geistlicher Konzerte kam in Hamburg offensichtlich und ungewollt vielmehr von außen, d. h. von der allgemeinen Mu-

---

[4] Vgl. Karl Nef, Die Collegia musica in der deutschen reformierten Schweiz ... Mit einer Einleitung über den reformierten Kirchengesang ..., St. Gallen 1897.

[5] Vgl. die Beschreibung der einzelnen Auflagen in Band VI von Johannes Zahn, Die Melodien der deutschen ev. Kirchenlieder, Gütersloh 1893, z. B. bei den Nummern 768 und 886.

[6] Vgl. Lieselotte Krüger, Die Hamburger Musikorganisation im XVII. Jahrhundert, Straßburg 1933, und Kurt Stephenson, Art. Hamburg, MGG V, 1956, Sp. 1386ff.

sikentwicklung, die sich damals von Italien her durch die intensive Pflege des gemischt vokalen und instrumentalen Geistlichen Konzerts als neuer musikalischer Gattung so stark entfaltete, daß das Bedürfnis geweckt wurde, über den Gottesdienst hinaus zu öffentlichem Musizieren zusammenzukommen. Oskar Söhngen hat in den Lübecker Abendmusiken – die Hamburger Vorgänge sind durchaus als Parallelerscheinung zu Lübeck zu verstehen – ein Symptom der Auflösung hinsichtlich der liturgischen Bindung und gottesdienstlichen Einordnung der Musik gesehen. Das ist zweifellos richtig. Nur fragt es sich, ob in der hier wie dort zum Ausdruck kommenden Anteilnahme der Kirche bzw. ihrer Musiker an einer unaufhaltsamen geschichtlichen Entwicklung nicht auch ein Positivum liegt. Dieses liegt doch wohl in dem Zugewandtsein gegenüber der Zeit und Umwelt, zumal wenn eine neue Errungenschaft wie die Kompositionsform des Geistlichen Konzerts mit gottesdienstlichem Geist in einem weiteren Sinne durchdrungen ist. Man braucht nur oberflächlich die Fülle der Werke von Tunder und Buxtehude, von Bernhard und Weckmann sowie von ihren zahlreichen komponierenden Zeitgenossen, nicht zuletzt die der Italiener des 17. Jahrhunderts zu studieren, um zu einem solchen Urteil zu gelangen. Vor allem in den deutschen Hansestädten, den damals fortschrittlichsten Gemeinwesen, geschah in jener Zeit eine einzigartige Begegnung und gegenseitige Durchdringung vom Geist des Luthertums und moderner Musikentwicklung. War es ein Schade gewesen, daß dies sich teilweise außerhalb der „regulierten" Gottesdienste ereignete?

Niemand wird freilich bestreiten können, daß ein derartiger geschichtlicher Vorgang Gefahr in sich birgt. Eine solche ergibt sich dann, wenn durch außergottesdienstliche Begegnung von Kirche und allgemeiner Musikentwicklung Kompositionsformen entwickelt werden, die für den üblichen Gemeindegottesdienst untauglich sind und daher nur im Kirchenkonzert wiedergegeben werden können. Sie wird zum ersten Mal im Zeitalter Bachs durch das Aufkommen von Oratoriendichtungen als literarischer Gattung spürbar. Während von der Wende vom 17. zum 18. Jahrhundert und darüber hinaus die Kantate auch in Form vollständiger Poetisierung liturgiegebunden bleibt, zeigt sich beim Oratorium die Tendenz zur kirchenmusikalischen Sonderveranstaltung; freilich nicht beim Oratorium in jeder Gestalt, wie bei den Passionen deutlich wird. Während die oratorische Passion mit der Beibehaltung des originalen Bibeltextes ihren liturgischen Platz vornehmlich in der Vesper behielt, wurde das vollständig poetisierte Passionsoratorium, soweit erkennbar, von Anbeginn an in der Regel als Kirchenkonzert aufgeführt. Auch hier stand Hamburg an der Spitze, jetzt jedoch neben Frankfurt.

Diese Entwicklung wurde durch Christian Friedrich Hunolds Dichtung „Der blutige und sterbende Jesus", die Reinhard Keiser 1704 vertonte, eingeleitet. Zu größerer Bedeutung freilich gelangte danach das 1712 entstandene Libretto „Der für die Sünde der Welt gemarterte und sterbende Jesus" von Berthold Heinrich Brockes, das von zahlreichen Komponisten des 18. Jahrhunderts, darunter Keiser, Händel und Telemann, vertont wurde, während Bach bezeichnenderweise in seiner Johannes-Passion nur ein paar Arientexte daraus entlehnte, im übrigen aber die Form der liturgisch strengeren oratorischen Passion wahrte. Aus dem Jahre 1716 datiert aus Frankfurt folgender Bericht:

„(Am) 2. April Herrn Brockes Passions-Oratorium in der lutherischen Hauptkirche ... zu Lieb des Armenhauses, welches den Text gedruckt und verkauft hat, das Exemplar zu 30 Kreutzer. Die Kirchentüren waren mit Wachen besetzt, die keinen hineinließen, der nicht mit einem gedruckten Exemplar der Passion erschien."[7]

Hier handelte es sich um die Telemannsche Vertonung der Brockes-Passion, deren Aufführung in jenem Jahre als erstes öffentliches Konzert in Frankfurt gilt. Es waren also fester Eintritt und der Charakter einer Wohltätigkeitsveranstaltung damit verbunden. Diese Entwicklung vollzog sich demnach innerhalb der Kirche, und zwar offensichtlich ohne nennenswerte Widerstände. Daß Bachs großer Zeitgenosse, der weltmännisch fortschrittliche, selbstverständlich aber konventionell kirchliche G. Ph. Telemann, an ihr wesentlichen Anteil hatte, erscheint charakteristisch. Noch deutlicher tritt dies in dessen Hamburger Wirksamkeit seit 1721 in Erscheinung. Die Aufführung von Passionen gab es dort bereits vor seinem Dienstantritt, spätestens seit 1719, außerhalb des gottesdienstlichen Raums, wobei gewiß das Vorbild Weckmanns nachwirkte. Nun aber diente dazu nicht nur der Remter des Doms, sondern vor allem auch das „Drillhaus", der Exerziersaal der Bürgergarde (eigentliche Konzertsäle gab es selbstverständlich damals noch nicht). Wie grundsätzlich Telemann sich dem Kirchenkonzert zuwandte, zeigen seine „Davidischen Oratorien", die er eigens dafür komponierte. Hamburg aber übernahm mit dieser Entwicklung nunmehr die Führung in Deutschland[8].

Wie aber stand es damit um diese Zeit in anderen Ländern, vor allem im katholischen Süden, z.B. in Italien, dem Ursprungsland von Oper und Oratorium sowie des Konzerts als Kompositionsgattung? Allgemein läßt sich sagen, daß sich dort die barocke Prachtentfaltung stärker als anderswo innerhalb des gottesdienstlichen Lebens vollzog, wofür die Form der Missa concertata kennzeichnend ist. Doch daneben waren bereits seit dem 17. Jahrhundert Oratorienaufführungen u. a. in adligen und fürstlichen Palästen üb-

[7] Zitiert nach G. Pinthus, a.a.O. S. 63.

[8] Vgl. Eberhard Preußner, Die bürgerliche Musikkultur. Ein Beitrag zur deutschen Musikgeschichte des 18. Jahrhunderts, 2. Aufl. Kassel 1950, und Richard Petzold, Georg Philipp Telemann. Leben und Werk, Leipzig 1967.

lich; d.h. das, was sich z.B. auch in Deutschland, etwa am Dresdner Hof zu Heinrich Schützens Zeit, als geistliche Kammermusik darbot, fand hier vor allem durch das Oratorium eine größere Ausweitung in das mehr oder weniger öffentliche Konzert.

Ein folgenschweres Ereignis war im Jahre 1725 in Paris die Einrichtung der „Concerts spirituels“. Diese fanden an jenen Tagen statt, an denen von kirchlicher Seite her keine Opernaufführungen erlaubt waren; dies betraf vor allem die Karwoche, aber z.B. auch Fronleichnam. An die Stelle des eventuellen Verzichts trat also der Ersatz; man entschädigte sich durch das Concert spirituel. Daß es sich hierbei u.U. um eine kaum zu verhehlende Umgehung der kirchlichen Bestimmung handelte und wahrscheinlich in der Folgezeit weithin gehandelt hat, zeigt folgender Bericht von 1772, also aus etwas späterer Zeit, der sich in dem „Tagebuch einer musikalischen Reise“ des Engländers Charles Burney findet:

„Um fünf Uhr gieng ich zu dem Concert spirituel, welches die einzige an diesen hohen Festen erlaubte öffentliche Belustigung ist. Dies Concert wird in dem grossen Saale des Louvre gehalten, und die Vocalmusik darin besteht aus einzelnen Stücken lateinischer Kirchenmusiken. Ich will die verschiedenen Stücke nennen, welche aufgeführt wurden, und offenherzig sagen, was für Wirkung sie so wohl auf mich, als das übrige Auditorium hatten, so weit nehmlich ein Zuschauer dieß entdecken konnte. Das erste Stück war eine Motette von de la Lande Dominus regnauit, welche vornehmlich aus Chören bestund, die mit mehr Kraft als Gefühl gesungen wurden. Die ganze Musik war in dem Style der alten französischen Oper, und, das zweyte Chor ausgenommen, welches eine ziemlich neue und angenehme Wendung hatte und feurig gesetzt war, für mich ganz unausstehlig. Die Zuhörer aber gaben dem Stücke ihren ganzen Beyfall, empfanden seine Schönheiten und bewunderten es so sehr als sich selbst, weil sie in einem Lande gebohren waren, das solche Meisterstücke der Setzkunst und so ausgesuchte Spieler hervorzubringen vermochte. Hierauf folgte ein Hoboenconcert von Bezozzi, einem Neffen der berühmten Hoboen- und Bassonspieler dieses Nahmens in Turin. Zur Ehre der Franzosen kann ich nicht umhin zu bemerken, daß dieß Concert grossen Beyfall erhielt... Nach diesem vollkommenen Stücke von Bezozzi schrie Mademoiselle Delcambre ein Exaudi Deus mit aller Kraft der Lunge, deren sie habhaft werden konnte, und erhielt so viel Lob, als wenn Bezozzi nichts gethan hätte. Hiernächst spielte Signor Traversa, erster Violinist des Herzogs von Carignan, ein recht gutes Concert auf der Geige; er trug manche Stellen mit Zärtlichkeit, gutem Tone und das Schwere mit leichter Ausführung vor; aber alles das ward nicht so bewundert, als das vorhergehende Exaudi. Ja ich konnte sogar in den Gesichtern der Anwesenden und der Art wie sie zuhörten, erkennen, wie wenig sie es gefühlt hatten. Madam Philidor sang hierauf eine Motette von ihres Mannes Composition, der tief aus Welschlands Quellen trinkt; allein ungeachtet dieß mehr als alle vorige Singstücke, gutem Gesange und guter Musik ähnlich war, so erhielt es doch nicht den feurigen Beyfall, der keinen Zweifel übrig läßt, daß es ans Herz gedrungen sey. Das ganze Concert endigte sich mit Beatus Vir einer Motette die aus vielstimmigen Chören, mit Solos und Duetten untermischt, bestund. Der erste Alt hatte einige Zeilen Solo zu singen, welche er mit solcher Gewalt heraus schrie, als wenn er unter dem Messer an der Kehle, um Hülfe riefe. Allein so betäubt ich auch davon ward, so sah ich doch deutlich an dem Lächeln der unaussprechlichen Zufriedenheit, das sich in neun und neunzig von hundert Gesichtern in der Gesellschaft zeigte, und hörte, in den lautesten Tönen des Beyfalls, welchen ein entzücktes Auditorium geben kann, daß dieß gerade das war, was ihr Herz empfand und ihre Seele liebte. C'est superbe! hallte durch das ganze Haus von einem zum andern wieder. Doch mit dem letzten Chore nahm das Concert ein Ende mit Schrecken; es übertraf an Geschrey, alles Lärm, was ich je in meinem Leben gehört hatte. Ich habe manchmal gedacht, daß die Chöre in unsern Oratorien wohl zu laut und stark wären; doch mit diesen verglichen, sind sie eine so sanfte Musik, daß man dadurch die Heldin eines Trauerspiels in den Schlaf singen könnte."[9]

Man sagt wohl nicht zuviel, wenn man dieses Pariser Concert spirituel als Kirchenkonzert im schlechtesten Sinne bezeichnet. Kein bestimmter geistiger Bezug, geschweige denn ein gottesdienstlicher Leitgedanke ist in dem Programm erkennbar. Die l'art pour l'art-Idee in Verbindung mit dem reinen Vergnügen scheint ebenso zu dominieren wie die oberflächliche Verherrlichung oder auch völlige Verdammung von ausübenden Künstlern.

Jedoch unser Blick muß noch einmal auf das Zeitalter Bachs und vor allem auf diesen selbst zurückgelenkt werden. Ist Bach von der Entwicklung zum Kirchenkonzert völlig unberührt geblieben? Daß er sein in Mühlhausen erklärtes Berufsziel, eine „regulierte Kirchenmusik zu Gottes Ehren" aufzurichten, sein Leben lang durchgehalten hat, kann aufgrund immer wieder erneuter Beschäftigung mit dieser Frage nicht bezweifelt werden; tatsächlich ist ja auch Bachs Person im Vergleich zu Telemann aufs Ganze gesehen unvergleichlich konservativer gewesen. Dennoch hat auch Bach kirchenmusikalische Sonderveranstaltungen gekannt. Eine kleine Zeitungsnotiz von 1747 berichtet in Verbindung mit seinem Besuch bei Friedrich dem Großen: „Am Montag ließ sich dieser berühmte Mann in der Heilig-Geist-Kirche zu Potsdam auf der Orgel hören, und erwarb sich bey den in Menge vorhandenen Zuhörern allgemeinen Beyfall."[10] Das war doch offenbar ein Orgelkonzert im geläufigen Sinn, und man möchte nur gern noch wissen, wie sich der „allgemeine Beyfall" geäußert hat. Daß dies nicht ein Einzelfall in Bachs Leben gewesen ist, bezeugen die Nummern 193, 294 und 389 in den Bach-Dokumenten II, die uns nach Dresden verweisen. Jedoch ist mit Bachs „Orgelkonzerten" nur ein vordergründiger Tatbestand angesprochen. Vergegenwärtigt man sich den eigentümlichen Befund seiner zyklischen Alterswerke von „Klavierübung III" bis zur „Kunst der Fuge", kann man vielleicht folgendes sagen: Potentiell lag auch z. T. im Werke Bachs das Kirchenkonzert als Rahmen für die Wiedergabe beschlossen, freilich ohne daß damit sein erklärtes Berufsziel auch nur im leisesten in Frage gestellt war. Und schließlich ist auch

[9] Vgl. die Faksimile-Ausgabe von Burneys höchst lehrreichem und manchmal recht amüsantem Tagebuch bei Bärenreiter, hrsg. von Richard Schaal, Kassel 1956, S. 11–14.

[10] Bach-Dokumente II, Kassel 1969, Nr. 554.

an Bachs Wirken mit dem 1701 von Telemann gegründeten „Schottischen Collegium musicum“, das sich, mit Unterbrechungen, von 1729 über ein Jahrzehnt erstreckt hat, zu denken; denn mit dem Musizieren verschiedener Collegia musica in der ersten Hälfte des 18. Jahrhunderts war auch in Leipzig der Beginn eines öffentlichen Konzertlebens außerhalb der Kirche, das zunächst offenbar auf nichtgottesdienstliche Werke beschränkt blieb, verbunden[11].

Das änderte sich jedoch noch gegen Ende von Bachs Leben, allerdings ohne sein Zutun. 1743 wurde von einer – im Unterschied zu den vorwiegend studentischen Collegia musica – eigens gegründeten bürgerlichen Konzertgesellschaft das „Große Konzert“ zur Veranstaltung regelmäßiger Konzerte außerhalb der Kirche ins Leben gerufen. Dabei wurde ganz nach französischem Vorbild das „Concert spirituel“ an bestimmten Feiertagen eingeführt. So führte man am Karfreitag 1749 zum ersten Mal in diesem Rahmen ein Passionsoratorium im Gasthof Drei Schwanen am Brühl auf (es ist nicht überliefert, um welches Werk es sich gehandelt hat); dies aber geschah seitdem Jahr für Jahr. Keineswegs war das ein Konkurrenzunternehmen zu den bis 1770 weiterhin regelmäßig stattfindenden Passionsaufführungen in den Leipziger Hauptkirchen von St. Nicolai und St. Thomä; denn offenbar unterschied man damals bereits im öffentlichen Bewußtsein mit einer gewissen Grundsätzlichkeit hinsichtlich des „sakralen“ Charakters zwischen der gottesdienstlich gebundenen oratorischen Passion und dem unverbindlicheren Passionsoratorium. Nicht zuletzt diese zwei Grade geistlicher Musik haben in der Folgezeit die Geschichte des Kirchen- bzw. geistlichen Konzerts vorangetrieben. Dabei spielte auch ein gewisser Bildungsdrang eine Rolle. So lag den Leipzigern des mittleren 18. Jahrhunderts z.B. daran, die italienisch textierten Oratorien des berühmten Dresdner Hofkapellmeisters Johann Adolf Hasse kennenzulernen, wie es den Bürgern ihrer Nachbarschaft vergönnt war. Wie anders aber sollte dies möglich sein als im Rahmen von Concerts spirituels[12]?

Ein Seitenblick auf England läßt erkennen, daß sich dort eine Parallelentwicklung vollzog. Händels Oratorien, die größtenteils in den Jahren entstanden, in denen Bach seine Spätwerke schuf, sind selbstverständlich ausnahmslos keine gottesdienstlich-liturgische Musik. Ja, man kann sogar, abgesehen vom „Messias“, fragen, wieweit es sich trotz des biblischen Stoffs dabei um Kirchenmusik (wenigstens, was wir hier heute darunter verstehen), sondern um politische Werke handelt. So meint doch Händels „Judas Maccabäus“ z.B. nicht ein Stück biblischer Heilsgeschichte, sondern das auserwählte

[11] Vgl. Werner Neumann, Das „Bachische Collegium musicum“, Bach-Jahrbuch 47. Jg., 1960, S. 5ff.

[12] Vgl. Arnold Schering, J. S. Bach und das Musikleben Leipzigs im 18. Jahrhundert, Leipzig 1941.

Volk der Briten und den englischen Imperialismus. Selbstverständlich wurden auch Händels Oratorien von Anbeginn an in Konzerten und zudem häufig nicht in der Kirche aufgeführt. Seine Orgelkonzerte schuf der Komponist bekanntlich als Einlagen für diese Veranstaltungen.

In Deutschland brachte die zweite Hälfte des 18. Jahrhunderts den Durchbruch des Kirchen- bzw. des geistlichen Konzerts und seine Vorherrschaft gegenüber der liturgisch gebundenen gottesdienstlichen Musik. Die sehr tief liegenden Ursachen dafür, die hier nicht eingehend behandelt werden können, lagen in gleicher Weise im inneren Zustand der Kirche wie in der allgemeinen Musikentwicklung. Nach 1750 begann ein ziemlich rapider „Verfall der alten gottesdienstlichen Formen“ [13]. Von etwa 1760 an erschienen die rationalistischen Gesangbücher, in denen das überkommene Liedgut bis zur Unkenntlichkeit verändert war[14]; in die gleiche Zeit fiel das Ende des lutherischen Kantoreiwesens, das die Voraussetzung für eine regulierte Kirchenmusik gebildet hatte; die sonntägliche „Hauptmusik“ mit der Kantate und die regelmäßigen Aufführungen von Passionen hörten zwischen 1750 und 1780 in den meisten Orten, in denen beides bis dahin fest verwurzelt war, auf. Die Kirchenmusik ging zwar nicht unter, aber sie erlebte nunmehr eine Totalverlagerung vom Gottesdienst in die jetzt mehr und mehr aufkommenden Oratorienvereine und damit in das Kirchenkonzert, wenn nicht gar in die Konzertsäle. In Leipzig gingen aus dem erwähnten „Großen Concert“ die Gewandhauskonzerte hervor; in Berlin wurde 1791 die Berliner Singakademie gegründet, zwei bezeichnende Ereignisse, die anstelle zahlreicher entsprechender genannt seien. Hinter diesen Vorgängen, die nur in groben Strichen angedeutet werden können, stand ein tiefgreifender Wandel des gesamten geistigen Lebens, den das Zeitalter der Aufklärung herbeiführte. Ihm entsprach in der Kirchengeschichte der Rationalismus, der Glaube und Vernunft in Übereinstimmung zu bringen trachtete und seine starke Bezogenheit auf den Verstand mit Gefühlsüberschwang im unausgeglichenen anderen Extrem kompensierte. Die Epoche von Aufklärung und Rationalismus ging bekanntlich (und nicht zufällig) mit der der Empfindsamkeit und Sentimentalität Hand in Hand.

Das aber ist nun die zu stellende Frage: Haben die Nachfolgeorganisationen der lutherischen Kantoreien, die Oratorienvereine, deren Erbe recht verwaltet? Haben sie der Kirchenmusik zu einer neuen Blüte verholfen? Der gottesdienstlichen Musik auf keinen Fall! Und der Kirchenmusik allgemein im Kirchen- bzw. geistlichen Konzert? Diese Frage wird man so oder so be-

---

[13] Vgl. das bekannte, eine Fülle von Material bietende Werk von Paul Graff, Geschichte der Auflösung der alten gottesdienstlichen Formen in der evangelischen Kirche II (Die Zeit der Aufklärung und des Rationalismus), Göttingen 1939.

[14] Vgl. Paul Sturm, Das evangelische Gesangbuch der Aufklärung. Ein Beitrag zur deutschen Geistesgeschichte des 17. und 18. Jahrhunderts, Barmen 1923.

antworten, je nachdem, wie man den tiefgreifenden Wandel, der sich damals im gesamten Geistesleben, nicht zuletzt in der Theologie vollzog, beurteilt. Diejenige Kompositionsgattung, die in der Folgezeit die Kirchenmusik nahezu allein beherrschte, war jedenfalls das Oratorium mit zwar biblischer Anlehnung, aber im Sinne des neuen Denkens jener Zeit mit frei gedichtetem Text. Prototyp war Karl Wilhelm Ramlers „Der Tod Jesu", dessen Vertonung durch den Berliner Hofkapellmeister Karl Heinrich Graun 1755 uraufgeführt wurde und danach einen einzigartigen Siegeszug erlebte; bis in die zweite Hälfte des 19. Jahrhunderts ist das Werk weit öfter als irgendein vergleichbares (Bachs Matthäus-Passion eingeschlossen) aufgeführt worden, in Berlin das letzte Mal 1884; erst danach wurde es, über ein halbes Jahrhundert nach der ersten Wiederaufführung der Matthäus-Passion, von dieser endgültig abgelöst. Worin lag die außergewöhnliche Wirkung von Grauns „Der Tod Jesu"? Zweifellos in der Verabsolutierung des Sentimentalen und in der Darstellung des leidenden Jesus als Tugendheld[15].

In dieser Epoche der Verlagerung der Kirchenmusik aus dem Gottesdienst in das Konzert erhielt das Oratorium, das von diesem Wandlungsprozeß damals allein profitiert hat, eine Bedeutung und ein Ausmaß wie nie zuvor und danach. Davon vermittelt Martin Gecks Zusammenstellung der zwischen 1800 und 1840 entstandenen Werke sowie ihrer Aufführungen ein überraschendes Bild[16]. Viele der darin vorkommenden Komponisten sind kaum noch dem Namen nach bekannt. Aus der früheren Zeit fanden aber jetzt erst die Händelschen Oratorien ihre weite Verbreitung. Dazu kamen um die Jahrhundertwende die „Schöpfung" und die „Jahreszeiten" von Joseph Haydn, wie Händels Oratorien künstlerisch haushoch dem allermeisten überlegen, was damals an derlei Werken entstand. Und doch wird gerade auch am Text von Haydns Oratorien deutlich, wie weit sich die Kirchenmusik jetzt von der christlichen Substanz der früheren Kirchenmusik entfernt hat[17]. Dazu paßt, daß im Jahre 1808 im Festsaal des alten Wiener Universitätsgebäudes zu Ehren des Komponisten eine glanzvolle Aufführung der

---

[15] Vgl. das erst vor kurzem erschienene Buch von Ingeborg König, Studien zum Libretto des „Tod Jesu" von Karl Wilhelm Ramler und Karl Heinrich Graun, München 1972, in dem nicht nur über die zahllosen Aufführungen des Werkes berichtet, sondern vor allem der Text literarkritisch und theologisch eingehend behandelt wird. Auf die strittige Frage, ob Grauns Werk überhaupt als Oratorium zu bezeichnen ist, kann hier nicht eingegangen werden; es ist auf alle Fälle der Gattung des Oratoriums nahe verwandt. Was sich diejenigen denken, die dieses Werk heute wieder zu beleben suchen (auch eine Schallplattenaufnahme gibt es davon), ist mir nicht recht erklärlich.

[16] Vgl. Martin Geck, Deutsche Oratorien 1800–1840. Verzeichnis der Quellen und Aufführungen, Wilhelmshaven 1971. Vgl. ferner Georg Feder, Verfall und Restauration, in: Friedrich Blume, Geschichte der evangelischen Kirchenmusik, Kassel 1965, S. 217ff.

[17] Vgl. Martin Stern, Haydns „Schöpfung". Geist und Herkunft des van Swietenschen Librettos. Ein Beitrag zum Thema „Säkularisation" im Zeitalter der Aufklärung, Haydn-Studien (Veröffentlichungen des J.-Haydn-Instituts, Köln, hrsg. von Georg Feder) Bd. I, 1966, H. 3.

„Schöpfung" gegeben wurde; man huldigte mit dem Werk nicht nur dem Creator spiritus, sondern zugleich, wenn nicht sogar in erster Linie, dem menschlichen Genius; das läßt ein Aquarell, das Balthasar Wigand von dieser Veranstaltung schuf, unmißverständlich erkennen[18].

Wie auch immer man die Entwicklung der Kirchenmusik in der Epoche der Aufklärung beurteilen mag – daß sie für die gottesdienstliche Musik eine Zeit des Verfalls war, ist objektiver historischer Tatbestand –, so ist doch die außergottesdienstliche, konzertante kirchenmusikalische Veranstaltung jetzt aus dem öffentlichen Musikleben nicht mehr wegzudenken. Das muß man sehen, wenn man die in den ersten Jahrzehnten des 19. Jahrhunderts einsetzende Restauration im Geiste der Romantik in unserem Zusammenhang richtig beurteilen will. Hätte diese nicht alle Chancen gehabt, der Kirchenmusik in Anerkennung einer nicht mehr rückgängig zu machenden Entwicklung auf breiter Basis in Gottesdienst und Kirchenkonzert zu neuem Leben zu verhelfen? Daß sie diese Aufgabe nicht erkannt hat, kann man als Tragik bezeichnen. Ihr Historismus, der sie blind gemacht hat, setzte alles auf eine Karte, nämlich auf den A-capella-Satz, vor allem den Choralsatz, aber auch die Motette, beides vornehmlich aus dem Bereich der altprotestantischen Kirchenmusik um 1600. Dieses in seiner Einseitigkeit und Ausschließlichkeit unzeitgemäße Ideal manövrierte die ohnehin ein Schattendasein führende gottesdienstliche Musik daher jetzt vollends in das Abseits von der allgemeinen Musikentwicklung. Weil mit dem A-cappella-Ideal eine Festlegung dessen, was allein als „sakrale" Musik gelten könne und was nicht, verbunden war, entstand jener unheilvolle Bruch zwischen geistlichem und weltlichem Stil, dessen Nachwirkungen bis weit in das 20. Jahrhundert, wenn nicht gar bis heute, spürbar geblieben sind. Die Folge war, daß sich die Türen der Kirche für eine wechselseitige Musikentwicklung zutaten, zum Schaden für beide Seiten. Die für ganz Deutschland weithin richtungweisende, unter König Friedrich Wilhelms III. persönlicher Mitwirkung entstandene Agende der Altpreußischen Union hatte den Gottesdienst für die Kirchenmusik durch festliegende vierstimmige Bearbeitungen der liturgischen Stücke geradezu blockiert. Mendelssohn schrieb damals:

„Eine wirkliche Kirchenmusik, d.i. eine solche Musik für den evangelischen Gottesdienst, die während der kirchlichen Feier ihren Platz fände, scheint mir unmöglich, und zwar nicht bloß, weil ich durchaus nicht sehe, an welcher Stelle des Gottesdienstes die Musik eingreifen (d.h. mit innerer Notwendigkeit als Glied und Element des Gottesdienstes eingreifen) sollte, sondern weil ich mir überhaupt diese Stelle nicht denken kann."[19]

[18] Eine Abbildung dieses Aquarells findet sich in jeder illustrierten Haydn-Biographie; besonders hingewiesen sei jedoch auf die ganzseitige farbige Wiedergabe bei H. W. Schwab (vgl. Anm. 1) sowie auch auf dessen erläuternden Text (S. 76f.).

[19] Vgl. Briefe von Felix-Mendelssohn-Bartholdy aus den Jahren 1833–1847, hrsg. von Paul und Carl Mendelssohn-Bartholdy, Leipzig 1865.

An gutem Willen hat es also nicht gefehlt. Und man darf sich, um ein anderes Beispiel zu nennen, auch keine falschen Vorstellungen machen von der inneren Einstellung vieler Mitglieder der Berliner Singakademie zu Bachs Matthäus-Passion bei deren erster Wiederaufführung im Jahre 1829 als Konzert in dem einem antiken Musentempel gleichenden Schinkelbau der Akademie. Mit Bildungsbürgertum hatte diese nur bedingt etwas zu tun; viele Mitwirkende gehörten zur Erweckungsbewegung des frühen 19. Jahrhunderts, ihnen blieb gar keine andere Möglichkeit, als geistliche Werke im Konzertsaal mitzusingen, wenn sie dies überhaupt tun wollten. Bezeichnend für den engen Geist der Restauration war eine Kritik an Louis Spohrs Aufführung der Bachschen Matthäus-Passion in der Kasseler Martinskirche im Jahre 1836; hier heißt es u.a.:

„Unsere Unzufriedenheit wird aber dadurch noch vermehrt, wenn man zu solchen Dramen den Tempel wählt, in der Meinung, geistliche Musik sei auch zugleich Kirchenmusik ... Kirchenmusik ist nur die mit dem Gottesdienst integrierende, ... verflochtene Musik, wie bei den Katholiken die Messe und bei den Protestanten der Choral."[20]

Nun darf man freilich den Vätern der Restauration die Schuld an ihren engen Vorstellungen von wahrer Kirchenmusik nicht allein zuschieben. Allein die Tatsache, daß diese z.B. auch ein so großer Geist wie Friedrich Schleiermacher im wesentlichen geteilt hat[21], sollte zur Vorsicht im Urteil mahnen. Wir Heutigen können uns ja kaum noch eine Vorstellung von dem Zustand der Kirchenmusik um die Wende vom 18. zum 19. Jahrhundert machen. Er kam eben einem wirklichen Verfall gleich. Es sollte zu denken geben, wenn ihn der Dichter, Maler und Komponist E. T. A. Hoffmann – ein Romantiker! – folgendermaßen schildert:

„In der letzten Hälfte des 18. Jahrhunderts brach nun endlich jene Verweichlichung, jene ekle Süßlichkeit in die Kunst ein, die, mit der sogenannten, allen tieferen religiösen Sinn tötenden Aufklärerei gleichen Schritt haltend und immer steigend, zuletzt allen Ernst, alle Würde aus der Kirchenmusik verbannte."

Kann es wundern, wenn E. T. A. Hoffmann von solcher Erfahrung her dann auch zu der bedenkenswerten Meinung gelangt, „daß die für den Kultus bestimmte Musik ohne denselben bedeutungslos bleibt" und er von daher schließlich zum Kirchenkonzert folgendes sagt: „Von den Konzerten in der Kirche, die man gegen einen Eintrittspreis besucht, ja wo es so oft, wie im Theater, verschiedene, geringere und höhere Plätze gibt, Parterre und Galerie, dürfte dann [wenn nämlich, wie er vorher vorgeschlagen hat, die Oratorienchöre zu finanzierten staatlichen Einrichtungen würden] als etwas ganz

---

[20] Vgl. Herfried Homburg, Louis Spohr und die Bach-Renaissance, Bach-Jahrbuch 47. Jg., 1960, S. 63ff., vor allem S. 76f.

[21] Vgl. Christoph Albrecht, Schleiermachers Liturgik, Berlin 1962, besonders S. 40ff.

Unwürdigem, aller christlichen Frömmigkeit Entgegenstrebendem, nichts mehr stattfinden und der heilige Ort nicht mehr zum Tummelplatz der Arroganz und Ostentation entweiht werden."[22]

Trotz des Verständnisses, das der Restauration entgegengebracht werden muß, bleibt freilich ihr bewußtes Abseitsstehen von der geschichtlichen Entwicklung und die Trennung von geistlichem und weltlichem Stil als geschichtliche Schuld bestehen. Sie überließ damit die großen Werke der Kirchenmusik aus alter und neuer Zeit – aus dieser letzteren z.B. die Oratorien von Mendelssohn und das Brahmssche Requiem – den Oratorienvereinen, ohne daß ihre Vertreter – nämlich die Kirche – sich dafür verantwortlich fühlten. Diese Situation änderte sich trotz neuer Bestrebungen seit der letzten Jahrhundertwende bis in die Jahre nach 1945 nur geringfügig. Noch vor vierzig Jahren etwa gab es, abgesehen von wenigen Traditionschören wie die Kruzianer in Dresden und die Leipziger Thomaner sowie von ein paar Domchören, kaum eine kirchliche Kantorei, die zu Oratorienaufführungen in der Lage war. Die aus der Volkschorbewegung des frühen 19. Jahrhunderts hervorgegangenen Kirchenchöre konnten darin ihre Aufgabe verständlicherweise nicht sehen.

Abschließend sei das, was im Hinblick auf die Bedeutung des Kirchenkonzerts in der Gegenwart vom Blickpunkt der Geschichte zu sagen ist, in folgenden Punkten zusammengefaßt:

1. Das Kirchenkonzert ist infolge der gesamtmusikalischen Entwicklung heute unaufgebbar, wenn die Kirche sich nicht außerhalb ihrer Zeit stellen will. Täte sie dies, würde sie erneut der Säkularisierung Vorschub leisten.

2. Es muß als eine geschichtliche Tat der kirchenmusikalischen Erneuerungsbewegung vor vierzig bis fünfzig Jahren angesehen werden, daß sie die Kirchenmusik heimgeholt hat in die Kirche. Und wenn es ihr dabei auch in allererster Linie um den Gottesdienst zu tun war, so hat sie doch von Anbeginn an nicht auf die kirchenmusikalischen Sonderveranstaltungen verzichtet. Allerdings ging es ihr auch hierbei entscheidend darum, die Geistliche Abendmusik (das Wort Konzert wurde, da es belastet war, tunlichst vermieden) in die innere Nähe des Gottesdienstes zu rücken und nicht etwa nur musikalisch sinnvolle, sondern auch verkündigungsgemäße „Programme" aufzustellen.

3. Nicht zuletzt im Blick auf die große kirchenmusikalische Überlieferung wie auch auf das Aufkommen neuer Kirchenmusik richteten die Verantwortlichen der kirchenmusikalischen Erneuerung, soweit sie von ihrer Dienststellung dazu in der Lage waren, nach 1945, sobald dazu die Möglichkeit bestand, ihr Augenmerk auf die Heranbildung eines neuen hauptberuflichen Kantorenstandes. Heute kann die Kirche mit eigenen Kräften ihre Musik in

[22] Beide Zitate aus der 1814 verfaßten Abhandlung „Alte und neue Kirchenmusik"; hier wiedergegeben nach E. T. A. Hoffmanns Betrachtungen über die Musik, Stuttgart 1947, S. 96 und 102.

der ganzen Breite ihrer gegenwärtigen Erscheinungsformen bestreiten, und sie tut es tatsächlich auch.

4. Dabei muß freilich die Kirche um eines gesunden Verhältnisses zu ihrer Umwelt willen heute mehr denn je mit dem Kirchenkonzert leben; denn die moderne Musikentwicklung hat zu einer technischen Komplizierung geführt, die für den Gemeindegottesdienst untauglich ist, an der die Kirche aber dennoch nicht vorübergehen darf, falls sie nicht weltfremd werden will. Hier bietet das Kirchenkonzert die wünschenswerten Möglichkeiten bis hin zu Experimenten.

5. So, wie die Kirche ständig im Dialog mit den geistigen Strömungen ihrer Zeit bleiben muß, soll sie aber auch ihrerseits unaufhörlich an ihrer Umwelt vom Evangelium her einen Dienst erfüllen; denn jeder echte Dialog beruht auf gleichzeitigem Geben und Empfangen.

6. Im Blick auf das Kirchenkonzert heißt das: Weltoffenheit kann nie dessen einzige Aufgabe sein; vielmehr muß sich ihm auch immer aufprägen – und der Teilnehmer muß irgendwie immer erfahren –, daß das Kirchenkonzert an der „Stätte, da Gottes Ehre wohnt" stattfindet. Das ist die Kirche der Welt schuldig.

7. Kirchenmusik im Kirchenkonzert hört nicht ohne weiteres auf, gottesdienstliche Musik zu sein, nur weil ihr etwa die liturgische Bindung fehlt; aber auch umgekehrt wird nicht jedes Kirchenkonzert automatisch zum Gottesdienst, nur weil es etwa mit geistlichem Text zu tun hat. Sowohl menschliches Verhalten wie die Art der musikalischen Wiedergabe können dem im Wege sein. Auch der gottesdienstliche Raum ist nicht letztlich ausschlaggebend; denn in keinem Falle führt bloßer Vollzug zum wahren Gottesdienst, sondern stets nur der Creator spiritus. Dennoch lehrt die geschichtliche Erfahrung, daß es Gefahr und Versuchung mit sich bringt, wenn beim Kirchenkonzert nicht unaufhörlich die innere Nähe zum Gottesdienst, zu Kanzel und Altar, d.h. zu Verkündigung und Anbetung, gesucht wird.

# Krisenzeiten des evangelischen Kirchenliedes

Das evangelische Kirchenlied darf nicht veralten! In diesem, auf einer Arbeitstagung kürzlich formulierten Satz liegt unausgesprochen, daß Krisenzeiten zum Wesen des evangelischen Kirchenliedes gehören; denn es soll ja nach der Absicht seines Schöpfers Martin Luther die Gemeinde unmittelbar, aktiv und existentiell am Gottesdienst beteiligen. Diese Funktion vermag es jedoch nur zu erfüllen, wenn es jeweils die Sprache der Zeit spricht, in der es gesungen wird. Für die Predigt ist dies verständlich, obwohl auch deren Geschichte Krisenzeiten kennt; jedoch betreffen diese mehr ihren Inhalt als ihre Sprache und Form, obwohl beides nicht völlig zu trennen ist. Für die Predigt ist es grundlegend, daß sie jeweils auf einen bestimmten Personenkreis, d.h. auf eine in einer bestimmten Situation, unter konkreten Zeitumständen lebende Gemeinde bezogen ist. Der Predigt haftet daher in der Regel Einmaligkeit an; sie ist – mindestens in der wörtlichen Diktion – unwiederholbar, weil sie der Ausdrucksweise ihrer unmittelbaren Umwelt, in der sie gehalten wird und deren besonderen Fragen und Probleme sie berücksichtigt, verhaftet ist. Das Kirchenlied hingegen ist auf ständige Wiederholbarkeit angelegt; es soll für längere, unbestimmte, um nicht zu sagen, unabsehbare Zeit und in einem unübersehbaren Menschenkreis brauchbar sein. Dem wollen Dichtung und musikalische Einkleidung dienen. „Verdichtete Sprache" konzentriert sich auf Wesentliches, das bis zu einem gewissen Grad überzeitlichen Charakter hat; sie vermeidet das nur für den Augenblick Bedeutungsvolle, auf das die Predigt gar nicht verzichten kann und darf. Wenn sich aber der Dichter (auf den Komponisten kommen wir gesondert zu sprechen) der Kunst bedient, dann schafft er gewiß nicht Werke für die Ewigkeit, aber jedenfalls auch nicht nur für den Augenblick, wobei es bedeutungslos ist, ob ihm dies bewußt ist oder nicht. Kunst hat auf allen ihren Gebieten eine andere, will sagen längere Lebensdauer als das, was in gelockerter Form, wie es auf jede Rede und daher auch auf die Predigt zutrifft, geschieht. Die Predigt wird dadurch nicht formlos, wie es ja überhaupt keine Formlosigkeit, sondern nur gute und schlechte, angemessene und unangemessene, haltbare und unhaltbare Form gibt; denn nichts ist in der sinnenhaften Welt ohne Gestalt. Zwar hat es auch Zeiten gegeben (und es kann sie auch immer wieder geben), in denen sich die Predigt der Kunst genähert hat. Das geschah in jenen Jahrhunderten, in denen die Rhetorik zu den Septem artes liberales gehörte, als es also eine Redekunst gab, nach deren Regeln sich die Predigt richtete. Dennoch ist immer ein Unterschied zwischen Predigt und Dichtung geblieben, der sich auch noch darin zeigt, daß Dichtung, zumal wenn sie gottesdienstliches Gemeindelied sein soll, eine überindividuelle – was keineswegs gleichbedeutend ist mit unpersönliche – Sprache spricht; eben dies bewirkt nicht zuletzt ihre geprägte Form, so daß Überpersönlichkeit, größere Lebensfähigkeit und künstlerische Gestalt sich in ständiger Wechselwirkung gegenseitig bedingen und tragen.

Zum gottesdienstlichen Gemeindelied gehört die Melodie unabtrennbar hinzu. Sie stellt, wenn sie im eigentlichen Wortsinn angemessen ist, für die Dichtung nicht nur die rechte Einkleidung dar (was darunter zu verstehen ist, werden die weiteren Überlegungen zeigen), sondern bietet auch eine brauchbare Form für die gemeinsame Verwendung, d.h. für das rechte Zusammensingen im kleineren oder größeren Menschenkreis. Auch eine sachgemäße Kirchenliedweise ist wie ihr Text, den sie umkleidet, – gewollt oder ungewollt – darauf angelegt, für lange Zeit brauchbar zu sein.

Nun aber ist Langlebigkeit ein relativer Begriff. Auch die Kunst veraltet, und unter den einzelnen Künsten gibt es noch wieder große Unterschiede der Lebensdauer. Alle Künste, die sich an das menschliche Auge wenden – Architektur, Plastik und Malerei –, vor allem die, die ständig vor Augen sind wie Werke der Baukunst, haben eine wesentlich längere Lebensdauer als die Künste, die sich – wie Dichtkunst und Musik – an das menschliche Ohr wenden. Jene ersteren stellen eine ständige Verbindung zwischen Vergangenheit und Gegenwart dar; sie halten Geschichte lebendig und vergegenwärtigen Vergangenheit, d.h. sie machen ohne menschliches Zutun Vergangenheit zur Gegenwart. Werke der Dichtung und der Musik hingegen bedürfen der Aneignung; sie müssen nachvollzogen werden, wenn sie vernehmbar werden sollen. Es ist daher ein fundamentaler Unterschied, ob man sich in einem gotischen Kirchenraum nur aufhält und diesen auf sich wirken läßt oder ob man sich darin auch gleichzeitig hochmittelalterliche Dichtung und Musik anhört. Im ersteren Fall tun wir etwas beinahe Selbstverständliches, im zweiten aber werden wir etwas mehr oder weniger Fremdem, zu dem wir, wenn auch mit Unterschieden, eine Distanz haben, gegenübergestellt. Bei jenem verbindet Vergangenheit und Gegenwart ein Weg, auf dem wir uns ständig hin und her bewegen; hier jedoch befindet sich ein Graben oder gar ein Fluß oder breiter Strom, der u.U. erst mühsam überbrückt werden muß, wenn wir das jenseitige Land erreichen wollen.

Ist mit dieser letzten Feststellung auch das Kirchenlied betroffen? Gleicht dieses einem Land, das wir nur durch einen Brückenschlag erreichen können, in dem wir für gewöhnlich nicht zuhause sind? So läßt sich die Situation des Kirchenliedes gewiß nicht beschreiben. Es ist dieses doch wohl ein Bereich, zu dem eine feststehende und viel begangene Brücke führt, ein Gebiet, in dem wir wie zuhause sind, weil wir ständige Grenzgänger sind, so daß wir die Grenze als solche gar nicht empfinden.

Jedoch, es ist gewiß nicht zu bezweifeln, daß – um zunächst einmal die Gegenwart zu beleuchten – in letzter Zeit diese Brücke nicht mehr in dem Maße begangen wird, wie es noch vor zehn bis zwanzig Jahren der Fall gewesen ist. Dadurch aber rückt jenes Land, das bisher regelmäßig besucht und weithin als ein Stück Heimat empfunden worden ist, in die Ferne. Für viele Menschen wird es allmählich zu einem kaum noch bekannten, wenn nicht gar völlig fremden Lande. Aber man täusche sich nicht: So sehr heute auch Haus und Schule – einst neben den Gottesdiensten die beiden ständigen Geleiter über diese Brücke – im eigenen Bereich bleiben (oder völlig anderen zustreben), so sind es doch immer noch ungezählte Menschen, die zwischen ihrer Zeit und jener „alten", aus der der Hauptteil des Kirchenliedes stammt, hin und her wandeln; man denke nur, abgesehen von den regelmäßigen Gottesdienstbesuchern, an die vielen Tausend Mitglieder von Kirchenchören und Kantoreien, von kirchlichen Kinder- und Jugendchören, aber auch, und wahrhaftig nicht zuletzt, an die (erst recht) ungezählten ständigen Hörer von Bach-Kantaten im Kirchenkonzert, Rundfunk und auf Schallplatten! Vorerst also besteht noch eine viel begangene (wenn auch gewiß reparaturbedürftige) Brücke zu dem Land des Kirchenliedes, das noch immer ein unaufgebbar scheinendes, viel gepflegtes Kulturgut ist. Unvorstellbar für unser gesamtes Geistesleben, daß diese Brücke eines Tages einstürzen könnte!

Steht und fällt das Kirchenlied nach solcher Situationsschilderung mit seiner mehr oder weniger intensiven Pflege? Lassen sich Krisen des Kirchenliedes allein dadurch bannen, daß man wider den Strom der Zeit schwimmt? Abgesehen von der Frage, ob dies überhaupt möglich wäre, würde dabei verkannt, daß jenes Land, zu dem die einst so viel begangene, tagaus-tagein benutzte Brücke wie zu einem Stück Heimatland führte, heute tatsächlich weithin an Anziehungskraft verloren hat. Woran liegt dies? Zweifellos an mancherlei Ursachen, die sich aber wohl sämtlich auf die Schnellebigkeit des technischen Zeitalters mit seinem rapiden Fortschritt und auf die damit verbundene totale Säkularisierung des gesamten Lebens und den tiefen Wandel des allgemeinen Weltbilds und Weltverständnisses sowie schließlich auf das daraus folgende schwache Verhältnis zu Geschichte und Überlieferung zurückführen lassen. Wenn es an sich schon zum Wesen des Kirchenliedes gehört, daß es veralten kann, dann darf es niemanden überraschen, wenn dies in der rastlosen Gegenwart besonders spürbar wird. Dabei tritt die Krise nicht nur an der Form, sondern auch am Inhalt in Erscheinung. An der Form, weil Dichtung und Musik sich weit weg vom Überkommenen entwickelt haben; weder die gereimte Strophenform dort wie die traditionelle Tonalität hier beherrschen noch – so scheint es wenigstens – das Feld! Am Inhalt, weil die „Materien" (wie es in der Gesangbuchsgeschichte heißt) des überkommenen Kirchenliedes weithin nicht die sind, die den heutigen Menschen berühren! Dieses Letztere hat Helmut Thielicke in seinem *Tagebuch einer Ostasienreise: Vom Schiff aus gesehen* (Gütersloh 1961) folgendermaßen gekennzeichnet (und er hat sich dabei zweifellos zum Sprecher vieler Menschen gemacht):

> „Wo erscheinen hier die Themen, durch deren Behandlung die Existenzphilosophie sich zur Sprecherin bestimmter Grundbestimmungen gemacht hat? Wo tritt etwa die Angst zutage, im ‚Man' und in den anonymen Kollektiven zu vergehen, wo ist überhaupt das Thema der Lebensangst (statt der bloßen Schuldangst)? Wo ist das Erlebnis der Natur in unserem Sinne? (Wir werden zu Paul Gerhardts ‚Geh' aus, mein Herz, und suche Freud' immer beglückt und dankerfüllt aufsehen, genauso wie wir Mozart stets verehren werden; aber muß daneben nicht auch unser eigener Ton spürbar sein? Hat sich die Tiefe, aus der wir rufen, nicht vielleicht noch vertieft? Ist der Anmarschweg aus unseren Wüsten und Wonnen nicht vielleicht ein gutes Stück weiter? Und welcher Dichter nimmt uns auf diesen Durststrecken bei der Hand?) Und wo ist in unseren Liedern von der Technik und von der heutigen Arbeitswelt die Rede? Wo ist überhaupt das gebrochene Verhältnis zur Arbeit angesprochen, die uns in vielen

Bereichen der Sinnlosigkeit überantwortet und die aus Berufung und Fluch in nicht wenigen Lebensbereichen zu einer seelenlosen und indifferenten Verrichtung geworden ist?" (S.171).

Es ist es auch insonderheit eine Erfahrung der Gegenwart, daß das Kirchenlied als gereimtes Strophenlied samt seiner musikalischen Umkleidung trotz künstlerischer Gestaltung, die ihr Langlebigkeit gewährleisten sollte, nicht unbegrenzt lebensfähig zu sein scheint. „Alles Ding hat seine Zeit – auch das Kirchenlied"[1]. Eben dadurch ist die Geschichte des Kirchenliedes immer zugleich eine Geschichte seiner Krisen, freilich bisher keiner Krisen, die zum Tode, sondern letzten Endes immer wieder zu seiner Erneuerung geführt haben. Daher liegt es gerade heute in einer vielleicht besonders kritischen Zeit des evangelischen Kirchenliedes nahe, dessen Geschichte im Hinblick auf ihre Krisen zu betrachten (was hier freilich nur durch Auswahl einiger besonders charakteristischer Vorgänge möglich ist) und dabei jeweils nach den Ursachen und den daraus zu ihrer Überwindung gezogenen Konsequenzen zu fragen. Dabei wird darauf zu achten sein, daß die Geschichte des Kirchenliedes zusammenfällt mit der des evangelischen Gesangbuchs und zwar mit dessen Werdegang, Inhalt und Verwendung, und es wird weiter zu bedenken sein, daß das Gesangbuch sowohl eine literarische als auch eine musikalische Geschichte und schließlich eine beides umfassende liturgische Geschichte hat, weil die Geschichte des Kirchenliedes sich wiederum deckt mit der Geschichte des gottesdienstlichen Gemeindegesangs.

Die Zeit der *Reformation* galt der Beschaffung eines Grundstocks von Kirchenliedern, der im lutherischen Bereich vornehmlich aus den Liedern Luthers und darüber hinaus nur noch aus wenigen anderen bestand. Nicht die Gesamtheit der s.Z. veröffentlichten Lieder vermittelt ein Bild von dem, was tatsächlich in den Gottesdiensten gesungen worden ist, sondern allein die damals nach und nach aufgestellten Detempore-Liedreihen tun dies, zu denen lediglich einige feststehende Gesänge zum Ordinarium Missae, zum Predigtbeginn und -schluß, als sub communione-Lieder und zum Ausgang kamen[2]. Bei den französischen und holländischen Reformierten bildete den Grundstock der Liedpsalter; die deutschen Reformierten hatten demgegenüber seit der Entstehung des sog. Lobwasserpsalters (nachgewiesener Erstdruck Leipzig 1573), der Übersetzung der französischen Liedpsalmen ins Deutsche, zweiteilige Gesangbücher mit Liedern deutscher, vielfach lutherischer Herkunft im zweiten Teil. Während im calvinistischen Bereich bereits mit der Fertigstellung des vollständigen Liedpsalters im Jahre 1562 zugleich eine absolut bindende Ordnung über dessen vollständige Verwendung innerhalb eines halben Jahres vorlag – sie wurde mindestens eine Zeitlang in den Ausgaben sämtlicher reformierten Länder übereinstimmend abgedruckt (die darauf bezugnehmenden Markierungen innerhalb der Lieder blieben sogar bis in das 19. Jahrhundert allenthalben unverändert)[3] –, erfolgte in den lutherischen Gebieten die Entwicklung des

[1] F.Buchholz, *Vom Wesen der Gregorianik,* München 1948, S. 41.

[2] Vgl. R. von Liliencron, *Liturgisch-musikalische Geschichte der evangelischen Gottesdienste von 1523 bis 1700,* Schleswig 1893, und W.Reindell, *Das De tempore-Lied des ersten Halbjahrhunderts der reformatorischen Kirche,* Würzburg 1942.

[3] Vgl. meine Darstellung *Die Kirchenmusik in den reformierten Gebieten des europäischen Kontinents* in: F.Blume, *Geschichte der evangelischen Kirchenmusik,* Kassel 1965, S. 356, sowie den Aufsatz *Was heißt eine pausam singen?,* JLH 8 (1963) 170f.

Gemeindegesangs allen andersartigen Vermutungen zum Trotz langsamer und mühevoller. Es war dies offensichtlich die Folge davon, daß hier, da es sich um ein Adiaphoron handelte, weit weniger autoritär verfahren wurde als in dem gesetzeshafter denkenden Calvinismus und daß in diesem von Anbeginn an das Gesangbuch mehr in die Hände der einzelnen Gemeindeglieder kam als in den lutherischen Gebieten, wo dieses in der Regel nur für Pfarrer und Kantor bestimmt war und die Gemeinden stets auswendig sangen. Kein Wunder, daß man hier zunächst alles Augenmerk darauf richten mußte, einen Grundstock von Liedern in den Gemeinden wirklich heimisch werden zu lassen und darauf zu achten, daß nicht neu eindringendes Liedgut eine Erschwerung des Gemeindegesangs zur Folge hatte[4]. Von daher erscheint ein Kursächsisches Synodaldekret aus dem Jahre 1624(!) verständlich, das die im Gottesdienst gebrauchten Lieder auf 32 der Reformation, vorzugsweise Luthers, beschränkt wissen will. In einer solchen Verordnung kündigte sich aber selbstverständlich eine Krise an; das Dekret wäre nicht erlassen worden, wenn keine Gefahr drohte und kein Anlaß bestünde, den gottesdienstlichen Liedbestand konstant zu erhalten und vor Veränderungen abzuschirmen. Neben der Sorge, die Aufnahmefähigkeit der Gemeinden könnte diesen nicht gewachsen sein, spielte freilich das Bestreben der altprotestantischen Orthodoxie, auch das gottesdienstliche Lied wie die Predigt auf das reformatorische Erbe, d.h. auf die Lehre Luthers, zu beschränken und keinen neuen „Materien" zu öffnen, eine wesentliche Rolle.

Dennoch gelang eine derartige Abschirmung nicht und konnte auch nicht gelingen, wenn der evangelische Gottesdienst nicht von allen Zeiterlebnissen und -erfahrungen unberührt bleiben wollte. Dafür aber war gerade jene Epoche mit ihren Pestepidemien und wenig später mit dem Ausbruch des Dreißigjährigen Krieges am allerwenigsten angetan. Alle notvollen Erfahrungen jener Zeit, die die Menschen im Innersten trafen, fanden um die *Wende vom 16. zum 17. Jahrhundert* ihren Niederschlag in einer „neuen Frömmigkeit", die neben einer Anzahl von Erbauungsbüchern, deren bedeutungsvollstes und einflußreichstes Johann Arndts *Sechs Bücher vom wahren Christentum* (1605–1610) waren, vor allem in neuen Kirchenliedern zum Ausdruck kam; die nüchterne orthodoxe Lehre allein vermochte jetzt nicht mehr zu genügen[5]. Hier seien als Dichter lediglich Philipp Nicolai († 1608) mit seinen beiden einzigartigen Liedern „Wie schön leuchtet der Morgenstern" und „Wachet auf, ruft uns die Stimme" aus dem *Freudenspiegel des ewigen Lebens* (1599), Martin Moller († 1606) mit „Nimm von uns, Herr, du treuer Gott" sowie „Ach Gott, wie manches Herzeleid" und Valerius Herberger († 1627) mit „Valet will ich dir geben" genannt Allenthalben zeigt sich in diesen Liedern ein

[4] Unter völlig anderen Umständen hat der Verfasser vor einigen Jahren in einer größeren Stadt der DDR etwas ähnliches erlebt. Nach einem Vortrag über neues geistliches Liedgut der Gegenwart erfuhr er von dem von ihm hochgeschätzten führenden Kirchenmusiker der betreffenden Gegend eine scharfe Erwiderung, daß man unter den gegebenen Verhältnissen erst einmal alles tun müsse, um das Ev. Kirchengesangbuch wirklich vertraut zu machen. Die Beschäftigung mit neuen geistlichen Liedern könne daher in den Gemeinden nur Schaden anrichten.

[5] Es ist in jüngster Zeit vor allem Winfried Zeller gewesen, dem wir diese Sicht der Zusammenhänge um das Aufkommen einer „neuen Frömmigkeit" um 1600 verdanken; vgl. die Einleitung zu der von ihm besorgten Quellensammlung *Der Protestantismus des 17. Jahrhunderts,* Bd. V der Reihe „Klassiker des Protestantismus" (Sammlung Dieterich Bd. 270), Bremen 1962, S. XIIIff; Wiederabdruck in: W. Zeller, *Theologie und Frömmigkeit. Gesammelte Aufsätze,* hg. v. B. Jaspert (MTS 8), Marburg 1971, S. 85ff.

neuer Ton, nämlich ein hohes Maß von im evangelischen Kirchenlied bisher nicht bekannter Innigkeit und Innerlichkeit, ja von subjektivistischer Inbrunst, wobei gleichzeitig Ideengut der mittelalterlichen Mystik wiederauflebte. Kein älterer Text hat damals die Kirchenlieddichtung von M. Moller bis P. Gerhardt so angeregt wie der *Jubilus Sancti Bernhardi de nomine Jesu: Jesu, dulcis memoria*[6]. Da es nicht zuletzt die Not der Zeit war, die sich in den neuen Liedern aussprach, konnte es nicht ausbleiben, daß diese sich rasch verbreiteten. Neben der Buße, die u.a. auch zu einem neuen Typus von Passionsliedern führte, war es vor allem die Providentia Dei, die gütige Vorsehung Gottes, die in der Kirchenlieddichtung jetzt zur Sprache kam. Hier steht Ludwig Helmbold († 1598 an der Pest) mit dem Liede „Von Gott will ich nicht lassen", mit dem ein völlig neues Kapitel der Gesangbuchsgeschichte beginnt, am Anfang. Vergleicht man eine solche Dichtung mit dem Grundstock der reformatorischen Lieder (in der zweiten Hälfte des 16. Jahrhunderts waren kaum neue hinzugekommen), dann begreift man, welch tiefgreifende Neuerung mit dem jetzt entstehenden Liedgut verbunden war; aber man versteht auch, daß dessen Vordringen in Anbetracht der starken religiösen Inbrunst, von der es erfüllt ist, unaufhaltsam gewesen ist.

Indes, solches Vordringen setzt voraus, daß den neuen Dichtungen zugleich auch entsprechende Weisen beigegeben wurden, und tatsächlich stellt die Zeit um 1600 auch einen Neubeginn in der musikalischen Gesangbuchsgeschichte dar. Unter den Melodien der Reformationszeit haben jene das Übergewicht, die direkt oder indirekt an mittelalterliche liturgische Weisen anknüpfen; ihnen ist daher bis zu einem gewissen Grade kirchentonale Verhaltenheit eigen. Davon hebt sich nur eine kleine Gruppe von Weisen im Oktavraum des lydischen f-Modus mit stärkerer musikalischer Entfaltung und spürbarer Hinwendung an die Öffentlichkeit ab. Man denke vor allem an die Melodien von „Ein feste Burg ist unser Gott" und „Vom Himmel hoch da komm ich her", bei denen eine Anknüpfung an den Meistersang erfolgt war. Daß dieser noch wieder von Philipp Nicolai, der auch die Melodien zu seinen beiden Liedern schuf, aufgegriffen und zugleich weitergebildet wurde, erscheint nicht zufällig; an sich schon ausdrucksstarke Meistersangtradition wird jetzt melodisch noch intensiviert und unmittelbarer – bis hin zur Tonmalerei – auf den Text (wenigstens der jeweils ersten Strophe) bezogen. Deutlicher noch als bei Nicolai wird ein musikalischer Neubeginn in der Geschichte des Kirchenliedes um 1600 durch eine Veröffentlichung des Gothaer Kantors Johannes Lindemann (sein Großvater gleichen Namens war ein Bruder von Luthers Mutter) mit folgendem, überaus bezeichnenden Titel: *Amorum Filii Dei Decades duae: Das ist: Zwantzig Liebliche und gantz Anmutige, Lateinische und Deutsche Newe Jharß, oder Weyhnachten Gesenglein … Zum theil unter etliche fröhliche Madrigalia und Balletti …* (erschienen in drei Teilen, Erfurt 1594, 1596, 1598). Hier erfolgte also eine Anlehnung an Formen der italienischen, „weltlichen" Gesellschaftskunst der Spätrenaissance, die damals allgemein das musikalische Schaffen in Deutschland stark beeinflußt hat. Man kann sagen, daß es sich hierbei um einen Einbruch moderner weltlicher Musik, vor allem auch von Tanzliedformen, in den Bereich des Kirchenliedes gehandelt hat, der vergleichbar erscheint mit der Übernahme von Jazzelemen-

[6] Der *Jubilus S. Bernhardi* stammt zwar aus dem hohen Mittelalter, ist jedoch keine Schöpfung Bernhards von Clairvaux.

ten in das geistliche Lied der Gegenwart. Allerdings darf man dabei nicht übersehen, daß gleichzeitig ein Assimilierungsprozeß an den gottesdienstlichen Stil vor allem beim angewandten Zeitmaß, in Wahrheit also eine Begegnung und wechselseitige Durchdringung erfolgte. Schule machender Prototyp war damals Lindemanns Unterlegung des die Providentia Dei besingenden Liedes „In dir ist Freude in allem Leide", das möglicherweise von ihm selbst stammt, unter die italienische Balletto-Weise „L'innamorato: a lieta vita ci invita" von Giovanni Giacomo Gastoldi (1591). Wie groß der Einfluß dieses damals in den deutschen Kirchengesang eingeführten, in einer bestimmten rhythmischen Ordnung stehenden, dreitaktigen Melodietypus auf das Entstehen neuer Weisen bis tief in das 17. Jahrhundert gewesen ist, läßt sich noch heute an zahlreichen, besonders gern gesungenen Weisen des Ev. Kirchengesangbuchs verfolgen; man vergleiche vor allem die Nummern 24, 50, 66, 83, 86, 92, 189, 224, 317, 346 und 380. Namhafte Komponisten wie M. Vulpius, M. Franck, J. Schop, J. Crüger, J. G. Ebeling und sogar H. Schütz haben an der Entstehung solcher Balletto-Weisen Anteil. Joh. Georg Ebeling hat noch 1666/67 bei der von ihm veranstalteten, mit fast durchweg eigenen Weisen versehenen ersten Gesamtausgabe der Lieder Paul Gerhardts diesen Typus verschiedentlich verwandt; ein besonders schönes Beispiel dafür ist seine Vertonung von „Die güldne Sonne voll Freud und Wonne"[7]. Der Melodienreichtum des evangelischen Gesangbuchs wäre um ein wesentliches ärmer, wenn sich dieser Melodietypus damals nicht durchgesetzt hätte. Dabei darf man aber nicht übersehen, daß er seinen Eingang einer Krisenzeit der evangelischen Frömmigkeit, die sich nicht zuletzt in der Gesangbuchsgeschichte niedergeschlagen hat, verdankt.

Krisenzeiten des evangelischen Kirchenliedes konnten freilich zu einer Zeit, in der es noch keine amtlichen Gesangbücher gab, sondern diese Privatunternehmen von Verlegern waren, nicht plötzlich aufkommen, sondern ergaben sich schleichend und wirkten sich daher u. U. auf lange Zeitstrecken aus. Eine weitere solche schleichende Krise löste im 17. Jahrhundert das programmatische *Buch von der deutschen Poeterey* von Martin Opitz (Breslau 1624) aus. Nach dem darin ausgeführten „metrischen, alternierend-akzentuierenden System" konnte die silbenzählende Reimstrophe, wie sie weithin in der Kirchenlieddichtung des 16. Jahrhunderts, nicht zuletzt bei Luther, angewandt worden war, fortan nicht mehr den Regeln der Kunst entsprechend angesehen werden. Modernes Sprachempfinden der damaligen Zeit machte zum ersten Mal seit der Entstehung des Kirchenliedes im Jahrhundert der Reformation einen zeitlichen Abstand und – vom Standpunkt der Poetik aus betrachtet – dessen Veraltetsein bewußt. Wie anders ließ sich dieses Dilemma beheben als durch Gesangbuchrevision? So war die Folge von Opitz' Vorschlägen tatsächlich die Herausgabe einer Anzahl von Reformgesangbüchern. Besondere Bedeutung erlangte unter diesen das von David Denicke und Justus Gesenius herausgegebene *Neue Hannoversche Gesangbuch* von 1646 u. ö., in dem zahlreiche ältere Lieder sprachlich revidiert sind, jedoch in manchen Fällen, vor allem bei Lutherliedern, der Originaltext zusätzlich wiedergegeben ist. Text-„Verbesserungen" hat es freilich schon vordem gegeben; hatte doch einst Luther selbst mehrfach vorreformatorische Lieder „verbessert" herausgebracht, so „Christ lag in Todesbanden" als

[7] Hingewiesen sei auf die Faksimileausgabe von J.G. Ebelings Werk in der Reihe „Deutsche-Barock-Literatur", Zürich 1975.

„Christ ist erstanden gebessert“ und „Jesus Christus, unser Heiland, der von uns den Gotteszorn wandt“ als „S. Joannes Hussenlied gebessert“; jedoch bezog sich dies damals nur auf Einzelfälle aus speziellen Gründen, so auf eine Erweiterung der Vorlage bei „Christ ist erstanden“, oder es geschah aus dogmatischen Gründen wie beim Liede von Huß. Die Opitzsche Reform veranlaßte jedoch eine – wenn auch zunächst nur vorsichtige – Sprachrevision des gesamten aus dem 16. Jahrhundert stammenden Liedguts, um dieses dem Zeitempfinden anzupassen. Damit war nun freilich ein folgenschwerer Weg beschritten, von dem die Gesangbuchsgeschichte seitdem nicht mehr abgekommen ist. Man mag dies bedauern, sollte aber dennoch nicht verkennen, daß dieser Vorgang zum Wesen des Gesangbuchs als aktuelles gottesdienstliches Gebrauchsbuch gehört.

Einen tiefgreifenden Einschnitt in die Gesangbuchsgeschichte brachte der *Pietismus*, und auch er nicht allein durch eine Fülle neuer und neuartiger Lieder, sondern zugleich auch durch einen neuen Bereich von Weisen. Dabei lag es gar nicht in der unmittelbaren Absicht des Pietismus, mit seinem Liedgut in die landeskirchlichen Gottesdienste einzudringen; denn dessen grundlegendes und einflußreichstes Gesangbuch, das seit 1704 bzw. 1714 in Halle in zwei Teilen und in vielen Auflagen erschienene *Geistreiche Gesangbuch* von Johann Anastasius Freylinghausen, dem Schwiegersohn von August Hermann Francke und dessen Nachfolger als Leiter des Hallischen Waisenhauses[8], war ja für die pietistischen Kreise, deren Konventikel, aber freilich auch für die berühmt gewordenen, jeweils von Hunderten von Teilnehmern besuchten Singstunden in den Anstalten von Halle bestimmt. Gerade dadurch drangen die neuen Lieder jedoch schnell in eine weitere Öffentlichkeit, zumal das Pädagogium in Halle von Schülern aus den verschiedensten Gegenden Deutschlands besucht wurde. Die Folge war nicht zuletzt die Ausschöpfung des Freylinghausenschen Gesangbuchs bei der Redaktion zahlreicher anderer Gesangbücher des frühen 18. Jahrhunderts; besonders genannt sei das zuerst 1708 erschienene, von Johann Porst herausgegebene Berliner Gesangbuch, das 1713 „zum weit verbreiteten kirchlichen Gesangbuch der Mark Brandenburg“ wurde[9]. Aber auch das von dem Zeitzer Kantor Georg Christian Schemelli herausgebrachte *Musicalische Gesang-Buch* (Leipzig 1736), bei dem J.S. Bach mitgearbeitet hat, sei erwähnt. Darüber hinaus war es vor allem dem Pietismus zu verdanken, daß das evangelische Gesangbuch nun in die Hände der Gemeindeglieder kam und demzufolge allmählich zu einem christlichen Hausbuch werden konnte. Diese Entwicklung war zwar durch zahlreiche Veröffentlichungen des 17. Jahrhunderts vorbereitet – so war z.B. Johann Crügers *Praxis pietatis melica* (1648 u.ö.) „zu Beforderung des so wol Kirchen- als Privat-Gottesdienstes“ bestimmt –, aber erst durch den Pietismus fanden die Gesangbücher und mit ihnen nun zugleich neue Lieder eine wirkliche Verbreitung in den Gemeinden.

So nachhaltig das Freylinghausensche Gesangbuch die Entwicklung des Kirchengesangs nicht nur im frühen 18. Jahrhundert, sondern auch für die weitere Zukunft bis zur Gegenwart, wie das Ev. Kirchengesangbuch erweist, beeinflußt hat, so hat

[8] Vgl. meinen Artikel *J.A. Freylinghausen,* MGG XVI, Suppl. (1974) 360ff.

[9] Vgl. W. Zeller, *„Die edle und wohlgeordnete Musik der Gläubigen“. Zum 300. Geburtstag Johann Porsts,* MuK 38 (1968) 159ff; Wiederabdruck in: ders., *Theologie und Frömmigkeit,* a.a.O., S. 178ff.

es gerade dadurch zur Zeit seines Erscheinens eine Krise ausgelöst. Diese ergab sich aus mancherlei Gründen, aus der Liedauswahl, indem das Schwergewicht nunmehr völlig auf neues Liedgut zuungunsten der älteren Lieder, vor allem der des 16. Jahrhunderts, verlagert war, ferner aus den vorgenommenen Textveränderungen bei diesen letzteren, soweit sie überhaupt beibehalten waren, weiterhin aus den neuartigen Materien der pietistischen Dichtungen und schließlich aus dem Stil der dafür geschaffenen neuen Weisen. Vor allem die Textgestalt des Freylinghausenschen Gesangbuchs war es gewesen, die das geistliche Konsistorium des Fürstentums Waldeck veranlaßte, im Jahre 1716 über diese ein Gutachten der Wittenberger Theologischen Fakultät einzuholen. Darin aber werden Textänderungen grundsätzlich abgelehnt; es heißt dort über das Freylinghausensche Gesangbuch, „man habe mit den alten Liedern nicht allzeit bona fide umgegangen, sondern einige sowohl ausgelassen, als verstümmelt und geändert". Gleichzeitig vertrat der Wittenberger Generalsuperintendent und Professor Gottlieb Wernsdorff in einer *Disputatio de prudentia in cantionibus ecclesiasticis adhibenda* die Ansicht, daß „dergleichen alte geistreiche und in der Kirche gewöhnliche Gesänge fast wie der Catechismus oder doch als öffentliche Lehrbekenntnisse anzusehen seien, die kein Privatus eigenmächtig und auf seinen Kopf ändern soll"[10]. Der hier gebrauchte Vergleich mit dem Katechismus und mit formulierten Bekenntnissen gibt zu denken, besagt er doch, daß das reformatorische Lied, an das Wernsdorff zweifellos vor allem gedacht hat, Richtung weisende Gültigkeit hat und behalten muß.

Das besonders Interessante an den Ausführungen des Wittenberger Gutachtens ist die Kritik an der häufigen Anwendung des Daktylus in den pietistischen Dichtungen, die als „hüpfende" und „springende" Lieder bezeichnet werden; diese aber seien „mehrenteils mit ungeistlichen und fast üppigen Melodeyen versehen". Dabei scheint es den Gutachtern kein Zufall zu sein, daß sich diese „ganz neue Art" von Weisen „insonderheit unter denen Tituln von der brüderlichen und allgemeinen Liebe..., von der geistlichen Vermählung mit Christo und dergleichen" finde[11]. Offenbar sahen die Kritiker in gewissen pietistischen Frömmigkeitsbestrebungen, vor allem im Konventikelwesen sowie in der Neigung zur Unio mystica einerseits und in der Anwendung eines bestimmten dichterischen Metrums sowie eines eigentümlichen Melodiestils andererseits einen inneren Zusammenhang. Von einem bemerkenswerten Verständnis der verschiedenartigen Wirkungen der Musik zeugt es, wenn es in dem Gutachten heißt: „Denn es ist allerdings in der Music, darin die Lieder gesetzet sind und gesungen werden, etwas wodurch das menschliche Herz so wohl in Freude als Trauren gesetzt und also durch eine gewisse springende und tanzende Art von Melodeyen wohl gar in eine empfindliche Veränderung und Anfang einer Raserey gebracht werden kann". Pietistische Frömmigkeit gerät, so meinte man doch wohl nicht ganz ohne Grund, in die Gefahr des übertriebenen

[10] Zitiert nach E.E.Koch, *Geschichte des Kirchenlieds und Kirchengesangs,* IV. Bd. Stuttgart 1868, S. 304.

[11] Das Gutachten wurde zuerst neu abgedruckt in der *Musikgeschichte der Stadt Halle* II, 1 von W.Seranky, Halle 1939, S. 46f, wonach ich jeweils einige Sätze im *Handbuch zum Evangelischen Kirchengesangbuch II, 2 (Geschichte der Melodien),* Göttingen 1957, S. 109, sowie in *Leiturgia IV (Die Musik des evangelischen Gottesdienstes),* Kassel 1961, S. 595f zitiert habe.

Enthusiasmus, wenn nicht gar der Ekstase. Entsprechende Lieder „lauffen daher auff eine üppige, leichte und fast liederliche Art der weltlichen Gesänge hinaus" und „reimen sich zu der Gravitaet der hohen Geheimnisse, die sie in sich halten sollen, nicht im geringsten" (ebd.).

Man beurteilt diese Gedankengänge sicherlich falsch, wenn man sich an dem angewandten Begriff „weltlich" stößt. Wenn im heutigen theologischen Sprachgebrauch mit Recht das Gegensatzpaar „Geistlich–Weltlich" vermieden wird, dann geschieht es, um dem Mißverständnis, es könne in der empirischen Welt ausgesparte, sakrale Bezirke geben, zu wehren. Man ersetzt dieses Begriffspaar daher am besten durch „Gottesdienstlich–Außergottesdienstlich". Nicht anders als das, was für den Gottesdienst unangemessen ist, ist das Wort „weltlich", wie es im Wittenberger Gutachten von 1716 gebraucht wird, zu verstehen. Angemessen ist demgegenüber das, was der „Gravitaet der hohen Geheimnisse" Rechnung trägt; dabei hat der Begriff „Gravitaet" so gut wie nichts mit romantischer Feierlichkeit zu tun, sondern er meint vielmehr eine Art und Weise, die der Würde der gottesdienstlichen Aufgabe entspricht. Die Fronten im Streit um das pietistische Liedgut zur Zeit seiner Entstehung schienen verkehrt zu sein: Der sich von der „Welt" absondernde Pietismus bediente sich für sein Singen höchst profaner Mittel, um seinen Enthusiasmus zum Ausdruck zu bringen, während die weltoffenere altlutherische Orthodoxie scheinbar einen Gegensatz „Geistlich–Weltlich" im Sinne „Sakral–Profan" konstruierte. Aber gerade mit dieser letzteren Deutung eines illusionistischen Kultverständnisses würde man die Orthodoxie mißverstehen. Bei dem seit dem 16. Jahrhundert in der Musiktheorie allgemein gelehrten „Stylus Ecclesiasticus", der u.a. dem „Stylus luxurians" gegenübergestellt wurde, ging es ausschließlich um die Frage, was der Aufgabe des Gottesdienstes angemessen ist und was nicht. So formulierte Johann Gottfried Walther, der Verwandte und auch Freund Joh. Seb. Bachs in der gemeinsamen Weimarer Zeit zwischen 1708 und 1717, in seinem *Musikalischen Lexikon* von 1732: „Stylus Ecclesiasticus, der Kirchen-Styl, ist voller Majestät, ehrbar und ernsthafft, kräfftig die Andacht einzuflössen, und die Seele zu Gott zu erheben"[12]. Bedarf es eines Nachweises, daß dieses Verständnis eines Kirchenstils weit entfernt ist von bloßer Stimmung? Und selbstverständlich hat auch Bach in seinem Werk, was sich vielfältig belegen läßt, den Unterschied zwischen gottesdienstlichem und außergottesdienstlichem Stil gekannt.

Vom Blickpunkt der gegenwärtigen Krise des evangelischen Kirchenliedes aus scheint bei der des frühen 17. Jahrhunderts alles Recht bei den „fortschrittlichen" Pietisten gelegen zu haben; aber man sollte doch gerade heute die berechtigten Überlegungen der „konservativen" Orthodoxen bedenken. Freilich – und das ist die andere Seite der Sache – haben diese nichts gefruchtet; das pietistische Liedgut hat sich unaufhaltsam durchgesetzt und sich mit der Zeit einen absolut festen Platz in den landeskirchlichen Gesangbüchern errungen. Von den daktylischen Weisen des Freylinghausenschen Gesangbuchs gehören noch heute die der Nummern 6, 198, 234(!), 259 (der spöttisch bezeichnete „Pietistenwalzer") und 265 des Ev. Kirchengesangbuchs zu dem wohl unaufgebbaren Bestand des evangelischen Kirchengesangs; dazu kommt noch die besonders charakteristische (und beliebte) Melodie von „Je-

[12] Vgl. die Faksimile-Ausgabe von Walthers Lexikon, Kassel 1953, S. 584.

sus ist kommen, Grund ewiger Freude" (EKG 53), die sich in den völlig aus dem Hallenser Geist hervorgegangenen sog. Köthenschen Liedern (um 1733) findet[13].

Die schwerste Krise, die der evangelische Kirchengesang mit Ausnahme der Gegenwart bisher erlebt hat, ist durch das *rationalistische Gesangbuch* ausgelöst worden. Darüber liegt eine umfangreiche Literatur vor, so daß hier nur auf ein paar Gesichtspunkte eingegangen werden soll[14]. Wie war es möglich, daß seit etwa 1760 eine so radikale textliche Umgestaltung nahezu sämtlicher im Gebrauch befindlicher Gesangbücher, deren Zahl in die Hunderte ging, erfolgte, daß der Zusammenhang mit der Überlieferung fast völlig abriß? Hier sind in gleichem Maße literarisch ästhetische sowie rationalistisch dogmatische Kriterien entscheidend gewesen. Sie alle treffen zusammen in einem optimistischen Fortschrittsglauben, der in der bisherigen Geschichte nur Entwicklungsstufen zur gegenwärtigen, bisher nicht erreichten Höhe sah. Überlieferung hatte darum nur relative Bedeutung, keineswegs eine, die zur Konfrontierung herausfordert, bei der sich Gegenwart vor dem Erbe der Väter zu bewähren hat. Bezeichnend ist die Periodisierung der Geschichte des Kirchenliedes, wie sie damals vorgenommen wurde, so z.B. von August Jakob Rambach, der in seiner Schrift *Über Martin Luthers Verdienst um den Kirchengesang...* (Hamburg 1813)[15] mit Gellert den Anbruch einer Wiedergeburt des Kirchenliedes gekommen sieht[16]. Damit brachte er eine zu seiner Zeit allgemeine Ansicht zum Ausdruck. Wie stark sie ausgeprägt sein konnte, läßt sich z.B. an der Gesangbuchsgeschichte des Herzogtums Sachsen-Gotha, dessen geistige Führer zu den Bahnbrechern des rationalistisch gesinnten Bürgertums des frühen 19. Jahrhunderts gehörten, besonders gut verfolgen. In dem „Vorbericht" des *Neuen Gothaischen Gesangbuchs für die öffentliche Gottesverehrung und für die häusliche Andacht* von 1825 schreibt der damalige Generalsuperintendent, der nicht zuletzt durch seine Mitarbeit am Corpus Reformatorum bekannte Karl Gottlieb Bretschneider, u.a. folgendes: „Das im Jahre 1778 herausgegebene ‚verbesserte Gothaische Gesangbuch' war zu einer Zeit gemacht worden, wo die bessere Dichtkunst unter den Deutschen nur eben begonnen hatte. Es mußte daher im Laufe der Zeit als mangelhaft erscheinen, und aller der trefflichen Lieder entbehren, mit denen seit 1778 der Kirchengesang bereichert worden ist... Die Lieder des alten Gesangbuchs, welche einigen Werth zu haben scheinen, sind in das neue aufgenommen, und wie weit es nöthig schien, verbessert worden. Bei den alten geistreichen Liedern, deren Erbaulichkeit die Erfahrung hinlänglich bewährt hat, wurde der Grundsatz festgehalten, sie, so weit es thunlich war, in ihrer ursprünglichen Gestalt und Eigenthümlichkeit zu geben, und nur das, was der Würde des Kirchengesangs und dem gereinigten

[13] Mit der speziellen Behandlung der dreitaktigen, daktylischen Lieder des Pietismus ist freilich nur ein Teilbereich, wenn auch der charakteristischste von dessen Liedgut herausgegriffen. Es würde jedoch den Rahmen dieses Beitrags überschreiten, wenn wir auch noch auf den der Isometrik, der für den nachfolgenden Rationalismus besondere Bedeutung gewinnen sollte, eingehen würden.

[14] Es sei lediglich auf die grundlegende Arbeit von P. Sturm, *Das evangelische Gesangbuch der Aufklärung. Ein Beitrag zur deutschen Geistesgeschichte des 17. und 18. Jahrhunderts*, Barmen 1923, hingewiesen.

[15] Neudruck, mit einem Vorwort von K. Ameln, Hildesheim 1972.

[16] Vgl. hierzu und zum Folgenden meinen Aufsatz *Entstehung, Wesen und Ausprägung der Restauration im 19. Jahrhundert*, in: *Traditionen und Reformen in der Kirchenmusik. Festschrift für Konrad Ameln zum 75. Geburtstag*, Kassel 1974, S. 25ff.

Geschmack unangemessen war, mit schonender Hand zu verbessern". Was es mit der „schonenden Hand" auf sich hatte, mögen jeweils die erste und letzte Strophe von Luthers „Gelobet seist du, Jesu Christ" nach den Gothaer Fassungen von 1778 und 1825 beispielhaft zeigen. Im ersteren Falle lautet sie:

„Gelobet seyst du, Jesus Christ,
daß du mensch gebohren bist!
du liebst uns herzlich, das ist wahr!
deß freuet sich der engel schaar.
Halleluja!
So herrlich hat uns Gott geliebt,
daß er seinen Sohn uns giebt;
deß freue dich, o Christenheit,
und danks ihm in der Ewigkeit.
Halleluja!"

Daraus wird 1825:

„Gelobet seist du, Jesu Christ,
daß du uns geboren bist!
Geweiht sei dieser Festtag dir!
Zu deinem Preise singen wir:
Halleluja!
Gelobet seist du, Jesu Christ,
daß du uns geboren bist!
Daß freue sich die Christenheit
und danke dir in Ewigkeit;
Halleluja!"

Ist bei der früheren „Verbesserung" in dem ja auch bereits rationalistischen Gesangbuch von 1778 das Bestreben, an Luthers Text wenigstens noch dran zu bleiben, erkennbar, so ist von dem ursprünglichen Lied des Reformators 1825 schlechterdings nichts mehr übrig geblieben; keine der fundamentalen hymnischen Aussagen von einst enthält die „Verbesserung" jetzt noch. Das Merkwürdigste ist an diesem Verfahren, daß trotzdem noch „Luther" als Verfasser darunter steht. Die Tatsache, daß außer der ersten Zeile des Liedes lediglich dessen Strophenbau übernommen ist, so daß es weiterhin nach der originalen Weise gesungen werden konnte, erklärt diese – nach unseren Vorstellungen von der gebotenen Achtung vor einem Urtext – Unzulässigkeit nicht hinreichend; diese wird erst voll verständlich aus dem geschichtlichen Selbst- und Sendungsbewußtsein jener Epoche der Aufklärung und des Rationalismus, deren Fortschrittsdenken in den Leistungen der eigenen Zeit den Gipfel einer historischen Entwicklung sah und daher sich zu dichterischer Neugestaltung des alten Liedguts berechtigt fühlte.

Indes, nicht nur die völlige Entstellung des überkommenen Kirchenliedes beschwor vom späten 18. Jahrhundert an eine tiefgreifende Krise herauf; auch die Art und Weise, wie man dieses jetzt sang, tat dies. Der nüchterne Glaube des Rationalismus schuf sich ein Äquivalent in einem überaus gefühlvollen, schleppenden Gesang. Das Zeitalter der Aufklärung war (nicht zufällig) zugleich das der Empfindsamkeit und Sentimentalität. Damals wurde in der „Anleitung" des Württembergischen Choralbuchs von Christmann und Knecht (1799) der allgemein anerkannte Satz geprägt: „Der Choral ist der einfachste [gemeint ist in lauter gleichen Notenwerten ablaufende] und langsamste Gesang, der nur gedacht werden kann".

Nach dieser Auffassung richtete sich seit dem späten 18. Jahrhundert der Gemeindegesang allenthalben und ausnahmslos. Nichts war übrig geblieben sowohl von den älteren dreitaktigen Balletto-Weisen als auch von den neueren daktylischen des Pietismus; sämtliche Kirchenliedweisen wurden damals in ein so schweres Gleichmaß von einzelnen Tönen einplaniert, daß nach jeder Melodiezeile ein Zwischenspiel erfolgte. Diese mit dem rationalistischen Gesangbuch Hand in Hand gehende musikalische Entwicklung des Gemeindegesangs war deshalb von so folgenschwerer Bedeutung, weil dieser dadurch von allem natürlichen Singen außerhalb des Gottesdienstes abgesondert und jener unheilvolle Bruch zwischen „geistlicher" und „weltlicher" Musik herbeigeführt wurde, der die Geschichte der Kirchenmusik für so lange Zeit belastet hat. Ja, er hat sogar zu einer Spaltung des kirchlichen Singens selbst geführt, indem das in besonderen Versammlungen im häuslichen Kreise gesungene Lied der Erweckungsbewegung des frühen 19. Jahrhunderts sich an das damalige deutsche Volkslied und nicht an den „Choral" anlehnte; fortan gab es daher eine „Zweigleisigkeit"[17] des kirchlichen Singens, die bis heute nicht völlig überwunden ist.

Die tiefe Krise des evangelischen Kirchenliedes, die der Rationalismus hervorgerufen hat, ist freilich schon frühzeitig als solche erkannt worden und zwar in dem Augenblick, da ein neuer Sinn für Geschichte und Überlieferung erwachte; dies erfolgte nach den Freiheitskriegen 1813–1814 in der Epoche der *Restauration.* Den Vätern dieser geistigen Bewegung, die aus dem Geiste der Romantik mit ihrem Sinn und ihrer Vorliebe für das Altehrwürdige hervorgegangen war, konnte das rationalistische Gesangbuch nur als eine „Verwüstung" des evangelischen Kirchenliedes, das es nun in seiner ursprünglichen Form wiederherzustellen galt, erscheinen. Auch über diese Vorgänge ist viel geschrieben worden, so daß hier gleichfalls nur ein paar Gesichtspunkte hervorgehoben zu werden brauchen[18]. Zu fragen ist: Wie ist die Restauration der Krise des Kirchengesangs, die der Rationalismus herbeigeführt hatte, zuleibe gerückt und wie hat sie diese überwunden? Nichts hätte deren Verfechter mehr am Herzen gelegen als die Wiederzusammenführung von Kirchen- und Volksgesang, wenn sie möglich gewesen wäre; denn „Kirchengesang ist nichts anderes als kirchlicher Volksgesang", so schrieb damals Gottlieb von Tucher in seiner Schrift *Über den Gemeindegesang der evangelischen Kirche* (Leipzig 1867). Zweierlei stand dem hindernd im Wege: Einmal die Tatsache, daß die Restauration zunächst lediglich die textliche Überwindung des rationalistischen Gesangbuchs in Angriff nahm, während sie in dessen musikalischen Vorstellungen vorerst noch befangen blieb, so daß sich an der unnatürlichen Art des Kirchengesangs zunächst nichts änderte, und zum andern – was noch schwerwiegender war – die als tragisch empfundene Erkenntnis, daß das neuere, verweichlichte Volkslied einschließlich der sich an dieses anlehnenden geistlichen Lieder keine Einheit mit dem wahren Kirchenlied mehr darstellte, wie es einst beim alten der Fall war. Hier aber gab es für die Restauration keinen Kompromiß zugunsten einer vordergründigen Zeit-

[17] Diesen Begriff habe ich in meiner Abhandlung *Der gottesdienstliche Liedgesang der Gemeinde,* in *Leiturgia IV,* Kassel 1961, S. 559ff, eingeführt.

[18] Besonders genannt sei aus neuester Zeit die ausgezeichnete Arbeit von H. Hoffmann, *Tradition und Aktualität im Kirchenlied. Gestaltungskräfte der Gesangbuchreform in der ersten Hälfte des 19. Jahrhunderts,* Göttingen 1967.

nähe und Zeitgemäßheit. So sagte G. von Tucher in der genannten Schrift: „Hören aber Kunstprodukte auf, ... das Tiefste zum Ausdruck zu bringen, was das Volk in sich trägt, so wenden sich die der höheren Befriedigung bedürfenden Gemüter zu den Produkten einer vergangenen Zeit". Insonderheit war es auch August Friedrich Christian Vilmar, der diese Fragen immer wieder erörterte; er sah die Schuld an dem Bruch zwischen dem wahren Kirchenlied und dem echten Volkslied nicht erst beim Rationalismus, sondern bereits beim Pietismus. So schrieb er einmal anklagend: „Wer sich nur notdürftig mit der Geschichte des Kirchenliedes beschäftigt hat, der weiß nur zu genau, daß die Veränderungen, welche in der Mitte des 17. Jahrhunderts einzeln, im Anfange des 18. Jahrhunderts in bereits umfangreicherem Maße mit den ältesten Kirchenliedern vorgenommen wurden, der späteren rohen, wenigstens völlig poesielosen Willkür der Gesangbuch-Balhorne den Weg bereitet haben, und daß jetzt jede Beschützung des einmal eingeführten Geringfügigen und Dürftigen nicht einen Fortschritt zum Beßern, sondern wesentlich zum Untergange des zur Zeit noch vorhandenen Erträglichen in sich schließe. Er weiß aber auch, daß das Freilinghausen'sche Gesangbuch und die Cöthnischen Lieder den Sinn für das älteste Kirchenlied völlig abstumpften und somit zu der gänzlichen Ausmerzung der ältesten Lieder die directeste Veranlaßung gaben. Ja wir haben aus allerneuester Zeit die handgreifliche Erfahrung gemacht, daß Erweckte, welche mit großer Bewegung das (übrigens keineswegs verwerfliche, aber subjective und arienhafte) Lied zu singen pflegten: ‚Wer ist wol wie Du', um dieses Liedes willen an dem Liede Luthers ‚Nun freut euch lieben Christen gmein' durchaus keinen Gefallen finden konnten"[19].

Man tut der heute fast nur noch gescholtenen Restauration Unrecht, wenn man sie mit dem Vorwurf des Historismus abtun zu können meint. Ohne Frage verfolgten ihre Väter bei dem Rückgriff auf den *unverfälschten Liedersegen*[20] in hohem Verantwortungsbewußtsein seelsorgerliche Absichten. Die (allerdings wohl gar nicht empfundene) Tragik der Restauration war, daß ihr die schöpferische Kraft gefehlt hat, neues Liedgut im Geiste des alten hervorzubringen, das jenem ebenbürtig und zugleich volkstümlich zeitnah im besten Sinne gewesen wäre. So blieb sie nahezu auf das des 16. bis allenfalls frühen 18. Jahrhunderts beschränkt und demzufolge weithin eine akademische Angelegenheit. Sie gab damit schon damals ein Zeugnis von beginnendem gesellschaftlichen Pluralismus, was nicht zuletzt eine Folge des aufkommenden industriellen Zeitalters war. Fortan blieb der Kirchengesang zweigleisig; neben den Bestrebungen der Restauration gab es das zumeist pietistische geistliche Lied älterer und neuerer Prägung, das tief in die Gemeinden eindrang. Dies aber besagt, daß die Restauration die durch das rationalistische Gesangbuch (obwohl dieses im Laufe des 19. Jahrhunderts wie ein böser Spuk wieder

[19] A.F.C. Vilmar, *Kirche und Welt oder die Aufgaben des geistlichen Amtes in unserer Zeit*, in: ders., *Gesammelte pastoral-theologische Aufsätze II*, Gütersloh 1873, S. 190 (es handelt sich um Sätze aus einer Besprechung des ersten Bandes von Ph. Wackernagel, *Das deutsche Kirchenlied von der ältesten Zeit bis zu Anfang des XVII. Jahrhunderts*, Leipzig 1864). Vgl. dazu auch den Abschnitt „Anzeigen und Besprechungen hymnologischer Schriften" in P. Dietz, *Dr. August Friedrich Christian Vilmar als Hymnolog. Eine Zusammenstellung seiner hauptsächlichsten Leistungen auf hymnologischem Gebiet*, Marburg 1899, S. 28ff.

[20] So der bezeichnende Titel eines privaten Gesangbuchs im Geiste der Restauration, das 1851 in Berlin anonym erschien; der Herausgeber war G. Chr. H. Stip.

weggefegt worden ist) geschaffene Krise nicht zu überwinden vermocht hat, ja, daß diese nun zu einer ständig schwelenden Dauerkrise wurde. Darüber kann auch die Tatsache nicht hinwegtäuschen, daß die Vorstellungen der Restauration sich bis in das 20. Jahrhundert nach und nach allenthalben sowohl in textlicher, als auch später in musikalischer Hinsicht durchsetzten, zunächst im *Deutschen Evangelischen Kirchen-Gesangbuch in 150 Kernliedern*, das die Deutsche evangelische Kirchenkonferenz im Jahre 1853 annahm und 1854 veröffentlichte, und das im Anschluß daran – wenn auch nur zögernd – in einer Reihe von landeskirchlichen Gesangbüchern verwertet worden ist, sodann nach dem Ersten Weltkrieg in der Fertigstellung des *Deutschen Evangelischen Gesangbuchs*, das aus dem 1915 erschienenen *Auslandsgesangbuch* hervorgegangen war und zwischen 1927 und 1931 als erster Teil von einer Anzahl landeskirchlicher Gesangbücher übernommen wurde[21].

Ja sogar das *Evangelische Kirchengesangbuch* kann man noch als eine späte Frucht der Restauration ansehen, und es wird vielfach so angesehen. Trotzdem ist dies nur sehr zum Teil richtig; denn es verdankt seine Fertigstellung und seine Gestalt vielmehr der kirchenmusikalischen Erneuerungsbewegung im dritten und vierten Jahrzehnt unseres Jahrhunderts. Und wenn irgendwann die seit dem 19. Jahrhundert schwelende Dauerkrise überwunden schien, dann ist es um diese Zeit der Fall gewesen; denn nie zuvor hat das Kirchenlied der Reformation und des 17. Jahrhunderts eine so breite Lebensbasis gefunden wie in jenen Jahren. Auf ihr konnten die Schöpfer des *Evangelischen Kirchengesangbuchs* mit großer Zuversicht aufbauen, und in der Tat hat dieses Fundament für das Singen der Kirche in der Zeit des Zusammenbruchs um 1945 und des Wiederaufbaus danach Unsagbares bedeutet. Noch im Jahre 1957 konnte der Verfasser auf der von der Evangelischen Akademie in Loccum veranstalteten spektakulären Tagung „Ende der Singbewegung?", ohne daß dem widersprochen wurde, feststellen: „Es ist, solange es protestantische Kirchen gibt, von den Gemeinden noch nie so viel und so gut gesungen worden wie heute"[22]. Ein untrüglicher Maßstab dafür, daß es zwischen 1920 und 1960 um einen elementaren Aufbruch neuen Singens ging, das man keinesfalls mit dem Vorwurf des Historismus und der Restauration hinreichend erklären, geschweige denn abtun kann, erwies sich im gleichzeitigen Aufkommen neuer geistlicher Lieder im reformatorischen Geiste, die auch alsbald ihre kongenialen Melodien erhielten. Die Namen von Rudolf Alexander Schröder, Jochen Klepper und Kurt Müller-Osten als Dichter sowie die von Hans Friedrich Micheelsen, Siegfried Reda und Gerhard Schwarz als Melodienschöpfer mögen aus der großen Anzahl derer, die mit diesem Neubeginn unvergeßlich verbunden sind, besonders genannt sein. Es war dies die erste „Wiederbegegnung von Dichtkunst und Kirchenlied" nach der „Auflösung" von deren Einheit im 18. und von deren „Auseinanderfallen" im 19. Jahrhundert[23]. Daß dieser Neubeginn vor allem in die Zeit der kirchlichen Bedrängnis durch die nationalsozialistischen Machthaber fiel und daß die damaligen Versuche, das Kirchenlied nationalsozialistisch zu verfälschen, wie es in dem *Gesangbuch der kom-*

[21] Vgl. C. Mahrenholz, *Das Evangelische Kirchengesangbuch. Ein Bericht über seine Vorgeschichte, sein Werden und die Grundsätze seiner Gestaltung*, Kassel 1950, S. 10ff.

[22] Vgl. den Bericht über diese Tagung von K. W. Wiese in: MuK 28 (1958) 35ff.

[23] Unter diesen Aspekten steht J. Pfeiffers Buch *Dichtkunst und Kirchenlied. Über das geistliche Lied im Zeitalter der Säkularisation*, Hamburg 1961.

*menden Kirche* (Bremen 1939) und in dem Gesangbuch der Thüringer Deutschen Christen *Großer Gott wir loben dich. Der neue Dom* (Weimar 1941) geschah[24], aufs Ganze gesehen völlig wirkungslos geblieben sind, erschien in jenen Jahren als ein besonders verheißungsvolles Zeichen. Eine Krise des evangelischen Kirchenliedes hat – das verdient nachdrücklich festgehalten zu werden – der Nationalsozialismus nicht heraufzubeschwören vermocht, es sei denn, man möchte sagen, daß er die kirchenmusikalische Erneuerungsbewegung ungewollt bestärkt hat, nun erst recht ihren entgegengesetzten Weg zu gehen.

Der vorher zitierte Satz des Verfassers aus dem Jahre 1957 wirkt heute, nachdem noch keine zwanzig Jahre darüber vergangen sind, wie ein ferner Traum. Eine *neue Krise* ist inzwischen über das evangelische Kirchenlied hereingebrochen, die an Schwere jener, die das rationalistische Gesangbuch im 18. Jahrhundert herbeigeführt hat, keinesfalls nachsteht. Zweierlei hat sich seitdem ereignet: Erstens hat der allgemeine Rückgang des Gottesdienstbesuchs zwangsläufig zu einem weitgehenden Verlust des Kirchenliedes im persönlichen und öffentlichen Leben der Menschen geführt; er wirkt besonders schwer, weil ohnehin „der moderne Mensch nicht mehr singt“, sondern sich lieber durch die Massenkomunikationsmittel Schallplatte, Radio und Fernsehen mit Musik „berieseln“ läßt. Zweitens ist in den letzten rund 15 Jahren nun aber gleichzeitig ein Einbruch neuen geistlichen Liedguts in den Bereich der Kirche und des Gottesdienstes erfolgt, das in keinerlei Traditionszusammenhang mit dem überkommenen Kirchenlied steht, sondern von Elementen der Unterhaltungsmusik und des Jazz geprägt ist. Die Sorge um das Schritthalten der Kirche mit den rapiden Veränderungen der allgemeinen Lebensverhältnisse infolge von moderner Wirtschaft und Technik hat – auch für das kirchliche Singen – zur Forderung unbedingter Weltoffenheit und Weltförmigkeit von Wort und Ton – ungeachtet aller geschichtlichen Überlieferung und ungeachtet jedweder künstlerisch ästhetischer Maßstäbe – geführt. Niemand, dem es um den Dienst der Kirche in der Welt geht, kann und darf diesen Einbruch von Vitalität und Unmittelbarkeit, wie er mit den neuen geistlichen Liedern in den Bereich der Kirche erfolgt ist, lediglich bedauern; er hat auch die, die die Erhaltung und Bewahrung der geschichtlichen Kontinuität des Kirchenliedes für lebensnotwendig erachten, aufhorchen und die Frage stellen lassen, ob denn der bisherige Kirchengesang sich nicht zu fernab von dem pulsierenden Leben bewegt hat. Aber es ist auch nicht zu bezweifeln, daß mit diesem Einbruch Zeichen einer neuen Krise des Kirchenliedes und wohl nun des Kirchenliedes an sich gesetzt sind. Diese Krise hält an, weil sie unabtrennbar von der der Kirche in der heutigen Welt überhaupt ist. Manches erinnert an die Krise, die das rationalistische Gesangbuch herbeigeführt hat: Die Forderung der Zeitgemäßheit in Form und Inhalt um jeden Preis, das geschichtslose Denken und die Tendenz zur radikalen Veränderung und Neuerung! Nicht freilich die gegenwärtige bewußte Gleichgültigkeit gegenüber künstlerisch ästhetischen Maßstäben, da es allein darum gehe, den Menschen zu erreichen, mit welchen Mitteln auch immer! Der Rationalismus war demgegenüber von dem künstlerischen Wert seiner

[24] Zu beiden Gesangbüchern vgl. neuerdings H. Hoffmann, *„... und ist kein andrer Gott“? Bemerkungen zur Gesangbucharbeit der „Deutschen Christen“*, in: *Theologie in Geschichte und Kunst. Walter Elliger zum 65. Geburtstag*, hg. von S. Herrmann und O. Söhngen, Witten 1968, S. 83ff.

Bemühungen überzeugt; er hielt seine ästhetischen Maßstäbe für über allen Zweifel erhaben.

Nun lehrt freilich die Krise des Kirchengesangs im 18. Jahrhundert mit großer Eindringlichkeit, daß radikale Neuerung unter Mißachtung der geschichtlichen Überlieferung und jedweder künstlerischer Maßstäbe Kurzlebigkeit und geistige Heimatlosigkeit mit sich bringt und zwangsläufig zu unzeitgemäßer Restauration führt. Sicherlich ist es in der gegenwärtigen Stunde einer schweren Krise des Kirchenliedes vor allem erforderlich, über die Unerläßlichkeit der Anwendung künstlerischer Maßstäbe als einer theologischen Forderung nachzudenken. Mit schneidender Schärfe hat jüngst Helmut Bornefeld in seiner Streitschrift *Kirchenlied? Versuch einer Analyse*[25] von „Subkultur" in Verbindung mit dem neuen geistlichen Lied gesprochen, hinter der er nichts anderes als das heutige Konsumdenken wittert, und schon erhebt er den Ruf nach dem Rückgriff auf das qualitätvolle alte Kirchenlied. Heinz Werner Zimmermann verdanken wir in dem Aufsatz *Hymnodie heute* unerläßliche Richtlinien für unaufgebbare künstlerische Maßstäbe, die an das Kirchenlied anzulegen sind und Wege in die Zukunft weisen[26]. Und Winfried Zeller hat in der Abhandlung „*Daß Christus unser Lob und Gesang sei*". *450 Jahre evangelisches Gesangbuch* den überaus bemerkenswerten Satz geprägt: „ ‚Mangel an Distanz' ist nicht nur die angemessene Definition für den künstlerischen Begriff ‚Kitsch', sondern auch für das theologische Wort ‚Gotteslästerung' "[27].

Wie die gegenwärtige Krise des evangelischen Kirchenliedes einmal ausgehen wird weiß heute niemand. Die Kraft der Überwindung ist aber auch in der Gegenwart gewiß nicht gewichen; dafür sprechen viele Anzeichen, von denen eingangs einige genannt wurden. Krisen an sich aber gehören unausweichlich zum Leben des Kirchenliedes; denn es befindet sich zwangsläufig in einer anhaltenden Spannung von Geschichte und Gegenwart. Sie ergibt sich daraus, „daß sich das geistliche Lied kraft abwandelnd-wiederholender Bewahrung in einer jahrhundertealten Überlieferung hält, an deren biblischen Ursprung es immer wieder zurückkehrt, während es sich doch zugleich je und je erneuern muß, um seinen Dienst in der aktuellen Situation wahrhaft und wirklich erfüllen zu können, insofern diese sich nach den glaubensmäßigen Voraussetzungen, dem allgemeinen Lebensgefühl, dem künstlerischen Geschmack und der sprachlich-ausgeprägten Vorstellungswelt ständig wandelt; womit ihm denn ein schmaler Weg gewiesen ist zwischen altertümelndem Traditionalismus und änderungssüchtigem Modernismus, zwischen konservativer Starrheit und experimentierender Besserwisserei"[28].

[25] Sonderdruck aus: Württembergische Blätter für Kirchenmusik 40 (1973).

[26] Dieser Aufsatz steht als Einleitung in H. W. Zimmermanns *Sechs neue Lieder. Chorsatz und Orgelsatz*, Kassel 1970.

[27] MuK 44 (1974) 105–111, bes. S. 109. Dieser Beitrag erscheint uns als das Beste, was zur 450jährigen Geschichte des evangelischen Gesangbuchs im Jahre 1974 gesagt worden ist. Ohne Anmerkungen nachgedruckt in: Die Zeichen der Zeit (1974) H. 12, S. 464–466

[28] J. Pfeiffer, *Dichtkunst und Kirchenlied*, a. a. O., S. 10.

# Offizielle und inoffizielle liturgische Bestrebungen in der evangelischen Kirche Deutschlands

Die Formulierung des Themas besagt, daß das allenthalben und nicht nur in Deutschland erkennbare Streben nach Neuordnung des gottesdienstlichen Lebens im Entscheidenden nicht von den Kirchenleitungen und -ämtern ausgegangen ist, sondern von der sog. »Liturgischen Bewegung«. Zwar steht am Anfang dieser Vorgänge die Vorarbeit an einer Agendenreform, die das Ende des landesherrlichen Kirchenregiments nach 1918 notwendig machte. 1922 wurde in der Evangelischen Kirche der altpreußischen Union für das damals größte deutsche Kirchengebiet eine Überarbeitung der im Gebrauch befindlichen Agende von 1895 begonnen. Als jedoch im Jahre 1931 der daraus hervorgegangene »Entwurf« zum Gebrauch freigegeben wurde, war er durch die inzwischen gewonnenen Erkenntnisse und Erfahrungen der Liturgischen Bewegung im Grunde bereits überholt. Ohnedies verhinderte der zwei Jahre später einsetzende Kirchenkampf seine Einführung.

Die Liturgische Bewegung ist in Deutschland in erster Linie durch die beiden Ortsnamen Berneuchen und Alpirsbach gekennzeichnet. *Berneuchen*, das frühere Besitztum der in kirchlichen Kreisen weit bekannten Familie von Viebahn, nordöstlich von Berlin und nördlich von Küstrin gelegen, war in den Jahren 1923—1927 der jährliche Zusammenkunftsort einer Reihe evangelischer Männer, Theologen sowohl wie Nichttheologen, die von dem Strom der Jugendbewegung erfaßt worden waren. Unter ihnen traten von Anfang an der Hamburger Pastor Ludwig Heitmann †, Karl Bernhard Ritter (zuletzt Kirchenrat und Dekan in

[1] Den folgenden Ausführungen liegt das Referat, das der Verfasser auf dem 2. Internationalen Kongreß für Kirchenmusik am 29. September 1962 in Bern gehalten hat, zugrunde. Da dafür dort nur ein sehr geringer Zeitraum zur Verfügung stand, wird es hier etwas weiter ausgeführt. Auch wird zum Weiterforschen auf das wichtigste Schrifttum hingewiesen. Der Vortrag hatte die Aufgabe allgemeiner Orientierung und nicht kritischer Stellungnahme.

Marburg a. d. Lahn, jetzt ebenda im Ruhestand) und Wilhelm Stählin (damals Pfarrer in Nürnberg, später Theologieprofessor in Münster und schließlich Bischof von Oldenburg, jetzt im Ruhestand in Rimsteg am Chiemsee) besonders hervor. Vorangegangen war den Berneuchener Konferenzen im Jahre 1922 eine Tagung im Schloß Angern (zwischen Magdeburg und Stendal), die bereits einen größeren Kreis von um die Situation der Kirche besorgten Menschen der Jugendbewegung vereint hatte. Hier jedoch waren so erhebliche Schwierigkeiten des gegenseitigen Verstehens offenbar geworden, daß sich kein gemeinsamer Weg zu kirchlicher Erneuerung ergab, der dann erst in Berneuchen von einem bewußt kleiner gehaltenen Kreis gesucht werden konnte. Zusammengeführt hat jene ersten Teilnehmer an der Berneuchener Arbeit also nicht ein spezielles Interesse am evangelischen Gottesdienst und an liturgischen Fragen, sondern — nach Worten Wilhelm Stählins — »ein tiefes Erschrecken über den inneren Zustand unserer Kirche und die Sorge um ihre Zukunft ... Wir standen mitten in einer Jugend, die in ihrem Ringen um die letzten Fragen keine befreiende Antwort fand und in der kaum ein einziger daran dachte, solche Antwort bei der Kirche zu suchen; wir standen zugleich in einer Kirche, die ihren Auftrag an diese jungen Menschen nicht ausrichten konnte, weil sie die wirkliche Lage dieser Jugend kaum kannte und nicht begriff, wie tief diese jungen Menschen aufgewühlt und wie schmerzlich sie von der Vergangenheit gelöst waren«[2]. Ihren ersten zusammenfassenden Niederschlag fanden die Berneuchener Konferenzen in dem »Berneuchener Buch« (Hamburg 1926), bei dem keine Verfasser genannt sind, sondern lediglich mitgeteilt wird, daß das Buch in seinen Grundlagen auf der Konferenz von 1925 durchberaten wurde und die Niederschrift in deren Auftrag L. Heitmann, K. B. Ritter und W. Stählin übernahmen. Der Untertitel »Vom Anspruch des Evangeliums auf die Kirchen der Reformation« läßt erkennen, daß hier von der Aufgabe der Kirche in der Gegenwart insgesamt die Rede

[2] Vgl. *Wilhelm Stählin*, Berneuchen — Unser Kampf und Dienst für die Kirche, Kassel 1937, Verlag J. Stauda, in dem fast das gesamte, umfangreiche Berneuchener Schrifttum erschienen ist und bis heute erscheint. In dem Jahrgang 1952/53 von »Quatember. Evangelische Jahrbriefe« (herausgegeben von Wilhelm Stählin im Auftrag der Evangelischen Michaelsbruderschaft, Schriftleiter z. Zt. Hans Carl von Haebler) hat Karl Bernhard Ritter durch alle vier Hefte unter der Überschrift »Nach einem Menschenalter« Erinnerungen an die Anfänge der Berneuchener Arbeit veröffentlicht. Dem schließen sich in drei weiteren Heften des folgenden Jahrgangs noch Fortsetzungen von anderen Autoren an. — Aus dem Kreis der Berneuchener kam auch die erste entscheidende Kritik an dem eingangs erwähnten Agenden-Entwurf; vgl. *Wilhelm Thomas*, Die Bändigung des Chaos: Monatsschrift für Pastoraltheologie 28 (1932) Heft 3, S. 89ff.

ist, wie denn auch vom Gottesdienst nur in einem Abschnitt unter vielen gehandelt wird. Diese Ausrichtung auf das gesamte Leben der Kirche hat die (später im »Berneuchener Kreis« lose organisierte) Berneuchener Bewegung, deren Kern seit 1931 die durch eine feste Ordnung geprägte »Evangelische Michaelsbruderschaft« bildet, bis zur Gegenwart behalten.

Auch das im württembergischen Schwarzwald gelegene *Alpirsbach* mit seiner berühmten romanischen Klosterkirche war einige Jahre später zunächst der Ort allgemeiner „kirchlicher Wochen", deren Teilnehmern der Gottesdienst gar kein spezielles, wenn auch ein selbstverständliches Anliegen war. Hier war es das unselige Jahr 1933, in dem — nach Worten von Friedrich Buchholz — »die Ratlosigkeit in der Kirche damals bei einigen Laien das Verlangen entstehen ließ, sich mit Theologen um das Wort der Heiligen Schrift zu sammeln, um dieser Quelle zu erheben, was es eigentlich um die Kirche sei«[3].

Man wird also dem kirchengeschichtlichen Phänomen der Liturgischen Bewegung keinesfalls gerecht, wenn man sie vordergründig als das Wirken kirchlicher Kreise, denen es primär um das Gestalten und etwa die künstlerische Bereicherung des gottesdienstlichen Lebens ging, und d. h. als eine vornehmlich von ästhetischem Anliegen bestimmte Bewegung versteht, ein Vorwurf, der vor allem den Berneuchenern gegenüber oft erhoben worden ist, während diese selbst die Fragen der gottesdienstlichen Gestaltung stets von ihrer Trinitätslehre, insonderheit vom Verständnis der Inkarnation her, begründeten. Die Liturgische Bewegung hat ihre Wurzel vielmehr immer gehabt und hat sie bis zur Stunde in der Erkenntnis der Not der Kirche in der gegenwärtigen Welt, wie aber auch in deren immerwährenden Verheißung.

Der grundlegende Satz der Evangelischen Michaelsbruderschaft »Wir können an der Kirche nur bauen, wenn wir selber Kirche sind« schließt nun allerdings die Erfahrung ein, daß die Mitte und der Brennpunkt der Kirche ihr Gottesdienst ist. Er ist dies deshalb, weil Christus selbst die Mitte der Kirche ist und weil er zuerst und zentral im Gottesdienst verkündigt, gelobt und angebetet wird, weil er durch Predigt und Sakrament in der versammelten Gemeinde sich selbst bezeugen und gegenwärtig sein will.

[3] Vgl. Aus der Kirchlichen Arbeit in Alpirsbach. Ein Bericht, deren Freunden dargebracht zu Beginn des Jahres 1938, als Manuskript gedruckt im Haus Fürsteneck, Frankfurt a. M. 1938. — Eine gute Darstellung von Entstehung und Wesen der Alpirsbacher Arbeit hat vor längerer Zeit *Richard Gölz* unter dem Titel »Die kirchliche Arbeit in Alpirsbach« im 12. Jahrgang (1940) von »Musik und Kirche« Seite 62 ff und 87 ff gegeben, während aus *Götz Harbsmeiers* Feder die jüngste ausführliche Abhandlung über Alpirsbach stammt; vgl. Theologische Rundschau, Neue Folge 25 (1959) Heft 3 S. 251—280.

Die Liturgische Bewegung bemühte sich um die Erneuerung des *ganzen* Gottesdienstes, d. h. nicht nur um die sog. Liturgie, wie man herkömmlich zu Unrecht lediglich diejenigen seiner Teile nannte, bei denen der Pfarrer am Altar handelt. Sie wandte sich entschieden gegen eine Predigt, die nicht aus dem ganzen Gottesdienst hervorwächst, die nicht Verkündigung und Anbetung in sich vereint und sich willkürlich und nicht im Rahmen einer an das Kirchenjahr gebundenen gottesdienstlichen Gesamtordnung vollzieht. Die rechte Zuordnung, ja gegenseitige Durchdringung von Verkündigung und Anbetung gehörte zu dem grundlegenden Anliegen der Liturgischen Bewegung. Ist sie damit — neben den Anstößen, die sie aus der Jugendbewegung empfing — nicht zuletzt auch als die Frucht der nach dem ersten Weltkrieg einsetzenden theologischen Neubesinnung zu begreifen, vor allem aus der mit dem Namen Karl Holl unlöslich verknüpften Erneuerung der Luther-Forschung sowie der aufkommenden »dialektischen Theologie« Karl Barths, so hat sie doch umgekehrt für alle wahrhaft theologische Arbeit auch deren Gründung im Gottesdienst gefordert. So konnte Friedrich Buchholz im Hinblick auf die Alpirsbacher Arbeit sagen (es trifft dies jedoch auf die gesamte Liturgische Bewegung zu), daß sie in einem doppelten bestehe: »In theologischer Arbeit, die im Raum der Kirche geschieht und darum den geordneten Gottesdienst nicht entbehren kann: Theologie ist eine liturgische Funktion; und in liturgischer Arbeit, die ständig theologischer Unterbauung und Korrektur bedarf und sich vom Wort nicht emanzipieren darf! Liturgie ist eine theologische Funktion«[4]. In alledem spricht sich also eine neue Ernstnahme des *ganzen* Gottesdienstes, des Amtes der Verkündigung wie des Betens, Lobens und Dankens aus und auch ein neues Verständnis des Gottesdienstes als Versammlung der Gemeinde, in der der Leib Christi auf Erden am zentralsten sichtbar in Erscheinung tritt. Das letztere geschieht insonderheit in der Feier des Heiligen Abendmahls, in der sich Christus als das Haupt der Gemeinde bezeugt. Von daher werden die Bemühungen der Liturgischen Bewegung um den Vollgottesdienst mit Predigt und Abend-

[4] Vgl. ebda. S. 1. Für den Zusammenhang der Liturgischen Bewegung mit der Theologie der Gegenwart vgl. außer der in Anm. 3 genannten Arbeit von G. Harbsmeier noch die ausführliche von *Karl Ferdinand Müller*, Die Neuordnung des Gottesdienstes in Theologie und Kirche. Ein Beitrag zur Frage nach den theologischen Grundlagen des Gottesdienstes und der liturgiegeschichtlichen Entwicklung in der Gegenwart, in: Theologie und Liturgie. Eine Gesamtschau der gegenwärtigen Forschung in Einzeldarstellungen, Kassel 1952 (hier auch zahlreiche Literaturhinweise), sowie *Oskar Söhngen*, Die Erneuerungskräfte der Kirchenmusik unserer Tage, Berlin 1950 (Wiederabdruck in des Verfassers »Die Wiedergeburt der Kirchenmusik. Wandlungen und Entscheidungen«, Kassel o. J., S. 77ff).

mahl, um die deutsche Messe als den eigentlichen christlichen Hauptgottesdienst begreiflich.

Aber das Verständnis des Gottesdienstes als die Mitte des Lebens der Kirche bedeutet nun auch, daß der Gottesdienst zugleich die ausstrahlende Mitte des Lebens der Christen und deren ständiger Begleiter sein will. Diese weitere Erkenntnis führte zur Erneuerung des »Gebets der Tageszeiten«, d. h. des Stundengebets[5]. In ihm hat insonderheit das Lobamt der Kirche eine neue Verwirklichung erfahren, und in ihm wurde weiterhin verdeutlicht, daß sog. Nebengottesdienste nach der kirchlichen Überlieferung etwas Eigenständiges sind und nicht etwa ihren Sinn in verkürzten Hauptgottesdiensten mit Verzicht auf die meisten liturgischen Stücke — fast ausschließlich in solcher Form wurden sie in neuerer Zeit gehalten — erfüllen können. Im Stundengebet hat die evangelische Christenheit in Deutschland den Typ des Gebetsgottesdienstes, der eine Schriftauslegung, eine Homilie, zwar keineswegs ausschließt, dessen Schwergewicht aber eben, wie der Name besagt, auf den Gebetsteilen liegt, zurückgewonnen. Der häufig, vor allem Berneuchen gegenüber erhobene Einwand, daß die Liturgische Bewegung die Predigt vernachlässige und ihre notwendig zentrale Stellung im evangelischen Gottesdienst gefährde, war nur in extremen Ausnahmefällen gerechtfertigt; ging es doch immer nur um die rechte Zuordnung und gegenseitige Durchdringung von Verkündigung und Anbetung.

Bei allen ihren Bestrebungen wollte es die Liturgische Bewegung nun freilich entscheidend auch mit äußeren Gestaltungsformen zu tun haben; wie bereits angedeutet, nicht um derer selbst willen, sondern auf Grund der Erkenntnis, daß Form und Inhalt, Gestalt und Wesen stets eine unzertrennliche Einheit bilden und daß die gottesdienstliche Gestalt immer Ausdruck des jeweils so oder so verstandenen Wesens des Gottesdienstes ist. Gleichgültigkeit gegenüber der Form, ja womöglich deren Mißachtung, trifft den Gottesdienst selbst. Es gibt in der Sinnenwelt keine Formlosigkeit, sondern nur gute und schlechte Form; für den Gottesdienst aber ist gute Form gleichbedeutend mit sachgemäßer und schlechte mit unsachgemäßer Form. Zutiefst erwuchs, das sei noch einmal nachdrücklich betont, die Ernstnahme aller Gestaltungsfragen, sei es, daß sie die Ordnung des Gottesdienstes oder deren praktischen Vollzug bis hin zum liturgischen Verhalten und zur gottesdienstlichen Gebärde oder auch

[5] »Das Gebet der Tageszeiten« nannten die Herausgeber H. K. Ameln, K. B. Ritter und W. Thomas zunächst die im Auftrag des Berneuchener Kreises bearbeiteten Ordnungen vom Morgen-, Mittags- und Abendgebet, wofür später der Name »Stundengebet« gewählt wurde. Insgesamt haben diese Ordnungen seit 1929 eine Auflage von ca. 50000 erreicht.

die Gestalt des gottesdienstlichen Raums betraf, aus der Trinitäts-, insonderheit der Inkarnationslehre in den Reihen der Liturgischen Bewegung. Hier nun gewann die Frage nach der rechten gottesdienstlichen Musik, nach dem rechten gottesdienstlichen Singen und Spielen, eine hervorragende Bedeutung. Noch einmal war dabei die Verbindung der Liturgischen Bewegung zur Jugendbewegung, in diesem Falle mit ihrem letzten, besonders einflußreichen Zweig, der Singbewegung, wegweisend, wobei der Anstoß von beiden Seiten ausging, seitens der Singbewegung vor allem von jungen Theologiestudenten. Das Jahr 1927 war hier besonders wichtig. Es führte zu einer ersten Begegnung von Vertretern beider Bewegungen im Ev. Johannesstift bei Berlin-Spandau[6]. Im gleichen Jahr hielt auf dem 30. deutschen evangelischen Kirchengesangvereinstag in Nürnberg Wilhelm Stählin seinen weitbeachteten Vortrag über »Die Bedeutung der Singbewegung für den evangelischen Kirchengesang«[7]. Kurz vorher hatte bereits Richard Gölz in der »Monatsschrift für Gottesdienst und kirchliche Kunst« (32. Jg. 1927 Seite 268ff) eine erste ausführliche Darstellung der Singbewegung gebracht. 1928 fand dann noch eine zweite Tagung von Vertretern der Liturgischen und der Singbewegung statt[8], die zwei Entscheidungen von weittragender Bedeutung zur Folge hatte, einmal — angeregt vor allem durch Karl Vötterle, den Inhaber des Bärenreiter-Verlags — die Begründung der Zeitschrift »Musik und Kirche« mit Christhard Mahrenholz, Wolfgang Reimann und Johannes Wolgast als Herausgebern[9] und zum andern die Eröffnung der Berliner Kirchenmusikschule im Johannesstift unter Leitung von Gerhard Schwarz (dieser war eine »Evangelische Schule für Volksmusik« unter Leitung von Fritz Reusch vorausgegangen)[10]. In der Alpirsbacher Arbeit ist es vor allem der württembergische Pfarrer

[6] Vgl. dazu *Erich Vogelsang*, Jugendmusik und Kirche. Der innere Ertrag der Führerbesprechung über »Kirche und Musik« im Johannesstift in Spandau: Die Musikantengilde (hrsg. von F. Jöde und F. Reusch) 6 (1928) Heft 2, S. 30ff.

[7] Veröffentlicht Kassel 1928, Bärenreiter-Verlag.

[8] Vgl. die Berichte von *Wilhelm Thomas* (Monatsschrift für Gottesdienst und kirchliche Kunst 33 [1928] 367ff) und von *Friedrich Frerichs* (Die Musikantengilde 7 [1929] 40ff).

[9] Der erste Schriftleiter war Richard Baum. »Musik und Kirche« ist mit Beginn des Jahres 1963 in seinen 33. Jahrgang eingetreten. Den heutigen Herausgeberkreis bilden Christhard Mahrenholz, Wolfgang Reimann, Eberhard Wenzel sowie der Verfasser dieses Berichts, der vom 14. Jahrgang (1942) ab auch die Schriftleitung innehat.

[10] Die Gründung einer ganzen Anzahl weiterer evangelischer Kirchenmusikschulen, vor allem nach 1945, ist nur als eine Folge des Einbruchs der kirchenmusikalischen Erneuerungsbewegung in die offiziellen Kirchen zu verstehen. Mehrere der älteren ihrer derzeitigen Leiter wie Wilhelm Ehmann in Herford, Gerhard Schwarz in Düsseldorf und der Verfasser in Schlüchtern sind unmittelbar aus der Singbewegung hervorgegangen.

Richard Gölz, der eine Anzahl Jahre als Kirchenmusikdirektor an der Stiftskirche in Tübingen wirkte, gewesen, der die Verbindung zur Singbewegung mit seiner eigenen Person verkörperte. Einen besonderen, von vornherein kirchlich bestimmten Zweig der Singbewegung bildete der sächsische Kantor Alfred Stier, der mit seiner Schrift »Das Heilige in der Musik« (Kassel, 2. Auflage 1926) und seiner weit ausgedehnten Singwochentätigkeit ein großes Wirkungsfeld hatte. Als Parallelerscheinung zur Singbewegung ist bis zu einem gewissen Grade die Orgelbewegung zu betrachten, obwohl sie von vornherein mehr fachlichen und wissenschaftlichen Charakter hatte; aber auch sie gewann durch ihre orgelbaulichen Bestrebungen unmittelbaren Einfluß auf die liturgische Erneuerung[11].

Zusammenfassend kann man sagen, daß die aus der Singbewegung hervorgegangene kirchenmusikalische Erneuerung zu einem Grundbestandteil der Liturgischen Bewegung geworden ist, dessen Auswirkung bis zur Stunde anhält. Die Singbewegung kam der Liturgischen Bewegung in der Weise zuhilfe, daß diese mit ihr zusammen eigene Erkenntnisse verwirklichen konnte; denn von der Urerfahrung des elementaren Singens her begriff sie neu das Singen in vielfältiger Weise als Wesensbestandteil des christlichen Gottesdienstes, und zwar zuerst als »gemeinschaftsbildende« Macht und damit im Zusammenhang als die natürliche und gegebene Form gemeinsamen Sprechens, und weiter als die gegebene Ausdrucksform des Lobamts der Kirche, wie sie auch das Spielen als ein Zeichen der Herrlichkeit Gottes, an der die Kirche Anteil hat, verstand. Und Singen wurde schließlich für sie nachdrückliches, verkündigendes und hymnisches Sprechen. Alle diese Erkenntnisse und Erfahrungen hat die Liturgische Bewegung über die Singbewegung — oder auch Schulter an Schulter mit ihr — gewonnen. Sie betrafen sowohl das gottesdienstliche Sing- und Spielgut wie dessen Wiedergabe, d. h. die Stilform und Aufführungspraxis.

Wie fundamental der Wandlungsprozeß des gottesdienstlichen Singens war, der seit etwa 1925 durch den Einbruch der Singbewegung erfolgte, wird deutlich, wenn man bedenkt, daß bis dahin noch immer mehr oder weniger der aus dem kirchlichen Rationalismus des späten 18. Jahrhunderts stammende Satz, die gottesdienstliche Musik diene »zur Erweckung und Belebung frommer Gefühle«, in Geltung war. Auf gleicher Linie lag die bis dahin herrschende Vulgär-Meinung, daß Musik den Gottesdienst »verschönern« solle, indem sie eine stimmungsvolle Atmo-

[11] Vgl. *Christhard Mahrenholz,* Fünfzehn Jahre Orgelbewegung. Rückblick und Ausblick: Musik und Kirche 10 (1938) 8ff.

sphäre zu schaffen habe. Jetzt aber hieß es: »Es verträgt sich weder mit der Würde des Gottesdienstes noch mit der Musik, wenn die Musik im Gottesdienst in Form von musikalischen Einlagen und Verschönerungen erscheint. Daß vielmehr die Musik im Gottesdienst ein *Amt* hat, und zwar eins, das bald mit dem Amt des Liturgen und Verkündigers, bald mit dem der betenden, lobenden und dankenden Gemeinde zusammengeht, also sogar eins von umfassendem Charakter, diese Erkenntnis ist in der letzten Zeit zur Richtschnur aller echten kirchenmusikalischen Arbeit geworden. Schaffende sowie nachschaffende Musiker, Geistliche sowie Gemeinden dürfen heute wieder mit Beglückung erfahren, daß Einordnung und Dienst nicht Verengung und Beschränkung oder sogar Verkümmerung bedeuten, sondern vielmehr Erfüllung und Krönung«[12].

Die Wandlungen im gottesdienstlichen Sing- und Musiziergut erstrecken sich auf folgende Bereiche: Auf dem Gebiet des Kirchenlieds erfolgte geradezu eine Neuentdeckung des reformatorischen Lieds und damit zugleich einer genuinen, d. h. nicht auf harmonische Begleitung angewiesenen Einstimmigkeit. Anstelle der pseudoliturgischen Melodien des russischen Hofkapellmeisters Dimitri Bortnjansky, mit dessen Hilfe König Friedrich Wilhelm III. von Preußen im Zeitalter der romantischen Restauration 1829 den Gottesdienst in seinem Bereich musikalisch neu ausgestaltet hatte, erfolgte ein entschiedener Rückgriff auf die im Bereich der Gregorianik verwurzelten liturgischen Weisen der Reformation[13]. Vor allem für das Stundengebet wurde der weiteste Bereich der Gregorianik erschlossen. Das geschah in besonderem Maße in der Alpirsbacher Arbeit unter der Führung von Friedrich Buchholz, der — in engem Gedankenaustausch mit Pater Urbanus Bomm (Maria Laach) stehend — bewußt auf mittelalterliche gregorianische Formen, die das Wesen der Gregorianik besser widerspiegeln als die Spätformen des Reformationsjahrhunderts, zurückgriff. Die Alpirsbacher Ergebnisse der Bereitstellung einer »deutschen Gregorianik« — bei der Gestaltung der Hymnentexte wirkte Rudolf Alexander Schroeder mit — stehen heute wertmäßig an erster Stelle[14]. Im Bereich der Mehrstimmigkeit wurde über Bach hinaus

[12] Erläuternde Worte des Verfassers zum evangelischen Gottesdienst bei den Kasseler Musiktagen 1936; vgl. Programmheft S. 76, erschienen im Bärenreiter-Verlag.

[13] Solche Bestrebungen gab es auch bereits im 19. Jahrhundert; man denke etwa an Ludwig Schöberleins »Schatz des liturgischen Chor- und Gemeindegesangs«, ein bedeutsames Werk, das in drei Bänden von 1865—72 erschien. Jedoch erfolgte diese Arbeit zu sehr aus dem Geiste des Historismus, und vor allem stand ihr keine helfende elementare Singbewegung zur Seite, so daß sie keine größere Breitenwirkung erzielen konnte.

[14] Von den zahlreichen Schriften von *Friedrich Buchholz* seien nur folgende beiden programmatischen genannt: Liturgie und gregorianischer Gesang (München 1941, Verlag Chr.

die wortdeutende Musik von Heinrich Schütz und seiner Umwelt, aber auch die Fülle der Kirchenliedbearbeitungen von Michael Praetorius und seiner Zeitgenossen, nicht zuletzt aber die mehr in sich gekehrte, meditative Musik der Reformation im Geiste der alten Niederländer neu entdeckt. Wie echt der damals erfolgte intensive Umgang mit »alter« Musik war, erwies sich durch den gleichzeitigen Aufbruch neuer Kirchenmusik, die der Kirchenmusik zu völlig neuer Geltung im gesamtmusikalischen Leben verhalf. Diese hatte zwar von den Niederländern des 15. Jahrhunderts und von Heinrich Schütz gelernt (wie Hugo Distler ausdrücklich bezeugt hat), aber sie trat in eigenem zeitgenössischen Gewande in Erscheinung und erwies dadurch ihre wahre Originalität. Wie bewußt in den dreißiger Jahren der kompositorische kirchenmusikalische Neubeginn und dessen geschichtliche Bedeutung erlebt wurde, mögen ein paar Sätze Hugo Distlers zeigen: »Zunächst einmal erschöpft sich die Forderung an die zeitgenössische Kirchenmusik nicht in der Erweckung selbstgenügsamer frommer, »religiöser« Gefühle und Stimmungen, sondern die Kirchenmusik hat heute mehr denn je zuvor in allererster Linie Verkündigung zu sein, im echten Sinne »Evangelium«, Heilsbotschaft von Leben und Tod und Auferstehung unsers Herrn Jesu Christi, unter dessen Zeichen auch heute noch große deutsche Geschichte sich entscheidet. Und zweitens: die Kirchenmusik ist nicht einmal fähig, auch nur demütig-dienende Verkünderin zu sein, ohne sich restlos der gottesdienstlichen Handlung unterzuordnen«[15]. — Für den Bereich der Orgelmusik wurde anstelle der psychologisierenden Stimmungsmusik, die etwas anderes ist als berechtigte konzentrierende Einstimmung, das spielerische Element als Zeichen des Lobcharakters des Gottesdienstes sowie die musikalische Meditation in Verbindung mit dem Orgelchoral neu erschlossen. Daß andere Orgelliteratur bzw. andere Wiedergabe bereits gebrauchter wie etwa der Bach'schen auch eine Erneuerung des Orgelbaus im Sinne der Orgelbewegung erforderte, sei nur eben gerade vermerkt. Allgemein beginnt sich unter dem Einfluß der Singbewegung der gottesdienstliche Singstil und die gottesdienstliche Musizierweise vom Effekthaften zum Hingebungsvollen, ja oft geradezu Asketischen zu wandeln.

Kaiser) und: Vom Wesen der Gregorianik (ebda. 1948). Die einzelnen Alpirsbacher Horen-Ordnungen sind als »Alpirsbacher Antiphonale« im Musikverlag von C. L. Schultheiß in Tübingen erschienen. Auch eine Ordnung der Messe ist aus Alpirsbach hervorgegangen.

[15] Vgl. *Hugo Distler,* Vom Geist der neuen evangelischen Kirchenmusik: Zeitschrift für Musik 102 (1935) 1325. Dieser Aufsatz H. Distlers ist u. W. sein einziges hinterlassenes Selbstbekenntnis. Jenes Heft hat als »Hugo-Distler-Heft« auch noch durch einen Beitrag von Bruno Grusnick dokumentarische Bedeutung.

War bisher nur von der von Berneuchen und Alpirsbach ausgehenden Liturgischen Bewegung die Rede, so bedarf es nun noch eines Hinweises auf die *Liturgischen Konferenzen* verschiedener Landeskirchen bzw. Kirchengebiete, die ihrerseits durchaus inoffiziellen Charakter hatten. An zeitlich erster Stelle steht hier die Liturgische Konferenz Niedersachsens, aus der als erstes bedeutsames Ergebnis in gemeinsamer Arbeit mit dem Berneuchener Kreis die von Th. Knolle und W. Stählin bearbeitete »Denkschrift über die Kirchliche Ordnung des Jahres — Das Kirchenjahr« (Kassel 1934) hervorging[16]. Weitere Liturgische Konferenzen bildeten sich während des Kirchenkampfes als »Liturgische Ausschüsse« der rheinischen und westfälischen Bekennenden Kirche, als keine Möglichkeit bestand, auf kirchenamtlichem Wege der Agendennot zu begegnen. Diese verschiedenen Liturgischen Konferenzen schlossen sich 1941 zu der später sogenannten »Lutherischen Liturgischen Konferenz Deutschlands« zusammen. Schon vorher waren zu der niedersächsischen Vertreter der meisten norddeutschen Landeskirchen gestoßen, und weitere aus verschiedenen anderen folgten bald danach.

Alle aus der Liturgischen Bewegung, sei es aus der Michaelsbruderschaft, der Alpirsbacher Arbeit oder den verschiedenen Liturgischen Konferenzen und Ausschüssen hervorgegangenen Ordnungen hatten nun freilich nur privaten Charakter; eine kirchenamtliche Genehmigung lag in keinem Falle vor, weder also bei den Ordnungen der Deutschen Messe von Berneuchen und Alpirsbach noch bei der von Joachim Beckmann, Peter Brunner, Hans Ludwig Kulp und Walter Reindell im Auftrag der Liturgischen Ausschüsse von Rheinland und Westfalen herausgegebenen »Kirchenagende« (Gütersloh 1948). Aber alle diese Arbeiten drängten, so sehr auch manche von ihnen auf Kritik gestoßen waren, nach 1945 nun doch mit Nachdruck zu einer eingehenden Überprüfung der landeskirchlichen Agenden, wozu Kirchenkampf und zweiter Weltkrieg keine Möglichkeit gelassen hatten. Freilich erfolgte die erste große Auswirkung der inoffiziellen liturgischen Bestrebungen auf die offizielle Kirche nicht in der Schaffung einer neuen Agende, sondern in der Fertigstellung des »*Evangelischen Kirchengesangbuchs*«, des ersten Einheitsgesangbuchs für die gesamte deutsche evangelische Christenheit. Nachdem im Jahre 1947 auf der zweiten Kirchenversammlung in Treysa ein empfehlender

[16] Vgl. hierzu und zum folgenden *Joachim Beckmann*, Die Entstehung der Agenden der Vereinigten Evangelisch-Lutherischen Kirche und der Evangelischen Kirche der Union, in: Gott ist am Werk. Festschrift für Landesbischof Dr. Hanns Lilje zum 60. Geburtstag, Hamburg 1959, 304ff, und *Christhard Mahrenholz*, 20 Jahre Lutherische Liturgische Konferenz Deutschlands: Lutherische Monatshefte 1. Jg. Heft 4 April 1962, S. 154ff.

Beschluß gefaßt worden war, daß die Landeskirchen das »Gesangbuch für die evangelische Christenheit« (so hieß der erste Entwurf des »Evangelischen Kirchengesangbuchs«) nach Möglichkeit einführen möchten, begannen die einzelnen Kirchengebiete von 1949 ab mit der offiziellen Übernahme der inzwischen endgültigen Fassung des Evangelischen Kirchengesangbuchs[17]. Fast sämtliche Kirchengebiete im gesamten Deutschland haben seitdem das neue Gesangbuch eingeführt. Mit diesem ist zum ersten und bisher einzigen Male eine inoffizielle Arbeit — die Gesangbuchskommission setzte sich unter dem Vorsitz von Christhard Mahrenholz aus Zentralratsmitgliedern des Verbandes evangelischer Kirchenchöre Deutschlands, die keinen kirchenamtlichen Auftrag hatten, zusammen — nahezu allenthalben offiziell übernommen worden. Eine völlig gleiche Entwicklung konnte in der Schaffung neuer Agenden nun freilich nicht erwartet werden. Aber das, was tatsächlich an solchen in den Folgejahren geschaffen wurde, das ist seinerseits nicht denkbar ohne die vorangegangene inoffizielle Liturgische Bewegung. Am wenigsten trifft dies gewiß auf das vom Moderamen des Reformierten Bundes herausgegebene »Kirchenbuch. Gebete und Ordnungen für die unter dem Wort versammelte Gemeinde« (Neukirchen 1951), dem das von Martin Albertz und Ernst Wolf hauptsächlich als reiche Materialsammlung gestaltete »Kirchenbuch« (München 1941) vorangegangen war, zu; denn es geht bei dieser »Handagende« weder um eine Neuordnung noch um Gestaltungsfragen des Gottesdienstes, sondern um Darbietung von gegenwartsnahen Gebeten und Formularen, ohne daß dabei die Stimmen der Väter außer Acht gelassen sind. Dagegen ist die »Agende für evangelisch-lutherische Kirchen und Gemeinden. Erster Band. Der Hauptgottesdienst ...« (Berlin 1955), die 1954 von der Generalsynode der »Vereinigten Evangelisch-Lutherischen Kirche Deutschlands« einstimmig angenommen wurde, unmittelbar aus der Arbeit der oben behandelten »Lutherischen Liturgischen Konferenz« hervorgewachsen[18]. Fast im gleichen Maße gilt dies von der »Agende für die Evangelische Kirche der Union. 1. Band: Die Gemeindegottesdienste« (Witten 1959), die 1959 beschlossen worden ist, wenn auch in dieser naturgemäß im Typ des reinen Predigtgottesdienstes dem von der Liturgischen Bewegung kaum

[17] Vgl. *Christhard Mahrenholz*, Das Evangelische Kirchengesangbuch. Ein Bericht über seine Vorgeschichte, sein Werden und die Grundsätze seiner Gestaltung, Kassel 1950.

[18] Vgl. die ausführliche Darlegung über die Entstehung und die Gestaltung dieser Agende von *Christhard Mahrenholz*, Die Agende für evangelisch-lutherische Kirchen und Gemeinden Band I: Jahrbuch für Liturgik und Hymnologie 3 (1957) 1—32, sowie ders., Die Kirchenmusik in der neuen lutherischen Agende: Musik und Kirche 25 (1955) 129ff (auch als Sonderdruck erschienen).

berührten Reformiertentum besonders Rechnung getragen werden mußte. Doch besteht heute die allgemeine Tendenz, einen ausschließlichen, eigenständigen Predigtgottesdienst ohne Meßordinarium neben der deutschen Messe und neben dem Hauptgottesdienst mit der Missa brevis, jedoch ohne Abendmahl, zu empfehlen.

Fügt man noch hinzu, daß außer den beiden erwähnten Agenden der größten deutschen Kirchengebiete inzwischen auch die meisten übrigen Landeskirchen ihre Gottesdienste neu geordnet haben oder mit ihrer Neuordnung befaßt sind, so könnte man meinen, daß damit die Liturgische Bewegung, indem ihre inoffiziellen Bestrebungen offizielle Entscheidungen hervorgerufen haben, ihre Ziele erreicht hat. Und doch ist dies nur bedingt der Fall, da die kirchenamtlichen Agenden trotz mancher Neuerungen im Sinne der Liturgischen Bewegung dennoch weit hinter deren besonderen Ordnungen, wie etwa der Deutschen Messe der Michaelsbruderschaft und dem Alpirsbacher Antiphonale, zurückgeblieben sind. Das liegt in der Natur der Sache; handelt es sich bei diesen letzteren doch um Ordnungen für kleine geschlossene Kreise und also nicht für die offene Kirchengemeinde, auf die ja offizielle Agenden stets zu beziehen sind. Dazu kommt, daß die Liturgische Bewegung, wenn sie wirklich ihren Namen zurecht trägt, und man kann sagen, daß sie über ein Menschenalter hinweg erstaunlich lebendig und am Werk geblieben ist, immer fragen muß, ob die neuen Ordnungen, seien es die inoffiziellen oder die offiziellen, sich auch bewähren und woher womöglich Widerstände kommen und welcher Art diese sind. Nicht eingegangen werden kann hier auf eine Gefahr, die von einer bestimmten und zwar machtvollen Richtung der gegenwärtigen protestantischen Theologie, für die in letzter Konsequenz nur noch die Predigt im gottesdienstlichen Leben von Bedeutung ist, ausgeht[19]. Von allgemeinerer Bedeutung ist die immer wieder aufbrechende Frage, ob denn alle bisher gestalteten Neuordnungen, die ausnahmslos an die ältere gottesdienstliche Überlieferung anknüpfen, nicht doch noch immer, wie die des 19. Jahrhunderts, allzusehr von Restauration und Historismus bestimmt und darum zutiefst anachronistisch sind. Es sind führende Männer der Liturgischen Bewegung selbst, die diese Frage aufwerfen und ihre eigenen Arbeiten unter deren Kritik stellen[20]. Für das Urteil der Unzeitgemäßheit der neuesten evangelischen

[19] Es sei verwiesen auf den äußerst instruktiven Aufsatz »Auswirkungen der ‚modernen' Theologie auf Liturgie und Kirchenmusik« von *Gerhard Rödding*, der vor allem auch eine ausgezeichnete Analyse der gemeinten theologischen Richtung gibt; vgl. Musik und Kirche 32 (1962) 200ff.

[20] Vgl. z. B. *F. Buchholz*, Gedanken zur Aufgabe der Liturgie anläßlich des Agendenentwurfs für die Evangelische Kirche der Union: Monatsschrift für Pastoraltheologie 44 (1955) Heft 12,

Agenden könnten z. B. die mancherlei in jüngster Zeit unternommenen Versuche, mit modernsten Mitteln, besonders mit denen des Jazz, Gottesdienste ungeachtet aller Überlieferung zu gestalten, sprechen. Keinesfalls wird man das darin zum Ausdruck kommende Verlangen nach elementarem gottesdienstlichen Leben überhören dürfen. Und doch gibt es bei der gegenwärtigen Zerissenheit der menschlichen Gesellschaft, die keine einheitlichen Ausdrucksformen auch innerhalb ein und desselben Volks mehr besitzt, so etwas wie eine seelsorgerliche Aufgabe der Geschichte am modernen Menschen, die ihn, zumal in der Kirche, bei allem selbstverständlichen Stilwandel nicht haltlos von einer kurzlebigen Mode zur anderen taumeln lassen darf, sondern ihn mit den gesunden, dauerhaften Kräften der Geschichte zu speisen vermag. Bei aller Offenheit für die besonderen Äußerungsformen der modernen Zeit kann der Weg liturgischer Erneuerung, die ja niemals am Ziel angekommen sein kann, daher immer nur in der Spannung zwischen Traditionalismus und Avantgardismus erfolgen. Niemand hat dies besonnener bedacht und in einem jüngsten liturgischen Versuch verwirklicht als Karl Bernhard Ritter[21]. Das Neuartige, was hier geschieht, ist der »Ersatz des Eingangsteils durch eine Litanei«, wodurch »ein Stück Urgestein der christlichen Kultusgeschichte blosgelegt wird«. Die grundlegenden Gedanken, die K. B. Ritter dabei geleitet haben, faßt er in folgenden Sätzen zusammen: »Die liturgische Erneuerung im Raum der von der Reformation herkommenden Kirchen hat mit guten sachlichen Gründen den Anschluß an die Struktur und die reiche Entfaltung des Gottesdienstes gesucht, die er im Abendland gefunden hat. Sie hat das verlorengegangene Erbe bewußt wieder aufgenommen. Es kann aber nicht wundernehmen, daß diese Erneuerung auf große Schwierigkeiten in den Gemeinden stößt, die dieser liturgischen Tradition seit langem gänzlich entfremdet sind, insbesondere aber in den Bereichen, in denen die Kirche aufs Neue ihre Missionsaufgabe angreift. So erhebt sich die Frage, ob der Versuch nicht unerläßlich ist, sich da, wo es heilsam und dienlich erscheint, von der überlieferten Form des liturgischen Handelns stärker und bewußter zu lösen, an Stelle

S. 495ff: und dessen speziell auf die Kirchenmusik bezogenen Aufsatz »Canticum novum? Ein ungewohnter Aspekt auf das Singen im Gottesdienst und seine Folgen« in: Hören und Handeln. Festschrift für Ernst Wolf zum 60. Geburtstag, München 1962, 28ff.

[21] Es handelt sich um »eine andere Form« in K. B. Ritters jüngster großer Veröffentlichung »Die eucharistische Feier. Die Liturgie der evangelischen Messe und des Predigtgottesdienstes«, hrsg. in Verbindung mit der Evangelischen Michaelsbruderschaft, Kassel 1961. Es ist dieser stattliche Band eine Art Lebensernte des Verfassers, der neben verschiedenen Gottesdienstordnungen vor allem auch eine tiefgründige Einführung, in der in einem besonderen Abschnitt von der »Aufgabe der Liturgischen Bewegung« gesprochen wird, enthält.

eines nur von der Geschichte her ganz verständlichen Aufbaus nach einer unmittelbar einleuchtenden Struktur zu suchen, auch sprachlich mancherlei Hindernisse beiseite zu räumen und so dem Menschen im geistigen Umbruch unserer Tage den Mitvollzug zu erleichtern. Dabei muß man sich freilich hüten, nach einer angeblich »schlichten evangelischen Form« zu suchen, die in Wahrheit nur eine bedenkliche Verkürzung der von Anfang an unerschöpflichen Fülle und unauslotbaren Tiefe der eucharistischen Feier wäre. Wohl aber geben die Zeugnisse, die uns vom Gottesdienst der neutestamentlichen Gemeinde und aus der Zeit der apostolischen Väter berichten, wertvolle Hinweise dafür, wie sich der von der Sache her ergebende Ablauf der Feier in seinen großen einfachen Bauformen freilegen läßt.« Und über die neuerarbeitete, die Form der Litanei verwendende Gottesdienstordnung fügt K. B. Ritter hinzu: »Es ist nur natürlich und entspricht einem tiefen Verlangen, wenn die Kirche die Menschen, die zu ihr kommen, einfach in ihr Gebet hineinnimmt und ihnen dann die Möglichkeit gibt, die Fülle der sie bedrängenden Anliegen und Fragen, ihre Sündennot und Schuld auszusprechen«[22].
So steht am Schluß unseres Überblicks noch einmal eine »Privatagende«, die freilich ein leuchtendes Beispiel dafür ist, daß die Liturgische Bewegung, deren Bedeutung für die gegenwärtige evangelische Kirche kaum überschätzt werden kann, tatsächlich nicht an ihrem Ende angekommen, sondern weiterhin das wache Gewissen in allem, was die Mitte des kirchlichen Lebens, eben den Gottesdienst betrifft, ist.

[22] Vgl. Die eucharistische Feier 273f.

# Kann Singen Verkündigung sein?

## Vom gesprochenen und gesungenen Wort Gottes

Die Kirchenmusik ist an ihrem Lebensnerv getroffen; es wird ihr immer vernehmbarer und radikaler der Auftrag und die Möglichkeit, Verkündigung zu sein, abgesprochen. Mit diesem Anspruch hatte die kirchenmusikalische Erneuerungsbewegung einst ihren Weg angetreten. Sie hielt es weder mit dem Wesen des Gottesdienstes noch auch mit der Würde der Musik für vereinbar, nur zur Dekoration und zur Einstimmung da zu sein. Mit diesem Anspruch hat sie die Kirche zum neuen Singen gebracht und ihr zur neuer gottesdienstlicher Musik verholfen. Sollte sie damit einem grundlegenden Irrtum und einer frommen Selbsttäuschung verfallen gewesen sein, sie, die ungezählten Menschen als ein unaussprechliches Geschenk und als Gnade für unsere Kirche in ihrem Kampf während der 30er Jahre, in den Schrecken des Krieges und in der tiefsten Erniedrigung danach erschienen ist und so bis zur Stunde täglich von vielen empfunden wird? Wir haben allerdings nach den ersten Aufbruchszeiten gelernt, neben dem Verkündigungsauftrag des Singens — nur von diesem wollen wir handeln und nicht allgemein von der Musik, da hierzu eine besondere Untersuchung notwendig wäre — auch seine besondere Aufgabe des anbetenden Dienstes im Gottesdienst und im Leben der Kirche zu begreifen, aber eben doch so, daß beides, Verkündigung und Anbetung, neben-, mit- und ineinander geschieht. Und nun heißt es in der gegenwärtigen Theologie[1] weithin und immer lauter und nachdrücklicher: Musik kann wohl der Anbetung dienen, aber nicht Gottes Wort verkündigen; das ist allein der Predigt vorbehalten. So wird im besten Fall gesagt, wenn es nicht gar bei dem Hinweis auf die große Gefahr des Ästhetizismus bleibt, die wie aller Musikübung auch der Kirchenmusik gewiß ständig droht.

Der Satz, daß Singen nicht das Wort Gottes verkündigen könne, trifft die Kirchenmusik, trotz des zugestandenen Gebetsdienstes, am Lebensnerv. Sicherlich werden die Kirchenmusiker selbst im Verständnis ihres kirchlichen Amtes davon kaum berührt. Aber jener Satz wird ja weithin heute in den theologischen Fakultäten vertreten und gelehrt. Die Folgen für das gegenseitige Verstehen von Pfarrer und Kirchenmusiker sind unabsehbar; wir bekommen sie zuweilen jetzt schon bitter genug zu spüren[2]. Was vielleicht noch mit einer ernst zu nehmenden theologischen Begründung auf den Lehrstühlen der theologischen Fakultäten vorgetragen wird, fristet dann oft ein sehr fragwürdiges Dasein draußen im Land. Dort

[1] Wenn ich hier anmerke, daß dieses vor allem von der dialektischen Theologie her geschieht, dann sei ausdrücklich hinzugefügt, daß damit selbstverständlich nicht allgemein über diese geurteilt ist.

[2] Kürzlich gerieten zufällig ein paar Kirchenmusikerinnen in Bonn in eine Vorlesung von Professor Günther Dehn und wurden Zeugen gerade jener besagten These. Betroffen und tief enttäuscht über die völlige Unzulänglichkeit der Argumentation verließen sie hernach den Hörsaal.

aber werden die weittragenden praktischen Konsequenzen aus jener Lehre gezogen. Bei allen Bemühungen um die äußere Sicherstellung des aufstrebenden Kirchenmusikerstandes wird immer deutlicher: Die Stellung der Kirchenmusik in unserer Kirche ist nicht letzten Endes eine wirtschaftliche, sondern eine theologische Frage; denn ihre äußere Sicherung wird von der theologischen Beurteilung des Dienstes der Kirchenmusik abhängig sein.

## I.

1. Die Meinung, Singen könne nicht Verkündigung sein, geht am klarsten aus verschiedenen theologischen Arbeiten von Götz Harbsmeier hervor[3]. In gewisser Weise liegt sie auch in den Gedankengängen von Heinrich Vogel beschlossen[4]. Die unmittelbaren Folgerungen aus jener theologischen Meinung haben als Musiker Jürgen Uhde und Friedrich Buchholz gezogen. Jürgen Uhde sagt im Anschluß an die Offenbarung Joh. Kap. 5, 8 f.:

„Dieser Offenbarungstext zeigt besonders deutlich, daß die Musik zum Gebet gehört. Sie ist nämlich bei diesem äußersten und letzten Gebet zugegen, ja, das Gebet geschieht durch Musik. Die Musik hat sozusagen die gleiche Richtung wie das Gebet, nämlich auf Gott hin. Sie ist immer Antwort und kann daher nicht auch Verkündigung, Predigt sein"[5].

Von Friedrich Buchholz zitieren wir folgende bezeichnenden Sätze:

„Wir sind es ja gewohnt, daß die Musik das Wort interpretiert, auslegt, ausmalt mit Rücksicht auf einzelne Worte oder ganze Textzusammenhänge. Die bekannten Worte, mit denen Luther in der deutschen Messe von 1526 den Epistel- und den Evangelienton erläutert und empfiehlt, können als einer der ersten Ansätze eines Verständnisses der Musik gelten, das deren Aufgabe als interpretierend versteht. In der nachreformatorischen Musik wird diese Interpretationskunst in verschiedener stilistischer Prägnanz zu hoher Blüte entfaltet. Es ist schließlich kein Wunder, wenn dann die Musik direkt zur Predigerin erhoben wird. Gewiß wird man, wo solche Gedanken offen oder verborgen vorliegen, den Ausdruck nicht pressen dürfen; aber das Predigen im qualifizierten Sinne ist eine so eigenartige und spezifische Aufgabe der Kirche und ihres Verbi Divini ministerium (und nicht der Musik), daß es geraten erscheint, sich solcher Begriffsverbindungen zu enthalten ... Im Verhältnis von Wort und Ton droht neben der einen Gefahr, daß der Ton als dienender Interpret des Wortes zum Herrn des Wortes wird, indem seine Ausmalung Auslegung wird und so die Freiheit des Schriftwortes einengt, sich seiner eben durch die Interpretation bemächtigt und also den Ereignischarakter des Wortes verdunkelt, auch die andere, daß das Wort den Ton in seiner Eigenart nicht zur Entfaltung kommen läßt, damit sein Leben und Wesen hindert und also das Skandalon der Inkarnation zu umgehen versucht"[6].

2. Die Anschauung, daß Musik kein Gefäß der Verkündigung sein könne, und zwar auch das Singen nicht, wird — wie gesagt — damit begründet, daß Verkündigung ausschließlich die Aufgabe der Predigt sei, d. h., daß die Predigt allein dazu von Gott erwählt und berufen sei sowie die Befähigung dafür erhalten habe. Wenn die sog. kirchenmusikalische Erneuerungsbewegung mit ihrem besagten Anspruch verstanden

---

[3] Vgl. vor allem Götz Harbsmeier „Das Problem des Kultischen im Ev. Gottesdienst" in der „Festschrift Rudolf Bultmann" Stuttgart 1949 und „Theologie und Liturgie" in „Theologische Rundschau" 20. Jg. 1952 Heft 3 S. 271 ff.

[4] Vgl. Heinrich Vogel „Der Christ und das Schöne" Stuttgart 1947.

[5] Vgl. Jürgen Uhde „Der Dienst der Musik" Zürich 1950 Ev. Verlag Zollikon S. 24. Diese Schrift ist bezeichnenderweise als Heft 30 in den von Karl Barth herausgegebenen „Theologischen Studien" erschienen.

[6] Vgl. Friedrich Buchholz „Vom Wesen der Gregorianik" München 1948 Chr. Kaiser-Verlag S. 33 f.

werden muß als ein Ausschnitt aus den gegenwärtigen Bemühungen um die gottesdienstliche Erneuerung, dann gilt auch ihr der besonders von der dialektischen Theologie ständig erhobene Vorwurf der Flucht vor der Predigt in einen sakralen Kult, in die Ästhetik u. dergl. Es besteht in jener Theologie die Sorge, daß an Stelle der von allen Seiten erkannten unerläßlichen Notwendigkeit der Erneuerung der Predigt deren grundsätzliche Zurücksetzung treten solle. Es wird gesagt, daß alle gottesdienstliche Erneuerung immer nur wieder erfolgen könne durch die rechte Predigt selbst und daß diese in der Form der freien Kanzelrede allein als das Zentrum des Gottesdienstes angesehen werden dürfe. Zugegeben, daß es im Laufe der vergangenen Jahre zuweilen ein allzu freudiges Gestalten beim Neubau des evangelischen Gottesdienstes gegeben hat, so sollte doch jeder, der in der Frage des Gottesdienstes mitredet, das eigentliche und entscheidende Anliegen aller sog. liturgischen Erneuerungsbewegung erkennen. Das aber besteht in der Absicht, die Konsequenz aus der Überzeugung zu ziehen, daß eine intakte „Kirche des Wortes" nichts ist, wenn sie nicht von der betenden und lobenden Kirche getragen wird. Es erscheint als eine sehr gefährliche Verkennung der gegenwärtigen Predigtsituation, wenn Götz Harbsmeier völlig einseitig fordert: „Sie (die Predigt) muß recht das Gebet verkündigen als das, was es dem heidnisch-kultischen Beten gegenüber ist. Sie muß von dem rechten Singen reden"[7]. Wo besteht denn praktisch die Gefahr heidnischen Betens bei den Männern, die sich um gottesdienstliche Erneuerung in unserer Zeit bemühen? Erweist sich nicht die eigentliche Gefährdung unseres Gottesdienstes darin, daß in ihm das Gebet überhaupt zu kurz kommt, und ist daher nicht die umgekehrte Erkenntnis ungleich viel dringlicher, daß die rechte Predigt die betende Kirche voraussetzt und nur in ihr geschehen kann?[8] Hier darf keinesfalls nur in einer Bewegungsrichtung gedacht und geredet werden; vielmehr müssen wir darum wissen, daß der evangelische Gottesdienst immer aus der Polarität lebt, aus Verkündigung und Anbetung, jenen beiden Polen, die sich ständig gegenseitig bedingen, gewiß so, daß die Predigt recht beten lehrt, aber auf alle Fälle auch so, daß aus dem Gebet der Kirche rechte Predigt erwächst. Es kann daher zuweilen das Gebet sogar vor der Verkündigung genannt werden, wie es in Apostelgeschichte Kap. 6, 4 geschieht: „Wir aber wollen anhalten am Gebet und am Amt des Wortes."

3. Nicht in der Sakralisierung dessen, was man herkömmlicherweise mit Liturgie bezeichnet, droht heute eine besondere Gefahr für den evangelischen Gottesdienst, sondern — das muß einmal sehr nachdrücklich gesagt werden — in einer Verabsolutierung und Sakralisierung der Predigt! (Warum denn die ständige Erregung über die sog. liturgische Erneuerungsbewegung, während für Ungezählte, die vor der Frage des Gottesdienstbesuches stehen, das Problem Nr. 1 die Predigt ist!) Die Gefahr der Sakralisierung der Predigt erweist sich in ihrer Verabsolutierung, d. h. in der ausschließlichen Gleichsetzung von Verkündigung und Kanzelrede. Die zitierten Sätze von Friedrich Buchholz sind symptomatisch. Unternimmt es die Musik, das Wort Gottes zu interpretieren, so bedeutet das die „Einengung der Freiheit des Schriftwortes" und somit ihren Versuch, über das Wort zu herrschen; der Predigt hingegen ist die Interpretation erlaubt, ja geboten. Handelt es sich indes nicht

[7] Vgl. „Festschrift Rudolf Bultmann" S. 119.

[8] Dazu hat das im Kreuz-Verlag Stuttgart erschienene Vorbereitungsheft „Werfet euer Vertrauen nicht weg" zum Ev. Kirchentag in Hamburg im Abschnitt „Wie werden wir eine betende Kirche?" Wesentliches gesagt, vgl. S. 5 ff.

hier wie da um menschliche, wenn auch gebotene Beschäftigung mit dem Worte Gottes? Inwiefern kann der Ereignischarakter des göttlichen Wortes bei der Predigt nicht verdunkelt werden, sondern nur bei der Musik? Es bedeutet eine Sakralisierung der Predigt, wenn die Schriftauslegung des Theologen mit einem anderen (d. h. nicht mehr menschlichen) Maß gemessen wird, als die des Musikers oder Künstlers überhaupt.

4. Die Gleichsetzung von Predigt mit freier Zeugnisrede sowie mit Verkündigung beruft sich auf Röm. 10, 17. Luthers Übersetzung lautet hier bekanntlich: „So kommt nun der Glaube aus der Predigt." Jeder Theologe weiß jedoch, daß die Übersetzung zwar so lauten k a n n , aber daß ἐκ ἀκοῆς „aus dem Hören" **heißt**, wie denn auch tatsächlich in den Artikeln 4, 12 und 13 der Apologie steht: „Der Glaube kommt aus dem Gehör." Die Konkordienformel fügt zu „Gehör" noch „Gottes Worts" hinzu. Bleibt es somit eine offene Frage, ob an der betreffenden Stelle überhaupt „Predigt" übersetzt werden darf, so ist erst recht nicht gesagt, ob der Begriff Predigt gleichbedeutend ist mit der freien, das Wort Gottes bezeugenden und auslegenden Rede des Pfarrers auf der Kanzel. Luther hat gewiß in erster Linie daran gedacht; aber ein weiter unten folgendes Zitat sagt uns auch eindeutig, daß er keinesfalls eine absolute, ausschließliche Gleichsetzung von Predigt und Kanzelrede vollzogen hat, wie es heute ständig geschieht. Diese Einengung des Begriffes Predigt, die Einschränkung der Verkündigung auf sie im so verstandenen Sinn, ist weder neutestamentlich (was wir ebenfalls weiter unten belegen werden) noch reformatorisch. Sie hat die doppelte Folge der Intellektualisierung des evangelischen Gottesdienstes, die dann zumal eintreten muß, wenn die notwendige Polarität des Gottesdienstes verkannt wird, sowie der Überbürdung des Pfarrers mit einer Last, die dieser niemals zu tragen vermag. Diese geschichtliche Erfahrung sollte der Protestantismus sich endlich vor Augen stellen. Von der Verabsolutierung und Sakralisierung der Predigt her kann deren Erneuerung niemals erfolgen.

5. Das gegenwärtige Predigtverständnis übersieht weithin, daß auch die Predigt immer nur menschlicher Umgang mit dem Wort Gottes und menschliches Bemühen mit ihm sein kann; denn auch die Predigt verfügt nicht über den göttlichen Logos selbst, der uns zunächst nur zugänglich ist in dem aufgezeichneten Wort der Schrift, das bereits ein irdenes Gefäß ist. Wieviel mehr ist dies die Predigt, die sich nun ihrerseits wieder um das rechte Verständnis und die rechte Auslegung der Schrift bemühen muß! Wir sagen zwar, daß in der Predigt das Wort Gottes verkündigt werden soll, und doch tritt uns dieses nicht durch den bloßen Vollzug der Predigt gegenüber. Weder die Theologie, auf der eine jede Predigt gründet, noch geschweige denn die Rhetorik, deren sie sich als Gestaltungsmittel ständig bedienen muß, kann mit dem Worte Gottes selbst gleichgesetzt werden; denn beides ist menschliches Werk und also irdenes Gefäß. Die Verheißung der Predigt wie aller Verkündigung liegt allein in ihrer Bezugnahme auf das Wort Gottes und in der zugesagten Hilfe des heiligen Geistes, der sich unserer Rede in mannigfaltigen Formen bedienen will. Er bewirkt es, daß unser Verkündigen, wo und wann er will, zum *Sacramentum* (vgl. Abschnitt III) wird und nicht der bloße menschliche Vollzug.

6. Daß das Neue Testament andere Verkündigungsformen neben der kerygmatischen Rede als selbstverständlich angenommen hat, geht aus Eph. 5, 9 hervor; ob man auch Kol. 3, 16 anführen darf, mag dahingestellt bleiben, da es nicht sicher ist, ob der Imperativ „vermahnet" wirklich zu den Worten „mit Psalmen und Lobgesängen ..." gehört. Hinzuweisen ist aber noch auf 1. Kor. 14, 20.

Dieser Vers besagt deutlich, daß das rechte Lied, obwohl es doch auf Gott gerichtet ist, zugleich eine Richtung auf die Gemeinde hat und zu ihrer Erbauung dient, d. h. also Verkündigungscharakter hat. Hier gibt es für Paulus sozusagen gar kein Problem, während die heutige ausschließliche Gleichsetzung von Verkündigung, Predigt und Kanzelrede — man verzeihe mir den Ausdruck — als eine theologische Verkrampfung erscheint, der die geschichtliche Wirklichkeit widerspricht. Vielmehr muß gesagt werden: Alle Ausdrucks- und Darstellungsmittel (und das sind doch die künstlerischen Gestaltungsmöglichkeiten, die Dichtung, das Schauspiel, die Musik, die Graphik, die Malerei, die Plastik und die Baukunst) sind verheißungsvolle Möglichkeiten der Verkündigung, sofern sie sich nicht — das ist selbstverständlich unabdingbare Voraussetzung, die nicht in Frage steht — um ihrer selbst, sondern um der Verkündigung des Wortes willen betätigen. Es kann hier nicht zur Erörterung stehen, wie dies für alle einzelnen Gebiete möglich ist (das Problem der sachgemäßen, d. h. dem Worte Gottes voll Rechnung tragenden Verkündigungsgestalt bleibt immer bis zu einem gewissen Grade offen); lediglich im Hinblick auf die Musik soll diese Frage weiter unten erörtert werden. Nehmen wir daher hier nur die Zweckbestimmung „christlicher Kunst" aus dem Munde eines Malers und Bildhauers der Gegenwart zur Kenntnis: „Christliche Kunst ist Kunst im Dienste des Gotteswortes ... Jedes christliche Bild ist zwangsläufig Exegese des Bibeltextes, den es darstellt"[9]. Es steht dem Theologen nicht zu,

[9] Helmuth Uhrig in seinem sehr beachtenswerten Aufsatz „Von den drei Aufgaben christlicher Kunst" im „Almanach für das Jahr des Herrn 1953" Hamburg Fr. Wittig-Verlag S. 83. — Jüngst hat Karl Halaski in der „Reformierten Kirchenzeitung" (94. Jg. Nr. 16) Folgendes ausgeführt: „Natürlich haben die Männer von Bossey richtig erklärt, daß mit dem Bilderverbot auch jene ideologischen Bilder gerichtet sind, die wir uns in unsern Gedanken und Herzen machen." (Gemeint ist die Stellungnahme der Konferenz des Ökumenischen Instituts in Bossey über Kunst und Kirche zu der kurz vorher erfolgten Verlautbarung des Moderamens des Reformierten Bundes zum zweiten Gebot, vgl. „Musik und Kirche" 23. Jg. 1953 Seite 101.) „Aber sie haben übersehen, daß uns zwar geboten ist zu predigen — aber nicht zu malen. Das Wort kann nicht eindeutig, und es kann sogar falsch sein, die Kunst aber hat ihr Wesen in der Form und kann nie eindeutig sein." Wer so über Kunst redet, der muß sich — auch wenn es sich um deren Verhältnis zum Worte Gottes handelt, oder gerade dann — sagen lassen, daß es um seine Einsicht in das Wesen der Kunst schlecht bestellt ist. Das wäre für einen Theologen vielleicht von nicht besonderer Bedeutung, wenn sich dieser Mangel nicht auch auf das Predigtverständnis auswirkte. Der Satz, daß es uns zwar geboten sei zu predigen, aber nicht zu malen, verrät Halaskis Unerfahrenheit in den mannigfaltigen künstlerischen Möglichkeiten, eindeutig zu r e d e n. Oder sind Luthers Gesangbuchverse oder Matthias Grünewalds Isenheimer Altar in ihren künstlerischen Aussagen etwa nicht eindeutig, auch wenn die Möglichkeit besteht, solche Werke nur ästhetisch zu nehmen? Ist nicht die Predigt in der Form der Kanzelrede im weiteren Sinne des Wortes auch eine menschliche Kunst, die man ebenso von der Rhetorik und Stilistik her lediglich ästhetisch aufnehmen kann und wahrscheinlich häufig genug nimmt? Es sollte doch nicht angängig sein, über das Verhältnis von Gehalt und Gestalt, von Form und Inhalt in der Kunst so wenig zu wissen, als es bei K. Halaski hier der Fall ist, auch dann, wenn es sich um das fleischgewordene Wort Gottes handelt. Und wenn er weiter sagt, daß christliche Kunst ein „Unding" sei, dann ist das aus der Studierstube heraus gesprochen, aber nicht aus der lebendigen Kirche Jesu Christi. Allerdings versteht niemand von uns unter „christlicher Kunst" eine zuständliche sakrale, besondere christliche Qualität mit einem geheimen *character indelebilis*, sondern nichts anderes als das ganz einfache, schlichte und selbstverständliche Bemühen eines Künstlers, sein Können in den Dienst dessen zu stellen, der ihm seine Gaben verliehen hat, und das darf nach den Möglichkeiten, die Gott dem Menschen gegeben hat, heißen: in den Dienst seines Wortes. Warum um eine natürliche und selbstverständliche Sache so viel weltfremde Problematik! Wir halten es für schwer vertretbar,

die Möglichkeit der Verkündigung dem Künstler abzustreiten oder gar groteskerweise hier eine Überschreitung des 2. Gebotes zu behaupten. Er hat sich vielmehr von der Geschichte über die tatsächlichen Verkündigungsformen belehren zu lassen und hat das (doch wohl von Gott gegebene) Anrecht des Künstlers darauf, in den Dienst der Verkündigung eintreten zu dürfen, mit Dankbarkeit zu achten; es sei denn, die Kirche wolle den Dienst der Künste verschmähen und sich dadurch deren zwangsläufiger Säkularisierung schuldig machen. Will jemand bezweifeln, daß Rembrandt mit seinem Hundertguldenblatt Bibelexegese und also Verkündigung betrieben hat und daß die Betrachtung eines solchen Bildes gerade heute manch einem Menschen mehr sagt und ihn dem Worte Gottes näher bringt als viele gehörte Predigten? Sollten wir Theologen nicht froh sein über jede Entlastung und jeden Helferdienst, den wir durch die Wirksamkeit auf andern Verkündigungswegen erfahren, um miteinander unseren Dienst um so besser tun zu können? Wer der Kunst die Fähigkeit und d. h. die Berufung zur Verkündigung abspricht, redet wie der Blinde von der Farbe.

## II.

1. Mit dem bisher Gesagten ist keineswegs ausgeschlossen, daß die Predigt als freie Zeugnisrede innerhalb der mancherlei Verkündigungsmöglichkeiten und -formen ihre besondere und hervorragende Stellung hat. Diese im Vergleich zu den andern zu bestimmen, anstatt eine vorschnelle und ausschließliche Gleichsetzung von Predigt und Verkündigung zu vollziehen, erscheint heute als eine sehr vordringliche Aufgabe. Die Bestimmung lautet: Das gesprochene Wort hat in der christlichen Verkündigung zwar das P r i m a t , wie es Wilhelm Stählin einmal gesprächsweise bezeichnet hat; aber Primat bedeutet nicht Monopol. Das will besagen: Das gesprochene Wort ist im Hinblick darauf, daß Gott durch Jesus Christus in menschlicher Sprache zu uns Menschen geredet hat, daß Gottes Menschwerdung, Jesu Leben, Leiden, Sterben und Auferstehung ein Stück Geschichte darstellen, das Nächstliegende; denn der Kirche ist die Botschaft hiervon zum Weitersagen aufgetragen, also hat sie etwas zu berichten, zu erklären und mit Worten auszuführen. Das erfordert Gedankenarbeit, die gewiß in der Rede der Gemeinde stets in erster Linie nahe gebracht wird. Es besteht darum auch niemals ein Dissensus über die Unaufgebbarkeit der Predigt im evangelischen Gottesdienst. Ist das gesprochene Wort die nächstliegende Form der Verkündigung, dann heißt das aber nicht, daß es deren einzige Möglichkeit sei. Können wir uns die Verkündigung der „großen Taten Gottes“ im Ernst nur gesprochen vorstellen?

2. Jedoch an einem zentralen Punkt der christlichen Botschaft erscheint das gesprochene Wort nicht nur am natürlichsten, sondern auch am sachgemäßesten. Allerdings wäre auch hier nicht von einer einzigen, ausschließlichen Möglichkeit zu reden. Es handelt sich um die Ausführung der göttlichen Vollmacht, zu vergeben und zu verdammen (vgl. Matth. 16, 9 und 18, 17). Da, wo ein Richterspruch gefällt wird, da kommt schwerlich etwas anderes als das gesprochene Wort in der persönlichen Anrede in Betracht. Indes wird hier ebenfalls deutlich, daß christliche Verkündigung nicht gleichbedeutend sein muß mit freier Zeugnisrede in der Gestalt der Predigt des Pfarrers. Wird nicht die Vergebung oder auch das Gerichtswort

---

wenn von seiten der Theologen so sachunkundig und darum auch theologisch fragwürdig zu diesem Problemkreis das Wort ergriffen wird. — Den Ausführungen K. Halaskis gegenüber bedeutet ein eben erschienener Aufsatz von Helmut Gollwitzer „Der Gestalt gewordene Logos“ („Zeitwende“ 4. Jg. Heft 8 S. 89 ff.) eine große und fördernde Hilfe.

genau so sachgemäß, ja oft entscheidender im seelsorgerlichen Gespräch oder durch die agendarische Formel im Beichtgottesdienst im Anschluß an die Beichtfragen gesagt? Das Primat des gesprochenen Wortes bezieht sich daher nicht ausschließlich auf die Predigt als Kanzelrede.

3. Dort, wo man statt eines Primats ein Monopol des gesprochenen Wortes als einzige Form der Verkündigung meint, wird als Hauptargument gegen jede andere Verkündigungsmöglichkeit gesagt: Nur die Rede, die persönliche Anrede „konfrontiere" (G. Harbsmeier) mit dem Wort Gottes, nur sie könne in die Entscheidung rufen. Bei allen anderen vermeintlichen Verkündigungsformen trete die Gestalt viel zu sehr in den Vordergrund, als daß das Wort zur genügenden Geltung kommen könnte. Dieses erscheine dann zu unverbindlich, nicht persönlich fordernd genug, und vor allem nicht eindeutig. Darauf ist zu antworten: Das ist eine theologische Konstruktion, hinter der keine Erfahrung steht. Es macht sich hier verhängnisvoll die Isolierung theologischer Denkarbeit vom natürlichen Leben bemerkbar. Niemand wird z. B. so reden können, der von eigener Betätigung her weiß, was rechtes Singen ist und welche Wirkung es haben kann. Es wird nicht bestritten, daß die Gestalt in der christlichen Kunst von der ständigen Gefahr begleitet ist, um ihrer selbst und der Ästhetik willen wichtiger genommen zu werden als das Wort, das sie umgibt. Es ist jedoch eine folgenschwere Verkennung, zu übersehen, daß sich die Predigt da in der völlig gleichen Lage befindet, nur daß bei ihr vielleicht seltener die schöne Form, etwa in der Gestalt einer glänzenden Rhetorik, hemmend wirkt, sondern häufiger die schlechte Gestalt, das unschöne Gefäß etwa in Form eines abstoßenden Kanzelpathos oder der Langeweile oder der Lebensferne und Blutleere. Sollte man dann nicht immer noch lieber in Kauf nehmen, daß manche Menschen um der Musik willen zur Kirche kommen, anstatt daß diese die Gottesdienste um der Predigt willen überhaupt meiden? Bleibt hier doch noch die Verheißung, daß das Wort Gottes stärker ist als das ästhetische Verlangen der Menschen. Wollte aber jemand sagen, solches Fernbleiben sei im Grunde ein Ausweichen vor der Konfrontierung mit dem Wort, vor der Entscheidung, dann meine ich, darüber zu urteilen stünde uns nicht zu und wäre wohl ein Ausweichen von uns Theologen vor der Einsicht in die tatsächliche Lage.

4. Eine sehr grundsätzliche Frage, die sich bei dem besagten Einwand, nur die Predigt rufe in die Entscheidung, ergibt, lautet: Ist die darin zum Ausdruck kommende Zweckbestimmung der christlichen Verkündigung ausreichend, ist sie nicht einseitig, indem sie mehr Gesetz als Evangelium meint? Kann der Glaube nicht auch gerade dadurch erweckt werden, daß „die großen Taten Gottes" gepriesen werden und Christus in aller Freudigkeit vor der Welt bekannt wird? Fehlt nicht jener Zielsetzung, wenn sie ausschließlich gelten soll, etwas von der fröhlichen Freiheit der Kinder Gottes, und ist es nicht gerade diese Fröhlichkeit, diese Wesensseite des christlichen Glaubens, die unwillkürlich noch nach anderen Verkündigungsformen greift, um die frohe Botschaft vor der Welt recht deutlich werden zu lassen?

5. Zwei weitere Argumente werden für das Predigtmonopol angeführt: erstens, nur die Rede vermöge das Wort Gottes auszulegen und d. h. gedankliche Arbeit zu leisten, und zweitens, nur sie könne die für die Verkündigung notwendige allgemeine Verständlichkeit erreichen. Auf beide Argumente werden wir bei der unten folgenden näheren Untersuchung über das Verhältnis von gesprochenem und gesungenem Wort Gottes zurückkommen müssen. Erinnert sei hier nur an die oben zitierten Sätze von H. Uhrig!

## III.

1. Kennzeichnend für die theologische Monopolisierung der Predigt ist – in falscher Auswertung von Luthers bekanntem Wort aus der Einweihungspredigt der Torgauer Schloßkirche von 1544 – die Aufteilung des Gottesdienstes in einen Verkündigungs- und Anbetungsteil, wobei ersterer lediglich durch die Predigt betritten werde. Daß damit Luthers Auffassung vom Gottesdienst widersprochen wird, braucht angesichts der Fülle von vorliegenden Untersuchungen (man vergleiche besonders die Forschungsarbeit von Th. Knolle!) nicht besonders nachgewiesen zu werden. Aber auch auf Calvin kann sich dieser Standpunkt nicht berufen, wie sich später noch zeigen wird. Nicht nur die gottesdienstlichen Lesungen sind ureigenste Verkündigung, auch Lieder und Gebete sind es, wie umgekehrt jede rechte Predigt zugleich Lobpreis und Anbetung ist. Im Konkordienbuch ist das deutlich gemacht durch die Anwendung der beiden Begriffe *sacramentum* und *sacrificium*. Gottes Reden mit uns, wie es durch Predigt und Sakrament erfolgen soll (auf beides findet daher das Wort *sacramentum* Anwendung), erscheint in dem von Menschen ausgeführten gottesdienstlichen Vollzug immer zugleich als Lobopfer *(sacrificium)*. Dasselbe gilt umgekehrt von den Gebetsstücken. Verkündigung und Anbetung durchdringen, ungeachtet dessen, daß die eine oder die andere Seite im Gottesdienst eigentlich beabsichtigt ist, einander ständig. Es ist gewiß ein großer Gewinn, wenn heute weithin die „Rühmung" Gottes (diesen Ausdruck gebraucht vor allem Heinrich Vogel in Anknüpfung an Rilke) wieder als vollwertige Aufgabe des Gottesdienstes angesehen wird und damit die altprotestantische, vor allem in reformierten Agenden vollzogene Gleichsetzung der Begriffe Gottesdienst und Predigt aufgegeben ist. Indes, d i e Einsicht hat sich noch nicht durchgesetzt, daß beide, Rühmung und Verkündigung, in ständiger Verknüpfung sich durch den ganzen Gottesdienst hindurchziehen, wenn auch gewiß mit jeweils verschiedener Gewichtsverteilung in den einzelnen Stücken. Kein Gebet, das nicht immer auch Verkündigung wäre, aber auch keine rechte Predigt, die nicht Gott lobte! Und dementsprechend „ist schon mancher durch ein Lied bekehrt worden, und mancher hat durch die Predigt das Lob Gottes gelernt" (Christhard Mahrenholz).

2. Jedes rechte Gebet – sei es ein fest formuliertes oder frei gesprochenes – ist die Frucht christlicher Glaubenserkenntnis und hat darum immer auch kerygmatischen Charakter. Die Gestalt der gottesdienstlichen Kollekte macht das in vielen Fällen durch einen auf die Anrede folgenden Relativsatz, der bestimmte Glaubensaussagen enthält, deutlich. Erst danach folgt das eigentliche Gebetsanliegen. Das grundsätzlich Gleiche gilt vom gottesdienstlichen Lied, vor allem von dem Gebetbuch der Kirche, dem Psalter. Weil dieser Christi Gebetbuch war, weil die Psalmen also Christi Stimme enthalten, aber weil sie auch – christlich verstanden – über ihn reden oder wir durch sie ihn anreden, darum ist das Psalmenbuch für die Kirche Gottes Wort. So sind die Psalmen nicht nur menschliche Gebete, sondern zugleich eingebettet in Aussagen über Gott und darum ureigenste Verkündigung. Die Klassizität des reformatorischen Liedes im Rahmen des Evangelischen Gesangbuchs besteht demzufolge darin, daß es weithin nach dem Vorbild der Psalmen geschaffen und darum Gebet und gereimte Verkündigung in einem ist. Wie anders sollen wir etwa Luthers Worte verstehen: „Des ewgen Vaters einig Kind / jetzt man in der Krippen find; / in unser armes Fleisch und Blut / verkleidet sich das ewig Gut, Kyrieleis"? Und hat nicht Calvin gerade darum lediglich das Psalmlied im Gottes-

dienst gelten lassen, damit die Gemeinde nichts anderes in ihm sänge als eben Gottes Wort selbst? Hat er damit nicht am allerstärksten die Unzertrennlichkeit von Anbetung und Verkündigung im Lied dokumentiert? Es sollte keines Hinweises bedürfen, daß auch das verkündigende Lied tatsächlich mit dem Wort Gottes „konfrontiert" und in die Entscheidung stellt, eben darum, weil es aus dem Wort Gottes lebt. Wer es z. B. gewohnt ist, und sei es nur in einiger Regelmäßigkeit, mit den Worten: „Daß wir Dich stets vor Augen han / in allem, das wir heben an" umzugehen, der steht hier überhaupt nicht vor einer Frage.

3. Wie aber verhält sich nun die formulierte Verkündigung, wie sie uns im agendarischen Gebet, im Glaubensbekenntnis und im Lied der Kirche begegnet, zur freien Zeugnisrede? Nicht so, daß eins das andere ausschließt, wohl aber in der Weise, daß jedes seine besondere Funktion hat. Die Predigt redet als Zeugnis von der Offenbarung Gottes in Jesus Christus, wie es uns in der Schrift überkommen ist, den Hörer in seiner jeweiligen Lage an. Das formulierte Gebet oder Lied ist demgegenüber die überzeitliche Stimme der Kirche in besonders gültiger Ausprägung, deren Aufgabe es ist, mit der vielfachen Wiederkehr und der ständigen Wiederholung das Wort Gottes besonders einprägsam zu machen. Daß feststehender Wortlaut zur toten Formel werden kann, wissen wir alle; aber wird er dadurch überflüssig und die künstlerisch geformte und gestaltete Verkündigung gegenstandslos? Wer wüßte nicht um den Sinn der ständigen Wiederkehr feststehender Texte, die sich dadurch uns immer tiefer einprägen, mit uns gehen und in uns arbeiten können!

## IV.

1. Hatten wir im vorigen Abschnitt bereits vom kerygmatischen Charakter des Liedes als geformtes Gebet und geformte Verkündigung gesprochen, so können wir uns nun der Hauptfrage nach dem Verhältnis von gesungenem und gesprochenem Wort Gottes zuwenden. Wir meinen damit einen Vergleich der Verschiedenheit der irdenen Gefäße, deren sich die Verkündigung in beiden Fällen bedient. Den hier vorliegenden Unterschied begreifen wir am besten, wenn wir zunächst daran erinnern, daß Luther wiederholt das Begriffspaar „singen und sagen", das aus der altenglischen und mittelalterlichen deutschen Geistlichensprache herrührt[10], gebraucht hat. Es besagt, daß wir es bei diesen beiden Verben nicht mit Gegensätzen, sondern mit verwandten Betätigungen zu tun haben. Verwandt sind sie deshalb, weil es sich hier wie da nur um zwei verschiedene Arten des Lautwerdens und des Erklingens der menschlichen Sprache handelt. Beide haben gemeinsam, daß sie eine wesenhafte Klanglichkeit haben. Luther gebraucht im Anschluß an mittelalterliche Anschauungen das Wort *musica* in einem universalen Sinne. Es gehört für ihn zu den großen Wundern der Schöpfung, daß mancherlei Kreaturen Klänge hervorbringen und daher ihre „Musik" haben. „Diese Kunst ist von Anfang der Welt allen und jeglichen Kreaturen von Gott gegeben und von Anfang mit allem geschaffen." „Nichten, nichts in der Welt ist, das nicht einen Schall und Laut von sich gebe; alles Geschaffene hat seine *musica*"[11]. Luther denkt

[10] Vgl. W. Gurlitt „Zur Bedeutungsgeschichte von *musicus* und *cantor* bei Isidor von Sevilla" in „Abhandlungen der geistes- und sozialwissenschaftlichen Klasse der Mainzer Akademie der Wissenschaften und der Literatur" Jahrgang 1950, Nr. 7 S. 555.

[11] Vgl. hierzu A. D. Müller „Musik als Problem lutherischer Gottesdienstgestaltung" Berlin 1947 Ev. Verlagsanstalt S. 10.

hier an die Tiere, insonderheit an die Vögel, aber auch z. B. an die scheinbar stumme Luft, die jedoch in Wind und Sturm zum Erklingen kommt. Diese Universalität des Klingens mit seiner Fähigkeit, sich wahrnehmbar zu machen, ist ein Zeugnis von Gottes Macht, das durch sein bloßes Dasein dessen Lob verkündet (vergl. Psalm 148). Der Gipfel der Musik ist die, die der Mensch mit Hilfe seiner Sprache betreibt. Hier erscheint bereits der Klang des bloßen Sprechens als Musik. Daher ist der Unterschied zwischen „singen und sagen" kein grundsätzlich wesenhafter, sondern ein gradueller. Er besteht darin, daß beim Sprechen Tonhöhe und Zeitmaß unreguliert bleiben, während das Singen sich in festgelegten Tonfolgen und bestimmten Rhythmen vollzieht[12]. Wenn man beobachtet, daß die durchschnittliche Höhe des Sprechtones um mehrere Töne tiefer liegt als die mittlere eines gesungenen Liedes, dann darf man das Singen in seiner ursprünglichsten Form als ein Sprechen mit erhobener Stimme bezeichnen. Wir können diesen Sachverhalt am besten in manchen älteren Volks- und Kinderliedern beobachten. Ja, es gibt sogar ausgesprochene Übergangs- und Zwischenformen zwischen Singen und Sagen. Dazu gehört das Sprechen auf einem Ton mit etwas erhobener Stimme, d. h. also auf einem gegenüber dem Sprechton höheren Ton. Ferner sind hier vor allem mancherlei Rufe (z. B. Kinderrufe, die Rufe nach dem Fährmann, die des Händlers auf der Straße usw.) zu nennen. Das Sprechen auf einem Ton ergibt sich dort oft ganz natürlich und unwillkürlich, wo mehrere oder viele Menschen gemeinsam etwas zu sagen haben (z. B. Schulklassen). Rufe auf bestimmten Tönen erhöhen die Vernehmbarkeit, denn der erhobene, gesungene Ton hat eine größere und natürlichere Tragfähigkeit als der gesprochene. Das eigentliche Singen entspringt freilich nicht nur und nicht einmal immer einer besonderen Extensität, sondern vor allem einer größeren Intensität des Klanges, zumeist bei einem spontanen Aussprachebedürfnis. So gehört zur Urfunktion des Singens das unmittelbare, absichtlose, es sei denn lediglich mitteilsame, aber nicht ichbezogene und Eindruck hervorrufen wollende, sondern geradezu selbstvergessene Sichaussingen.

2. Von dieser allgemeinen Bestimmung des Singens im Unterschied zum Sprechen her erklärt sich das gottesdienstliche Singen, wie es die christliche Kirche von ihrer Anfangszeit an geübt hat, nämlich das rezitierende Singen des Liturgen sowie der Gemeindegesang in seinen mancherlei Formen, zunächst als die Folge einer natürlichen Zweckmäßigkeit. Wenn der Wechselgruß vom Pfarrer etwa in folgender Form gesungen wurde und noch wird,

dann ist das nichts anderes als ein Sprechen mit erhobener Stimme, um das Wort auf natürlichste Weise tragfähiger und d. h. vernehmbarer zu machen. Für die Gemeinde aber ergibt sich die gesungene Antwort aus der einfachen Tatsache, daß die natürliche Form gemeinsamen Sprechens das Singen ist; denn Singen als Sprechen auf regulierter Tonhöhe faßt viele Stimmen zur Einheit und Gemeinsamkeit zusammen. Gemeinsames Sprechen im Gottesdienst (etwa des Glaubensbekenntnisses

[12] Diese und die folgenden Gesichtspunkte habe ich ausführlicher behandelt in meinem Aufsatz „Singen und Sprechen im Gottesdienst", vgl. „Musik und Kirche" 21. Jg. 1951 S. 261 ff.

oder des Vaterunsers) hat immer etwas Chaotisches an sich und ist unnatürlich; denn dabei redet der eine lauter, der andere leiser, der eine höher, der andere tiefer, der eine schneller, der andere langsamer, so daß keine wirkliche Gemeinsamkeit zustande kommen kann. Darüber hinaus hat freilich vor allem das Singen der Gemeinde noch eine grundsätzlichere Bedeutung als die lediglich natürlicher Zweckmäßigkeit; denn es handelt sich dabei um die rechte Äußerung der Gemeinde, deren Antwort und Widerhall das an sie ergehende Wort der Offenbarung in Jesus Christus fordert. Ja, die Versammlung der von Christus begründeten Gemeinde ist der rechte und eigentliche Ort für die Anstimmung des göttlichen Lobpreises. Daher sagt Augustin: „*Etenim laudamus modo in ecclesia, quando congregamur; cum quisque discedit ad propria, quasi cessat laudare Deum*“ [13]. Wenn das Singen die gegebene Form gemeinsamen erhöhten Sprechens ist, dann empfängt es seine eigentlichste Bestimmung im Lobgesang der christlichen Gemeinde, in der es — recht geübt — zur sinnbildlichen Erfüllung des paulinischen Wunsches gemäß Römer 15, 5 f. wird: „Der Gott aber der Geduld und des Trostes gebe euch, daß ihr einerlei gesinnt seid untereinander nach Jesu Christo, auf daß ihr einmütig mit einem Mund lobet Gott und den Vater unseres Herrn Jesu Christi.“ Damit ist das Singen der Gemeinde vom Wort der Offenbarung her gefordert und unzertrennlich mit ihm verbunden.

3. Wenn die Besonderheit, der qualitative Unterschied des Singens gegenüber dem Sagen also darin liegt, daß es die Äußerungsform einer besonderen inneren Bewegung ist, dann handelt es sich beim gottesdienstlichen Gemeindegesang um das Bewegtsein des Herzens vom Worte Gottes, das den ganzen Menschen angeht und erfaßt. Die Gemeinde singt nicht nur, um ihr Lob gemeinsam verrichten zu können, sondern sie singt auch, weil sie als Gemeinde von Gott angeredet und von ihm berührt ist; sie singt, wenn sie recht singt, aus „pneumatischer Ergriffenheit“ [14]. Es ist der heilige Geist selbst, der durch das Wort der Gnade die Christenheit zum Singen bringt; darum sind deren Gesänge — wiederum sofern sie recht sind — notwendig „geistliche“ (pneumatische), d. h. im Vollsinn des Wortes von dem heiligen Geist gewirkte Lieder (vgl. Eph. 5, 19 und Kol. 3, 16). Ihr Singen verbindet sie daher mit dem ewigen Lobgesang der Engel vor Gottes Thron; es ist eine Vorahnung und eine gewisse Vorausnahme, ein Abglanz der himmlischen Welt. Das Singen der Gemeinde Jesu Christi steht darum — recht verstanden — immer in einem eschatologischen Lichte.

4. Solches Singen als unmittelbare Äußerung einer Herzensbewegung scheint nun allein Gott zugewandt zu sein; aber es zeigt sich, daß es seinerseits eine Bewegungsmacht hat, die das menschliche Herz zu berühren (nicht zu rühren im romantisierenden, sentimentalen Sinne, das geschieht nur im Mißbrauch der Musik) und zu bewegen vermag. Es gehört solche zweifache Bewegungsrichtung als Ausdruck und Wirkung zu jeder musikalischen Betätigung, die vom Menschen ausgeht und zugleich auf ihn zuführt. Das ist auch dann der Fall, wenn der Mensch mit seinem Singen (oder auch einer sonstigen musikalischen Betätigung) gar nicht die Absicht hat, dieses für Menschen zu tun. Aber weil Musik immer nur in sinnlich wahrnehmbarer Gestalt Wirklichkeit wird, ganz einfach, weil sie gehört wird, darum nimmt sie stets auch eine Bewegungsrichtung auf den Menschen hin, und sei es nur die rück-

[13] Vgl. H. Hüschens Artikel „Augustinus“ in MGG I Sp. 854.
[14] Vgl. A. D. Müller a. a. O. S. 15 ff.

läufige auf den einsamen Sänger und Spieler selbst. Auch diese andere Wesensseite des Singens wie aller Musik will dem Evangelium in der Welt dienen. Wenn nach A. D. Müller das Singen geradezu „nach dem Wort des Evangeliums verlangt“[15], dann darum, weil die Bewegung des Herzens, die das Evangelium im Menschen hervorruft, das Singen als ihre Äußerungsform seiner eigentlichsten Bestimmung und schönsten Betätigung zuführt; denn es ist die Freude und ist der Dank, die das vom Evangelium ergriffene Menschenherz bewegen. Freilich werden die Apostel genau so wie die Kirchenväter und Reformatoren darum gewußt haben, daß es auch Klage- und Sehnsuchtslieder wie auch Trauergesänge gibt; jedoch erfüllen diese alle nicht den letzten Sinn des Singens. Das tut allein das Evangelium als frohe Botschaft; denn Evangelium heißt „gute Botschaft, gute Mär, gute neue Zeitung, gut Geschrei, davon man singet, saget und fröhlich ist“[16]. So erscheint das Singen als ein unvergleichliches Organ für die Verbreitung des Evangeliums in der Welt. Als solches leitet es das Wort der Gnade, der Freude und des Dankes aus Herz und Mund heraus und wieder, auch wenn es ganz auf Gott gerichtet ist, auf das Menschenherz zu; denn durch sein Erklingen macht es sich, wie gesagt, dem Menschen wahrnehmbar und bekommt somit kerygmatische Bedeutung.

5. Hierbei wird eine weitere Wesensseite des Singens deutlich, die dieses merkbar unterscheidet vom bloßen Sprechen. Das Singen hat (wie alle Musik beim rechten Gebrauch) eine irrationale Tiefenwirkung, die der bloßen, mehr das Gedankliche hervorkehrenden Rede nicht in dem Maße eigen ist. Machen wir uns einer fragwürdigen religionspsychologischen Betrachtungsweise verdächtig, wenn wir diese Feststellung positiv hervorheben? Doch auch hier ist der Unterschied zwischen Gesang und Rede kein grundsätzlicher, sondern nur ein gradueller; denn auch von dieser sagt man zuweilen: der Ton macht die Musik, d. h. ein und dieselben Worte können ganz Verschiedenes aussagen, je nach dem Unterton, dem Tonfall, in dem sie gesprochen werden. Auch Rede hat ihren Klang, um mit Luther zu reden, ihre Musik; auch ihr haftet darum oft etwas Unberechenbares an. Man könnte ferner darauf hinweisen, daß recht vorgetragenes, gesprochenes Wort eine Eindringlichkeit sondergleichen zu haben vermag. Jedoch ist bei dieser Überlegung mit Nachdruck vor der Meinung zu warnen, als vermöge je und dann beim Sprechen *und* Singen des Wortes Gottes die Absicht des Menschen irgendeine Gewähr für die Wirkung seines Tuns zu geben. Wenn von Jesus berichtet wird, daß er „gewaltig“ predigte (vgl. Matth. 7, 21, Mc. 1, 32 und Luk. 4, 32), dann bezieht sich das nicht auf die klangliche und sinnliche Erscheinungsform seiner Rede, sondern auf die göttliche Gewalt, d. h. die Vollmacht, die ihr innewohnte. Gott vermag freilich, auf jederlei Weise Menschen anzureden; aber es liegt nun einmal nach seiner Schöpferweisheit im Wesen des gesungenen Wortes beschlossen, daß dieses gegenüber dem gesprochenen auf Grund des Wesens der Musik in seiner besonderen Weise sein heiliges Wort dem Menschen nahezubringen und dadurch die Herzen zu bewegen und gar zu regieren berufen ist. Dabei handelt es sich keinesfalls um eine bloße Erzeugung von Stimmung; ein Rückfall in irgendeine Form des Romantisierens ist hier ausgeschlossen. Allerdings steht die getroffene Feststellung von einer Tiefenwirkung der Musik der Ansicht, daß die vorwiegend rationale (gemeint ist natürlich nicht rationalistische) Predigt allein zum von Gott erwählten Werkzeug der Verkündigung seines Wortes

---

[15] Vgl. A. D. Müller a. a. O. S. 11.

[16] Vgl. Vorrede zum Neuen Testament vom September 1522. Zu Luthers Musikanschauung siehe Chr. Mahrenholz „Luther und die Musik“ Kassel 1937 Bärenreiter.

bestimmt sei, entgegen. Eine solche Auffassung durchdenkt das Geschehnis der Menschwerdung Gottes nicht in seiner ganzen Weite und Auswirkung; denn der Mensch „vernimmt" eben nicht allein durch das gesprochene Wort, sondern auch durch das gesungene, und er vernimmt in jedem Falle verschieden. Es handelt sich bei der besonderen Wirkung des gesungenen Wortes gegenüber dem gesprochenen auch nicht um eine verkappte Magie, um eine — sozusagen — zwangsläufig funktionierende Wirkung, so daß diese doch letzten Endes auf einer besonderen Kraft der Musik und nicht des Wortes beruht; vielmehr kann auch das Singen in seiner Besonderheit nur ein von Gott berufenes Organ und Gefäß S e i n e r Wirkung und S e i n e s durch das Wort wirkenden heiligen Geistes sein, darin sich in nichts unterscheidend von der Predigt, deren echte Wirkung sich ebensowenig automatisch vollzieht. Immer ist das Singen als gesungenes Wort Gottes nur dessen Organ und daher daran gebunden und ohne dieses für den Gottesdienst bedeutungslos.

6. Worin besteht die mögliche irrationale Tiefenwirkung des Singens, darin sich dessen Besonderheit gegenüber dem gesprochenen Wort erweist? Augustinus hat sie mit dem Verbum *„eliquare"*, d. h. „seihen", beschrieben. Er berichtet in seinen Confessiones: *„(Per musicam) eliquabatur veritas in cor meum et exaestuabat inde affectus pietatis"*. Wir können diesen Satz folgendermaßen etwas frei wiedergeben: „Die Wahrheit wurde (scil. durch die Gesänge der Kirche) in mein Herz filtriert, und es wogte von daher die innere Bewegung der Frömmigkeit auf". Calvin redet (sehr wahrscheinlich im Anschluß an Augustinus) von der Funktion des „Trichters" *(entonnoir)*, die das Singen ausübt, indem er die Worte der Heiligen Schrift dem Menschen in das Herz leitet[17]. Erst recht weiß Luther um solche Wirkung der Musik, vor allem bei den Worten: „Musik ist aller Bewegung des Herzens . . . eine Regiererin, ihrer mächtig und gewaltig, durch welche doch oftmals die Menschen g l e i c h a l s v o n i h r e m H e r r e n regiert und überwunden werden. Denn nichts auf Erden kräftiger ist, die Traurigen fröhlich, die Fröhlichen traurig, die Verzagten herzhaftig zu machen, die Hoffärtigen zur Demut zu reizen, die hitzige und übermäßige Liebe zu stillen und zu dämpfen, den Neid und Haß zu mindern... denn die musica"[18]. Alle diese Worte lassen unmißverständlich erkennen, daß es sich bei der echten musikalischen Wirkung im Gottesdienst um eine göttliche Erwählung des musikalischen Klanges handelt, der als Mittel und Werkzeug das Wort Gottes in die Tiefe des menschlichen Herzens leiten und den ganzen Menschen, nach Leib und Seele, Geist und Willen ergreifen und nicht etwa nur eine Gefühlsaufwallung hervorrufen soll. Zusammenfassend können wir die irrationale Wirkung des Singens folgendermaßen kennzeichnen: Das Singen macht das Wort über alles verstandesmäßige Begreifen hinaus, d. h. vor, neben, mit und nach ihm einprägsam und unvergeßlich. Wir behalten das Wort gesungen oft besser als nur gesprochen, so daß es ständig mit uns geht, uns bewegt und beschäftigt. Weil es uns als gesungenes Wort unvergeßlich geworden ist, darum kann es selbsttätig in uns weiter arbeiten und seinen Sinn immer mehr und stärker auch in unser Denken und in unser Gewissen einprägen. Nehmen wir das Gesagte nicht als eine der Wirklichkeit entgegenstehende Theorie hin, sondern als Erinnerung an tatsächliche Erfahrungen! Welcher Singende hätte nicht schon erlebt, daß er

[17] Vgl. meinen Artikel „Calvin" in MGG II Sp. 660; das Augustinzitat findet sich in den „Confessiones" X 33, s. auch H. Hüschen MGG I Sp. 847 ff., besonders 853.

[18] Vgl. Vorrede zu G. Rhaus Symphoniae iucundae 1538 in der Übertragung J. Walters „Lob und Preis der himmlischen Musica" 1564.

morgens mit klingenden Worten im Ohr aufgewacht sei, daß Worte, mit denen er am Tage zuvor singend umgegangen ist, in ihm weitertönen! So kann es jedem Gemeindeglied mit den Liedern des Gesangbuches gehen, und so könnte es noch viel mehr der Fall sein, wenn wir eine stärker entfaltete Kirchenmusik hätten. Hier will nichts anderes wirksam werden als ein natürliches und d. h. vom Schöpfer verliehenes und nicht etwa ein mystisch-sakrales Vermögen der Musik. Das Problem der gleichwertigen Verständlichkeit des gesungenen Wortes gegenüber dem gesprochenen löst sich von daher von selbst. Ist nicht gerade das Gesangbuch die „Bibel des schlichten Christen"? Und ist es dieses nicht sowohl um der Texte als vor allem auch um deren Verbindung mit Sangesweisen willen? Gewiß steht die Kirchenmusik immer vor der Frage, ob auch all ihr Tun geschehe zur Besserung (1. Kor. 14, 26); aber befindet sie sich auch hier nicht wiederum in der gleichen, d. h. keiner schwierigeren Lage als die Predigt?

7. Aus dem vorher Gesagten geht hervor, daß es einfach eine Verkennung des natürlichen, und d. h. des von Gott gegebenen Wesens der Musik ist, um das die Apostel gewußt haben, wenn ihre kerygmatische Bedeutung geleugnet wird. Alle Musik, die je Gestalt gewinnt, nimmt — und wenn sie sich noch so ausschließlich im Gebet allein an Gott wendet — stets zugleich eine Richtung auf den Menschen hin. Der Verkündigungscharakter geistlicher Musik ist daher nicht abhängig von einer entsprechenden menschlichen Absicht, ja, vielleicht hat gerade das absichtslose, allein Gott hingegebene Singen die größte Verheißung als Verkündigung; denn hierbei liegt dem Menschen der Gedanke völlig fern, daß er durch den klanglich-sinnlichen Nachvollzug des Wortes Gottes dessen Wirkung garantieren könne. Das müßten sich freilich Komponisten, Kantoren und Organisten ständig vor Augen halten. Jedoch haben wir auch keinerlei Recht, ausdrückliche Verkündigungsmusik als unmöglich hinzustellen, wenn nur ihr Schöpfer sein Werk lediglich als ein Gefäß und noch nicht als dessen Inhalt, als die Offenbarung selbst angesehen hat bzw. ansieht. Wie sollten wir anders das Werk eines Heinrich Schütz verstehen, wie etwa die „Weinstock-Motette" aus der „Geistlichen Chormusik" oder das „Deutsche Konzert" über das Gleichnis vom Sämann mit den (entsprechend dem viererlei Acker) viermal wiederkehrenden Worten „Wer Ohren hat zu hören, der höre"! Was wäre eine Predigt im Vollsinn des Begriffs, nämlich als Anrede Gottes an uns, als unsere Gegenüberstellung mit seinem Wort und als dessen Deutung, wenn nicht diese Werke, von denen der Neutestamentler Heinrich Julius Holtzmann bekannte, für sein Schriftverständnis durch sie gelernt zu haben! In welch neuem Lichte ist nach jüngster Forschung das wortgebundene Werk Bachs durch die Erhellung seiner Beziehung zur Rhetorik gerückt! Wie eindringlich erfahren wir hier, mit welcher bewußten und verpflichtenden Absicht Bach in seinen Kantaten, Oratorien und Passionen musikalische Oratorie, d. h. bildhafte, textdeutende und den Menschen anrufende musikalische Predigt betrieben hat![19]. Es kann nicht bestritten werden, daß der Musik tatsächlich die Möglichkeit nicht nur der Wortdarstellung und -ausmalung, sondern auch — auf Grund der mancherlei Formgebungen — der Interpretation gegeben ist. Die von der altprotestantischen Kirchenmusik vollzogene Annäherung und Verbindung der Begriffe *cantio* und *contio* (so vor allem bei Mi-

[19] Vgl. hierzu vor allem A. Schmitz „Die Bildlichkeit der wortgebundenen Musik J. S. Bachs" Mainz 1950 (Schott), ferner meinen Aufsatz „Theologische und geistesgeschichtliche Probleme der gegenwärtigen Bachforschung" in „Theologische Literaturzeitung" 1953 Nr. 7 Sp. 399 ff.

chael Prätorius) läßt sich nicht einfach für gegenstandslos erklären, und an der geschichtlichen Tatsache, daß sich die Kirchenmusik — wie die protestantische Homiletik seit Melanchthon — durch Jahrhunderte hindurch bis zur Aufklärung für ihren eigenen Weg zu der dreifachen Aufgabe der Rhetorik, nämlich zu dem *delectare*, *movere* und *docere* bekannt hat, können wir nicht vorübergehen. In der Gegenwart ist es Hugo Distler gewesen, der die „klar umrissene Aufgabe" der gottesdienstlichen Chormusik in der „verherrlichenden Deutung des Gotteswortes" festgelegt hat[20].

8. Wie wäre diese Entwicklung der protestantischen Kirchenmusik möglich gewesen, wenn nicht bereits das Neue Testament um das kerygmatische Wesen des Singens wüßte! Wenn es in der Apostelgeschichte 16, 25 heißt: „Um die Mitternacht aber beteten Paulus und Silas und lobten Gott, und es hörten sie die Gefangenen", dann mag es fraglich erscheinen, ob es hier sich um gesungenes oder gesprochenes Gotteslob handelt. Das ist jedoch nicht ausschlaggebend, wo es sich auf alle Fälle um ein Lob handelt, das allein auf Gott gerichtet ist und das dennoch und zwar aufmerken lassend vernommen wird. Gerade bei diesem Bericht kann deutlich werden, daß zwischen Sprechen und Singen nur ein Gradunterschied besteht. Erst recht wird dieser Sachverhalt aus der oben bereits neben 1. Kor. 14 erwähnten, bekannten Stelle Eph. 5, 19 deutlich, die Luther mit folgenden Worten wiedergibt: „Redet untereinander in Psalmen und Lobgesängen und geistlichen Liedern, singet und spielet dem Herrn in euren Herzen!" Hier wird wörtlich ausgeführt, daß das Singen ein Sagen „untereinander" (d. h. füreinander) ist; damit aber wird die gleichzeitige Bewegungsrichtung des sich Gott zuwendenden Lobgesangs auf den Menschen ausdrücklich bezeugt. Das aber, was in den Lobgesängen vernommen wird, ist nichts anderes als Christus selbst. So kann im Ignatius-Brief an die Epheser 4, 1 geradezu gesagt werden: „χριστὸς ᾄδεται" (Jesus Christus wird gesungen!"). Und bei Augustin heißt es: *„In laude confitentis est praedicatio"* („im Lob des Bekennenden ist Predigt")[21]. Wie anders sollten die paulinischen Gemeinden mit ihren Liedern zueinander reden, wenn nicht so, daß ihnen dabei das Wort Christi selbst verkündigt würde? Es ist wirklich die *viva vox evangelii* selbst, die im gottesdienstlichen Gesang — zwar anders, aber darum nicht weniger — in Erscheinung tritt als in der Predigt. „Das geistliche Lied der Kirche ist das im Kultus in der Form wechselseitigen und gegenseitigen Zuspruches laut werdende Wort Christi"[22]. Im Anschluß an die Jesaja-Vision (Jesaja 6, 3) gewinnt dabei, wie es sich bereits in der zitierten Epheserbriefstelle zeigt, der antiphonale Wechselgesang in der Urchristenheit, jene Urform des einander Zu- und Ansingens, eine besondere kerygmatische Bedeutung. Er hat sich vom 4. Jahrhundert ab vom Morgenland als eine der Grundformen gottesdienstlichen Singens über den gesamten Bereich der Kirche ausgebreitet[23] und will also in einem besonders grundsätzlichen Lichte gesehen und verstanden werden. Wiederum hat sich Luther zu diesem Thema besonders geäußert, so vor allem in dem Satz: *„Sic Deus praedicavit evangelium etiam per musicam ut videtur in Josquin"* („so hat G o t t das Evangelium auch durch Musik verkündigt, wie es deutlich wird

[20] Vgl. H. Distler „Vom Geiste der neuen ev. Kirchenmusik" in „Zeitschrift für Musik" 1935 Heft 12 S. 1326.

[21] Vgl. H. Hüschen a. a. O. Sp. 854.

[22] Vgl. H. Schlier in „Theologisches Wörterbuch zum Neuen Testament" I 163.

[23] Vgl. dazu meinen Artikel „Chor" in MGG II Sp. 1235 f. und „Die frühchristliche Bedeutung des Wortes ‚Chor'" S. 129 ff. des Jahrganges, bes. S. 130.

an Josquin")[24]. Das Entscheidende an diesem Satz ist das Subjekt Deus: Der komponierende Mensch Josquin wird unumwunden als Werkzeug und Organ Gottes angesehen; Gott ist es, der durch dessen Musik das Evangelium verkündigt. Luther konnte so reden, weil er wußte, daß „die Noten den Text lebendig machen"[25]. Wir übersehen in dem oben zitierten Satz nicht das Wörtchen „*etiam*" (auch); gerade dieses zeigt deutlich, daß Luther gewiß an ein Primat, aber eben nicht an ein Monopol des gesprochenen Wortes gedacht hat. Er vermochte zuweilen den Hauptzweck seines Liederschaffens in der Verkündigung zu sehen. So sagt er in der Vorrede zum Wittenberger „Geistlichen Gesangbüchlein" (1524) von Johann Walter: „Demnach habe ich auch ... etliche geistliche Lieder zusammenbracht, das heilige Evangelion, so itzt von Gottes Gnaden wieder aufgangen ist, zu treiben und in Schwang zu bringen!" Aber auch hierzu ist noch einmal zu sagen, daß sich niemals die Aufgabe der Verkündigung und die der Rühmung ausschließen. Das hat Luther geradezu klassisch in den folgenden Worten des „Schönen Confitemini" zum Ausdruck gebracht. „Singen heiß ich ... ein jegliche Predigt oder öffentlich Bekenntnis, dadurch vor der Welt frei gerühmt wird Gottes Werk, Rat, Gnade, Hilfe, Trost, Sieg und Heil etc."[26]

9. Ziehen wir die Schlußfolgerung aus unserer Gesamtbetrachtung! Neben dem gesprochenen Wort der Verkündigung hat das gesungene eine legitime kerygmatische, ihm eigentümliche Aufgabe. Es ist im christlichen Gottesdienst das Amt der Verkündigung nicht beschränkt auf das gesprochene Wort des Predigers auf der Kanzel. So wie alle Stücke des Gottesdienstes teilhaben an der Verkündigung, so auch das Lied der Gemeinde wie das gesungene Wort des Chors. Die Musik im Gottesdienst hat gegenüber der Predigt nicht eine sekundäre, zweitrangige Funktion in der Stimme der Antwort und des Widerhalls auf das an die Gemeinde ergangene Wort Gottes, so unentbehrlich auch diese ist. Jedoch isoliert rückt sie im theologischen Bewußtsein unwillkürlich an eine untergeordnete Stelle, anstatt lebendiges Gegenüber, der andere Pol des Gottesdienstes zu sein. Vielmehr sind *sacramentum* und *sacrificium*, Wort und Antwort, Verkündigung und Lobopfer durch den ganzen Gottesdienst miteinander verwoben und unzertrennlich miteinander verknüpft. Das aber bedeutet, daß das gottesdienstliche Singen — nur von ihm haben wir gesprochen und nicht auch vom Spielen — unmittelbaren Anteil hat an dem, was den Gottesdienst begründet und trägt, nämlich an der Vermittlung des Evangeliums. Seine Zurücksetzung ist Verschmähung eines Gefäßes der Verkündigung, das Gott zu seinem Sprachrohr erwählt hat. Berufung und Verheißung des gottesdienstlichen Singens sind Ungezählten in der Kirche der Gegenwart zu einer gnadenvollen Erfahrung geworden. Deren Verkennung kann sich nur zum schweren Schaden des evangelischen Gottesdienstes auswirken, ganz besonders im Hinblick auf die permanente Predigtnot des Protestantismus, die eine ihrer Hauptursachen in der einseitigen Belastung, und d. h. Überbürdung des Pfarrers mit dem Amt der Verkündigung hat. Dürfen wir weiterhin übersehen, daß auch das gesungene Wort vollwertig zu diesem Amt berufen ist und daß mit dieser Einsicht nicht nur die Zukunft der Kirchenmusik steht und fällt, sondern daß sie auch das Fundament des christlichen Gottesdienstes selbst betrifft?

---

[24] Vgl. „Tischreden" Nr. 1258.

[25] Vgl. „Tischreden" Nr. 2545b.

[26] Vgl. Weimarer Ausgabe Bd. 31,1, 141, 22 ff. Den gleichen Sinn hat ja auch das Wortpaar „singen und sagen", das W. Gurlitt (a. a. O. S. 555) mit „preisend verkündigen" erläutert.

# Vom unaufgebbaren Platz der Musik in der Theologie

## Überlegungen zur gegenwärtigen musikalischen Situation

Die Theologie ist die Wissenschaft von Gott; von Gott, das kann nur heißen: von seiner Offenbarung, von seinen Offenbarungsweisen. Denn nur auf Grund der von Gott selbst ausgehenden Offenbarung können wir von ihm und über ihn reden. Wenn wir nun die Behauptung von einem unaufgebbaren Platz der Musik in der Theologie aufstellen, dann muß sich deren Richtigkeit daran erweisen, daß die Musik — recht gebraucht und recht verstanden (das ist ausdrücklich hinzuzufügen) — Mittel der Offenbarung Gottes ist. Es wird nicht behauptet und kann nicht behauptet werden, daß die Musik selbst Offenbarung sei; denn das würde heißen, daß sie etwas Göttliches sei. Die Musik ist aber ein Stück Welt, das heißt vergängliche Welt; darum kann sie nie mehr sein als Mittel und Gefäß der Offenbarung. Zwar gibt es die altprotestantische Abwandlung des Herrnwortes „Himmel und Erde werden vergehen, aber meine Worte vergehen nicht" (Lukas 21, 33) in dem Vers „Himmel und Erde werden vergehen, aber die Musica bleibet in Ewigkeit stehen". Aber die Berechtigung dieses eschatologisch gemeinten Verses kann sich selbstverständlich in keiner Weise auf irgendwelche empirische Musik beziehen. Ist jedoch die Musik ein Mittel der Offenbarung Gottes, kann dies mit Recht von ihr gesagt werden, dann hat sie einen unaufgebbaren Platz in der Theologie; dann fehlt derjenigen Theologie etwas, in der nicht auch von der Musik gesprochen wird; ja es fehlt in ihr vielleicht etwas besonders Eigentümliches und Wesentliches, weil die Musik selbst etwas Eigentümliches und darum auch ein sehr eigentümliches und charakteristisches Offenbarungsmittel Gottes ist.

Es soll im folgenden also von der Musik als etwas, dessen Gott sich zu seiner Offenbarung vor uns Menschen bedient, d. h. bedienen will, gehandelt werden. Dabei ist wohlgemerkt von der Musik schlechthin und als solcher die Rede und nicht etwa nur von der Kirchenmusik. Aber wie ergibt es sich für uns, daß Gott sich auch die Musik — selbstverständlich nicht sie allein — in eigentümlicher Weise als Instrument zu seiner Offenbarung erwählt hat? Wir entnehmen dies aus einer dreifachen Feststellung: einmal daraus, daß die Musik zur Schöpfung Gottes gehört; und zum andern, daß sie ihrem ureigensten Wesen nach mit der Freude zusammenhängt; und drittens, daß sie eine besondere Verbindung zur Sprache hat.

### Musik soll die Schöpfung offenbaren

Musik gehört zur Schöpfung, sie ist ein Teil der von Gott geschaffenen Welt. In der Bibel ist davon gewiß nicht ausdrücklich die Rede, aber es klingt dies doch als etwas Selbstverständliches, dessen Richtigkeit gar nicht infrage steht, an zahllosen Stellen durch. Spätere Zeiten, die für den göttlichen Ursprung der Musik einen biblischer Beleg meinten erbringen zu müssen, haben sich immer wieder auf die Gestalt des Jubal, den Sohn des Lamech aus der Nachkommenschaft Kains, berufen, von dem es in 1. Mose 4, 21 heißt: „... von dem sind hergekommen die Geiger und Pfeifer." Aus der vermeintlichen geschichtlichen Nähe Jubals zum ersten Menschen Adam glaubte man den göttlichen Ursprung der Musik entnehmen zu dürfen, ja zu müssen. Wie wichtig diese biblische Gestalt in der Kirchengeschichte genommen wurde, spüren wir noch heute an den von ihr abgeleiteten Worten „iubilus", „iubilatio" und „iubilare". Sie wurden in der frühchristlichen Kirche geprägt und erfuhren in anderen Sprachen entsprechende Weiterbildungen, im Deutschen in den Worten „Jubel", „jubeln" und „jubilieren". Das ist zweifellos ein sehr charakteristischer, ausschließlich durch das Christentum bedingter sprachlicher Vorgang, und doch ist dessen Basis natürlich ungeeignet, um heute von ihr aus hinreichend und befriedigend über die Musik als göttliche Schöpfung reden zu können. Das geschieht gewiß erst dort, wo die Musik selbst auf Grund ihres Wesens als eine nicht von Menschen gemachte, sondern vielmehr vorgegebene Ordnungswelt erkannt und verstanden wird, wo sie als Wunder der Schöpfung begriffen wird, wenn es auch immer der Mensch ist, der mit dem vorgegebenen Material schaffend umgeht, es künstlerisch formt und gestaltet.

Daß die Musik eine „ars aeternis naturae legibus adstricta" ist (d. h. eine Kunst, die mit den ewigen Gesetzen der Natur unlöslich verbunden ist), wie um 1700 der lutherische Musiktheoretiker Andreas Werckmeister formulierte, dieses Bewußtsein ist heute wie in alten Zeiten vorhanden, wo immer nur kein atheistisches Weltbild herrscht, ja es ist heute wesentlich stärker als im 19. und frühen 20. Jahrhundert. Das bewegende Problem ist in der Gegenwart nur dies, wie weit der Mensch im Umgang mit dem vorgegebenen Material gehen darf. Wo sind die Grenzen der Natur, wo beginnt die Unnatur, wo liegt die Grenze zwischen Ehrfurcht vor der Schöpfung und ihrer Vergewaltigung und Mißachtung? Im Urteil darüber scheiden sich in unserer Zeit die Geister.

Man betrachte in diesem Zusammenhang aus Friedrich Blumes Vortrag „Was ist Musik?" (Kassel 1959) die folgenden Sätze: „Verzichten wir darauf, unserem Musikbegriff die Ableitung des Tonstoffs aus dem Naturklang zugrunde zu legen, so kapitulieren wir vor dem physikalischen Experiment, und es ist dann nicht mehr einzusehen, warum das Gestöhn einer Rangierlokomotive oder die Jahrmarktspfeife des Jungen auf der Straße nicht auch ‚Musik' genannt werden sollten. Ich für meine Person muß jedenfalls gestehen, daß ich nicht mehr wüßte, wo eine Begriffsbestimmung der Musik ansetzen sollte, wenn nicht bei dem naturklang-gegründeten Tonstoff und wenn die elektronische Klanganalyse und -remontage Musik genannt werden sollen. — Darüber hinaus muß ich bekennen, daß ich nicht sicher bin, ob es überhaupt genügt, diese Experimente von einem nur-musikalischen Standpunkt aus zu beurteilen, und ob hier nicht übergeordnete ethische Probleme angerührt werden. Ist es statthaft, daß wir die Axt an die Wurzeln einer der vollkommensten Schöpfungen Gottes legen, um dann aus den Trümmern eine Fratzenwelt aufzubauen, die den Schöpfer äfft? Ist das nicht eine Vermessenheit, streift es nicht an Blasphemie? Es mag wohl sein, daß diese nur durch Apparate produzierbare und reproduzierbare Schallgeneration etwas ist, was unser Zeitalter der Atomzertrümmerung und der Vollautomation spiegelt. Mit Musik aber — meine elektronischen Kollegen mögen mir verzeihen, wenn ich das frei bekenne — hat dieses volldenaturierte Produkt aus der Montage physikalischer Schälle nichts mehr zu tun. Hier ist die Grenze entschieden überschritten."

Dazu vernehme man aus einer Entgegnung Wolfgang Fortners folgendes: „Es mag immerhin bemerkt werden, daß auch in der Elektronik nur aus Elementen gearbeitet werden kann, die letztlich in der Natur liegen, und daß die Frage, was man unter einem Naturklang zu verstehen habe (im philosophischen Sinn), nicht ganz leicht zu beantworten sein dürfte. — Für Blume selbst gehört der Begriff der Tonqualität schon zur Naturgegebenheit des Musikalischen, was schon allein durch die grundsätzliche Wandlung, die er im Laufe der Musikgeschichte erfahren hat, höchst zweifelhaft erscheint. In all diesen Erwägungen aber verbleibt Blume im Bereich der sachlichen Diskussion, die er bedauerlicherweise temperamentvoll nur einmal verläßt, wenn er meint, daß die elektronischen Experimente nicht von einem nur musikalischen Standpunkt aus zu beurteilen wären, sondern daß hierbei ethische Probleme angerührt würden. Mir hingegen scheint der Musiker, der elektronisches Tonmaterial verwendet, ebenso wenig ‚den Schöpfer zu äffen' wie der Kernphysiker, der sich mit der Atomspaltung befaßt und vielleicht gerade aus der dabei gewonnenen wissenschaftlichen Erkenntnis in ehrfurchtsvolle Frömmigkeit vor dem Wunder der Schöpfung versetzt wird." („Melos" vom März 1959, S. 74).

Bei wohl niemandem — er sei denn, wie gesagt, Atheist — besteht ein Zweifel, daß die Musik zur Schöpfung gehört. Fraglich ist also nur, wo die Musik aufhört, Musik zu sein, d. h. wo sie sich aus der Bindung zur geschaffenen Natur löst. Daß das Problem nicht so einfach ist, wie es nun wieder nach Wolfgang Fortner scheinen könnte, können Sätze aus der klugen, wenn auch nicht allenthalben widerspruchslos hinzunehmenden Schrift „Musik als Sprache der Hoffnung" von Wolfgang Hammer (München 1962, Heft 99 der Reihe „Theologische Existenz heute") zeigen [1]). Doch die grundsätzliche Frage, um die es hier geht, kann selbstverständlich nur gestellt und keineswegs beantwortet werden. Nur scheinbar freilich handelt es sich dabei lediglich um musikalische Entscheidungen, wie Wolfgang Fortner meint; vielmehr hat Friedrich Blume mit seiner Meinung doch wohl tatsächlich recht, daß hier zugleich „übergeordnete ethische Probleme" vorliegen. Denn hinter dem Problem der Grenze des Natürlichen in der jüngsten Musikentwicklung verbirgt sich doch offenbar die Frage nach der Bedeutung des *Menschen* in ihr, die nach seiner Rolle als Komponist, als ausübender Musizierender sowie als empfangender Hörer. Hier geht es letzten Endes um eine theologische Frage, nämlich um die nach der Stellung des Menschen unserer Tage zu Gott und seinem Werk, und das umso mehr, wenn wir bedenken, daß jede künstlerische Entwicklung einen Zug zum Unbedingten hat und das Gesicht des Unaufhaltsamen an sich trägt. Führt nicht auch die Entwicklung der Kernphysik vor eine theologische Frage, eben zu der des quousque tandem (Wieweit noch?) und des quo vadis, homo? (Wohin gehst du, Mensch?).

Es wird hier deutlich, daß es die Theologie mit der Musik nicht nur allgemein als mit einem Teil der Schöpfung zu tun hat, sondern daß sich ihr hierbei auch die Frage nach des Menschen Umgang mit der Schöpfung stellt, d. h. auf die Musik angewandt, nach den Gestaltungsmöglichkeiten des natürlichen Tonstoffs durch den Menschen und deren Grenzen. Bei der Erörterung der ungemein schwierigen Probleme, die in dieser Hinsicht heute aufgebrochen sind, sollte die Theologie keinesfalls ihre schuldige Hilfe versäumen. Worin anders könnte diese aber bestehen als in der Erforschung jener grundlegenden Frage, wann ein Kunstwerk als Mittel göttlicher Offenbarung anzusprechen und zu begreifen ist, selbstverständlich lediglich durch sein Sosein als Zeichen der revelatio generalis (der begrenzten natürlichen Offenbarung), die hinter der menschlichen Kunst für den, der Augen hat, zu sehen, und Ohren, zu hören, das Schöpferwerk Gottes als Voraussetzung und tragenden Grund ahnen und spüren läßt, oder wann es ein Zeugnis menschlicher Hybris ist und als solches zu seiner eigenen Entstellung „die Schöpfung äfft"? Und auch dieses letztere würde für die Theologie noch etwas Wesentliches besagen, nämlich wie ein Mensch — womöglich eine Zeit — sich zu Gott stellt und sich dies in dessen Kunst auswirkt. Alle diese Fragen sind bisher nicht mehr als gerade aufgeworfen und ihre Erörterung ist noch überhaupt nicht sachgemäß in Angriff genommen worden. Es sollte jedoch gerade die Theologie aus ihrer Verantwortung der Kultur unserer Zeit gegenüber darauf drängen. Freilich dürfte von ihrer Seite her die Erfüllung dieser Aufgabe nicht durch unfruchtbare Erörterungen über das Problem der natürlichen Theologie erschwert oder gar verhindert werden. Daß die Ehrfurcht gebietende natürliche Gotteserkenntnis, wie sie aus dem Umgang mit den schöpfungsmäßigen Gegebenheiten der musikalischen Ordnungswelt erwächst, sich immer nur auf den Deus absconditus (den „Verborgenen Gott") beziehen kann, wenn nicht zugleich der christliche Glaube vorhanden ist, sollte selbstverständlich sein.

## Musik und Freude gehören zusammen

Die Musik hat einen unaufgebbaren Platz in der Theologie, weil sie ihrem ureigensten Wesen nach mit der Freude zusammenhängt; denn die Freude als natürliche menschliche Äußerung findet ihre höchste Erfüllung in der Freude des Glaubens, zu dem sie unzertrennlich gehört. Darum bezeichnet sie Luther, über ihre Augustinische Kennzeichnung als Donum Dei hinausgehend, im „Encomion musices" von 1538 als „donum divinum et excellentissimum" (als göttliches und kostbarstes Geschenk), weil sie eine „nobilis, salutaris, laeta creatura" (eine gute, heilsame und frohe Kreatur) ist. Um dieses ihres spezifischen Wesens willen insonderheit hat Luther eine unlösliche Verbindung von der Theologie und der Musik proklamiert; er hat von der Nähe der Musik zur Theologie gesprochen, ihr den nächsten Platz nach ihr zugewiesen und sie darum als die höchste aller Künste bezeichnet. Johann Walter ging noch einen Schritt weiter und bezeichnete in seinem Sinngedicht von 1538 „Lob und Preis der löblichen Kunst Musica" beide, Theologie und Musik, sogar als Schwestern (was Luther sicherlich nicht getan hätte) und sagte, daß Gott die Musik „in der Theologie versteckt" habe. Das besagt: Wer recht Theologie treibt — will sagen, wer recht ins Evangelium von Jesus Christus eindringt —, der stößt zwangsläufig auf die Musik. Alle diese Äußerungen Luthers und Walters meinen: Wo das Evangelium verkündet und geglaubt wird, da wird das Herz bewegt, mit Freude erfüllt und zum Lobpreis Gottes und zum Bekenntnis getrieben. Dafür aber ist die Musik die gegebene natürliche Äußerungsweise. Alfred Dedo Müller hat Luthers Gedanken völlig richtig interpretiert, wenn er im Hinblick auf des Reformators Musikanschauung von der Musik als einer „Art Naturform des Evangeliums" spricht [2]).

Dabei trifft nun zweierlei im Wesen der Musik zusammen: das ausdruckshafte und das eindrückliche Element. „Cantus ex abundantia gaudentis cordis oritur" (der Gesang geht aus dem überströmenden, freudevollen Herzen hervor), sagt Luther bereits in seiner Psalmenvorlesung von 1512—13 (Weimarer Ausgabe Bd. III, S. 253). Umgekehrt wirkt nun aber das gesungene Lob Gottes, das singend bekannte Evangelium wiederum auf das Menschenherz ein: „Zum göttlichen Wort und Wahrheit / macht sie (das heißt die Musik) das Herz still und bereit" („Vorrede auf alle guten Gesangbücher" von 1538). Als Ausdruck und Zeichen der christlichen Freude weckt sie wiederum Freude. Infolge ihres natürlichen Wesens ist wie selbstverständlich die Musik dort, wo der Glaube ist, und hat sie ihre eigentümliche Funktion als gesungenes Wort neben dem gesprochenen. Ebenfalls in der Psalmenvorlesung von 1512-13 hat Luther einmal gesagt: „Merke, daß sich Singen und Sprechen voneinander unterscheiden wie einen Psalm singen bzw. rezitieren und ihn bloß verstandesmäßig erkennen und lehren. Wenn die Stimme hinzukommt, wird es ein Gesang, welcher die Stimme des Affektes ist. So wie also das Wort zum Intellekt gehört, so die Stimme zum Affekt" (WA IV, 140).

Auch diese Gedanken lassen erkennen, daß die Aufgabe, den theologischen Ort der Musik zu bestimmen, nicht nur für die Theologie, sondern auch für die Musik von aktueller Bedeutung ist. Zunächst haben sich alle irgendwie in der kirchenmusikalischen Arbeit Stehenden — sei es als Schaffende oder Nachschaffende — von daher fragen zu lassen, ob denn in der heutigen Kirchenmusik — um mit Paul Tillich zu reden — das „expressive Element" zur vollen Geltung kommt, ob sie die Bewegung des Herzens, ob sie christliche Freude als Abglanz von Gottes Herrlichkeit und als Antwort auf die Offenbarung Gottes in Jesus Christus deutlich genug zum Ausdruck bringt. Denn ohne spürbare Bewegung des Herzens wäre kirchliches Musizieren doch wohl kaum ein Mittel von Gottes Offenbarung, wenn auch ein Werk stärker sein kann als das menschliche Vermögen. Im Hinblick auf die gegenwärtige kirchenmusikalische Aufführungspraxis ist in letzter Zeit dieser Punkt in zunehmendem Maße berührt worden, etwa in Reinhold Birks nur allzu berechtigter Forderung nach „Mut zum emotionalen Musizieren" [3]).

Aber wie bewährt sich die jüngste Entwicklung der Kirchenmusik — und erst recht die der Musik überhaupt, mit der die Kirchenmusik doch irgendwie auf Gedeih und Verderb verbunden ist — an dem Spezificum der vom christlichen Glauben geprägten Musik, an ihrem Freudencharakter? Ist hier nicht das „vorbelastete Material" [4]) so sehr im Wege, daß in ihr christliche Freiheit und Freude gar nicht zum vollen Durchbruch kommen *können?* „Worin aber besteht die Vorbelastung?" fragt Dietrich Schuberth. „Darin, daß seit dem Durchbruch der neuen Musik in ihr die Dunkelheit unserer Existenz erscheint. Sie ist Lebensäußerung des ganzen Menschen, sie trägt den Niederschlag von Widerfahrnis, Leid, Schuld, Tod. Die Musik stößt den Schrei ins Leere aus. Sie wird zur Beichte des autonomen Menschen vor dem Nichts" [5]). Man darf diese Situation der neuen Musik keineswegs einfach nur bedauern, schon deshalb nicht, weil sie illusionslos und wahrhaftig ist, und man sollte auch keinesfalls übersehen, daß wir im Gottesdienst auch solche musikalischen Aussagen zu machen haben, für die die heutigen musikalischen Mittel vielleicht gerade recht sein könnten, etwa wenn das „Kreuzige ihn" musikalisch darzustellen ist. Haben nicht die alten Passionen für uns weithin alle ihre Schärfe verloren, und werden sie nicht weithin nur noch als schön empfunden angesichts dessen, der eben „keine Gestalt noch Schöne" (Jesaja 53, 2) hatte?

Und doch stellt sich dann auch die Frage: Ist die jüngste Musikentwicklung von ihrer Gestalt und ihrem Tonmaterial her überhaupt in der Lage, Ausdruck und Vermittlung der Freude zu sein? Ja, wird die ehedem selbstverständliche Anschauung von der Zuordnung von Musik und Freude überhaupt noch gesehen und für richtig oder vielleicht für einen Irrtum, ein Mißverständnis des Wesens der Musik gehalten? Es besteht ja ein geheimnisvoller Zusammenhang zwischen diesem zweiten Punkt unserer Überlegungen und dem ersten. Die Musiktheoretiker des protestantischen Barocks wurden nicht müde zu betonen, daß die Wirkung der Freude in der Musik auf der Beachtung der einfachsten naturgegebenen Ordnung beruhe. Das Einfache erfreut, das Komplizierte verwirrt. Gilt diese Erkenntnis heute noch? Auch diese Frage kann nur gestellt werden. Aber sie sollte auch wirklich bedacht werden. Alle Fragen, die hier vorliegen, zeigen gewiß, daß nun nicht nur die Theologie, ohne Schaden zu nehmen, die Musik übergehen kann, sondern daß auch umgekehrt die Musik um ihrer selbst willen, um ihrer inneren Freiheit willen, einen Platz in der Theologie braucht.

## Zum Verhältnis von Musik und Sprache

Luther hat von Gott als dem „Höregott", der gehört sein will, gesprochen. Weil Gott in Jesus Christus geredet hat, weil das Evangelium viva vox (lebendige Stimme) ist, darum bedarf es der mündlichen Weitergabe, darum kommt der Glaube „aus dem Hören" (Röm. 10, 17; Luther übersetzt bekanntlich „aus der Predigt"). Weil das so ist, darum ist nach Luthers Ansicht keine Kunst auch nur von annähernd so großer Wichtigkeit wie die Musik (die Dichtung, die ihrerseits zur Verbindung mit der Musik drängt, natürlich nicht ausgeschaltet).

Über den Freudencharakter der Musik hinaus ist darum von grundlegender Bedeutung die Verbindung von Musik und Sprache im Gesang; ihn insonderheit hat Luther, wenn er von Musik redet, fast immer im Auge.

Wenn es nun die Theologie mit der Offenbarung Gottes und der Frage nach seinen Offenbarungsweisen zu tun hat und wenn sie insonderheit über die Offenbarung Gottes im Evangelium von Jesus Christus zu handeln hat, dann muß sie auch die Frage nach den verschiedenen Möglichkeiten des Redens und dessen jeweiligen Eigenwert in ihre Überlegung mit einbeziehen. Sie wird ebenso über die Bedeutung des feststehenden Worts der Schrift wie über die der freien Rede sowie auch die der gebundenen Rede christlicher Dichtung und nicht zuletzt über die des gesungenen biblischen Worts und des Lieds nachdenken müssen. Welche Schwierigkeiten sich hier von seiten der z. Z. herrschenden theologischen Strömungen entgegenstellen, ist bekannt. Kirche des Worts wird verstanden als Kirche der Predigt, der Verkündigung im hic et nunc (Hier und Jetzt), d. h. der aktuellen freien Rede. Der Umgang mit der Schrift droht reduziert und beschränkt zu werden auf die existentiale Interpretation. Indeß kann die Theologie keinesfalls von der Aufgabe, über die verschiedenen Möglichkeiten des Redens nachzudenken und sich darüber Rechenschaft abzulegen, entbunden werden.

Sicherlich wird weithin allein schon die Vergleichbarkeit von Lesung und freier Rede einerseits und gesungenem Wort andererseits als Rede in Frage gestellt. Aber Vergleichbarkeit hängt ja nun ganz und gar von dem Charakter des gesungenen Worts, d. h. vom jeweils vorhandenen Verhältnis von Musik und Sprache, ab. Keinesfalls kann man sagen, daß gesungenes Wort in jedem Fall zunächst eigengesetzliche Musik ist, so daß es als *Rede* ausscheide. Gerade die protestantische Kirchenmusik hat sich den Satz von Heinrich Schütz' zweitem italienischen Lehrmeister Claudio Monteverdi „Oratio Harmoniae domina absolutissima" (die Rede ist die absolute Beherrscherin der Musik) in ganz spezifischer Weise zu eigen und zu nutze gemacht. Sie hat nicht nur den Affekt von Sprache und Rede in der Musik zum Niederschlag gebracht, wie es in Italien geschah, sondern sie hat darüber hinaus, damit der Eigenart der deutschen Sprache besonders gerecht werdend, auch deren sensus (deren Sinn) in der Komposition berücksichtigt und aufklingen lassen. Gerade in diesem spezifischen Verständnis der Musik als einer Redeform, in der ein Text nicht lediglich dem Sprachfluß entsprechend wiedergegeben wird, sondern seinem Sinne nach abgebildet wird und aufleuchtet, indem er in charakteristischer Weise mit den Mitteln der Musik gedeutet wird, hat die protestantische Kirchenmusik im Zeitalter von Heinrich Schütz ihre eigentümlichste und gewiß eine eben ganz charakteristische protestantische Ausprägung erfahren. Natürlich gibt es auch in unserer Vorstellung und Praxis verschiedene Grade des Verhältnisses von Musik und Sprache, von der schlichtesten Verbindung beider Bereiche im liturgischen Gesang und weithin auch im Lied, bei der der Text lediglich vernehmbarer gemacht wird oder viele Stimmen zu gemeinsamem Sprechen vereint werden sollen, ohne daß affectus und sensus besonders herausgekehrt werden, bis eben hin zur tatsächlichen musikalischen Verkündigung, ja Predigt. In jedem Stadium ist freilich ein hymnischer Zug spürbar, weil gesungenes Wort immer in irgendeinem Maße erhöhtes Sprechen bedeutet, nicht nur im akustischen Sinne der weiteren Tragfähigkeit und der besseren Vernehmbarkeit, sondern auch im Sinne der größeren Ausdrucksfähigkeit und Eindringlichkeit. „Die Noten machen (nach Luther) den Text lebendig", weil die Musik sich nicht nur an das verstandesmäßige Begreifen, sondern an den ganzen Menschen, d. h. auch an den Bereich der Empfindung, an Herz und Seele, wendet. Augustin bekennt in den Confessiones X, 33, daß durch den Hymnengesang die Wahrheit seinem Herzen zugeführt wurde („veritas in cor meum eliquabatur et exaestuabat inde affectus pietatis"), und Calvin verglich in offenbarem Anschluß an ihn die Funktion des Gesangs mit einem Trichter („entonnoir"), durch den dessen Text tief in das menschliche Herz geleitet würde.

Es möchte hier bewußt werden, wie sehr das Problem des Zusammenhangs von Musik und Sprache sich mit dem im zweiten Abschnitt über die Zusammengehörigkeit von „Musik und Freude" Gesagten, mit der Affekthaltigkeit und dem Moment des Emotionalen in der Musik berührt. Alles — Musik, Sprache und Herzensbewegung — verschmilzt miteinander und geht ineinander auf im rechten Singen. Gegenüber dieser Wahrheit droht die gegenwärtige Theologie in einem reinen Intellektualismus zu verharren und den Menschen als Leib, Seele und Geist aus dem Auge zu verlieren. So hat die Musik nicht zuletzt auch um ihrer Zuordnung zur Sprache willen einen unaufgebbaren Platz in der Theologie; denn Gott offenbarte sich zuletzt und vor allem durch sein Wort: dadurch, daß er geredet hat.

Auch von diesem dritten Punkt her wird freilich umgekehrt die Theologie ein hilfreiches Wächteramt der Musik gegenüber wahrnehmen müssen, als die letztlich für alles, was in der Kirche verkündigt wird und wie dieses geschieht, Verantwortliche. Wie dies praktisch geschehen kann, ist zwar bei den gegebenen Verhältnissen nicht leicht vorstellbar. Es setzt dies vor allem ein tiefes gegenseitiges Vertrauensverhältnis voraus, das auf seiten der Theologie auf dem Wissen um die unaufgebbare Aufgabe der Musik in Kirche und Gottesdienst und auf seiten der Musik auf dem Gerufensein zum Dienst an dem, der sie geschaffen hat, gründet.

Die vorstehende Besinnung auf den unaufgebbaren Platz der Musik in der Theologie wurde bewußt nicht rein theoretisch-systematisch, sondern unter Berücksichtigung der besonderen Probleme, vor die dieses Thema uns *heute* stellt, vorgenommen. Diese erscheinen sowohl von seiten der Theologie wie von seiten der Musik in der Gegenwart besonders groß. Aber ist die Musik ein Schöpferwerk Gottes, ist sie in besonderem Maße der Freude sowie der Sprache zugeordnet, dann behält sie ihre Berufung und Verheißung. Und kein Bereich kann dann, ohne an sich selbst Schaden zu nehmen, den anderen mißachten: Die Theologie, die nicht um die Musik als Mittel der Offenbarung weiß, wäre eine fragwürdig verkürzte Theologie, und die Musik, die an sich selbst genug hat und sich nicht auch in den Dienst des Glaubens stellen läßt, wird an sich selbst kranken.

Anmerkungen: [1]) „Der musikalische Rohstoff ist das Reich der Töne, deren physikalisch geordnete Beziehungen der Musik ihre Funktionalität verleihen. Die Funktionalität der Töne gehorcht denselben Grundgesetzen, die im Kosmos gelten und ihn regieren. Diese Funktions-Identität macht die Musik gleichnisfähig gegenüber dem Ganzen der Schöpfung. — Dies gilt auch gegenüber der hier zu nennenden Zwölf-Ton-Musik, welche die Funktionalität der Musik vom physikalisch qualifizierten Schwingungsverhältnis der Beziehungen zwischen den Tönen lösen und sie auf eine abstrakte Gleichwertigkeitstheorie neu begründen möchte ... Es handelt sich um den Versuch einer „Entleiblichung" der Musik, sofern man, der physikalischen Schwingungsrelationen wohl bewußt, diese jedoch entschlossen ignoriert, um zu neuen Experimenten und Entwicklungen voranzuschreiten, die zukünftige Ohren gegen jeden vertikal-gleichzeitigen Klangeffekt immunisieren möchten ... Obwohl die Zwölf-Ton-Musik durch die Rhythmik ihren Charakter als Zeiterfüllung theoretisch beibehält, vollzieht sich in Wahrheit doch eine Egalisierung ihrer Zeitverspanntheit, da die innere, klangliche Spannung zwischen den Intervall-Funktionen der miteinander erklingenden Töne, also der Akkorde, ignoriert wird. — Die Spannung stirbt; der Zeitverlauf ist nicht mehr gleichnisfähig im organisch geordneten Ganzen des musikalischen Werkes, sondern mechanisiert sich durch die künstliche Egalisierung der Schwingungen und ihrer klanglichen Relationen. Die Wirkung der unbefangen aufgenommenen Zwölf-Ton-Musik unterscheidet sich deshalb nur in der Klangfarbe, aber nicht in der Gleichnisfähigkeit von dem hämmernden Geräusch eines Preßluftbohrers ... Die Egalisierung der Schwingungsverhältnisse ist der Mord am Hoffnungscharakter der Musik; sie ist eine intellektuelle Vergewaltigung der Musik in Richtung auf eine Literarisierung und Grammatikalisierung hin. Man versucht, die Musik an den Verstand zu attachieren und aus dem Gefühls- und Fantasiebereich herauszuholen, der den Zwölf-Ton-Komponisten als zweideutig, dunkel und verächtlich gilt ..." (A. a. O. S. 18 f.). — [2]) Vgl. *Alfred Dedo Müller*, Die Musik als Problem lutherischer Gottesdienstgestaltung; Berlin 1947, S. 10. — [3]) *Reinhold Birk* in „Christ und Welt" XVI, 13: 24. 3. 1963, S. 11. — [4]) Vgl. *Dietrich Schuberth*, Autonomie und Kirchenmusik in „Musik und Kirche" XXXII: 1962, S. 157 ff. — [5]) *Schuberth* a. a. O. S. 162.

# Die Idee der evangelischen Kirchenmusikschule 1928–1948–1968

In dem zu Ende gehenden Jahr haben mehrere evangelische Kirchenmusikschulen ihr zwanzigjähriges Bestehen begangen, und die Berliner Kirchenmusikschule im Johannesstift Spandau konnte sogar ihr vierzigjähriges Jubiläum feiern. Das war reichlicher Anlaß, über die Entwicklung der kirchenmusikalischen Ausbildung, d. h. über den Wandel der Idee der Kirchenmusikschule in den letzten vierzig Jahren, nachzudenken; denn daß auch die Kirchenmusikschulen in der veränderten Welt der Gegenwart Wandlungen unterworfen sind, liegt auf der Hand[1].

Es sei bei dem Jahre 1948 begonnen und die Frage gestellt: Wie war die kirchenmusikalische Situation bei der Gründung der nach 1945 ins Leben gerufenen Kirchenmusikschulen? Was gab den Anstoß, die kirchenmusikalische Ausbildung in starkem Maße und Umfang zu institutionalisieren und eine — wie es uns damals schien — neue Idee der Kirchenmusikschule zu verwirklichen? Wir haben es nicht schwer, uns die Situation jener Zeit zurückzurufen. 1949 wurde in Schlüchtern die Direktorenkonferenz der evangelischen kirchenmusikalischen Ausbildungsstätten Deutschlands gegründet, die seitdem zu einer festen Einrichtung geworden ist[2]. Über diese erste Tagung steht im Jahrgang 1949 von „Musik und Kirche“ (S. 65 ff.) ein Aufsatz — Zeichen seiner Wichtigkeit — von Karl Ferdinand Müller, betitelt *Schlüchtern 1949*, sowie eine Entschließung, die sämtlichen Kirchenleitungen zuging.

Jener Bericht zeigt, wie es uns damals vor allem darauf ankam, die Singbewegung und die aus ihr hervorgegangene kirchenmusikalische Erneuerung der zwanziger und dreißiger Jahre nun nach den Zeiten des Nationalsozialismus und des Krieges in planmäßige Arbeit mit konkreten Zielen einmünden zu lassen. Was vordem sich als spontane und außerordentlich beglückende, wenn auch z. T. als Laienbewegung kundgetan und fraglos große Früchte gebracht hatte, was aber in den Zeiten des Kirchenkampfs nicht zu organisatorischen kirchlichen Maßnahmen führen konnte, das stellte uns nach 1945[3] vor die Frage: Müssen wir diese starke Bewegung nicht für unsere Kirche nutzbar machen, bevor sie verebbt? Wie können wir dies tun? Selbstverständlich stand hinter diesen Fragen die Überzeugung von der Unaufgebbarkeit des Singens und Spielens im Gottesdienst und im Leben der Kirche überhaupt. In der genannten Entschließung heißt es:

„Die Musik ist ein von der Bibel her gefordertes und daher unaufgebbares Mittel der Verkündigung und Anbetung. Damit erwächst der Kirche die Verpflichtung, die Unentbehrlichkeit des kirchenmusikalischen Amtes anzuerkennen und die Lebens-

---

1 Den folgenden Ausführungen liegt ein Vortrag beim Treffen ehemaliger Studierender im April in Schlüchtern und im September in Bayreuth zugrunde. Von daher mag es verständlich erscheinen, daß hier und da persönliche Erinnerungen eingeflochten sind.

2 Seit meiner Ablösung im Jahre 1966 ist Direktor Dr. Herbert Haag (Heidelberg) ihr Leiter.

3 In jenen Jahren erlebte die kirchliche Singbewegung noch einmal außerordentlich segensvolle Zeiten, vgl. meine Schrift 75 *Jahre evangelischer Kirchenchorverband von Kurhessen-Waldeck*, Schlüchtern 1966, S. 83 ff.

möglichkeit seiner Träger zu sichern, wie das beim Pfarramt eine Selbstverständlichkeit ist."

Wir sagten uns damals: Die Sing- und kirchenmusikalische Erneuerungsbewegung muß in einer planmäßigen kirchenmusikalischen Ausbildung aufgefangen werden, man muß sie fachlich stützen und untermauern, damit sie nicht versandet, sondern sich allgemein auswirken kann. Damit sollte zugleich eine entscheidende Voraussetzung für die Wiedergewinnung des kirchenmusikalischen Amtes sowohl hinsichtlich seines grundsätzlichen Verständnisses wie seiner kirchlichen und gesellschaftlichen Stellung geschaffen werden. Wir sprachen in jener Zeit von einer Kirchenmusikschul-Bewegung; denn 1945 wurden die Kirchenmusikschulen Greifswald und Hannover gegründet, 1946 folgte Eßlingen, 1947 Görlitz und Schlüchtern, 1948 Bayreuth (damals noch in Erlangen), Frankfurt am Main und Herford, 1949 Dresden und Düsseldorf und 1950 schließlich Eisenach, alle also in kurzen Abständen. Ältere Institute sind lediglich in Halle und Spandau-Johannesstift sowie in Heidelberg und Hamburg.

In Aschersleben, wo die Hallenser Kirchenmusikschule sich zunächst befand, war nach der Inflation 1926 die erste eigenständige Kirchenmusikschule als Institut einer Landeskirche gegründet worden, als Ersatz für die Funktion, die die früheren Lehrerseminare in der Organistenausbildung hatten; denn die die Lehrerseminare nach dem Ersten Weltkrieg ablösenden Lehrerbildungsanstalten übernahmen diese Funktion, wenn überhaupt, nur am Rande und fakultativ. In Aschersleben wurde zugleich die Idee einer kombinierten Ausbildung von Kirchenmusikern und kirchlichen Rendanten entwickelt, um eine gewisse Hauptberuflichkeit des Kirchenmusikers auf breiter Ebene zu ermöglichen. 1931 entstand dank der Initiative von Hermann Poppen das Heidelberger Institut, einerseits aus der großen Tradition des Heidelberger Bachvereins, andererseits aber auch hier aus der Erkenntnis der Notwendigkeit, einen neuen Kirchenmusikerstand anstelle der langsam, aber ständig abnehmenden Zahl der Lehrerorganisten heranzubilden [4].

Zeitlich zwischen Aschersleben und Heidelberg liegt die Gründung der Spandauer Kirchenmusikschule, deren Entstehung es besonders verdient, festgehalten zu werden, hängt sie doch unmittelbar mit der Singbewegung zusammen [5]. Das Johannesstift beherbergte in jener Zeit die Apologetische Zentrale, die eine ähnliche Aufgabe wie die heutigen Evangelischen Akademien hatte. Hier wirkte 1927 Erich Vogelsang als Assistent seines Schwagers D. Dr. Carl Schweitzer, des Direktors der Zentrale [6]. Vogelsang stand seit seiner Herforder Schulzeit in der Jugendbewegung und später als Student in der Singbewegung. Von daher war er mit Fritz Reusch (heute in Heidelberg lebend) befreundet; beide sind es vor allem gewesen, die seit

---

4 Vgl. hierzu H. Haag, *25 Jahre Evangelisches Kirchenmusikalisches Institut Heidelberg* in der Festgabe zu dessen fünfundzwanzigjährigem Bestehen 1956 (als Manuskript gedruckt). Zur Entstehung der Kirchenmusikschule Aschersleben/Halle schrieb kürzlich B. Hagen in „Der Kirchenmusiker" 19. Jg. 5. Heft (Sept./Okt. 1968), S. 215.

5 Vgl. dazu Heinz Werner Zimmermanns Darstellung *Vierzig Jahre Berliner Kirchenmusikschule* in „Der Kirchenmusiker" Heft 3/1968, Seite 102 f. (sie ist auch im Festprogramm des Jubiläums der Berliner Kirchenmusikschule wiedergegeben), zum Ganzen auch Karl Ferdinand Müller, *Der Kantor und seine Dienste*, Gütersloh 1964, S. 163 ff.

6 Erich Vogelsang war Theologe, nach seiner Spandauer Tätigkeit Privatdozent für Kirchengeschichte in Königsberg und zuletzt Professor an der Universität Gießen. 1944 ist er in Rußland verschollen. Carl Gunther Schweitzer leitete nach seiner Rückkehr aus der erzwungenen Emigration die Ev. Sozialakademie Friedewald und lebte später im Ruhestand in Bonn, wo er 1966 gestorben ist.

1927 eine Begegnung von Singbewegung und Kirche anstrebten. Sie wurde in zwei Tagungen der Apologetischen Zentrale, die 1927 und 1928 im Johannesstift stattfanden, Wirklichkeit. Selbstverständlich hatten diese Tagungen keinerlei kirchenamtlichen Charakter; es wurde vielmehr intern überlegt, wen man dazu einladen sollte. Von seiten der Kirche waren es führende Männer der Berneuchener Bewegung, die die Bedeutung der Singbewegung spontan begriffen. 1927 hielt Wilhelm Stählin auf dem 30. Deutschen Evangelischen Kirchengesangsvereinstag in Nürnberg seinen berühmten Vortrag *Die Bedeutung der Singbewegung für den evangelischen Kirchengesang* (1928 im Bärenreiter-Verlag erschienen). Befaßte sich die erste, von Konrad Ameln, Fritz Reusch, Carl Schweitzer und Wilhelm Stählin geleitete Berliner Tagung vornehmlich mit grundsätzlichen Fragen, so standen bei der zweiten, die ich selbst als Nachfolger Vogelsangs in der Assistentenstelle an der Apologetischen Zentrale vorbereitet habe, mehr praktische gottesdienstliche und gemeindliche Fragen im Vordergrund[7]. Hier nun ist nicht nur zuerst der Gedanke einer kirchenmusikalischen Zeitschrift im Sinne der Sing- und der Orgelbewegung zwischen Christhard Mahrenholz und Karl Vötterle erwogen worden, woraus dann 1929 *Musik und Kirche* hervorgegangen ist, sondern hier hat auch die Idee einer Kirchenmusikschule im gleichen Geiste Gestalt gewonnen. Die Folge war die Gründung einer „Evangelischen Schule für Volksmusik" im Johannesstift im gleichen Jahr, deren erster Leiter Fritz Reusch wurde, bald gefolgt von Gerhard Schwarz. Der Name dieser Gründung ist ebenso bezeichnend wie die Tätigkeit der Schule in der Anfangszeit. Handelte es sich doch zunächst gar nicht um eine kirchenmusikalische Berufsausbildung, sondern um planmäßige kirchliche Singarbeit, wo immer sich dazu Ansatzpunkte boten. Die Idee, daß Kirche, Gemeinde und Volk zusammengehören, die Idee also der singenden Volkskirche, war für die Spandauer Schule in der Anfangszeit. Handelte es sich doch zunächst gar nicht um eine kirchenmann berichtet, den ersten regelrechten Schüler. Hat damit die Berliner Kirchenmusikschule ihr Jubiläum nicht ein Jahr zu früh gefeiert? Gerade das sollte ihr niemand nachsagen; denn keine zweite Kirchenmusikschule ist ebenso unmittelbar aus der Vorstellungswelt der Singbewegung hervorgegangen wie sie, wenn sie sich auch dann zwangsläufig zur Fachausbildung hin entwickeln mußte, wollte sie nicht eine vorübergehende Erscheinung bleiben.

Die Berliner Kirchenmusikschule fand zunächst keine unmittelbaren Nachfolger; denn die nationalsozialistische Ära verhinderte eine Ausweitung planmäßiger kirchenmusikalischer Ausbildung. So blieben die Kirchenmusikschulen von Halle, Spandau und Heidelberg, zu denen 1938 lediglich die Hamburger Kirchenmusikschule kam (sie wurde 1954 in die Hochschule eingegliedert), bis nach 1945 die einzigen kirchenmusikalischen Ausbildungsstätten, deren Strukturen sich trotz verschiedener Ausgangspunkte und ohne nennenswerte Kontakte untereinander in diesem Zeitraum aufeinander zu entwickelt haben.

---

7 Über die erste Tagung hat Erich Vogelsang unter dem Titel *Jugendmusik und Kirche. Der innere Ertrag der Führerbesprechung über „Kirche und Musik" im Johannesstift in Spandau* in „Die Musikantengilde" 6. Jg. 1928, Heft 2, S. 30—35, und über die zweite Frieder Frerichs unter dem Thema *Kirche und Musik* ebenda 7. Jg. 1929, Heft 2, S. 40—47, berichtet; über die letztere schrieb außerdem Richard Gölz in der „Monatsschrift für Gottesdienst und kirchliche Kunst" 33. Jg. 1928, S. 367 ff.

Erst nach Kriegsende wurde der Weg frei für neue Überlegungen, wie nun die kirchenmusikalische Erneuerungsbewegung, die zwischen 1933 und 1945 im Raum der Kirche ihre Bewährungsprobe glänzend bestanden hatte (das Fest der deutschen Kirchenmusik 1937, vor allem von Oskar Söhngen angeregt, war ihre großartigste Dokumentation), für die Kirche der Zukunft noch stärker nutzbar gemacht werden könnte. Diese Frage stand entscheidend hinter den zahlreichen Neugründungen von Kirchenmusikschulen ab 1945. Jetzt wurde auf breiter Basis der Geist der Singbewegung für Arbeitsweise und Lebensgestaltung der Schulen bestimmend.

Die Singbewegung war mit einem starken Gemeinschaftserlebnis verbunden gewesen. Wir sprachen nicht nur von der gemeinschaftsbildenden Kraft der Musik, sondern hatten sie erfahren. Singtreffen und vor allem Singwochen in einem ganz bestimmten Rahmen und Tageslauf mit einer vita communis, von gesungener Morgen- und Abendandacht und gesungenem Tischgebet umspannt und getragen, sind ja Erfindungen der Singbewegung. Um 1920 gab es dies alles noch nicht. (Auch die Form der Singfahrt stammt von daher.) Bewußt sollten mit der Idee der Kirchenmusikschule auch bestimmte Formen menschlichen Zusammenlebens verwirklicht werden. So wurde die gesungene Andacht (Mette, Vesper und Complet) zur Selbstverständlichkeit, auch wenn sie zumeist freiwillig blieb. Aber die vita communis schließt natürlich mehr ein, so die gemeinsamen Fahrten, das (leider viel zu seltene) Wandern, das Festefeiern usw. Keine Frage, daß dies alles zur Idee der Kirchenmusikschule gehört, wenn auch das Eigentliche die Arbeit und der Unterricht sind. Denn das Leben in einer Kirchenmusikschule ist letztlich nicht Selbstzweck, sondern hat eine Aufgabe für draußen, dient einer Berufsausbildung, der des Kantors und Organisten. Liest man jene genannte Entschließung von 1949, ist man fast betroffen, wie zentral, ja wie es scheint, geradezu ausschließlich alle Arbeit auf den Gottesdienst, und zwar auf eine „regulierte Kirchenmusik“, ausgerichtet sein sollte, und wie alles, was geschieht, auf die Gemeinde bezogen ist. Die Frage „Kann Singen Verkündigung sein?“ gab es damals noch nicht, weil dies als ebenso selbstverständlich galt, wie Singen Lobpreis ist. Erst nach 1950 wurde das von bestimmten theologischen Voraussetzungen her zum Problem, so daß ich 1953 den betreffenden viel diskutierten Aufsatz in „Musik und Kirche“ (23. Jg., S. 177 ff.) schrieb. Bis dahin lebten wir ganz und gar im Geiste von Hugo Distlers programmatischen, fast könnte man sagen, prophetischen Worten, die er 1935 in seiner meines Wissens einzigen theoretischen Verlautbarung, dem Aufsatz „Vom Geiste der neuen evangelischen Kirchenmusik“, ausgesprochen hatte. Da heißt es: „. . . die Kirchenmusik hat heute mehr denn je zuvor in allererster Linie *Verkündung* zu sein, im echten Sinn ‚Evangelium‘, Heilsbotschaft von Leben und Tod und Auferstehung unseres Herrn Jesu Christi, unter dessen Zeichen auch heute noch große deutsche Geschichte sich entscheidet. Und zweitens: die Kirchenmusik ist nicht einmal fähig, auch nur demütig-dienende Verkünderin zu sein, ohne sich restlos der gottesdienstlichen Handlung unterzuordnen . . . Einer ausschließlich kultischen Zwecken dienenden, ‚kanonischen‘ Musik steht gegenüber eine neue deutsche Chormusik, die in der verherrlichenden Deutung des Gottesworts ihr innerstes Wesen erkennt“ [8].

[8] Vgl. Hugo Distler, *Vom Geiste der neuen Evangelischen Kirchenmusik*, in „Zeitschrift für Musik“ 102. Jg., Heft 12, Dezember 1935, S. 1325—1329; das Zitat auf S. 1328.

Haben Idee und Arbeit der Kirchenmusikschulen, wie sie von den Vorstellungen der Singbewegung her bestimmt waren, Früchte getragen? Ich möchte antworten: Wohl weit mehr, als es von der jüngsten Gegenwart her gesehen scheint! Gottesdienstlicher Chorgesang und gottesdienstliches Orgelspiel haben eine allgemeine Hebung erfahren, die ebensosehr in die Tiefe wie in die Breite wirkt. Gewiß ist das nicht ausschließlich Verdienst der Kirchenmusikschulen, also einer gründlicheren und fachgerechten kirchenmusikalischen Ausbildung. Die Schulen haben jedoch auf alle Fälle entscheidend dazu beigetragen; denn die Ausweitung des kirchenmusikalischen Lebens in den letzten zwanzig Jahren wäre niemals möglich gewesen ohne die Wiedergewinnung des kirchenmusikalischen Amtes, für die die Kirchenmusikschulen die Voraussetzungen geschaffen haben. Es gibt gewiß viele offene Fragen in diesem Zusammenhang und noch manches Unbefriedigende; es wäre jedoch unrecht zu übersehen, was seit Kriegsende in dieser Hinsicht geschehen ist. Im Bericht *Schlüchtern 1949* findet sich eine interessante Aufstellung von der damaligen Zahl der hauptamtlichen Stellen in einer Reihe von Landeskirchen. Bei Kurhessen-Waldeck steht die Zahl 4 (heute gibt es dort über 30), bei Baden 12, Braunschweig 2, Bremen 1 usw. Sachsen mit 30 und Hannover mit 40 stehen in großem Abstand an der Spitze. Heute haben wir die grosteke Situation, daß bereits weit mehr B-Stellen vorhanden sind, als es Bewerber gibt. Das hat natürlich seine Gründe. Keinesfalls darf man aber die Ursache des gegenwärtigen Überangebotes an B-Stellen allein in der Frage nach der Einträglichkeit des Berufs sehen. Das Problem ist komplexer und hat mancherlei Seiten[9].

Jedoch nun die Frage: Ist die Situation von 1948 geblieben? Ganz gewiß nicht! Was ist anders geworden? 1957 fand in der Ev. Akademie Loccum eine Tagung über das Thema *Ende der Singbewegung?* statt. Schon die Themenstellung deutete die nach neun Jahren wesentlich veränderte Situation an. Und daß als einer der Hauptreferenten Theodor W. Adorno auf dem Plan war, der kurz vorher in der Kleinen Vandenhoeck-Reihe in dem Bändchen *Dissonanzen* mit der Singbewegung erbarmungslos ins Gericht gegangen war, erschien symptomatisch. Was war zwischen 1948 und 1957 geschehen? Es war allmählich deutlich geworden (was in den ersten Jahren nach 1945 in dieser Weise noch nicht möglich war), daß Deutschland zwischen 1933 und 1945 weithin den Zusammenhang mit der gesamtmusikalischen Entwicklung in der zivilisierten westlichen Welt verloren hatte und ihn erst allmählich wieder bekommen konnte. Dabei aber wurde offenbar, daß die neue Kirchenmusik – repräsentiert vor allem durch Distler und Pepping – gar nicht mehr wirklich modern war, sondern nur ein Nebensproß der neueren Musikentwicklung, der im Unterschied zur Avantgarde stärker von der Geschichte geprägt war.

Spätestens gegen Ende der fünfziger Jahre zeigte sich auf der ganzen Linie, daß die Kirchenmusik und mit ihr die kirchenmusikalische Ausbildung gar nicht (bzw. nicht mehr) im Brennpunkt des gesamtmusikalischen Lebens stand, wie einst in den dreißiger Jahren. Denn zur Wiener Schule, die jetzt das Feld beherrschte, hatte sie naturgemäß nur wenig Kontakt. In Loccum gab es bei Adorno nur beißende, radikale Kritik an der kirchenmusikalischen Praxis. In Schütz sah er nur

9 Daß die Verhältnisse bei den A-Stellen anders liegen, ist bekannt. Die mannigfaltigen Gründe können hier nicht behandelt werden, bedürften aber dringend einer eingehenden Erörterung.

rudimentäre Vorformen zur späteren Entwicklung, vor allem zu Bach. Einen eigenständigen künstlerischen Rang und Wert erkannte er ihm nicht zu. Und für unsere gottesdienstlichen Musikformen zeigte er keinerlei Verständnis. Sicherlich war Adorno ein Exponent der Radikalität; aber er stand nicht allein da.

Bereits im Jahr zuvor hatte Wolfgang Fortner auf dem Düsseldorfer Heinrich-Schütz-Fest 1956 einen grundsätzlichen Unterschied zwischen gottesdienstlicher und geistlicher Musik proklamiert und der gottesdienstlichen Musik zwar ihre funktionelle Bedeutung zuerkannt, jedoch als „peripheres Dasein", da sie auf die Gemeinde, auf das, was diese singt und versteht, Rücksicht zu nehmen habe. Der Strom der eigentlichen Geschichte freilich verlaufe anderswo. Ganz deutlich sagte Fortner, Distler und Pepping zählten nicht zur neuen Musik[10].

Das war rund vierzig Jahre nach der hochbedeutsamen geschichtlichen Begegnung der Singbewegung mit Paul Hindemith in Brieselang bei Berlin 1926, der im nächsten Jahre eine gemeinsame Veranstaltung im Rahmen der avantgardistischen Donaueschinger Kammermusikfeste (damals in Baden-Baden) folgte. Es war seinerzeit ein erster Schritt, die Singbewegung mit dem gesamtmusikalischen Leben in Verbindung zu bringen, von Hindemith bewußt angestrebt, indem er sagte, die Jugend könne nicht immer bei der Klampfe, beim Volkslied und der alten Musik bleiben. „Wir brauchen euch, die Jugend, um der Moderne zu gesunder Weiterentwicklung zu verhelfen, damit sie nicht im reinen Snobismus landet." Wer jene Tagung miterlebt hat, wird ihre historische Bedeutung nie vergessen.

Seit jener Zeit verstummte das Suchen und Fragen nach der neuen Musik nicht mehr, auch wenn wir mit ganzer Hingabe und Überzeugung weiterhin unentwegt alte Niederländer und Schütz sangen. Nach 1930 waren aber dann Distler und Pepping für uns der Beweis, daß wir keinen Historismus und keine Restauration trieben, sondern mit neuen Werken, freilich im Geist weiterwirkender Geschichte, in einem Maße in den Brennpunkt der musikalischen Entwicklung rückten, wie es bei der Kirchenmusik seit den Tagen Bachs nicht mehr der Fall gewesen war. Und dies in einem Augenblick, da der Nationalsozialismus das nahe Ende von Kirche und Christentum prophezeite! Neben der Bekennenden Kirche erschien die kirchenmusikalische Erneuerungsbewegung der dreißiger Jahre als das größte kirchengeschichtliche Ereignis und muß doch wohl auch heute noch so beurteilt werden.

Wurde nun ein Menschenalter später 1957 in Loccum das Ende, vielleicht sogar der Bankrott der Singbewegung und damit der einer bestimmten Idee von Kirchenmusikschule festgestellt? Keineswegs! Zunächst ein Wort von mir bei der Loccumer Tagung zur Frage *Ende der Singbewegung?*, das ohne Widerspruch angenommen wurde: „Es ist, solange es protestantische Kirchen gibt, von den Gemeinden noch nie so viel und so gut gesungen worden wie heute" (was nur als Frucht der Singbewegung verstanden werden kann). Ob dieser Satz noch heute stimmt, ist eine andere Frage, auf die ich noch kommen werde. Jedoch diese Feststellung betraf nur einen Punkt; zur Gesamtfrage „Ende der Singbewegung?" habe ich damals folgendes Fazit gezogen, mit dem Götz Wiese seinen Bericht in „Musik und Kirche" 1958, Seite 37, schließt: „Die Singbewegung als solche ist in der Tat völlig zu Ende. Die

10 Vgl. Wolfgang Fortner, *Geistliche Musik heute*, in „Musik und Kirche" 1958, S. 9 ff.

Frage nach ihrem Erbe aber zwingt gleichermaßen zu deutlichem Nein und zu deutlichem Ja: Nein zu musikalischem und weltanschaulichem Dilettantismus, zum bequemen Historismus wie auch bloßen Avantgardismus; zu allem spontanen Singen und elementaren Musizieren aber und zu echter Geschichte ein klares Ja!" Das war vor rund zehn Jahren. Weithin ist bekannt, wie sehr die Frage nach der neuen Musik die meisten Kirchenmusiker von Anfang an als brennendes Problem bewegt hat. Aber wir alle wissen auch, wie schwer es ist, die neueste Musik in den Unterricht einer Kirchenmusikschule einzubauen. Welche Möglichkeiten bestehen über das aufgeschlossene und bereitwillige Hören neuer und neuester Musik und Kirchenmusik hinaus? Wo sind die leistungsmäßigen Voraussetzungen vorhanden, um der doch meist erheblichen technischen Schwierigkeiten beim Erarbeiten neuer Musik Herr zu werden? Und wo gibt es gültige Maßstäbe und Regeln, mit denen man im Theorieunterricht arbeiten könnte? Derartige Fragen haben uns in der Direktorenkonferenz oft beschäftigt und bewegt, ohne daß eigentlich Antworten darauf möglich waren. Ein Gespräch mit Wolfgang Fortner vor einigen Jahren zeigte, daß z. B. zunächst nur konventioneller Theorie-Unterricht möglich ist und darüber hinaus nur Einzelförderung nach Vermögen und Anlage.

So war die Situation bereits vor zehn Jahren. Wie ist sie heute? Kann die Idee der Kirchenmusikschule von 1928 und 1948 in der heutigen Situation noch Gültigkeit haben? Es hat nach dem, was in Düsseldorf und Loccum konstatiert worden ist, keinen Rückschlag zugunsten der Singbewegung gegeben, etwa im Sinne von Brieselang; im Gegenteil, der Graben zwischen der gottesdienstlichen Gebrauchsmusik und der modernen Musik, auch gerade der avantgardistischen geistlichen Musik, ist tiefer geworden. Clytus Gottwalds *Informeller Gottesdienst* von den Stuttgarter Kirchenmusiktagen 1967 ist ein vielbesagendes Beispiel[11]!

Wie kommt das? Die Ursachen liegen gewiß in der gesamten Entwicklung unserer Zeit. Die rapide fortschreitende Entwicklung der Technik hat längst auch die Musik ergriffen; elektronische, mit Apparaten manipulierte Musik ist sicher die charakteristischste Erscheinung. Ein ungeheures Maß technischer Kompliziertheit der musikalischen Ausdrucksmittel hängt damit zusammen. Historische Kontinuität ist kaum noch zu spüren, ja, die Geschichte ist im Grunde unwirksam geworden.

Ein gewisser Gegenschlag ist nicht ausgeblieben; er ist aber zugleich ein Gegenschlag auch gegen unsere konventionelle kirchenmusikalische Praxis. Die vitalen, spontanen Ausdrucksmittel des Jazz sind in großer Breite gleichsam von unten aufgebrochen und dringen auch in die Kirche ein. Und wenn wir vielleicht noch so unglücklich über manche modernen „Jazz-Gottesdienste" sind, über den Dilettantismus scheinbar Unberufener, über Günter Hegeles Unternehmungen und solche bei Kirchentagen: die Erscheinungen sind da und bringen ein unverkennbares Verlangen zum Vorschein, nämlich das nach Unmittelbarkeit und Ursprünglichkeit gegenüber technisierter Musik wie ebenso gegenüber der Harmlosigkeit und Temperiertheit der normalen kirchenmusikalischen Praxis. Wir können diesen Gegenschlag keinesfalls einfach negieren.

So ist die Situation der Kirchenmusik und der Kirchenmusikschulen heute die: Wir fristen unser Dasein zwischen zwei Extremen, zwischen hochentwickeltem

11 Vgl. den Bericht in „Musik und Kirche" 1968, Heft 2, S. 85.

Avantgardismus auf der einen und elementaren Ausbrüchen auf der anderen Seite. Wir können nicht so tun, als ginge uns das alles nichts an; denn in beiden Erscheinungen offenbart sich gegenwärtige Geschichte. Darum müssen wir nach den darin sich zeigenden, vorwärtstreibenden Kräften fragen.

Dennoch sind wir gleichzeitig genötigt — um nicht zu sagen: verurteilt —, unseren bisherigen Weg weiterzugehen, um der Menschen willen, um der Gemeinde willen, so uneinheitlich diese auch sein mag. In ähnlicher, vielleicht noch schwierigerer Lage ist die Schulmusik, die fast noch anachronistischer als die Kirchenmusik ist, ja sein muß, weil sie es mit Kindern zu tun hat, obwohl auch in ihr neue Wege gesucht werden. Der Avantgardismus seinerseits geht seinen Weg und muß ihn gehen. Er kann dies tun ohne Rücksicht auf den Menschen. Uns aber ist das verwehrt. Jazz-Gottesdienste werden normalerweise als Jugendgottesdienste deklariert; die sie unternehmen, können und dürfen das. Wir, d. h. die Kirchenmusiker und damit die Kirchenmusikschulen, müssen die ganze Gemeinde im Auge haben.

Und nun möchte ich mit Nachdruck sagen: Das ist nicht unser Schade, sondern unser Glück, unsere Verheißung, zumal dann, wenn wir uns dessen bewußt sind, und nicht nur *unsere*, sondern zugleich eine Verheißung für die Gegenwart überhaupt. Kirchenmusik hat es wie die Kirche immer auch mit den Stimmen der Väter zu tun, mit der Kontinuität der Geschichte. Läßt sie dies außer acht, wird sie rücksichtslos und unbarmherzig; ja, sie verliert womöglich den Zusammenhang mit dem Glauben der Väter.

Auf der anderen Seite aber müssen Kirche und Kirchenmusik wissen, daß Geschichte, an der auch wir Anteil haben, weiterdrängt und nicht stehenbleibt. Es gilt, die Zeichen der Zeit auch für die irdische Geschichte zu erkennen. Aber das bedeutet nicht: Hemmungsloses Engagement, modern um jeden Preis, sondern es erfordert sorgsame Prüfung mit den Maßstäben echter musikalischer Qualität, echter gottesdienstlicher Art und echter Gemeindegemäßheit. Alle diese Kriterien sind nicht unproblematisch; denn in einer Umbruchszeit sind weder die Qualitätsmaßstäbe unumstritten, noch ist in einer pluralistischen Gesellschaft die Frage nach dem, was gemeindegemäß ist, eindeutig zu beantworten. Insofern gibt es heute überhaupt keine fertigen Rezepte, weder für die kirchenmusikalische Praxis noch für die kirchenmusikalische Ausbildung. Die Kirchenmusikschulen stehen heute daher vor völlig anderen Fragen als 1928 und 1948, als es wenigstens noch die Idee der Volkskirche gab.

Was uns in der Kirchenmusik aber klar aufgetragen ist, ist doch wohl die Bewahrung der geschichtlichen Kontinuität. Das heißt nicht, eh und je im Musizieren alter Musik zu verharren. Das wäre allzu bequem. Jede geschichtliche Epoche wird — auch in der Kirchenmusik — letzten Endes nicht nach dem, was sie bewahrt, sondern nach dem, was sie neu schafft, in ihrer historischen Bedeutung gemessen (darin besteht doch eben unsere Kritik an der Restauration des 19. Jahrhunderts, daß sie nur auf dem Gebiet der liturgischen und kirchenmusikalischen Forschung und nicht auch in der Neuschöpfung fruchtbar gewesen ist, vielmehr bewußt kopieren wollte). Bewahrung der Kontinuität heißt: einen ständigen Dialog mit der Geschichte führen, nicht nur theoretisch, sondern vor allem auch praktisch, damit sich z. B. unsere Zeit vor Schütz und Bach bewähren kann. Oder — um noch etwas ganz anderes zu sagen — damit wir prüfen, ob die Erkenntnis Luthers, was Musik von ihrer schöpfungsmäßigen Bestimmung her ist, nämlich eine nobilis, salutaris et laeta creatura (eine edle, heilsame und frohe Kreatur) heute vergessen zu werden droht. Hierin aber ist ihre gottesdienstliche Eignung begründet, mit diesem ihrem Wesen steht und fällt sie als Kirchenmusik.

Der Dialog mit der Geschichte bewahrt auch vor der fatalistischen Feststellung: „Der moderne Mensch singt nicht mehr" und damit vor dem Schluß: „Die Singbewegung hat nichts mehr zu sagen." Ich würde zwar die erwähnte Aussage von 1957 über den Gemeindegesang heute nicht mehr aufrechterhalten können, aber das doch nur in der Form des tiefsten Bedauerns und als Kritik an der jüngsten Entwicklung. Einen ständigen Dialog mit der Geschichte führen heißt also, den Anspruch der Geschichte an die Gegenwart, d. h. ihre gesunden Kräfte, zur Geltung zu bringen, in Theorie und Praxis. Jede starke geschichtliche Epoche erwächst aus dem Dialog, nicht aus hemmungslosem Vorwärtsstürmen. Das kann, ja muß zuweilen zu gewissen Gegenbewegungen gegen modische Zeitströmungen führen, aber keineswegs nur dazu. Stehen wir in einer starken gesunden Überlieferung, dann werden wir zugleich freier für neue Wege. Von der Arbeit der Kirchenmusikschulen kann man sicherlich sagen: Sie könnten ruhig mehr versuchen und wagen. Ich weiß, welch besondere Arbeit, ja Mühe damit verbunden ist, die Schulen dürfen diese jedoch nicht scheuen.

Vergleichen wir noch einmal die heutige Situation der Kirchenmusikschulen mit der vor zwanzig und vor vierzig Jahren, dann ist allerdings die Lage weithin verändert! Von der Singbewegung redet kaum noch jemand, Distler und Pepping gehören im guten Sinne zur alten klassischen protestantischen Kirchenmusik; die Gesamtsituation der menschlichen Gesellschaft und damit unserer Gemeinden ist stark verändert, das EKG — knapp zwanzig Jahre alt — ist vielen zum Problem geworden! Es bedarf offener Augen, um in dieser raschen Zeitentwicklung nicht über Nacht hoffnungslos unter die ewig Gestrigen zu geraten.

Was der Kirchenmusik und den Kirchenmusikschulen in dieser Gegenwartslage aufgetragen ist, ist Offenheit nach allen Seiten, um Gesundes zu bewahren und dies zugleich mit dem Neuen, das in unserer Zeit Gestalt gewinnen will, zu vermählen. Die Gefahr, daß der Avantgardismus ohnedem sich verrennt, Sektierertum pflegt und in Sackgassen gerät, ist übergroß, nicht minder die Gefahr, daß der geistliche Schlager nur Eintagsfliegen hervorbringt. Es sollte keine Frage sein, daß Kirchenmusik und Kirchenmusikschulen an unserer Gegenwart eine große Aufgabe haben, wenn sie weder rein konventionell noch rein avantgardistisch wirken, sondern bewußt die heute besonders große Spannung zwischen Geschichte und Gegenwart, zwischen Tradition und Neuer Musik auf sich nehmen und für die heutige Gemeinde wie den Menschen der Gegenwart fruchtbar werden lassen. Unsere Kirchenmusikschulen können gewiß dankbar sein, vor solch großer Aufgabe zu stehen. Und sicherlich ist die Generation, die nun auf die der Gründer der Kirchenmusikschulen nach 1945 folgt, zur Erfüllung dieser großen Aufgabe besonders berufen. Dabei legen wir Älteren ihr das lebensnotwendige und unbedingt verpflichtende Erbe der Singbewegung besonders ans Herz; denn ohne elementares lebendiges Singen in aller Vielfalt ist Kirche nicht vorzustellen.

# Neue gottesdienstliche Musik – Notwendigkeit und kritische Maßstäbe

Die Behandlung des Themas verlangt vorweg eine Klärung der Begriffe „gottesdienstlich" und „neu", da beide heute mehrdeutig sind. Mit „gottesdienstlich" soll ganz schlicht das, was im Gottesdienst der versammelten Gemeinde geschieht bzw. geschehen kann oder sollte, gemeint sein. Dabei ist nicht entscheidend, ob der Gottesdienst nach einer herkömmlichen agendarischen Ordnung oder in einer offenen Form gestaltet ist, wie auch das Wort „Gemeinde" nicht zu exklusiv verstanden wird, sondern vielmehr mancherlei Menschen unter den Gottesdienstbesuchern einbeziehen möchte, die nicht zu den regelmäßigen, ja vielleicht sogar seltenen Kirchgängern gehören. Ausschließen möchte der Begriff „gottesdienstlich" jedoch das, was in bestimmten Kreisen, etwa der Jugend, vor allem bei Studenten, praktiziert und experimentiert wird. Nicht weil dies das Prädikat „gottesdienstlich" etwa nicht verdiente, sondern weil unsere Frage bewußt im Hinblick auf eine Allgemeinheit von Gottesdienstbesuchern, auf deren Aufnahmefähigkeit sowohl wie auf deren aktive Teilnahme, gestellt werden soll. Dadurch wird das Problem, um das es geht, nicht einfacher, sondern umgekehrt wesentlich schwieriger. Es wird daher auch die Geistliche Abendmusik nicht berücksichtigt, obwohl auch sie weithin als „gottesdienstlich" bezeichnet werden kann; jedoch erfolgt bei ihr eine andere Bezugnahme auf die teilnehmenden Menschen. Ohnehin hat sich seit dem Düsseldorfer Heinrich-Schütz-Fest von 1956 durch einen viel beachteten Vortrag von Wolfgang Fortner die Unterscheidung von gottesdienstlicher und geistlicher Musik herausgebildet, wobei die letztere eben keine Rücksichtnahme auf irgendwelche Schichten von Gottesdienstbesuchern zu nehmen braucht.[1]

Mit dem Begriff „neu" soll sodann nicht jene, heute bereits als klassisch bezeichnete Kirchenmusik, die als Frucht der kirchenmusikalischen Erneuerungsbewegung aus der Ära Distler, Pepping, Micheelsen u. a. vor dreißig bis vierzig Jahren hervorgegangen ist, verstanden werden; denn als „neu" im Sinne der Gegenwart gilt diese keineswegs mehr, da sie weithin zu allgemeiner Gültigkeit gelangt und in das konventionelle Repertoire der gottesdienstlichen Musik integriert ist. Unter „neu" soll demgegenüber das verstanden werden, was heute in einem irgendwie gearteten modernen Stil steht und komponiert wird.

Nach der Klärung dieser Vorfragen wenden wir uns der ersten Hauptaufgabe unseres Themas, der Frage nach der Notwendigkeit neuer gottesdienst-

[1] Fortners Vortrag ist in Musik und Kirche 27, 1957, S. 9 ff., erschienen.

licher Musik zu, wobei die Zusammengehörigkeit von Gottesdienst und Musik vorausgesetzt wird. Warum ist neue gottesdienstliche Musik, die heute und morgen komponiert wird, notwendig? Auf diese Frage werden von verschiedenen Seiten in der Regel drei teilweise sich deckende und teilweise sich ergänzende, jedoch auch teilweise sich widersprechende Antworten gegeben.

Die erste lautet: Das geschichtliche, auch das kirchengeschichtliche Urteil über das, was wir auf dem Gebiete der Kirchenmusik unserer Tage tun und lassen, wird nicht nach dem bemessen werden, was wir immer und immer wieder singen und musizieren, sondern nach dem, was wir zur Geschichte der gottesdienstlichen Musik neu beitragen. Erst das neu Geschaffene zeigt das vorhandene Maß geistigen und geistlichen Lebens; Restauration steht immer unter dem Verdacht des Epigonentums. Man wird folgende Sätze von Wolfgang Herbst, die sowohl für den Pfarrer wie den Kirchenmusiker gelten, nicht überhören dürfen: „Während wir Sonntag für Sonntag die alten Formen pflegen, bekommen wir in immer stärkerem Maße ein schlechtes Gewissen dabei; denn wir zitieren die Väter aus Mangel an eigener Sprache und eigenem Denken. Aber nur der hat das Recht, sich der Worte der Väter frei zu bedienen, der das, was er zu sagen hat, auch mit eigenen Worten sagen könnte.“[2]

Die zweite Antwort lautet: Neue gottesdienstliche Musik ist notwendig im Hinblick auf die Strukturveränderungen der menschlichen Gesellschaft und die eigentümliche Situation, in der sich die Kirche in der heutigen Welt befindet. Hinter dieser Antwort verbirgt sich die Sorge, die Kirche könnte in der schnelllebigen Zeit, in der sich die Ausdrucksweise und der Geschmack des Menschen ständig und schnell wandeln, über Nacht in einem völligen Getto landen. Allein die notwendige Offenheit der Kirche und ihrer Gottesdienste zur Welt hin, zu den Menschen und ihrem jeweiligen Lebensbereich, fordert unerläßlich neue gottesdienstliche Musik, wenn anders die Kirche sich in der Gegenwart noch verständlich machen will. Aus dieser Sorge heraus sind die zahlreichen bekannten Versuche von neuem Liedgut in Anknüpfung an Elemente des Jazz und des Spiritual, des Blues, der Beat- sowie der Unterhaltungsmusik erwachsen. Sie kann zu so vernichtenden Worten über die Kirchenmusiker führen wie die folgenden: „In einer Zeit, in der überall in der Welt junge Leute — einzeln und in Massen — zur Gitarre singen, verschwenden sie ihre Zeit noch mit Posaunenchören, was erträglich wäre, wenn kirchlicherseits wenigstens ein paar Gitarristen ausgebildet würden. Jedenfalls: fern von der musikalischen Welt, in der die versammelten Gottesdienstteilnehmer leben, unfähig, einen musikalischen Schlager auch nur einigermaßen fachgerecht zu klimpern, und ohne Gefühl für die Verantwortung des Kantors in der missionierenden Gemeinde, haben sich die Fachleute hinter ihren Orgeln versteckt und lassen von dort ihre abfälligen Bemerkungen über mangelndes musikalisches Niveau ertönen.“[3] Diese Worte zeigen die Diskrepanz, die man zwischen der konventionellen Kirchenmusik und dem, was heute in der Welt vor sich geht und demzufolge auch in der Kirche sein sollte, zu erkennen glaubt.

[2] Musik und Kirche 39, 1969, S. 269, in dem Aufsatz „Musik in einer politisch engagierten Kirche“.

[3] Theo Lehmann (Karl-Marx-Stadt) in DtPfBl 1968, S. 234 ff.

Die dritte Antwort wiegt theologisch am schwersten und wird uns daher eingehend zu beschäftigen haben. Sie betrifft das in jüngster Zeit immer wieder erörterte Problem „Sakral — Profan" und damit im Zusammenhang die theologische Kritik am angeblich herkömmlichen Kultverständnis. Ein Satz von Kurt von Fischer zeigt, worum es geht: „Alle Pflege älterer Musik birgt, grundsätzlich gesprochen, die Gefahr eines sakralen Reservates, einer Flucht in vergangene Zeiten in sich. Dasselbe gilt wohl auch von jeder pseudo-modernistischen Kirchenmusik, die sich, um kirchlich-liturgisch zu wirken, auf mittelalterliche und barocke Praktiken abstützt." [4] Hier wird also, damit der Gottesdienst nicht der Gefahr eines sakralen Reservates erliegt, nicht nur von der Notwendigkeit neuer gottesdienstlicher Musik gesprochen, sondern darüber hinaus deren Ausschließlichkeit gefordert. In letzter Konsequenz ist das gleiche beim XXI. Internationalen Heinrich-Schütz-Fest im Mai 1969 von Hans Heinrich Eggebrecht in dem Vortrag „Schütz und Gottesdienst. Versuch über das Selbstverständliche" u. a. mit folgenden Worten geschehen: „Die gottesdienstliche Kraft und gegenwärtige Aktualität der Musik von Schütz hat ihren Grund in der Evidenz, mit der sie eine christlich evangelische Wesensbestimmung gottesdienstlicher Musik kompositorisch in Erscheinung bringt. Diese Evidenz aber ist in ihrer Art ein Unwiederholbares, das unwiederholbare Ergebnis einer bestimmten geschichtlichen Lage der Musik ... Gottesdienst ist nicht die feierliche Zelebrierung von Fremdleistungen der Geschichte, sondern die Tilgung von Feierlichkeit und Wiederholung durch die Banalität des Alltags als der Wirklichkeit, in der allein Gottesdienst effektiv werden kann ... Das Haus mit dem Ofen Schütz wärmt mich nicht, läßt mich allein; die Kirche mit Schütz hat die Welt im Stich gelassen; Schützpflege übertüncht ein Unvermögen, dem Gnade nicht sein kann; die Präsenz von Schütz bedeutet die Abwesenheit Gottes, Schütz-Feste sind Totfeierungen Gottes." [5] Es wird also nunmehr von einer für den Gottesdienst tödlichen Gefahr, die mit der Pflege der alten Kirchenmusik verbunden sei, gesprochen, einer Gefahr, die daraus erwachse, daß die durch die spätere musikgeschichtliche Entwicklung entschärfte historische Musik und die längst eingetretene Gewöhnung an deren Klang im zeitlichen Abstand zu ihrer ursprünglichen Aktualität und Unmittelbarkeit in die Illusion und den Selbstbetrug eines ausgesparten, sakralen Bezirks führe. Jedwede alte Kirchenmusik kann daher, so meint man, nicht wahrhaft gottesdienstliche Musik sein; denn sie erweckt den betörenden Eindruck, daß Kirchenmusik etwas Besonderes sei, das sich von der übrigen Musik abhebt und seinen eigenen Stil hat. Nun gehört es sicher zu den unumstrittenen Aussagen aller Schattierungen der modernen Theologie, daß die Welt ein Ganzes ist und daß es demzufolge keine besonderen Gestaltungsgesetze für den gottesdienstlichen Bereich gibt, daß auch hier alle Gestaltungsmittel nur von Menschen gehandhabt und der empirischen Welt entnommen werden können. Auch Kirchenmusik ist immer

[4] Kurt Marti, Kurt Lüthi und Kurt von Fischer, Moderne Literatur, Malerei und Musik. Drei Entwürfe zu einer Begegnung zwischen Glaube und Kunst, Zürich 1963, S. 392.

[5] Vgl. Heft 3 der Veröffentlichungen der Walcker-Stiftung für orgelwissenschaftliche Forschung, Stuttgart 1969, S. 8 und 10.

geschöpflicher Natur und d. h. weltlich und nicht sakral. Der Gottesdienst geschieht in der Profanität. Bei Ernst Käsemann heißt es: „Die Christenheit steht heute überall vor der Notwendigkeit eines Exodus, d. h. eines Aufbruchs aus den geheiligten Räumen und Traditionen . . ., der Raum der Kirche ist die Welt.“ [6] Die Konsequenz, die sich aus solcher Erkenntnis für die Kirchenmusik zu ergeben scheint, ist die Leugnung aller stilistischen Unterschiede zwischen sog. geistlicher und sog. weltlicher Musik. Jedes musikalische Mittel ist im Gottesdienst grundsätzlich möglich und erlaubt, und sei es noch so trivial und profan, mit Ausnahme allein von jenen Mitteln, die sich sakral geben und mit einem Schein des Heiligen versehen. Höchst instruktiv für derlei Überlegungen sind Dieter Schnebels folgende, im Hinblick auf die herkömmlichen Vorstellungen von Kirchenmusik kritisch-ironisch gemeinten Worte: „So wäre es denn höchst unpassend, wenn in geistlicher Chormusik Vokalisten Zischlaute kultivierten oder den Kunstgesang um depravierte Abarten wie Grölen, Brummen, Kreischen bereicherten; wenn in Fortsetzungen solcher Vokalität auch noch Tierstimmen laut würden. Schwieriger noch würde es, sofern nicht nur geistliche Texte vertont würden, sondern auch Weltliches, gar Unheiliges zu Wort käme. Oder es mag unschicklich erscheinen, wenn dem Orgelklang, welche die mechanische Erzeugung den Schein eines Jenseits von Subjektivität verschafft — sicher nicht von ungefähr ward gerade die Orgel zum Kultinstrument gemacht —, obligate Klänge aus individuellem Bereich, gewissermaßen aus der Intimsphäre, amalgamiert werden wie in Kagels ‚Phantasia‘. Auch daß man Pfeifen aus ihren Löchern nimmt, außerdem ein Staubsauger als hauptsächlicher Blasbalg benutzt wird, wie in Zachers genialer Interpretation von Ligetis erster Etüde, mag höchst unfein anmuten . . . Wie der Kult selbst gewissermaßen in einem Jenseits der Zeit angesiedelt ist, ist ihr Ziel Weihe und Beruhigung, aber auch das mit Maßen. Dies vermag nur eine reduzierte Musik zu leisten, die ihr dynamisches Wesen verleugnet.“ [7]

Zusammenfassend sei zu den drei Antworten folgendes gesagt: Die zweite und dritte stimmen darin überein, daß neue gottesdienstliche Musik notwendig sei um der heute unerläßlichen Hinwendung der Kirche zur Welt hin. Dieser von deren Vertretern vollzogene Exodus, ja revolutionäre Ausbruch, erfolgt nun aber, wie sich gezeigt hat, in zwei völlig extreme Richtungen, ein höchst beachtenswerter Vorgang! Denn er besagt, daß Hinwendung zur Welt mindestens mehrere Möglichkeiten impliziert, weil die Welt verschiedene Seiten hat. Die Vertreter der zweiten Antwort begeben sich in die Niederungen und Untiefen der profansten Musik. Sie sehen „dem Volk aufs Maul“ und beziehen dies auf die zivilisierte Industriegesellschaft. Sie knüpfen bei den Klängen der Cafés und Gasthäuser, der Tanzkapellen an und bei dem, was man heute irgendwo zur (nicht gezupften, sondern geschlagenen) Gitarre singt. — Für die Vertreter der dritten Antwort, die Avantgardisten, bedeutet Hinwendung zur

[6] Exegetische Versuche und Besinnungen I, 1960, S. 117. Auch an die von Hans-Eckehard Bahr herausgegebene Aufsatzsammlung: Kirchen in nachsakraler Zeit, Hamburg 1968, Furche-Verlag, deren verschiedene Autoren sämtlich in die gleiche Richtung weisen, ist hier zu erinnern.

[7] Vgl. D. Schnebel, Musica sacra ohne Tabus in: Melos 1968, S. 372.

Welt Hinwendung zum Bereich der Klänge als solchem, zur Erschließung neuer, bisher ungeahnter musikalischer Welten, also zur absoluten Musik, zu deren Freiheit und unbegrenzten Möglichkeiten, die nicht gehemmt ist von dem betörenden Nimbus, dem „Getue und Gehabe" (D. Schnebel) eines sakralen Stils. Man kann also sagen: Hinwendung zum Primitiven auf der einen und Hinwendung zu künstlerischer Höchstleistung auf der anderen Seite. Zwischen beiden Gruppen besteht jedoch naturgemäß so gut wie keine Verbindung, obwohl deren Ausgangspunkt der gleiche ist; denn selbstverständlich können die Avantgardisten für die Befürworter der geistlichen Schnulze im Grunde nur ein mitleidiges Lächeln haben, und umgekehrt stehen diese jenen Progressiven mehr oder weniger völlig verständnislos gegenüber.

Zwischen diesen beiden extremen Ausbrüchen vollzieht sich nun nach wie vor — kaum verändert — die sonntägliche Arbeit der Organisten und Kantoren. Was sollen sie auch anders tun? Der Zwang ihrer Lage ist ihre Gefahr, die Gefahr, dem Anachronismus zu verfallen, aber vielleicht auch ihre Verheißung: denn sie bleiben — weil sie müssen — bei dem Durchschnittsmenschen. Um dieser merkwürdigen Situation der Kirchenmusik in unserer Zeit willen wurde 1968 gemeinsam vom Verband ev. Kirchenchöre und dem Kirchenmusikerverband Deutschlands eine Aufsatzreihe unter dem Titel „Kirchenmusik im Spannungsfeld der Gegenwart" veröffentlicht.[8] „Im Spannungsfeld der Gegenwart" sollte dabei nur eine Abkürzung für „Im Spannungsfeld zwischen Avantgardismus und Unterhaltungsmusik" sein. Der Titel will darüber hinaus jedoch zum Ausdruck bringen, daß die herkömmliche, konventionelle Kirchenmusik durchaus berührt wird von den besagten Ausbrüchen, daß sie so, wie sie insonderheit von den Avantgardisten völlig in Frage gestellt wird, sich ihrerseits auch wirklich in Frage stellen lassen muß und weithin auch stellen läßt; denn geistige und geistliche Lebendigkeit, Zukunftsträchtigkeit gibt es nur dort, wo sich auch schöpferische Kraft zu neuen Wegen kundtut. Damit ist, wenn auch zunächst nur allgemein, zur ersten der drei Antworten ein Jawort gegeben. Neue gottesdienstliche Musik *ist* notwendig um der Lebendigkeit der Geschichte willen, und auch die Kirchengeschichte ist Geschichte. Geschichte jedoch ist nichts Unabänderliches, sondern ruft zu Entscheidungen und zur verantwortlichen Mitarbeit auf. Nur unter solcher unabdingbaren Voraussetzung darf nunmehr die freilich ebenso unerläßliche Frage nach den kritischen Maßstäben für neue Kirchenmusik gestellt werden.

Wir befassen uns zunächst mit der avantgardistischen geistlichen Musik. Daß aus ihrem Bereich in absehbarer Zeit einmal praktikable gottesdienstliche Musik hervorgehen wird, erscheint unvorstellbar. Zwei Gründe sprechen dagegen: Einmal deren völlig fehlende Rücksichtnahme auf die Aufnahmefähigkeit nicht einmal nur des Durchschnittsmenschen, zum andern die immensen technischen Schwierigkeiten, die mit der Wiedergabe avantgardistischer geistlicher Musik verbunden sind. Mit der Möglichkeit des Nachvollzugs aber steht und fällt gottesdienstliche Musik. Die sog. „Informellen Gottesdienste", die Clytus Gottwald als praktischer Exponent dieser Richtung in Stuttgart

[8] Sie ist in Kassel erschienen.

durchgeführt hat, erfordern auch bei dem vorhandenen Berufschor einen unvorstellbaren Zeitaufwand. Zudem ist diese Musik zu einem Gutteil überhaupt nicht zum Nachvollzug durch Menschen bestimmt, sondern wird durch elektronische Apparate und deren Manipulation, durch Lautsprecher und Tonbänder wiedergegeben. Zwar sieht auch Schnebel die Problematik der Realisierbarkeit avantgardistischer geistlicher Musik im gegenwärtigen gottesdienstlichen Leben, aber er verbindet doch damit eine Hoffnung für die Zukunft, wenn er sagt: „Allerdings sprengt derartige Musik den herkömmlichen Gottesdienst. Solche Bewegung ist keineswegs zu scheuen, besonders da auch Liturgie neue Form finden muß. Darüber hinaus mag neue musica sacra, statt bloß Bestehendem zu dienen — was eh auf Restauration hinausläuft —, Musik für einen Gottesdienst dereinst entwerfen, dessen gänzlich andere, womöglich völlig säkularisierte Form antizipierend. Geistliche Musik dieses Schlages gewänne den ursprünglich eschatologischen Charakter zurück, der ihr als einer Äußerung einer prinzipiell eschatologischen Bewegung ohnehin wohl anstünde.“ [9] Der Begriff „Eschatologie“ wird hier offenbar im Sinne eines optimistischen Fortschrittsglaubens, einer innerweltlichen Zukunftshoffnung verstanden. Eine solche Hoffnung bringt auch Eggebrecht in dem nachstehenden Satz zum Ausdruck: „Der Verweltlichungsprozeß der sakralen Musik ist identisch mit dem Prozeß der Vergeistlichung der profanen und erreicht den Punkt, wo sakral und säkular zur völligen Einigung in einem höheren Begriff sich aufheben, so daß die Regeneration einer spezifisch gottesdienstlichen Musik nicht noch einmal wiederholbar ist.“ [10] Hier zeigt sich, daß der eigentlich kritische Punkt bei den Avantgardisten deren Geschichtsverständnis ist. Naiver Fortschrittsglaube steht in Korrelation mit totalem Pessimismus gegenüber jeder Tradition. Gegen den letzteren aber sollten wir uns nicht weniger wenden als gegen die Utopie des ersteren; denn daß es weiterwirkende Geschichte gibt, daß Geschichte zum Ereignis, daß Vergangenheit zu neuer Gegenwart werden kann, läßt sich weder für die Kirchen- noch für die Musikgeschichte bestreiten. Kann im Ernst in Abrede gestellt werden, daß im 20. Jahrhundert alte Musik zu ungezählten Malen als lebendige Glaubensaussage neu erstanden ist und — wenn nicht alles trügt — Glauben gestärkt, wenn nicht gar neu geweckt hat? Gewiß ergibt sich geschichtliche Entwicklung auch durch Antithese zur Vergangenheit; aber auch darin zeigt sich, daß unsere Geschichtlichkeit nicht punktuell ist. Nun wird freilich ernsthaft bestritten, ob das, was die Avantgardisten komponieren, überhaupt noch als Musik zu bezeichnen ist, wodurch u. U. deren musikalisches Zukunftsbild in Frage gestellt wird. Dieses Problem wurde zuerst in Friedrich Blumes Vortrag bei den Kasseler Musiktagen 1958 „Was ist Musik?“ [11] gestellt und ist seitdem nicht mehr verstummt; Wilhelm Kamlah hat sie erneut aufgegriffen und zwischen „Musik“ und „nicht mehr Musik“ unterschieden.[12] Das, was die einen als Vollendung der Kunst ansehen, ist für

[9] aaO. S. 376. [10] aaO. S. 27.

[11] Er ist 1959 in der Reihe Musikalische Zeitfragen, Kassel erschienen.

[12] Wilhelm Kamlah, Der Anfang der Schützbewegung und der musikalische Progressismus, in: Musik und Kirche 39, 1969, S. 207 ff.

die anderen der Verrat an ihr, „Denaturierung", wie Friedrich Blume gesagt hat, also ihre Verderbnis. Für die Avantgardisten gehört jedoch jeder Klang, der natürliche wie der künstliche, der schöne ebenso wie der häßliche, der geformte Ton wie der unartikulierte Schrei, der menschliche wie der tierische Laut, zur Musik. Und man kann Dieter Schnebel z. B. dabei ertappen, wie es ihm weithin um das musikalische Material als solches geht, eben um absolute Musik, so wie er sie versteht, wenn er auch unvermittelt dann wieder gesellschaftskritische und endzeitlich heilsgeschichtliche Vorstellungen damit verbindet.

Es war notwendig, die Beurteilung der avantgardistischen geistlichen Musik etwas ausführlicher vorzunehmen, nicht allein deshalb, weil sie für manche etwas Faszinierendes an sich hat, sondern weil hier auch Verbindungen zu gewissen Strömungen der derzeitigen Theologie spürbar werden. Freilich, die kritischen Maßstäbe, die wir anzulegen haben, sind im Grunde viel vordergründiger; es sind ganz einfach die der Verständlichkeit und der Realisierbarkeit. Vor diesen aber kann die avantgardistische geistliche Musik vorerst keinesfalls bestehen. Sicherlich gibt es heute Kompositionen, die in deren Richtung liegen und eine große Aussagekraft haben. Dazu gehört ein Werk wie das „Meißener Te Deum" von Wolfgang Hufschmidt, das als Auftragskomposition zur Tausendjahrfeier des Meißener Bistums 1968 uraufgeführt worden ist.[13] Freilich ist auch hier der Rahmen gottesdienstlicher Musik durch den erforderlichen Aufführungsapparat, vielleicht aber auch durch den überaus realistischen Hintergrund der Dichtung von Günter Grass, auf dem das Te Deum erklingt, völlig gesprengt. Es besteht die Gefahr, daß — gleichnishaft gesprochen — der Rahmen das Bild, das er zur Geltung bringen soll, erdrückt, daß dieser als Situationsschilderung Eigenwert beansprucht und zum Selbstzweck wird.

Wir wenden uns nun der Frage nach den kritischen Maßstäben zu, die wir an die Schöpfungen derjenigen anlegen müssen, die dem anderen Extrem, der Propagierung der leichten Muse, der Billigkeit und dem musikalischen Mindestangebot zustreben. Hier geschieht im Vergleich zum Avantgardismus das krasse Gegenteil. Hier wird umgekehrt die Aufnahmefähigkeit des heutigen Menschen, dessen Ausdrucksweise und Geschmack, zum alleingültigen Maßstab gemacht. Oberstes Kriterium ist die Frage nach dem, was „ankommt". Der Satz „Liturgie kommt von der Straße und will auf die Straße" ist bereits zu einem modischen Schlagwort geworden. „Die Aufgabe des Kirchenmusikers beim vielfachen Engagement der Amateure sehe ich darin, den musikalischen Niveauverlust als Sekundärverpflichtung so gering wie möglich zu halten.[14] Wird er das können?" Aber muß man nicht fragen: Wird er das dürfen? Diese Frage ist im Grunde die nach den legitimen Kriterien für das Kirchenlied. Daß ein dringender Bedarf nach neuem gottesdienstlichen Liedgut besteht, daß auch neue Lieder Maßstab für lebendiges kirchliches Leben sind oder wenigstens

[13] Eberhard Schmidt hat darüber in Musik und Kirche 38, 1968, S. 182 ff. berichtet.

[14] Ulrich Kellermann in dem Vortrag „Ist der Gottesdienst noch die Mitte des Gemeindelebens?" Evangelische Kirche im Rheinland — Landeskirchenamt 1968, S. 23.

sein können, aber vor allem sein sollten, dies alles sind Erfahrungen der letzten Jahre. Jedoch welches sind die Maßstäbe, mit denen gottesdienstliches Liedgut gemessen werden muß? Ich möchte drei nennen:

1. eine Kirchenliedweise muß eine Sprachrohrfunktion ausüben,
2. sie muß einen ästhetischen Wert haben und
3. sie muß im zeitgemäßen Sinne volkstümlich-gemeindegemäß sein.

Was bedeuten diese Forderungen im einzelnen?

Zu 1: Karl Barth hat im Band I, 2, Seite 275 ff., seiner „Kirchlichen Dogmatik“ (1938 u. ö.) im Anschluß an einen Aufsatz von Lukas Christ in „Zwischen den Zeiten“ (Jahrgang 1925, Seite 358 ff.) die Geschichte des evangelischen Kirchenlieds als die Geschichte seiner allmählichen „Säkularisierung“ dargestellt, da in ihr allmählich und in ständig zunehmendem Maße der Ausdruck des subjektiven Erlebens und der persönlichen Glaubenserfahrung den Vorrang vor der dichterischen Aussage der Verkündigung erhalten hat. Unter diesem Blickwinkel habe ich dann selbst die musikalische Geschichte des evangelischen Kirchengesangbuchs untersucht.[15] Wenn das Kirchenlied als gottesdienstliches Lied der Gemeinde Antwort auf das an sie ergangene Wort der Verkündigung und somit Bekenntnis, Lobpreis und in alledem selbst weitersagende Botschaft ist, dann sind Kirchenliedweisen an ihrem Wort-Ton-Verhältnis zu messen, dann ist zu prüfen, ob diese eine Sprachrohrfunktion ausüben oder einen illegitimen Eigenwert beanspruchen. Nun zeigt die geschichtliche Entwicklung, daß mit dem von Christ und Barth dargestellten Säkularisierungsprozeß zugleich ein Verabsolutierungsprozeß des Musikalischen Hand in Hand geht. In dem Maße, in dem das subjektive Erlebnis und die Glaubenserfahrung in der Kirchenlieddichtung mehr und mehr in den Vordergrund rücken, erhalten und beanspruchen die Melodien als Ausdrucksträger solcher Erfahrung ein Eigenrecht. War der individuelle Ausdruck im Anfangsstadium des evangelischen Kirchenlieds musikalisch ganz und gar an den überindividuellen, darum keineswegs unpersönlichen Charakter des Lobpreises und der hymnischen Aussage gebunden, so tritt an dessen Stelle mit der Zeit das musikalische Sentiment als Selbstzweck; die Sprachrohrfunktion der Kirchenliedweisen ist in den neueren Kirchenliedmelodien mehr und mehr verkümmert. Daß dieser Entwicklung gewisse theologische Strömungen, in denen Glaube mit Gemütserhebung und -bewegung gleichgesetzt zu werden drohte, Vorschub geleistet haben, sei nur am Rande erwähnt. Seit den Tagen der liturgischen und kirchenmusikalischen Restauration des frühen 19. Jahrhunderts versucht man diese Entwicklung aufzuhalten, jedoch nur mit teilweisem Erfolg. Seitdem, wenn nicht schon seit der Zeit des Pietismus, fährt daher der Kirchengesang zweigleisig; es wird in den offiziellen Gottesdiensten weithin ein anderes Liedgut gesungen als zu Hause und in den kirchlichen Kreisen. Die Erweckungsbewegung hat den Bruch vollends vollzogen und im späteren „Reichsliederbuch“ s. Z. einen ernsthaften Konkurrenten für die landeskirchlichen Gesangbücher hervorgebracht. Was wir heute nun mit dem großen Angebot an neuen Melodien einschließlich ihrer Arrangements, ihrer „Verpackung“, erleben, ist nur die Fortsetzung

[15] Vor allem in Band II, 2 des Handbuches zum Evangelischen Kirchengesangbuch, Göttingen 1957.

dessen, was der evangelische Kirchengesang seit der Zeit des Pietismus immer wieder erfahen hat. Darum muß trotz der riesigen Flut neuer Lieder und Weisen, die doch zunächst einmal zu begrüßen ist, die Frage nach ihrer Sprachrohrfunktion gestellt werden. Es muß nach dem eigentlichen Zweck der hier eingesetzten musikalischen Mittel gefragt und untersucht werden, ob denn nicht die heutigen Unternehmungen eine Fortsetzung jenes Säkularisierungsprozesses der Geschichte des evangelischen Kirchenlieds darstellen. Diese Frage wird weiter unten wieder aufzugreifen sein.

Zu 2: Eine Kirchenliedweise muß einen ästhetischen Wert haben. Es ist dies wohl derjenige Maßstab, der heute auch von ernsthaften Betrachtern am meisten in Frage gestellt wird. Ist nicht das Entscheidende, daß der Mensch unserer Tage, ganz gleich mit welchen musikalischen Mitteln, erreicht wird und daß vor allem der junge Mensch auf seine Weise sich in der Kirche aussprechen darf? Heiligt der Zweck nicht jedes Mittel? Ulrich Kellermann sagt in dem erwähnten Vortrag: „Die Frage der Ästhetik und der Dauerhaftigkeit ist kein Primärmaßstab für das im Gottesdienst gesungene Lied. Das Wort hat die Priorität. Ich halte jede Melodie und jeden Stil für legitim, der im Gottesdienst die Gemeinde wirklich zum Singen bringt." [16] Dazu aber ist zu sagen: Gerade weil der Satz „Das Wort hat die Priorität" unanfechtbar ist, kann der folgende Satz nicht so lauten. Die Erfahrung lehrt: Je dicker etwas musikalisch aufgetragen ist, desto lieber singt es der Mensch, desto mehr aber wird das Wort überwuchert und seiner Priorität beraubt. Die geschichtliche Entwicklung hat erwiesen, daß mit dem allmählichen Verlust der Sprachrohrfunktion der Kirchenliedweisen auch mehr und mehr deren künstlerischer oder sei es auch nur ihr guter handwerklicher Wert verloren ging. Damit hängt es zusammen, wenn vor allem im 19. Jahrhundert die Trivialität, d. h. der Umgang mit verbrauchten musikalischen Mitteln, allein um Sentimentalität zu erregen, in die Kirchenmusik Einzug gehalten hat. Es muß immer zu denken geben, daß es die sparsame Anwendung musikalischer Mittel war, die die älteren Kirchenliedweisen ausgezeichnet hat. — Wenn angeblich der Zweck, beim Menschen unserer Tage „anzukommen", jedes Mittel rechtfertigt, dann darf gerade in der Kirche der Gegenwart, die sich weithin als missionierende Kirche verstehen muß, zudem keinesfalls übersehen werden, daß in der modernen pluralistischen Gesellschaft die einen durch das, womit man andere zu gewinnen glaubt, abgestoßen werden. Es wäre leichtfertig, dann die Ästheten zu schelten. Denn erheben diese nicht oft mit Recht den Vorwurf der Ehrfurchtslosigkeit vor den Gaben des Schöpfers? Die Behauptung der Irrelevanz der ästhetischen Kategorie im Bereich des gottesdienstlichen Lebens ist daher höchst bedenklich. In einer Zeit, da tagtäglich durch die Massenmedien nicht nur Fluten von seichter Musik auf die Menschen einströmen, sondern auch von viel guter Musik, und in der demzufolge auf großer Breite die Begriffe von guter und schlechter Musik klarer geworden sind, ist in gleichem Maße die Empfindlichkeit vieler Menschen gegenüber der Geringschätzung oder gar Mißachtung der Kunst in der Kirche gewachsen. Eine solche Kirche erscheint vielen Menschen suspekt; denn Mißachtung der

[16] aaO. S. 23.

Kunst ist gleichbedeutend mit Mißachtung von vorgegebenen Gesetzen und Ordnungen der Schöpfung, mit der es jede wahre Kunst zu tun hat. Die Frage, ob Kunst oder Nicht-Kunst, ist daher nicht minder eine höchst aktuelle volksmissionarische Frage als die der Zeitgemäßheit eines Liedes. Von daher ist es zu verstehen, wenn sich viele Kirchenmusiker gegenüber den neuen geistlichen Liedern schwer tun; denn sie haben das künstlerische Gewissen der Kirche zu sein. Erfahrungsgemäß handelt es sich hier nicht um eine Generationsfrage. — Schließlich ein Drittes bei der Forderung eines ästhetischen Werts für die gottesdienstlichen Liedweisen: Zu guter Handwerklichkeit und echter Kunst gehört Dauerhaftigkeit und Lebensfähigkeit. Der Schlager indes lebt von der Aufdringlichkeit, die ihn schnell in aller Munde bringt, der aber bald der Überdruß folgt. Es ist ein Gebot der Seelsorge, den Menschen etwas zu bieten, von dem sie für die Dauer leben können. Die Frage der Dauerhaftigkeit ist daher, wenn nicht ein Primärmaßstab, so doch auf alle Fälle ein unaufgebbarer Maßstab für das gottesdienstliche Lied.

Zu 3: Neues gottesdienstliches Liedgut in einer zeitgemäßen Volkstümlichkeit, das ist heute fraglos die zentrale Forderung. Niemand wird bezweifeln, daß sie berechtigt, ja notwendig ist, und daß es ein gutes Zeichen ist, daß die Forderung nach einem zeitgenössischen gottesdienstlichen Lied um des Maßstabs der Volkstümlichkeit willen heute nachdrücklich erhoben wird. Dennoch ist vor einer ausschließlichen Anwendung dieses Maßstabs nachdrücklich zu warnen; denn es gibt in der heutigen Gesellschaft weder eine Übereinkunft darüber, was zeitgemäß ist, noch darf die Forderung des Zeitgemäßen um jeden Preis gelten. Denn sie kann nicht alleiniger Maßstab sein, sondern nur einer, wenn auch ein unerläßlicher, neben dem der Sprachrohrfunktion und dem handwerklich-künstlerischen. Nicht die Berechtigung dieses Maßstabs steht in Frage, sondern dessen ausschließliche Anwendung, die dann konsequent die Ablehnung des überkommenen Melodienguts nach sich zieht. Das aber hat zwangsläufig zur Folge, daß der Dialog mit der Geschichte und demzufolge die Anwendung aller drei geforderten Maßstäbe aufgegeben wird.

Nun ist unübersehbar, daß die Hemmungslosigkeit, mit der zuweilen das gottesdienstliche Singen umfunktioniert wird, nur ihrerseits eine radikale Hinwendung zur Welt darstellt, der Versuch eines totalen Neubeginns an einem geschichtslosen Punkt Null, an dem alle Brücken zur Überlieferung um des Zieles einer totalen Säkularisierung des gottesdienstlichen Singens willen abgebrochen werden. Was ist dies anderes als eine besondere Form des Kampfes gegen das sog. Kultische im evangelischen Gottesdienst, gegen jedwede Unterscheidung zwischen geistlichem und weltlichem Stil? Solange es sich um das theologische Problem des Kultischen, um die Behauptung eines kultischen Reservats handelt, gibt es gewiß heute keinen Dissensus. Die Gefahr besteht jedoch, daß damit zugleich die Unterscheidung zwischen gottesdienstlicher und außergottesdienstlicher *Art* aufgehoben wird, als ob der Gottesdienst keine andere Aufgabe hätte als ein Café oder ein Tanzlokal, und als ob nicht die Musik recht verschiedene Seiten, u. a. auch eine dionysische Seite mit ekstatischer, provozierender oder benebelnder Wirkung in einer schwülen Atmosphäre hätte. Ist denn Welt gleich Welt? Der Hinweis, daß es in früherer Zeit keinen Unterschied gegeben habe zwischen geistlichem und weltlichem Stil, ist nicht einmal eine halbe Wahrheit; denn es hat stets und allenthalben die Unterscheidung von gottesdienstlicher und außergottesdienstlicher Art gegeben. Hier geht es um die zentrale Frage, was am Menschen um des Evangeliums willen im Gottesdienst mit Hilfe der Musik geschehen soll. Soll diese nur ein Mittel sein, die Menschen in Bewegung zu setzen, zu erregen, zu provozieren und zu schockieren, womöglich in Ekstase zu treiben, oder gilt auch heute noch Luthers Wesensbestimmung der Musik aus seinem Encomion musices (1538), daß diese eine nobilis, laeta et salutaris creatura ist? Ist sie nicht im Gottesdienst dazu bestimmt, den Menschen über sich selbst hinauszuführen und zur Freiheit des Gotteslobs zu verhelfen? Liegt darin nicht ihre ureigentliche gottesdienstliche Aufgabe?

Sicherlich wird in den musikalischen Ausbrüchen aus der herkömmlichen kirchenmusikalischen Praxis eine berechtigte Kritik laut, daß es dem gottesdienstlichen Singen und Spielen nur allzu oft an Spontaneität und Urwüchsigkeit fehlt. Daraus kann jedoch nicht das Recht abgeleitet werden, das Wesen und die Aufgabe gottesdienstlicher Musik zu verändern, als ob Zeitgemäßheit ein absoluter Wert sei. Wenn heute immer wieder über den Wirklichkeitsverlust der Gottesdienste geklagt wird, dann ist zu fragen, ob ihnen nicht ein viel schwerwiegenderer Wirklichkeitsverlust, nämlich der der Anbetung und der Freiheit des Gotteslobs, droht. Täuscht nicht alles, verlangt aber der Mensch unserer Tage weit mehr, als geahnt wird, und sei es unbewußt, nach dieser Wirklichkeit. Was Ulrich Conrads auf der Evangelischen Kirchbautagung in Darmstadt 1969 warnend gesagt hat, gilt genauso für die Kirchenmusik: „Die Kirche ist dabei, mit ihren Räumen auch ihren Atemraum zu verspielen." [17]

So kommt es für die weitere Entwicklung des neuen geistlichen Lieds unserer Tage, das gewiß eine Verheißung hat, entscheidend auf die gemeinsame Anwendung aller drei genannten Maßstäbe, des der Sprachrohrfunktion, des ästhetischen Werts und der Zeitgemäßheit, an. Kein Maßstab hat den Vorrang vor dem anderen. Rezepte für das ideale neue geistliche Lied gibt es bisher ebensowenig wie für die neue gottesdienstliche Musik überhaupt. Es ist jedoch eindringlich davor zu warnen, den erwähnten Säkularisierungsprozeß und damit die Zweigleisigkeit des kirchlichen Singens blindlings fortzusetzen oder gar das Hauptgleis abzubauen und nur noch auf dem Nebengleis zu fahren. Hoffen kann man allein, daß beide Gleise endlich wieder ineinander einmünden, so daß beide Liedbereiche, das herkömmliche Gesangbuchlied und das neue geistliche Lied, sich im praktischen Gebrauch gegenseitig befruchten.

Abschließend sei für beide behandelten Bereiche noch einmal nachdrücklich ausgesprochen: Die geforderten kritischen Maßstäbe heben die Notwendigkeit neuer gottesdienstlicher Musik keinesfalls auf, auch wenn es heute manche Ratlosigkeit gibt. Es wird jedoch weder der musica sacra noch dem Gottesdienst noch dem Menschen der Gegenwart ein guter Dienst getan, wenn es heißt: Neue gottesdienstliche Musik um jeden Preis!

[17] Ulrich Conrads, Krise im Sakralbau? In: Bauen für die Gemeinde von morgen, Hamburg 1969, S. 29.

# Was war die Singbewegung?

## Dank des siebzigjährigen Schriftleiters

Im Brief zu Karl Vötterles 70. Geburtstag vermerkte ich im Anschluß an Adornos Satz „Nirgends steht geschrieben, daß Singen Not tut": „Völlig richtig! Die Singbewegung hat dies in ihrer eigentlichen Zeit weder gesagt noch geschrieben..." (Seite 57 dieses Jahrgangs). Das war mißverständlich, da das Entscheidende zwischen den Zeilen steht. Mit Recht fragte Heinz Werner Zimmermann: „Steht nicht in der Bibel ‚Singt dem Herrn ein neues Lied'?" Der schuldige Dank des Schriftleiters an die Vielen, die seiner zur Vollendung seines 70. Lebensjahres gedacht haben, möge daher Anlaß sein, hierzu als eine Art Lebensbekenntnis noch ein wenig mehr zu sagen.

Die Singbewegung war ein wesentliches Stück europäischer Musik- und Kulturgeschichte des 20. Jahrhunderts. Vielleicht liegt sie heute noch nicht weit genug zurück, um dies in völliger Klarheit zu erkennen; wird sie in der Gegenwart doch, vor allem weil sie weithin den Charakter einer Laienbewegung trug, häufig in kritischem Licht gesehen, wenn nicht gar als Hemmnis und verhängnisvolle Fehlentwicklung beurteilt. Der, der ihr einst mit Haut und Haaren verschrieben war und dessen Lebensweg und -werk sie geprägt hat, fragt sich daher am Ende eines Wegabschnitts prüfend: Ist das Gesetz, nach dem du einst angetreten bist, falsch gewesen? War es vielleicht verkehrt, dich für ihn überhaupt entschieden zu haben?

Jedoch, solche möglichen Zweifel finden keinen Nährboden; denn die vor einem halben Jahrhundert von der Singbewegung empfangenen Anstöße waren viel zu stark, die Erlebnisse und Erfahrungen viel zu tief, ja überwältigend, als daß sie – trotz ihrer Zeitgebundenheit – für die eigene Lebensentwicklung und -gestaltung jemals völlig belanglos werden konnten. Es erscheint heute wenig sinnvoll, über Wert und Unwert der Singbewegung zu rechten. Jedoch, sollten nicht die, die ihre Richtung einst durch sie erhalten haben, solange sie noch da sind, falsche Vorstellungen abbauen und ganz schlicht und einfach von ihr erzählen, damit daraus vielleicht einmal das wahre Bild dessen, was Singbewegung wirklich gewesen ist, hervorgeht?

So seien hier ein paar kleine episodische Beiträge aus der Fülle des Erlebten als Streiflichter gegeben! Singbewegung war, als wir uns zeitweise tagtäglich um den Tisch setzten, um irgend etwas miteinander zu singen, etwa Josquins damals noch in keiner praktischen Neuausgabe vorliegende „Missa pange lingua“ (wie es unter Anleitung von Heinrich Besseler um 1925 in Göttingen geschah), oder wenn sich in jener Zeit in Marburg ein Studentenkreis jeden Mittag nach beendigtem Kolleg zu einer Viertelstunde gemeinsamen Singens traf, bevor man zum Essen in die Mensa ging. Singbewegung waren jene Jahre, in denen Singkreis, Singgemeinden, Musikantengilden, oder wie auch immer man sich nannte, allenthalben wie Pilze aus der Erde schossen und eine in jeder Beziehung neue Art des Chorwesens mit sich brachten; niemand kannte vorher die Erarbeitung eines Chorwerkes ohne Einhämmern mit dem Klavier, und niemand hatte bis dahin etwas von chorischer Stimmbildung gewußt. Singbewegung war, wenn wir uns in der Adventszeit auf die Straße begaben und es wagten, unter vielem andern den fugierten Bachsatz von „Vom Himmel hoch, da komm ich her“ aus dem „Magnificat“ zu singen, oder wenn man im Morgengrauen durch ein paar vom Rektoratsball heimkehrende Freunde, die sich dort mit „Musikmachen“ etwas Geld verdient hatten, durch den dreistimmigen Kanon von Antonio Caldara „Mit uns springet, mit uns singt“, instrumentaliter mit Flöte, Klarinette und Violine, aus dem Schlaf geweckt wurde, oder wenn wir einmal sogar einen Kontrabaß auf die Burg Ludwigstein im unteren Werratal geschleppt haben, um bei einem Singtreffen einen Kantatensatz von Bach recht musizieren zu können. Keine der im Sommer beinahe sonntäglichen Wanderungen, bei der nicht Noten im Rucksack mitgenommen wurden, wobei dann Jödes „Musikant“ mit Hensels „Singendem Quell“, die „Alten Madrigale“ (die in Wirklichkeit keine waren) mit den simpliciter-Kirchengesängen von Hans Leo Haßler und wer weiß was noch treulich miteinander vereint waren. Singbewegung war, als der zwanzigjährige Karl Vötterle nach der Heimkehr von der ersten Henselsingwoche vor fünfzig Jahren in Augsburg die Gründung seines Verlages unternahm und als erste Veröffentlichung die Finkensteiner Blätter herausbrachte. Singbewegung war weiterhin, als 1924/25 in Kassel ein Oberprimaner als Jahresarbeit die Johannes-Passion von Leonhard Lechner aus der Handschrift in moderne Partitur übertrug; es war Walther Lipphardt, der spätere Herausgeber der „Geselligen Zeit“, der von Konrad Ameln dazu angeregt worden war (bereits 1926 erschien dieses Werk, das zu den bedeutendsten der gesamten evangelischen Kirchenmusik zählt, im damals noch in Augsburg ansässigen Bärenreiter-Verlag). Und schließlich war es auch noch Singbewegung, als in Kassel der Pfarrer Hermann Schafft um 1930, in den Jahren der großen Arbeitslosigkeit, mit Arbeitslosen einen Laienspielkreis gründete und mir dabei die Singleitung übertrug. Niemand wußte vor 1920 etwas von Singtreffen, Singwochen und Singfahrten; dies waren alles Errungenschaften der Singbewegung, die in das allgemeine Musikleben, und sei es in veränderter Form, Eingang gefunden haben und vielfältig bis in die Gegenwart fortleben.

Wer die damaligen Jahre reinster Entdeckerfreude und grenzenloser Begeisterungsfähigkeit, abseits von jeder Ideologie im trauten Verein mit Menschen jeder politischen, religiösen und auch nichtreligiösen Richtung, miterlebt hat, zehrt von ihnen, bewußt oder unbewußt, sein Leben lang. Daß die Singbewegung in jener unglaublichen und überaus beglückenden Intensität, mit der wir von ihr erfaßt waren, kein Dauerzustand werden konnte, erkannten wir spätestens beim Verlassen der Universität. Zweierlei aber ging als treibende Kraft mit in unser Leben: der Wille, sowohl am umgangsmäßigen als auch am Laiensingen, d.h. am Singen mit Menschen aller Art und Herkunft, wo immer man mit ihnen zu tun bekommt, dran zu bleiben, an jenem Singen also, das heute so völlig in Frage gestellt ist. Ursache ist gewiß weithin der Perfektionismus, und doch bleibt es unbegreiflich; denn keine Zeit war je so stark wie die unsere auf soziales Denken und Leben ausgerichtet. Und etwas anderes stand uns bereits vor 1930 deutlich vor Augen, nämlich unsere Verpflichtung der zeitgenössischen Musik gegenüber; das hatte uns Paul Hindemith bereits 1926 auf dem Treffen der Musikantengilden in Brieselang bei Berlin eindringlich vor Augen gestellt. Seitdem empfanden wir mehr und mehr als die schönste Frucht der Begegnung mit der alten Musik deren Auswirkung in Werken der Gegenwart. Hugo Distler und Ernst Pepping wurden uns an erster Stelle zu Leitbildern.

Man kann nicht sagen, wann die eigentliche Singbewegung zu Ende gegangen ist, spätestens aber im Unglücksjahr 1933, als solche Eigenwilligkeit nur noch begrenzt möglich blieb. Längst vorher aber war ihr mächtigster Strom dort eingemündet, wo sie sich am fruchtbarsten auswirken sollte, im Bereich der Kirche. Bereits 1927 hatte der heute neunzigjährige Wilhelm Stählin auf dem 30. Deutschen evangelischen Kirchengesangsvereinstag in Nürnberg seinen berühmten Vortrag „Die Bedeutung der Singbewegung für den evangelischen Kirchengesang“ gehalten, der 1928 im Bärenreiter-Verlag erschien und den man sich heute einmal wieder vornehmen sollte, und im gleichen sowie im darauffolgenden Jahr hatten im Johannisstift am Rande von Berlin erste Begegnungen von Vertretern der Kirche, insonderheit des Berneuchener Kreises, und der Singbewegung stattgefunden, als deren Folge sich zum einen die Gründung der Berliner Kirchenmusikschule und zum andern der Beginn unserer Zeitschrift „Musik und Kirche“ (dies vor allem aufgrund einer Idee von Karl Vötterle) ergab. Die aus der Singbewegung hervorgegangene kirchenmusikalische Erneuerungsbewegung aber erschien zwischen 1933 und 1945 neben der Bekennenden Kirche und der Widerstandsbewegung, sofern man von dieser überhaupt etwas wußte, als das verheißungsvollste Zeichen in diesen dunkelsten Jahren deutscher Geschichte, und auch in dem äußeren und inneren Vakuum der ersten Nachkriegsjahre brachte sie noch einmal Ungezählten Trost und Stärkung.

Das alles ist heute Vergangenheit, ein Stück Musik-, Kultur- und Geistesgeschichte unseres Jahrhunderts. Wer dieses einst als lebendige Gegenwart miterlebt hat, mag in Versuchung geraten, davon zu schwärmen und dem, was einmal gewesen ist, nachzutrauern. Jedoch, wer sich der veränderten Welt von heute genauso verpflichtet weiß wie einst der früheren Zeit, widersteht dieser Gefahr. Berichten aber darf er, ja soll und muß er – um der Gegenwart willen. Nichts ist wiederholbar; aber es gibt ein verpflichtendes und forderndes Vermächtnis der Geschichte. Das der Singbewegung ist vielfältig. Ist nicht aber das Aktuellste daran die mahnende Erinnerung, daß wahrhaftes Singen elementare Lebensäußerung ist und daß es darum überflüssig ist zu sagen: Singen tut not? In was für einer Zeit leben wir, wenn in ihr der schreckliche, zum Glück nicht stimmende Satz gesagt werden konnte: „Der moderne Mensch singt nicht mehr“ (Hans-Klaus Jungheinrich) und wenn die unleugbare Gefahr besteht, daß die Entscheidungen über die geschichtliche Weiterentwicklung der Musik allein im Elfenbeinturm des Avantgardismus, der ganz ohne Frage sein Wort mitzureden hat, getroffen werden sollen, wenn der Mensch, wie er wirklich ist, der Mensch, der gern singt, außer acht bleibt? Wohl uns, die wir im Bereich der Kirche wirken, in der uns lebendige Menschen anbefohlen und anvertraut sind!

Ein um ein Menschenalter jüngerer Freund telegrafierte zum 31. Juli humorvoll-hintergründig: „Mit BWV 71/3 herzliche Segenswünsche!“ In BWV 71/3 heißt es: „Dein Alter sei wie deine Jugend“ (5. Mose 33, 25). Sollen wir das, was uns geprägt hat, verleugnen? Sollen wir uns heute unserer Vergangenheit schämen, die mit der Singbewegung stand und fiel? Wir können und dürfen dies nicht, weil wir davon überzeugt sind, daß deren Aufgabe auch in Gegenwart und Zukunft noch gültig ist und bleiben wird. Das auszusprechen, erscheint dem siebzigjährigen Schriftleiter als der beste Dank, den er allen denen, die ihm Segenswünsche dargebracht haben, abstatten kann.

# Bemerkungen zu einigen der vorstehenden Abhandlungen

Der Aufsatz „Die frühchristliche Bedeutung des Wortes ‚Chor'" behandelt als Ergänzung zu dem MGG-Artikel „Chor" (Bd. II, 1230ff.) etwas ausführlicher einen besonders wichtigen Abschnitt von dessen Bedeutungsgeschichte. Helmut Giesel hat in seinen „Studien zur Symbolik der Musikinstrumente im Schrifttum der alten und mittelalterlichen Kirche (von den Anfängen bis zum 13. Jahrhundert)" (Regensburg 1978, Kölner Beiträge zur Musikforschung Bd. 94) das Thema erneut aufgegriffen. Eine umfassende Geschichte des Begriffs „Chor" bereite ich z.Z. für das „Handwörterbuch der musikalischen Terminologie" (hrsg. v. H. H. Eggebrecht, Wiesbaden 1972ff.) vor.

Die Abhandlung „Johann Walters Chorgesangbuch von 1524 in hymnologischer Sicht" ist inzwischen noch durch den Aufsatz „Johann Walter – der Urheber der endgültigen Gestalt der Weisen von ‚Wir glauben all an einen Gott' und ‚Mitten wir im Leben sind'" im JbLH 22. Bd. 1978, S. 146–155, weitergeführt worden. Ich hoffe, in absehbarer Zeit eine Monographie über Johann Walter zum Abschluß bringen zu können.

Der Aufsatz „Die verschlungenen Schicksalswege des Codex Gothanus" und der später folgende über „Die Aufführungen von Passionen und Passionskantaten in der Schloßkirche auf dem Friedenstein zu Gotha" entstanden aus der besonderen Beschäftigung mit der Musikgeschichte meiner thüringischen Heimat.

Die im ersten Aufsatz offen gebliebene Frage, wie es zu der Überführung des Codex Gothanus von Coburg nach Gotha Anfang des 18. Jahrhunderts gekommen ist und wann diese genau erfolgte, ist inzwischen geklärt worden. Herbert Oppel (Coburg) fand im dortigen Staatsarchiv einen Brief Cyprians vom 28. Oktober 1713, in dem dieser im Auftrag von Herzog Friedrich II. von Gotha-Altenburg den Codex mit der undurchsichtigen Begründung „dazu wir die übrigen Stück haben" angefordert; vgl. H. Oppel „D. Ernst Salomon Cyprian ... und sein Briefwechsel mit Gottfried Wilhelm Leibniz" (Jahrbuch der Coburger Landesstiftung 1978, S. 35–82, besonders S. 57f.).

Zu dem Aufsatz „Der Conradsche Stich von der Dresdner Hofkapelle" hat Hartmut Mai in der Rezension der Festschrift für Heinrich Laag zu meiner Deutung des ersten der mit der Ziffer 6 gekennzeichneten Bilder gewiß zu Recht vermerkt: „Es ist sicher nicht die Verkündigung an die Hirten, sondern die Verklärung Jesu dargestellt" (Theol. Literaturzeitung 99. Jg. 1974, Nr. 10, Sp. 747).

Den Aufsatztitel „Kirchenlied und Kirchenmusik als Gegengewicht zur Predigt" würde ich heute durch den Zusatz „Eine aktuelle geschichtliche Erfahrung des 17. Jahrhunderts" erweitern, um deutlich zu machen, daß von einem theologischen Problem aufgrund von historischen Vorgängen die Rede sein soll.

Das Leipziger Referat von 1950 über „Die Bedeutung des Kanons in Bachs Werk" konnte nur ein paar Grundgedanken erörtern. Wie zentral diese strengste musikalische Form zur Bachschen Musik gehört, ist jüngst durch das Auftauchen von Bachs Handexemplar des „Musikalischen Opfers", in das am Schluß vierzehn Kanons (BWV 1087, veröffentlicht von Christoph Wolff in NBA V, 2) nachgetragen sind, von neuem deutlich geworden.

Auch „Die Symmetrieform in Bachs Werk" gehört zu den zentralen Gestaltungselementen in Bachs Schaffen. Sie belegt besonders deutlich dessen Verwurzelung im barocken Weltbild, das einer in sich selbst ruhenden Endlichkeit diametral entgegensteht. Man wird dies heute noch nachdrücklicher aussprechen müssen als zur Entstehungszeit der Abhandlung.

Um den gleichen Problemkreis im weiteren Sinne handelt es sich auch bei den Abhandlungen „Bach und die Aufklärung" – eine heute mehr denn je erörterte Frage – und „Der Harmoniebegriff in der lutherisch-barocken Musikanschauung". Vgl. dazu neuerdings das Kapitel „Barock und Aufklärung – Die geistige Entwicklung Deutschlands 1648–1790" bei Rudolf Buchner „Deutsche Geschichte im europäischen Rahmen", Göttingen und Darmstadt 1975, S. 287–296, besonders S. 291f.

Der Aufsatz „Zur Geschichte des Kirchenkonzerts" verdankt seine Entstehung der besonderen Bedeutung, aber auch der Problematik, die das Kirchenkonzert in der Gegenwart wie zu jeder Zeit hat. Ihm liegt ein Vortrag zugrunde, der auf einer Pfarrer-Kirchenmusikertagung in der Kirchenmusikalischen Fortbildungsstätte Schlüchtern gehalten wurde. Um eine umfassende geschichtliche Darstellung konnte es sich dabei selbstverständlich nicht handeln.

Die Ausführungen über „Kann Singen Verkündigung sein? Vom gesprochenen und gesungenen Wort Gottes" haben seinerzeit lebhafte Diskussionen ausgelöst. Vor allem von seiten der Theologie Karl Barths her wurde geltend gemacht, daß Verkündigung nur die situationsbezogene, aktuelle Predigt des Pfarrers sein könne. Gemeint aber war und ist bei der gestellten Frage eine Verkündigung eigener Art, die aus dem Überschwang des Glaubens hervorgeht und sich mit Hilfe der Musik äußert. Es hat den Anschein, daß die inzwischen verstrichene Zeit den damals ausgeführten Gedanken mehr und mehr Recht gegeben hat. Erinnert sei an Peter Brunners Vortrag „‚Singen und Sagen'. Geistliche Grundlagen des Kirchengesanges" (MuK 35. Jg. 1965, S. 1–24, besonders S. 22f.).

Da diejenigen, die einst Anteil an der Singbewegung hatten, heute das biblische Alter erreicht haben, soweit sie überhaupt noch am Leben sind, erscheint es angebracht, daß die Beteiligten von damals zu der manchmal gestellten Frage „Was war die Singbewegung?" noch möglichst viel berichten. Sie tun dies um so lieber, weil sie Zerrbilder verhüten können und weil sie überzeugt sind, daß die Singbewegung bleibende Bedeutung hat und manche Errungenschaften von damals nicht wieder verlorengehen sollten.

Walter Blankenburg

# Bibliographie von Walter Blankenburg

Abkürzungen

| | | | |
|---|---|---|---|
| AfMw | = Archiv für Musikwissenschaft | Jb. | = Jahrbuch |
| AML | = Acta musicologica | JbLH | = Jahrbuch für Liturgik und Hymnologie |
| BJ | = Bach-Jahrbuch | | |
| Bd. | = Band | Jg. | = Jahrgang |
| Bl. | = Blätter | Mf | = Die Musikforschung |
| Fs. | = Festschrift | MuK | = Musik und Kirche |
| Hrsg. | = Herausgeber, herausgegeben | mw. | = musikwissenschaftlich |
| | | Zs. | = Zeitschrift |

## *Selbständige und größere Arbeiten*

Die innere Einheit von Bachs Werk, Phil. Dissertation, Göttingen 1940 (maschinenschriftlich).

Einführung in Bachs h-moll-Messe, Kassel 1950, 2/1957, 3/1973 (Neubearbeitung).

Kann Singen Verkündigung sein? Vom gesprochenen und gesungenen Wort Gottes, Kassel 1953 (Sonderdruck aus MuK 23. Jg. 1953, S. 177–194).

Kirchenlied- und Volksliedweise, Gütersloh 1953.

Geschichte der Melodien des Ev. Kirchengesangbuchs. Ein Abriß. In: Handbuch zum Ev. Kirchengesangbuch II, 2, S. 45–120, Göttingen 1957.

Der gottesdienstliche Liedgesang der Gemeinde. In: Leiturgia, Handbuch des ev. Gottesdienstes IV, S. 559–660, Kassel 1961.

Der mehrstimmige Gesang und die konzertierende Musik im evangelischen Gottesdienst, ebenda S. 661–719.

Die Kirchenmusik in den reformierten Gebieten des europäischen Kontinents sowie Die Musik der Böhmischen Brüder und der Brüdergemeine. In: Friedrich Blume, Geschichte der evangelischen Kirchenmusik, Kassel 2/1965, S. 341–412. Englische Ausgabe: Church Music. A History, New York 1974, S. 507–607.

75 Jahre Landesverband evangelischer Kirchenchöre von Kurhessen-Waldeck, Schlüchtern 1966.

Die Geschichte der evangelischen Kirchenmusik. In: Die evangelische Kirchenmusik. Handbuch für Studium und Praxis, Regensburg 1957, S. 38–106.

## *Ausgaben*

*a) Wissenschaftliche Sammelwerke*

Leiturgia. Handbuch des evangelischen Gottesdienstes I–V, gemeinsam mit Karl Ferdinand Müller, Kassel 1954–1970.

Kirchenmusik im Spannungsfeld der Gegenwart, gemeinsam mit Friedrich Hofmann und Erich Hübner, Kassel 1968.

Johann Sebastian Bach, Bd. CLXX von „Wege der Forschung“, Darmstadt 1970.

Kerygma und Melos – 11. August 1970 Christhard Mahrenholt 70 Jahre, gemeinsam mit Herwarth von Schade, Kurt Schmidt-Clausen und Alexander Völker, Kassel 1970.

*b) Wissenschaftliche Notenausgaben*

Der Psalter in vierstimmigen Liedsätzen von Heinrich Schütz nach Cornelius Beckers Dichtungen, Kassel 1936. Neuauflage 1957 als Bd. 6 von: Heinrich Schütz, Neue Ausgabe sämtl. Werke, hrsg. im Auftrag der Neuen Schütz-Gesellschaft.

Johann Sebastian Bach, Weihnachts-Oratorium BWV 248, gemeinsam mit Alfred Dürr, Kassel 1960 (Serie II, Bd. 6 von J. S. Bach, Neue Ausgabe sämtl. Werke); desgleichen Kritischer Bericht, ebd. 1962.

Johann Walter, Das geistliche Gesangbüchlein „Chorgesangbuch", Faksimile-Nachdruck des Zweitdruckes Worms 1525, Kassel 1979.

*c) Praktische Ausgaben*

Fröhliche Singradel, Kassel 1938.

Fröhliche Spielradel, Kassel 1939.

Gemeinsame Kirchenlieder – Chorheft, hrsg. von der Arbeitsgemeinschaft für ökumenisches Liedgut, bearbeitet von einer Kommission unter Leitung von Walter Blankenburg, Rombach-Aarau 1977.

## *Herausgeber- und Schriftleitertätigkeit bei Zeitschriften*

Collegium musicum. Blätter zur Pflege der Haus- und Kammermusik, Jg. 1 und 2, Kassel 1932–1933, seit 1934 umbenannt in

Zeitschrift für Hausmusik, Schriftleiter im Auftrag des Arbeitskreises für Hausmusik, 3.–10. Jg., Kassel 1934–1941.

Kirchenchordienst, Mithrsg. von Jg. 1–9, Kassel 1935–1943.

Musik und Kirche, Schriftleiter seit dem 13. Jg., Kassel 1941, seit dem 22. Jg. 1952 auch Mithrsg.

Ernestinum Neue Folge. Zs. der Vereinigung ehem. Schüler des Gymnasium Ernestinum zu Gotha, seit 1970.

## *Lexikon-Artikel*

*A. Die Musik in Geschichte und Gegenwart (Kassel 1949–1979)*

I. Personen-Artikel

Johannes Calvin II, 653–666; Johann Crüger II, 1800–1814; Johann Georg Ebeling IV, 1041–1045; Joh. Valentin Eckelt IV, 1091–1093; Franz Eler III, 1270–1272; Anton Englert III, 1416 f.; Gotthardt Erythräus III, 514 f.; August Hermann Francke IV, 683–687; Klamer W. Frantz IV, 812–815; Paul Gerhardt IV, 1790–1797; Johann Heermann VI, 18–20; Eduard Emil Koch VII, 1293 f.; Joh. Balthasar König VII, 1358–1362; Salomon Kümmerle VII, 1861 f.; Ambrosius Lobwasser VIII, 1074 f.; Matthäus Ludecus VIII, 1253–1254; Ambrosius Metzger VIII, 241; Martin Luther VIII, 1334–1346; Philipp Melanchthon IX, 2–4; Heinrich Müller IX, 854 f.; Joh. Daniel Müller IX, 857; Joh. Immanuel Müller IX, 857 f.; Joh. Michael Müller IX, 858; B. Chr. Ludwig Natorp IX, 1284–1286; Joachim Neander IX, 1304–1306; Heinrich Georg Neuß IX, 1411 f.; Johann Georg Nicolai IX, 1452; Philipp Nicolai IX, 1453–1455; Statius Olthof IX, 1934; Abraham Praetorius X, 1553 f.; Anton Heinrich Pustkuchen X, 1785 f.; August Jacob Rambach X, 1884; Georg Rietschel XI, 500; Martin Rinckart XI, 540 f.; Friedrich Traugott Rohleder XI, 643; Conrad Rupsch XI, 1124 f.; Georg Christian Schemelli XI, 1663;

Joh. Georg Schott XII, 54 f.; Nicolaus Selnecker XII, 489 f.; Joh. Gottfried Vierling XIII, 1609–1612; Johann Walter XIV, 192–201; Georg Weber XIV, 330; Eberhard Wenzel XIV, 472–474; Johannes Werlin XIV, 482; Daniel Wolckenstein XIV, 829 f.; Erasmus Alberus XV Suppl., 94–96; Amalia Catharina von Erbach XV Suppl., 173; Ambrosius Beber XV Suppl., 585 f.; Johannes Christenius XV Suppl., 1473–1475; Caspar Cramer XV Suppl., 1627; Johannes Flittner XVI Suppl., 308 f.; Joh. Anastasius Freylinghausen XVI Suppl., 360–362; Severus Gastorius XVI Suppl., 424 f.; Dirk Kamphuysen XVI Suppl., 901.

II. Sach-Artikel
Böhmische Brüder II, 36–43; Chor II, 1230–1265; König David III, 39–47; Ev. Gemeindegesang IV, 1649–1680; Historia VI, 465–489; Jubal VII, 222 f.; Kanon VII, 318–355; Liturgie VIII, 1006–1009; Protestantische Passion X, 911–933; Ev. Kirchenmusik XVI Suppl., 969–977 und 985–989; Kantor XVI Suppl., 904–911; Zahlensymbolik XVI Suppl., 1971–1978.

*B. Die Religion in Geschichte und Gegenwart, Tübingen (1957–1962)*
Gesangbuch II. Musikhistorisch II, 1463 f.; Hausmusik, evangelisch, III, 98 f.; Kantor III, 1129; Kantorei III, 1229 f.; Organist IV, 1680 f.; Singbewegung VI, 45 f.; Smend, Friedrich, VI, 111; Söhngen, Oskar, II, 116; Straube, Kurt, VI, 415 f.; Telemann, Georg Philipp, VI, 674; Tucher, Gottlieb, VI, 1063; Tunder, Franz, VI, 1085; Walter, Johann, VI, 1543; Wechselgesang im ev. Gottesdienst, VI, 1555; von Winterfeld, Carl, VI, 1734.

*C. Dictionnaire de la Musique, hrsg. von Marc Honegger, Bd. I und II, Paris 1970: Les hommes et leurs Oeuvres*
Kuntzen, Johann Paul, Adolf Carl und Fr. Ludwig Aemilius, I, 587 f.; Leonhard Lechner II, 165; Martin Luther II, 685 f.; Pachelbel, Johann, Wilhelm Hieronymus und Karl Theodor, II, 804; Heinrich Schütz II, 1001–1004; Johann Walter II, 1063–1063.

*D. Science de la Musique, hrsg. von Marc Honegger, Bd. I und II, Paris 1976/77. Technique, Formes, Instruments*
La cantate en Allemagne I, 143 f.; cantor (seit der Reformation) I, 148 f.; Le choral luthérien I, 194–197; Le choral pour Orgue I, 198–200; Oratorio II, 702–706; Passion II, 762–765.

*E. Grove's Dictionary of Music and Musicians, London (erscheint demnächst)*
Anna Cathatina von Erbach, Ambrosius Beber, Cornelius Becker, Johannes Bertram, Paulus Bucenus, Leonhard Camerarius, Caspar Cramer, Johann Christenius, Georg Daubenrock, Christoph Demantius, Gallus Dressler, Philipp Dulichius, Johann Georg Ebeling, Johannes Eccard, Franz Eler, Raphael Egli, Tobias Eniccelius, Gotthard Erythraeus, Johann Flitner, Johann Anastasius Freylinghausen, Albinus Fabricius, Bartholomäus Gesius, Andreas Gigler, Martin Hancke, Christoph Harant, Otto Siegfried Harnisch, Hassler (Isaak, Hans Leo, Jakob und Kaspar), Nicolaus Herman, Christoph Hercyrus, Wendelin Kessler, David Köler, Martin Krumbholz, Georg Körber, Ambrosius Lobwasser, Matthäus Ludecus, Joachim Magdeburg, Jakob Meiland, Ambrosius Metzger, Joachim Neander, Valentin Neander d. Ä., Heinrich Georg Neuß, Philipp Nicolai, Statius Olthof, Lucas Osiander, Andreas Ostermaier, Georg Otto, Giovanni Battista Pinello, Isaac Posch, Johannes Posthius, Praetorius (Abraham, Conrad und Michael), Valentin Rab, Andreas Raselius, Caspar Rauch, Johannes Reusch, Teodoro Riccio, Martin Rinckart, Nicolaus Rosthius, Conrad Rupsch, Nicolaus Selnecker, Johann Selner, Cornelius Sigefrid, Johann Georg Schott, Johannes Schlegel, Leonhard Schroeter, Sylvester Steier, Johann Steuerlein, Wolfgang Striccius, Johann Stolle, Kaspar Ulenberg, Melchior Vulpius, Georg Weber, Johannes Wanning, Johannes Werlin, David Wolkenstein, Nicolaus Zangius.

*F. Artikel in verschiedenen Lexika*

Weltkirchenlexikon, hrsg. v. H. F. Litell u. H. H. Walz, Stuttgart 1960, Artikel „Kirchenmusik", Sp. 713–717.

Riemann-Musik-Lexikon – Sachteil, Mainz 1967: Artikel „Prot. Kirchenmusik", S. 453 f.

Theologische Realenzyklopädie, Berlin 1979, Bd. 5, Artikel „J. S. Bach".

## *Aufsätze*

*I. Musikgeschichte*

Johann-Walter-Forschung:

Johann Walters letztes Werk von 1566, in: MuK 36. Jg. 1966, S. 249–253.

Johann Walters Gedanken über die Zusammengehörigkeit von Musik und Theologie und ihre Bedeutung für die Gegenwart, in: MuK 40. Jg. 1970, S. 317–325.

Die verschlungenen Schicksalswege des Codex Gothanus Chart. A. 98. Ein kleines, absonderliches Kapitel thüringischer Bibliotheksgeschichte, in: Quellenstudien zur Musik. Wolfgang Schmieder zum 70. Geburtstag. In Verbindung mit G. von Dadelsen hrsg. v. K. Dorfmüller, Frankfurt 1972, S. 35–40.

Johann Walters Chorgesangbuch von 1524 in hymnologischer Sicht, in: JbLH 18. Bd. 1973/74, S. 65–96.

Johann Walters Chorgesangbuch von 1524, in: Der evangelische Kirchenchor 79. Jg., Zürich 1974, S. 40–47.

Johann Walter – Der Urheber der endgültigen Gestalt der Weisen von „Wir glauben all an einen Gott" und „Mitten wir im Leben sind", in: JbLH 22. Bd. 1978, S. 146–155.

Schütz-Forschung:

Heinrich Schütz 1585–1672, in: Nun freut euch, liebe Christen g'mein. Gemeindeblatt f. kirchl. Musik 5. Jg. 1935, Nr. 4, S. 15 f.

Zu Heinrich Schütz' Passionen, in: MuK 7. Jg. 1935, S. 2–6.

Heinrich Schütz und der protestantische Choral, in: MuK 7. Jg. 1935, S. 219–223.

Der Beckersche Psalter von Heinrich Schütz, in: Kirchenchordienst 2. Jg. 1936, S. 73–76.

Der Psalter in vierstimmigen Liedsätzen von Heinrich Schütz nach Cornelius Beckers Dichtungen, in: MuK 8. Jg. 1936, S. 168–175.

Die Schütz-Motette „Die Himmel erzählen die Ehre Gottes". Einige Anmerkungen zu ihrem Verständnis, in: MuK 19. Jg. 1949, S. 98–102.

Heinrich Schütz und das 20. Jahrhundert, in: MuK 27. Jg. 1957, S. 1–9.

Vom Verhältnis von Musik und Sprache bei Heinrich Schütz, in: Österreichische Musikzeitschrift 21. Jg. 1966, S. 163–166.

Heinrich Schütz 1672–1972 – Die Dialogkompositionen von Heinrich Schütz – Schütz und Bach. Drei Aufsätze zum Schütz-Gedenkjahr 1972, in: MuK 42. Jg. 1972, S. 1–11, S. 121–130 und S. 219–226.

Bach-Forschung:

J. S. Bach und das Gesetz, in: MuK 11. Jg. 1939, S. 53–59.

Die Symmetrieform in Bachs Werken und ihre Bedeutung, in: Bach-Jb. 38. Jg. 1949/50, S. 24–39.

Von der Verwendung von Blechblasinstrumenten in Bachs kirchenmusikalischen Werken und ihre Bedeutung, in: MuK 20. Jg. 1950, S. 65–71.

Die Stellung des Osanna in der h-moll-Messe J. S. Bachs, in: Mf. 3. Jg. 1950, S. 27 f.

Johann Sebastian Bach und die Aufklärung, in: Bach-Gedenkschrift 1950, hrsg. v. K. Matthaei,

Zürich 1950, S. 25–34; Wiederabdruck in: Johann Sebastian Bach (Wege der Forschung Bd. CLXX), Darmstadt 1970, S. 100–110.
Bach, geistlich und weltlich, in: MuK 20. Jg. 1950, S. 36–46.
Die Bedeutung des Kanons in Bachs Werk, in: Bericht über die Wissenschaftliche Bachtagung der Gesellschaft für Musikforschung Leipzig 1950, ebd. 1951, S. 250–258.
Theologische und geistesgeschichtliche Probleme der gegenwärtigen Bachforschung, in: Theol. Literaturzeitung 1953, Nr. 7, Sp. 391–410.
Bachs kirchengeschichtlicher Standort und dessen Bedeutung für das gegenwärtige Bachverständnis, in: AfMw 10. Jg. 1953, S. 311–322.
Zur Aufführungspraxis und Wiedergabe von Bachschen Choralsätzen, in: MuK 26. Jg. 1956, S. 19–23, und in: Musik u. Gottesdienst 10. Jg. 1956, S. 33–38.
„Sogenannte h-moll-Messe" oder nach wie vor „h-moll-Messe"?, in: MuK 27. Jg. 1957, S. 87–94.
Die evangelische Kirche der Gegenwart und die Musik J. S. Bachs unter besonderer Berücksichtigung seines Kantatenwerks, in: Bach-Fest-Buch vom 37. Deutschen Bachfest, Essen 1961, S. 8–15.
Das Parodieverfahren im Weihnachtsoratorium J. S. Bachs, in: MuK 32. Jg. 1962, S. 245–254; Wiederabdruck in: Johann Sebastian Bach (Wege der Forschung Bd. CLXX), Darmstadt 1970, S. 493–506.
Zehn Jahre Bachforschung, in: Theologische Rundschau 24. Jg. 1963, S. 335–358, u. 25. Jg. 1964, S. 237–268.
Zwölf Jahre Bachforschung, in: AMl Vol. XXXVII, 1965, S. 95–158.
Einführung in: Johann Sebastian Bach, Wege der Forschung Bd. CLXX, Darmstadt 1970, S. IX–XXII.
Das Verhältnis von geistlicher und weltlicher Musik im Werk J. S. Bachs und dessen Bedeutung für die Gegenwart, in: Musik und Verlag. Fs. Karl Vötterle zum 65. Geburtstag, Kassel 1968, S. 159–167.
Die Berliner Wiederaufführung der Matthäus-Passion. Denkmal oder Programm?, in: bachtage-Vorträge 1970, Berlin 1971, S. 11–16.
Die Bedeutung der solistischen Alt-Partien im Weihnachts-Oratorium, BWV 248, in: Studies in Renaissance and Baroque Music in Honor of Arthur Mendel, hrsg. v. R. L. Marshall, Kassel u. New Jersey 1974, S. 139–148.
Geistiges und kulturelles Leben, in: Johann Sebastian Bach – Zeit. Leben. Wirken, hrsg. v. B. Schwendovius u. W. Dömling, Kassel 1976, S. 23–33; Engl. Ausgabe ebd. 1978.
Eine neue Textquelle zu sieben Kantaten Johann Sebastian Bachs und achtzehn Kantaten Johann Ludwig Bachs, in: BJ 1977, S. 7–25.
Johann Sebastian Bachs Stellung zwischen seinen Vorfahren und Nachkommen, in: MuK 48. Jg. 1978, S. 105–112.
Die Bachforschung seit etwa 1965. Ergebnisse – Probleme – Aufgaben. I. Das geistliche Vokalwerk, in: AMl Vol. XLX (1978), S. 93–154.
Tendenzen der Bachforschung seit den 1960er Jahren, insonderheit im Bereich der geistlichen Vokalmusik, in: Referate des Bach-Symposions beim 53. Deutschen Bachfest in Marburg, 27.–28. 6. 1978, Kassel 1980.

Einführungen und Werkbesprechungen:
Die Matthäus-Passion als gottesdienstliches Werk, in: Beiheft zur Wiedergabe des Werks in der Archiv-Produktion 1959.
Einführung „Johann Sebastian Bach" zu J. S. Bach, Die Brandenburgischen Konzerte I, Bastei „Die großen Musiker" Nr. 21.
Zur h-moll-Messe, in: 42. Deutsches Bachfest 1967 in Wuppertal, S. 51–55.
Einführung in BWV 84 „Ich bin vergnügt mit meinem Glücke" auf der Schallplatte „Ex libris Bachianis" zum 44. Deutschen Bachfest, 25.–30. 6. 1969 in Heidelberg.

J. S. Bachs Weihnachts-Oratorium, in: Programmheft der Hauptkirche St. Michaelis Hamburg vom 20./21. XII. 1974 u. 4. I. 1975, S. 19–24.

J. S. Bach: Weltliche Kantaten 205 und 201, in: Deutsches Bachfest in Heidelberg 1969, S. 83 f.

Die Magnificat-Kompositionen, in: 53. Bachfest der Neuen Bachgesellschaft in Marburg 1978, S. 115–121; Die „De Profundis"-Kompositionen, ebd. S. 122–127; Die A-Dur-Messe, ebd. S. 181 ff.

Die Passions- und Osterzeit im Kirchenjahr und ihre Beziehung zu den Kantaten J. S. Bachs, in: Beiheft zur Archiv-Produktion (1976). Die Zeit vom Himmelfahrtsfest bis zum 5. Sonntag nach Trinitatis, ebd. 1977. Die mittlere Trinitatiszeit vom 6. bis zum 17. Sonntag nach Trinitatis, ebd. 1978. Das Ende des Kirchenjahres, ebd. 1979.

Sonstiges:

Samuel Scheidt (1587–1654). Zu seinem 350. Geburtstag, in: Zs. für Hausmusik 6. Jg. 1937, S. 92–101.

Die Bedeutung der Orgel in den Kirchenbauten des Barockzeitalters, in: Kunst und Kirche 15. Jg. 1938, Heft 3, S. 7–10.

Vom Instrumentalkanon, in: Zs. für Hausmusik 8. Jg. 1949, S. 96–101.

Die Kanzel zu St. Marien in Berlin, in: MuK 14. Jg. 1942, S. 19–21.

Der Titel und das Titelblatt von Johann Heinrich Buttstedts Schrift Ut, mi, sol, re, fa, la – tota Musica et Harmonia aeterna... (1717), in: Mf. 3. Jg. 1950, S. 64–66.

Die frühchristliche Bedeutung des Wortes „Chor", in: MuK 23. Jg. 1953, S. 129–134.

Die Nachwirkung der artes liberales in den reformatorischen Gebieten und deren Auflösungsprozeß, in: Bericht über den Internationalen mw. Kongreß Hamburg 1956, Kassel 1957, S. 60–62.

Luther und die Musik, in: Luther. Mitteilungen der Luther-Gesellschaft 1957, Heft 1, S. 14–27.

Kanonimprovisationen im 16. und Anfang des 17. Jahrhunderts, in: Bericht über den siebenten Internationalen mw. Kongreß Köln 1958, Kassel 1958, S. 68 f.

Der Harmoniebegriff in der lutherisch-barocken Musikanschauung, in: AfMw 16. Jg. 1959 (Fs. für Willibald Gurlitt), S. 44–56.

Jan Pieterzoon Sweelincks Psalmlied-Motetten, in: MuK 32. Jg. 1962, S. 164–168.

Die Aufführungen von Passionen und Passionskantaten in der Schloßkirche auf dem Friedenstein zu Gotha zwischen 1699 und 1770, in: Fs. Friedrich Blume zum 70. Geburtstag, Kassel 1963, S. 50–59.

Karl Heinrich Georg Davin und seine „Theoretisch-praktische Organisten-Schule", in: Fs. für Michael Schneider zum 65. Geburtstag, Berlin 1965, S. 89–94.

Neue Forschungen über das geistliche Vokalschaffen Dietrich Buxtehudes, in: AMl Vol. XL, 1968, S. 130–154.

Zu den Johannes-Passionen von Ludwig Daser (1587) und Leonhard Lechner (1593), in: Musa-Mens-Musici. Im Gedenken an Walther Vetter, Leipzig 1969, S. 63–66.

Der Schmalkaldener Organist Johann Gottfried Vierling und das kirchenmusikalische Leben seiner Zeit, in: Beiträge zur Geschichte der ev. Kirchenmusik und Hymnologie in Kurhessen und Waldeck, Kassel 1969, S. 106–118.

Das Gothaer Cantionale Sacrum, in: JbLH 15. Bd. 1970, S. 145–153.

Überlieferung und Textgeschichte von Martin Luthers „Encomion musices", in: Luther-Jb. 1972, S. 80–104.

Zum 400. Todesjahr von Claude Goudimel, in: MuK 42. Jg. 1972, S. 183 f.

Der Conradsche Stich von der Dresdner Hofkapelle (1676). Zum theologischen Verständnis des gottesdienstlichen Raums in der altprotestantischen Orthodoxie, in: Sichtbare Kirche. Fs. für Heinrich Laag zum 80. Geburtstag, Gütersloh 1973, S. 137–146.

Die gesellschaftliche Stellung des protestantischen Kantors in Geschichte und Gegenwart, in: Fs. für Ernst Hermann Meyer zum 65. Geburtstag, Leipzig 1973, S. 151–154.

Neu aufgefundene Textbücher von Rudolstädter Kantaten-Jahrgängen aus der ersten Hälfte des

18. Jahrhunderts, in: Raport of the eleventh Congress of the International Musicological Society Copenhagen 1972, Vol. I, Kopenhagen 1974, S. 271–277.
Max Reger und das evangelische Kirchenlied, in: Max Reger 1873–1973. Ein Symposion, Wiesbaden 1974, S. 113–122.
Zur Geschichte des Kirchenkonzerts, in: MuK 44. Jg. 1974, S. 165–175.
Entstehung, Wesen und Ausprägung der Restauration im 19. Jahrhundert, in: Traditionen und Reformen in der Kirchenmusik. Fs. für Konrad Ameln zum 75. Geburtstag, Kassel 1974, S. 25–40.
Die Musik der Brüdergemeine in Europa, in: Unitas Fratrum. Herrnhuter Studien, Utrecht 1975, S. 351–386.
Zum Titelbild von Johann Heinrich Buttstedts Schrift UT-MI-SOL-RE-FA-LA, tota musica et harmonia aeterna (1716), in: Fs. für Heinrich Sievers zum 70. Geburtstag, Tutzing 1978, S. 21–28.
Romantische Kirchenmusik heute, in: MuK 49. Jg. 1979, S. 5–13.

*II. Hymnologie*

Aus der Geschichte des Kirchenliedes:
Vom Wesen des älteren protestantischen Chorals und vom rechten Choralsingen, in: Deutsches Pfarrerblatt 36. Jg. (1932) Nr. 44, S. 599–603.
Gestalt und Eigenart des älteren protestantischen Chorals, in: MuK 6. Jg. 1934, S. 15–19 und S. 67–74.
Die deutsche Liedpassion, in: MuK 9. Jg. 1937, S. 12–22.
Das christliche Kampflied, in: Vom heiligen Kampf. Beiträge zum Verständnis der Bibel und der christlichen Kirche, hrsg. v. W. Stählin, Kassel 1938, S. 89–92.
Wertmaßstäbe für Choralweisen. Zur Frage des Wort-Ton-Verhältnisses im evangelischen Kirchenlied, in: MuK 18. Jg. 1948, S. 76–85.
Der Ursprung von Nicolaus Hermans Weise „Lobt Gott, ihr Christen alle gleich“, in: MuK 18. Jg. 1948, S. 139–141.
Zur Frage nach der Herkunft der Weisen des Gesangbuchs der Böhmischen Brüder von 1531, in: MuK 21. Jg. 1951, S. 67–71.
Die Kirchenliedweisen von Philipp Nicolai, in: MuK 26. Jg. 1956, S. 172–176.
Neue Forschungen über Philipp Nicolai, in: JbLH 4. Bd. 1958/59, S. 152f.
Zu den Liedweisen von Nikolaus Herman, in: Heimat und Kirche. Fs. für Kirchenpräsident D. Erich Wehrenfennig, Heidelberg 1963, S. 30–35.
Was bedeutet „eine pausam singen“?, in: JbLH 8. Bd. 1963, S. 170f.
Zur Verbreitung des Genfer Liedpsalters in Mitteleuropa in den ersten Jahrzehnten nach seiner Fertigstellung, in: JbLH 9. Bd. 1964, S. 159–162.
„Jesus Christus, unser Heiland, der den Tod überwand.“ Die Melodie des Klugschen Gesangbuchs, in: JbLH 16. Bd. 1971, S. 155–158.
Johann Georg Ebeling, der Herausgeber und musikalische Bearbeiter von Paul Gerhardts „Geistliche Andachten“, in: Paul Gerhardt, Geistliche Andachten (1667), hrsg. v. Fr. Kemp, Bern 1975, Anhang S. 5–12.
Paul Gerhardt 1676–1976. Eine Rede, in: MuK 46. Jg. 1976, S. 106–115.
Die Lieder Paul Gerhardts in der Musikgeschichte, in: Musik und Gottesdienst 30. Jg., Zürich 1976, S. 97–105; Wiederabdruck in: Paul Gerhardt. Weg und Wirkung, Zürich 1976, S. 23–31.
Johann Georg Ebeling, 1637–1676, in: MuK 46. Jg. 1976, S. 228–232.
Krisenzeiten des evangelischen Kirchenliedes, in: Traditio – Krisis – Renovatio. Fs. Winfried Zeller zum 65. Geburtstag, Marburg 1976, S. 621–637.
Die Entwicklung der Hymnologie seit etwa 1950, in: Theologische Rundschau 42. Jg. 1977, S. 131–170 und S. 360–405 sowie 44. Jg. 1979, S. 36–39 und letztes Heft.

Gesangbuch- und Kirchenliedfragen der Gegenwart:

Musikalische Maßstäbe und Forderungen für die Arbeit am neuen Gesangbuch, in: Monatsschrift für Gottesdienst und kirchliche Kunst 40. Jg. 1935, S. 155–165.

Neue Weihnachtslieder, in: Neue Schau 9. Jg. 1939, Nr. 9 (Beilage).

Das „Notgesangbuch". Vorschlag zur Überwindung der Gesangbuchsnot, in: MuK 17. Jg. 1947, S. 46–53 (auch als Sonderdruck erschienen).

Theologische Verantwortung in der Gesangbuchfrage, in: Deutsches Pfarrerblatt 50. Jg. (15. 6. 1950), Nr. 12, S. 355–358.

Haben wir ein „neues" Gesangbuch?, in: MuK 30. Jg. 1960, S. 195–198.

Vom Lied der Gemeinde, in: Evangelische Welt, Informationsblatt für die Ev. Kirche in Deutschland, 13. Jg. Nr. 8, 16. 4. 1959, S. 209–212.

Bemerkungen zum „Gesangbuch der evangelisch-reformierten Kirchen der deutschsprachigen Schweiz", in: Singt und spielt. Schweizer Bl. für Volkslied und Hausmusik, 21. Jg. 1954, S. 33–37.

Die Bedeutung des gereimten Strophenliedes im Gottesdienst, in: Württembergische Bl. für Kirchenmusik 29. Jg. 1962, S. 33–40.

Das umstrittene Kirchenlied, in: MuK 63. Jg. 1963, S. 49–54, und in: Anstöße. Berichte aus der Arbeit der Ev. Akademie Hofgeismar, Nr. 2/3 – Juli 1963, S. 45–50.

Kritische Fragen zu den Versuchen mit neuen religiösen Liedern, in: Warum neue religiöse Lieder? Eine Dokumentation, hrsg. v. G. Hegele, Regensburg 1964, S. 60–67; Nachdrucke in MuK 34. Jg. 1964, S. 135–140 u. in Der Chorleiter (Christl. Sängerbund) 14. Jg. Sept./Okt. 1964, S. 34–37.

Werdegang und Inhalt der Sammlung „Gemeinsame Kirchenlieder", in: MuK 43. Jg. 1973, S. 117–121 und in: Württembergische Bl. für Kirchenmusik 40. Jg. 1973, S. 97–102.

*III. Zur Kirchenmusik im 20. Jahrhundert*

Singbewegung und kirchenmusikalische Erneuerung:

Die Musikantengilde, in: Ev. Gemeindeblatt für Altenburg 7. Jg. (1927) Nr. 10, S. 73–76.

Zweite Werkwoche des Finkensteiner Bundes (Hassitz 27. 7.–3. 8. 1930), in: Die Singgemeinde 6. Jg. 1930, S. 162–168.

Zur Verantwortung der Singbewegung. Zu Karl Hasses Referat (MuK 3. Jg., S. 225–229), in: MuK 4. Jg. 1932, S. 18–25.

Zehn Jahre Bärenreiter-Verlag, in: Zs. für Hausmusik 3. Jg. 1934, S. 74–78.

Neue Wege im Choralsatz, in: MuK 7. Jg. 1935, S. 16–21.

Die Musiktage 1936 in Kassel, in: Zs. für Hausmusik 5. Jg. 1936, S. 196–203.

Gottesdienstliches Singen, soweit es erlernbar ist, in: Kirchenchordienst 4. Jg. 1938, S. 2–6; desgl. ... soweit es nicht erlernbar ist, ebd. S. 49–52.

Die musikalische Begehung der Passion Christi, in: Ev. Jahresbriefe, Fastenbrief 1938, S. 44–48.

Was war die Singbewegung?, in: MuK 43. Jg. 1973, S. 258–260.

Zur Musik, insbesondere zur Kirchenmusik des 20. Jahrhunderts:

Der Plöner Musiktag, in: Collegium musicum 2. Jg. 1933, S. 1–6.

Hugo Distlers „Jahrkreis", in: Zs. für Hausmusik 3. Jg. 1934, S. 81–87.

Neue Kultmusik. Zum Erscheinen der Liturgischen Sätze von Hugo Distler über altevangelische Kyrie- und Gloriaweisen, in: MuK 8. Jg. 1936, S. 247–253.

Die Gegenwartslage der evangelischen Kirchenmusik, in: MuK 17. Jg. 1947, S. 33–39.

Konferenz des Ökum. Instituts in Bossey über „Kunst und Kirche", in: MuK 23. Jg. 1953, S. 101–103.

Kirchenmusikschule und Landeskirche, in: Evangelische Kirchenmusikschule Schlüchtern 1947–1957, S. 13–15.

Die evangelische Kirchenmusik und die gesamtmusikalische Situation der Gegenwart, in: MuK 34. Jg. 1964, S. 1–7.
Von der Bedeutung des Knabenchors, in: Fs. zum 40jährigen Bestehen der Wuppertaler Kurrende 1964, S. 17–20.
Wege und Abwege der Kirchenmusik im 20. Jahrhundert, in: Informationsbericht über Evangelische Rundfunk- und Fernseharbeit im Bereich des Hessischen Rundfunks 1964, Darmstadt 1965, S. 34–39.
Das gesungene und gesprochene Bibelwort auf Schallplatten, in: Schallplatte und Kirche Jg. 1966, Heft 2, S. 22–25.
Historisierende Kirchenmusik?, in: Kirchenmusik im Spannungsfeld der Gegenwart, Kassel 1968, S. 9–19.
Die Idee der evangelischen Kirchenmusikschule 1928 – 1948 – 1968, in: MuK 38. Jg. 1968, S. 270–278.
Das Chorklang-Ideal von Kurt Thomas in musikgeschichtlicher Beleuchtung, in: Chorerziehung und Neue Musik. Fs. Kurt Thomas zum 65. Geburtstag, Wiesbaden 1969, S. 5–13.
Neue gottesdienstliche Musik – Notwendigkeit und kritische Maßstäbe, in: Kerygma und Melos – Christhard Mahrenholz 70 Jahre, Kassel 1970, S. 402–412.
Ernst Peppings „Liederbuch nach Gedichten Paul Gerhardts" in geschichtlicher Beleuchtung, in: Fs. Ernst Pepping zu seinem 70. Geburtstag am 12. 9. 1971, Berlin 1971, S. 147–157.
Der evangelische Kirchenmusiker auf der Schwelle zum letzten Viertel des 20. Jahrhunderts, in: MuK 45. Jg. 1975, S. 8–12.

Grundsätzliches zum Gottesdienst:
Singen und Sprechen im Gottesdienst, in: MuK 21. Jg. 1951, S. 261–267.
Chor und Liturgie. Ein offener Brief an Otto Riemer, in: Der Kirchenmusiker 4. Jg. 1953, S. 60–62.
De Evangelische Kerkmuziek in het licht der Liturgie, in: Musica sacra. Tijdschrift voor Kerkmuziek 3. Jg. 1953, S. 77–82.
Brief an Dr. Friedrich Buchholz, in: MuK 26. Jg. 1956, S. 2–8.
Das Verhältnis von Form und Inhalt in der gottesdienstlichen Vokalmusik, in: MuK 30. Jg. 1960, S. 18–25.
Zur musikalischen Gestaltung des Gottesdienstes, in: Der Gottesdienst in der Gemeinde. Einführung in den Agendenentwurf der Ev. Landeskirche von Kurhessen-Waldeck, Kassel 1962, S. 83–91.
Sprache und Musik, in: Einheit des Geistes, Jb. der Ev. Akademie der Pfalz 1962, S. 123–130.
Die Kirchenmusik auf der 4. Vollversammlung des Luth. Weltbundes in Helsinki (30. 7.–11. 8. 1963), in: MuK 33. Jg. 1963, S. 225–228.
Offizielle und inoffizielle liturgische Bestrebungen in der Evangelischen Kirche Deutschlands, in: Liturgisches Jb. XIII, 1963, S. 70–83.
Kirchenlied und Kirchenmusik als Gegengewicht zur Predigt, in: Musik als Lobgesang. Fs. für Wilhelm Ehmann zum 60. Geburtstag, Darmstadt 1964, S. 32–42.
Vom unaufgebbaren Platz der Musik in der Theologie, in: Zeitwende – Die neue Furche 35. Jg. 1964, S. 21–29.
Gottesdienste in neuer Gestalt, in: Quatember 30. Jg. 1965/66, S. 108–114.
Ist der Mensch von heute noch liturgiefähig?, in: Desgl., Ergebnisse einer Umfrage, hrsg. v. P. Theodor Bogler OSB, Maria Laach 1966, S. 32f.
Applaus in der Kirche?, in: MuK 41. Jg. 1971, S. 145f. u. S. 244f.
Gottesdienstreform in der Sicht geschichtlicher, insonderheit kirchenmusikgeschichtlicher Entwicklung, in: MuK 45. Jg. 1975, S. 183–190.
Kirche und Musik, in: Internationale Orgelwoche 1978. Fs. anläßlich der Orgelweihe im Ratzeburger Dom, S. 65–72.

*IV. Rezensionen*

Das neue Gesangbuch und das dazugehörige Choralbuch für Rheinland und Westfalen, in: Monatsschrift für Gottesdienst u. kirchliche Kunst 36. Jg. 1931, S. 207–214.
Johannes Walter und die Musik der Reformation. Eine Besprechung, in: MuK 5. Jg. 1933, S. 232–237 (betr. Wilibald Gurlitts Abhandlung im Luther-Jb. 1933).
Fritz Dietrich, Musik und Zeit. Musikmorphologische Skizze, Kassel 1933, in: Monatsschrift für Gottesdienst und kirchliche Kunst 40. Jg. 1935, S. 93–98.
Johann Sebastian Bach im Lichte der Theologie, in: Deutsches Pfarrerblatt 43. Jg. 1939 Nr. 5, S. 85–87 (betr. Hans Besch, J. S. Bach, Frömmigkeit und Glaube).
Hans Besch, Johann Sebastian Bach. Frömmigkeit und Glaube. Bd. 1: Deutung und Wirklichkeit. Das Bild Bachs im Wandel der deutschen Kirchen- und Geistesgeschichte, Kassel 2/1950, in: Mf. 4. Jg. 1951, S. 258 f.
Johannes Piersig, Das Weltbild des Heinrich Schütz, Kassel 1949, in: MuK 21. Jg. 1951, S. 31 f.
Zum Verständnis von Heinrich Schütz. Gedanken zu einer Neuerscheinung, in: MuK 31. Jg. 1961 S. 226–231 (betr. Eberhard Schmidt, Der Gottesdienst am Kurfürstlichen Hofe zu Dresden).
Paul Gabriel, Das deutsche evangelische Kirchenlied von Martin Luther bis zur Gegenwart, Berlin 2/1951, in: Mf. 6. Jg. 1953, S. 391.
Friedrich Smend, Goethes Verhältnis zu Bach, Berlin 1955, in: Theol. Literaturzeitung 85. Jg. 1956, Sp. 235 f.
Markus Jenny, Geschichte des deutschsprachigen evangelischen Gesangbuches im 16. Jahrhundert, in: Theol. Literaturzeitung 89. Jg. 1964, Nr. 4, Sp. 306 f.
Martin Geck, Die Vokalmusik Dietrich Buxtehudes und der frühe Pietismus, Kassel 1965, in: MuK 35. Jg. 1965, S. 255 f.
Werner Braun, Die mitteldeutsche Choralpassion im 18. Jahrhundert, Berlin 1960, in: Mf 18. Jg. 1965, S. 443 f.
Eberhard Schmidt, Der Gottesdienst am Kurfürstlichen Hof zu Dresden…, Göttingen 1961, in: Mf 19. Jg. 1966, S. 214–216.
Christoph Wolff, Der Stile antico in der Musik J. S. Bachs. Studien zu Bachs Spätwerk, in: MuK 39. Jg. 1969, S. 187.
William Elders, Studien zur Symbolik in der Musik der alten Niederländer, in: Tijdschrift van de Vereniging voor Nederlandse Muziekgeschiedenis, Deel XXI, Amsterdam 1968–1970, S. 123–130.
Friedhelm Krummacher, Die Überlieferung der Choralbearbeitungen in der frühen evangelischen Kantate, in: Theol. Literaturzeitung 96. Jg. 1971, S. 465 f.
Albrecht Müsel, Der mitteldeutsche Kantor und Hofkapellmeister Johann Stolle…, Köln 1970, in: Mf 28. Jg. 1975, S. 475 f.
Johann Walter, Sämtliche Werke. 6. Bd.: Das Christliche Kinderlied D. Martini Lutheri. Erhalt uns Herr etc. (1566)…, Kassel 1970, in: Mf 26. Jg. 1973, S. 150–153.
Otto Brodde, Heinrich Schütz. Weg und Werk, Kassel 1972, in: Mf 25. Jg. 1972, S. 553 f.
Ingeborg König, Studien zum Libretto des „Tod Jesu" von Karl Wilhelm Ramler und Karl Heinrich Graun, München 1972, in: Mf 30. Jg. 1977, S. 94.
Christoph Albrecht, Einführung in die Hymnologie, in: Theol. Literaturzeitung 99. Jg. 1974, S. 956.
Zu Karl Honemeyers Thomas-Müntzer-Buch, in: JbLH 19. Bd. 1975, S. 228–231.
Oskar Söhngen, Erneuerte Kirchenmusik. Eine Streitschrift, Göttingen 1975, in: MuK 45. Jg. 1975, S. 130 f.
Bernhard Meier, Die Tonarten der klassischen Vokalpolyphonie. Nach den Quellen dargestellt, Utrecht 1974, in: Tijdschrift van de Vereniging voor Nederlandse Muziekgeschiedenis, Jg. XXVI–1, 1976, S. 46–50.

*V. Heimatgeschichtliche Veröffentlichungen*

Aus der Geschichte von Vaake, in: Heimatjahrbuch für den Kreis Hofgeismar 1957, S. 49–51.
Studenten-Stammbücher 1790–1840, gemeinsam mit Fritz Lometsch, Kassel 1969.
Niederhessische Ansichten auf Göttinger Stammbuchblättern, in: Hessische Heimat 20. Jg. 1970, Heft 4, S. 135–140.
Welche Geldstücke waren im vorigen Jahrhundert in und um Schlüchtern im Umlauf?, in: Bergwinkel-Bote 27. Jg. 1976, S. 41–45.
Vom Lobwasser bis zum Gotteslob, ebenda 28. Jg. 1977, S. 37–41.
Carl Heinrich Georg Davin. Ein namhafter Schlüchterner Musiker des 19. Jahrhunderts, ebenda 29. Jg. 1978, S. 82–85.
Der Lobwasser in der Grafschaft Hanau, ebenda 30. Jg. 1979, S. 90–94.
Gothaer Musikgeschichte und das Gothaer Gymnasium, in: Ernestinum Neue Folge Nr. 65 (März 1979), S. 229–231.

*VI. Zu besonderen Gedenktagen und Nachrufe*

D. Dr. Karl Vötterle zum 60. Geburtstag am 12. 4. 1963, in: MuK 33. Jg. 1963, S. 81f.
Die Brüder Mauersberger, in: MuK 39. Jg. 1969, S. 43f.
Brief an Wilhelm Ehmann zum 5. 12. 1969, in: MuK 39. Jg. 1969, S. 250–252.
Oskar Söhngen zur Vollendung des 70. Lebensjahres am 5. 12. 1970, in: MuK 40. Jg. 1970 S. 398.
D. Dr. h. c. Karl Vötterle zur Vollendung des 70. Lebensjahres, in: MuK 43. Jg. 1973, S. 57f.
Christhard Mahrenholz zum 75. Geburtstag am 11. 8. 1975, in: MuK 45. Jg. 1975, S. 157.
Ein Briefwechsel. Zum 75. Geburtstag von Oskar Söhngen, in: MuK 45. Jg. 1975, S. 277–283. Wiederabdruck in: Oskar Söhngen, Musica sacra zwischen gestern und morgen, Göttingen 1979, S. 171–174.

Max Seifert, geb. 9. 2. 1868, gest. 13. 4. 1948, in: Mf 2. Jg. 1949, S. 2–4.
Zum Gedenken an Ferdinand Schmidt – gestorben am 23. 4. 1952, in: MuK 22. Jg. 1952, S. 81.
Fritz Dietrich zum Gedenken, in: MuK 25. Jg. 1955, S. 81f.
Albert Schweitzer zum Gedächtnis, in: Mf 19. Jg. 1966, S. 1–3.
Zum Tode von Karl Vötterle, in: MuK 45. Jg. 1975, S. 269f.